诸葛亮兵法百妙

吴直雄　著

中国书籍出版社
China Book Press

图书在版编目（CIP）数据

诸葛亮兵法百妙 / 吴直雄著. -- 北京 : 中国书籍出版社, 2024.2

ISBN 978-7-5068-9704-4

Ⅰ. ①诸… Ⅱ. ①吴… Ⅲ. ①兵法—中国—三国时代 Ⅳ. ①E892.35

中国国家版本馆CIP数据核字（2023）第250465号

诸葛亮兵法百妙

吴直雄　著

责任编辑	王志刚
责任印制	孙马飞　马　芝
封面设计	东方美迪
出版发行	中国书籍出版社
地　　址	北京市丰台区三路居路 97 号（邮编：100073）
电　　话	(010) 52257143（总编室）　(010) 52257140（发行部）
电子邮箱	eo@chinabp.com.cn
经　　销	全国新华书店
印　　厂	廊坊市长岭印务有限公司
开　　本	787毫米 × 1092毫米　1/16
印　　张	34.5
字　　数	621千字
版　　次	2024 年 2 月第 1 版　2024 年 3 月第 1 次印刷
书　　号	ISBN 978-7-5068-9704-4
定　　价	400.00元

开卷感言

2008年三四月间，我尊敬的老师习嘉裕教授与新余市水电局习金苟局长、以及新余市欧里镇白梅村村委会特意为我颁发了“始祖习凿齿研究特聘研究员”的聘书，请我去“帮个忙”，当真正“帮了这个忙”之后，从此让我的习凿齿研究，孜孜研讨乃至一发不可收拾。正当撰写《凿齿理念知得失……》一书时，深感诸葛亮对习凿齿的人格、品格、风格、思想理念的形成，影响甚巨。要深入研究好习凿齿，必须对诸葛亮亦当作出必要的研究。

人称“学术是一个民族的脊梁”（出处见书中）。这被称为一个民族的脊梁的学术研究，必须是有相应的原创性成果作支撑，有了这样的成果，还必须及时出版，否则，就是废纸一堆。然而，习凿齿这位东晋的大名士，却为诸多史学家所忽视，尤其是他在江西万载与新余33年的非凡经历，竟为世所尘封。他的人格、品格、风格、名气、思想理念以及对社会的贡献等，与其同代的大名士王羲之、陶渊明本当齐名，却因世所尘封，这与王羲之、隐渊明相比，他便“理所当然”地鲜有研究者“问津”……

称为是一个民族脊梁的学术研究能有创新成果，有时往往不是研究者个人能力所及的事。本人有幸得到南昌大学校长陈晔光院士、人事处谈振兴处长、社科处胡伯项处长、刘毅副处长的关心，让“本书得到南昌大学社会科学学术著作出版资助”；更有中国书籍出版社的领导与责编辛苦付出，使本书顺利付梓，实令本人百般铭感。

出版说明

这是自诸葛亮兵法研究以来，首次用此独特表述方式而撰写的诸葛亮兵法论著。是书分九个层次撰写，具有九大特点，不仅是在诸葛亮兵法、乃至在所有的兵法研究中，决定了是书当属独树一帜的九用之书。因而决定了是书必然具有极强实用性与学术性。

一是有的学者在撰写古代兵法著作时，视其兵法原文为“艰深晦涩”，称“当今的大部分读者已经没有很多的时间和精力去阅读”，因而略去原文自行解读之。岂不知，这种做法有无意中失去学术性与实用性之嫌。因为对于古代文言文的解读，是与读者的经历、职业及其古文水平有关的，删去原文，让读者读不到原文，就只能以编著者个人的视角编著解读视为唯一的“正确”，这就有碍读者对于原文富于创新见解的生发，故而是不甚妥当的。直雄先生非常注意这一点，是书写作的第一个“层面”是，将其认定为诸葛亮兵法著作率先列举出来，并经比照后，详注出处。从而使《诸葛亮兵法·原著》一书包含在本书之中；

二是可当“本节题解”“精要概说”“白话说意”之用：是书的第二个写作“层面”是，对每段“诸葛亮兵法·原著”设有“本节题解”“精要概说”“白话说意”。这样一来，是书就比市面上一般的关于诸葛亮兵法的图书增加了两个层面的内容。特别是“题解”，一般的著者是不甚了了的，其实，这对读者颇为重要的，因为近1800年前的诸葛亮的理解很有可能与今人的理解大相径庭。例如“机形”一语，联系下面那些所谓“艰深晦涩”的古文，一般读者一时难以“捕捉”其真意，此二字不解，则有碍读者对原文的理解。作者设有的“本节题解”解之曰：“何谓‘机形’？机，在这里指先兆、征兆的意思。如《易·至乐》中有云：‘知机其神乎。’又如《三国志·蜀书·吴主传》中有云：‘睹其机兆。’形，在这里是显露、表现的意思。如《孙子·虚实》中有云：‘形人而我无形，则我专而敌分。’综合并联系诸葛亮所说的‘机形’，其意思是：战机出现的迹象。我们常说的‘捕捉战机’

的意思。”这样一来，本书从“本节题解、精要概说、白话说意”等都全面系统地包含其中；

三是可当《便宜十六策》《将苑》之用：是书的考证填补空白。就我们所见，目前论及《诸葛亮兵法》，都是将主要内容锁定在《便宜十六策》与《将苑》这两部书上。古今不少学者称其为“伪书”，且大声疾呼不能用作诸葛亮军事著作的学术研究。此其一；与之相反，古今不少学者，不管三七二十一，根本就不予理睬是否“伪书”一说，将其视为诸葛亮军事著作论说之，研究之，运用之。为了不使这种现象持续下去，先生予以令人信服的考证论定：《便宜十六策》与《将苑》当为诸葛亮货真价实的军事著作。这样一来，使《便宜十六策》《将苑》二书理所当然地包含在本书中；

四是可当《长期争议的三问题考证》之用：是书的论证自辟新径出新意。对于《隆中对》（即《草庐对》），对于“驳司马懿否定诸葛亮的用兵之道”（题目直雄所取），对于“驳陈寿评诸葛亮的用兵之道”（题目直雄所取）。这三个问题可谓争议千余年至今依然。这可以说是《诸葛亮兵法》中的关键之点。如果这三个问题不能作出十分中肯的论证，那么，称《诸葛亮兵法》可与世人公认的“十大兵法”“十大兵书”等量齐观、同样是“大兵法”“大兵书”，这就是对《诸葛亮兵法》的人为拔高！就是笑柄！对于这三大问题，先生的精细论证令人耳目一新，先生所举之例证令人叹服！这样一来，使《诸葛亮兵法百妙·长期争议的三问题考证》包含在本书中；

五是首次将《便宜十六策》《将苑》二书中的内容，与《姜太公兵法》《司马兵法》《黄石公兵法》《孙子兵法》《吴起兵法》《尉缭子兵法》等书进行了对比研究，充分肯定是书是对上述六本书的继承与创新。这样一来，本书对前代兵法的继承与创新包含在本书中。

六是作者在第一卷至第九卷与第十一卷从所列举的诸葛亮兵法中，依据自己的体验，提练出诸葛亮用兵之妙。而在第十卷，作者则是就《便宜十六策》《将苑》《兵法秘诀》《作连弩法》《作木牛流马法》《八阵图法》中的每一段兵法去品味、去分析、去比照前贤的兵法而得出诸葛亮用兵之妙的。总计为 115 妙。书名取其整数为《诸葛亮兵法百妙》，这是本书的主体。

由此，是书从“本节题解”“精要概说”“白话说意”“便宜十六策考证”“将苑考证”“长期争议的三问题考证”“对前代兵法的继承与创新”等几方面加以叙述，是一般研究古代兵法图书所不具备的。

我们所谓是书为九用之书，仅仅就其大体方面而言。本书序言中所提到的《诸葛亮兵法》中的十二大与众不同之处，均能给人以启迪。而所拟定的十一个大标题，更是令人回味：从“第一卷　立足襄阳看乱世　开国立政对隆中”到“第十一卷　智星陨落是非存　盖棺论定史实在”。这十一个篇章的标题，就勾勒出了诸葛亮“律己严”“善用人”“善用兵”“善谋身”“重谋国”“不贪权”“不谋私”“勤理政”“严执法”“谋安民”“谋攻敌”“谋通粮”“谋疏阵”“谋地利”“谋胜敌”“谋人和”“谋据守”“谋储蓄”“谋强兵”“谋赏罚”“待人恭谦”“治蜀有方”“高风亮节”的闪光之处，在是书中皆有充分的展现。其生命不息、奋斗不止，璀璨而光辉的人生形象永驻人间，风尘岁月永远彰显着诸葛武侯的雄才伟略，流芳千古的事迹辉映着武乡侯的用兵精髓！

诸葛武侯的智慧嘉惠后人，是书适合文化工作者、机关干部、学校师生、企事业界人士、广大的工人、农民、解放军指战员等社会各个阶层人士、尤其是“三国”爱好者与兵法爱好者阅读。

内容提要

本书以极其开阔的视野论述了诸葛亮兵法，提出了诸葛亮兵法研究中不少新的观点，内容丰富，再现了后汉三国时诸葛亮用兵之妙。

本书从十二个方面论证了诸葛亮兵法何以称之为“大兵法”，可谓别开生面之论。敖桂明的“序”题目则云:“彰诸葛奇伟将略　显武侯用兵精髓——吴直雄《诸葛亮兵法百妙》”，是序重在点明是书乃九用佳制。毋庸置疑，序与自序皆将诸葛亮兵法是大兵法作出了简要的论说与充分的肯定。然而，更为详细的论说在如下十一卷之中。

第一卷　立足襄阳看乱世　开国立政对隆中——《隆中对》(即《草庐对》)《说孙权》中兵法探妙的精要是——董必武 1965 年 1 月为武侯祠题联：“三顾频烦天下计；一番晤对古今情。”联中的“一番晤对”，就是指刘备与诸葛亮草庐对策。千百年来，“三顾茅庐”一直被视为礼贤下士的典范，而《隆中对》更是千古绝唱。就“古代用兵作战的战略战术”而言，必须是从如何提高国家综合国力以论战争成败而不拘限一次具体战斗的兵法。作者姑且称之为“大兵法”。那么，诸葛武侯的《隆中对》《说孙权》，从“大兵法”的角度来看，面对自己将要成为君王刘备，有些什么精妙之处呢？作者以为，这两篇对答尽管只有 295 个字，其中《说孙权》，只能算是执行《隆中对》的补充，作者就整篇《隆中对》蕴藏着的精妙之处归纳为五。

第二卷　痛定思痛“鱼入水”　诚心授权复初衷——《说刘备即帝位》《临终托孤》《答刘备托孤》《请宣大行皇帝遗诏表》《上言追尊甘夫人为昭烈皇后》中兵法探妙的精要是：由于刘备在当了“汉中王”时，即赋予了关羽以代表着皇帝亲临，象征皇帝与国家，可行使相应权力的“假节钺”重权，这个权力是诸葛亮所望尘莫及的。关羽有了这个权力，可以斩杀与其意见相左的大臣。有了这个权力,即随时出兵伐曹,谁敢提出异议？刘备在这个时间节点上赋予关羽如此重权，实际上是他与关羽无视孙刘联盟、无视《隆中对》警示的“军事冒险”。在关羽殒命沙场之后，刘备不肯检讨自己无视孙刘联盟、无视《隆中对》警示的致命错误，反而大举伐吴，再次“军事冒险”，导致几乎灭国的地步。风是秋后爽，刘备挫后醒。诸葛亮借助刘备“觉醒”后的赋权，鉴于历史的经验，不得不尽快地利用《临终托孤》《答刘备托孤》《请宣大行皇帝遗诏表》《上言追尊甘夫人为昭烈皇后》等机会，有效地“二驭后主”，得以再次擎起北伐曹魏，实现中华民族大一统的大纛！

第三卷　泰山压顶不弯腰　文攻曹魏笔似枪——《正议》《论光武》中兵法探妙的精要是：《正议》《论光武》是诸葛亮主政的政治号召与政治宣传。《正议》是针对曹魏在搞“不战而屈人之兵”的有力回击与对刘汉政权正统性的绝妙宣传！在孙权已向曹魏称臣，枭雄刘备归西，刘禅是众所周知的无能之辈，刘汉政权摇摇欲坠的情况下，《正议》一文，实有起到明确政治方向、稳固朝政、稳定人心的重要作用。《论光武》发表于北伐三次练兵前夕，对于振奋民心军心实有鼓舞作用！

第四卷　挥兵南指不容缓　“擒纵之策”显“天威”——《邓芝表达武侯意》《南征表》《南征教》《“三不留”之策》中兵法探妙的精要是：《邓芝表达武侯意》《南征表》《南征教》《“三不留”之策》皆未明确地说到用兵的问题。但是它无不与攻城略地或开战或止战紧密相关，它们无不展现着诸葛亮在妙用兵法中的大智慧，所显现的“中华民族大一统”与实施“不战而屈人之兵”形象生动的精妙之所在。

第五卷　成都营“治戎讲武”　诸葛亮整军有方——《军令十三则》《贼骑来教》《兵要十则》《兵法》(1)(2)中兵法探妙的精要是：诸葛亮的这些兵法，是对《姜太公六韬兵法》《司马兵法》《黄石公三略兵法》《孙子兵法》《吴子兵法》《尉缭子兵法》等兵法的继承与创新；是诸葛亮南征军事实践的经验总结；是诸葛亮养精蓄锐拟出其不意、攻其不备北伐曹魏，进行艰苦卓绝的中华民族大一统战争的开始。

第六卷　北驻汉中伐曹魏　临行上呈《出师表》——《论诸子》《论让夺》《论交》《与孙权书》《出师表》《为后帝伐魏诏》中兵法探妙的精要是：诸葛亮在公元227年春三月至公元228年春，北驻汉中积极准备首次北伐，与此同时，练兵讲武、讨论并处理北伐中存在的诸多问题，而深含用兵之法的《论诸子》《论让夺》《论交》《与孙权书》《出师表》《为后帝伐魏诏》为其练兵讲武中的一项重要内容。这六篇文论在训练将士时，各尽其妙，而尤以《出师表》所深含用兵之法最为显著，

《出师表》的用兵之妙，不仅是指篡汉的曹魏，而是重在开解北伐之内忧。故直雄拟题为：“精忠报国再谋身；三驭后主抓人事。”

第七卷　“有街亭违命之阙”　有“箕谷不戒之失”——《祁山表》《论斩马谡》《自贬疏》《与张裔蒋琬书》《又与张裔蒋琬书》中兵法探妙的精要是：《祁山表》《论斩马谡》《自贬疏》《与张裔蒋琬书》《又与张裔蒋琬书》，这看似一般的书信与奏疏。但作为一位三军统帅所写，它决非寻常。它隐含着诸葛亮为使北伐战争坚持到底的妙招，隐含着诸葛亮在同一时期，从“超众拔马谡到执法斩马谡”的决断，到最终“超众提拔姜维，真正找到理想的接班人”那非同寻常的胆识与绝世的知人智慧。作者在本卷中归纳出诸葛亮用兵四妙是：“兵出祁山理当然；略取千户埋伏笔”“兵家胜败事乃常；马谡岂止军法亡？”“街亭之失当罪己；彰显先帝取主动”“求贤若渴论伯约；选取良将胆识高”。这是异乎寻常的四妙，它反映了诸葛亮通过“街亭”一战，从此除去了曾被诸葛亮百般信任但未暴露的刘汉政权中的一大祸根，也同时找到了刘汉政权中军事上的中流砥柱！可以肯定地说，要是刘禅能偕同其子女坚守诸葛亮励精图治、不重走桓灵腐败之路的话，哪有腐败皇帝司马炎的天下？

第八卷　屯田讲武八个月　“民忘其败”为一统——《劝将士勤攻己阙教》《务农殖谷》（直雄拟题）《与兄瑾言赵云烧赤崖阁道书》《与兄瑾言大水赤崖桥阁悉坏书》《与兄瑾言治绥阳谷书》《后出师表》《绝盟好议》《与兄瑾论陈震书》中兵法探妙的精要是：作者将上述七篇文论分析归纳“屯田讲武八个月，‘民忘其败’为一统”中的三条兵法妙用：一是：“身在征途忧其君；四驭后主忠贞心。”言诸葛亮以其忠贞之心感动并“驾驭”后主，从而得到朝廷对北伐的支持；二是：“罪己自责益智慧；同分曹魏曹魏亡。”论证《隆中对》中“联吴抗曹”长策的坚定执行，致三国中的曹魏最先灭亡；三是：“刘禅将走‘桓灵路’；北伐曹魏势必行。”论说了诸葛亮凭借其超强的洞察力，深感必须在有生之年北伐成功原因之所在。

第九卷　永在台上是好人　孔明表率壮国魂——《称蒋琬》《又称蒋琬》《答蒋琬教》《与张裔蒋琬书》《又与张裔蒋琬书》《又与张裔蒋琬书》《举蒋琬密表》《与蒋琬董允书》《答李福》《荐吕凯表》《称董厥》《称姚伷教》《称许靖》《与刘巴书》《论荐刘巴》《与刘巴论张飞》《称庞统廖立》《答关羽书》《论黄忠与关、马同列》《为法正答或问书》《答法正书》《思法正》《答惜赦》《弹廖立表》《又弹廖立表》《与张裔教》《与张裔书》《与杜微书》《答杜微书》《论来敏》《黜来敏教》《与孟达论李严书》《答李严书》《又与李严书》《与李平三策》《弹李严〔平〕表》《弹李平表》《公文上尚书》《与李丰教》《与群下教》《与参军掾属教》《又与群下教》《论交》《论诸子》《论让夺》《诫子书》《又诫子书》《诫外生书》《与陆逊书》《与兄瑾言子乔书》《谢贺者》《论斩马谡》《自贬疏》《上事表》《与兄瑾言孙松书》《与兄瑾言子瞻书》《自表后主》《空城计》《诸葛信战》（题名为直雄所取）中兵法探妙的精要是：本卷的59篇文论，广涉诸葛亮理政治国、领军征战等方方面面的人和事，直雄仅撮取其中之精要，归纳治国用兵六妙。但这六妙涉及领导者当“如何以身作则”“如何选贤任能”“如何执法如山”“如何反腐廉政”“如何谨慎用兵”“如何实诚守信”，其中未能纳入六妙者，读后亦有启发。这些内容，虽说距今近1800年，然仍可龟鉴。

第十卷　“诸葛武侯诚哉武”　练兵奇才重创新——《便宜十六策》《将苑》《兵法秘诀》《作连弩法》《作木牛流马法》《八阵图法》中兵法探妙的精要是：本卷就上述六篇兵法进行了品析，归纳出69妙。古今诸多文论否定《便宜十六策》《将苑》为诸葛亮所作，认为“很难用来作为研究诸葛亮的基本资料”，而实际上，诸多著作者却是“不约而同”视为诸葛亮的军事著作。这是一个十分严肃的学术问题，故而必须考证。作者考证认为：诸葛亮著作，如果将有104112字的陈寿《诸葛氏集目录》视为“准确集结”的话，目前所收集到的仅仅是24500字或29503字左右而已。对于已经发现的诸葛亮著作，它是珍贵品，如果拿不出真正的“铁证”，是不能轻而易举地一口否定的。故而有多位专家将《将苑》与《便宜十六策》算作《诸葛氏集》中的著作，是有道理的，《便宜十六策》《将苑》用作学术是完全可以的。

第十一卷　智星陨落是非存　盖棺定论史实在——《阴符经序》《阴符经注》《驳司马懿否定诸葛亮的用兵之道》（题目直雄所取）《驳陈寿评诸葛亮的用兵之道》（题目直雄所取）中兵法探妙的精要云：《驳司马懿否定诸葛亮的用兵之道》与《驳陈寿评诸葛亮的用兵之道》，是从古至今争讼不息的问题。作者论证后认为：司马懿如此贬评诸葛亮，是司马懿对诸葛亮用兵自相矛盾的臆断枉评；至于“陈寿评诸葛亮的用兵之道”，言诸葛亮“应变将略，非其所长”，纵观诸葛亮的军事生涯，作者以三段话语予以论证并否定之。其结论是：“隆中长策败曹操成三国”“隆中长策擒孟获定南中”“隆中长策‘借司马’灭曹魏”。仅此一策就足以说明：陈寿言诸葛亮“应变将略，非其所长”，有违客观事实。

是书的结语云：是非成败当厘清；经验教训启后人。当研究的问题回到“是

非成败当厘清；经验教训启后人”时，再细心地品味陈理同志所言：“实际上，真正能毁灭‘大一统’统治秩序的根本力量，往往并不是来自极端困苦条件下揭竿而起的农民起义，而是来自官僚体制本身。”本书虽说是诸葛亮兵法研究，而作者认为，兵法研究是不能回避国家政治的。早在3000年前商末周初政治家、军事家、韬略家、周朝开国元勋、中国兵学奠基人，被历代君王和文史典籍尊为兵家鼻祖、武圣、百家宗师的姜子牙，在与周文王、周武王的论兵中，就反复强调“天下非一人之天下，乃天下之天下也。同天下之利者则得天下，擅天下之利者则失天下”“天下者非一人之天下，惟有道者处之”。并进行了多次研讨，诠定国运要兴隆，唯有反腐倡廉克己欲——“爱民而已”！我们的前贤是何等的博识睿智。“天下非一人之天下，乃天下之天下也”，一语道破君王也是人，若夺民利搞腐败，必然垮台，这就是几千前我们聪明睿智的先祖根植下的“民族复兴必反腐”基因，这就是几千年的历史事实所验证过的金规铁律。

《诸葛亮兵法百妙》，是作者继《千秋功过评孔明：诸葛亮新论》之后的“姐妹篇”，是又一部基本上沿着诸葛亮人生“轨迹”，以历史事实为依据、体裁独具、眼光敏锐、特色凸显、资料翔实、新意叠现，展现在世人眼前的一部令人眼睛为之一亮的诸葛亮兵法研究力作。

彰诸葛奇伟将略　显武侯用兵精髓

——为吴直雄著《诸葛亮兵法百妙》序

敖桂明

追溯伏羲，煌煌璀璨七千载；寻源炎黄，巍巍华夏五千年。早期人类在原始社会时期就战争不断，兵法应时生焉！约公元前21世纪，夏王朝建立奴隶制国家，军队即为国家机器中最重要的组成部分。夏、商、周三代出现了诸如夏启讨有扈氏、商汤灭夏、武王伐纣、周公东征等著名战争。有周一代，军队已有师、旅、卒、两、伍等编制，兵法著作亦逐渐为之丰富……

直雄先生在当责编、带研的同时，即对中共党史、毛泽东诗文、民俗学、编辑学、红学、论著写作等学科进行了不计寒暑、废止节假日休息的艰苦研究，出版论著1000余万字，这为他开辟新学科的研究奠定了很好的基础！王勃有云："落霞与孤鹜齐飞，秋水共长天一色。"联中真谛，落实到人生就是：挑战不时与成功相伴；成功须有机遇降临。2008年三四月间，我俩尊敬的习嘉裕教授偕同新余市水电局习金苟局长，分别从萍乡、新余又一次来到直雄先生家称：事急矣！水利部已下发文件在白梅建水库，老家白梅这个千年古村，将要淹没……更有甚者，有博士撰文，白梅习氏来自五代，习凿齿墓乃衣冠冢也……务请先生前往考证。

情深谊厚心中久，尊师有请怎能却？对于这一崭新的研究领域，先生毫不犹豫地接手了，并对上述两大专题进行考证与系统的研究。没想到先生对"习凿齿研究"自此一发不可收拾。出版论著300余万字。随之而来的是"分宜习凿齿墓被升为省二级文物保护单位"；"分宜习凿齿纪念馆"亦落成于"习凿齿墓"旁，"纪念馆"以其丰富的内容、别有的特色，展现了在江西尘封33年的习凿齿盛名、事迹及其在江西万载、新余渝水区白梅村守正从教、勤奋著书的风采，让古今罕见的一段东晋历史与今人所津津乐道的习凿齿的故事家传户颂。然而，先生的研

究并没有因此而收手。他在撰写《凿齿理念知得失……》一书时，深感要进一步精研习凿齿，必须先深入研究对其影响极大的诸葛亮；先生深得“异代相知习凿齿；千秋同祀武乡侯”联意的真谛。在撰写和出版《千秋功过评孔明：诸葛亮新论》期间，对习凿齿研究果然又有新的发现，在此基础上，一部《诸葛亮兵法百妙》业已撰就。笔者做为第一读者，认为是书有六大特色。这些特色，不仅是在诸葛亮兵法，乃至在所有的兵法研究中，决定了是书当属独树一帜的九用之作。

先生长期从事编辑与研究工作，深深理解读者的心理。故是书细列书目标题，大可帮助读者一目了然地选择自己所要读的内容。现代生活的快节奏、大信息量，读者购书，他们往往不是一定要啃完全书，出现了所谓“读题时代”。“题好文一半”“读书先读题，也包括书稿目录中的标题”，将用兵的精髓之“妙”融入每一主次标题之中，让读者能体味到标题中所概括的“妙”的强调感、凸显感、郑重感。

特色之一：注重搜集诸葛亮兵法的内容。将其认定为当属诸葛亮兵法的著作率先列举出来，并经比照后，详注出处。从而使《诸葛亮兵法·原著》[①]一书包含在《诸葛亮兵法百妙》一书之中；特色之二：对每段“诸葛亮兵法·原著”，设有“本节题解”“精要概说”“白话说意”。这样一来，是书就比市面上一般的《白话诸葛兵法》《诸葛兵法译著》等增加了三个方面的内容。这样一来，使《诸葛亮兵法·本节题解》《诸葛亮兵法·精要概说》《诸葛亮兵法·白话说意》三书包含在《诸葛亮兵法百妙》一书之中；特色之三是：是书的考证填补空白。这样一来，使《便宜十六策考证》《将苑考证》二书理所当然地包含在《诸葛亮兵法百妙》一书之中；特色之四：是书的论证自辟新径出新意。这样一来，使《诸葛亮兵法·争议三问题考证》包含在《诸葛亮兵法百妙》一书之中；特色之五是：据笔者手头资料所见，是书当是首次将《便宜十六策》《将苑》两书中的内容，与前代兵法作了比较研究。这样一来，使《诸葛亮兵法·对前代兵法的继承与创新》一书包含在《诸葛亮兵

① 关于《诸葛亮兵法》，诚如本书所载：诸葛亮的老对手司马懿父子，在司马昭灭蜀之后，立即下令部下陈勰学习诸葛亮兵法。普颖华，郑吟韬编著的《白话诸葛亮兵法·前言》中载：“中国传统兵法著述，粗略统计约有1300多种，但传世兵法仅有200多种。《诸葛亮兵法》便是古代兵法著述中的精品之一。”（《时事出版社1997年11月版）《隋书·经籍志》载：“梁有《诸葛亮兵法》五卷。”可见《诸葛亮兵法》存世久长。目前常见有《诸葛亮兵法》的注释本刊行市场上售卖。如1997年11月版毛元佑译注的《白话诸葛亮兵法》(《岳麓书社》出版)。岳麓书社在该书的扉页云：古典名著今译读本［三国］诸葛亮/著　毛元佑/译注。

法百妙》一书之中；特色之六是：是书比照前贤的兵法，品味、分析每一段兵法而得出诸葛亮用兵 115 妙。书名取整数为《诸葛亮兵法百妙》，是本书主体。

至此，是书具有《白话诸葛武侯大兵法全书》《白话诸葛武侯大兵法·本节题解》《白话诸葛武侯大兵法·精要概说》《白话诸葛武侯大兵法·白话说意》《白话诸葛武侯大兵法·便宜十六策考证》《白话诸葛武侯大兵法·将苑考证》《白话诸葛武侯大兵法·长期争议的三问题考证》《白话诸葛武侯大兵法·对前代兵法的继承与创新》的功效，加之本书的主体《诸葛亮兵法百妙》，是书九用具焉！

笔者所谓是书为九用之书，仅仅就其总体方面而言。其实，作者的“自序：研读武侯大兵法　领悟千古大智慧”所提到的《诸葛亮兵法》中的十三大与众不同之处，均是诸葛亮智慧精华、人生之必读、皆能给人以启迪。而所拟定的十二个大标题，更是令人回味：从“第一卷　立足襄阳看乱世　开国立政对隆中”，到“第十一卷　智星殒落是非存　盖棺论定史实在”。这十二个篇章　是非成败当厘清　经验教训启后人的标题，就勾勒了诸葛亮为实现中华民族大一统，他那“律己严”“善用人”“善用兵”“善谋身”“重谋国”“不贪权”“不谋私”“勤理政”“严执法”“谋安民”“谋攻敌”“谋通粮”“谋疏阵”“谋地利”“谋胜敌”“谋人和”“谋据守”“谋储蓄”“谋强兵”“谋赏罚”“待人恭谦”“治蜀有方”“高风亮节”等闪光之处，在是书中皆有充分的展现。

兵法，并不仅仅是战争的指挥艺术，也是政治、思想、经济、文化、外交诸多方面的总体融合，是智慧精华的展现。因而它就不限于是军事家的事，而是每一个人都会时常遇到的问题，诸葛亮所具有立国治本与亲征敌寇独特经历，决定了诸葛亮兵法在古今中外兵法史上有着别出奇葩、别样精彩的地位！当然，将 1800 年前的诸葛亮兵法挪移到当代，虽说差异颇大，但治国安邦、料胜决策、治军用兵、审己量敌、攻心伐交、断案决讼、为人处世、经营管理、反腐安民、道德修养、战略管理等诸多基本的原则，仍有其可贵的相通之处，仍能赋予现实的运用，其用途之广博，实可达于社会多层面，也是诸葛亮兵法历久而弥新的缘由所在。

一部《诸葛亮兵法百妙》，实具有中国传统思想政治的、文化的、军事的、经济的功能及其教化效果，是历代士人的精神殿堂，在它身上闪耀着我国优秀传统文化的光芒。“被学界视为现代儒学‘三大圣’之一的马一浮先生曾言：‘国家生命所系，实系于文化。’也就是说，如果一个民族的传统文化一旦消失，国

家也会不战而亡。之所以会有此结果，就是因为文化这一软实力实乃‘一个民族安身立命的基础、生死发展的支撑、身份归属的标志，是维系这个民族发展繁荣的最深沉的力量’。对任何一个国家或民族而言，文化传统已经融入民众的血脉，是无法割裂的。”[①] 袁吉富先生称：“学术是一个民族的脊梁。”[②] 兵法必须是辩证的，否则，运用时定会败北。明镜可照形、古事可知今。历史是最好的教科书和最好的清醒剂。尚古贵在开今。在世人爱将“三国”比喻为三种不同结构的政治势力，三种代表不同利益的势力之结合的今天，我们细读是书，着实可以从中汲取历史文化的力量。

人们常道：打开一本好书，是展开一段奇妙的思想、是经历丰富的多彩文化旅程；阅读一本好书，是享受一场豪华的文化盛宴！是书凝结了直雄先生对诸葛亮兵法悉心研究之可贵心得，让我们借助《诸葛亮兵法百妙》中的论述，对诸葛亮兵法有一个总括性的把握和全面的理解，尽情地体味“诸葛武侯用兵之妙”的精彩文化旅程，尽情地享受“诸葛武侯用兵之妙”这场中华民族大一统思想的文化盛宴，并有效地握住“诸葛武侯用兵之妙”这一把开启智慧之门的金钥匙，在具体实践的运用中，以“存乎一心”的智慧与勇气书写出自己的精彩人生吧！

“毛泽东说：‘（裴松之）长篇大论搜集大量历史资料，使读者感到爱看。’”[③] 是书资料丰富翔实，论证详尽得理，是读懂诸葛亮、读懂《诸葛亮兵法》、直窥《诸葛亮兵法》智慧堂奥的开卷益智之作。

朋党与腐败是社会治理中不易根绝的两大毒瘤。读完是著，尤其对诸葛亮杜绝朋党、卓有成效的遏制腐败倍增景仰之情，范仲淹的名言亦顿时涌上心头：“云山苍苍，江水泱泱，先生之风，山高水长。”

承直雄先生之约，得以先睹书稿，聊发读后之感，权当为序。

2023 年 5 月 1 日于江西省萍乡市鳌洲书院

---

① 赵国权，周洪宇：《游走于传统与现代之间：对文庙再定位的几点思考》，《河南大学学报·社会科学版》，2017 年第 5 期，第 121 页。

② 袁吉富：《学术是一个民族的脊梁——黄枬森治学思想研究》，《北京大学学报·社会科学版》，2009 年第 2 期，第 121 页。

③ 姜观吾：《学习毛泽东的历史观》，《盐城师专学报·哲学社会科学版》1992 年，第 4 期。

自序：研读武侯大兵法　领悟千古大智慧

——《诸葛亮兵法百妙》

拟撰写是书之时，有多位先生对于我这个选题不以为然，他们以为：第一是《四库全书》对《诸葛亮兵法》并不怎么看好；第二是在《武经七书》中，也没有《诸葛亮兵法》的份；第三是古今不少先生撰文称：《诸葛亮兵法》中的主要部分《便宜十六策》《将苑》系伪书，不能用作为学术研究。而本人却要撰写《诸葛亮兵法百妙》，这是何等道理？在传统的中国十大兵法名著中，根本就没有排上《诸葛亮兵法》，本人却独称它是“大兵法”，这又是何等道理？

对于所问的上述第一与第三之疑问，本书《诸葛亮兵法百妙》自有详细论说。而第二个疑问，因本书正文不会论及，有必要在此先作简单说明。

据《续资治通鉴长编》载：《武经七书》是元丰三年（1080）四月由宋神宗下诏校定。它是北宋朝廷作为官书颁行的兵法丛书，是中国古代第一部军事教科书，是各州县一般武官武职考试的课本。是书由《孙子兵法》《吴子兵法》《六韬》《司马法》《三略》《尉缭子》《李卫公问对》七部著名兵书汇编而成。是宋朝以来一直作为武学必读之书。《武经七书》集中了古代中国军事著作的精华。注重军事史学也是中国文化史的一个突出特点。《武经七书》是北宋朝廷在军事理论建设上的一大贡献，基本包括了北宋以前我国古代军事著作的代表作。它阐述了一系列军事战略思想和战术原则，凝聚了中国古代人们对战争认识的精华。不论在军事理论上，还是在战争实践中，它都对后世乃至世界上产生了深远的影响。

《武经七书》作为中国古代兵书的精华，是中国军事理论殿堂里的瑰宝。它不仅是中华民族的精神财富，也是世界人民共同的精神财富。它奠定了中国古代军事学的基础，对中国和世界发展近代、现代军事科学起了积极的作用。校定、颁行《武经七书》，是北宋朝廷在军事理论建设上的巨大成就。那么，本人在撰写《诸葛亮兵法百妙》时，用作基础研究的《诸葛亮兵法》，为何宋神宗让其“名

落孙山”呢？这是一个值得深思和必须答复的问题。

本人认为：除了在本书中所要论及的第一与第三个情况，是影响《诸葛亮兵法》难于跻身《武经七书》的重要原因之外，最为重要的原因可用下面一副对偶话语作出简要概括：

诸葛亮辅佐后主，三世忠贞、鞠躬尽瘁、一生死而后已；

赵匡胤兵变陈桥，欺孤虐寡、逼帝禅位、两次杯酒夺权。

“诸葛亮辅佐后主，三世忠贞、鞠躬尽瘁、一生死而后已”的基本情况，几乎妇孺皆晓，不必重述。而“赵匡胤兵变陈桥，欺孤虐寡、逼帝禅位、两次杯酒夺权”，都是关涉赵匡胤的典事，未必众所周知：

公元959年，周世宗柴荣驾崩，七岁的周恭帝柴宗训即位。殿前都点检、归德军节度使赵匡胤，与禁军高级将领石守信、王审琦等掌握了军权。公元960年正月初一，传闻契丹联合北汉南下攻周，宰相范质等未辨真伪，急遣赵匡胤统率诸军北上御敌。周军行至陈桥驿，赵匡胤和赵普等密谋策划，发动兵变，众将以黄袍加在赵匡胤身上，拥立他为皇帝。随后，赵匡胤率军回师开封，京城守将石守信、王审琦开城迎接赵匡胤入城，胁迫周恭帝禅位。赵匡胤即位后，改国号为“宋”，仍定都开封。石守信、高怀德、张令铎、王审琦、张光翰、赵彦徽皆得授节度使位号。

宋建隆二年（961）七月初九日，宋太祖赵匡胤为防止手下将领抄自己的老路，用赵普之计，在一次宴会上对石守信等大将威逼利诱，迫使其交出兵权，回家养老，从而收回了大将的兵权。在解除石守信等大将的兵权后，太祖另选一些容易控制的人担任禁军将领。杯酒释兵权事件发生之后，宋太祖当年执掌兵权的结义兄弟的禁军职务全部被解除，且从此不再授予他人。公元969年，宋太祖又如法炮制，趁着王彦超、郭从义、武行德、白重赞和杨廷璋等藩镇节度使入朝觐见之机，在皇宫后苑设宴款待他们。次日，宋太祖下诏解除了他们的兵权，并给予高官厚禄。其后，王彦超历任右金吾卫上将军等职，封邠国公；郭从义任左金吾卫上将军，次年任太子太师；武行德官至太子太傅，死后赠太师。

在边患频仍、战云密布、国难正殷之际，赵匡胤想到的不是带领一班文武如何励精图治，如何反腐防变，如何去恢复像汉唐时期中华民族的大一统天下！他最先所想到的是如何稳固自己赵氏“朝廷”，用极端自私、极端利己的策略，他的歪点子就是“杯酒释兵权”（以后有机会再论其反动性及其恶劣影响与恶果）。这一恶例，历来为赵宋王朝所自鸣得意，且为某些学人所津津乐道。岂不知，皇权若在手，鬼神也得听。不能驾驭将领的皇帝，除智障、患病等特殊情况外，多是腐败无能的皇帝，赵匡胤的这种作为，所种下的恶果是：赵宋王朝从此没有令敌胆寒的雄兵强将，在宋、西夏、辽（后是金）“大三国”的角力中，总是处于割地赔款、杀害忠臣，甚至做敌方俘虏、做儿皇帝也心甘情愿，最终为元所灭的可耻可悲下场。害苦的是忠臣良将及广大的平民百姓。赵匡胤借陈桥兵变，欺孤虐寡逼周恭帝禅位且两次杯酒释兵权的行为，与诸葛亮为国为民的忠贞不二、不懈为中华民族大一统的雄心壮志，及其种种强国强军反腐爱民的措施相比，实乃天壤之别。宋神宗赵顼哪有脸面提及诸葛亮！手下朝臣谁敢不见风使舵！谁会去冒犯“神宗”的龙颜找死！我以为，这恐怕这就是《武经七书》没有《诸葛武侯兵法》的主要原因！

现在的问题是：兵法自有定义，“何谓‘兵法’？首先我们要了解‘兵法’这两个字的意义。大致说来，‘兵法’拥有两种不同的涵义，以广义来说包括战争哲学、建军思想、军事制度等，狭义来说则仅指野战用兵的方法。”[①]本人为什么要将《诸葛武侯兵法》称之为《诸葛武侯大兵法》呢？“大兵法”者，就是说，在中国古代，《诸葛武侯兵法》较之其他兵法在范围程度深广等方面有所超越也！再是世上常见有“大兵法”“大兵书”之说，本人认为《诸葛武侯兵法》，不亚于这些大兵法、大兵书，是当之无愧大兵法、大兵书。将《诸葛武侯兵法》称之为《诸葛武侯大兵法》有如下为世人所疏忽而又常见的十三大理由。

其一是：从作者的身份地位来看。稽查中国古代兵书作者的身份，《诸葛亮兵法》当为大兵法。人称中国古代十大兵法有：《孙子兵法》作者：孙武；《孙膑兵法》作者：孙膑；《吴子》作者：吴子；《六韬》作者：姜子牙；《尉缭子》作者：尉缭子；《司马法》作者：姜子牙；《太白阴经》作者：李筌；《虎钤经》作者：许洞；《纪效新书》作者：戚继光；《练兵实纪》作者：戚继光。[②]其中根本就没有《诸葛亮兵法》的份；又，“百度百科”云：“古代十大兵书包括孙子兵法、

---

① 南关音、何长林编著：《中华谋略宝库·序说　中国兵法的系谱》，南海出版公司1992年版，第3页。

② 王同华：《中国古代十大兵法有哪些》2022年11月23日，软文网http：//www.ruanwen5.cn/richang/261153.html。

孙膑兵法、吴子、六韬、尉缭子、司马法、太白阴经、虎钤经、纪效新书、练兵实纪十大兵书。介绍了兵书的年代，作者，兵法等。”《诸葛亮兵法》亦不在其列。《新闻出版报》1996年5月8日载云：《中国古代十大兵书》：“《孙子兵法》——我国现存最早的兵书，春秋末孙武著，共82篇，图9卷，今存本13篇。《孙膑兵法》——为战国时期齐国孙膑所作，共39篇，图4卷，隋以前失传，1972年在山东临沂县西汉墓中发现其残简。《吴子》——由吴起、魏文侯、魏武侯辑录，共48篇，今存‘图国’‘料敌’等6篇，都系为后人所撰。《六韬》——传说为周代吕望（姜太公）所作，后经研究，认定为战国时的作品，现存6卷。《尉缭子》——传说为战国尉缭所作，共31篇，今存5卷，共24篇。《司马法》——战国时齐威王命大夫整理古代司马兵法，共150篇，今存本仅5篇。《太白阴经》——由唐代李筌撰写，共10卷，《四库全书》收录的8卷本，是后人合作的。《虎钤经》——由宋代许洞撰写，全书共20卷120篇。《纪效新书》——由明代戚继光在东南沿海平倭寇时撰写，共18卷。《练兵实纪》——由戚继光在蓟镇练兵时撰写，正集9卷，附集6卷，此书和《纪效新书》亦称戚氏兵书姐妹篇。”这里皆不见有《诸葛亮兵书》。

本人查知所有定为“大兵书”的资料，皆不见有《诸葛亮兵法》。这是极为偏颇的。就我当今所见最有名的兵书，就有《握奇经》《姜太公六韬兵法》《司马兵法》《黄石公三略兵法》《孙子兵法》《吴子兵法》《尉缭子兵法》《孙膑兵法》《李卫公问对》《李靖兵法》《太白阴经》《虎钤经》《何博士备论》《守城录》《百战奇略》《练兵实纪》《阵纪》《投笔肤谈》《百金方》《三十六计》《兵经百篇》《左氏兵法》《曾胡治兵录》等。

稽查这些军事著作的作者，其中享誉最高者，或被赐为“国策顾问”、或被任命为“统帅”、或被誉为“中兴之臣”……仅此而已！然惟有《诸葛武侯兵法》的著者诸葛亮，他不仅是刘汉政权的初始设计者，特别是在刘备托孤之后，他实际上是刘汉政权唯一的掌舵人。就是这么一个掌舵人，可以说他是“君”、是“君父”、是“相”、是南征北伐的“大将军”、是刘汉政权四十年天下的奠基者，是《诸葛武侯兵法》的实践者与用兵经验的总结者。从兵法作者这种特殊的身份与这种独特角度来看，是中国古代所有兵法论著作者所无法比拟的。将《诸葛武侯兵法》排除在“大兵书”之外，实有不当！这也正是本人将是书取名《诸葛亮兵法百妙》原因之所在！

也许有读者会问：曹操不也是魏的开国者与军事大家吗？你怎能将曹操漏掉？请君读读下面一段研究者比较实事求是的文字，我以为：曹操的兵法不能与《诸葛武侯兵法》同列，故不将其列入。[①]

其二是：从兵书的关键篇章来看。从一篇奇策便立国、违此奇策可覆国的兵法实效来看，《诸葛亮兵书》当为大兵法。姜子牙（？—约前1015年），商末周初政治家、军事家、韬略家，周朝开国元勋，兵学奠基人。被周文王尊称为太公望，成为首席智囊，辅佐姬昌建立霸业。周武王即位后，尊为“师尚父”，成为周国军事统帅。辅佐武王消灭商纣，建立周朝，后世推崇备至，历代皇帝和文史典籍尊为兵家鼻祖、武圣、百家宗师。其兵法：“《六韬》，即是六篇军政上的秘密谋略，包括政治谋略及军事谋略两大部分。文韬、武韬属于前者；龙韬、虎韬、豹韬、犬韬则属于后者。体系完备，思虑周密，周朝凭借为建国的蓝图，也是姜太公苦思焦虑后的结晶。”[②]这一评说，无疑是中肯的、不可挑剔的。对比诸葛亮，一篇《隆中对》，是为创建刘汉政权的蓝图。按此蓝图行事，刘汉政权就欣欣向荣，大有一统全国的希望；关羽、刘备破坏《隆中对》这个蓝图，结果是刘备、关羽、张飞这三个称雄于汉末的风云人物只能是先后见了阎王。诸葛亮“修补”了这个蓝图，刘汉与孙吴再次联手，最终让司马懿父子三人借机而起，最先灭了曹魏。

冠之以为洪武开国擘画蓝图、赫赫有名的大军事家刘基为作者的《百战奇略》，也许，正是他充分地认识到诸葛亮这位开刘汉一国、重新恢复刘汉国元气大手笔的《隆中对》对刘汉政权的重要性，故而在其《百战奇略》的首篇《计战》中，竟然一字不漏地录下《隆中对》！诸葛亮仅此一策，就不虚姜太公矣！据此，将《诸

---

① 刘逸生著：《三国小札》广州出版社2001年版第54页云：“曹操注解过好几种兵书……后一种也就是《魏书》所说的《新书》，出于自己著作，其他都是注解或抄撮古代兵书的。《新书》固已不传，其他注解古代兵书的著作，现在也仅存《孙子注》一种，也就是上文的《孙子略解》。清人孙星衍校刊的《孙子十家注》收录曹操的注文，这是曹操军事著作中惟一幸存的了。未看过曹操注《孙子》的人，也许以为其中有不少精彩的发明，其实相反，非常简略。例如《孙子》说‘强而避之’，曹操注云：‘避其所长也。’‘怒而挠之’注云：‘待其衰懈也。’‘卑而骄之，佚而劳之’注云：‘以利劳之。’‘亲而离之’注云：‘以间离之。’‘攻其无备，出其不意’注云：‘击其懈怠，出其空虚。’大抵都是这样的注解，可以说是注也如此，不注也如此，读了只有使人失望。不知所谓《孟德新书》者，是否也如此简单概略？看来曹操读了不少古代兵书，但不过粗知其意而已。赤壁大败证明了这一点。”

② 南关音、何长林编著：《中华谋略宝库——历代治世用兵全书·姜太公六韬兵法》，南海出版公司1992年版，第116页。

葛亮兵法》谓之“大兵法”可也！

其三是：从兵书作者可以直接把控朝政来看。诸葛亮可“驾驭后主”、有亲自把控朝政的权力，《诸葛亮兵书》当为大兵法。中华文明五千年，军事专家万万千；孙吴不过君下将，唯有诸葛享君权。诸葛亮之所以能主持朝政、南征北伐基本上可自作主张，完全是他能够如刘禅所说：“‘政由葛氏，祭则寡人。’亮亦以禅未闲於政，遂总内外。”[①] 如果没有“政由葛氏，祭则寡人”这一大关键之旨，诸葛亮的政治军事才能，便难以发挥到如此淋漓尽致的地步。当然，诸葛亮要使自己能够为实现中华民族大一统之志，也不全是本无帝王壮心、身具有贪腐本性后主刘禅所“恩赐”，而是靠自己的足智多谋、赤胆忠心、指导与感悟驾驭刘禅而得到的。本人在“第7妙：德高望重须谋身；三生有幸一驭主。”“第8妙：宣扬先帝在谋身；二驭后主用遗诏。”“第27妙：精忠报国再谋身；三驭后主抓人事。”“第33妙：身在征途忧其君；四驭后主忠贞心。”这在中国历史上是异常罕见的现象！试问：诸葛亮兵法不能算“大兵法”吗？[②]

---

① ［晋］陈寿撰，［南朝宋］裴松之注：《三国志》（全五册），中华书局1975年版，第893—894页。

② “诸葛亮驾驭刘禅”的这个观点，在直雄有限的目力所及，当为首次大胆提出，也许会有先生想不通。如早在1998年，朱大渭、梁满仓在其《武侯春秋》，团结出版社1998年版，第717—718页中这样批评诸葛亮道：“对刘禅的处理是错误的……所以说，从长远的观点看，诸葛亮对待刘禅的办法是错误的。”细读该段内容，其要点是刘禅的平庸，是诸葛亮管得紧造成的。直雄以为：不是任何人都是可培养成材的，人与人的素质是大不一样的。俗语云：“知子莫若父，知臣莫若君。”君不见：刘秀见阴氏长子东海王阳聪敏有君人之度，果断地将已立有十七年之久的太子刘彊废之，将刘阳（后改名庄）立为太子，让刘秀的江山稳固较为久长；同样，司马昭见司马炎远不如司马攸，虽然找到说得通的理由废司马炎立司马攸，作为政治家军事家的司马昭的眼光可谓独到，惜远不如刘秀有魄力，也没有像习郁这样的谋臣助其废立，废司马炎之举失败，致使司马炎这个腐败皇帝（可惜立司马攸失败，中国的历史未能改写。又可惜孙皓只做了三个月的好皇帝，如果他能坚持“好”下去，中国历史也当要改写）当政，致乱中华近400年！刘禅的平庸无能，诸葛亮虽说在某种特殊情况下不得说过刘禅的好话，但事实是：刘禅确是个无用之徒，在没有接受托孤时就为世所公认。刘禅刚刚立为太子，人们对日后的刘汉政权就深感担忧。《三国志·刘封传》云：“自立阿斗为太子以来，有识之人相为寒心。”刘汉朝的“蜀主幼弱”是谁也不能否定的客观事实，《三国志·邓芝传》云：“芝见亮曰：‘今主上幼弱，初在位，宜遣大使重申吴好’亮答之曰：‘吾思之久矣……’……权乃见之，语芝曰：‘孤诚愿与蜀和亲，然恐蜀主幼弱，国小势逼，为魏所乘，不自保全，以此犹豫耳。’”刘备托孤时甚至说必要时，诸葛亮可以取代刘禅。这是其父刘备、孙权、诸葛亮、邓芝及朝臣们的共识，阿斗无能就是无能，不能把他说成是当年的孙策或孙权。像刘禅这样无用之人，最容易为小人所惑，诸葛亮为他请来蒋琬、郭攸之、费祎、董允、向宠等人为其把关“要津”，这有

其四是：从与同代的著名军事家施政抓政治工作情况来看。《诸葛亮兵书》当为大兵法。三国时期，战争是最为根本的主题。毛泽东有言：“‘战争是政治的继续’，在这点上说，战争就是政治，战争本身就是政治性质的行动，从古以来没有不带政治性的战争。”[①] 本人所览手头数部古代兵法著作，在用兵的同时高

什么不好！诸葛亮知人透入肺腑，《三国志·董允传》云：“丞相亮将北征，住汉中，虑后主富于春秋，朱紫难别，以允秉心公亮，欲任以宫之事。”正是这位秉心公亮的董允，阻止了刘阿斗要求多纳后宫、贪婪迷恋女色、喜好声乐游观、快情恣欲搞腐败，让“残汉”多存世数十年，可这个不知好歹的刘阿斗对董允死后犹记恨不已！后主在“四英”去世后远贤臣、亲小人的贪腐本性显露无余，如果有先生高看了这个腐败之君。误矣！奸佞摄大政，忠贞必遭殃！自从刘禅与陈祇、黄皓为首的贪腐集团把持朝政，一位忠于汉室、曾挫败魏国名将郭淮、王经、陈泰、徐质等将领的姜维在朝廷也不能立足，特别是当司马昭大军兵伐刘汉之时，姜维的将才因后主的昏庸、怠政无法施展。如果诸葛亮不驾驭刘禅，让刘禅为三军统帅的话，诸葛亮的接班人姜维的遭际就是诸葛亮的下场！刘汉政权怎能不亡？什么蜀汉灭亡的原因是“天命说”“国祚论”“人才缺失”“执政者的政治素养问题”“政治分化的恶劣影响”“以攻为守的国家策略造成的持续影响”“地理条件对蜀汉的影响”“诸葛亮对其没有放手培养”等，都退居到次要的原因了。《三国志·陈祇传》云：“陈祇代允为侍中，与黄皓互相表里，皓始预政事。祇死后，皓从黄门令为中常侍、奉车都尉，操弄威柄，终至覆国。蜀人无不追思允……吕乂卒，祇又以侍中守尚书令，加镇军将军，大将军姜维虽班在祇上，常率众在外，希亲朝政。祇上承主旨，下接阉竖，深见信爱，权重于维。景耀元年卒，后主痛惜，以言流涕，乃下诏曰：‘祇统职一纪，柔嘉惟则，干肃有章，和义利物，庶绩允明。命不融远，朕用悼焉。夫存有令问，则亡加美谥，谥曰忠侯’。赐子粲爵关内侯，拔次子裕为黄门侍郎。自祇之有宠，后主追怨允日深，谓为自轻，由祇媚兹一人，皓构间浸润故耳。”诸葛亮说刘禅“朱紫难别”一语，已经透见其腐败骨髓。也为后来诸多事实（如昭烈祠就只祀其子刘谌）所证实。特别是司马昭在命乐伶为亡国之君刘禅表演蜀国歌舞的宴会上，“旁人皆为之感怆，而禅喜笑自若”。司马昭见此而大为感叹地对人说：“人之无情，乃可至于是乎？虽使诸葛亮在，不能辅之久全，而况姜维邪！”此评可谓入木三分，阿斗就是这么一个废物！若能用姜维之言、若肯用刘谌之说，司马昭怎能轻易得蜀？况古今事例证实，诸葛亮这样对待阿斗，符合民意民心！诸葛亮只有驾驭住这个“惑阉竖则为昏暗”（陈寿语）的“安乐公”，方能从头收拾好刘备撂给他的“烂摊子”！唐末进士李九龄的《读〈三国志〉》诗云：“有国由来在得贤，莫言兴废是循环。武侯星落周瑜死，平蜀降吴似等闲。”诗从人才的角度论兴亡，绝妙！直雄以为，在封建社会，再有才华的臣子，也只能是君王的“下属”或曰“奴才”。这正如汪大白在其《诸葛失策谁与辨——〈反三国志演义〉侧论》，《阜阳师范学院学报·社会科学版》2001年第3期第18页中所云：“君臣关系实质上是主奴关系，刘备、诸葛亮既为‘君臣’，也就是‘主奴’。‘书里空有千条计，主公不用其奈何！’”遇上了昏君，他只能是无可奈何！如果君王贤良，人才自然会云集其麾下。故改李九龄《读〈三国志〉》诗云：“有国由来在君贤，漫道兴废是循环。曹叡刘禅孙皓腐，坐拥江山司马炎！”在追索刘汉政权为何紧接着曹魏之后就灭亡的原因时，当然，作为国君的刘禅，贪婪腐败，有如“朽木不可雕也”，大才亦难佐其衰世，应自负其责！是诸葛亮及其所指定接班人蒋琬、董允、费祎在政，让这个“扶不起来的阿斗”当了近23年的“齐桓公”！

① 《毛泽东选集》（第二卷）人民出版社1997年版，第479页。

度注意抓政治工作的军事大家，当数诸葛亮为第一。如本书中的兵法“第17妙：政治统军育将士；练就为国志献身”。“第19妙：根绝部队结朋党；诸葛兵法有创新。”“第36妙：打破派系选好人；挑选好人智慧多。”“第38妙：一朝上下皆廉政；好人在朝国威立。”“第79妙：善将治军抓大纲；千军万马任驰骋。”“第84妙：爱兵爱民如爱子；为将百战身名留。”等等。在首出祁山失败后，由于诸葛亮对部队教育的政治工作抓得好，不仅没有因兵败而气馁，反而斗志昂扬，结果出现了“于是考微劳，甄壮烈，引咎责躬，布所失于天下，厉兵讲武，以为后图，戎士简练，民忘其败矣”①的局面。本人所见的兵法著作中，在凸显政治统军方面，诸葛亮较之中国古代的军事著作，其论甚多，其措施到位，且身体力行堪称典范，故《诸葛亮兵法》可称得上“大兵法”。

与诸葛亮兵戎相见的曹操、司马懿，虽说也用兵如神，虽说诸葛亮、曹操、司马懿所进行的大一统战争是他们间最大的政治。但是，曹操没有兵法方面的专门著作，司马懿虽说借“高平陵事变”实际上推翻了曹魏政权，但没有军事著作。因此，诸葛亮与同代的曹操、司马懿这样大军事家相比，还是更胜一筹，他的兵法称“大兵法”，乃名副其实。

其五是：从兵法著作汲取前代军事家的精华并融入了自己实战经验的情况来看，《诸葛亮兵书》当为大兵法。据本人研究：《诸葛亮兵法》，是有效地汲取了《姜太公六韬兵法》《司马兵法》《黄石公三略兵法》《孙子兵法》《吴子兵法》《尉缭子兵法》中的精华的兵法，是结合了自己的带兵实践的兵法，是在讲武练兵中易记易诵的兵法，是经过南征北伐战争的实践检验的兵法。诸葛亮所率部队人数不及曹魏数量一半，但其所训练出来的部队，在与曹真及司马懿大部队的较量中，是一支“来去自如、攻击有序”的精锐，进攻：让曹真、司马懿不可阻挡；退却：让曹真、司马懿不敢追击。特别是司马懿，“畏蜀如虎”“死诸葛能走生仲达”的典故让其终身“受用”，流传至今经久不衰。故有研究者称：“诸葛亮是一位伟大而杰出的政治家和军事家，他不但继承了我国传统的军事理论，继承了《孙子》《吴子》《六韬》等著作所论述的军事思想，而且有很大发展。尤其是在军事实践方面，更是大大超过了前人……”②亦有研究者深有体会地感慨道：“认真

---

① [晋]陈寿撰，[南朝宋]裴松之注：《三国志》（全五册），中华书局1975年版，第923页。

② 晋颖华、郑吟韬编著：《白话诸葛亮兵法·前言》，时事出版社1997年版，第183页。

研读诸葛亮的著述，尤其是他关于军事的论述和战争实践，不难发现他是继承孙武的军事思想，成功运用于战争实践的大师。许多方面他发展、丰富了孙子兵法，较之孙武论述得更全面、更具体、更实用，如论述战争胜利的条件，他把政治清明列为首要条件，把经济（后勤保障）力量的强弱，视为决定胜负的重要因素，都比孙武前进了一大步。再如诸葛亮非常重视人在战争中的作用，把人心、军心的向背作为取胜的基本条件。尤其他精熟用人之道，把识别、选择、任用人才，作为治国治军的关键环节；他善于分析总体形势，把握全局，从而制订自己的策略，有高超的宏观决策艺术；他善于观察、分析具体事物，有进而预见事件发展的近乎神机妙算的洞察能力；他严于律己，宽以待人，赏罚严明，有善于激励将士用命的手段等。都是在他之前，包括孙武在内的任何一位兵家所不及的。”[①]更有研究者从继承、从实战、从现实学习与运用上称：“诸葛亮是我国历史上杰出的政治家和军事家，不但继承《孙子》《吴子》《六韬》等著作所论述的军事思想，且有很大发展。被民间视为智慧化身的诸葛亮，尤其在军事实践方面，更是超过前人，在三国争夺的战场上，导演了一出又一出威武雄壮的动人戏剧，创造了一个又一个光辉的战例，成为古今中外许多军事家争相研究的珍贵资料和学习的难得教材，而他平生的所作所为也无不成为民间广泛流传、脍炙人口的神话般的生动故事。近年来，更有众多中外人士热心研究诸葛亮的军事思想，把他的智谋运用于军事范畴，而且延伸于政治、经济、外交以及体坛角逐和商贸竞争等诸多方面，均取得了引人瞩目的成就，使得诸葛亮的智慧闪烁出新的光芒。”[②]鉴此，《诸葛武侯兵法》可称之为“大兵法”也。

其六是：从《诸葛亮兵法》的超常影响力情况来看，也足以堪称为“大兵法”。语源于南北朝，成书于明清的《三十六计》，是根据中国古代军事思想和丰富的斗争经验总结而成的兵书，是中华民族悠久非物质文化遗产之一。如人称：“自《孙子兵法》以降，兵书丛集，洋洋大观。见于记载者多达三千余种，保存于今者也在千种以上，而《三十六计（秘本兵法）》雄踞一流。其用途之广博达于社会、军事、人生的各个层面，即使《孙子兵法》在这一点上也难于企及，故古书上有

---

① 姜开民：《诸葛亮的谋略与现代企业经营》2007 年 5 月 23 日，大众网 http：//www.dzwww.com/xinwen/xinwenzhuanti/07zglwhly/zhlyj/200705/t20070523_2175604.htm。

② 孔干：《诸葛亮兵法古今谈——军地两用智谋丛书之三（修订版）·前言》，军事科学出版社 2005 年 9 月版，第 1 页。

称：‘用兵如孙子，策谋《三十六》’”[①]本人查考是书的取材，上迄《周易》下及明清。搜其“计名探源”暨其所举之例，古至西周、春秋、战国……时及明清，今人编著之《三十六计》则将其中战例演绎至近今。然其计名“欲擒故纵”“金蝉脱壳”“上屋抽梯”“空城计”皆源于诸葛亮用兵从未有变，占《三十六计（秘本兵法）》计名的11%，确非“大兵法大军事家”者所能企及。又如人称之为“极用兵之妙，在兵家视之，若无余策”“启发神智，或不无所补”，被后人称之为赫赫有名的明代大军事家刘伯温为作者的《百战奇略》，其中的“计战”“信战”“争战”“山战”“虚战”等内容，皆亦源自诸葛亮用兵，约占《百战奇略》总体内容的7%，而《百战奇略》中的不少“战名”，可以说是对诸葛亮《将苑》中“篇名”的进一步简化。古之大兵法、大军事家，在《百战奇略》中占有如此重要篇幅重要地位者并不多见。据此，《诸葛武侯兵法》可称之为“大兵法”，当无异议！

其七是：从古今对诸葛亮兵法的评价来看。《诸葛亮兵法》当为《孙子兵法》《吴子兵法》一样的“大兵法”，从已成为广大研究者、帝王、诗人、学者共识的情况来看，《诸葛亮兵书》当为大兵法。如普颖华、郑吟韬先生称：“《诸葛亮兵法》便是古代兵法著述中的精品之一。与《孙子兵法》《吴子兵法》《孙膑兵法》《姜太公兵法》《鬼谷子兵法》《三十六计》等兵法名著齐名，并列为中华文化之瑰宝，兵法著作之珍品。”[②]司马懿祖孙三代对诸葛亮的用兵之法均有过高度的评说，在本书中皆有所论及，此不多赘。现选取唐朝第二位皇帝，政治家、战略家、军事家、书法家、诗人李世民对司马懿的一段评说：“观其雄略内断，英猷外决，殄公孙于百日，擒孟达于盈旬，自以兵动若神，谋无再计矣。既而拥众西举，与诸葛相持。抑其甲兵，本无斗志，遗其巾帼，方发愤心。杖节当门，雄图顿屈，请战千里，诈欲示威。且秦蜀之人，勇懦非敌，夷险之路，劳逸不同，以此争功，其利可见。而返闭军固垒，莫敢争锋，生怯实而未前，死疑虚而犹遁，良将之道，失在斯乎！”[③]其意思是：司马懿在百日之内消灭了公孙文懿，用十天左右活捉了孟达，自认为用兵如神，计谋无比。随后率领大军西讨，与诸葛亮相持。控制其军队，本不想打仗，诸葛亮送给他女人的服饰，这才下了争斗的决心。

---

① 厦门大学出版社编著：《三十六计（秘本兵法）·前言》，厦门大学出版社1997年版，第2页。

② 普颖华、郑吟韬编著：《白话诸葛亮兵法·前言》，时事出版社1997年版，第2页。

③ 唐·房玄龄：《晋书》〔全十册〕，中华书局1974年版，第21页。

使者持节在门前阻挡，雄心抱负顿时收回，千里之外求战，无非是想显示军威。况且秦、蜀之地的人，勇猛强悍和胆小怯懦无法相战，道路平坦和险恶、劳苦和安逸各不相同，以此来争功取胜，有利之处很明显。然而却闭营不出加固工事，不敢出战，活着时因惧怕而不敢前进，死之后怀疑其虚假而退走，优秀将帅的谋略，在此而丧失！简而言之，你司马懿就是害怕诸葛亮。这就是一位身经百战的大军事家、开创贞观之治的英主，对司马懿与诸葛亮用兵高下的实事求是的评说。至于诗人、学者称诸葛亮“英才过管乐，妙策胜孙吴”（唐·元稹《叹卧龙》）、“武侯立岷蜀，壮志吞咸京”（唐·李白《读诸葛武侯传书怀》）、“孔明最后起，意欲扫群孽”（宋·苏轼《八阵碛》）之类的赞诗及高度评说就不一一载录了。据此，《诸葛亮兵法》可称之为“大兵法”，当属无疑！

其八是：从《诸葛亮兵法》较之其前代兵法，更易为治国者借鉴，亦可为治军者所借鉴的情况来看，《诸葛亮兵书》当为大兵法。因为肩负治国治军的君王、将军、统帅也是人（骄狂的统治者往往以为他们是神、是天子），故而，亦可为世人为人处事提供很好的借鉴。这在一般军事著作中是不多见的，尤显难能可贵。本人在研究《诸葛亮兵法》的过程中，深感其在教人如何做人，如何提高人的素质方面，能给人以教育、以智慧、以磨练、以警醒……如本书中的“第23妙：名人遭际细品评；教与将士大智慧”。“第24妙：参透世间王业事；大贤大德在为民。”“第25妙：势利之交难经远；人生知己得一足。”“第40妙：君王贪腐失民心；民心失去大祸临。”“第64妙：性格刚强不可折；性格柔韧不可屈。”“第65妙：骄傲吝啬者为将；国家败亡之征象。”“第98妙：上下一心一当百；上下不和安变危。”上述所选诸妙，任何一妙用在一个普通人身上，都是对其品德的砥励，亦是有助于其智慧的提升。

晚清政治家、军事家、民族英雄、洋务派代表人物之一，与曾国藩等人并称为“晚清中兴四大名臣”的左宗棠，面对晚清的危局，深怀感慨道：“如今天下大乱，内忧外患纷至沓来。我们这一代正生于此国家危急存亡之秋。武乡侯诸葛亮说得好：‘臣鞠躬尽力，死而后已，至于成败得失，实难预料。’我们也应当竭尽心力，恪尽职守，静待时机，置成败得失于度外。”①

诸葛亮的影响岂止表现在左宗棠的话语中？即便是汉昭烈皇帝刘备之墓，有

① 王平著：《中华兵典要览》，黄河出版社1999年版，第1077页。

一个汉昭烈庙，原本是纪念刘备的，后来君臣祭祀一体同，渐渐地从昭烈庙叫成了武侯祠。放眼全国，君臣合祀的祠堂貌似就这么一座，而且命名只是武侯祠。诸葛亮遗爱千秋，所以，民众为了对他“鞠躬尽瘁死而后已”精神的肯定和赞誉，以为其建祠的方式表达对其敬意与纪念。“以清代为例，仅四川、云南、贵州三省，就曾建有近百座武侯祠。历代兴建于各地的纪念诸葛亮祠庙中，保存至今、规模和影响均较大的有14处，这些祠庙都有着丰富的文化内涵。”[①] 据马强、吴艳在《成都大学学报·社科版》2013年第3期《庙宇、神像、香火：诸葛亮祭祀的泛民间化——明清时期四川武侯祠、庙的空间分布特征及原因》论文中统计，仅四川就有70余座武侯祠庙。试问，哪一位兵法作者有此影响？故而，将《诸葛武侯兵法》称之为“大兵法”，实乃毋庸置疑。

其九是：从《诸葛亮兵法》对兵器改良的情况来看，《诸葛亮兵书》当为大兵法。与其前代军事大家相比，惟见《诸葛亮兵法》在前人的基础上，诸葛亮对改良兵器、推演战阵有其专门的精断论述与创新。[②] 本书在“第93妙：锋锐甲坚士气盛；装备精良威力强”“第110妙：制弩技术大改进；十矢齐发威力大”“第111妙：北伐曹魏运粮草；木牛流马显神威”“第112妙：精心推演八阵图；出神入化惊仲达”中，皆有论述。冯一下先生在对诸葛亮与科技进行系统研究后结论道：“诸葛亮保护、提倡、发展和推广科学技术的进步政策，以及他自己的发明创造，对三国时代四川和邻近地区经济文化的发展起了积极作用。”[③] 既然其他军事大家的兵法兵书中无此专项内容，《诸葛武侯兵法》称其为“大兵法”，则无可挑剔。

其十是：从《诸葛亮兵法》，是与其同时代、古今中外的三大最著名的大军事家陆逊、曹操、司马懿都有过直接较量、经过实战检验的兵法来看，《诸葛亮兵书》当为大兵法。那位致刘备“猇亭大败”的陆逊，经诸葛亮将《隆中对》彻底恢复，

---

① 冷丝：《全国有多少个武侯祠？成都武侯祠为何有刘备的惠陵？》，2020年1月2日 https：//baijiahao.baidu.com/s？ id=1654625860191817369&w……

② 《孙膑兵法》中有对战阵的论述与改造。但在汉初时失传。直到1974年6月7日，我国文物考古工作者才在山东省临沂银雀山发掘的西汉前期墓葬中，同时发现了著名的《孙子兵法》和已经失传了2000多年的《孙膑兵法》等竹简4000多枚。又，朱大渭、梁满仓在其《武侯春秋》，团结出版社1998年版，第680页中云：“经诸葛亮改善的蜀军武器装备，有弩机、刀、斧、剑、铠甲、蒺藜等。”

③ 冯一下：《诸葛亮与科技》，载成都市诸葛亮研究会编：《诸葛亮研究》，巴蜀书社1985年版，第177页。

立刻化敌为友，陆逊所率之军成了友军，可以说，陆逊已为诸葛亮的大一统战争所用。宏观地看，曹操是当时古今中外少有军事大家，司马懿亦然。可是，这两位军事高手，在诸葛亮面前仍是“矮子”！诸葛亮的首计《隆中对》，便就使傲视群雄、曾不可一世的曹操赤壁一战败北，由于“隆中之策”的恢复与坚持，使曹氏子孙不得不依靠司马懿父子最终而灭亡！至于司马懿，虽然兵力数倍于诸葛亮，在与诸葛亮三次作战中，在吃了大亏之后，任凭诸葛亮纵横驰骋，只能“龟缩”不战而已！司马懿面对诸葛亮对自己用兵的事实，不得不由衷地发出“乃天下奇才也”之叹！而诸葛亮留给司马懿的是“畏蜀如虎”“死诸葛走生仲达”的千古笑柄！《诸葛亮兵法》留给其儿子司马昭与孙子司马炎的是学习与整理的好教材！

其十一是：从《诸葛亮兵法》深含修身、治家与养德的情况来看，《诸葛亮兵法》当为大兵法。相当多的人，一谈到兵法，想到的多是怎样打仗、怎样将敌人打败。其实，怎样修身？怎样治家？怎样养德？它也属兵法中的一个重要组成部分，故而，治家修身中兵法智慧同样不可忽视。治国与治家是密切相关的，国政与家政是相辅相成的。这一点似乎比较好理解。而兵法智慧与修身的关系，人们多不以为然。岂不知，王阳明有名言云：“破山中贼易，破心中贼难。”其深层意思是：“胜人者力，自胜者强”，“破山中贼”的胜人之事往往容易办到，而“破心中贼”的自胜之事却困难无比。因为人身上的贪婪、骄气、急躁、惰性、懦弱、优柔寡断、犹豫不决、爱好拖延、好逸恶劳、放不下架子、庸庸碌碌、逃避现实、缺乏信念、没有追求等。这些不好的习惯、品质、性格，统统隶属于“心贼”范围内。在《诸葛亮兵法》中，“修身”“治家”的智慧，较之其他兵法著作，要全面系统得多。说《诸葛亮兵法》亦是“修身”“治家”“养德”的智慧之作实不为过。从这个角度上说来，《诸葛亮兵法》当属处世必读之文化精粹，是大兵法，乃理所当然。

其十二是：从本书对“隆中对”缺失的否定、对“司马懿对诸葛亮用兵的否定”的否定、对“陈寿说诸葛亮将略非其所长”的否定，说明《诸葛亮兵法》当属处世必读之文化精粹，是大兵法，乃理所当然。

其十三是：从世人以《诸葛亮兵法》、诸葛亮战绩为主线，构建出了中国四大名著之一中史诗般的《三国演义》情况来看，《诸葛亮兵法》当为大兵法。《三国演义》远播于海外，被译成朝、越、日、英、法、德、俄等几十种文字传遍世界各大洲。这在中国古代军事家中，可谓绝无仅有。据本人粗略统计：120回的《三国演义》，涉及诸葛亮的内容约达36%。如果将姜维接续诸葛亮大一统之志继续

北伐的8回亦计算在内，则涉及诸葛亮的内容约达43%。故钱穆先生对《三国演义》情有独钟地说："……'有一诸葛，已可使三国照耀后世。'……"[①]罗贯中在其《三国演义》中，以整部书的一半以上篇幅对诸葛亮作了异乎寻常描写。正如有研究者云："《三国演义》人物众多，给人留下深刻印象的，也不少于几十个，其中最核心的人物是诸葛亮。在《三国演义》描写的百年历史中，诸葛亮的活动时间仅为27年，而这27年竟占有六十七回的篇幅，在这六十七回又有一半以上是专写诸葛亮的……正因为如此，郑振铎在《三国演义的演化》中才说：'一部《三国志通俗演义》虽说是叙述三国故事，其实只是一部"诸葛孔明传记'。"[②]试问：在我国古代的军事家中，有谁的兵法著作，可构建如此真正丰富的人性杰作？从这一角度看来，说《诸葛亮兵法》是展现了诸葛亮为了"兴复汉室"实现"中华民族大一统"为最高理想，而"鞠躬尽瘁，死而后已"的伟大爱国主义情怀，就是"中华民族大一统"精神赞歌的大兵法，实在无可挑剔！

行笔至此，曹操、司马懿、诸葛亮的形象事迹再次浮现脑海：本想以"三国名相皆当国，孟德篡汉手段高；仲达吞魏远胜曹，美誉千载惟诸葛"结束全文，但仍嫌谫陋粗疏，现引下文结束序言："中国历史上的名人很多，但大都在一定的圈子里，如李白、苏东坡在文人圈子里，魏徵、左宗棠这些名臣在政界圈子里，等等。却很少如诸葛亮这样既有业绩又有文章，在官场和民间都能接受的家喻户晓的人物。在儒家思想为正统的封建政治中，他是忠臣、勤政的榜样，在民间柴米油盐的现实生活中，他是智慧、贤能的化身……凡经典的东西，无论是人是物，总能让人生发出无限的联想并借以有新的思想和行动。诸葛亮是一个有战略思维的政治家、勤政有为的忠臣、廉洁自律的高官。他一手帮刘备创立了蜀汉政权，造成三国鼎立，他的《出师表》《诫子书》千古传诵，无论是立功、立言，还是做官、做人都够经典。"这正如该文作者梁衡先生在其文章的结尾所说："古往今来有两种人，一种人为现在而活，拼命享受，死而后已；一种人为理想而生，鞠躬尽瘁，死而后已。一个人不管他的官位多大，总要还原为人；不管他的寿命多长，总要变为鬼；而只有极少数人才有幸被百姓筛选，历史擢拔为神，享四时之祀，得到永恒。"

---

① 秦涛：《诸葛亮之道》，中国民主法制出版社2017年版，第221页。

② 张晓军：《〈三国演义〉与隐逸文化》，《解放军外国语学院学报》1998年第6期，第92页。

诸葛亮的一生，是为中华民族实现大一统“鞠躬尽瘁，死而后已”的一生！他的军事生涯，实际上是从他身在隆中擘画大一统蓝图《隆中对》到仙逝五丈原，是奉献治国、治军、修身智慧璀璨而光辉的一生！书林似海，典籍如山，在世界历史主政一朝的舞台上，诸葛亮是执法如山、廉洁自励、修身治国富于榜样的一生。

联系诸葛亮一生的历程，研读《诸葛亮兵法》，它确实是实实在在的大兵法，它凝结着诸葛亮的智慧与心血，是战争与执政实践经验的科学总结，是留给我们的一份宝贵遗产。领悟《诸葛亮兵法》中的千古大智慧，继承和弘扬诸葛亮这样军事家的谋略思想，将诸葛亮的智慧法则，有效地融入现代社会的各个方方面面，用科学有效的战略去面对去参与国际竞争，有效地迎接更大风浪与考验。在诸葛亮谋略思想的启迪下，抓住其中每一个闪光点，时出高招、频出鲜招、出奇制胜、不断地迅速发展自己。

吴直雄　2022 年 12 月 26 日初稿于南昌大学人文学院中文系

2023 年 4 月 26 日最终修改于南昌大学人文学院中文系“重上劲松楼”

目 录

第一卷

立足襄阳看乱世　开国立政对隆中

——《隆中对》（即《草庐对》）《说孙权》中的兵法探妙

本卷示要：1965年1月，董必武为武侯祠题联云："三顾频烦天下计；一番晤对古今情。"联中的"一番晤对"，就是指刘备与诸葛亮草庐对策。千百年来，"三顾茅庐"一直被视为礼贤下士的典范，而《隆中对》更是千古绝唱。就"古代用兵作战的战略战术"而言，必须是从如何提高国家综合国力以论战争成败而不拘限于一次具体战斗的兵法。直雄姑且称之为"大兵法"。那么，诸葛武侯的《隆中对》《说孙权》，从"大兵法"的角度来看，面对自己将要成为刘备的军师，作为立国指导的《隆中对》有些什么精妙之处呢？直雄以为，这两篇对答尽管只有295个字，其中《说孙权》，只能算是对《隆中对》的执行。整篇《隆中对》蕴藏着如下五大妙处。

用兵缘起：

公元207年冬至公元208年春，面对曹操即将到来的追杀，暂时屯兵新野的刘备，心急如焚，偕同大将关羽、张飞，三次到南阳郡邓县隆中诸葛草庐请诸葛亮出山，辅佐自己抵御曹操、平定天下。诸葛亮出于刘备对自己真心诚意的一再邀请、拜访。面对刘备"汉室倾颓，奸臣窃命，主上蒙尘。孤不度德量力，欲信大义于天下；而智术浅短，遂用猖蹶，至于今日。然志犹未已，君谓计将安出？"的提问，诸葛亮深为感慨而许以"驱驰"献计作答。

世称此答为《隆中对》。其云："自董卓以来，豪杰并起，跨州连郡者不可胜数。曹操比于袁绍，则名微而众寡。然操遂能克绍，以弱为强者，非惟天时，抑亦人谋也。今操已拥百万之众，挟天子而令诸侯，此诚不可与争锋。孙权据有江东，已历三世，国险而民附，贤能为之用，此可以为援而不可图也。荆州北据汉、沔，利尽南海，东连吴会，西通巴、蜀，此用武之国，而其主不能守，此殆天所以资将军，将军岂有意乎？益州险塞，沃野千里，天府之土，高祖因之以成帝业。刘璋暗弱，张鲁在北，民殷国富而不知存恤，智能之士思得明君。将军既帝室之胄，信义著于四海，总揽英雄，思贤如渴，若跨有荆、益，保其岩阻，西和诸戎，南抚夷越，外结好孙权，内修政理；天下有变，则命一上将将荆州之军以向宛、洛，将军身率益州之众出于秦川，百姓孰敢不箪食壶浆以迎将军者乎？诚如是，则霸业可成，汉室可兴矣。”①

公元 208 年 10 月间，曹操铁骑追杀刘备，刘备遣诸葛亮出使东吴拟联合孙权共抗曹操。诸葛亮奉命前往“说孙权”。

《说孙权》云：“亮说权曰：‘海内大乱，将军起兵据有江东，刘豫州亦收众汉南，与曹操并争天下。今操芟夷大难，略已平矣，遂破荆州，威震四海。英雄无所用武，故豫州遁逃至此。将军量力而处之：若能以吴、越之众与中国抗衡，不如早与之绝；若不能当，何不案兵束甲，北面而事之！今将军外讬服从之名，而内怀犹豫之计，事急而不断，祸至无日矣！’权曰：‘苟如君言，刘豫州何不遂事之乎？’亮曰：‘田横，齐之壮士耳，犹守义不辱，况刘豫州王室之胄，英才盖世，众士慕仰，若水之归海，若事之不济，此乃天也，安能复为之下乎！’权勃然曰：‘吾不能举全吴之地，十万之众，受制于人。吾计决矣！非刘豫州莫可以当曹操者，然豫州新败之后，安能抗此难乎？’亮曰：‘豫州军虽败于长阪，今战士还者及关羽水军精甲万人，刘琦合江夏战士亦不下万人。曹操之众，远来疲弊，闻追豫州，轻骑一日一夜行三百余里，此所谓“强弩之末势不能穿鲁缟”者也。故兵法忌之，曰“必蹶上将军”。且北方之人，不习水战；又荆州之民附操者，偪兵势耳，非心服也。今将军诚能命猛将统兵数万，与豫州协规同力，破操军必矣。操军破，必北还，如此则荆、吴之势强，鼎足之形成矣。成败之机，在于今日。’权大悦，即遣周瑜、程普、鲁肃等水军三万，随亮诣先主，并力拒曹公。”②

《隆中对》

本节题解：

何谓“隆中对”（《草庐对》）？东汉末，诸葛亮隐居隆中。建安十二年（207），刘备三次往访，询以治世大计。诸葛亮分析天下形势，提出占据荆益两州，安抚西南各族，联合孙权，整顿内政，俟机从荆益两路北伐曹操的策略，以图统一中国，

---

① ［晋］陈寿撰，［南朝宋］裴松之注：《三国志》（全五册），中华书局 1975 年版，第 912—913 页。

② ［晋］陈寿撰，［南朝宋］裴松之注：《三国志》（全五册），中华书局 1975 年版，第 915 页。

恢复高祖、光武时期中华民族大一统事业，史称《隆中对》。明·蒋灿《题杜少陵像》诗中有云：“抗志隆中对，饥驱蜀道难。”清·赵翼《读史》诗之九中有云：“武侯事先主，身任帷幄筹。草草隆中对，后来语皆酬。”

精要概说：

其精要就是先三分天下，让刘备先立国而有了根据地后，奠定一统天下的基础，择机一统江山。

白话说意：

刘备三顾茅庐之后，终于见到诸葛亮。刘备令旁人退下，对诸葛亮说：“汉朝的统治在崩溃，奸臣盗用政令，皇上出奔蒙而受风尘之苦。我想要为天下人伸张大义，难以衡量自己的德行可否服人，难以估计自己的力量能否胜任，终因才智与谋略短浅，因此弄到今天这个地步。但我志向未改，我该怎么办为好？”

诸葛亮说：“自董卓独揽大权以来，各地豪杰皆起兵占据州、郡。曹操较之袁绍，声望难于与之相比，然而曹操最终击败了袁绍，究其原因，不仅是天时好，也是谋划得当所致。现在曹操大军百万，挟天子以号令诸侯，确实不能与之争强。孙权已经历三世据有江东，江东地势险要，民众归附，又能选贤任能，这是不可谋取的。只能将他作为外援。然而荆州北靠汉水、沔水，直到南海的物资都能得到，东面和吴郡、会稽郡相连，西边和巴郡、蜀郡相通，这是都想争夺的要害之地，而它的主人却没有能力守住，这是上天用来资助将军的，您可要占领它？益州地势险要，肥田沃土广阔，高祖正是凭借这优越条件建立了帝业。刘璋昏庸懦弱，张鲁占据的汉中，人民殷实富裕，物产丰富，刘璋、张鲁却不会爱惜，能人都盼望得到贤明的君主。将军是皇室的后代、闻名天下声望很高，且如饥似渴地广泛罗致英雄，思慕贤才，如能据有荆、益两州，守住险要，与西边各民族和好，又安抚好南边的少数民族，外部联合孙权，内部革新政治；一旦天下形势发生变化，就派一员上将率领荆州的军队直指中原，您亲自率领益州的军队从秦川出击，老百姓谁敢不用竹篮盛着饭食，用壶装着酒来欢迎将军呢？若如此，那么霸业便可成功，汉室天下可复兴。”

刘备听后称“好”！从此刘备、诸葛亮亲密起来。关羽、张飞等人却不高兴，刘备劝说他们：“我有了孔明，就像鱼得到了水。希望你们不必多言。”关羽、张飞于是不再说什么了。

《说孙权》

本节题解：

《说孙权》皆因公元208年9月，曹操征刘备。刘备自樊城南走，败于当阳（今湖北当阳东北），乃渡汉水，与刘琦会合，同至夏口（今湖北汉口）。10月间，刘备派诸葛亮出使江东。孙权听了诸葛亮的精到分析后，决计联刘抗曹，命周瑜、程普为左右督拒曹军于赤壁（今湖北赤壁市西北）。

精要概说：

曹操之众，远来疲弊，闻追豫州，轻骑一日一夜奔走三百余里，此疲困情况，真所谓“强弩之末势不能穿鲁缟”者也。故兵法忌之，曰“必蹶上将军”。

白话说意：

《说孙权》的意思是说：刘备在曹操轻骑兵的追杀下，率军到了夏口，诸葛亮说：“现在情况十分紧急，我请求奉您的命令去向孙权求救。”当时孙权拥军柴桑，正在旁观谁成功谁失败。诸葛亮游说孙权说：“现今天下大乱，将军您起兵，占有了整个江东之地，我家将军刘备也在汉南聚集大军，同时和曹操争夺天下！现在曹操已经消灭掉了他的大敌，平定了各处；因此他攻下了荆州，声势震动天下，处在这种情况之下，即使是英雄豪杰也难以施展自己的本领，所以我家将军刘备才跑到了这里。将军您算算自己的军事实力，看看如何对待曹操。如果您能够凭着吴越的军队北抗曹操，那您倒不如早点和他决裂；如果不能够抵挡的话，那你何不解除武装，北面向曹操称臣呢？现在您表面上假托是要服从曹操，可是实际上犹豫不定；事态是如此的紧急，您却不从速决断，大灾大祸转眼即至。”孙权说：“如你所说，那你家将军刘备为什么不就去向曹操称臣呢？”诸葛亮说：“田横，也只不过是一名齐国的壮士而已，仍然能为了守住道义而自杀，不辱自己的志节，何况我家将军刘备，他是堂堂汉朝王室的后代，英气才华举世无敌，众多士人仰慕他，就像江河归大海。如果事情无法成功的话，这是天意啊！又怎能再屈服自己去侍奉曹操呢？”孙权勃然大怒地说：“我不能拿东吴的土地，十万军

队被他人管控。我决定了：与你们共抗曹操。然而你们刚打了败仗，拿什么去抗曹操呢？”诸葛亮说：“我们虽然在长阪被打散，现在归来的战士和关羽的水军，合起来还有精兵锐卒一万人。刘琦会合江夏的战士，也不少于万人。曹操的军队，从北方南下，路途遥遥异常疲倦，听说他为追赶我们，轻快的骑兵一天一夜走了三百多里。这就像力量强大的箭，到最末梢时，连鲁国的细绢都穿不透了！所以兵法上特别忌讳这个情形说：‘必定会让大将军吃败仗。’况且北方人不习水战，又荆州投降曹操的百姓，只是被曹操的兵势所逼而已，并不是心甘情愿。现在您如果能够派遣猛将，统军数万，和我们并力合谋，必定能够打败曹操。曹军败，必定回到北方。如此，荆州，东吴的势力就会强大，天下鼎足而三的态势就会成形。成功与失败的关键，就在今天了。”孙权十分高兴，立刻派遣周瑜、程普、鲁肃等统三万水军，随着诸葛亮去觐见刘备，共抗曹操。

兵法探妙：

要探《隆中对》《说孙权》中的兵法之妙，必须知晓什么叫“兵法”？“兵法”：一般是指用兵作战的方法、施诈于漫漫千军的种种策略。1979 年版《辞海》第 657 页定义为“古代指用兵作战的战略战术”。但是，兵法总是与战争相关联。要探兵法之妙，必须了解什么叫“战争”。那么，什么是战争呢？“战争”是一种集体、集团、组织、派别、国家、政府互相使用暴力、攻击、杀戮等行为，是敌对双方为了达到一定的政治、经济、领土等目的而进行的武装战斗。由于触发战争的往往是政治家而非军人，因此战争亦被视为政治和外交的极端手段。百度网上“战争”的定义，已经比较完善了。

1979 年版《辞海》第 3092—3093 页对战争定义为：战争，“为了一定的政治目的而进行的武装斗争。战争是产生了私有财产和阶级以后才有的，是解决阶级和阶级、民族和民族、国家和国家、政治集团和政治集团之间矛盾的一种最高斗争形式。战争是政治的继续，是剥削制度的产物。现代战争的根源是帝国主义和霸权主义。只有消灭剥削阶级和帝国主义、霸权主义，才能最后消灭战争，实现人类的永久和平。战争分为正义的和非正义的两类。”

从上述关于战争的定义来看，战争的成败，牵涉到综合国力的强大与否。而综合国力则是一个国家基于自然环境、人口与资源、经济与科技、政治与文化、教育与国防、外交与人才、国民意志、民意与民心凝聚力等要素所具有的综合实力。

故直雄所论的诸葛武侯兵法，就不能与大多数先生一样，仅就“古代用兵作战的战略战术”而言，而必须是从如何提高国家综合国力以论战争成败的兵法，直雄姑且称之为“大兵法”。那么，诸葛武侯的《隆中对》《说孙权》，从大兵法的角度来看，面对自己将要使之成为君王的刘备，有些什么精妙之处呢？直雄以为，这两篇对答尽管只有295个字，却蕴藏着如下五大妙处：

第1妙：基地锁定大西南；营建高手很得法。

古之大兵法家黄石公有言：“夫圣人君子，明盛衰之源，通成败之端，审治乱之机，知去就之节。虽穷不处亡国之位，虽贫不食乱邦之禄。潜名抱道者，时至而动，则极人臣之位。德合于己，则建殊绝之功。故其道高而名扬于后世”[①]其意思是说，贤明能干的人物，品德高尚的君子，他们都能看清国家兴盛、衰弱、存亡的道理，通晓事业成败的规律，明白社会政治清明与纷乱的原由，能把握好隐退仕进的节度。因此，当条件不适宜时，都能默守正道，甘于隐伏，等待时机的到来。一旦君王与其思想一致，这就是他出仕的时机到来而有所行动，常能建功立业位极人臣。如果所遇非时，也不过是淡泊以终而已。也许就是因此，像这样的人物常能树立极为崇高的典范，名重于后世呵！诸葛亮就是这样“明盛衰之源”的“圣人君子”。他期遇了与其志同道合、要重新兴复汉室的刘备，于是尽情展现出了他“只手力挽狂澜”的旷世奇才。

一篇《隆中对》，诸葛亮便精心设计了大汉大一统基地所在的蓝图，眼光锁定在大西南。这就是消灭暗弱刘璋、取代据有汉中的张鲁。利用进可攻退可守的地理优势，以高祖刘邦为榜样，治理好这个天府之国，建立牢不可破的、实现大汉大一统的大汉帝国基地，这是诸葛亮在隆中苦思后，构建力求大一统政权立足全国的大一统根据地的结晶。故而人道是：“西方有一个著名的大预言家，他能预测身后千年事，准确程度之高相当于计算过。一个人如果能做出如此惊人的大预言，可以说，实属千年一人。诸葛亮‘隆中对’就是世界上另一部最精确的大预言。”[②]直雄认为，如果不是关羽、张飞、刘备自以为“成气候了”而一时骄横起来，无视《隆中对》中的总体部署首攻孙吴、导致身死国危的话，刘爽先生此

---

① 黄颇著：《白话〈黄石公兵法〉〈尉缭子兵法〉》，中州古籍出版社1993年版，第83页。

② 刘爽著：《诸葛亮智谋全书》，中共中央党校出版社2008年版，第17页。

言不虚。

第2妙：民族政策为至要；后顾之忧应根绝。

西南有为数众多的少数民族，刘汉政权要立足西南实现日后的全国大一统，首要任务就是要处理好与少数民族的关系问题，这是《隆中对》中一项重要的内容。为团结和好少数民族，诸葛亮是下过不少功夫的。他在休养生息，大力发展蜀汉农业和经济的同时，让蜀地的汉民族与少数民族百姓都能安居乐业，即使有少数民族反叛，也是采取“攻心为上”平叛和安抚政策。故而毛泽东说：“诸葛亮会处理民族关系，他的民族政策比较好，获得了少数民族的拥护……这是他的高明处。”①

第3妙：孟德篡汉必先伐；联吴抗曹不动摇。

诸葛亮要协助刘备恢复大一统的大汉帝国，所面临的是两个比自己强大得多的最大军阀，或曰“汉末最强的两个国家”。它们分别是曹魏和孙吴。而此时的刘备，真有如丧家之犬，被曹操追着打。他与前朝刘邦的势力和地位，根本就不在一个档次上，更不能相提并论，充其量，刘汉政权只不过是一个“游走的、小小的武装集团”而已。而与项羽角力的刘邦，其手下已有谋臣良将无数，而其最强的对手项羽，是连其“亚父”范增也不能用的一介刚愎自用的武夫而已，而其他的一些武装集团，也是不成气候。若刘邦当时遇上的是“曹魏”或“孙吴”这样的对手，刘邦是难有胜算的。

在这样艰难的条件下，诸葛亮要协助刘备恢复大汉大一统，他必须是在辅佐刘备强大到足以抗衡曹魏与孙吴之后。诸葛亮的《隆中对》，妙在十分明晰地指出：谁是刘汉政权的敌人？谁是刘汉政权的盟友？必须首先向“挟天子以令诸侯”的“汉贼”曹魏政权发起攻击。这样做，一是可以争取时人思汉的民心民意；二是为避免两面作战，他只能联吴。否则，就有以卵击石之危。这个决策，是诸葛亮的惊天胆略与莫大智慧的体现！

---

① 芦荻：《毛泽东读二十四史》，《光明日报》1993年12月20日。

第 4 妙：兴汉原则必遵守；霸业成否在君王。

诸葛亮看透了中国封建帝王自私与狂妄的本质，看透了封建家天下的残酷性，相当多的帝王，一旦他们掌握了一定的权力，他们的头脑就会发热、就会膨胀，就以为他再也不是凡胎肉身，而真是天老爷的“儿子”了。尽管刘备面对诸葛亮说出了自己“智术浅短，遂用猖蹶，至于今日”这样恭谦不已、用了至为可怜巴巴的穷酸话。然“惯看黑月恶风”的诸葛亮看透了帝王们的致命弱点，还是语重心长说出了“诚如是，则霸业可成，汉室可兴矣”这富于警醒的话语。此话的另一层意思是告诫刘备：“若不是这样做，则霸业无望，汉室休矣！”可惜后来的事实被诸葛亮不幸言中!

殷鉴不远，就在此后数年。刘备不再视诸葛亮为“水”，而是将其从荆州调离，并授予关羽大于诸葛亮的权力。头脑发热的关羽，居然视孙权如鼠辈，自主冒然出兵而失荆州之际，当时“关羽兵力几何，史无其书。然昔日东吴夺长沙、零陵、桂阳，关羽率军号称三万入益阳，争三郡，或可为证。《三国志·先主传》：先主引兵五万下公安，令关羽入益阳。《三国志·甘宁传》：后随鲁肃镇益阳，拒关羽。羽号有三万人。关羽水军成份当含刘备集团的精锐步、骑兵，即后来的船步兵；新归降的刘表旧部襄阳水军士卒，诸葛亮在游说孙权时曾说：‘关羽水军精甲万人。’在南下作战后关羽水军虽有损失，但荆襄水师的建制仍然保留。刘备控制荆南后入蜀，关羽和张飞、诸葛亮等人主政，次年诸葛亮等人也入蜀，关羽独镇荆州。由于训练和装备水军耗费大，估计也就保持万人左右。”①

刘汉集团中关羽的这一支生力军终因刘备关羽智术短浅、骄傲自大而休矣!如离“水”之鱼的刘备，不听众人劝阻，执意伐吴，最终落得个“作梦吞吴被反噬，最终败死白帝城”的可悲下场!

那么刘备征吴到底有多少兵马呢？“正史上刘备攻打东吴大概带了八九万兵马。《三国志·卷十四·刘晔传》：‘权将陆仪（即陆逊）大败刘备，杀其兵八万余人，备仅以身免。’《三国志·卷四十三·黄权传》：‘以权为镇北将军，督江北军以防魏师。’同传：‘权不得返，故率将所领降于魏。’据此推测，刘

---

① 《关羽统领荆州时水军和步骑各多少人马？》，2014 年 1 月 29 日 360 搜索。

备总兵力应在八九万人左右。”[①] 照此计算，刘汉政权，被刘备、关羽耗损了约12 万精锐。小小益州，损兵折将 12 万人。兵法研究者黄朴民先生称：“吴军统帅陆逊在这次战争中……最终以数万人的兵力，一举而战胜数十万蜀军。”[②] 刘备关羽立国有大功，建国则罪恶深重矣，要不是遇到诸葛亮，刘汉政权将土崩瓦解无疑！这也从反面证明了《隆中对》的正确性。

诸葛亮的《隆中对》，对刘汉武装集团来说，本来就是一步“险棋”，但它是小小的弱势武装集团对付强魏劲吴的、科学的、富于哲理的、完美无缺的可行之策，然不幸的是遇上有了帝位有了兵权后，即骄矜自是、不纳忠谏、已成“狂夫”的刘备与关羽。面对这样狂妄忘“本”的帝与将，他们早已将《隆中对》中要成帝业的基本条件置之脑后而不顾了。身居三人核心集团——刘备、关羽、张飞之下的诸葛亮，只能是欲哭无泪、对天长叹——“汉之气衰矣”而已！

刘汉政权未能大一统全国，这不是诸葛亮《隆中对》的错，而是刘备、关羽、张飞辉煌征战一生，而最终以自毁战果落幕的一出惨剧！也许正是如此，才有诸葛亮在其前后《出师表》中，重点放在“训导后主”“劝戒后主”“制御后主”“驾驭后主”那成功的一笔！无此成功的一笔，则诸葛亮治蜀治军南征北伐也只能是竹篮打水一场空！

第 5 妙：汉魏吴三国鼎峙；《隆中对》首结硕果。

诸葛亮的《隆中对》，是《诸葛武侯兵法》中的精粹，它不仅仅是适应于军事领域，而且可以运用到政治、外交、经济管理乃至社会生活的方方面面。故而，后人以明代赫赫有名大军事家为作者的《百战奇略·第一卷》第一篇的《计战》中，便将《隆中对》列为其首，以凸显其重要性。直雄在《隆中对》及其“四妙”之后，将刘备、诸葛亮妙用《隆中对》而有“三国”中的刘汉政权煞尾，以显其最大妙处。

公元 208 年 10 月间，刘备在曹操轻骑兵的追杀下率军到了夏口，可以说是无路可逃，按隆中对之策，诸葛亮出使江东，游说孙权。诸葛亮劝说孙权，指出其当断不断，大灾大祸转眼即至。诸葛亮进而妙用“田横五百士”的典故，表达了刘备抗曹到底的决心进一步“激将”孙权。与此同时，从兵法的角度分析曹操

---

① 芝士回答：《刘备打东吴的时候到底带了多少人马？》，2018 年 9 月 14 日 https：//wenda.so.com/q/1637848803213548。

② 黄朴民注释：《白话孙子兵法》岳麓书社 1991 年版，第 105 页。

的军事实力与曹操占领荆州的不得人心，揭示了曹操在孙刘的共同抗击下必败。天下鼎足而三的态势就会成形。孙权十分高兴，立刻派遣周瑜、程普、鲁肃等统三万水军，随着诸葛亮去觐见刘备，共抗曹操。其结果果然不出诸葛亮所料：天下鼎足而三。这是诸葛亮践行《隆中对》所结出的最为理想之果!

第二卷
痛定思痛“鱼入水”　诚心授权复初衷

——《说刘备即帝位》《临终托孤》《答刘备托孤》《请宣大行皇帝遗诏表》《上言追尊甘夫人为昭烈皇后》中的兵法探妙

本篇示要：由于刘备在当了“汉中王”时，即赋予了关羽代表着皇帝亲临，象征皇帝与国家，可行使相应权力的“假节钺”重权，这个权力是诸葛亮望尘莫及的。关羽有了这个权力，就可以斩杀与其意见相左的大臣。关羽有了这个权力，即随时出兵伐曹谁敢提出异议？刘备在这个时候赋予关羽如此重权，不能排除是他与关羽无视孙吴、无视《隆中对》警示的“军事冒险”。在关羽殒命沙场之后，无军事指挥才能的刘备不肯检讨自己无视孙吴、无视《隆中对》警示的错误，反而大举伐吴，再次“军事冒险”，导致几乎灭国的地步。

风是秋后爽，刘备挫后醒。诸葛亮借助刘备的“觉醒”赋权，囿于历史的经验，不得不尽快利用《临终托孤》《答刘备托孤》《请宣大行皇帝遗诏表》《上言追尊甘夫人为昭烈皇后》等机会，有效地“二驭后主”，得以再次撑起北伐曹魏，实现中华民族大一统的大旗！

用兵缘起：

刘备自取得汉中、特别是为“汉”帝之后，尽管诸葛亮身居重位，他对诸葛亮可以说是没有过绝对的信任。王夫之云：“关羽，可用之材也，失其可用而卒至于败亡……疑武侯交固于吴，而不足以快己之志也。……先主之信武侯，不如信关羽，明矣。……疑公交吴之深，而并疑其与子瑜之合……”[①] 刘备有意将诸葛亮调离荆州，就是怀疑诸葛亮与诸葛瑾之间的关系。直雄细读王夫之此段文字，觉得其分析是中肯的、可信的。在《三国志》中说刘备怀疑诸葛亮与孙吴之间的关系太深而使刘备猜疑，史料虽无明确记载，但王夫之的分析是有事实为其支撑的。且看：《三国志·关羽传》载：“先主收江南诸郡，乃封拜元勋，以羽为襄阳太守、荡寇将军，驻江北。先主西定益州，拜羽董督荆州事……二十四年，先主为汉中王，拜羽为前将军，假节钺。”[②]

---

① 王瑞功主编：《诸葛亮研究集成》（上、下册），齐鲁书社 1997 年版，第 586—587 页。

② ［晋］陈寿撰，［南朝宋］裴松之注：《三国志》（全五册），中华书局 1975 年版，第 940—941 页。

以此足见：刘备于荆州事，已付关羽以全权，封其为襄阳太守，实有让其攻取襄阳之意。特别是刘备“拜羽为前将军，假节钺”此举。朱大渭、梁满仓在其《武侯春秋》（团结出版社 1998 年版，第 276—717 页）中指出：“从刘备夺取汉中以后一系列军事行动看，攻打襄阳很可能不是关羽的擅自行动，而是刘备、诸葛亮进一步完善‘跨有荆益’待机夹攻中原战略行动的一部分……诸葛亮发动攻打襄樊战役，从军事角度看，是抓住了战机……‘隆中对’也有其比较严重的缺失，这就是‘跨有荆、益’的计划……是什么原因使刘备、诸葛亮一错再错呢？首先，是‘隆中对’的光辉掩盖了自身的缺陷，就好像太阳本身有黑子，但因为其光芒四射，人们很难用肉眼看见一样……‘隆中对’政略方针和战略方针的自相矛盾，使得蜀汉与孙吴的冲突越来越严重，结果打了一场惨遭失败的战争，从而使蜀汉陷入了内忧外患的困境，面临着天崩地裂的危机……错误地支持刘备发动夷陵之战。”这是一个判定铸成“关羽失荆州与刘备猇亭大败”原因及其责任、争议至今、仍悬而未决的关键性大问题，且不少研究者认为导致关羽“走麦城”，就是诸葛亮《隆中对》的缺陷所致。如王佩琼先生在 1998 年《徐州师范大学学报·哲学社会科学版》第 2 期以《“隆中对”与“走麦城”——“隆中对”中战略构想的缺陷及其后果刍议》为题，用相当的篇幅专论“隆中对”“跨有荆益”之缺失。对于这个问题，更由于《三国演义》的渲染，便有先生一口咬定，就是诸葛亮惹的祸，如李锦文在 2003 年第 4 期第 92—93 页中称：“（诸葛亮）一、令关羽攻樊城，失荆州……三、刘备伐东吴，孔明未为画策，以致猇亭兵败……”这就进一步误导了读者。直雄在《千秋功过评孔明：诸葛亮新论》的“伐吴不可当伐曹”，中国书籍出版社 2020 年版，第 123—141 页中，用史实进行了全面的辨析，论证了诸葛亮苦谏刘备无效所致。本当不再赘言，但朱大渭等不少先生则从诸葛亮及其《隆中对》的角度，认定刘备伐吴，乃诸葛亮之责、《隆中对》之缺所致。这完全不是事实，故有必要在此认真一辩。直雄以为：将此两败与诸葛亮及其《隆中对》“挂钩”是不妥的。一是，就《隆中对》而言，它十分明确地指出：“若跨有荆、益，保其岩阻，西和诸戎，南抚夷越，外结好孙权，内修政理；天下有变，则命一上将将荆州之军以向宛、洛，将军身率益州之众出于秦川，百姓孰敢不箪食壶浆以迎将军者乎？诚如是，则霸业可成，汉室可兴矣。”这几句话表明诸葛亮在制订“隆中之策”时，头脑异常清醒、智慧尤为高超。所谓“跨有荆益”，事实说明：并不是指荆州与益州的完全占有。早在曹操拟夺取荆州之际，诸葛亮在过襄阳之时，

就劝刘备取代刘琮以据有荆州，但为刘备所拒绝。在关羽攻魏时，荆州、益州皆并非刘备全部占有，且刘备与孙吴剑拔弩张的紧张局面并未缓解，曹魏亦在其所占襄阳驻有重兵，一统中原的曹魏政权虽说有过“小乱”，但在北方的统治总体上是十分稳固的，而刘备刚刚拿下被曹操破坏了的汉中并未来得及恢复，“南中”也未及开发，那里的少数民族并未臣服，谈不上内修政理，假设关羽的荆州之军可向宛、洛，则此时的刘备根本就没有“出秦川”的能力。很显然，关羽攻取襄阳，不是《隆中对》中攻打宛、洛的所谓“北伐”，所以将关羽取襄阳大败，说成是《隆中对》的“缺陷”是缺乏事实依据的。再者，在当时，曹魏、孙吴随时会对刘汉政权发起攻击，在这种情况下，头脑发热的刘备一称王就试图“完善跨有荆益”而北伐，让关羽向曹魏全面发起攻击，这种无视《隆中对》警示的北伐，是有“送肉上砧板”之危的北伐！政略引领战略、指导战略，政略是战略的目的导向；战略支撑政略、服务政略，是政略的保底手段。就《隆中对》而言，其政略方针和战略方针是相辅相成的、是没有什么缺陷的。如果刘备、孙权与诸葛亮和鲁肃一样，能够充分认识到：曹魏不灭，孙刘要避免被曹魏各个击破，就只有联盟一条路可走，这样，关羽之军与刘备所率的主力，是可以安然无恙的。君不见：公元215年，在曹操兵定汉中的威胁下，刘备就与孙权都认识到曹操才是最大威胁。据《吴志·孙权传》载：刘备与孙权协商，以湘江为界中分荆州，长沙、江夏、桂阳以东属权，南郡、零陵、武陵以西属备。清代著名历史学家赵翼在其《廿二史劄记》中称这种解决办法是最为公允的。这说明，只要强大的曹魏存在，孙刘是能够联合且必须联合的，“跨有荆、益”与联吴之间的矛盾是可以调和的，这一事实证实诸葛亮《隆中对》联吴政策是正确的。后来关羽伐曹、刘备伐吴，主要是关羽、刘备没有认识到“外结好孙权”的重要性。如果硬要将关羽攻曹、刘备征吴说成是与诸葛亮有关的话，那么，一生唯谨慎的诸葛亮就是“一个狂妄的低能儿了”，如果是这样的话，一部《诸葛亮兵法》（含《隆中对》）就是一堆废纸，这可能吗？更何况无任何史实可证此时关羽、刘备破坏联盟政策的行为，与诸葛亮有半点关系！二是，总观刘汉与孙吴两个政权之内，真正能悟透“孙刘联盟”在曹魏未灭前的重要意义者，唯有诸葛亮与鲁肃而已。惜公元217年鲁肃已经归天。此时的孙吴政权内，孙权的一班朝臣，几乎没有一人像鲁肃那样洞见“孙刘联盟”那种“唇亡齿寒”的关系，而曹魏朝中（兼及后的司马氏“曹魏”），曹操的虎威仍在，更有司马懿、蒋济、刘晔、董昭等一批用兵高手，他们无时无刻不在想着如何破坏“孙刘联盟”，脆弱的孙刘联盟，在他们的精心策划下，随时都会破裂。在刘汉政权内，刘备在处理孙吴关系的问题上，却是要让诸葛亮“闭嘴”，即使诸葛亮虑及关羽伐曹、刘备伐吴的危险，也只能是无可奈何。关羽、刘备处境危险而不自知！三是，诸葛亮擅长审时度势、应权通变，“隆中对策”的最终目的是要实现中华民族大一统，因此，在其《隆中对》还有一个略赋思索即可知晓，但当时暂且不宜点破的隐示意义，这就是在联吴灭曹魏后，再与孙吴争天下，达到中华民族大一统。这为后来刘汉政权与孙吴政权重新联盟“平分曹魏”后，即共同向曹魏不停地发动进攻、造成“天下有变”的事实所证实。诸葛亮可谓弘思益远、高瞻远瞩矣！四是，关羽在有了一些功劳之后，心胸狭窄、骄傲专横到了可笑的地步，他看到马超受到刘备的重用就要去与马超比试高下，看到黄忠因功提拔，竟然耻于与之同列而心存恼怒。且与同镇荆州守将麋、傅士仁关系异常紧张，这时“唯有老子天下第一”的关羽，却是肆意践踏联吴之策。据《三国志·关羽传》中载：“先是，权遣使为子索羽女，羽骂辱其使，不许婚，权大怒……羽围樊，权遣使求助之，敕使莫速进，又遣主簿先致命于羽。羽忿其淹迟，又自己得于禁等，乃骂曰：‘狢子敢尔，如使樊城拔，吾不能灭汝邪！’权闻之，知其轻己，伪手书以谢羽，许以自往。”孙权要与关羽结为亲家，关羽不仅仅是回绝，而且辱骂之。关羽围攻樊城，孙权派使者要求协助关羽，因吴军慢行，关羽觉得孙权行动慢了，詈骂孙权为狢子（《魏书·僭晋司马叡传》云：“中原冠带呼江东之人皆为‘狢子’，若狐狢类云。”），说待他攻下樊城，难道灭不了你（孙权）吗？关羽已经狂妄到令孙吴举国不得不对其必须先下手为强的地步。特别是关羽还干出了抢劫孙吴粮食的勾当。据《三国志·吕蒙传》载：“魏使于禁救樊，羽尽擒禁等，人马数万，托以粮乏，擅取湘关米。”导致孙吴必然要直接对关羽“捅刀”！这时的关羽，连作为坐镇一方之将的基本资格也丧失了，精通兵法的诸葛亮曾经亲自领教过，并化解过关羽这种“小儿无知无理”式傲慢的危害。在“天下未变”，且曹魏、孙吴皆对其虎视眈眈，在关羽严重破坏孙刘联盟的情况下，诸葛亮会赞同关羽出兵吗？这绝无可能！何况无任何史实可证！五是，刘备在称汉中王后，干了三件大事：据《三国志·先主传》载：刘备称汉中王之后，便志得意满地“起馆舍，筑亭障，从成都至白水关，四百余区”，骄傲腐败之态毕现；又据《三国志·魏延传》载，超拔魏延为督汉中镇远将军、领汉中太守，位居张飞之上，任重于诸葛亮；再是，刘备完全可以直接下令关羽发动“完善跨有荆益”之战的指令，而

是在关羽发动此战前夕"拜羽为前将军，假节钺"，给他以有代表自己一样的权力呢？据此，客观上显示是诸葛亮不赞同关羽、刘备冒险对荆州用兵，刘备便超拔魏延、关羽以此压制诸葛亮，让其"闭嘴"！事实上刘备也是这么干的。即在公元219年，刘备刚称汉中王，即拜关羽为前将军，并授予关羽"假节钺"的权力。《三国志·诸葛亮传》载：221年4月刘备称帝建立蜀汉后，"亮以丞相录尚书事，假节"。"假节"：汉典解释为：假以符节，持节。古代使臣出行，持节为符信，故称。汉末与魏晋南北朝时，掌地方军政的官往往加使持节、持节或假节的称号。而"假节钺"，则代表皇帝出行，凡持节的使臣，就代表着皇帝亲临，象征皇帝与国家，可行使相应的权力。武将"假节钺（或假黄钺）"的话，他在战时状态就不必左请示、右汇报，而可以直接斩杀自己军中触犯军令的将士。由此可知：诸葛亮迟到的"假节"这点权力与关羽"假节钺"大权是无法相比的。若诸葛亮与关羽正面发生冲突，若惹得关羽"怒发冲冠"，就是斩了诸葛亮也是无罪的。从刘备给予关羽可以斩杀诸葛亮的权力，且又力排众议执意伐吴来看，此时的刘备，早已将《隆中对》中"外结好孙权"这一重要建国治国的基本原则抛之脑后了，这本身就是对诸葛亮及其所制定的隆中之策的最大打击与背离，也是对诸葛亮最大的不信任。刘备、关羽、张飞这三只离"水"之鱼，必死无疑！再看看诸葛瑾——他是诸葛亮的胞兄。公元200年，即汉献帝建安五年，诸葛瑾汉末避乱江东。孙权的姊婿在曲阿向诸葛瑾请教问题，大惊其才，向孙权推荐，与鲁肃等一起为宾待，后为孙权长史，转中司马。而这时的刘备，还在落魄游走。他原来依附袁绍，官渡之战后投奔刘表。刘表让他屯兵新野、樊城一带，为自己据守阻止曹军南下的门户。刘备虽志在"匡复汉室"，所以就趁着这一机会扩充军队、网罗人才。他这时仅有关羽、张飞、赵云等猛将而已，其他几个文官，都摆不上台面。公元215年，即汉献帝建安二十年，诸葛瑾奉命出使蜀汉，要求刘备归还荆州，最后以分界结束。219年，即汉献帝建安二十四年，因跟随陆逊讨伐关羽，封宣城侯、绥南将军，代吕蒙领南郡太守。此时留守成都的诸葛亮，并无开府之权，足食足兵而已，其权力在魏延、张飞、关羽之后，且未付与其相应的兵权。221年，即魏文帝黄初二年，汉昭烈帝章武元年七月。刘备东征伐吴，吴王求和不得，群臣暨诸葛亮皆谏不从。诸葛瑾给刘备作书曰："陛下老远来至白帝，就是因为吴王侵取荆州，危害关羽，怨深祸大。不肯讲和，此小人之心。试为陛下论其轻重，及其大小。陛下若抑威损忿，计可立决，不复咨之于诸将也。陛下以关羽之亲何如先帝？荆州大小孰与海内？俱应仇疾，谁当先后？若审此数，易于反掌。”诸葛瑾之书，可以说是《隆中对》联吴抗曹的翻版。此时的诸葛亮仍是留守成都，刘备并未带他参与东征，可见刘备将诸葛亮的地位仅排在第五，在其内心深处是存有“诸葛兄弟相结”的疑虑，因而提防。翻查诸葛亮在刘备死前与孙吴内部任何人均未见有任何私下往来，可见诸葛亮已经觉察而诚惶诚恐以避嫌，正如王夫之《读通鉴论》中说到刘备怀疑诸葛亮“交吴之深，而并疑其与子瑜合”，在这样的情况下，即使“外结好孙权”是刘汉外交的支柱，诸葛亮谏阻也是无用的。为了规避“通吴”之祸，诸葛亮只能谨慎再谨慎。如果将关羽、刘备招惹之祸与诸葛亮及其隆中之策“挂钩”，是毫无道理且无事实依据的。六是，关羽惨败之后，刘备执意伐吴到了专横跋扈的地步，诸葛亮等朝臣谏而无效，猇亭惨败之后，让诸葛亮深感悲哀而思法正。这说明诸葛亮是反对让关羽仓促伐曹，不同意刘备伐吴得不到刘备信任而伤感的流露，也说明刘备伐吴时，根本就不信任诸葛亮。七是，直雄细读朱大渭、梁满仓在其《武侯春秋》第 320 至 321 页，列举了诸葛亮支持刘备伐吴的四点理由，其主旨就是“诸葛亮要夺回荆州”。可是，在下面两大事实及史实面前，这四点理由便失去了说服力。《三国志·先主传》载：“初，先主忿孙权之袭关羽，将东征，秋七月，遂帅诸军伐吴。孙权遣书请和，先主盛怒不许。”又，《三国志·吴志·诸葛瑾传》中记载：“后从讨关羽，封宣城侯……陛下以关羽之亲何如先帝？荆州大小孰与海内？俱应仇疾，谁当先后？若审此数，易于反掌。”孙权已向刘备求和，诸葛瑾信中的内容，实质上就是刘汉政权中朝臣们劝阻刘备兵伐孙吴诸多理由的综述。在这样重大的外交事件中，根本就没有诸葛亮的“发言权”，也不见诸葛亮的“踪影”，全是刘备“一言堂”。可见此时的诸葛亮根本就没有了参与孙吴事务的权力。如果刘备能让诸葛亮在场共同决策，诸葛亮自有智慧保全刘备的出征大军，并得到在荆州“稳住阵脚”的基地，更不会将“兵精粮多，将士用命”“异人辐辏、猛士如林”（具见《三国志·吴书》）的孙权逼至向曹魏称臣，使其两强联合共同灭刘汉政权的危险地步！八是，将关羽攻曹、刘备伐吴的言行与心态略为比对一下《诸葛亮兵法》，关羽、刘备（侥幸逃得老命）数犯兵家之大忌（一对便知，限于篇幅，不必例举分析），曹魏与孙吴对关羽、刘备违反用兵的基本原则，皆了如指掌，只是等着这两条离水之“鱼”自投“鱼网”罢了。关羽、刘备必然是等死无疑，何望取胜？《三国志·魏书》《三国志·吴书》所载两国之君臣都是坐等刘汉政权失败的，此不赘述。此等大事若有诸葛亮的“发言权”，

决不会有如此下场！九是，刘备独断专行伐吴的史实俱在：张习孔、田珏主编的《中国历史大事编年·第二卷》（北京出版社 1997 年版，第 3 页、4 页）载：汉昭烈帝刘备章武元年（221）七月，“刘备忿孙权之袭关羽，帅诸军攻吴。翊军将军赵云认为：‘国贼，曹操，非孙权也。若先灭魏，则权自服……不应置魏，先与吴战。’群臣亦谏。刘备力排众议，并不许孙权遣使求和，命吴班，冯习发兵攻吴巫县（今四川巫山），进军秭归（今湖北秭归）。孙权遣陆逊为大都督，领兵五万拒之。”这里的“群臣亦谏。刘备力排众议”中的“群臣”与“众议”，实则都应当包括诸葛亮丞相在内。又，蔡东藩《中国历史通俗演义·前汉后汉》（安徽人民出版社 1999 年版，第 623—636 页）载：“备与关羽情同骨肉，岂有闻关羽败亡，不加痛恨？当下与大小将士，一体举哀，追谥关羽为忠义侯，令羽子关兴袭封。即日部署人马，讨吴报仇……多言是先当伐魏，然后伐吴，一时议论纷纭，尚难解决。惟自诸葛亮以下，多言是先当伐魏，然后讨吴……‘……待魏既讨灭，吴亦可不劳而服了。’至言名言。先主终不肯存，再经诸葛亮联名奏阻，稍有回意。……‘朕早欲讨吴，百官谓先宜伐魏，是以稽迟。’……先主见了诸葛亮，欷歔与语道：‘朕不能用丞相言，悔已无及了。’”蔡东藩先生撰的《中国历史通俗演义》与《武侯春秋》是属同一类型史书，它不是一般无根无据的小说。正如安徽人民出版社的《出版说明》所言：“蔡东藩治学严谨，务实求真，诚如他自己所说：‘以正史为经，务求确凿；以轶闻为纬，不尚虚诬。’”黄飞英、黄建东的《近代著名史学家蔡东藩》，2008 年 4 月 8 日《团结报》上称：正因为蔡东藩在《中国历史通俗演义》这一鸿篇巨制，在史料上始终坚持“以正史为经，务求确凿；以轶闻为纬，不尚虚诬”的原则，反对“凭空捏造，诬古欺今”瞒天过海的荒唐手法。综合《中国历史大事编年·第二卷》所载，可以说“史书对诸葛亮是反对刘备伐吴是有记载”的。十是，刘备毕竟不是项羽，项羽自己造成大败临终时“怪天”自刎。刘备猇亭惨败之后，立刻恢复了英雄的本色，摆出还要与孙吴继续作战的姿态迫使孙吴求和，且能够承认错误，衷心诚意托孤诸葛亮，这就足以说明是刘备对诸葛亮曾阻止自己伐吴主张的肯定，更是对自己违反隆中之策的检讨与反思。十一是，随便查一查任何一部“诸葛亮年谱”可见：自建安十九年（214）三月诸葛亮与张飞、赵云自荆州引兵入蜀后，直至汉昭烈章武三年后主建兴元年（223），这近十年间，诸葛亮都不在荆州，且关羽、刘备根本就不让他插手荆州事务。现在，本来军事指挥低下且骄横的关羽、刘备在违反“隆中之策”的情况下，失了荆州、又败于猇亭，皆为陆逊所算，反过来说成是“隆中对有严重的缺陷”，这就是违反政策且智力不逮的失败者却要怪罪政策不好，而后人却强要如此为之，若能取诸葛亮于九泉之下而问之且罪之，诸葛亮势必“死不瞑目”矣！试问，世上哪有这样的道理？马谡因违反诸葛亮的节度而失街亭，罪该当斩！关羽、刘备违反“隆中之策”且用兵失策而惨遭失败，其性质差不多！该当何罪？世人当自有定评。然“刑不上大夫”，刚愎自用的关羽，若活着，谁敢将其正法？但“军事辩证法”令其得到了死的惩罚；“卖履”起家的刘备，好在临终时恢复了英雄本色，在参透毕生奋斗经历后，竟能口吐莲花，道出“勿以恶小而为之，勿以善小而不为。惟贤为德，能服于人”璀璨千古的名言，且以诸葛亮驾驭其无用的阿斗，得以穷尽诸葛亮一生之才，让其在三国历史的舞台上大放异彩！当孙吴在东面向曹魏发起猛烈的进攻之时，正是“天下有变”（直雄认为：此变只是一小变而已，真正的“天下有变”当是“高平陵事变”司马氏夺了魏鼎之际，曹魏的张辑、苏铄、刘贤等伺机反对司马氏，握有兵权的王陵、毌丘俭、诸葛诞等起兵讨伐之际，惜诸葛亮寿不及姜子牙[①]而命不得此机，后主腐败、吴主昏乱，皆未能很好利用这些事变）之际，可惜从此丧失了关羽、马良、张南、冯习、傅彤、程畿、黄权、潘濬、糜芳、傅士仁、杜路、刘宁、庞林诸多将帅及其约 10 万生力军，使“命一上将将荆州之军以向宛、洛”成了空话，让诸葛亮向曹魏两面发起进攻断了一臂之力，只好独自“率益州之众出陇右”，最终闪亮的智星遥落五丈原！综合上面十一点，我们只要稍微读一下《诸葛亮兵法》，如果诸葛亮当时干出支持关羽伐曹、鼓励刘备征吴、让吴魏共同攻蜀汉的蠢事，这不会让魏、汉、吴三国时所有的人与后人的大牙都要笑掉吗？就是朱大渭，梁满仓在其《武侯春秋》第 371 页也不得不说：“夷陵惨败，刘备退到永安……虽然想不通，但他却未失大将风度。有一点他非常明白，此次失败，责任全在自己。”时人廖立就一针见血地指出：“（《三国志·廖立传》载廖立对蒋琬说）昔先帝不取汉中，走与吴人争南三郡，卒以三郡与吴人，徒劳役吏士，无益而还。既亡汉中，使夏侯渊、张郃深入于巴，几丧一州。后至汉中，使关侯身死无孑遗，上庸覆败，徒失一方。”最后，让我

---

① 关于姜子牙的生卒年。360 搜索等网站均称：姜子牙（约前 1156 年—约前 1017 年），姜姓，吕氏，名尚。然诸多辞书，只是略介绍其事迹，不涉及其生卒年。南关音、何长林编著，南海出版公司 1992 年 8 月版第 4 页称其为“兵法的鼻祖”，言其“灭商之后，因功被封在齐（山东省），成为诸侯中的大国，那时太公已是九十余岁的高龄了”。

们品味一下以诗证史的神韵吧：唐人杜甫《八阵图》诗云：“功盖三分国，名成八阵图。江流石不转，遗恨失吞吴。”其诗意为：是诸葛亮成就了三国鼎立的局面，建立了盖世功绩，创造的“八阵图”，成就了诸葛亮永久的声名。其声名，任凭江流冲击，磐石一般依然如故，千年遗恨是未成就大一统，罪在刘备失策想吞吴。故而直雄认为：将关羽身死军灭、刘备猇亭惨败的责任与诸葛亮及其《隆中对》“挂钩”是违反客观事实的、是极其错误的。并再次重申：“隆中之对”实无缺陷！关羽身死军灭乃自找！刘备猇亭惨败已用行动自省改过！诸葛亮对二人之败不该有责！

公元 223 年，即魏文帝黄初四年，汉昭烈帝章武三年、后主建兴元年，吴王黄武二年。行将灭亡的刘汉政权终于冒出了一线曙光：这年二月，诸葛亮被刘备召至永安。三月，刘备在永安城：痛定思痛十个月，冥思苦想三百天；三顾求得隆中策，赤壁博弈至称帝。这是谁的能耐？是刘备？是关羽？是张飞？是庞统？是法正？都不是！现今刘汉王朝的大厦将倾，刘汉王朝败局已定，是我刘备猜忌孔明之罪！是我刘备搞“刘关张‘朝中朝’”小圈子之过。若再不决断，死后无脸去见“二祖”……痛定思痛后的刘备，终于恢复了其英雄本色：深感诸葛亮，智足心更诚。可嘉犹可信，开国第一功。太子无能对残局，托孤不二惟孔明！刘备依据客观事实认定：“自从‘三顾茅庐’以来，一直到‘白帝托孤’为止，刘备只要听诸葛亮的，就成功，不听诸葛亮的，就失败。关羽之死、夷陵之战，就是最惨痛的教训。他担心后主刘禅重蹈自己的覆辙，担心其他大臣拖诸葛亮的后腿，难以让他尽情地施展才华。为了给诸葛亮一个更大的舞台，刘备在临死之前作出了这样精心的制度安排。”[①] 大胆地在病笃托孤于诸葛亮，以尚书李严为副。这年三月，“刘备在永安（今四川奉节）病重，命丞相诸葛亮辅太子刘禅处理朝政，备谓亮曰：‘君才十倍曹丕，必能安国，终定大事。若嗣子可辅，辅之；如其不才，君可自取。’诸葛亮流涕应答：‘臣敢不竭股肱之力，效忠贞之节，继之以死！’四月，刘备死，时年六十三岁，谥曰昭烈。诸葛亮奉丧还成都。”[②]

刘备对其儿子又是怎样嘱咐的呢？《诸葛亮集》载先主遗诏敕后主曰：“朕

---

① 秦涛：《诸葛亮之道》，中国民主法制出版社 2017 年版，第 145—150 页。

② 张习孔、田珏主编：《中国历史大事编年·第二卷》，北京出版社 1997 年版，第 5—6 页。

初疾但下痢耳，后转杂他病，殆不自济。人五十不称夭，年已六十有余，何所复恨，不复自伤，但以卿兄弟为念。射君到，说丞相叹卿智量，甚大增修，过于所望，审能如此，吾复何忧！勉之，勉之！勿以恶小而为之，勿以善小而不为。惟贤惟德，能服于人。汝父德薄，勿效之。可读《汉书》《礼记》，间暇历观诸子及《六韬》《商君书》，益人意智。闻丞相为写《申》《韩》《管子》《六韬》一通已毕，未送，道亡，可自更求闻达。”临终时，呼鲁王与语：“吾亡之后，汝兄弟父事丞相，令卿与丞相共事而已。”①

《说刘备即帝位》云：“昔吴汉、耿弇等初劝世祖即帝位，世祖辞让，前后数四。耿纯进言曰：‘天下英雄喁喁，冀有所望。如不从议者，士大夫各归求主，无为从公也。’世祖感纯言深至，遂然诺之。今曹氏篡汉，天下无主，大王刘氏苗族，绍世而起，今即帝位，乃其宜也。士大夫随大王久勤苦者，亦欲望尺寸之功如纯言耳。”②

《临终托孤》云：“君才十倍曹丕，必能安国，终定大事。若嗣子可辅，辅之；如其不才，君可自取……先主又为诏敕后主曰：‘汝与丞相从事，事之如父。’”③

又《临终托孤》云：“‘朕初疾但下痢耳，后转杂他病，殆不自济。人五十不称夭，年已六十有余，何所复恨，不复自伤，但以卿兄弟为念。射君到，说丞相叹卿智量，甚大增修，过于所望，审能如此，吾复何忧！勉之，勉之！勿以恶小而为之，勿以善小而不为。惟贤惟德，能服于人；汝父德薄，勿效之。可读《汉书》《礼记》，闲暇历观诸子及《六韬》《商君书》，益人意智。闻丞相为写《申》《韩》《管子》《六韬》一通已毕，未送，道亡，可自更求闻达。’临终时，呼鲁王与语：‘吾亡之后，汝兄弟父事丞相，令卿与丞相共事而已。’”④

《答刘备托孤》云：“臣敢竭股肱之力，效忠贞之节，继之以死！”⑤

---

① ［晋］陈寿撰，［南朝宋］裴松之注：《三国志》（全五册），中华书局 1975 年版，第 891 页。

② ［晋］陈寿撰，［南朝宋］裴松之注：《三国志》（全五册），中华书局 1975 年版，第 916 页。

③ ［晋］陈寿撰，［南朝宋］裴松之注：《三国志》（全五册），中华书局 1975 年版，第 918 页。

④ ［晋］陈寿撰，［南朝宋］裴松之注：《三国志》（全五册），中华书局 1975 年版，第 891 页。

⑤ ［晋］陈寿撰，［南朝宋］裴松之注：《三国志》（全五册），中华书局 1975 年版，第 918 页。

《请宣大行皇帝遗诏表》云："伏惟大行皇帝迈仁树德，覆焘无疆，昊天不吊，寝疾弥留，今月二十四日奄忽升遐，臣妾号咷，若丧考妣。乃顾遗诏，事惟大宗，动容损益：百寮发哀，满三日除服，到葬期复如礼；其郡国太守、相、都尉、县令长，三日便除服。臣亮亲受敕戒，震威神灵，不敢有违。臣请宣下奉行。"①

《上言追尊甘夫人为昭烈皇后》云："皇思夫人履行修仁，淑慎其身。大行皇帝昔在上将，嫔妃作合，载育圣躬，大命不融。大行皇帝存时，笃义垂恩，念皇思夫人神柩在远飘飖，特遣使者奉迎。会大行皇帝崩，今皇思夫人神柩已到，又梓宫在道，园陵将成，安厝有期。臣辄与太常臣赖恭等议，《礼记》曰：'立爱自亲始，教民孝也；立敬自长始，教民顺也。'不忘其亲，所由生也。《春秋》之义，母以子贵。昔高皇帝追尊太上昭灵夫人为昭灵皇后，孝和皇帝改葬其母梁贵人，尊号曰恭怀皇后，孝愍皇帝亦改葬其母王夫人，尊号曰灵怀皇后。今皇思夫人宜有尊号，以慰寒泉之思，辄与恭等案谥法，宜曰昭烈皇后。《诗》曰：'谷则异室，死则同穴。'故昭烈皇后宜与大行皇帝合葬，臣请太尉告宗庙，布露天下，具礼仪别奏。'制曰可。"②

《说刘备即帝位》

本节题解：

公元 220 年 10 月，曹丕以魏代汉称帝。至此，东汉灭亡。公元 221 年 4 月，刘备的群臣劝刘备做皇帝，刘备未许，于是便有了诸葛亮"劝说到位"的《说刘备即帝位》。

精要概说：

诸葛亮的妙法是：通过列举东汉开国将领耿纯劝光武帝刘秀称帝的典事，以其恳切的言辞去说服刘备称帝的。

---

① ［晋］陈寿撰，［南朝宋］裴松之注：《三国志》（全五册），中华书局 1975 年版，第 891 页。

② ［晋］陈寿撰，［南朝宋］裴松之注：《三国志》（全五册），中华书局 1975 年版，第 905—906 页。

白话说意：

以往吴汉、耿弇等人一起劝光武皇帝刘秀称帝登基，刘秀推辞不干，先后推辞了四次，于是耿纯进言说："天下英雄对您十分景仰，希望追随您得到各人想得到的东西。如果您不采纳众人的建议，大家就会各择新主，无人再跟随您了。"刘秀感到耿纯的话很在理，便答应了大家的请求。现在曹丕篡汉，天下无主，大王乃刘氏皇族后裔，承汉室世系即位登基，此乃合情合理。士大夫们长期追随大王，历经艰难困苦，也是希望像耿纯所说的那样能建下尺寸之功啊！刘备于是即位称帝，册命诸葛亮为丞相。

《临终托孤》

本节题解：

由于刘备给了关羽倾倒朝野的重权，便更加骄傲自大，为陆逊设计而败亡。刘备尽出西蜀重兵为其报仇，仇未报，反被陆逊火烧连营八百里，败走白帝城，在刘备奄奄一息之际，终于清醒，托付诸葛亮辅佐刘禅。留下了《临终托孤》，又《临终托孤》的动人篇章。

精要概说：

刘备托孤，熠熠生辉、闪光千古。览其精要有三：阿斗可辅则辅，不可辅可自立为西蜀之主；吾亡之后，汝兄弟父事丞相；勿以恶小而为之，勿以善小而不为。惟贤惟德，能服于人。

白话说意：

《临终托孤》的意思是说：公元 221 年 4 月，刘备在永安病情加重，将诸葛亮召到永安，将后事嘱托给诸葛亮说："你的才能是曹丕的十倍，必能安定国家，最终成就大事。若嗣子可以辅佐的话就辅佐他，如果他不能成材你就自立为两川之主吧。"……先主又传诏，命令后主对待诸葛亮，就要像对待自己一个样。

又《临终托孤》的意思是说：我最初只是得了一点痢疾而已，后来转而得了其他的病，恐怕无药可救了。人，五十岁死不能称为夭折，我已经六十多了，又

有何遗憾的呢？所以不再自我感伤，只是惦念你们兄弟。射援先生来了，说诸葛丞相惊叹你的智慧和气量，有很大的进步，远比他所期望的要好，果真是这样，我又有什么可忧虑的啊！努力啊，努力！不要因为坏事很小就可以去做，不要因为善事很小而不去做。只有拥有才能和高尚品德，才能使别人信服。父亲德行不深厚，你不要效仿。可以读一读《汉书》《礼记》，有空时系统读一下先秦诸子著作以及《六韬》《商君书》，这对你的思想和智慧会有很大帮助的。听说丞相已经为你抄写完一遍《申子》《韩非子》《管子》《六韬》，还没给你，就在路上丢失了，你自己可以再找有学问的人学习这些东西。跟弟弟说：我死之后，你们可要把丞相当父亲一样看待啊！

《答刘备托孤》

本节题解：

诸葛亮的《答刘备托孤》：真可谓，忠心对忠心，诚意对诚意。刘备意旨到，孔明心相随。

精要概说：

“效忠贞之节，继之以死！”这是名言“鞠躬尽瘁，死而后已”的雏形写照！

白话说意：

《答刘备托孤》的意思是说：我一定尽我所能，做刘禅左右得力的帮手，忠诚而坚定不移地报效国家，死而后已！

《请宣大行皇帝遗诏表》

本节题解：

古时为了讳言皇帝死亡用大行作比喻之。皇帝死后停棺未葬者为大行皇帝。诸葛亮以低沉、舒缓的语调，以充满了对刘备的深切哀痛之情请求后主刘禅，将刘备的遗诏向天下人宣布。这就是诸葛亮所为之的《请宣大行皇帝遗诏表》。

精要概说：

刘备去世前曾遗诏敕后主刘禅："朕初疾但下痢耳……勿以恶小而为之，勿以善小而不为。惟贤惟德，能服于人……'吾亡之后，汝兄弟父事丞相，令卿与丞相共事而已。'"

白话说意：

《请宣大行皇帝遗诏表》的意思是说：已故皇帝布仁施德，恩泽无疆，天老爷未赐与吉祥，致使重病不起，于本月二十四日突然逝世，百官、后宫号啕痛哭，如丧父母。回顾遗诏，此属国丧，应当斟酌适当的礼节。朝廷各官署服丧三日即除服，至大行皇帝安厝陵墓之日，再按礼节服丧。各郡太守、国相、属国都尉、县令、县长，服丧三日即可。臣受大行皇帝临终敕戒，敬畏神明有灵，不敢有所更改。请陛下宣布让下面执行。

《上言追尊甘夫人为昭烈皇后》

本节题解：

诸葛亮的《上言追尊甘夫人为昭烈皇后》，称赞甘夫人的品行，提出母以子贵，如今刘禅做了皇帝，应该以孝治国，为万民做榜样。

精要概说：

诸葛亮以高祖刘邦曾追封母亲为皇后为例，提议追尊甘夫人为昭烈皇后。父为英雄，母为贤母。刘禅该当如何执政如何为人？旨意一清二楚。

白话说意：

《上言追尊甘夫人为昭烈皇后》的意思是说：皇思夫人履德修仁，和顺谨慎。先皇生前居上将军职位时，是皇思夫人等嫔妃协力，将陛下养抚成人，而皇思夫人却不幸早逝。先皇在世时，恩深义重，思念皇思夫人灵柩独处远方异地，专门派人前往迎迁。先皇去世，如今皇思夫人灵柩已被运到，梓棺停驻半道，园陵即将造成，安葬指日可待。臣下已与太常赖恭等人商议："《礼记》有言：'施行

仁爱首先从敬爱父母开始，这样才能教化百姓行孝；崇尚恭敬首先要从长子做起，这样才能教化百姓和睦。’这就是不忘双亲生育自己之恩。《春秋》之义，阐明母以子贵。过去汉高祖皇帝追加太上昭灵夫人尊号为昭灵皇后，孝和帝改葬他的生母梁贵人并追加尊号为恭怀皇后，孝愍帝也改葬自己生母王夫人并加尊号灵怀皇后。现在皇思夫人也应该追加尊号，以此慰藉她在九泉的灵魂。故而臣下与赖恭等参照谥法，宜追加皇思夫人尊号为昭烈皇后。《诗经》有言：‘生不能同室而居，死也得同穴而葬。’所以昭烈皇后应该与已故先皇合葬共墓。臣下请太尉为此祭告祖庙，告示天下，葬礼仪式等准备完毕再上书奏明。”

兵法探妙：

也许有读者要问：《说刘备即帝位》《临终托孤》《答刘备托孤》《请宣大行皇帝遗诏表》《上言追尊甘夫人为昭烈皇后》这五篇文论，没有一篇是论及用兵打仗的，这也扯得上兵法吗？

其实，这看似与兵法无关，实则是诸葛亮兵法中的精要所在。也许有读者又问？这不是直雄在想当然吗？直雄认为：刘备虽说因一时头脑发胀为陆逊所败，但是，这样一位久经沙场的"老革"（借用刘巴言张飞语），只要不死，一旦头脑清醒过来，利害得很呢！君不见，刘备临终前夕，看到马谡就被他一眼洞穿地提醒诸葛亮说，此人"言过其实，不可大用"吗！俗话说"知子莫如父""知臣莫若君"，刘备这样将刘汉政权全部付与诸葛亮，可见他对这个不争气的阿斗是心中有数的。同样，经过与诸葛亮之间 15 年的共事，自然会让他领略到丧关羽、死张飞、败猇亭的痛楚与悔恨，特别是诸葛亮在《隆中对》中"孙权据有江东，已历三世，国险而民附，贤能为之用，此可以为援而不可图也"的话语，在他脑子中的不断地闪现。

人走茶凉，人死反叛。元老派、荆州派、东州派、益州派诸派矛盾严重、斗争激烈。面对这些矛盾，刘禅将会一筹莫展，唯有诸葛亮可以驾驭把控消解这些矛盾。再是，大凡是那些智力短浅之夫，在有了权之后，贪图享乐的本能倒是往往能发挥到"极致"的。阿斗这样的人为君，最易受人教唆、为人所玩弄其于股掌之上而为害朝政。这样的历史事实可谓屡见不鲜。"朱紫难辨"的刘禅就是如此。既然刘备全权托孤，聪明绝世的诸葛亮从速完成上述文论并付之实施，实在是刻不容缓，否则，何谈平叛，何谈兴复汉室大一统？直雄细读上述五篇短论，觉得隐示着如下行政用兵的三妙。

第6妙：刘备必须有帝号；名正言顺北伐曹。

刘备在未见到诸葛亮之前，一直寄希望恢复汉家大一统的天下，并为此而坚持不懈地甚至寄人篱下也艰难地奋斗着。但是，自从有了诸葛亮并听取了其“隆中之策”后，一下子便心明眼亮了。按照“隆中之策”行事，终于有了可以与曹魏与孙吴相抗衡的西南一片天。在曹丕称帝、世传闻汉帝见害的情况下，刘备“乃发丧制服，追谥汉献帝曰孝愍皇帝”。何谓“追谥”？死后追加谥号。《汉书·平帝纪》：“追谥孔子曰褒成宣尼公。”汉·荀悦《汉纪·哀帝纪上》：“追谥满父忠为怀德侯。”宋·张师正《括异志·黑杀神降》：“仁宗朝，追谥守真为传真大法师。”清·昭梿《啸亭杂录·汤文正》：“乾隆中，特旨追谥文正。”范文澜、蔡美彪等《中国通史》第四编第三章第二节：“（道宗）追谥太子濬为昭怀太子。”所谓“追谥”，就是指在中国古代，那些有一定地位、社会影响或特殊事迹的人死后，通常情况下国家会给予一个特殊的称号，这个特殊的称号就叫“谥号”。

刘备这样做，目的很明确：他就是以大汉王朝支系入继大统的帝王身份给予汉献帝这种称号的，同时也是对曹丕篡汉的一种否定。刘备想当皇帝，这在刘汉政权中的臣子们是心知肚明的。于是便先有刘豹、向举等12位朝臣找出各种理由劝刘备当皇帝。接着又有许靖、诸葛亮等补充理由，劝刘备称帝。然刘备仍要故作谦让姿态，于是便有了诸葛亮的《说刘备即帝位》这篇妙文。诸葛亮以其超强的表达能力、借刘秀曾经谦让不当皇帝终被耿纯说服这一典事，给刘备故作姿态十分体面地当上皇帝铺垫上了绝妙的红地毯。

诸葛亮这样做对吗？直雄以为在当时的历史条件下，诸葛亮这样做是无可挑剔的。因为古人已有可信的论辩之果，为世人解答了刘备当皇帝的重要性与必要性。兹引于后：

后群臣议欲推汉中王称尊号，诗上疏曰：“殿下以曹操父子逼主篡位，故乃羁旅万里，纠合士众，将以讨贼。今天敌未克，而先主自立，恐人心疑惑。昔高祖与楚约，先破秦者王。及屠咸阳，获子婴，犹怀推让，况今殿下未出门庭，便欲自立邪！愚臣诚不为殿下取也。”由是忤旨，左迁部永昌从事……习凿齿曰：夫创本之君，须大定而后正己，纂统之主，俟速建以系众心，是故惠公朝虏而子围夕立，更始尚存而光武举号，夫岂忘主徼利，社稷之故也。今先主纠合义兵，

将以讨贼。贼强祸大，主没国丧，二祖之庙，绝而不祀，苟非亲贤，孰能绍此？嗣祖配天，非咸阳之譬，杖正讨逆，何推让之有？于此时也，不知速尊有德以奉大统，使民欣反正，世睹旧物，杖顺者齐心，附逆者同惧，可谓闇惑矣。其黜降也宜哉！臣松之以为凿齿论议，惟此论最善。[①]

费诗反对刘备称帝的理由是说：“殿下（指刘备，未称陛下）因为曹操父子逼迫献帝篡夺了皇位，所以才客居于万里之外的异乡，招聚士众，将共讨曹贼。如今大敌尚未消灭，而自己先做起皇帝，恐怕人们内心对您的动机有所怀疑。从前汉高祖与楚霸王有约在先，先破秦者为王。等到屠城咸阳，抓获子婴，还仍怀推让之心，况且今日殿下还未出宫廷，便打算自立为帝呢！愚臣确实不愿意殿下这么做。”由此而忤逆刘备的本意，费诗被降职为永昌从事。

习凿齿对费诗的言论作了批判，他认为：夫创本之君，须大定而正己。继承、接续君主的统治之位之主，俟速建政权以维系众心。所以晋惠公早上为秦所败被俘而其子圉晚上就被立为新君。可见及时立君是何等重要！更始尚存之时而光武帝刘秀号召恢复汉家制度：并于建武元年（公元25年）称帝，定都洛阳。讨伐公孙述、隗嚣等割据势力，统一全国，夫岂忘主为求取利吗？是为国家大事之故也。今先主纠合义兵，将以讨曹贼。贼强祸大，曹丕称帝代汉，西汉之高祖刘邦和东汉世祖之刘秀之庙，绝而不祀，苟非亲贤，谁能继承此复兴大汉之业？继承接续祖宗大业、配合天意，并非高祖入咸阳之事可比。费诗称刘备称帝与刘邦入咸阳不称王两事是不能相提并论的，依仗正义讨伐曹逆，有何推让之有？当此之时，费诗不知速尊有德的刘备以奉大统，使民欣拨乱反正，世睹旧物，杖顺者齐心，逆者同惧。费诗可谓愚昧不明事理矣，所以费诗遭贬斥降其职也是应该的啊！

习凿齿从刘备继汉之业的角度批驳费诗的上疏，其立论可谓有雄辩而得体之妙！因为，若刘备不尽快称帝以示接续后汉，则意味着后汉真可谓亡矣！刘备称帝，说明刘汉王朝仍在，说明刘汉王朝在大西南所树起反曹大旗未倒！这是诸葛亮的总体战略！习凿齿的这一批驳之论，最能体现他的“晋宜越魏继汉，不应以魏后为三恪论”即“中华民族大一统论”的精髓之处所在！故裴松之亦评曰：“臣松之以为凿齿论议，惟此最善。”

---

① ［晋］陈寿撰，［南朝宋］裴松之注：《三国志》（全五册），中华书局1975年版，第1016—1017页。

第 7 妙：德高望重须谋身；三生有幸一驭主。

此妙说的是刘备托孤与诸葛亮“顾命受托”之事，读者也许要问：“德高望重须谋身；三生有幸一驭主”，这算什么诸葛亮兵法之妙呀？此标题中对刘禅皇帝用了一个“驭”字。驭有驾驭、统率、控制之意。直雄根据刘禅在诸葛亮死后，民间立刻为诸葛亮立庙予以祭祀，朝臣也反复要求为诸葛亮立庙，刘禅迟迟不允，直至诸葛亮死后 29 年，刘汉王朝快要灭亡之时，方在景耀六年（263），于沔县定军山诸葛亮的墓前立了个庙。特别是董允死后，立即对阻止其搞腐败予以憎恨，姜维为全身而不得不避祸沓中等事实，及其开始腐败无能无聊的种种表现来看，诸葛亮是洞穿刘禅“腐败本性”的，觉得用一“驭”字是可以的。再是，人们普遍认为诸葛亮功高环宇，如云中天在其《诸葛亮智谋三十六计》前言中云：“翻开史书传记，诗词歌赋，千余年来，对诸葛亮所作所为说‘是’者多，褒扬者多，称颂溢美者多。有的赞扬他‘功盖三分国’，名垂千古史；有的称颂他是‘天下奇才’，是‘天下第一流人物’，是‘醇臣楷模’‘垂景耀’‘忠贯云霄’‘万古清高’；有的称赞他是‘伯仲伊吕’，‘两汉以来无双士，三代而后第一人’；有的称赞他‘大名垂宇宙’，乃至‘千古第一完人’等等。而对他说‘非’者少，贬者更少。”何也？岂不知，刘备托孤时付与诸葛亮可以取而代之之权、当是看透了此子的无能与贪婪，当防其日后生变。诸葛亮也看透了刘禅“朱紫难辨”的本质。像这样的人，诸葛亮的高明之处在于认识到：不将刘禅“驭住”，刘汉王朝就有可能不费多少时日就要败亡，诸葛亮也可能被他杀了。这并非直雄故作“骇人听闻”之语，且不说这样的历史实例并不鲜见，就是后来的姜维在执行诸葛亮的路线，虽已“九代中原”，到后来，为了避祸保命，不得不“屯田沓中”。特别是在司马昭兵伐蜀汉之时，当司马昭大军压境之际，刘禅为奸臣黄皓所左右，致使覆国。成都的“汉昭烈庙”“武侯祠”中，刘禅作为一代皇帝本当有他的位置。原来由于后人对他的评价持不同观点，刘禅的塑像几经破坏，后来也就没有了，改由刘谌来陪伴刘备。故用一“驭”字以解世人对刘禅在董允死后从速腐败之恨，也显诸葛亮之所以能尽展其才的根由所在。这也与成都的祠庙中人们将刘禅“开除”其祭祀之位相吻合。

直雄认为：这正是诸葛亮兵法的独特之处。刘备之所以敢于衷心托孤。十个月的煎熬与反思，终于使他明白：袁绍的“官渡之败”，方有曹操成功征服乌桓，进而中原一统；曹操的“赤壁之败”，方有我刘备向孙权借荆州后实力迅速壮大，

进而谋取益州，创建了“季汉政权”；而由于刘关张“小集团”长期凌驾于季汉诸朝臣之上，发展到无视《隆中对》中“孙权据有江东，已历三世，国险而民附，贤能为之用，此可以为援而不可图也”的警示！方有“夷陵之败”，东吴虽然受创，但守住了荆州，而季汉受到重创，元气已经大伤！真可谓“天塌西南”，诸葛亮那“法孝直若在，则能制主上，令不东行；就复东行，必不倾危矣”的痛苦叹息声不时在耳！季汉政权灭国在即，环顾季汉之臣，才智与忠心无人可与诸葛亮相媲美，而挽狂澜于既倒者唯有诸葛亮。

这段时间，正是诸葛亮自汉献帝建安十二年（207 年）27 岁出山，至汉昭烈帝章武三年后主建兴元年（223 年）17 个年头以来，其治军理政才华有目共睹。刘备当面令子为“臣”托孤诸葛亮，这就是对诸葛亮政治军事才能的肯定与总结，也是对他们“桃源三结义”兄弟破坏隆中决策实事求是的“检讨”。要使刘禅像自己初见诸葛亮时情同鱼水，托孤必须虔诚。

刘备在托孤之前，自认识了法正之后，对于诸葛亮与法正二人来说，刘备是更信任法正的。在刘备（特别关羽）将《隆中对》中反复强调的“孙权据有江东，已历三世，国险而民附，贤能为之用，此可以为援而不可图也”立国原则早就置之脑后，在其执意伐吴时，诸葛亮及其群臣一再劝阻无效时，我们不能不认为明人程敏政之论是为高论，其云：“曰：昭烈之于孔明，尝有鱼水之喻矣。迹是观之，则孔明之言，昭烈固有不能尽用者哉！曰：岂特不能尽用而已，盖所谓十不一试者也。孔明之言曰：‘荆州用武之国，而其主不能守，此殆天所以资将军也。’使孔明处此，盖必有策，而昭烈追景升之顾，宁舍之以去，反为逆操之资。赤壁之胜，虽幸得其半，而终不能守，盖非孔明之初意矣。又曰：‘益州天府之土，刘璋暗弱，将军既帝王之胄，若跨有荆、益，汉室可兴矣。’使孔明处此，亦必有策，而昭烈乃听法正之诡谋袭取成都，虽得璋而理不直，又非孔明之初意矣。孔明所以兴汉之策，盖素定于草庐三顾坐谈之顷。其大者则取荆、益，援孙权，而昭烈无一之见从，而后世乃归之天不祚汉，岂不过乎！曰：孔明尝自叹‘法孝直在，必能制主上东行’，然则孔明之智不逮正矣。曰：非也。孔明尝劝取益州，昭烈不听而听于正；伐吴之举，孔明必谏之不听而思其人也。正言难入，诡谋易从。虽大贤君子犹所不免，而况昭烈乎！”①

① 王瑞功主编：《诸葛亮研究集成》（上、下册），齐鲁书社 1997 年版，第 508 页。

然当法正已死，刘备不听诸葛亮而执意伐吴仅逃得老命之后，痛定思痛地认识到其教训在于“杀伐其所可依之孙吴，而忘其一生必伐仇敌之曹魏”，他终于恢复了英雄本色，其头脑异常清醒，其目光如镜，正待其托诚心诚意托孤之际，发现马谡在旁，将屏退。“先主临薨谓亮曰：‘马谡言过其实，不可大用，君其察之。’”[①]足见其托孤之心诚恳！

对于诸葛亮的用兵之能，借用罗贯中原著毛伦毛宗岗评改《三国志通俗演义》第三十八回中的一首古风结束本条云：“高皇手提三尺雪，芒砀白蛇夜流血。平秦灭楚入咸阳，二百年前几断绝。大哉光武兴洛阳，传至桓灵又崩裂。献帝迁都幸许昌，纷纷四海生豪杰。曹操专权得天时，江东孙氏开鸿业。孤穷玄德走天下，独居新野愁民厄。南阳卧龙有大志，腹内雄兵分正奇。只因徐庶临行语，茅庐三顾心相知。先生尔时年三九，收拾琴书离陇亩。先取荆州后取川，大展经纶补天手。纵横舌上鼓风雷，谈笑胸中换星斗。龙骧虎视安乾坤，万古千秋名不朽！”

全诗述西汉东汉的兴起与衰败，以“先取荆州后取川，大展经纶补天手。纵横舌上鼓风雷，谈笑胸中换星斗”，凸显诸葛亮只手补天的高超军事政治才能。

然而事有不顺，刘备关羽置《隆中对》中的“大兵法”“大原则”于脑后，关羽兵败被杀，刘备仅逃得性命，损兵折将耗去了诸葛亮实现全国大一统的主力。“三国兵力，以三国志为准，三国演义有夸大成分……蜀：总兵力在 10 万—13 万左右，北线汉中 5 万，东线永安 2 万—3 万，成都各据点 3 万—5 万（刘禅投降时，成都最少有 1 万兵力）。”[②]刘禅投降时的总兵力，也不过是 12 万左右。如果关羽刘备损兵折将 10 余万基本属实，那么，刘汉政权的军事势力，几乎被刘备关羽耗尽。

而当时诸葛亮面临的残酷现实是：“222 年 6 月，刘汉政权之益州郡耆帅雍闿杀太守正昂，又擒太守张裔，叛蜀投吴，并连结孟获、朱褒、高定等人起兵反蜀；……222 年 12 月，刘备病重，蜀汉嘉太守黄元趁刘备病重，兴兵叛蜀。蜀汉章武三年（223）3 月，黄元进攻今四川之邛崃……建兴元年（223）‘魏司徒华歆、司空王朗、尚书令陈群、太史令许芝谒者仆射诸葛璋各有书与亮，陈天命人事，

---

① ［晋］陈寿撰，［南朝宋］裴松之注：《三国志》（全五册），中华书局 1975 年版，第 983 页。

② 芝士回答：《三国志 10 全国总兵力？》2021 年 8 月 12 日 https：//wenda.so.com/q/1638567432212961。

欲使举国称藩。’”[①] 在这种严峻的形势下，诸葛亮只有取得了亦君亦臣的主宰地位，方能干出一番南征北伐的惊天动地的大事业。罗贯中原著毛伦毛宗岗评改《三国志通俗演义》第八十五回中，则以诸葛亮安居平五路表现诸葛亮“大展经纶补天手”的军事天才。

刘备的《临终托孤》与又《临终托孤》，文字不多，可内涵极其丰富，直雄在《千秋功过评孔明：诸葛亮新论》（中国书籍出版社2020年版）中考证：它是世上绝无仅有的真心坦诚的托孤之例：猇亭之役中几乎丧命的刘备，让他在惨痛的事实面前吸取了教训，所幸的是：刘备并没有气馁，而是恢复了英雄气，他认真回顾与诸葛亮17个年头的相处，客观的事实明摆着：若没有《隆中对》这个指导纲要，就没有西南的一片天，正是因为没有很好执行《隆中对》坚持伐吴，致有今日刘汉政权的残局，而细细考查刘汉政权里的每一个人，唯有诸葛亮一人的道德、智慧与功业可以真心诚意托孤，唯有他可以挽狂澜于既倒，故有“君才十倍曹丕，必能安国，终定大事”之语。从思想品格、道德情操、治国智慧、领军打仗等各方面的情况来看，此语不虚。诸葛亮的才德智慧终于赢得刘备诚心托孤，再一次唤起了他“汉室倾颓，奸臣窃命，主上蒙尘。孤不度德量力，欲信大义于天下，而智术浅短，遂用猖蹶，至于今日。然志犹未已，君谓计将安出？”[②] 初衷的回忆。

刘备不甘心一死了之！“君谓计将安出？”当是刘备要扪心自问了！刘备是从寄人篱下的日子走过来的，他深知“主子”握有生杀大权，他也差一点被自己投奔的主子给杀了。就像自己当了皇帝一心要伐吴那个样，谁人敢阻止就要杀了谁！若平庸刘禅为帝后一意孤行，刘汉的江山便要付之东流。思前想后，便有了“若嗣子可辅，辅之；如其不才，君可自取……先主又为诏敕后主曰：‘汝与丞相从事，事之如父’”。“勿以恶小而为之，勿以善小而不为。惟贤惟德，能服于人……临终时，呼鲁王与语：‘吾亡之后，汝兄弟父事丞相，令卿与丞相共事而已。’”这样从心底流出的恳切叮嘱，也是诸葛亮能够震慑刘禅危害自己的“护身符”！

---

① 吴直雄：《习凿齿与他的〈汉晋春秋〉——兼论〈三国演义〉对习凿齿的承继关系》，江西高校出版社2019年版，第760页。

② ［晋］陈寿撰，［南朝宋］裴松之注：《三国志》（全五册），中华书局1975年版，第912页。

第8妙：宣扬先帝在谋身；二驭后主用遗诏。

北宋何去非博士有云："君主没有不希望他的臣子有才干的；臣子没有不希望他的君主贤明的。有了有才干的臣子，他的君主往往又深怀疑忌；有了贤明的君主，他的臣子又往往心怀恐惧，这是为什么呢？君主并非在臣子面前有什么短处而疑忌臣子，而是疑忌臣子的权术谋略足以与他分庭抗礼；臣子并非对君主不忠而害怕君主，而是怕君主心狠手毒，随时可以除掉臣子。这就是君臣之间产生疑忌、恐惧心理的原因。"[①] 这在中国封建社会是屡见不鲜的客观事实。故此，诸葛亮对刘禅，刘备必须要给予他"可以取代刘禅"的特别权力，这是刘备有其远见卓识的真正英雄之处！

刘备给诸葛亮留下的是一般人无法收拾的烂摊子，而交给他的是要他北伐中原统一全国的千钧重担，既然接下了这一千钧重担，好在刘备给他赋予了在必要时对刘禅可以取而代之的大权。"反对曹操篡汉、大一统全中国"，这是诸葛亮投奔刘备的初衷，也是刘备终生的奋斗目标。现在要接续、举起刘备继续北伐中原，一统全国的大纛，必须要有全权，而要有全权，必然要让刘禅按照刘备的叮嘱办，而要让刘禅按照刘备的叮嘱办，就必然时时刻刻紧紧地握住刘备赐与他的"尚方宝剑"——即《临终托孤》与又《临终托孤》。必须从速让《请宣大行皇帝遗诏表》尽快昭告天下：诸葛亮是代刘备执政，刘禅必须遵从父志，不得有违。在此基础上，诸葛亮又《上言追尊甘夫人为昭烈皇后》，称赞甘夫人的品行，提出母以子贵，如今刘禅做了皇帝，应该以孝治国，为万民做榜样，不得有违父母遗志。这对"朱紫难辨"随时有可能走桓灵腐败老路的刘禅来说，就是上了一道不能干扰诸葛亮执政的"紧箍咒"！

---

① 王平著：《中华兵典要览》，黄河出版社1999年版，第486页。

第三卷
泰山压顶不弯腰　文攻曹魏笔似枪

——《正议》《论光武》中的兵法探妙

本卷示要：《正议》《论光武》是诸葛亮主政的政治号召与政治宣传。《正议》是针对曹魏在搞“不战而屈人之兵”的有力回击与对刘汉政权的正统性的绝妙宣传！在孙权已向曹魏称臣，枭雄刘备归西，刘禅乃众所周知的无能之辈，刘汉政权摇摇欲坠的情况下，《正议》一文，实有起到明确政治方向、稳固朝政、稳定人心的重要作用。《论光武》发表于北伐前夕与三次练兵前夕，对于振奋民心军心实有鼓舞作用！

用兵缘起：

魏文帝黄初四年、汉昭烈帝章武三年后主建兴元年、吴王黄武二年（223 年），这年三月，刘备在永安城深自反省之后，深感诸葛亮智足心忠、可嘉可信，病笃托孤于亮，以尚书李严为副。其时益州大姓雍闿反，流放太守张裔至孙吴。牂牁太守朱褒拥郡反，越嶲帅高定亦叛。诸葛亮以新遭大丧，不能加兵征伐。刘汉政权处于摇摇欲坠之际的十月间，魏司徒华歆、司空王朗、尚书令陈群、太史令许芝、谒者仆射诸葛璋各有书与亮，陈天命人事，欲使举国称藩。亮遂不报书，作《正议》以答。

《正议》云：“昔在项羽，起不由德，虽处华夏，秉帝者之势，卒就汤镬，为后永戒。魏不审鉴，今次之矣；免身为幸，刑在子孙。而二三子各以耆艾之齿，承伪指而进书，有若崇、竦称莽之功，亦将偪于元祸苟免者耶！昔世祖之创迹旧基，奋羸卒数千，摧莽强旅四十余万于昆阳之郊。夫据道讨淫，不在众寡。及至孟德，以其谲胜之力，举数十万之师，救张郃于阳平，势穷虑悔，仅能自脱，辱其锋锐之众，遂丧汉中之地，深知神器不可妄获，旋还未至，感毒而死。子桓淫逸，继之以篡。纵使二三子多逞苏、张诡靡之说，奉进驩兜滔天之辞，欲以诬毁唐帝，讽解禹、稷，所谓徒丧文藻，烦劳翰墨者矣！夫大人君子之所不为也。又《军诫》曰：‘万人必死，横行天下。’昔轩辕氏整卒数万，制四方，定海内，况以数十万之师，据正道而临有罪，有可得而干拟者哉！”[①]

① ［晋］陈寿撰，［南朝宋］裴松之注：《三国志》（全五册），中华书局 1975 年版，第 918—919 页。

曹植（192—232）于建安末期作有《汉二祖优劣论》。文中称："曹植的文采，当时是非常有名的，'才高八斗'么，一来二去，文章就传到了四川的诸葛亮丞相那里。当时诸葛丞相刚刚七擒孟获，平定了南中，正休养整顿，找机会北伐，比较悠闲，读了曹植的文章，就写了一些不同看法。"①

《汉二祖优劣论》云：有客问予曰："夫汉二帝，高祖、光武，俱为受命拨乱之君，比时事之难易，论其人之优劣，孰者为先？"

予应之曰："昔汉之初兴，高祖因暴秦而起，官由亭长，身自亡徒，招集英雄，遂诛强楚，光有天下。功齐汤武，业流后嗣，诚帝王之元勋，人君之盛事也！然而名不继德，行不纯道，直寡善人之美称，鲜君子之风采，惑秦宫而不出，窘项坐而不起，计失乎郦生，忿过乎韩信，太公是谙，于孝违矣！败古今之大教，伤王道之实义。身没之后，崩亡之际，果令凶妇肆鸩酷之心，嬖妾被人豕之刑，亡赵幽囚，祸殃骨肉，诸吕专权，社稷几移。凡此诸事，岂非高祖寡计浅虑以致祸！然彼之雄才大略，似傥之节，信当世至豪健壮杰士也。又其条将画臣，皆古今之鲜有，历世之希睹。彼能任其才而用之，听其言而察之，故兼天下而有帝位，流巨功而遗元勋也。不然，斯不免于间阎之人，当世之匹夫也。

世祖体干灵之休德，禀贞和之纯精，通黄中之妙理，韬亚圣之懿才。其为德也，通达而多识，仁智而明恕，重慎而周密，乐施而爱人。值阳九无妄之世，遭炎光厄会之运，殷尔雷发，赫然神举。用武略以攘暴，兴义兵以扫残。神光前驱，威风先逝。军未出于南京，莽已毙于西都。破二公于昆阳，斩阜、赐于汉津。当此时也，九州岛鼎沸，四海渊涌，言帝者二三，称王者四五；咸鸥视狼顾，虎跃龙骧。光武秉朱光之臣诚，震赫斯之隆怒。夫其荡涤凶秽，剿除丑类，若顺迅风而纵烈火，晒白日而扫朝云也。若克东齐难胜之寇，降赤眉不计之虏；彭宠以望异内陨，庞萌以叛主取诛，隗戎以背信躯毙，公孙以离心授首。尔乃庙胜而后动众，计定而后行师，故攻无不陷之垒，战无奔北之卒。是以群下欣欣，归心圣德。宣仁以和众，迈德以来远。于是战克之将，筹划之臣，承诏奉令者获宠，违命犯旨者颠危。故曰：建武之行师也，计出于主心，胜决于庙堂。故窦融闻声而影附，马援一见而叹息。股肱有济济之美，元首有穆穆之容。敦睦九族，有唐虞之称；高尚纯朴，有羲皇之素；

① 时代领跑者：《诸葛亮怎么知道曹植写了〈汉二祖优劣论〉》，2018 年 9 月 25 日，见 https：//zhidao.baidu.com/question/1866327544622297707.html。

谦虚纳下，有吐握之劳；留心庶事，有日昃之勤。乃规弘迹而造皇极，创帝道而立德基。是以计功则业殊，比隆则事异，旌德则靡短，言行则无秽，量力则势微，论辅则力劣。卒能握乾坤之休征，应五百之显期，立不刊之退迹，建不朽之元功。金石播其休烈，诗书载其勋部。故曰：光武其近优也。

汉之二祖，俱起布衣，高祖阀于微细，光武知于礼法。高祖又鲜君子之风，溺儒冠不可言敬，辟阳淫僻，与众共之。诗书礼乐，帝尧之所以为治也，而高祖轻之。济济多士，文王之所以获宁也，高帝蔑之不用。听戚姬之邪媚，致吕氏之暴戾。将则难比于韩、周，谋臣则不敌于良、平。”[①]

诸葛亮曰：曹子建论光武，将则难比于韩、周，谋臣则不敌良、平，时人谈者，亦以为然。[②]

然诸葛亮发现曹植此文触动了“恢复两汉大一统”的宗旨，系作《论光武》云：吾以此言诚欲美大光武之德，而有诬一代之俊异。何哉？追观光武二十八将，下及马援之徒，忠贞智勇，无所不有，笃而论之，非减曩时。所以张、陈特显于前者，乃自高帝动多阔疏，故良、平得广于忠信，彭、勃得横行于外。语有“曲突徙薪为彼人，焦头烂额为上客”，此言虽小，有似二祖之时也。光武神略计较，生于天心，故帷幄无他所思，六奇无他所出，于是以谋合议同，共成王业而已。光武称邓禹曰：“孔子有回，而门人益亲。”叹吴汉曰：“将军差强吾意，其武力可及，而忠不可及。”与诸臣计事，常令马援后言，以为援策每与谐合。此皆明君知臣之审也。光武上将非减于韩、周，谋臣非劣于良、平，原其光武策虑深远，有杜渐曲突之明；高帝能疏，故陈、张、韩、周有焦烂之功耳。[③]

《正议》

本节题解：

公元223年，刘备夷陵之战惨败，10个月后在白帝城驾鹤西归，后主刘禅继位。曹魏蠢蠢欲动，企图劝说蜀国去除帝号，并劝降诸葛亮等。司空王朗写信给许靖，让他劝说蜀国去除帝号，“事受命之大魏”。除了许靖，诸葛亮先后收到司徒华歆、

---

① 三国（魏）曹植：《汉二祖优劣论》，见360搜索网。

② 张连科、管淑珍：《诸葛亮集校注》，天津古籍出版社2008年版，第158页。

③ 张连科、管淑珍：《诸葛亮集校注》，天津古籍出版社2008年版，第158页。

司空王朗、尚书令陈群、太史令许芝、谒者仆射诸葛璋等人信件，目的除了劝说去除帝号，还有劝降之意。这些写信人皆非等闲之辈：一为天下名宦，二是蜀汉旧识。他们出面代表曹丕，利用自己的威望针对诸葛亮实施着全方位游说或施压，企图“不战而屈人之兵”。此时的诸葛亮并不一一回信，而是以雄文《正议》告示天下反击之。

精要概说：

《正议》雄文笔胜枪，义正词严气势强；洋洋洒洒三百字，宣誓篡汉必灭亡。[①]

白话说意：

《正议》的意思是说：魏文帝曹丕黄初四年、汉昭烈帝刘备章武三年后主刘禅建兴元年、吴王孙权黄武二年（223 年）三月，刘备在永安城深感诸葛亮智足心忠、可嘉可信，在病入膏肓之际将儿子也就是后主刘禅托付给诸葛亮，以尚书李严为副。就在这个时候，益州大姓雍闿造反，将太守张裔流放至孙吴。牂牁太守朱褒聚集郡人造反，越巂帅高定亦叛。

诸葛亮因新近刘备大丧，不能用武力进攻以征伐。这正是刘汉政权处于摇摇欲坠之时的十月间，魏司徒华歆、司空王朗、尚书令陈群、太史令许芝、谒者仆射诸葛璋各自去信诸葛亮，陈述天道的意志人情事理当在魏国一方，想迫使诸葛亮率领刘汉政权成为魏国的附庸。诸葛亮一概不回书信，作《正议》秉正发表议论说：以往西楚霸王项羽，不以仁德对待老百姓，力量强大到有帝王的威势，最终身败名裂，成为其千古遗恨。现在的曹魏不吸取项羽的教训，反而去效仿，即便现在侥幸免死，也必然殃及子孙。写书劝降我的人，已是一把年纪，行事却从汉贼之意，与当年陈崇、孙竦称赞王莽篡汉没有两样，一味讨好汉贼，最终免不了被汉贼逼死！光武帝创业之时，只率领几千人便在昆阳郊外一举击溃敌军四十万。足以说明持正道伐淫邪，胜败是不在人数的多寡。曹操是何等诡诈，纠集十万人与先帝作战，妄图在阳平救张郃，只落得个狼狈而逃，不但辱没我精锐

---

① 《正议》274 字，计标点 51。取整数曰：三百字。通篇实揭曹魏腐败必早亡。孔明此论非虚言。三国之中，曹魏最早在“高平陵事变”（公元 249 年 1 月）时已是名存实亡矣。诸葛亮在《正议》中所言属实，直雄以四句顺口溜综合之：曹操才高腐败根，曹丕淫逸命不长；曹叡贪残胜乃父，病床交权魏国亡！

之师，还丢了汉中，这时他才知道，神器是不能随便窃取的，没等到退军回到家，就染病身亡。曹丕骄奢淫逸，篡大汉之位。即便你们几个像张仪、苏秦那样擅长诡辩，说得天花乱坠、滔滔不绝，也不可能诋毁尧、舜，只是白费笔墨罢了！正人君子绝不会像你们一样这么做。《军诫》中说："如果有一万名士卒，抱着必死的决心，那就可以天下无敌了！"过去轩辕皇帝只率领几万士卒，还能击败四位帝王，平定天下。何况我们的几十万兵马在替天行道，讨伐汉贼的罪人，那谁能与我们大汉匹敌呢？

《论光武》

本节题解：

曹植在其《论光武》中，指出光武时，将则难比于韩信、周勃，谋臣则不敌张良、陈平。这种观点很有市场。刘汉政权正是接续了光武之后。诸葛亮敏锐地发现曹植此文触动了"恢复两汉大一统"的宗旨，系有《论光武》之作。

精要概说：

诸葛亮眼光如炬，妙用"曲突徙薪"之典，论证曹植此言虽欲美大光武之德，而有诬一代之俊异。将曹植驳得体无完肤。

白话说意：

曹植（192—232）在建安末期作有《汉二祖优劣论》。文中说："曹植文采，闻名当时，其'才高八斗'么，一来二去，文章就传到了四川的诸葛亮丞相那里。当时诸葛丞相刚刚七擒孟获，平定了南中，正在修养整顿，找机会北伐，算是比较悠闲，读了曹植的《汉二祖优劣论》，就写了不同看法。"

其写作缘起是：有客问我说："大汉朝的高祖、光武，都是受天命拨乱反正的君王，比较其时事的难易，品评他们的高下，到底谁当为上？"

我答道："高祖刘邦因秦的暴政而起兵，这是汉朝兴起之时，刘邦不过一亭之长，他为亡命之徒，集英雄，灭强楚，得天下。他的功劳可比汤武、帝业传与后嗣，乃帝王中元勋，人君中盛事！然而他的名声配不上他的德行，其行为与纯粹的道义有差距。实属称不上完人，也少有君子的风采。他曾为美色的迷惑而滞留秦宫，因困窘于项羽坐而不起。在对待郦生的问题上失策，对待韩信的问题上做得过分。不顾其父的生死，有悖孝道。败坏了自古以来的教义，损伤了王道的实际意义。他死后，使吕雉这个凶狠妇人肆虐之心得逞，他心爱的戚夫人遭到酷刑。其爱子赵王被囚，祸及骨肉。诸吕专权，社稷几倾。凡此种种，难道不都是刘邦缺乏深谋远虑导致的吗？然而他雄才大略、潇洒倜傥，确实是当世的豪杰之士呀。而其属下的武将谋臣，都是古今少见的人才。他能大胆任用，所以能大一统天下称帝。否则，难免只是一个匹夫而已。

光武帝聪慧而多识，仁智而明恕，谨慎而周密，乐施而爱人。正值《易经》所说的“阳九无妄”之世，他如雷霆发作，赫然举兵。以武力抗暴政，兴义兵灭残敌。闪电为前驱，飓风为先导。大军未出南阳之际，王莽已毙命洛阳。在昆阳破二王，于汉津斩甄阜。当时，九州鼎沸，四海波涌，称帝者二三人，称王者四五人；他们鹰视狼顾，虎跃龙腾。光武帝涤荡凶秽，剿除丑类，有如顺疾风纵烈火，出白日扫乌云。东克齐地难胜之寇，降服赤眉无数俘虏。彭宠因异心而败亡，庞萌因反叛而受诛。隗嚣因背信而毙命，公孙述因离心而授首。都是妙算而后动众，谋定而后兴师。所以攻无不克之城，战无逃跑之卒。所以群下欢欣，心悦诚服。光武用兵，计策出于自心，胜利决定于庙堂。所以窦融闻声而影附，马援一见而赞叹。和睦九族，有唐尧那样的美称。高尚纯朴，有伏羲一般的品质。谦虚纳谏，有周公吐哺般的辛劳；留意民生，有计时日昃般的勤奋。可谓其功业突出，兴隆事迹奇异，德行无短处，行为无秽迹。论力量则势力小，论辅助则臣弱，他终能应孟子的“五百年必有王者兴”之谶文，掌握乾坤，创造了难以磨灭的奇迹，故金石铭刻着他的业绩，诗书记载着他的殊勋。故而认为：光武比高祖更优秀。

汉朝的高祖与光武祖，都出身布衣。高祖缺乏微细体察，光武熟知礼节法度。高祖少见有君子风度，在冠中溺尿是对儒生的不尊重。诗书礼乐，是帝尧治理天下所用，高祖却予以轻视。人才济济，是文王得以安宁的原因，高祖却蔑视不用。眷恋戚姬的妖媚，导致吕后暴虐。光武其将难与韩信、周勃相比，谋臣则逊于张良、陈平。

然而诸葛亮发现曹植此文触动了“恢复两汉大一统”的宗旨，遂作《论光武》一文。说曹子建论光武：将则难比于韩信、周勃，谋臣则不如张良、陈平，议及此事的人们，也是这样的看法。我以为这种说法确实是想赞美光大光武帝的德行，却顾此失彼地抹杀了东汉一代俊杰。为何呢？试看光武帝的二十八将，下至马援

诸人，忠贞智勇，无所不有，确切而论，不比高祖时的人差。张良、陈平之所以在前朝能特别显露，只因高祖办事比较粗心疏忽，故而张良、陈平在忠诚信义方面得以显现，彭越、周勃在外边得以横扫千军。有个故事说："劝人趁早把烟囱改弯、搬开柴草的好人被遗忘，而救火时烧得焦头烂额的被当做上宾。"[①] 这话虽然说的是生活中小事，却好似刘邦刘秀这两位开国皇帝当时各自的情形。

光武帝的神机妙算，出自天帝之心，所以运筹帷幄无需他人多虑，诸多奇计无需他人提出，便计谋相合、意见一致，共同成就帝王大业。光武帝称赞邓禹说："孔子有了颜回，学生们对他更亲近。"称赞吴汉说："吴将军勉强符合我的心意，他的勇猛可以有人比得上，而忠心却没有人能赶得上。"跟大臣们谋划大事，常叫马援最后发言，因为马援的计谋常常跟他合拍。这些都显示出圣明君主了解臣下的辨别力。光武帝的优秀将领不比韩信、周勃差，谋臣不比张良、陈平弱。[②] 究其原因，是光武帝深谋远虑，有防微杜渐的圣明；而高祖能力粗疏，所以陈平、张良、韩信、周勃才有"奋力扑救"的功劳。

诸葛亮对曹植"世祖胜于高祖"的观点没有异议，但对于文中所说的"光武的将领难与韩信、周勃相比，而谋臣则逊于张良、陈平"的观点并不苟同，因此就写了《论光武》一文来表达自己的看法。真不愧为一个心明眼亮的政治家与军事家！

兵法探妙：

读者也许要问：《正议》《论光武》与"诸葛武侯大兵法"扯得上关系吗？直雄认为，这不是什么"扯得上关系"的问题，而明显是曹魏在搞"不战而屈人之兵"的用兵把戏！当时孙权已向曹魏称臣，枭雄刘备归西，刘禅乃众所周知的无能之

---

① 据《汉书·霍光传》记载，有一户人家，灶上装了个的烟囱，灶旁堆满了柴禾。有人劝他把烟囱改弯，把柴堆搬开，免得发生火警。这一家人不听，后来果然失火，幸亏邻居来救，才熄灭了，于是这一家摆酒谢邻，烧伤的坐上席，却不请早先劝他改造烟囱的那个人。当时流行这么两句话："曲突徙薪无恩泽，焦头烂额为上客。"后来就用"曲突徙薪"比喻事先采取措施，防止危险发生。

② 直雄在最近的《习凿齿家族家风再研究》中，在有关资料中发现辅佐光武帝及其儿孙三朝的习郁、王瑛夫妇，文才实过张良、陈平之流，武功亦超彭越、周勃之辈，且夫妇皆高寿95岁，辅佐东汉三朝。奇矣！怪矣！为何史不及载？这样罕见的鲜例，这样有力的证据，为何诸葛亮不曾提及？直雄拟再行挖掘，探知究竟。

辈，要不是有诸葛亮，可以想见：刘禅必然会称臣的。《论光武》，据直雄考证，虽说是在北伐时诸葛亮读到此文，但“时人”皆赞同曹植的观点，这不能不说也是对刘汉政权继“东汉”的一种“影射与贬损”，也是一种攻心战。故诸葛亮必须挥笔反击之。《正议》《论光武》计有二妙。

第9妙：秉正发论斥劝降；一统正气振庙堂。

刘备丧于永安之时，国内数处叛乱，曹魏对孙吴软硬兼施，孙权对刘禅的治国能力深表怀疑，孙刘联盟是否继续，成了问题。曹魏五大臣大肆对诸葛亮采取威胁利诱、以泰山压顶的架势对其进行迫降。一时间，刘汉政权的上上下下处于“黑云压城城欲摧”之势。

对此，诸葛亮对曹魏五大臣之信一概不予理睬，而是作《正议》以高祖败项羽，光武败王莽，刘备在汉中败曹操等“以少胜多”“柔弱胜强”的战例，列数曹操、曹丕父子的篡汉罪恶，有理有据地对曹魏五大臣的助纣为虐行为以斥责之。重申刘汉政权讨伐曹魏是“据道讨淫”，是“据正道而临有罪”，刘汉政权大一统必胜，曹魏篡逆政权必亡。这非虚言，后成事实。

《正议》虽说只有274个字，但它并非一般的公开信，它是摇摇欲坠西蜀升起继续北伐曹魏的大纛，它是一篇讨伐曹魏的义正辞严犹如匕首般的犀利檄文，它对于震慑曹魏起着百万雄师的作用，它顿时就让曹魏“不战而屈刘汉之兵”化为一缕轻烟，它对于巩固与坚定孙吴结盟的信心起着不可估量的作用，它对于刘汉朝廷满朝文武更是有着无穷的鼓舞作用。正因为诸葛亮在其《正议》中表现出了恢复汉室的大一统决心坚如磐石，所以刘汉王朝在整个过程中，都是北伐不止的。

且看刘禅在公元227年三月的诏书（又称《为后帝伐魏诏》）云：“朕闻天地之道，福仁而祸淫；善积者昌，恶积者丧，古今常数也。是以汤、武修德而王，桀、纣极暴而亡。曩者汉祚中微，网漏凶慝，董卓造难，震荡京畿。曹操阶祸，窃执天衡，残剥海内，怀无君之心。子丕孤竖，敢寻乱阶，盗据神器，更姓改物，世济其凶。当此之时，皇极幽昧，天下无主，则我帝命殒越于下。昭烈皇帝体明睿之德，光演文武，应乾坤之运，出身平难，经营四方，人鬼同谋，百姓与能。兆民欣戴。奉顺符谶，建位易号，丕承天序，补弊兴衰，存复祖业，诞膺皇纲，不坠於地。万国未定，早世遐殂。朕以幼冲，继统鸿基，未习保傅之训，而婴祖宗之重。六合壅否，社稷不建，永惟所以，念在匡救，光载前绪，未有攸济，朕

甚惧焉。是以夙兴夜寐，不敢自逸，每从菲薄以益国用，劝分务穑以阜民财，授方任能以参其听，断私降意以养将士。欲奋剑长驱，指讨凶逆，朱旗未举，而丕复陨丧，斯所谓不燃我薪而自焚也。残类余丑，又支天祸，恣睢河、洛，阻兵未弭。诸葛丞相弘毅忠壮，忘身忧国，先帝托以天下，以勖朕躬。今授之以旄钺之重，付之以专命之权，统领步骑二十万众，董督元戎，龚行天罚，除患宁乱，克复旧都，在此行也。昔项籍总一强众，跨州兼土，所务者大，然卒败垓下，死于东城，宗族（如焚）[焚如]，为笑千载，皆不以义，陵上虐下故也。今贼效尤，天人所怨，奉时宜速，庶凭炎精祖宗威灵相助之福，所向必克。吴王孙权同恤灾患，潜军合谋，掎角其后。凉州诸国王各遣月支、康居胡侯支富、康植等二十余人诣受节度，大军北出，便欲率将兵马，奋戈先驱。天命既集，人事又至，师贞势并，必无敌矣。夫王者之兵，有征无战，尊而且义，莫敢抗也，故鸣条之役，军不血刃，牧野之师，商人倒戈。今旍麾首路，其所经至，亦不欲穷兵极武。有能弃邪从正，箪食壶浆以迎王师者，国有常典，封宠大小，各有品限。及魏之宗族、支叶、中外，有能规利害、审逆顺之数，来诣降者，皆原除之。昔辅果绝亲于智氏，而蒙全宗之福，微子去殷，项伯归汉，皆受茅土之庆。此前世之明验也。若其迷沈不反，将助乱人，不式王命，戮及妻孥，罔有攸赦。广宣恩威，贷其元帅，吊其残民。他如诏书律令，丞相其露布天下，使称朕意焉。”①

这份诏书虽说是诸葛亮代刘汉王朝后主刘禅所写，但它也代表了刘汉王朝及后主北伐曹魏大一统的坚定意志。是一篇与《正议》一脉相承、讨伐曹魏、出师名正言顺的檄文。文中指控了曹氏父子的种种罪恶，对曹丕篡位的行为表示了极大的愤慨，表示一定要完成刘备的遗志，讨伐凶逆，匡复汉室，同时劝诫盲从于曹魏的人们早早弃暗投明，归顺刘汉朝。文中满怀正义之战争势必会不战而胜的雄心，情辞恳切，语调铿锵有力，读罢令人为诸葛亮忠贞不渝、百折不挠的精神而感动，是《正议》一文精髓的再度发挥。文中妙用了不少典故。这些典故的运用，或是刺向曹魏政权的匕首。如桀、纣是暴君的代称。用以批判曹魏是十分有力的；同样，这些典故，或是用以对昭烈的称颂；或是用以对与国孙权的夸奖；或是用以对诸葛亮率部出征扫灭曹逆正义必胜的讴歌……

---

① [晋]陈寿撰，[南朝宋]裴松之注：《三国志》（全五册），中华书局1975年版，第895—896页。

诸葛亮练兵是十分注重“政治”的，他强调练兵时一定要让将士为了什么而去作战，这在其《便宜十六策》《将苑》等军事著作中皆有体现。我想《正议》《为后帝伐魏诏》都应是当时练兵时最好的“政治教材”之一。

《正议》一文，汲取了黄石公“圣王之用兵，非乐之也，将以诛暴讨乱也。夫以义诛不义，若决江河而溉爝火，临不测而挤欲堕，其克必矣。所以优游恬淡而不进者，重伤人物也。夫兵者，不祥之器，天道恶之；不得已而用之，是天道也。夫人之在道，若鱼之在水；得水而生，失水而死。故君子者常畏惧而不敢失道”[①]这一段属精髓并发挥之，指斥曹魏篡汉是不义、是暴乱，刘汉政权将兴正义之师据道讨淫、诛暴讨乱，将曹魏五大臣骂了个狗血喷头，大长了诸葛亮主政下的刘汉王朝和正义之气，大灭了曹魏说客的威风。

《正议》一文，引《军诫》曰：“万人必死，横行天下。”意为：如果一万名士卒，抱着必死的决心，那就可以天下无敌了。《军诫》一书当已佚失。《姜太公兵法》有此语。太公曰：为将者，受命忘家；当敌忘身。故必死，必死不如乐死，乐死不如甘死，甘死不如义死，义死不如视死如归，此之谓也。故一人必死，十人弗能待也；十人必死，百人弗能待也；百人必死，千人弗能待也；千人必死，万人弗能待也；万人必死，横行乎天下。[②]由此足见诸葛亮对北伐曹魏的信心和决心，充分地展现了他为实现中华民族大一统的伟大而坚定的志向。

第 10 妙：《论光武》岂止学术；要挫曹魏篡逆心。

诸葛亮一篇《论光武》，直雄以为：无论是文笔功力还是逻辑推理等诸多方面，都是诸葛亮对曹植的《汉二祖优劣论》进行了恰到好处的指误。曹植是什么人物？曹植（192—232 年），字子建，沛国谯（今安徽省亳州市）人，出生于东阳武，是曹操与武宣卞皇后所生第三子，生前曾为陈王，去世后谥号“思”，因此又称陈思王。曹植是三国时期曹魏著名文学家，建安文学的代表人物。其代表作有《洛神赋》《白马篇》《七哀诗》等。后人因其文学上的造诣而将他与曹操、曹丕合称为“三曹”。其诗以笔力雄健和词采华茂见长，留有集三十卷，已佚，今存《曹子建集》为宋人所编。曹植的散文同样也具有“情兼雅怨，体被文质”的特色，

---

① 黄颇著：《白话〈黄石公兵法〉〈尉缭子兵法〉》，中州古籍出版社 1993 年版，第 83 页。

② 《〈太公兵法〉佚文》2011 年 5 月 30 日，http：//www.360doc.com/content/11/0530/09/426471_120411300.shtml。

加上其品种的丰富多样，使他在这方面也取得了卓越的成就。南朝宋文学家谢灵运有“天下才有一石，曹子建独占八斗”的评价。《诗品》的作者钟嵘亦赞曹植“骨气奇高，词彩华茂，情兼雅怨，体被文质，粲溢今古，卓尔不群”。王士祯尝论汉魏以来二千年间诗家堪称“仙才”者，曹植、李白、苏轼三人耳。

诸葛亮（181—234）与曹植是同代之人。曹植在整个汉晋时代，其名声一直很大，难道诸葛亮仅仅是为了一个学术问题与曹植论争吗？公元226年，正在诸葛亮准备出师北伐之际，曹植的《汉二祖优劣论》中的谬误及其对社会的误导，诸葛亮的《论光武》显然不完全是为学术之争而作，可以说是诸葛亮对曹植一贯灭蜀灭吴言论行为的反击，以扫除即将北伐曹魏的思想舆论障碍。

避开诸葛亮的论证不提，刘邦所面对的是一个连亚父范增都不能用的“莽夫”项羽政权；而刘秀面对的是狡猾多诈、兵多将广、篡政已历三代达14年之久的新莽王朝，刘秀能够将其推翻，仅凭这一点，刘秀及其部属就高于刘邦，而刘秀的部下，就凭一个习郁、王瑛夫妇的文才武略，就足以将陈平、张良、韩信、周勃之辈居其次（参见直雄正待出版的《习凿齿家族家风再研究》等著）。

文章乃经国之大业，学术为天下之公器。诸葛亮的《论光武》成文之后，那时才34岁的曹植不见有“还手”之作，可见诸葛亮在这个“学术”问题上，有力地挫败“才高八斗”曹植的锐气！

直雄以为，诸葛亮是知己知彼的，他竟然如此重视对曹植的《汉二祖优劣论》批驳，更为重要的还在乎曹植曾是曹操的“嗣君”，这个“嗣君”虽差一点被曹丕整死，但是他对兴魏灭蜀灭吴，自始至终视为己任，他写下的灭蜀扫吴的誓言也不是某一天陡然的心血来潮之作。曹丕当政，他长期蕴存在心中“灭蜀灭吴”的怒火在其疏文中有着形象的表述，他上疏要亲征刘汉与东吴。如太和二年（228年）上疏的《求自试表》中有云：“方今天下一统，九州晏如。顾西尚有违命之蜀，东有不臣之吴，使边境未得锐甲、谋士未得高枕者，诚欲混同宇内，以致太和也。”[①]意为要使边境脱掉铠甲，国内太平，必须灭了蜀、吴。曹叡当权，曹植为东阿王时，亦不忘灭了刘汉政权。其时作有《征蜀论》：“今将以谋谟为剑戟，以策略为旌旗，师徒不扰，藉力天师。下礧成雷，榛残木碎。干戈所拂，则何虏不崩；金鼓一骇，

① ［晋］陈寿撰，［南朝宋］裴松之注：《三国志》（全五册），中华书局1975年版，第566页。

则何城不登。”[1]其意是说，将谋划、将制定谋略化为剑戟，以策略为旌旗；借术士之功力，可不必烦动军队；射出巨石如巨雷，可将榛丛树木砸碎；所挥动的兵器，是为无坚不摧；攻城之鼓一响，城墙即可登攀。而诸葛亮要恢复大汉的大一统，更直接的是刘备所接续的东汉。现在曹植论证东汉的谋臣不如张良、陈平之流，武将不如韩信、周勃之辈，而且为世人所认同。这对一贯要灭汉灭吴的曹植来说，不能不说这是他在影射着刘汉政权只是一班宵小而已。从曹植一贯要大一统刘汉政权与孙吴政权的角度来看，诸葛亮的《论光武》，实际是对“曹逆”“篡汉”的有力反击！是诸葛亮恢复大汉大一统观点的宣扬！

① 唐·虞世南《北堂书钞》一百十七。

第四卷

挥兵南指不容缓　“擒纵之策”显“天威”

——《邓芝表达武侯意》《南征表》《南征教》《“三不留”之策》中的兵法探妙

本卷示要：《邓芝表达武侯意》《南征表》《南征教》《“三不留”之策》皆未明确地说到用兵的问题。但是它无不与攻城略地或开战或止战紧密相关，展现了诸葛亮兵法大智慧与“不战而屈人之兵”的精妙之处。

用兵缘起：

公元223年4月，刘备卒。5月，诸葛亮立刻派邓芝使吴。《邓芝表达武侯意》（题为直雄所拟）云：“先主薨于永安。先是，吴王孙权请和，先主累遣宋玮、费祎等与相报答。丞相诸葛亮深虑权闻先主殂殒，恐有异计，未知所如。芝见亮曰：‘今主上幼弱，初在位，宜遣大使重申吴好。’亮答之曰：‘吾思之久矣，未得其人耳，今日始得之。’芝问其人为谁？亮曰：‘即使君也。’乃遣芝修好于权。权果狐疑，不时见芝，芝乃自表请见权曰：‘臣今来亦欲为吴，非但为蜀也。’权乃见之，语芝曰：‘孤诚愿与蜀和亲，然恐蜀主幼弱，国小势偪，为魏所乘，不自保全，以此犹豫耳。’芝对曰：‘吴、蜀二国四州之地，大王命世之英，诸葛亮亦一时之杰也。蜀有重险之固，吴有三江之阻，合此二长，共为唇齿，进可并兼天下，退可鼎足而立，此理之自然也。大王今若委质于魏，魏必上望大王之入朝，下求太子之内侍，若不从命，则奉辞伐叛，蜀必顺流见可而进，如此，江南之地非复大王之有也。’权默然良久曰：‘君言是也。’遂自绝魏，与蜀连和，遣张温报聘于蜀。蜀复令芝重往，权谓芝曰：‘若天下太平，二主分治，不亦乐乎！’芝对曰：‘夫天无二日，土无二王，如并魏之后，大王未深识天命者也，君各茂其德，臣各尽其忠，将提枹鼓，则战争方始耳。’权大笑曰：‘君之诚款，乃当尔邪！’权与亮书曰：‘丁厷掞张，（掞音夷念反，或作艳。臣松之案汉书礼乐志曰“长离前掞光耀明”。左思蜀都赋“摛藻掞天庭”。孙权盖谓丁厷之言多浮艳也。）阴化不尽；和合二国，唯有邓芝。’”①

公元223年，是刘汉政权多灾多难的一年。这一年，益州大姓雍闿反叛刘汉

① ［晋］陈寿撰，［南朝宋］裴松之注：《三国志》（全五册），中华书局1975年版，第1071—1072页。

政权，放逐太守张裔至吴地。牂牁太守朱褒聚集郡人据郡造反，越巂帅高定亦反叛。诸葛亮以新遭大的丧事，不方便立即举兵平叛，只是派遣龚禄（195—225）住安上县担任职名而不亲往任职的郡从事而已。建兴三年春，诸葛亮率众南征，其秋悉平。其间，撰有《南征表》，又作《南征教》，又有《“三不留”之策》（诸多典籍写作《谕谏》，为使题意明确直切，直雄将《谕谏》培其内容而拟此题）。

《南征表》云：“初谓高定失其窟穴，获其妻子，道穷计尽，当归首以取生也。而邈蛮心异，乃更杀人为盟，纠合其类二千余人，求欲死战。”①

《南征教》云：“用兵之道，攻心为上，攻城为下；心战为上，兵战为下。”②

《“三不留”之策》（诸多书名为《论谏》。直雄取名《“三不留”之策》，更为直截了当）云：“《汉晋春秋》曰：‘亮至南中，所在战捷。闻孟获者，为夷、汉所服，募生致之。既得，使观于营阵之间，问曰：“此军何如？”获对曰：“向者不知虚实，故败。今蒙赐观看营阵，若祇如此，即定易胜耳。”亮笑，纵使更战，七纵七擒，而亮犹遣获。获止不去，曰：“公，天威也，南人不复反矣。”遂至滇池。南中平，皆即其渠率而用之。或以谏亮，亮曰：“若留外人，则当留兵，兵留则无所食，一不易也；加夷新伤破，父兄死丧，留外人而无兵者，必成祸患，二不易也；又夷累有废杀之罪，自嫌衅重，若留外人，终不相信，三不易也；今吾欲使不留兵、不运粮，而纲纪粗定，夷、汉粗安故耳。’”③

《邓芝表达武侯意》

本节题解：

《邓芝表达武侯意》，题目是直雄所拟。这不是诸葛亮的话。但是，邓芝吃透了诸葛亮《隆中对》中的“外交理念”与“中华民族大一统的思想”的终极目的，并在与孙权的“较量”中，对诸葛亮的上述理念作了形象生动的演绎。

---

① 张连科，管淑珍：《诸葛亮集校注》，天津古籍出版社 2008 年版，第 26 页。

② 何兆吉，任真译注：《诸葛亮兵法》，江西人民出版社 1996 年版，第 204 页。

③ [晋]陈寿撰，[南朝宋]裴松之注：《三国志》（全五册），中华书局 1975 年版，第 921 页。

精要概说：

英雄所见略同，诸葛亮与邓芝均同时料到：刘禅即位，孙权一定会对后主治蜀信心不足，如果孙权倒向曹魏，刘汉政权必危！于是派遣邓芝使吴。果不其然，孙权在取得夷陵大胜并向曹魏称臣之后，曹丕并不容忍孙权独立为国。所以，在要不要继续与刘禅联盟？要不要彻底“臣服”于魏？孙权一直犹豫不决。邓芝使吴，坚定了孙权吴蜀联盟的雄心壮志。

白话说意：

《邓芝表达武侯意》中的意思是说：就在邓芝来到孙吴之时，曹魏的使者也到了孙吴，这使孙权在此两难的情况下举棋不定。

两军相逢勇者胜，两使相争智者赢。正在孙权狐疑，不肯尽快见邓芝，邓芝自告奋勇地请求孙接见，并说：我今天使吴，并不只是为了蜀国，也是为了吴国，一语调动孙权意，孙权便立即接见了邓芝，并对邓芝说：我是真心诚意与蜀和亲结盟的，只是担心蜀主幼弱，国家狭小势力弱，为魏所乘隙，自身难保，所以非常犹豫。邓芝早就摸透了孙权的心理，很有针对性地分析道：吴、蜀两国乃据有四州之地，您是著名于当世的英明之主，诸葛亮也一时之人杰也。蜀据有重险之固，吴有三江之阻，共有这两个优势，互为唇齿，进可兼并天下，退可以鼎足而立，这是非常自然的道理。您若臣服、归附于魏，魏必然会上望大王之入朝为臣，下又要求太子为人质；若不从命，则必然会奉君主之正辞、名正言顺地讨伐您，蜀国必然顺流见机进攻。若这样，江南大地就不会是大王所有呢。孙权沉默思考好久后说：你说的是有道理的。便谢绝了魏使的要求，与蜀连和结盟，并派遣张温回访蜀国。蜀国又令邓芝重新使吴，孙权对邓芝说：假若我们平定了曹魏而使天下太平，吴蜀二主分治天下，岂不也是很快乐的吗！邓芝回答道：天上没有两个太阳，地上没有两个帝王，如兼并了曹魏之后，大王不曾深识天道主宰众生命运之事，双方为君者各看成盛大他的德行，臣子们各尽其共忠贞，将士擂起战鼓，那时战争又将刚刚开始罢了。孙权听后大笑说：你说的是坦诚的话，你真是坦诚直率！孙权写给诸葛亮的信中说：丁厷之话多为浮艳。而阴化的能力又不足以促成结盟；能使吴蜀和好结盟，只有邓芝能行。

《南征表》

本节题解：

《南征表》作于建兴三年（225）南征之时。表，即给皇帝上的奏章。如诸葛亮《出师表》："今当远离，临表涕零，不知所言。"陆游《书愤》："出师一表真名世，千载谁堪伯仲间。"又如：表函（上呈天子的函件）；表奏（表文奏章）；表草（表文的草稿）之类。

精要概说：

《三国志·蜀志·诸葛亮传》载："南中诸郡，并皆叛乱，亮率众南征，其秋悉平。"

白话说意：

《南征表》中的意思是说：越巂夷王高定。在建安二十二年（217）越巂夷率高定遣军围新道县，被蜀将李严击走。开始以为他失去了巢穴，妻子被俘，走投无路，只有投降保命。不料蛮夷想法不同，在后主建兴元年（223），先主刘备逝世，朱褒、雍闿、高定等叛乱，竟敢杀人立约，纠集同类两千余众，以求决一死战。于是有建兴三年（225）诸葛亮南征，平定叛乱。

《南征教》

本节题解：

《南征教》作于225年诸葛亮南征之时。教，在书中是一种文体，为官府或长上的告谕。

精要概说：

《南征教》是兵法中的精要，它提倡"不战而屈人之兵"。

白话说意：

《南征教》中的意思是说：用兵打仗有规律，瓦解敌方是上策；攻城略地不容易，

斗智取胜乃上策。然习凿齿《襄阳记》载曰：“建兴三年，亮征南中，谡送之数十里。亮曰：‘虽共谋之历年，今可更惠良规。’谡对曰：‘南中恃其险远，不服久矣，虽今日破之，明日复反耳。今公方倾国北伐以事强贼。彼知官势内虚，其叛亦速。若殄尽遗类以除后患，既非仁者之情，且又不可仓卒也。夫用兵之道，攻心为上，攻城为下，心战为上，兵战为下，愿公服其心而已。’亮纳其策，赦孟获以服南方。故终亮之世，南方不敢复反。”[①] 这不明明白白是马谡的经典金句吗？宋人王应麟在《玉海》将此文归于诸葛亮的兵法作品。直雄以为马谡作为参军与“秘书”之言为诸葛亮所认可采纳，算作诸葛亮这位“首长”之言是可以的；再从诸葛亮征南取胜采取“三不留”之策来看，诸葛亮早有此策，从这个角度来看，此语的“著作权”归为诸葛亮也是合情合理。

《“三不留”之策》

本节题解：

《“三不留”之策》一题名，为直雄所拟。即不留人、不留兵、不留粮运粮。

精要概说：

《“三不留”之策》可减少很多麻烦，会赢得南中人民的信任，就能收到夷人与汉人和谐相处之效。

白话说意：

《“三不留”之策》中的意思是说：诸葛亮率部来到云南与贵州两省之地，诸葛亮南征，雍闿为部下所杀，所在各战捷报频传。得知有孟获这个人，为夷、汉所折服，便将其生擒到军前。且让他在自己营阵之间观看，问他说：“我军怎样？”孟获回答说：“从前不知你军的虚实，所以失败。今天感谢你让我观看你们的营阵，若就是这个样子，我即一定容易战胜你们。”诸葛亮为之一笑，释放他，让他再战，结果是七次放走孟获后又七次将其擒拿，而诸葛亮仍然要释放孟获来再次决战。

---

① ［晋］陈寿撰，［南朝宋］裴松之注：《三国志》（全五册），中华书局1975年版，第983—984页。

孟获听后不肯离去，说：“您，有天那么大神奇威力啊，我们南方人从此不再反叛了。”诸葛亮便率军来到滇池。南中得以平定，随即将孟获等魁首一并予以任用。有的人便劝谏亮不能这样做，诸葛亮回答说：“若留下我们的人，必须留兵，兵留则必须有粮食供给，这是一件不容易办到的事；加上蛮夷新近因战争残伤破损，其父兄死丧不少，留下我们的人而不留兵士，必然会造成祸患，这是第二个不易解决的问题；孟获等人屡有背叛自己诺言和杀死我们士兵的罪过，必然自觉隔膜与心存恐惧，如果留我们的人，他们终会放心不下，这是第三个难以解决的问题，现在我决定不留一兵、就不必运送粮食，但只要规范好大汉的法律与制度，这样一来，夷人和汉人便可以暂且和平相处了啊！”

兵法探妙：

《邓芝表达武侯意》《南征表》《南征教》《“三不留”之策》皆未明确地说到用兵的问题。但是，它无不与攻城略地或开战或止战紧密相关，它无不展现着诸葛亮妙用兵法大智慧中所显现的两大精妙之处。

第 11 妙：速复隆中一统策；孙刘联盟必重结。

直雄在论及中华民族大一统时曾云：“‘正统’一说，在梁启超看来是荒谬的，其实，透过他所说的荒谬，可见实理。中华民族是一个以汉族为主体但融合了若干少数民族而雄踞于世的伟大民族。我们这个伟大民族大多数情况下是一个大一统的政权。但是当在位的封建统治者腐败无能等情况下导致国家分裂时，各分裂政权均会不甘心于长期分裂下去，他们会打出各种各样的旗号以剪灭对方，达到一统全国的目的。而正统论就是一个标志着政权具有合法性的金字招牌。谁握有这个招牌，谁就有了讨伐对方的‘尚方宝剑’，如三国时的曹魏、刘汉、孙吴就是这样，他们均以自己为‘正统’，而视对方为贼、为寇。这时提出的‘正统’，就有着要实现全国‘大一统’的积极意义，如果均无大一统雄心和全国争正统之举，那么，在中华大地上，就会‘诸侯’林立。之所以会这样，这是由中华文化、中华民族大一统精神的基因，已经深入人心等诸多因素所决定的。从这个意义上说，这也正是‘正统’产生的根本原因之一，也正是各种各样‘正统’提法出现的原因之所在。试想，如果当时曹魏、刘汉、孙吴，各自自保其疆域，久而久之，中国也就会这样永久地分裂下去了。从这个角度出发，‘正统’的本质，就是中华

民族要大一统，中华民族永远不能分裂。尔后历朝历代所提出的正统，经过一一具体的分析，它也是带有要求大一统积极意义的。至于历史上没有给某些曾一统全国的短命的一统政权以‘正统’，我想，史家在编撰史学著作时，总是出于他们的某些考虑，例如，这些短命王朝之所以短命，主要是他们不以民为本，政权尚未巩固，就腐败起来，这样的短命王朝，确实不配称之为正统，或是编史者的思想受到过某些局限所致。”①

直雄引用上述一段旨在说明：孙权与邓芝共同道出了中华民族必须大一统的一个千古话题，以及当下大一统行之有效的办法。这就是：“权谓芝曰：‘若天下太平，二主分治，不亦乐乎！’芝对曰：‘夫天无二日，土无二王，如并魏之后，大王未深识天命者也，君各茂其德，臣各尽其忠，将提枹鼓，则战争方始耳。’权大笑曰：‘君之诚款，乃当尔邪！’这是中华民族坚守‘大一统’的一个永恒话题。是诸葛亮、曹操、孙权奋斗终生的追求！邓芝的两次使吴，深得孙权的钦敬，亦深为诸葛亮所赏识。直雄曾研究‘孙刘联盟’的继续，是为曹魏政权的覆灭奠基云：‘曹魏政权为司马懿父子所夺’——由于曹魏政权的腐败，在刘汉政权与孙吴政权的联合蚕食下，在与刘汉孙吴的斗争中，司马懿父子脱颖而出，牢牢地把控着曹魏的军政大权，司马懿借助‘高平陵事变’，成功秉政，曹魏朝名存实亡。如果不是刘禅政权与孙皓政权的腐败，孙吴、刘汉两国确有能力扫平北方司马炎这个腐败政权的。之后，孙吴与刘汉两个政权，则真有可能会出现‘君各茂其德，臣各尽其忠，将提枹鼓，则战争方始耳’的局面！”②

这里说明了三个问题：一是共灭曹魏，即孙吴政权与刘汉政权恢复联合，消灭了曹魏政权这个“汉贼”，就是实现了全国大一统的第一步；二是在消灭“汉贼”曹魏政权之后，孙吴与刘汉政权是否就此分裂中国呢？不，这就是要进一步进行大一统战争，即曹魏政权歼灭之日，就是孙吴政权与刘汉政权大一统战争的开始之时，这里说得多么明白呀！三是如何取得大一统战争的胜利最为基本的方法，并不完全是靠战争，而是要“各茂其德，臣各尽其忠”。这里的“德”，简言之，就是爱民之德，就是要给老百姓以恩惠、恩德。这里的“忠”，即忠诚无私，尽心竭力地为国为民。只有这样，可实现中华民族大一统矣！

---

① 吴直雄：《习凿齿与他的〈汉晋春秋〉——兼论〈三国演义〉对习凿齿的承继关系》，江西高校出版社2019年版，第315—316页。

② 吴直雄：《千秋功过评孔明：诸葛亮新论》，中国书籍出版社2020年版，第157页。

这三个问题，实际上就是《隆中对》的终极目的，为达此目的，诸葛亮"鞠躬尽瘁，死而后已"奋斗了一生！

第12妙：攻城杀伐实无奈；安定边境有妙策。

《南征表》不过46个字。言简意赅地概述了平定叛乱的缘起：这就是国家不允许分裂，不允许叛乱，不允许官兵豪强欺压百姓，这是确保全国统一老百姓一生平安的根本大法，它是维系中华民族大一统之必须。

《南征教》中的"用兵之道，攻心为上，攻城为下；心战为上，兵战为下。"不过20个字。它体现了孙武"凡用兵之法：全国为上，破国次之；全军为上，破军次之；全旅为上，破旅次之；全卒为上，破卒次之；全伍为上，破伍次之，是故百战百胜，非善之善者也；不战而屈人之兵，善之善者也"[①]中，力争以战止战、最后达到不战而胜的精髓！《南征教》较之孙武兵法，可谓百尺竿头再进了一步。

《"三不留"之策》的实质，它是《南征教》富于创造性的具体运用与发展。"公，天威也，南人不复反矣！"这就是《南征教》与《"三不留"之策》在当时的验证。故而，毛泽东说："诸葛亮会处理民族关系，他的民族政策比较好。获得了少数民族的拥拥护……这是他的高明处。"[②]

---

① 张文穆：《孙子解故》，国防大学出版社1995年版，第111页。

② 周溯源编著：《毛泽东评点古今人物》，红旗出版社1998年版，第129页。

第五卷
成都营“治戎讲武”　诸葛亮整军有方

——《军令十三则》《贼骑来教》《兵要十则》《兵法》（1）（2）中的兵法探妙

本卷示要：诸葛亮的《军令十三则》《贼骑来教》《兵要十则》《兵法》(1)(2)中的兵法，是诸葛亮对《姜太公六韬兵法》《司马兵法》《黄石公三略兵法》《孙子兵法》《吴子兵法》《尉缭子兵法》等兵法的继承与创新；是诸葛亮南征军事实践的经验总结；是诸葛亮养精蓄锐拟出其不意、攻其不备北伐曹魏，进行艰苦卓绝的中华民族大一统战争的开始。

用兵缘起：

三年春，亮率众南征，其秋悉平。军资所入，国以富饶，乃治戎讲武，以俟大举。五年，率诸军北驻汉中。这就是说，公元225年，诸葛亮率部南征，225年秋即平定了南方。227年即率军北伐曹魏进驻汉中。在整个226年都在治戎讲武，作好北伐曹魏的准备工作。这226年的“治戎讲武”是在什么地方呢？治戎讲武，讲的是些什么内容呢？直雄翻查诸葛亮在226年的活动情况和诸葛亮兵法中方方面面的内容，觉得王瑞功先生收集的《军令十三则》《贼骑来教》《兵要十则》《兵法》（1）、《兵法》（2）可为整个226年“治戎讲武”最为基本的内容，而其治戎讲武地点仍在成都。

《军令十三则》云：“（一）闻雷鼓音，举白幢绛旗，大小船进战，不进者斩。闻金音，举青旗，船还。若贼近，徐还；远者，疾还。（二）闻五鼓音，举黄帛两半幡合旗，为三面阵。（三）连衡之陈，似狭而厚，为利阵。令骑不得与相离，护侧骑与相远。（四）敌以来进持鹿角，兵悉却在连冲后。敌已附，鹿角里兵但得进踞，以矛戟刺之，不得起住，起住妨弩。（五）始出营，竖矛戟，舒幡旗，鸣鼓角。行三里，辟矛戟，结幡旗，止鼓角。未至营三里，复竖矛戟，舒幡旗，鸣鼓角。至营，复结幡旗，止鼓角。违令者髡。（六）战时，皆取船上布幔、布衣渍水中，积聚之，以助水淹。贼有火炬、火箭，以掩灭之。违令者髡翦耳。（七）凡战临阵，皆无讙哗，明听鼓音，谨视幡麾。麾前则前，麾后则后，麾左则左，麾右则右，不闻令而擅前后左右者斩。（八）弩独前战，令五鼓，皆张羊角；四鼓，视麾所指。（九）帐下及右阵各持彭排。（十）尝以己丑日祠牛马先。祝文曰：某月己丑，某甲敢告牛马先。马者，用兵之道，牛者，军农之用。谨洁牲黍稷旨酒，敬而荐之。（十一）军行济河，主者常先沉白璧，文曰：某主使者某甲敢告于河，贱臣某甲作乱，天子使某率众济河，征讨丑类，故以璧沉，惟尔有神裁之。（十二）金鼓幢麾隆冲皆以立秋日祠。先时一日，主者请祠，其主者奉祠。若出征有所剋获，还亦祠。向敌祠，血于钟鼓。秋祠及有所剋获，但祠，不血钟鼓。祝文：某官使主者某，敢告隆冲金鼓幢麾。夫军武之器者，所以正不义，为民除害也。谨以立秋之日，洁牲黍稷旨酒而敬荐之。（十三）军行，人将一斗干饭，不得持乌育及幔，余大车乘帐幔，什光耀日，往就与会矣。"

《贼骑来教》云："若贼骑左右来至，徒从行以战者，陟岭不便，宜以车蒙阵而待之。地狭者，宜以锯齿而待之。"

《兵要十则》云："（一）军已近敌，罗落常平明以先发，绝军前十里内，各案左右下道，亦十里之内。数里之外，五人为部，人持一白幡，登高外向，明隐蔽之处。军至，转寻高而前。第一见贼，转语后第二，第二诣主者，白之。凡候见贼百人以下，但举幡指；百人以上，便举幡大呼。主者遣疾马往视察之。（二）凡军行营垒，先使腹心及向导前觇审知，各令候吏先行，定得营地，擘五军分数，立四表候视，然后移营。又先使候骑前行，持五色旗，见沟坑揭黄，衢路揭白，水涧揭黑，林薮揭青，野火揭赤，以鼓五数应之。立旗鼓，令相闻见。若渡水逾山，深邃林薮，精骁勇骑搜索数里无声，四周绝迹。高山树顶，令人远视，精兵四向要处防御。然后分兵前后，以为镇拓，乃令辎重老小，次步后马，切在整肃，防敌至，人马无声，不失行列。险地狭径，亦以部曲鳞次，或须环回旋转，以后为前，以左为右，行则鱼贯，立则雁行。到前止处，游骑精锐，四向散列而立；各依本方下营。一人一步，随师多少，咸表十二辰，竖大旌，长二丈八尺，审子午卯酉地，勿令邪僻，以朱雀旗竖午地，白虎旗竖酉地，玄武旗竖子地，青龙旗竖卯地，招摇旗竖中央。其樵採牧饮，不得出表外也。（三）人之忠也，犹鱼之有渊。鱼失水则死，人失忠则凶。故良将守之，志立而名扬。（四）不爱尺璧而爱寸阴者，时难遭而易失也。故良将之趋时也，衣不解带，足不蹑地，履遗不蹑。（五）贵之而不骄，委之而不专，扶之而不隐，免之而不惧，故良将之动也，犹璧之不污。（六）良将之为政也，使人择之，不自举；使法量功，不自度。故能者不可蔽，不能者不可饰，妄誉者不能进也。（七）言行不同，竖私枉公，外相连诬，内相谤讪，有此不去，是谓败乱。（八）枝叶强大，比居同势，各结朋党，竞进憸人，有此不去，是谓败征。（九）有制之兵，无能之将，不可以败；无制之兵，有能之将，

不可以胜。（十）督将以下，各自有幡。军发时，幡指天者胜。"《吴起兵法》中，就将领所应具有的智慧与胆识专设有"论将"一章，诸葛亮论将时则细而分之。

《兵法》（1）云："军有七禁，一曰轻，二曰慢，三曰盗，四曰欺，五曰背，六曰乱，七曰误，此治军之禁也。若朝会不到，闻鼓不行，乘宽自留，迴避务止，初近而后远，唤名而不应，军甲不具，兵器不备，此谓轻军，有此者斩之。受令不传，传之不审，以惑吏士，金鼓不闻，旌旗不睹，此谓慢军，有此者斩之。食不廪粮，军不部兵，赋赐不均，阿私所亲，取非其物，借贷不还，夺人头首，以获功名，此谓盗军，有此者斩之。若变易姓名，衣服不鲜，金鼓不具，兵刃不磨，器仗不坚，矢不著羽，弓弩无弦，主者吏士，法令不从，此谓欺军，有此者斩之。闻鼓不行，叩金不止，按旗不伏，举旗不起，指麾不随，避前在后，纵发乱行，折兵弩之势，却退不斗，或左或右，扶伤举死，因讬归还，此谓背军，有此者斩之。出军行将，士卒争先，纷纷扰扰，军骑相连，咽塞道路，后不得前，呼唤諠譁，无所听闻，失行乱次，兵刃中伤，长将不理，上下纵横，此谓乱军，有此者斩之。屯营所止，问其乡里，亲近相随，共食相保，呼召不得，越入他位，干误次第，不可呵止，度营出入，不由门户，不自启白，奸邪所起，知者不告，罪同一等，合人饮食，阿私所受，大言惊语，疑惑吏士，此谓误军，有此者斩之。"

《兵法》（2）云："山陵之战，不仰其高；水上之战，不逆其流；草上之战，不涉其深；平地之战，不逆其虚；此兵之利也。故战斗之利，唯气与形也。诸葛亮说："山陆之战，不升其高；水上之战，不逆其流；草上之战，不涉其深；平地之战，不逆其虚。"以上内容，皆见[①]王瑞功书中出现的两则《兵法》，直雄为了有所区别，分别写作《兵法》（1）《兵法》（2），以利表述。

《军令十三则》

本节题解：

军令即军中法令、军事命令。则，即规范、规则之意。《军令十三则》即军中的十三条法令、命令、规则之意。

---

① 王瑞功主编：《诸葛亮研究集成》（上、下册），齐鲁书社 1997 年版，第 296—302 页。

精要概说：

这是诸葛亮对于统军作战、训练精兵的经验总结，可以说是诸葛亮智慧的结晶。

白话说意：

《军令十三则》即十三条必须遵守的军事命令、军事法则。据王瑞功先生载云："《军令十三则》，辑自《北堂书钞》《太平御览》诸书。这些军令非一时所下，但应始于南征之役，贯穿北伐。据本传，南征胜利后诸葛亮'治戎讲武，以俟大举'，训练部队时军令下达较多，故系于此。《贼骑来教》及《兵要》亦系于此。"直雄完全赞同王瑞功先生的论断。并以此作为诸葛亮兵法最为基本的内容，探讨其精妙之所在。

一则意思是说：当听到擂起战鼓时，就举起用白色木竿制作的绛色旗，大小战船便一起进攻，不进攻的就要砍头。当听到敲锣之声，就举起青色的旗，战船返回。如敌船逼近，就缓缓驶回；如敌船相距较远，就迅速驶回。

二则意思是说：当听到军鼓之声，就举起黄、白两色垂直悬挂的旗子，士兵排列成三面对敌的圆阵。

三则意思是说：联合列阵，看似狭长单薄，实际上却很坚实，是一种很锐利的阵法。传令的骑兵不能离开此阵，而保护两翼的骑兵要离阵远一些。

四则意思是说：敌人已经逼近并准备拔掉阻拦他们的鹿角时，就把部队全部退到连在一起的冲车后面。当敌人靠近时，我军埋伏在鹿角里的士兵蹲着前进，用矛和戟来刺杀他们，不能站立不动，站立不动会妨碍我军向敌人发射弓弩。

五则意思是说：部队走出军营时，要举直矛和戟，展开旗帜，战鼓和号角齐鸣。走出三里后，则斜扛着矛和戟，卷起旗帜，偃旗息鼓。行至离宿营地三里远时，又举直矛和戟，展开旗帜，又战鼓和号角齐鸣。当到达宿营地之后，再偃旗息鼓。违反此令的人，要受到剃发处罚。

六则意思是说：用船与敌人作战时，应把船上的布帆、布衣浸入水中，然后堆积在固定之所。当敌人使用火炬、火箭进攻时，就用这些湿布扑灭它。违反此令的人处以剃头发、剪耳朵的刑罚。

七则意思是说：凡到阵前作战，都不准喧哗吵闹，要听清鼓声的号令，细看旗帜的指挥，旗指向前则前进，旗指向后则后退，旗指向左则向左边进攻，旗指

向右向右边进攻。如果不听从命令，擅自前进、后退、向左、向右乱动，就要砍头。

八则意思是说：弓弩手独自向前而战，敲打五鼓传令，皆张“羊角弩”以待（《尉缭子・兵谈》：“兵如总木，弩如羊角。”）；敲打四鼓传令，战士应看军旗所指而行动。

九则意思是说：主帅营帐和右阵的士兵都要手持大盾牌。

十则意思是说：通常在己丑日这一天祭祀牛神和马神。祭文曰：某月己丑日，主持祭祀的某人谨向牛神和马神祷告。马，是用兵作战的先导；牛，对战争和农耕都有用。谨备洗净的牲畜祭品、各类谷物和美酒，恭敬地献给牛、马二神。

十一则意思是说：军行渡河之时，主帅常常先把一枚平圆形而中有孔的白玉沉入河中祭祀河神，祷词曰：某主帅派遣某官员谨向河神禀告，贼臣某在制造祸乱，皇上派某主帅率军渡河，前去征讨乱贼，特意敬献平圆形而中有孔的白玉，希求河神之灵，裁定我军征战中得胜。

十二则意思是说：准备铜钲、战鼓、旌旗、隆车、冲车，均是为了在立秋日的祭祀。于立秋的前一日，出征的主帅要求祭祀，主祭官操办祭祀礼仪。如出征得胜获战利品，班师后也要祭祀。对敌作战时的祭祀，要用杀牲祭品的血涂在钟鼓上。立秋日的祭祀及出征取得战果，举行祭祀时，不在钟鼓上涂祭牲的血。其祷辞曰：某主帅派某主祭官，恭敬地向隆车、冲车、铜钲、战鼓和旌旗祷告。我们作战的武器，是讨伐不义，为百姓除害。谨在立秋日，洗净的牲畜祭品、谷物与美酒，恭敬地献给隆车战鼓等器物。

十三则意思是说：大军临行，每人携干粮一斗，不能带上大铁锅和帐幕，留下大车拉运帐幕等物资。阳光映照兵器闪现寒光，将士们去与兄弟部队会合。

注：诸葛亮的《军令》，一般都是十三则。尹名、金川、荣庆《白话诸葛亮谋略全书》，中州古籍出版社，1991 年 11 月版第 49—54 页载有诸葛亮的《军令》十五则。又，伊力主编：《诸葛亮智谋全书》，中州古籍出版社 2003 年版，第 45—49 页亦是载有诸葛亮的《军令》十五则（作者称是“主要依据清代学者张澍辑录的《诸葛武侯集》……又参考了其它有关文件，加以订正”）。这十五则与十三则相同者多有异文，不同者，可补十三则之缺。特别是其中的《军令》十四则，实可证明此《军令》十五则当是发布于建安十三年（208）七月间。[①] 直雄认为，

① 吴直雄：《千秋功过评孔明：诸葛亮新论》，中国书籍出版社 2020 年版，第 53 页。

虽未找到尹名、金川、荣庆及伊力所录的原始出处核对，仍有其存录价值，今录于后，留作备考，以为参用。

（一）闻雷鼓音，举白幢、绛旗，大小船皆进战，不进者斩。闻金音，举青旗，船皆止，不止者斩。

其意思是：听到擂鼓之声，举起白幡和深红色的旗子，大小船只都应当发起进攻，有不进攻者，立即斩首。听到锣声，举青旗，船只都应当停止进攻，若有人不停止，也应斩首。

（二）闻鼓音，举黄帛两半幡合旗，为三面员阵。

其意思是：举黄丝绸两半合成的旗子，摆成三面圆阵对敌。

（三）连衡之阵，以狭而厚，令骑不得与相离远。

其意思是：连衡阵，又窄又厚，传令的骑兵不能与它相距太远。

（四）敌以来进持鹿角，兵悉却在连衡后。敌已附，鹿角裹兵但得进踞，以矛戟刺之，不得驻起，驻妨弩坏。

其意思是：敌人进攻时，持有鹿角的敌兵都被我们的连衡之阵挡在外边，敌兵的兵器上都绑上了鹿角，我们则匍匐着前进，以矛与戟刺之，我们不能站立起来，站立起来就会妨碍弓弩的使用。

（五）始出营，竖矛戟，舒幡旗，鸣鼓角。行三里，辟矛戟，结幡旗，止鼓角。未至营三里，复竖矛戟，舒幡旗，鸣鼓角。至营，复结幡旗，止鼓角。违令者髡。

其意思是：部队刚出发离开营地，应当竖起矛与戟，展开幡旗，鸣鼓吹响号角。前进三里之后，放下矛与戟，收起幡旗，停止鸣鼓吹号角。离返回营地三里之地，重新竖起矛与戟，再次鸣鼓吹号角。到达宗臣遗像肃清高地之后，即收起幡旗，停止鸣鼓吹号角。违令者，要受到剃发的处罚。

（六）战时，皆取船上布幔、布衣渍水中，积聚之。贼有火炬、火箭，以掩灭之也。

其意思是：以船作战时，应当将船上的布幔、布衣在水中浸透后收集起来。如果敌人向我们的战船投掷火炬、火箭时，我们可以用这些东西将其扑灭之。

（七）选三部司马，皆限力，举二百斤以上。前驱司马便大戟，田基司马取能挽一石七斗以上弓。

其意思是：选拔三支部队司马之类的头领时，所选之人必须是有力量举起二百斤以上重物。选拔前锋部队司马之类的头领时，必须是能灵活使用有一定重量的钩戟，有像田基（生卒年不详，春秋时中牟人。“赵简子屠中牟，欲官之。不受。

乃之楚，楚王高其义，以为司马。”）那样的品质，且能拉开一石七斗重的弓。

（八）凡战临阵，皆无讙哗，明听鼓音，谨视幡麾，麾前则前，麾后则后，麾左则左，麾右则右，不闻令而擅前后左右者斩。

其意思是：凡是面临敌阵作战时，所有士兵都不能喧哗，明白地听从战鼓声音的指挥，仔细地观看令旗的指挥，令旗往前指挥则前进，令旗往后指挥则后退，令旗往左指挥则向左前进，令旗往右指挥则向右前进。没有听到命令而擅自前后左右前进的人必须斩首示众。

（九）军行济河，主者常先白沉白璧，文曰：“某主使者某甲，收告于河，贱臣某甲作乱，天子使某帅众济河，征讨丑类，故以璧沉，惟尔有神裁之。”

其意思是：部队行军到河边渡河时，部队将帅常常首先把白璧沉放在水里（用以恭敬祭祀河神），祭祀河神的祭文写道：主帅的使者我恭敬地祈告河神，卑贱的祸国殃民的贼臣作乱，天子让我帅军渡河，前往征讨罪恶的国家败类，所以赠送白璧孝敬河神，请河神保佑我大军惩罚贼臣能取胜。

（十）两头进战，视麾所指，闻三金音，止，二金音，还。

其意思是：要分两头向敌人发起进攻，必看令旗的指向而行动，听到连续三次敲锣的声音，则停止进攻，听到连续两次敲锣的声音，立即退回本阵。

（十一）军列营，步骑士以下皆著兜鍪。

其意思是：部队出营列队整训的步兵、骑兵以下的人，都必须戴头盔。

（十二）帐下及右阵各持有彭排。

其意思是：中军帐下的右侧士兵站列时，都要手持盾牌。

（十三）金鼓幢麾隆衡冲，皆以立秋日祠。先时一日，主者请祠，其主者奉祠。若出征有所克获，还亦祠。向敌，祠血于钟鼓。秋祠及有所克获，但祠不血钟鼓。祝文：“某官使主者某，敢告隆冲、钟、鼓、幢、麾，夫军武之器者，所以正不义，为民除害也。谨以立秋之日，洁牲黍稷旨酒，而敬荐之。

其意思是：出征前准备好锣、战鼓、旌旗、战车等，都是要在立秋日去祠堂祭祀，以示对兵械器具的尊重。提前一天，主帅要写好祭祀词，主祭者恭敬地捧着祭祀词恭敬地祷告。如果出征有所俘获，回来后也要去祠堂祈祷。对敌人也要心存敬畏，用敌人的血祭祀钟、鼓。秋天到祠堂祷告时，如果有所俘获，只需要念祷告文，不需要用血祭祀钟、鼓。祷告文可以这样写：钦命大将军某某，敬告战鼓、旌旗、战车诸神，及用来打仗用的器械，是用来惩治不道义行为的，是用来为民除害的。

谨在某年某月立秋日，把洗干净宰杀的牲畜，拿一些干净的粮谷、吃之类的东西，恭敬地捧着盛满酒的酒杯，祈告上天，敬献上天，感恩上天。

（十四）荆州非少人也，而著籍者寡，平居发调，则人心不悦。可语刘荆州，令凡有游户，皆使自实，因录以益众可也。

其意思是：如今并非荆州的人少，而是当地户籍在册的人少，平白无故在当地征发调遣百姓去当兵服役，则老百姓不高兴。你可以告诉刘表，让他发布命令，凡荆州地域的未登记户籍的人，都让这些来登记的人，如实申报。根据这个注册录取征兵，来帮助我们壮大实力，这个方法是可以的。

（十五）尝以己丑日祠牛马先。祝文曰：某月己丑，某甲敢告牛马先。马者，用兵之道。牛者，军农之用。谨洁牲黍稷旨酒，敬而荐之。

其意思是: 我曾经在己丑日祭祀牛和马的祖先。祷告文写道: 某年某月己丑日，我敬告牛马的祖先。马是用来打仗的，牛也是军中运输粮草和用于农耕的，它们都非常辛苦。我们谨备下洁净的牲畜祭品、黍稷和美酒，前来敬献。

《贼骑来教》

本节题解：

《贼骑来教》，意为对付敌人骑兵攻击的办法。

精要概说：

本节主要是采取了对付敌方骑兵三种进击方式的有效处置手段。

白话说意：

《贼骑来教》的意思是说：假若敌人的骑兵从左右夹击我军，势必徒步与敌搏击，这样靠步行追逐敌人和敌人进行战斗时，应舍弃战车而战，如在山地，那重峦叠嶂的山岭已经给敌人造成了不便，更应当将战车作为掩体掩蔽结阵而对待敌骑的冲击。当战地处于狭窄之所时，应当摆下像锯齿、像兽齿一般的阵形而对待敌人骑兵将要组织的攻击。

《兵要十则》

本节题解：

兵要，一犹兵权。《左传・闵公二年》：“先友曰：‘衣身之偏，握兵之要，在此行也，子其勉之！偏躬无慝，兵要远灾，亲以无灾，又何患焉？’”《三国志・魏志・王粲传》：“今将军总皇威，握兵要，龙骧虎步，高下在心。”《新唐书・萧复传》：“复尝言：‘艰难以来，始用宦者监军，权望太重，此曹正可委宫掖事，兵要政机，叵使参领。’”宋・苏辙《门下侍郎孙固乞致仕不许不允批答》之二：“卿事先帝于东宫，览兵要于西府，忠厚之节，始终不渝。”二谓用兵的要术。《荀子・议兵》：“王曰：‘请问兵要。’临武君对曰：‘上得天时，下得地利；观敌之变动，后之发，先之至：此用兵之要术也。’”《后汉书・南匈奴传》：“度辽将军马续素有谋谟，且典边日久，深晓兵要。”《三国志・魏志・郭嘉传》“表为司空军祭酒”。裴松之注引晋傅玄《傅子》：“绍好为虚势，不知兵要。”《兵要十则》即指掌握兵权与用兵要术的十条规则。

精要概说：

《兵要十则》是诸葛亮“以法治军”，要求将士必须遵循的要领，是他一生军事实践中从军事纪律、良将品德、用人选贤、将领作风、捕捉战机、打击歪风、杜绝朋党、战术教练、驻防移防、军规军容等方面的总结。是诸葛亮军事思想的重要体现。

白话说意：

《兵要十则》中的意思是说：“兵要”即用兵的要领、用兵的纲目。是诸葛亮在军事实践中提出“以法治军”必须遵从的用兵纲领。在《兵要》中我们看到，诸葛亮不但十分重视对敌情的侦察、对军纪的严格、对人才选拔的重视、对战机捕捉的审视，还提出了一个优秀将领应该具备的美德。诸葛武侯的军事思想，在《兵要》中有着较充分的体现。值得细心研读。

一则意思是说：我军若已近敌，担任警戒联络的士兵常在天刚亮就出发，把在大军前十里之内的情况搞清楚，然后部队按左右两路前进，也要搞清十里之内的情况。在离部队几里远的地方，即派出五人小组，每人拿一面白旗，登上高处瞭望，监视隐蔽地带的情况。大军一到，侦察小组再一次寻找高处继续瞭望敌情。当第一个士兵发现敌情，就转告后面第二个士兵，并由这个士兵去向主帅报告敌情。凡是侦察士兵发现敌军在一百人以内者，只需举起旗帜指明敌军方位；敌军若在一百以上者，就举起旗帜呼叫报信。主帅应立即派人骑快马前去探明敌情实况。

二则意思是说：凡是大军行动之前，因最终要在军营四周搞好防御建筑物，必先派最亲信的将士及向导向前察看，且要认真仔细地了解情况，各令观察敌情的小吏先行，定下营地的防御工事，按部（四百人）、曲（二百人）、什（十人）、伍（五人）等编制划分全军。树立四个标志以待后到者识别，然后才能转移营地。在转移营地的过程中，光有前面的侦察还不够，仍要先派担任侦察巡逻任务的骑兵前行，用赤、黄、青、白、黑五种颜色的旗子长时间地在沟坑标示黄旗，在四通八达的道路标示白旗，在山夹水之地标示黑旗，在丛林或草泽之地标示青色旗，在有野火之处标示赤色旗，用手摇动这五种旗子以策应告知这五种情况。摇旗击鼓，使各建制的部队相互闻见。假如要渡水翻山，在深邃的山野里，骁勇的精骑应在数里之内悄然无声、四周绝迹地隐蔽地搜索敌情。假如遇有高山大树，要令人远视山巅树顶是否藏敌，并派出精兵在四周要害之处进行防御。然后方可分兵前后展开活动、进行镇守，才能将军用器械、粮草、营帐、服装及军营中老小等安置，随从的人马，最重要的是在保持整齐严肃，为了防备敌人突然袭击，要做到人马悄然无声，不要在行列中走失。遇到险要之地与狭窄的小路，亦以军队的组织行列像鱼鳞般密密地排列，或须环回旋转，或须以后队为前队，或须以左为右，皆能像群鱼游水一样先后相续而行，能像大雁飞行一样并行、平列而有序。到达前方停息的地方，担任巡逻突击的骑兵、流动突袭的骑兵、精干勇敢的部队，应四面散列而立；然后各自回到自己的营地。按照部队多少，一人一步地警卫，都用十二地支子、丑、寅、卯、辰、巳、午、未、申、酉、戌、亥来标记驻军的位置。竖起旗杆顶上用彩色羽毛做装饰的长二丈八尺的大旗子，将士应详知子午卯酉地的情况，不可让怪异、邪恶产生，以“南方之神”的朱雀旗竖在午地，以“西方之神”白虎旗竖在酉地，以“北方之神”的玄武旗竖在子地，以“东方之神”的青龙旗竖在卯地，而用“招摇星”旗竖在驻地的中央。士兵们在打柴放牧时，不允许走到标记之外。

三则意思是说：人有没有忠于国家的志向，以及忠于志向的人，就像鱼在深潭一样。没有忠于国家之志的人，就像鱼离开深潭水一样会面临死亡，人若丧失

了对国家的忠心，不幸就会降临。所以能征善战的忠良将领，因其忠良志立而大名远扬。

四则意思是说：不爱惜那直径一尺大璧的珍贵，而爱惜那短暂光阴的人，其遭际当时的灾难是易消除的。所以忠良的将领能随时势转移，他为能完成任务而做到日日夜夜不脱下衣服去休息，每天忙到脚不沾地的地步，忙得连鞋都顾不上捡起来。

五则意思是说：（良将者）使其地位显要而不会傲慢、骄矜，委以重任而不会独断独行，对于良将要善于扶持他，但不要隐讳他的缺点，罢免部将官职的时候，不要惧怕他，因此我所调动、任命、使用的将领，就能像美玉般纯洁。

六则意思是说：任命良将从事政务，要派人拣选一番，任命者不能自己推荐；而是使用法规，估量功效，任命者不私自揣度。因此能干的人不会埋没他的才能，笨拙无能的人不美化他的缺点，虚妄称扬的人不能被引进从政。

七则意思是说：言行不一致，树立自己的私人关系，就会违反律法，荒废国事，勾结外人进行欺骗活动。对内进行谤讪诽谤讥笑，有这样的恶行不除去，是会让事情败乱、败坏、混乱的。

八则意思是说：属下或从属的地区强大，若纠集亲信，形成势力，各为私利而互相勾结，出了这样争逐求取名利的奸佞小人，这种现象不清除，就是失败的表征。

九则意思是说：有了训练有素的士兵，即使将领无能，一旦作战也不至于失败；若没有训练有素的士兵，即使将领有能力，一旦作战，也是不可以获得胜利的。

十则意思是说：统率的将领以下，各自有各自的旗帜。在他们的军队开始出发之时，军旗指向天空的就预示着能够打仗。

注：诸葛亮的《兵要》，一般都是十则。尹名、金川、荣庆《白话诸葛亮谋略全书》，中州古籍出版社，1991 年 11 月版第 61 页载有诸葛亮的《兵要》第 11 则。又，伊力主编：《诸葛亮智谋全书》，中州古籍出版社 2003 年版，第 51—56 页亦是载有诸葛亮的《兵要》十一则（作者称是“主要依据清代学者张澍辑录的《诸葛武侯集》……又参考了其它有关文件，加以订正”）。其云：“若能力兼三人，身与马如胶漆，手与剑如飞虻，诚宜宠嘉。”其意为“其人的气力若能抵得三个人，其身与其马之间的紧密情况如胶似漆，其用剑手法快如虻虫疾飞，对这样的将士应当给予恩宠和嘉奖”。直雄以为，这一条完全符合诸葛亮以法治军的思想，

故录之以待备考。

《兵法》（1）

本节题解：

《兵法》，一般是指用兵作战的策略和方法。《战国策·秦策一》：“以大王之贤，士民之众，车骑之用，兵法之教，可以并诸侯，吞天下，称帝而治。”《孙子·形》：“兵法：一曰度，二曰量，三曰数，四曰称，五曰胜。”诸葛亮所谓的《兵法》（1），实际上是指在军队中必须用法执法的诸种情况。

精要概说：

清楚地归纳出了数种败坏军队的恶行及其极具可行性的处置之法，这是诸葛亮以法治军的精彩篇章。

白话说意：

《兵法》（1）中的意思是说：军队中不遵守法令的现象有七种：一是轻视国法与军纪；二是怠慢军令与国法；三是有强盗恶习、时有抢掠劫持行为；四是欺哄蒙蔽、欺上瞒下；五是违抗军令乃至背离反叛；六是胡行乱来、混乱无秩序；七是妨害营规乃至耽误延迟军事行动。这是治军中必须禁止的行为。与上述七种现象更为具体对应的是：规定日期而延期不至者，斩；听到号令鼓声却不予行动者，斩；借指挥不严密之机便停留不前者，斩；逃避军事行动，寻机休息者，斩；开始时离队伍还很近，而不赶上队伍者，斩；点到名字又不予理睬者，斩；盔甲不全、武器不齐备、轻视军纪者，斩。有这七种行为的人，对于关乎国家命运的军队而言，是军队腐败，军队一旦腐败，就不能取胜，当斩其首，乃理所当然。接受了命令隐匿不传者，传达命令不详尽清楚，因而给官兵造成困惑，不听铜钲和鼓的号令声，不看清楚指挥旗帜，这就是怠慢军令，有此行为的人当斩其首。有粮食不供给军队伙食，有军械不配给战士为武器，赏赐分配不公，袒护亲信，随便拿走别人的东西，借钱不还，抢夺别人杀敌的人头，非法骗取军功和名誉，这就是强盗的恶习，有这种行为的人当斩其首。有假报姓名，冒名顶替，军服不整，铜钲战鼓不齐备，兵刃不锋利，武器的把柄不坚固，箭矢上没有羽毛，弓弩无弦，主管军械的官兵

不守法令，不按条令办事，这就是欺哄蒙蔽，有这种行为的人当斩其首。听到擂鼓不动，敲了铜钲不止动作，旗帜倒下不卧倒，举旗后又不站立，不听从军旗指挥，躲避上前线而留在后面，任意穿插扰乱队伍行列，影响兵器、弓弩的威力，故意后退逃避战斗，一会儿躲在右边，一会儿躲在左边，假意扶起伤员抬走战死的人，以借机离开战场回到营地中，这就是违背军令，有此行为的人当斩其首。部队出发，官兵争先恐后地乱跑，骚动混乱，步兵骑兵混杂一起，堵塞道路，使后队无法前进，大声喧闹地呼亲唤友，吵得让人什么声音也听不清，行军队伍难成队列，次序混乱，乱拿武器而误伤了自己人，长官、将领却视而不见，上下任意妄为，这就是胡行乱来，有此行为的人当斩其首。部队屯营驻扎时，四处打听别人是哪乡哪村的人，亲亲热热，上下一路，一起吃饭，上下包庇，长官召唤士兵时却找不到人，竟跑到其他队伍的营地里，扰乱营区秩序，长官斥责不能制止这种行为，翻越营地围墙，任意出入，而不经过正当的营门，并且不向长官请假，这是造成坏事、罪恶的根源，知道别人有这些错误行为不揭发者，与之同罪论处。聚人吃喝，偏私请吃者，说话耸人听闻，在官兵中造成疑虑，这是妨害营规扰乱军心，当斩其首。君王、将领能处罚这些不法者，方能治国治军。

《兵法》（2）

本节题解：

上一节《兵法》（1）是讲用兵中的执法问题。本节所讲是用兵作战时的策略和方法问题。

精要概说：

本节归纳了山地、平地、草原及江河上用兵作战时最为基本的方式方法。

白话说意：

《兵法》（2）中的意思是说：在山陵地带作战，不宜向上仰攻；在水面上作战，不宜逆流而发起攻击；在草原地带作战，不能冒险深入；在平地上作战，要背靠实地而不宜攻击“虚空”之所：这是用兵有利的地方。这是山气的散发与地形起到的辅助作用所致。

兵法探妙：

诸葛亮南征十分顺利，可谓：旗开得胜、马到成功。这次“成都营的‘治戎讲武’”，可以说是南征用兵的经验总结，亦是对付曹魏劲敌用兵的军事探索。研究其南征北伐的用兵之妙，对于知晓大政治家、大军事家诸葛亮的军事实践给我们的启迪，实有必要。

第13妙：令行禁止号令明；严格执法可获胜。

下令行动就立即行动，下令停止就立即停止。使部队法令严正，纪律严明，执行认真，这是训练好一支真正能招之即来，来之能战，战之能胜的劲旅的基础。为此，诸葛亮下达了“军令十三则”，则，法也。即军事命令的十三条法则。有违反者，即按此军法处置。

整个“军令十三则”中涉及号令、战阵、兵种、指挥、旗语的运用，无不强调“令行禁止”严格执法。“军令十三则”当是“成都营‘治戎讲武’”的要则，可视为此次练兵之大纲，实可洞见诸葛亮整军演训之妙。

第14妙：承军中祭祀传统；振士气借助神灵。

如果说诸葛亮在其军令中，上述这些严明军纪的军法原则不可挑剔的话，那么，其军令中多条出现杀牲、用谷、用酒祭祠、祭河、祭牛、祭马这种在今天看来是不可思议的迷信活动，实在令人不可理解。《黄石公三略》中有云：“军势曰：禁巫祝，不得为吏士卜问军之吉凶。”[①]《尉缭子兵法》中云：“梁惠王问尉缭子曰：‘黄帝刑德，可以百胜，有之乎？’尉缭子对曰：‘刑以伐之，德以守之，非所谓天官、时日、阴阳、向背也。黄帝者，人事而已矣。何者？今有城，东西攻不能取，南北攻不能取，四方岂无顺时乘之者耶？然不能取者，城高池深，兵器备具，财谷多积，豪士一谋者也，若城下、池浅、守弱，则取之矣。由是观之，天官时日不若人事也。案天官之陈曰：“背水陈为绝地，向陂阪陈为废军”。武王伐纣，背济水，向山阪而陈，以二万二千五百人，击纣之亿万而灭商，岂纣不得天官之陈

① 南关音、何长林编著：《中华谋略宝库·黄石公三略》，南海出版公司1992年版，第392页。

哉！楚将公子心与齐人战，时有彗星出，柄在齐。柄所在，胜，不可击。公子心曰：“彗星何知，以彗斗者，固倒而胜焉。”明日与齐战，大破之。黄帝曰：“先神先鬼，先稽我智。”谓之天官，人事而已。’……今世将考孤虚，占咸池，合龟兆，视吉凶，观星辰风云之变，欲以成胜立功，臣以为难……明法审令，不卜筮而获吉；贵功养劳，不祷祠而得福。”[①]《孙子兵法》中云：“故明君贤将，所以动而胜人，成功出于众者，先知也。先知者，不可取于鬼神，不可象于事，不可验于度，必取于人，知敌之情者也。”[②]《吴子兵法》中也是反对行军打仗信鬼神占卜的。诸葛亮在其后面“军蠹”篇中第六条明确指出：“言论胡说八道、迷信诽谤之辞、神鬼怪兆，一味瞎猜测吉凶祸福；扰乱军心。”那么，诸葛亮为什么在行军征战时还要大搞荒唐不经的祭祀活动呢？

直雄以为，如果我们能历史地、民俗地看待这些军令，不仅能很好地理解这些军令，而且应该看到，诸葛亮将其列入军令之中，借助祭祀在民众中不可磨灭的深刻影响进行这样的宣传活动，将其提升到“政治层面”，强调这样做是为了“正不义，为民除害”，这就从精神上给其将士以心理上的最大满足。这对于鼓舞士气、坚定战必胜之的信心，实属必要之举。

祭马，即祭马神。古代典籍《冏政要览》说：“太仆寺祭马神在通州北四十里安德乡郑村坝，秋祭在八月二十八日。”《周礼·夏官·校人》说：“春祭马祖，执驹；夏祭先牧，颁马攻特；秋祭马社，臧仆；冬祭马步，献马。”以此得知，秋祭马神是为古俗，秋之为祭，祭者当是马社。何谓马社？《〈周礼〉注》中说：“马社，始乘马者。”原来所谓马神，或称马社者，就是第一个驯马乘马的人。《〈周礼〉疏》说：“秋时马肥盛，可乘用，故祭始乘马者。”这是说秋日祭马神的原因是马长到了可以使用的时候，祭马神以保佑能将马驯服得好。在古代，马在征战中至关重要，诸葛亮通过祭马这样的活动，让全体将士提高关注马、养好马、爱护马的意识，能起到很好的教育作用。

在人类的早期时代，人们对于自然物和一切自然现象都感到神秘而恐惧。天上风云变幻、日月运行，地上山石树木、飞禽走兽，都被视为有神灵主宰，于是产生了万物有灵的观念。这些神灵既哺育了人类成长，又给人类的生存带来威胁；

---

① 黄颇著：《白话〈黄石公兵法〉〈尉缭子兵法〉》，中州古籍出版社 1993 年版，第 115—165 页。

② （春秋）孙武著：《孙子兵法》，厦门大学出版社 1997 年版，第 136 页。

人类感激这些神灵，同时也对它们产生了畏惧，因而对这众多的神灵顶礼膜拜，求其降福免灾。诸葛亮的军令第十二则中，铜钲、战鼓、旌旗、隆车、冲车等军中之物进行祭祀，明显是让将士体味到“出兵是为了征讨不义，为民除害，求得正义战争获胜”！

总而言之，在中国古代，祭祀意义重大，它贯穿于整个社会生活之中。《左传·成公十三年》明确指出：“国之大事，在祀与戎。”意在强调祭祀对于战争的重要性。春秋乃至战国，兼并战争频仍，危机重重，整军经武，理所当然。所以“祀与戎”被视为国之大事，关系到国家的兴衰与存亡。祭祀天地神灵是国家的头等大事。事神可以致福。诸葛亮深知将士心理，在军令中不惜用三条军令“祭祀”，在当时的意义与作用是重大的。

《三国演义》有多回展现了这种民俗现象。如：第一回《宴桃园豪杰三结义　斩黄巾英雄首立功》写有：“飞曰：‘吾庄后有一桃园，花开正盛；明日当于园中告祭天地，我三人结为兄弟，协心同力，然后可图大事。’玄德、云长齐声应曰：‘如此甚好。’”第四十九回《七星坛诸葛祭风　三江口周瑜纵火》写诸葛亮设坛借东风。而第九十一回《祭泸水汉相班师　伐中原武侯上表》中，则系统而形象生动地显现祭祀民俗的由来、祭祀在军中的情景、祭祀的动人心魄场面，实当回味：“前军至泸水，时值九月秋天，忽然阴云布合，狂风骤起；兵不能渡，回报孔明。孔明遂问孟获，获曰：‘此水原有猖神作祸，往来者必须祭之。’孔明曰：‘用何物祭享？’获曰：‘旧时国中因猖神作祸，用七七四十九颗人头并黑牛白羊祭之，自然风恬浪静，更兼连年丰稔。’孔明曰：‘吾今事已平定，安可妄杀一人？’遂自到泸水岸边观看。果见阴风大起，波涛汹涌，人马皆惊。孔明甚疑，即寻土人问之。土人告说：‘自丞相经过之后，夜夜只闻得水边鬼哭神号。自黄昏直至天晓，哭声不绝。瘴烟之内，阴鬼无数。因此作祸，无人敢渡。’孔明曰：‘此乃我之罪愆也。前者马岱引蜀兵千余，皆死于水中；更兼杀死南人，尽弃此处。狂魂怨鬼，不能解释，以致如此。吾今晚当亲自往祭。’土人曰：‘须依旧例，杀四十九颗人头为祭，则怨鬼自散也。’孔明曰：‘本为人死而成怨鬼，岂可又杀生人耶？吾自有主意。’唤行厨宰杀牛马；和面为剂，塑成人头，内以牛羊等肉代之，名曰“馒头”。当夜于泸水岸上，设香案，铺祭物，列灯四十九盏，扬幡招魂；将馒头等物，陈设于地。三更时分，孔明金冠鹤氅，亲自临祭，令董厥读祭文。其文曰：‘维大汉建兴三年秋九月一日，武乡侯、领益州牧、丞相诸

葛亮，谨陈祭仪，享于故殁王事蜀中将校及南人亡者阴魂曰：我大汉皇帝，威胜五霸，明继三王。昨自远方侵境，异俗起兵；纵虿尾以兴妖，盗狼心而逞乱。我奉王命，问罪遐荒；大举貔貅，悉除蝼蚁；雄军云集，狂寇冰消；才闻破竹之声，便是失猿之势。但士卒儿郎，尽是九州豪杰；官僚将校，皆为四海英雄：习武从戎，投明事主，莫不同申三令，共展七擒；齐坚奉国之诚，并效忠君之志。何期汝等偶失兵机，缘落奸计？或为流矢所中，魂掩泉台；或为刀剑所伤，魄归长夜：生则有勇，死则成名，今凯歌欲还，献俘将及。汝等英灵尚在，祈祷必闻：随我旌旗，逐我部曲，同回上国，各认本乡，受骨肉之蒸尝，领家人之祭祀；莫作他乡之鬼，徒为异域之魂。我当奏之天子，使汝等各家尽霑恩露，年给衣粮，月赐廪禄。用兹酬答，以慰汝心。至于本境土神，南方亡鬼，血食有常，凭依不远；生者既凛天威，死者亦归王化，想宜宁帖，毋致号啕。聊表丹诚，敬陈祭祀。呜呼，哀哉！伏惟尚飨！’读毕祭文，孔明放声大哭，极其痛切，情动三军，无不下泪。孟获等众，尽皆哭泣。只见愁云怨雾之中，隐隐有数千鬼魂，皆随风而散。于是孔明令左右将祭物尽弃于泸水之中。次日，孔明引大军俱到泸水南岸，但见云收雾散，风静浪平。蜀兵安然尽渡泸水，果然‘鞭敲金镫响，人唱凯歌还’。”这是一场完美无缺的“祭祀”“载录”，对于读者理解军令中的祭祀条文意义，起着现场展示的作用。

这段小说的生动描绘，实有所本。《诸葛亮集》卷四《故事·制作篇》引宋人高承《事物纪原》云：“诸葛公之征孟获。人曰：‘蛮地多邪术，须祷于神，假阴兵以助之，然其俗必杀人以其首祭，则神享为出兵。’公不从，因杂用羊、豕肉，而包之以面，像人头以祀，神亦享焉，而为出兵，后人由此名馒头。”可见当时的食品发酵技术已经成熟，于是出现了馒头，进而衍生出带馅的包子。而更为重要的是：以此显现了诸葛亮的仁者之德！而这种仁者爱人之德，在小说《三国演义》中，又进行了形象生动而更富于人情的表述！

第15妙：预演贼骑来攻击；地形地物可妙用。

诸葛亮真正独自带兵是始于南征，这些军令虽说多是南征战争中发出的，但它是有选择性的，因为他日后所要针对的敌人是比南中叛乱强大百倍的曹魏政权。因此，直雄认为，成都营的练兵就不是一般性练兵，它是在总结南征经验的基础上，为北伐中原而练，所以在这练兵条例中，突出了对付曹魏强大骑兵的《贼骑来教》，这种训练，决非“射人先射马”那么简单，若训练精熟，仅凭此招，则曹魏强大的铁骑，难有作为。再就是“兵法”中的“山陵之战……”针对出祁山的大概情况而练，这些训练是有成效的，因为从诸葛亮的整个北伐情况来看，诸葛亮除了因粮而退兵外，基本上掌握了北伐进攻的主动权，曹魏纵强大的兵力，尤其是骑兵，也不敢与诸葛亮决战于野。

第 16 妙：行军驻军悉敌情；警卫部署无漏洞。

在“兵要”（一）（二）中，十分简洁地论说了临敌行军与驻军时所要注意的事项，如如何使用侦探，如何使用哨兵，如何使用旗语，如何使用心腹将，如何使用向导，如何使用枹鼓，如何使用游骑，如何隐蔽，如何利用地形地物等。如果将帅带兵能够全部做到这些，这样的部队是难以战胜的。因为诸葛亮治戎有方，在整个北伐战争中，当诸葛亮因粮尽退军时，劲敌司马懿是不敢追击诸葛亮大军的，追必遭伏，斩杀王双、射死张郃，就是追击诸葛亮的结果。

第 17 妙：政治统军育将士；练就为国志献身。

“政治统军育将士”，这是诸葛亮治军的亮点与闪光点。如“兵要”（三）（四）（五）中，强调了将士的“忠”与“志”，这个忠就是忠于国家的忠，这个志就是立志为国而舍身。将将士忠与志的关系，提高到犹如鱼与水的关系，将士于国若无“忠心”之“志”，则如离水之鱼一样可悲。这就让将士明白为谁而战，这就是军队战无不胜的源头。

诚如将士有忠志之心，就会有“不爱尺璧而爱寸阴者，衣不解带，足不蹑地，履遗不蹑”“贵之而不骄，委之而不专，扶之而不隐，免之而不惧，犹璧之不污”的良将。

第 18 妙：以法量功选良将；奸佞宵小难入围。

将帅是军队的指挥，部队的主干，是作战取胜的关键；将帅用兵打仗时指挥得当与否，关系到国家的存亡，人民的生死。故而，诸葛亮在《兵要》（三）（四）（五）（六）（七）中专谈将帅，特别强调以法量功与选举良将。这样一来，宵小之辈难入“将”之围，而真正贤才之将便可应时而出。这样的部队便可无往而不胜。检视诸葛亮所挑选出来的将领，基本都符合诸葛亮的标准，他们在南征北

伐中，都留下了可歌可泣的生动事迹。如临大节显忠义壮烈之志的习珍、付佥等。

第 19 妙：根绝部队结朋党；诸葛兵法重创新。

军内宗派乃败征，朋党能败军，朋党可亡国。朋党，起源很早，影响极坏。任其发展，有可能导致政权的灭亡。朋党有两层含义。一是指同类的人以恶相济而结成的集团。后指因政见不同而形成的相互倾轧的宗派。《战国策·赵策二》：“臣闻明王绝疑去谗，屏流言之迹，塞朋党之门。”汉·桓宽《盐铁论·复古》：“令意总一盐铁，非独为利入也，将以建本抑末，离朋党，禁淫侈，绝并兼之路也。”《资治通鉴·唐文宗太和八年》：“时德裕、宗闵，各有朋党，互相济援。上患之，每叹曰：‘去河北贼易，去此朋党难！’”宋·赵与时《宾退录》卷七：“假绍述之说以胁持上下，立朋党之论以禁锢忠良。”二是指结为朋党。《韩非子·有度》：“交众与多，外内朋党，虽有大过，其蔽多矣。”《晋书·郤詵传》：“动则争竞，争竞则朋党，朋党则诬謟，诬謟则臧否失实，真伪相冒，主听用惑，奸之所会也。”

由上可知，在朝廷中有了朋党之争，就会如唐文宗所叹：“去河北贼易，去此朋党难。”其结果，就会导致政权的颠覆。同样，若在军队中出现“朋党”，莫要说打仗，首先就会不战自溃。为此，诸葛亮首先制定以法治军之策，对将士提出要做到对朝廷尽“忠”，要立“志”为国，这是治军之要。并在《兵要十则》中专制定一则云：“枝叶强大，比居同势，各结朋党，竞进憸人，有此不去，是谓败征。”而且特别在《兵法》中明令：“屯营所止，问其乡里，亲近相随，共食相保，呼召不得，越入他位，干误次第，不可呵止，度营出入，不由门户，不自启白，奸邪所起，知者不告，罪同一等，合人饮食，阿私所受，大言惊语，疑惑吏士，此谓误军，有此者斩之。”这就是诸葛亮将将士营党结私成朋党的基础，消弥在最基层的“屯营”之中。同时从道德从法律等层面上对将士强调要做到：“人之忠也，犹鱼之有渊。鱼失水则死，人失忠则凶”“不爱尺璧而爱寸阴者，时难遭而易失也……衣不解带，足不蹑地，履遗不蹑”“贵之而不骄，委之而不专，扶之而不隐，免之而不惧……犹璧之不污。”这样一来，将士之间就能做到：“不尚名誉，故无朋党；不尊谈说，故无游士；不贵才气，故无骤官。”（章炳麟《国故论衡·原道中》）这一举措，便将将士勾朋结党、败坏军令军规的祸害给予了有效的根除，不留一点儿破绽给敌人钻空子的机会。

诸葛亮在《兵要》（八）中，就军队中的朋党问题专列此条以批判之，并严肃地指出：这就是部队将要失败的征兆与迹象。朋党的严重后果，引起历代军事家的高度注意。在其《将苑·逐恶》中，将结朋党、搞小团体的行为视为首恶云："结党相连，毁谮贤良。"《姜太公六韬兵法》中有云："臣有结朋党，蔽贤智，障主明者，伤王之权……太公曰：'君以世俗之所誉者为贤，以世俗之所毁者为不肖，则多党者进，少党者退。若是则群邪比周而蔽贤，忠臣死于无罪，奸臣以虚誉取爵位，是以世乱愈甚，则国不免于危亡。'"[①]《黄石公三略兵法》中有云："军谶曰：'群吏朋党，各进所系，招举奸枉，抑挫仁贤，背公立私，同位相讪，是谓乱源……勿使仁者主财，为其多施而附于下。"[②]但皆未见有专章专条论及朋党在军中的危害。诸葛亮列入专条专论，无疑，这是诸葛亮兵法的一大闪光之处。"朋党入朝"则朝政败坏；"朋党入军"则军队必败。

《华阳国志·后主志》说李严欲效法魏国陈群、司马懿所为，要求开府，以与其时开府、领益州牧的诸葛亮等列。《三国志·蜀书·李严传》亦载李严要求"开府"。所谓"开府"，即指以自己的名义自置幕府与幕僚部属的行为。诸葛亮深知李严的目的是要拉帮结派立朋党，为诸葛亮所拒绝。这一条"兵要"，可以说是诸葛亮治国治军，并能处理好"北方元老派""东州派""益州派""荆州派"的经验总结。

第20妙：孔明论兵误太宗；李靖妙解知真谛。

诸葛亮如此重视良将的培养，然更加注重士兵在战争中的主体作用。他在《兵要》（九）中强调："有制之兵，无能之将，不可以败；无制之兵，有能之将，不可以胜。"这就突出了战士在战争中的关键性作用，这是诸葛亮论兵的经典金句。对于诸葛亮的这一论"兵"结论，大政治家、大军事家李世民与名相名将李靖有过一段精彩的评论："太宗曰：'诸葛亮言："有制之兵，无能之将，不可败也。无制之兵，有能之将，不可胜也。'"朕疑此谈，非极致之论。靖曰：'武侯有所激云耳。臣按孙子有曰："教习不明，吏卒无常陈兵纵横，曰乱。"自古乱军引胜，不可胜纪。夫教道不明者，言教阅无古法也。吏卒无常者，言将臣权

---

① 南关音、何长林编著：《中华谋略宝库·姜太公六韬兵法》，南海出版公司1992年版，第142—146页。

② 南关音、何长林编著：《中华谋略宝库·黄石公三略兵法》，南海出版公司1992年版，第382—391页。

任无久职也。乱军引胜者，言已自溃败，非敌胜之也。是以武侯言兵卒有制，虽庸将未败，若兵卒自乱，虽贤将危之，又何疑焉？’”[①]这段话的意思是：太宗说：“诸葛亮说：‘纪律严明的军队，用没有才能的将领去指挥，也是不可以被打败的；没有严明纪律的军队，用有才能的将领去指挥，也是不可以战胜敌人的。’我怀疑这种说法，这不是很高明的谈论。”李靖说：“诸葛武侯的话是有激发和勉励意义的。我在《孙子兵法》里看到有这样的说法：‘对军队的指挥训练不明确，官兵没有规矩，出兵布列阵形时横冲直撞，这叫做乱。自古以来自己把军队搞乱而引来了敌人的胜利，这种情况是很多很多的。所谓对军队指挥训练不明确，说的是教授和考核军队没有用古法；所谓官兵没有一定的规矩，说的是将帅没有长久的权力和任职；所谓自己把军队搞乱而引来了敌人的胜利，说是自己内部溃败，并非敌人战胜了自己。所以诸葛武侯说，士卒纪律严明，虽然是没有作为的将领指挥，也是不会战败的；如果士卒自己溃乱，虽然用善于指挥作战的将领来指挥也是很危险的，这还有什么可怀疑的吗？’”太宗说：“训练考核士兵的方法，确实不可以忽视。”李靖说：“如训练得法，那么士卒就乐意为我使用，若训练不得法，虽然早上督察晚上责罚，也无益于事。所以我把古代训练方法都编纂起来并绘图说明（用它来训练将士），差不多成为纪律严明的军队了。”[②]李世民所疑，也许就是众多读者之所疑与直雄所难解。李靖之答，确实令人茅塞顿开、了然于胸。

为了保障对兵士的培养与训练，诸葛亮对兵士的训练是极其严格的。其中《军令十三则》几乎全是为训练精勇的士兵而制定的；《贼骑来教》主要是教导步兵将士对付曹魏骑兵的；《兵要十则》也可以说是为培养将士训练有素而制定；《兵法》的重点也主要是针对将士的培养。诸葛亮训练的将士，一直到由姜维接手，都是一支精良的野战部队。不能不说与诸葛亮抓紧对将士的训练关系甚大，由诸葛亮一手培养起来的姜维，就是敌将钟会在杜预面前赞其曰：“以伯约比中土名士，公休（诸葛诞）、太初（夏侯玄）不能胜也。”《世语》则曰：“时蜀官属皆天下英俊，无出维右。”[③]正是有诸葛亮辛苦训练出来的一支精兵，所以当刘禅责成

---

① 南关音、何长林编著：《中华谋略宝库·李靖兵法》，南海出版公司 1992 年版，第 1019—1020 页。

② 王平著：《中华兵典要览》，黄河出版社 1999 年版，第 290 页。

③ ［晋］陈寿撰，［南朝宋］裴松之注：《三国志》（全五册），中华书局 1975 年版，第 1067 页。

将士投降魏军时，“将士咸怒，拔刀砍石。”[①] 这就是诸葛亮亲自培养出来的将士，在近40年以后报国之志仍然如此坚定，不能不令敌国丧胆！惜刘禅腐败，辱没了将士的一片报国之心，又不能不令刘汉政权赤胆忠心的将士们心寒！

第21妙：毁军败国条列清；军纪军法不留情。

诸葛亮在《兵法》（1）中，清楚地条列出了“七禁”“八斩”的具体情况，对于以法治军极具可操作性。诸葛亮时期的先贤兵法有《姜太公六韬兵法》《司马兵法》《黄石公三略兵法》《孙子兵法》《吴子兵法》《尉缭子兵法》等，未见如此具体完备的处罚条列。《尉缭子兵法·重刑令第十三》《尉缭子兵法·伍制令第十四》《尉缭子兵法·分塞令第十五》《尉缭子兵法·束伍令第十六》《尉缭子兵法·经卒令第十七》《尉缭子兵法·勒卒令第十八》《尉缭子兵法·将令第十九》《尉缭子兵法·踵军令第二十》《尉缭子兵法·兵教上第二十一》《尉缭子兵法·兵教下第二十二》《尉缭子兵法·兵令上第二十三》《尉缭子兵法·兵令下第二十四》虽然对违令犯禁者均有处罚，但其论述较多，且比较宽泛，而诸葛亮的“七禁”“八斩”，充分地汲取了其中的“养分”，为了训练将士的需要，详细而简明，易记且易诵，极富可操作性，因而操练起来，易于取得好的效应。这“禁”“斩”之令，皆有详细说明。这样一来，诸葛亮的法治政策就由《蜀科》延续到了军中，就有了法律条文上的保证，在指挥部队时就做到了“有法可依”。

再是，《姜太公六韬兵法》《司马兵法》《黄石公三略兵法》《孙子兵法》《吴子兵法》《尉缭子兵法》等，因“条列表达方式”有其易记易诵的效果，故均爱使用简明的条列表达方式，“七禁”“八斩”简洁的条列表达方式，是诸葛亮对前代兵法表达方式的继承。如《姜太公六韬兵法·上贤第九》中有“六贼七害”，《姜太公六韬兵法·文伐第十五》中有“文伐十二节”，《姜太公六韬兵法·武锋第五十二》中有“察敌十四变”，《姜太公六韬兵法·战车第五十八》中有“十害八胜”，《姜太公六韬兵法·战骑第五十九》中有“十胜九败”的归纳方式，让人清楚而明白。诸葛亮的“七禁”“八斩”等兵法条列中，有效地继承运用了这种给人一目了然的表述方式中处罚条列之大成。这些处罚条列，对于统军治军，极具参考价值。

---

① ［晋］陈寿撰，［南朝宋］裴松之注：《三国志》（全五册），中华书局1975年版，第1067页。

第22妙：地形地物把握好；两军相逢勇者胜。

上面的《兵法》，是讲军中执法，本节的《兵法》，是讲将士作战时将会遇到的“山陵”“水上”“草地”“平地”四种情况，面对这四种情况所要采取的作战方法。

《姜太公六韬兵法·林战第四十三》中，论及“丛林作战”；《姜太公六韬兵法·乌云山兵第四十七》中，论及“山地作战”；《姜太公六韬兵法·乌云泽兵第四十八》中，论及“河流作战”；《孙子兵法·军争第七》中，则有“故用兵之法，高陵勿向，背丘勿逆，佯北勿从”。诸葛亮在《兵法》这简短的话语中，充分地汲取姜太公、孙武上述兵法中精神内蕴，而其关键是结尾的“故战斗之利，唯气与形也”的强调。

这里的“利”即指胜利。《孙子兵法·谋攻第三》中有云：“必以全争于天下，故兵不顿而利可全。”“气”即指将士的精神状态与饱满的战斗情绪。“形”即指情势、形势。司马迁《报任安书》中有云：“由此言之，勇怯，势也；强弱，形也。”这就是说，将士在上面这几种情况的战斗中，所采取的是与敌相斗的几种方式而已。但要取得战斗的胜利，关键的还是将士要饱满的战斗情绪与英勇的与敌拼死的战斗精神，方能取得战争的胜利。诸葛亮在这里突出了人的主观能动性，无疑是十分正确的。因为两军相逢勇者胜！

第六卷

北驻汉中伐曹魏　临行上呈《出师表》

——《论诸子》《论让夺》《论交》《与孙权书》《北伐曹魏策》（直雄拟题）《中华一统策》（直雄拟题）《前出师表》《为后帝伐魏诏》中的兵法探妙

本卷示要：诸葛亮在公元227年春三月至公元228年春，北驻汉中积极准备首次北伐，与此同时，练兵讲武、讨论并处理北伐中存在的诸多问题，而深含用兵之法的《论诸子》《论让夺》《论交》《与孙权书》《北伐曹魏策》（直雄拟题。书中其他部分有此内容，因直雄运用的角度不同，故重新拟题表意）《中华一统策》（直雄拟题。书中其他部分有此相类内容，因直雄运用的角度不同，故重新拟题表意。值得特别说明的是：此语是邓芝所言，我无法取诸葛亮于地下而问之：是不是他交待邓芝这么说的。但是，诸葛亮的《隆中对》明显是伐曹胜利之后是要大一统中华，不管诸葛亮是否与邓芝交待要他这么说，都是代表了诸葛亮的意见。故而作特别情况，姑且算诸葛亮之言而用之）《出师表》《为后帝伐魏诏》为其练兵讲武中的一项重要内容。这八篇文论在训练将士时，各尽其妙，而尤以《出师表》所深含用兵之法最为显著，《出师表》的用兵之妙，不仅是指篡汉的曹魏，而且是重在解北伐之内忧。故直雄拟题为："精忠报国再谋身；三驭后主抓人事。"

用兵缘起：

公元227年春三月，诸葛亮率诸军北驻汉中，拟北伐曹魏，至公元228年春首次北伐之前的这近一年时间内，诸葛亮"治戎讲武"是在什么地方呢？治戎讲武，讲的是些什么内容呢？为北伐还作有什么准备工作呢？直雄翻查诸葛亮在228年的活动情况和用兵方方面面的内容，认定在此期间撰有《论诸子》《论让夺》《论交》《与孙权书》等，以及在其临行之时的《出师表》《为后帝伐魏诏》等篇什。品味这些论著的精神内蕴，认为都可纳为治军讲武的内容。

《论诸子》云："老子长于养性，不可以临危难。商鞅长于理法，不可以从教化。苏、张长于驰辞，不可以结盟誓。白起长于攻取，不可以广众。子胥长于图敌，不可以谋身。尾生长于守信，不可以应变，王嘉长于遇明君，不可以事暗主。

许子将长于明臧否，不可以养人物。此任长之术者也。”[①]

《论让夺》云：“范蠡以去贵为高，虞卿以舍相为功；太伯以三让为仁，燕哙以辞国为祸；尧舜以禅位为圣，孝哀以授董为愚；武王以取殷为义，王莽以夺汉为篡；桓公以管仲为霸，秦王以赵高丧国；此皆趣同而事异也。明者以兴，暗者以辱乱也。”[②]

《论交》云：“势利之交，难以经远。士之相知，温不增华，寒不改叶，能四时而不衰，历险夷而益固。”[③]

《与孙权书》云：“汉室不幸，王纲失纪，曹贼篡逆，蔓延及今，皆思剿灭，未遂同盟。亮受昭烈皇帝寄托之重，敢不竭力尽忠。今大兵已会于祁山，狂寇将亡于渭水。伏望执事以同盟之义，命将北征，共靖中原，同匡汉室。书不尽言，万希昭鉴。”[④]

《北伐曹魏策》云：“曹丕篡弑，自立为帝，是犹土龙刍狗之有名也。欲与群贤因其邪伪，以正道灭之。怪君未有相诲，便欲求还于山野。丕又大兴劳役，以向吴、楚。今因丕多务，且以闭境勤农，育养民物，并治甲兵，以待其挫，然后伐之，可使兵不战民不劳而天下定也。君但当以德辅时耳，不责君军事，何为汲汲欲求去乎！”[⑤]

《中华一统策》云：“权谓芝曰：‘若天下太平，二主分治，不亦乐乎！’芝对曰：‘夫天无二日，土无二王，如并魏之后，大王未深识天命者也，君各茂其德，臣各尽其忠，将提枹鼓，则战争方始耳。’权大笑曰：‘君之诚款，乃当尔邪！’”[⑥]

《出师表》云：“先帝创业未半而中道崩殂，今天下三分，益州疲弊，此诚危急存亡之秋也。然侍卫之臣不懈于内，忠志之士忘身于外者，盖追先帝之殊遇，欲报之于陛下也。诚宜开张圣听，以光先帝遗德，恢弘志士之气，不宜妄自菲薄，引喻失义，以塞忠谏之路也。宫中府中俱为一体，陟罚臧否，不宜异同。若有作

---

① 王瑞功主编：《诸葛亮研究集成》（上、下册），齐鲁书社 1997 年版，第 293 页。

② 王瑞功主编：《诸葛亮研究集成》（上、下册），齐鲁书社 1997 年版，第 294 页。

③ 王瑞功主编：《诸葛亮研究集成》（上、下册），齐鲁书社 1997 年版，第 291 页。

④ 王瑞功主编：《诸葛亮研究集成》（上、下册），齐鲁书社 1997 年版，第 304 页。

⑤ [晋] 陈寿撰，[南朝宋] 裴松之注：《三国志》（全五册），中华书局 1975 年版，第 1019—1020 页。

⑥ [晋] 陈寿撰，[南朝宋] 裴松之注：《三国志》（全五册），中华书局 1975 年版，第 1072 页。

奸犯科及为忠善者，宜付有司论其刑赏，以昭陛下平明之理，不宜偏私，使内外异法也。侍中、侍郎郭攸之、费祎、董允等，此皆良实，志虑忠纯，是以先帝简拔以遗陛下。愚以为宫中之事，事无大小，悉以咨之，然后施行，必能裨补阙漏，有所广益。将军向宠，性行淑均，晓畅军事，试用于昔日，先帝称之曰能，是以众议举宠为督。愚以为营中之事，悉以咨之，必能使行阵和睦，优劣得所。亲贤臣，远小人，此先汉所以兴隆也；亲小人，远贤臣，此后汉所以倾颓也。先帝在时，每与臣论此事，未尝不叹息痛恨于桓、灵也。侍中、尚书、长史、参军，此悉贞良死节之臣，愿陛下亲之信之，则汉室之隆，可计日而待也。

臣本布衣，躬耕于南阳，苟全性命于乱世，不求闻达于诸侯。先帝不以臣卑鄙，猥自枉屈，三顾臣于草庐之中，咨臣以当世之事，由是感激，遂许先帝以驱驰。后值倾覆，受任于败军之际，奉命于危难之间，尔来二十有一年矣。先帝知臣谨慎，故临崩寄臣以大事也。受命以来，夙夜忧叹，恐托付不效，以伤先帝之明，故五月渡泸，深入不毛。今南方已定，兵甲已足，当奖率三军，北定中原，庶竭驽钝，攘除奸凶，兴复汉室，还于旧都。此臣所以报先帝，而忠陛下之职分也。

至于斟酌损益，进尽忠言，则攸之、祎、允之任也。愿陛下托臣以讨贼兴复之效；不效，则治臣之罪，以告先帝之灵。若无兴德之言，则责攸之、祎、允等之慢，以彰其咎。陛下亦宜自谋，以咨诹善道，察纳雅言，深追先帝遗诏。臣不胜受恩感激，今当远离，临表涕零，不知所言。[①]

《为后帝伐魏诏》云："朕闻天地之道，福仁而祸淫；善积者昌，恶积者丧，古今常数也。是以汤、武修德而王，桀、纣极暴而亡。曩者汉祚中微，网漏凶慝，董卓造难，震荡京畿。曹操阶祸，窃执天衡，残剥海内，怀无君之心。子丕孤竖，敢寻乱阶，盗据神器，更姓改物，世济其凶。当此之时，皇极幽昧，天下无主，则我帝命陨越于下。昭烈皇帝体明睿之德，光演文武，应乾坤之运，出身平难。经营四方，人鬼同谋，百姓与能。兆民欣戴。奉顺符谶，建位易号，丕承天序，补弊兴衰，存复祖业，诞膺皇纲，不坠于地。万国未定，早世遐殂。朕以幼冲，继统鸿基，未习保傅之训，而婴祖宗之重。六合壅否，社稷不建，永惟所以，念在匡救，光载前绪，未有攸济，朕甚惧焉。是以夙兴夜寐，不敢自逸。每从菲薄

① ［晋］陈寿撰，［南朝宋］裴松之注：《三国志》（全五册），中华书局1975年版，第919—920页。

以益国用，劝分务穑以阜民财，授方任能以参其听，断私降意以养将士。欲奋剑长驱，指讨凶逆，朱旗未举，而丕复陨丧，斯所谓不燃我薪而自焚也。残类余丑，又支天祸，恣睢河、洛，阻兵未弭。诸葛丞相弘毅忠壮，忘身忧国，先帝托以天下，以勖朕躬。今授之以旄钺之重，付之以专命之权，统领步骑二十万众，董督元戎，龚行天罚，除患宁乱，克复旧都，在此行也。昔项籍总一强众，跨州兼土，所务者大，然卒败垓下，死于东城，宗族焚如，为笑千载，皆不以义，陵上虐下故也。今贼效尤，天人所怨，奉时宜速，庶凭炎精、祖宗威灵相助之福，所向必克。吴王孙权同恤灾患，潜军合谋，掎角其后。凉州诸国王各遣月支、康居胡侯支富、康植等二十余人诣受节度，大军北出，便欲率将兵马，奋戈先驱。天命既集，人事又至，师贞势并，必无敌矣。夫王者之兵，有征无战，尊而且义，莫敢抗也。故鸣条之役，军不血刃，牧野之师，商人倒戈。今旍麾首路，其所经至，亦不欲穷兵极武。有能弃邪从正，箪食壶浆以迎王师者，国有常典，封宠大小，各有品限。及魏之宗族、支叶、中外，有能规利害、审逆顺之数，来诣降者，皆原除之。昔辅果绝亲于智氏，而蒙全宗之福；微子去殷，项伯归汉，皆受茅土之庆。此前世之明验也。若其迷沉不返，将助乱人，不式王命，戮及妻孥，罔有攸赦。广宣恩威，贷其元帅，吊其残民。他如诏书律令，丞相其露布天下，使称朕意焉。”[①]

《论诸子》

本节题解：

《论诸子》是诸葛亮选取从先秦至汉的老子、商鞅、苏秦、张仪、白起、伍子胥、尾生、王嘉、许子将这九位著名人物一生的优劣缺失进行品评，以予听讲者以启迪。

精要概说：

通过这九位名人的优长缺失，揭示了用人之长的办法以及予人自警。

---

① ［晋］陈寿撰，［南朝宋］裴松之注：《三国志》（全五册），中华书局1975年版，第895—896页。

白话说意：

《论诸子》的意思是说：老子这个人擅长于修身养性，但他遇到危难局面的应对能力有所欠缺；商鞅一生以法理治国见长，但却在推行道德教化方面有所不足；苏秦、张仪二人皆娴于外交辞令，但却都不能让其所在国结盟守约；白起带兵打仗攻城夺地闻名当世，但却不能团结多数人；伍子胥以谋破敌复仇闻名吴楚，但却不能保全自己的性命；尾生以守信用闻名，但却失之于随机应变；王嘉擅长于知遇明君，但却不能事奉昏淫之君；许劭以公正地品评别人的长短而闻名，但却不能培养人才。这就揭示了用人之长的办法。

《论让夺》

本节题解：

《论让夺》之让，在这里即退让、谦让之意。《左传·襄公十三年》中有："让者，礼之主也。"《国语·晋语》中有："让，推贤也。"夺，在书中当为竞先取得之意。明·高启《谢赐衣》中有："被泽徒深厚，惭无夺锦才。"又如：夺高产、夺魁（夺取第一）；夺却（夺去、占去）；夺衣（夺袍。喻在诗文竞赛中获胜）；夺锦（夺取锦标）。《论让夺》就是评说中国历史上让夺的情况与得失。

精要概说：

以历史典故，厘清诸多帝王将相、史家名流都容易混淆的道理。细心品味，增人智慧。

白话说意：

《论让夺》中的意思是说：范蠡与越王勾践深谋二十余年，助勾践灭掉了吴国。但他深知勾践可与共患难，难与同乐的君王，便改姓更名，带诸子与门客出走，垦荒经商。积累数千万家产。齐王知范蠡贤明，便拜他为相。范蠡省悟曰："居家则致千金，居官则至卿相，此布衣之极也。久受尊名，恐怕不是吉祥的征兆。"最终归还相印，散尽家财，再次隐退。

战国时期赵国上卿虞卿。长平之战赵国大败，秦军退兵，向赵国索要六城。赵郝、楼缓建议赵王割地，虞卿再三劝谏赵王不要割地给秦国，以使赵国陷入被诸国瓜分的境地。虞卿设计，把六城割给与秦国有仇的齐国，这样一来，赵、齐联手，让人看到赵国不是那么好对付。秦知此事，不得不会与赵国修好。韩、魏知此，倒会敬重赵王。这对赵国而言，一举可结三国之亲。赵王犹豫之后最终从虞卿之计，马上派虞卿出使齐国。事情的发展都在虞卿所料之中，虞卿为赵国立下大功。后来，虞卿因好友魏齐之故，卸下万户侯卿相之印，离开赵国。虞卿解相后，终不得意，乃著有《虞氏春秋》。

太伯，亦即泰伯，是周太王古公亶父的长子。古公亶父知道三子季历的儿子姬昌有圣德，想传位季历。泰伯知晓父意，便与二弟仲雍一同出逃至荆蛮之地采药，并且断发纹身，以断继位之路，是为“一让”。古公亶父过世后，泰伯与仲雍回来奔丧，季历想让位给长兄泰伯，泰伯坚辞不授，是为“二让”。季历不从，泰伯便说自己已断发纹身，不再适合当社稷之主，季历不得已而继承王位。是为“三让”，季历传位给姬昌，即周文王。到文王之子武王时，周灭殷商，一统天下。孔子赞曰：“泰伯，其可谓至德也已矣。三以天下让，民无得而称焉。”

战国时期的燕国君主燕王哙。齐国的使者苏代来到燕国，对燕王哙说，齐宣王因不信任大臣一定不会称霸，于是燕王哙听信苏代之言，厚任宰相子之。鹿毛寿又向燕王哙进言说：“您不如把国家让给子之。人们说尧贤德，是因为他曾想把天下让给许由，而许由没有接受，于是尧有让天下之美名，但实际上却没有失掉天下。如今，您把国家让给宰相子之，子之必不敢接受，这样，您就可以与尧齐名了。”燕王哙于是将国家让给子之，不出三年，燕国大乱，引发了国内战争，国难持续数月，死者达数万之众。

尧知晓儿子丹朱的德才难继承帝位，便向四岳征询谁是天下贤人，四岳推举了以孝悌闻名的舜。尧见到舜，先询问他的为政理念，选定舜做继承人后，尧细心考察舜。命舜任司徒，舜推行五典教化，理顺父义、母慈、兄友、弟恭、子孝五种伦理道德，天下安宁、百姓和睦。尧任舜为司空，总天下政务，舜把各种复杂棘手的事情都处理得井井有条，百官乐从。尧让舜接待四方诸侯，舜做得庄重又合乎礼仪。尧派舜入山林川泽，考察洪水情况，舜遇到暴风雷雨，却不迷行，尧以为圣。尧禅让帝位给舜时，得到了上天祥瑞的回应，才隆重地举行大典传位给舜。舜禅位给禹时，同样任人唯德。尧、舜禅位，德被苍生，光照日月，垂范万世。

西汉孝哀帝的宠臣董贤，于国无功却以仪貌得宠。年仅22岁时就位列三公。匈奴单于来汉朝觐时，见年少的董贤统领百官，因怪而问，汉哀帝说："大司马年少，以大贤居位。"单于便拜贺汉得贤臣。哀帝无子，屡次要将帝位让予董贤。一次，哀帝笑看董贤说："我想效法尧禅舜，怎么样？"王闳谏曰："天下乃高皇帝天下，非陛下之有也。陛下承宗庙，当传位给子孙。统业至重，天子不可戏言！"哀帝默然不悦。哀帝过世后，董贤当即被罢官，和他的妻子畏惧自杀了。

武王取殷，自有"天意"。尧禅舜时，有龙马衔甲飞跃祭坛之上，甲上以文字书写，尧之后将有虞、夏、商、周、秦、汉当受天命。周文王被囚羑里时，夜观天象，明了伐纣乃天命，于是推演八卦，布置了伐纣的每一步。商纣王轻慢鬼神，好酒淫乐，唯妲己之言是从。厚赋税以实鹿台之钱，酒池肉林，男女裸逐其间，施炮烙酷刑，诛贤臣，亲妖小，诸侯纷纷叛纣往归西伯。周武王德行淳厚，以太公望为师，周公旦为辅，兴师伐纣，殷民大悦，天下归心。

王莽早年孝谨谦恭，勤身博学，王太后器重这个内侄，得以位高权重。他好施巧诈之术。经常做欺世盗名之事，比如让妻子待客时，穿得像佣人，又如在封自己为"安汉公"把女儿推为皇后时，都做出天下人心所向的样子。王莽篡政后，天降瘟疫，盗贼丛生，四海之内，丧失乐生之心，中外愤怨，远近俱发。叛军四起，王莽死于乱刀之下。

春秋时期的齐桓公任管仲为相，成就了霸业。管仲从经济、农业、税赋等方面入手，使齐国区区海滨之地，通货积财。管仲提出"仓廪实而知礼节，衣食足而知荣辱，上服度则六亲固。四维不张，国乃灭亡"。国家富足了，还要教化百姓遵循为人之道。管仲继而辅佐齐桓公"尊王攘夷"，南征北战，九合诸侯。管仲主张尊重民意，"政之兴，在顺民心；政之所废，在逆民心。"管仲为相三十载，呕心沥血，为后世相者之典范，诸葛亮曾自比管仲。

秦始皇在沙丘驾崩时，赵高与公子胡亥、丞相李斯合谋篡改始皇遗诏，立胡亥为帝，赐死公子扶苏，囚禁大将蒙恬兄弟。胡亥继位后，在赵高的怂恿下，杀虐宗室大臣，李斯也难免一死。赵高任相，他劝二世尽情享乐，他独揽朝政，指鹿为马，肆意横行。二世以赵高为相，自己最终惨死，断送了秦朝基业，天下再度陷入战火。

诸葛亮以俯览世间之势，用"明者以兴，暗者以辱乱也"一语洞穿事物本质认为：范蠡去相，世人以为高明；虞卿辞相，众人皆为惋惜。天地有清浊，人世分高低，身居高位能济天下苍生是为功德，只显自身荣华当为警戒，顺应天意，进退得宜方为明智。太伯顺天意让位于圣德，心中无名，是谓至德；燕哙辞国，托国于非人，图圣贤之名，君臣纲乱，生灵涂炭。尧、舜禅位，心系苍生，奉天承命，托天下于大德大贤，为万事景仰；孝哀欲禅位宠臣，为一己之私，却自比尧禅舜，是为愚昧。武王取殷，受天眷命，法度彰明，遐迩悦服；王莽篡汉，沽名钓誉，威诈虐民，流毒华夏。中国古代这十大相似的事件，结果却截然相反，原因在于本质的不同。这些历史事件，在后人的解读中，或中肯，或偏邪，偏邪的解读大多错在只看事物表面，忽略事物本质，辱没了圣贤，反为恶者辩护。诸葛亮画龙点睛地论“让夺”，确能使人慧光瞬间明亮，胸襟豁然开朗。[①]

《论交》

本节题解：

《论交》，孔子论交往有云：“言忠信，行笃敬，虽蛮貊之邦，行矣，言不忠信，行不笃敬，虽州里，行乎哉。”“以文会友，以友辅仁。”“与朋友交，言而有信。”“三人行，必有我师焉，择其善者而从之，择其不善者而改之。”“道不同，不相为谋。”诸葛亮的《论交》在本质与孔子一脉相承，但却是在更加具体的层面上“论人与人之间的交往”。

精要概说：

明·佚名《增广贤文》中有云：“穷在闹市无人问，富在深山有远亲；不信且看杯中酒，杯杯先敬有钱人。”诗中极写了人们为了一己之私变化无常，嫌贫爱富，趋炎附势。诸葛亮的《论交》，对人世间的这种“趋炎附势”以否定。提出了“衷心之交”的标准与培育之道。

白话说意：

《论交》的意思是说：建立在权势和名利之上的交往，是难以持久的。有修

---

① 参见广陵子图书馆藏《诸葛亮〈论让夺〉》2020 年 9 月 15 日 http://www.360doc.com/content/20/0915/07/6711903_935700149.shtml。

养的人之间彼此深交而心息相通时，就好比花木，温暖时也不会多开花，寒冷时也不会改变叶子的颜色，能够经历一年四季而不衰败，经历艰险日益牢固。

《与孙权书》

本节题解：

《与孙权书》,《太平御览》卷三四一之《兵部》七二载《与孙权书》,据书中“命将北征，共靖中原”等话语，当是诸葛亮首次北伐时所写。

精要概说：

“一起匡扶汉朝”一语，表明了孙刘联盟的坚定性。

白话说意：

《与孙权书》的意思是说：这是汉室王朝的灾祸，王权纲纪都缺失了。曹操逆贼篡位谋逆，灾难一直绵延至今。都想着要剿灭他，可惜没有找到共同的盟友。诸葛亮受到昭烈皇帝的寄托，不敢不用尽全力尽忠心。现在大军已经在祁山相会，狂妄的寇贼即将死在渭水。我希望您能以共同结盟的义气，命令将领向北征讨，共同进军中原，一起匡扶汉朝。没有写完的话还有很多，希望您万万要照此书行事。

《北伐曹魏策》

本节题解：

《北伐曹魏策》，是研究者们不大注意却是十分重要的一个问题。直雄在《千秋功过评孔明：诸葛亮新论》中考证：事在公元 224 年一至二月间。

精要概说：

让人民休养生息，积货蓄财，与此同时，整治兵甲，等到曹丕遭到挫折时，出兵讨伐。

白话说意：

《北伐曹魏策》中的意思是说：弑君篡位、自立为帝的曹丕，就像土塑之龙、草扎之狗一样徒有其名。拟与各位贤士声张正义之道，讨灭之。而您对我不肯教诲，又想退归山野。曹丕在极力征召劳役，准备进攻吴、楚之地。现在曹丕境内多事，故打算守住边境致力农业生产，让人民休养生息，积货蓄财，同时治理兵甲，等待他遭到挫折时，出兵讨伐，这样可兵不战、民不劳而获平定天下之功。您只需以己之德行与名望辅助朝廷，不让您负军事之责，您何必请求归去呢？

《中华一统策》

本节题解：

《中华一统策》，也是研究者们不大注意却是十分重要的一个问题。直雄在《千秋功过评孔明：诸葛亮新论》中考证：事在公元 223 年十月间。

精要概说：

天上没有两个太阳，地上没有两个帝王，灭魏之后，争战才刚刚开始呢。

白话说意：

孙权对邓芝言："假若天下太平了，吴蜀分治天下，这当是多么令人高兴的事！"邓芝答曰："天上没有两个太阳，地上没有两个帝王，等到灭了魏国后，大王您也不可知晓天命把天下许赐给谁哟。为君者只有各自去光大自己的仁德，为臣者唯有各自尽自己的忠心，而身为将领的人则握拿鼓棰擂鼓，争战才刚刚开始呢。"孙权听后大笑说："您确实是个诚实的人。"孙权在给诸葛亮的信中说："丁厷浅薄艳饰，阴险不诚，使两国合和结好者只有邓芝一人。"

《前出师表》

本节题解：

《前出师表》是诸葛亮在北伐中原之前给刘禅上书的表文，表，古代向帝王

上书陈情言事的一种文体。该表阐述了北伐的必要性及对刘禅治国的期望。诸葛亮以恳切的言辞展现了他的一片忠诚之心。是谓《前出师表》。

精要概说：

全文突显了“亲贤臣，远小人”，是修明政治，完成“兴复汉室”的基础。诸葛亮以酣畅的文笔、真挚的情感，充分地表达了实现中华民族大一统的决心。是古代散文中的杰出作品。

白话说意：

《前出师表》的意思是说：先帝开创的大业未完成一半却中途去世。现在天下三国，我益州地区民力匮乏，这是国家危急存亡的时期啊。好在宫廷里侍从护卫的官员不懈怠，战场上忠诚有志的将士们奋不顾身，他们是为了追念先帝对他们特别的知遇之恩而战，想要报答在陛下您身上。您当扩大圣明的听闻，发扬光大先帝遗留下来的美德，振奋有远大志向的人的志气，不应当看轻自己，说不恰当的话，以防堵塞人们尽忠心规劝的言路。

皇宫里和朝廷中的大臣，本都是一个整体，奖惩功过，应一视同仁。对有做奸邪事、犯科条法令和忠心做善事的人，应由主管官员，定其受罚或者受赏，以显示陛下治理的公正严明，而不应当有偏袒和私心使宫内和朝廷奖罚不一。

侍中、侍郎郭攸之、费祎、董允等人，善良诚实，他们的志向和心思忠诚无二，因此先帝把他们选拔出来辅佐您。宫中无论大小的事情，都跟他们商量以后再去实施，一定能够弥补缺失和疏漏，可以获得很多好处。

将军向宠，性格和品行善良公正，精通军事，先帝称赞说他有才干，因此大家评议举荐他做中部督。军队中的事情，应跟他商讨，就能使军队团结一心，好的差的各自找到他们的恰当位置。

亲贤臣，远小人，这是西汉兴隆之因；亲小人，远贤臣，这是东汉衰败之果。先帝每与我谈论这些事情，没有一次不对桓、灵二帝的做法感到叹息、痛心与遗憾。侍中、尚书、长史、参军，这些人都忠贞诚实、都是能以死报国的忠臣，希望您亲近他们，信任他们，那么汉朝的兴隆就指日可待了。

我本来是在南阳务农亲耕，在乱世中苟且保全性命，不奢求在诸侯之中出名的一个平民。先帝不因我卑微，见识短浅，降低身份委屈自己，三次到我的茅庐拜访我，征询我对时局大事的看法，我为此而十分感动，就答应了要为先帝奔走效劳。后遇兵败，在兵败时接受任务，在危机患难之间奉行使命，至此已经有二十一年了。

先帝知道我做事小心谨慎，临终托付给我国家大事。受命以来，我早晚忧愁叹息，担心先帝托付给我的大任不能实现，以致损伤先帝的知人之明，故而五月渡过泸水，深入到不开化之地。现在南方已经平定，兵员装备已经充足，应当激励、率领全军将士向北定中原，用尽我平庸的才智，铲除奸邪凶恶的曹魏，恢复汉朝的基业，回到旧日的国都。这就是我用来报答先帝、尽忠陛下的职责本分。至于处理事务，斟酌情理，有所兴革，毫无保留地进献忠诚的建议，那就是郭攸之、费祎、董允等人的责任了。

希望您能够把讨伐曹魏，兴复汉室的任务托付给我，如未成功，就惩治我的罪过，以告慰先帝的在天之灵。如果没有振兴圣德的建议，就责罚郭攸之、费祎、董允等人的怠慢，揭示他们的过失；您也应自行谋划，征求、询问治国的好道理，采纳正确的言论，以追念先帝临终留下的教诲。我感激不尽。

今天我将要告别您而远行了，面对这份奏表情不自禁热泪纵横，也不知说了些什么。

《为后帝伐魏诏》

本节题解：

《为后帝伐魏诏》，是诸葛亮在出师伐魏之前代刘汉后主刘禅所写的诏书。文中历数曹氏父子的种种罪恶，特别是对曹丕篡位的行为表示出极大的愤慨，表示一定要完成先主刘备的遗志，讨伐凶逆，匡复汉室，同时劝诫那些盲从于曹魏的人们早日弃暗投明，归顺刘汉政权。

精要概说：

文中坚定不移地表示正义战争势必会不战而胜，及其信心和悲天悯人的情怀；情辞恳切，语调铿锵有力，使人读罢此文，令人不禁为诸葛亮忠贞不渝、百折不挠的“中华民族大一统精神”而感动。

白话说意：

《为后帝伐魏诏》的意思是说：我（刘禅）听说人间的法则、规律是，福因行仁德而得、祸因淫乐而致；善积的人昌盛，行恶的人必然丧亡，这是古今恒久不变的道理。所以汤、武修德而王有天下，桀、纣极其残暴而败亡。从前大汉朝的皇位和国统中道衰微，凶恶的人得不到处罚，董卓制造祸难，国都及其大汉朝所管辖的地方动荡不安：曹操凭借董卓之祸乱，乘机盗取大汉献帝的权柄，把汉献帝当作傀儡，把持朝政，压制群僚，其篡位之心显矣。其子曹丕这个小子，竟然接续祸乱，盗取并盘踞帝位，试图利用改朝换代，建立新王朝。当此之时，大汉皇室昏暗不明，天下没有了大汉帝王之位，我大汉皇帝之命颠坠、跌倒、残害。我昭烈皇帝有领悟时局、智慧通达之德，其文才武略皆不同凡响。于是应国家之运，挺身而出平定祸难。经营四方规划创业，世人与万物的精灵与其共谋，百姓称誉其才能，万民乐于拥戴其为帝。昭烈皇帝登基前出现种种瑞兆，河图、洛书上的许多谶记也暗示着刘备应当称帝，况且刘备又是汉室之胄，因此，刘备登基是合乎天意的事情。兴废补弊，存复高祖光武之大业，承受帝位，使之不辱于地。然有不幸，天下尚未平定，昭烈便过早地去世了。我（刘禅）继位时年纪较小，没有好好地接受过宫中师傅的教导，却挑起了父辈留下的重担。汉室江山分崩离析，国家政权将要毁于一旦。光大发展前人的事业，未有远大的成就，对此我甚感惶恐。所以起早睡迟、勤奋不懈，不敢身心安适。每天省吃俭用以补助国家的开支。选用贤能之士治理国家，克己奉公以鼓舞军中将士。欲奋剑长驱北指，讨凶恶叛乱曹丕及他所代表的魏国，战旗未举，而曹丕死亡。这就是所谓不燃我薪而其自焚也。曹丕死后嗣位的曹叡及其所任用的诸大臣，又指使手下制造祸乱，仗恃其军队放纵、暴戾黄河与洛水流域为祸不止。诸葛丞相刚强果断忠直豪壮。忘身忧国，先帝托以天下，劝勉我身。现在授予他威重的仪仗，赋予他以不奉上命而自由行事之权力，统领步骑二十万众，统率、监督大众，奉行上天对曹魏以惩罚。除患宁乱，克复旧都，在此行也。以往项羽总一强众，跨州兼土，所务者大，然卒败垓下，死于东城，宗族焚如，为笑千载，皆因不从以义，陵上虐下所致也。今曹氏虽有吞并天下的野心，但仁义不施，不得人心，最终一定会走项籍所走过的覆灭道路，天怒人怨，遵循自行运行的时序宜速，希望凭汉朝的火德之运、祖宗威灵相助之福，伐魏的战争是合乎天意民心的，一定会胜利。吴王孙权与我共同匡救灾难、祸害，共同策划偷袭敌军，分兵牵制互相呼应夹击于敌人其后。凉州诸国王各遣月支、康居胡侯支富、康植等二十余人诣受管辖，大军北出，便欲率将兵马，奋戈先驱。天神的意旨既集，人事又至，蜀国军队是正义之师，而且人数众多，声势浩大，必无敌矣。正义之师是可以不经过战斗而仅仅凭着道德感化的力量、强大军队的震慑力、智谋的巧妙运用使敌人全部屈服。故商汤率领商部落士兵与夏军在鸣条（山西夏县之西）进行的一场决战，未交锋就取得胜利。牧野之战周武王一仗终止了殷商王朝五百多年统治，商王朝前面的部队投降周武王，反过来打商王朝的人。今旍旗指挥开道。其所经至，亦不欲穷兵极武。有能弃邪从正，箪食壶浆以迎王师的人，国有正常的法度，封宠得到帝王赐予土地或爵位的荣耀，各有官吏的等级和权限。总之，如果有人能够弃暗投明，带着酒食来犒劳蜀国军队，按照国家的法度，会得到大小不同的赏赐，及魏之宗族、远族旁支，有能规利害、审逆顺之数，来诣降的人，皆原除之。朕意为曹氏的宗族、亲戚、宫廷内外人员，如果能够认识到当前形势的利害关系，顺应天意人心来归降的，可以按原官职授职。以往春秋时晋国人辅果大义绝亲于智氏，而得以保全其宗族之福；商纣王庶兄微子离开殷商，项伯归顺大汉，皆受封为王侯的奖赏。这就是前世显著的证明。希望魏国的臣子们能够像辅果、微子、项伯那样弃暗投明，早日归顺我刘汉，便可得到优厚的奖赏。若其迷沉不返，将助乱人，不遵守蜀国君主的号令，杀死他的妻子儿女，不会饶恕他的罪行，不会免除或减轻犯人的罪责或刑罚。广宣恩威，饶恕、宽免其元帅，怜悯、伤痛其残民。要广泛宣传刘汉政权的政策，恩威并用，饶恕魏国的将帅，安抚魏国的民众。其他的事情按照诏书法令处理，丞相将这篇诏书向天下人宣布，以做到让刘汉后主刘禅的满意。

兵法探妙：

诸葛亮在公元227年春三月至公元228年春首次北伐，他率诸军北驻汉中近一年的时间内，在积极准备北伐的同时，练兵讲武、讨论北伐中存在的诸多问题，而《论诸子》《论让夺》《论交》《与孙权书》《出师表》《为后帝伐魏诏》亦为练兵讲武中的一项重要内容。这六篇文论深含兵法之妙。

第23妙：名人遭际细品评；教与将士大智慧。

老子、商鞅、苏秦、张仪、白起、伍子胥、尾生、王嘉、许子将这九位著名

人物，在时人看来，当然也不排除某些今人，当是“完人”了，皆是了不起的大人物。然俗话说：“金无足赤，人无完人。”诸葛亮就充分地认识到了这一点，并对这九大名人一一点评之。让将士们认识到每个人都有缺点和不足。对将士来说，应该不断地发扬自己的长处改正自己的不足。从而揭示了用人要擅长用人之长以及予人以自警。读诸葛亮列举的这些人物传记，有助于将士结合传主的具体经历，让将士们从传主的特定视角去审视一段历史，从而更好地了解社会生活的各个层面，了解各行各业各色各样的人物，丰富将士的知识量。

如《论诸子》中诸葛亮称许劭，他以公正地品评别人的长短而闻名，但却不能培养人才。其堂兄许靖，同是东汉末年名士，他们节操高尚，藐视名利，以经常评论乡党人物而出名。这个许靖就在刘备管辖的成都。刘备认为他是个徒有虚名的人，并不打算启用他。诸葛亮却认为：“靖人望，不可失也。借其名以竦动宇内。”[①]其意是说：许靖这个人在世上享有很高的威望，不能失去他，可以借助他的声望来激励天下的人！在诸葛亮与法正对许靖这个“人望”的一致推许下，许靖在刘汉政权中一直是身居高位。诸葛亮这个做法是十分有先见之明的，让这个“人望”在刘汉政权中起到了应有的作用。

第24妙：参透世间王业事；大贤大德在为民。

诸葛亮通过《论让夺》，评说中国历史上与十大帝王事业有关的让夺情况及其得失，以增人智慧。与此同时，借以展现了诸葛亮“谋身”“为国”“为民”的思想理念，及其“非淡泊无以明志，非宁静无以致远”的高超处世智慧。

既然《论让夺》是诸葛亮“参透世间王业事，大贤大德在为民”的“谋身”“为国”“为民”的高超处世智慧，那么，什么叫“谋身”呢？有成语云：“皮之不存，毛将焉附？”也写作“皮之不存，毛将安附”。其本来的意思是皮都没有了，毛往哪里依附呢？后比喻事物失去了借以生存的基础，就不能存在。什么叫“为民”呢？为什么要“为民”呢？打响护国第一枪的晚清名将蔡锷有过清晰透彻的论说：“古今名将用兵，没有不把安民、爱民当作根本的。因为用兵的目的就在于安民。假使扰害老百姓，那就违背了用兵的宗旨。兵员来自人民，粮饷出自民间，追本求源，都离不开百姓，怎么能忍心去扰害他们呢？军队经过的地方，仰赖老百姓供应我

① 王瑞功主编：《诸葛亮研究集成》（上、下册），齐鲁书社1997年版，第329页。

们的东西，不止一端。休养军队，采办粮秣，征发夫役，探访敌情，带引道路，没有一件事不是借助民力的。如果扰害百姓，引起民愤，反而招来百姓们的反抗，就是自己置自己于困境之中。至于对外国出兵，也不可无故地将祸乱加在无辜的人民头上。否则，对上干乱了上天好生的太和之气，对下招致无辜百姓的抱怨痛恨。仁义之师，决然不会如此行动。”[①] 蔡锷论“为民”的要旨，可谓有犀利精确、深入浅出之妙！

诸葛亮在这篇短论中，第一个说到的是范蠡。范蠡是一个既能“谋身”又能“为国”的高手，更是一个“散尽家财”献与民的典范，不难看出，这是诸葛亮所称颂的理想人物。

诸葛亮第二个说到的是虞卿。虞卿也是一个“谋身”“为国”的高手。虞卿为国尽忠后，又因重对于友人魏齐的情缘，而舍弃了在赵国获取的高官厚禄，与魏齐一起逃亡，在逃亡的过程中，魏齐不甘受辱而自杀。这样一来，虞卿被弄到了进退维谷的地步。于是，他就留在了大梁城隐居并着手发愤著书立说，虞卿将自己心中的抱负、愤懑和对未来的设想憧憬，对国家政治军事成败等的独特观察一一倾注于笔端，他的《虞氏春秋》成书后，裨益后世，这也是为国为民的典范！

诸葛亮第三个说到的是太伯。太伯“三让”之典，广为人知，不必赘述。孔子赞曰：“泰伯，其可谓至德也已矣。三以天下让，民无得而称焉。”诸葛亮称赞其“为仁”。“仁”者何也？“仁”是孔子思想的核心，贯穿于“论语”的始终。那么什么是“仁”呢？孔子的学生樊迟问什么是仁？孔子回答说：“爱人。”樊迟问什么是智，孔子说：“了解人。”樊迟仍然不明白。孔子说：“选拔正直的人，罢黜邪恶的人，这样就能使邪者归正。”樊迟见到子夏说：“刚才我见到老师，问他什么是智，他说‘选拔正直的人，罢黜邪恶的人，这样就能使邪者归正。’这是什么意思？”子夏说：“这话说得深刻呀！舜有了天下，在众人中挑选人才，把皋陶选拔出来，不仁的人就被疏远了。汤有了天下，在众人中挑选人才，把伊尹选拔出来，不仁的人就被疏远了。”诸葛亮的“太伯以三让为仁”，就是对孔子、子夏观点的经典归纳，展现了“大德大贤在为民”的思想境界！

诸葛亮第四个说到的是燕王哙。燕王哙将国家让给子之，不出三年，燕国大乱，引发了国内战争，国难持续数月，死者达数万之众。这则故事是诸葛亮对燕王哙

---

① 王平著：《中华兵典要览》，黄河出版社 1999 年版，第 1098 页。

的愚蠢予以辛辣的讽刺批判，从反面印证了诸葛亮遵从尧、舜的思想！

诸葛亮第五个说到的是尧、舜。通过“尧禅让帝位给舜”的整个过程，借助尧对舜的种种考验及舜的所作所为的记述，实际上就是诸葛亮对尧、舜“大德大贤在为民”理想的一曲赞歌！

诸葛亮第六个说到的是西汉孝哀帝刘欣。诸葛亮以“孝哀以授董为愚”七字，承接“尧、舜以禅让为圣”而批判刘欣。这是以对比的手法从反面表达了诸葛亮“大德大贤在为民”的思想！

诸葛亮第七个说到的是周武王与商纣王。这实际上是一则“勤政爱民的君王与腐败虐民的君王”相互斗争的故事。表达了诸葛亮“大德大贤在为民”的思想理念！

诸葛亮第八个说到的是西汉末的王莽。实际上是以“义”与“篡”相对比，对王莽以批判。“义”即为合乎正义或公益的义举；“篡”在书中当是特指臣子夺取君位。臣子篡夺君位，势必引发动乱。从更深层次上说明了诸葛亮“大德大贤在为民”的思想理念！

诸葛亮第九、十两句说到的是齐桓公任用管仲和秦始皇任用赵高的故事。齐桓公与管仲是明主能用名相，这是能够获得巨大成功的显例；而秦始皇任用赵高，秦始皇虽说是中国历史上著名的政治家、战略家、改革家，首位完成华夏大一统的铁腕政治人物。但是他一生最大的失误是任用了巧言令色、献媚人主、窃弄国柄、荼毒生灵的赵高而丧国。第九、十两句内容的对比强烈。诸葛亮曾自比为相三十载，呕心沥血，为后世相者典范的管仲，充分展现了诸葛亮“大德大贤在为民”的思想理念！

诸葛亮以俯览世间之势，以“为高”“为功”赞范蠡与虞卿；以“为仁”“为祸”比对太伯与燕哙；以“为圣”“为愚”比对尧舜与刘欣；以“为义”“为篡”比对周武王与王莽；以“为霸”“为丧（国）”比对齐桓公与秦始皇。用“明者以兴，暗者以辱乱也”一语洞穿事物本质。

诸葛亮这 88 个字的《论让夺》，充分展现了他“大德大贤在为民”的主题思想与政治理念！说这 88 个字抵得上一部大书也不为过！白居易在其《与元九书》中说：“文章合为时而著，歌诗合为事而作。”诸葛亮撰写这 88 个字的《论让夺》，宣讲“大德大贤在为民”的思想理念，确实击中时弊，用之于练兵教育批判“挟天子以令诸侯”篡汉的曹魏，对将士也是难能可贵的“宝卷”！

第25妙：势利之交难经远；人生知己得一足。

清人徐时栋在其《烟屿楼笔记》载云：“何瓦琴溱集禊贴字属书云：‘人生得一知己足矣，斯世当以同怀视之。’亦佳。”鲁迅以清人何瓦琴的这副联句，书赠瞿秋白云：“人生得一知己足矣，斯世当以同怀视之。”就是说：人的一生如果能够得到一个知己就足够了，在这个世界上我将把你看作自己的同胞兄弟一样。鲁迅先生称瞿秋白为知己，称在这个世界上我将把你当作胸怀志趣相同的朋友来看待。此联事出有因：鲁迅先生以“匕首”和“投枪”创作了大量著称于世的杂文，直接揭露封建文化和黑暗现实。这就受到反动文人和某些糊涂文人的围攻、侮辱甚至谩骂。

瞿秋白先生在上海时，秘密会见了鲁迅先生，整理鲁迅先生的杂文，写了《鲁迅杂感集序言》，高度评价了鲁迅先生杂文的社会意义和巨大价值。鲁迅先生感到非常满意，为此写了这副对联相谢。这副联语，堪称古今咏颂革命友谊之绝唱。这种友情与相知，真可谓“彼此深交而心息相通，它就好比花木，温暖时也不会多开花，寒冷时也不会改变叶子的颜色，能够经历一年四季而不衰败，经历艰险日益牢固”。

明·佚名《增广贤文》中有云：“穷在闹市无人问，富在深山有远亲；不信且看杯中酒，杯杯先敬有钱人。”诗中极写了人们为了一己之私变化无常，嫌贫爱富，趋炎附势。诸葛亮的《论交》，对人世间的这种“趋炎附势”以“势利之交，难以经远”以否定之。提出了“衷心之交得知己”的标准与培育，至今仍有其旺盛生命力，给人以深深的启迪。

第26妙：伐魏自有总方针；“各茂其德”为大统。

诸葛亮规劝杜微出仕任职，杜微却要装聋作哑回避诸葛亮，诸葛亮为了平衡蜀中各派势力的关系、为了求得蜀中人才人望、为在蜀中集智聚力，对杜微一片赤诚相待。在给杜微的这封信中，诸葛亮告知了北伐曹魏的总体方针与近期政策，这就是：总体方针是消灭曹魏政权。近期政策是积聚国家势力，选择恰当时机，对曹魏进行征讨。这就是诸葛亮治国与征战的大政方针。

然而，一直以来，世人对此注意不够，于是，对诸葛亮北伐的评说出现偏颇，总是认为诸葛亮穷兵黩武，岂不知：诸葛亮是在搞好蜀中经济的同时，择机伐魏。

以刘汉一“益州”之力，去讨伐曹魏据有中原“九州”之势，诸葛亮是异常谨慎行事，只能是择机伐魏：首次伐魏是在曹魏毫无准备的情况下，突然袭击。要不是马谡失街亭，当是旗开得胜！尔后的伐魏，多是孙吴从东向魏下手，诸葛亮即时而动，并多有斩获。杜甫有名诗云：“出师未捷身先死，长使英雄泪满襟。”其意简而言之就是：可惜出师伐魏还没有取得最后的成功就先去世了，常使后代英雄感慨得泪湿衣襟！详而解之就是：“出师”句指的是诸葛亮伐魏，曾经六出祁山。在建兴十二年（234），他统率大军，后出斜谷，占据了五丈原，与司马懿隔着渭水相持了一百多天。八月，病死在军中。“英雄”，这里泛指，包括诗人自己在内的追怀诸葛亮的有志之士。这尾联两句承接着“三顾频烦天下计，两朝开济老臣心”，表现出诗人对诸葛亮献身精神的崇高景仰和对他事业未竟的痛惜心情。从宏观来看，杜甫的这两句诗无可挑剔。但从当时的实际情况来看，从诸葛亮“择机北伐”的近期目标与策略来看，据直雄研究，诸葛亮每次北伐，必有斩获，此不赘述。因此，直雄认为，更为客观的当是：“出师多捷惜身死，长使英雄泪满襟。”

“夫天无二日，土无二王……”语出西汉·戴圣《礼记·坊记》：“孔子曰：天无二日，土无二王。家无二主，尊无二上。示民有君臣之别也。”意指一个国家、一群百姓不能有两个君王，一个家庭不能有两个当家的，就像天空中没有两个太阳一样。从本质上说：是中华民族大一统精神凝练最为通俗的表述。而《隆中对》中的“将军既帝室之胄，信义著于四海，总揽英雄，思贤如渴，若跨有荆、益，保其岩阻，西和诸戎，南抚夷越，外结好孙权，内修政理；天下有变，则命一上将将荆州之军以向宛、洛，将军身率益州之众出于秦川，百姓孰敢不箪食壶浆以迎将军者乎？诚如是，则霸业可成，汉室可兴矣”，这就是诸葛亮告知刘备实现中华民族大一统的方法与步骤。而邓芝的“夫天无二日，土无二王，如并魏之后，大王未深识天命者也，君各茂其德，臣各尽其忠，将提枹鼓，则战争方始耳”，就是对诸葛亮上述话语最为精确的领会或是对诸葛亮话语的传达。到公元 229 年孙权称帝时，诸葛亮派遣陈震使吴庆权正号，“（陈）震到武昌，孙权与震升坛歃盟，交分天下：以徐、豫、幽、青属吴，并、凉、冀、兖属蜀，其司州之土，以函谷关为界。震还，封城阳亭侯。”[①] 由此可见，陈震此举，同样是对诸葛亮《隆

① ［晋］陈寿撰，［南朝宋］裴松之注：《三国志》（全五册），中华书局 1975 年版，第 985 页。

中对》中的“将军既帝室之胄，信义著于四海，总揽英雄，思贤如渴……”更为进一步的精确领会，或是对诸葛亮话语精义的传达。而“曹丕篡弑，自立为帝，是犹土龙刍狗之有名也。欲与群贤因其邪伪，以正道灭之……”中的“让人民休养生息，积货蓄财，与此同时，整治兵甲，等到曹丕遭到挫折时，出兵讨伐”，当是明确的近期北伐策略，则是不求近速、也不求近功，能够应权通变、弘思益远的正确方略，这是与孙吴要“各茂其德”为大一统的一个行之有效的重要步骤，也是《隆中对》中的“将军既帝室之胄，信义著于四海，总揽英雄，思贤如渴……”大一统精神的延续与跟进。

第 27 妙：受昭烈托孤之重；共靖中原扶汉室。

关于诸葛亮的《与孙权书》真伪问题是有争议的。在探讨是书的兵法之妙前，有必要明确真伪问题。有先生认为“是罗贯中所写”云：关于这则书的来历我认为我应该是最后一个知道的……实际上，这则书在我查遍《艺文类聚》后发现并没有，我认为其最早出处应该是明朝罗贯中《三国演义》第一百零二回《司马懿占北原渭桥　诸葛亮造木牛流马》：孔明回到祁山大寨，收聚败兵，约折了万余人，心中忧闷。忽报费祎自成都来见丞相。孔明请入。费祎礼毕，孔明曰：“吾有一书，正欲烦公去东吴投递，不知肯去否？”祎曰：“丞相之命，岂敢推辞？”孔明即修书付费祎去了。祎持书径到建业，入见吴主孙权，呈上孔明之书。权拆视之，书略曰：“汉室不幸，王纲失纪，曹贼篡逆，蔓延及今。亮受昭烈皇帝寄托之重，敢不竭力尽忠：今大兵已会于祁山，狂寇将亡于渭水。伏望陛下念同盟之义，命将北征，共取中原，同分天下。书不尽言，万希圣听！”权览毕，大喜，乃谓费祎曰：“朕久欲兴兵，未得会合孔明。今既有书到，即日朕自亲征，入居巢门，取魏新城；再令陆逊、诸葛瑾等屯兵于江夏、沔口取襄阳；孙韶、张承等出兵广陵取淮阳等处：三处一齐进军，共三十万，克日兴师。”费祎拜谢曰：“诚如此，则中原不日自破矣！”权设宴款费祎。饮宴间，权问曰：“丞相军前，用谁当先破敌？”祎曰：“魏延为首。”……祎辞别孔明，自回成都。所以这其实是罗贯中自己写的……[①]

其实，《与孙权书》：“录自《太平御览》卷三四一《兵部》七二。是书当

---

① 飘凌一飞《诸葛亮与孙权书的出处略考》2018 年 10 月 5 日 https：//zhuanlan.zhihu.com/p/46022415。

作于227年诸葛亮第一次北伐时。按：此书写作时间，昔人多系于234年，因本传有是役‘约吴大举’之语。然《为后帝伐魏诏》中明言‘吴王孙权同恤灾患，潜军合谋，犄角其后’，且诸葛亮出兵，第一次、第四次是向祁山，第五次则攻五丈原，故系于是年。”[①]罗贯中将《与孙权书》安排在公元234年，这是小说创作的需要，我们可不必讨论。《太平御览》是宋代著名的类书，由李昉、李穆、徐铉等学者奉敕编纂。该书始于北宋太平兴国二年（977）3月，成书于太平兴国八年（983）10月。罗贯中（约1330—约1400），元末明初著名小说家、戏曲家，是中国章回小说的鼻祖，代表作《三国演义》。所以说《与孙权书》是罗贯中所作，不妥。

诸葛亮的《与孙权书》，是公元223年5月刘禅继位，10月诸葛亮即从速派邓芝使吴。孙权也十分赏识邓芝，在给诸葛亮的信中也对邓芝给予了极高的评价。邓芝十分成功地让孙权断绝了与魏国的来往，重新与刘汉王朝修好。邓芝使吴之后，226年8月，“吴趁魏大丧，发兵攻江夏郡（治今湖北云梦西南）……吴诸葛瑾攻襄阳。”[②]诸葛亮北伐中原前所写的《与孙权书》，表明了孙刘联盟的坚定性，也是诸葛亮使“吴王孙权同恤灾患，潜军合谋，犄角其后”，调动吴国兵力从东西两个方向夹击曹魏的兵法妙用。

第28妙：精忠报国再谋身；三驭后主抓人事。

“夫高鸟死，良弓藏；敌国灭，谋臣亡。亡者，非丧其身也，谓夺其威废其权也。封之于朝，极人臣之位，以显其功。中州善国，以富其家，美色珍玩，以悦其心。”[③]其意是说：高空的鸟儿已经被消灭尽了，优良的弓箭就要收藏进军械库中；敌对的国家已经灭亡了，谋臣就要灭掉。这里的灭掉，不是要杀害他们的生命，而是要煞去他们权威，剥夺他们的兵权。而是要在朝廷上大加封赏，使他们的爵位在群臣之上，以彰显他们的功勋；将中原地区肥田沃土封赠给他们，以使其家庭富有，让其心悦诚服；将珠宝美女赏赐给他们，以使其心情欢快。

翻开中国封建史，诸多开国谋臣，尽管他们为国家的创立立下了汗马功劳，即使在开国君王麾下享有盛誉，有的即被自己拥立的皇帝因猜忌而灭了（如韩

---

① 王瑞功主编：《诸葛亮研究集成》（上、下册），齐鲁书社1997年版，第304页。

② 张习孔、田珏主编：《中国历史大事编年·第二卷》，北京出版社1997年版，第8—9页。

③ 黄颇著：《白话〈黄石公兵法〉〈尉缭子兵法〉》，中州古籍出版社1993年版，第68页。

信就做了吕后的刀下鬼；而明朝的朱元璋残杀功臣则臭名昭著）。有的功臣到了第二代君帐下，几乎多见没有什么好下场：如伍子胥（前559—前484），他是春秋末期吴国大夫、军事家。以封于申，也称申胥。伍子胥之父伍奢为楚平王子建太傅，因受费无极谗害，和其长子伍尚一同被楚平王杀害。伍子胥从楚国逃到吴国，成为吴王阖闾重臣，是姑苏城（今苏州）的营造者，至今苏州有胥门。公元前506年，伍子胥协同孙武带兵攻入楚都，伍子胥掘楚平王墓，鞭尸三百，以报父兄之仇。吴国倚重伍子胥、孙武等人之谋，西破强楚、北败徐、鲁、齐，成为诸侯一霸。伍子胥曾多次劝谏吴王夫差杀勾践，夫差不听。夫差急于进图中原，率大军攻齐，伍子胥再度劝谏夫差暂不攻齐而先灭越，遭拒。夫差听信太宰伯嚭谗言，称伍子胥阴谋倚托齐国反吴，派人送一把宝剑给伍子胥，令其自杀。伍子胥自杀前对门客说："请将我的眼睛挖出置于东门之上，我要看着吴国灭亡。"伍子胥死后九年，吴国为越国所灭。再如：孙武（约公元前545—约公元前470），字长卿，春秋末期齐国乐安（今山东省北部）人。中国春秋时期著名的军事家、政治家，尊称兵圣或孙子（孙武子），又称"兵家至圣"，被誉为"百世兵家之师""东方兵学的鼻祖"。孙武大约活动于公元前六世纪末至前五世纪初，由齐至吴，经吴国重臣伍员（伍子胥）举荐，向吴王阖闾进呈所著兵法十三篇，受到重用为将。他曾率领吴国军队大败楚国军队，占领楚国都城郢，几近覆亡楚国。孙武五十多岁的时候，至交好友伍子胥被杀，孙武不再为吴国的对外战争谋划出力，转而隐居乡间，修订其兵法著作。伍子胥被杀后不久，孙武可能也因忧国忧民和郁郁不得志而谢世。又如：商鞅（约公元前395—公元前338），战国时期政治家、改革家、思想家，法家代表人物，卫国（今河南省安阳市内黄县梁庄镇）人，卫国国君的后裔，姬姓公孙氏，故又称卫鞅、公孙鞅。后因在河西之战中立功获封商于十五邑，号为商君，故称之为商鞅。商鞅通过变法使秦国成为富裕强大的国家，史称"商鞅变法"。政治上，商鞅改革了秦国户籍、军功爵位、土地制度、行政区划、税收、度量衡以及民风民俗，并制定了严酷的法律；经济上商鞅主张重农抑商、奖励耕织，军事上商鞅作为统帅率领秦军收复了河西。公元前338年，秦孝公逝世，其子秦惠文王继位。秦孝公去世的同年，商鞅因被公子虔指为谋反，战败死于彤地，其尸身被带回咸阳，处以车裂后示众。其四如：吴起（？—前381），卫国左氏（今山东省定陶县西）人。中国战国初期军事家、政治家、改革家，兵家代

表人物之一。吴起早年学儒术于曾申门下，后弃儒学兵。最初在鲁国时，受命指挥鲁军大败齐国。之后前往魏国，得到魏文侯重用。他指挥魏军屡次击败秦国，占领河西之地，为首任西河郡守，同时改革兵制，创建魏武卒，“与诸侯大战七十六，全胜六十四”。后因魏武侯猜疑而转投楚国，被楚悼王任命为令尹，进行变法。经过大刀阔斧的改革，在短时间内成功增强了楚国国力，使楚国出现“南平百越，北并陈蔡，却三晋，西伐秦”，一度大败魏国，“马饮于大河”的强盛局面。前381年，楚悼王逝世，吴起因厉行变法而得罪守旧贵族。楚国贵族趁机发动兵变攻打吴起。贵族们用箭射伤吴起，吴起拔出箭逃到楚悼王停尸的地方，将箭插在楚悼王的尸体上，大喊：“群臣叛乱，谋害我王。”贵族们在射杀吴起的同时也射中了楚悼王的尸体。楚国的法律规定伤害国王的尸体属于重罪，将被诛灭三族。楚肃王继位后，命令尹把射杀吴起同时射中楚悼王尸体的人全部处死，受牵连被灭族的有七十多家。吴起的尸身也被处以车裂肢解之刑。

类似上述的悲惨事例，可谓举不胜举。超忠贞、超智慧的诸葛亮当然对这些先贤遭如此惨不忍睹之祸，显然了然于胸。其胞兄诸葛瑾早在建安五年（200），为躲避中原战乱，进入江东。经弘咨推荐，效力于孙吴。并深受孙权信赖，称为“神交”，努力缓和蜀吴两国关系。建安二十五年（220），吕蒙病逝后，出任南郡太守，驻守公安。孙权称帝后，出任大将军、左都护，领豫州牧，册封宛陵侯。对于这样一位兄长，在刘备当政之时，诸葛亮为避嫌疑，与诸葛瑾几乎没有私下的来往。

对于刘禅到底有“几斤几两”，刘备与诸葛亮都是心知肚明的。但诸葛亮从不轻易说刘禅的“坏话”，特别在刘备要借机杀了有继承帝位之权且有战功的养子刘封之时，诸葛亮洞穿刘备之心，不曾劝阻；在刘禅将要接班当皇帝之际，为了搞好日后与刘禅的关系，诸葛亮对刘禅夸赞有加，这就是刘备所云：“射君到，说丞相叹卿智量，甚大增修，过于所望，审能如此，吾复何忧！勉之，勉之！”[①] 诸葛亮这样做，对于其日后与刘禅的融洽相处，无疑是十分必要的，也是诸葛亮要尽忠报国必须先谋其身的重要一步。

身之不存，报国之志则无从谈起！诸葛亮采取的办法是：以先帝之名号训导

① ［晋］陈寿撰，［南朝宋］裴松之注：《三国志》（全五册），中华书局1975年版，第891页。

制御刘禅，这又是诸葛亮谋身得以尽忠报国的关键一招。这关键一招在《前出师表》中得到了淋漓尽致的展现：“（《前出师表》）全文仅用700余字，将出兵北伐后的内政外交大事一一交待得清清楚楚，这是自《隆中对》后，在诸葛亮生命中的又一闪光之点：在这短短的文字中，展现了诸葛亮要实现‘中华民族大一统’的决心和雄心壮志。

有大一统的决心和雄心壮志是一回事，能否有效地践行又是一回事！残酷历史事实告诫诸葛亮：有如伍子胥一样，在为使吴国强大的过程中，他虽功比天高又何用？不照样惨烈地死在昏君奸臣之手？诸葛亮该怎么办？往古至今数千年，名战于史记载多；名诗名文天下闻，疏表虽佳世少传。惟见诸葛亮这只有700余字之表，不仅耀眼于典册，而且烂然于文苑。此表的精要与高明之处更在于：巧妙地留有三大‘诱导君王励志之策’，迫使刘禅做一回‘齐桓公’。一‘策’是：十三次呼‘先帝’，先帝之灵‘威慑存’；二‘策’是：宫中府中人事安排早与先帝敲定，谁人还敢再改动？三‘策’是：东有劲吴，北有强魏，今日军政重权握在手，方能‘鞠躬尽瘁’办大事，初试锋芒于南方，联吴伐魏且看我诸葛亮！‘真乃天下奇才也！’司马懿对诸葛亮的惊叹何止在短兵相接的残酷战场上！前后《出师表》的落实与执行，保障了自诸葛亮暨其所指定蒋琬、董允、费祎三大接班人死前，这个‘刘阿斗’基本上做到了‘亲贤臣，远小人’，实实在在地当了约二十三年的‘齐桓公’。诸葛亮，真不愧为构建良好封建社会秩序‘天下难得的大手笔’！可谓‘真乃天下奇才也！”[①]《前出师表》中反复提及先帝的这些文字，实际上再现了刘备“君才十倍于曹丕，必能安国，终定大事。若嗣子可辅，辅之；如其不才，君可自取”。“先主又为诏，敕后主曰：‘汝与丞相从事，事之如父！，”[②]这些对诸葛亮付以君权话语，对刘禅重大威慑力！

从“尽忠报国先谋身；谋身必须先御君”这个角度来看，诸葛亮岂止是构建良好封建社会秩序“天下罕见的大手笔”！“皮之不存，毛将焉附”？“身之不存，何言报国”？诸葛亮亦可谓以情御君、先谋其身，在此基础上大展满腹经纶的“天下奇才也”！

---

① 吴直雄：《千秋功过评孔明：诸葛亮新论》，中国书籍出版社2020年版，第9页。

② [晋]陈寿撰，[南朝宋]裴松之注：《三国志》（全五册），中华书局1975年版，第918页。

第 29 妙：北伐诏令气如虹；一统之志坚如钢。

这是诸葛亮在出师伐魏之前代刘汉后主刘禅所写的诏书，亦即“诏令”。诏令，是皇帝发布的公文统称。民间则一般称为“圣旨”。诏令大体上可分两大类：一是发布重大制度、典礼、封赏的文书；二是日常政务活动的文书。概括起来有制、诏、诰、敕、旨、册、谕、令、檄等。“檄”古代帝王作征召、晓谕、申讨之类的紧急文书，多插上羽毛，称为“羽檄”（俗称“鸡毛信”），后泛称紧急之类的文书为“檄”。《为后帝伐魏诏》实际上就是声讨曹魏叛逆的檄文。

主要就下面几个问题进行论说：

一是失道者寡助。正义战争势必会不战而胜，这是古今恒久不变的道理。汤、武修德而王有天下，桀、纣极其残暴而败亡。从前大汉朝的皇位和国统中道衰微，凶恶的人得不到处罚，董卓制造祸难，国都及其大汉朝所管辖的地方动荡不安：曹操凭借董卓之祸乱，乘机盗取大汉献帝的权柄，把汉献帝当作傀儡，把持朝政，压制群僚，有篡位之心显矣。其子曹丕这个小子，竟然接续祸乱，盗取并盘踞帝位，试图利用改朝换代，建立新王朝。这就是行恶的人必然丧亡。

二是得道者多助。我昭烈皇帝有领悟时局、智慧通达之德，其文才武略皆不同凡响。于是应国家之运，挺身而出平定祸难。刘备登基是合乎天意的事情。兴废补弊，存复高祖光武之大业，承受帝位，使之不辱于地却挑起了父辈留下的重担。汉室江山分崩离析，国家政权将要毁于一旦。要光大发展前人的事业，所以我必须起早睡迟、勤奋不懈，不敢身心安适。每从省吃俭用以补助国家的开支。选用贤能之士治理国家，克己奉公以鼓舞军中将士。

三是蜀国军队是正义之师，而且人数众多，声势浩大，必无敌矣。正义之师是可以不经过战斗仅仅凭着道德感化的力量、强大军队的震慑力、智谋的巧妙运用而使敌人全部屈服。以往项羽总一强众，跨州兼土，所务者大，然卒败垓下，死于东城，宗族焚如，为笑千载，皆因不从以义，陵上虐下所致也。今曹氏虽有吞并天下的野心，但仁义不施，不得人心，最终一定会走项籍所走过的覆灭道路，天怒人怨，遵循自行运行的时序宜速，希望凭汉朝的火德之运、祖宗威灵相助之福，伐魏的战争是合乎天意民心的，一定会胜利。

四是有刚强果断、忠直豪壮、忘身忧国的诸葛丞相，他有奉行上天对曹魏以惩罚、除患宁乱、克复旧都的才能。更有吴王孙权与我共同匡救灾难、祸害，共同策划偷袭敌军，分兵牵制互相呼应夹击于敌人其后。在此情况之下，如商纣、如项羽的曹叡政权，必然败亡。

这篇檄文情辞恳切，语调铿锵有力，它与《正议》一样，使人读罢此文，令人不禁为诸葛亮忠贞不渝、百折不挠的“中华民族大一统精神”而感动。这对于刘汉政权的全体官员与全军将士，都是很好的政治道德教育的好教材。我们不能忘记：诸葛亮在其练兵中，从来就不会漏下“将士为什么而战的政治教育”。从这个意义上来说：《为后帝伐魏诏》，实有练兵时指导教育将士的政治思想与道德修养之妙！

第七卷
“有街亭违命之阙”　有“箕谷不戒之失”

——《祁山表》《论斩马谡》《自贬疏》《与张裔蒋琬书》《又与张裔蒋琬书》中的兵法探妙

本卷示要：《祁山表》《论斩马谡》《自贬疏》《与张裔蒋琬书》《又与张裔蒋琬书》，这看似一般的书信与奏疏，但作为一位三军统帅所写，决非寻常。它隐含着诸葛亮为使北伐中原坚持到底的妙招，隐含着诸葛亮在同一时期，从“超众拔谡到执法斩谡”的决断，到最终“超众提拔姜维，真正找到理想的接班人”那非同寻常的胆识与知人的智慧。直雄在本卷中归纳出诸葛亮用兵四妙是：“兵出祁山理当然；略取千户埋伏笔”“兵家胜败事乃常；马谡岂止军法亡？”“街亭之失当罪己；彰显先帝取主动”“求贤若渴论伯约；选取良将胆识高”。这是异乎寻常的四妙，它反映了诸葛亮通过“街亭”一战，从此除去了刘汉政权中的一大祸根，也同时找到了刘汉政权中军事上的中流砥柱！可以肯定地说，要是刘禅坚守诸葛亮励精图治、不重走桓灵腐败之路，哪有司马氏天下？

用兵缘起：

建兴六年（228）春，诸葛亮扬声由斜谷道取郿。亮身率诸军攻祁山，戎阵整齐，赏罚肃而号令明。亮使马谡督诸军在前，与张郃战于街亭。谡违亮节度，举动失宜，大为郃所破。亮拔西县千余家，还于汉中，戮谡以谢众。其间，诸葛亮写有下列文论：

《祁山表》云：“祁山去沮县五百里，有民万户，瞩其丘墟，信为殷矣。”

《论斩马谡》云：“孙、吴所以能制胜于天下者，用法明也。是以杨干乱法，魏绛戮其仆。四海分裂，兵交方始，若复废法，何用讨贼邪！”

《自贬疏》云：“臣以弱才，叨窃非据，亲秉旄钺以厉三军，不能训章明法，临事而惧，至有街亭违命之阙，箕谷不戒之失，咎皆在臣，授任无方。臣明不知人，恤事多暗，《春秋》责帅，臣职是当。请自贬三等，以督厥咎。”

《与张裔蒋琬书》云：“姜伯约忠勤时事，思虑精密，考其所有，永南、季常诸人不如也。其人，凉州上士也。”

《又与张裔蒋琬书》云：“须先教中虎步兵五六千人。姜伯约甚敏于军事，既有胆义，深解兵意。此人心存汉室，而才兼于人，毕教军事，当遣诣宫，觐见主上。”[①]

《祁山表》

本节题解：

《祁山表》，张连科、管淑珍认为是作于建兴九年（231）。[②] 建兴九年（231）二月，是诸葛亮四出祁山之时，其实，建兴六年（228）春，诸葛亮首次北伐，诸葛亮率部兵出祁山（今甘肃省礼县东北）。此表当写于这年春，他用不着等到建兴九年（231）第四次出祁山攻魏时才写此表。

精要概说：

此表重在向朝廷报告了兵出祁山的必要性。

白话说意：

《祁山表》中的意思是说："祁山与沮县相距有五百里，那里有民众达万户，眺望其大地，诚为富裕矣。"

《论斩马谡》

本节题解：

《论斩马谡》，事由公元 228 年，诸葛亮首次出师伐魏。深受诸葛亮器重的参军马谡争守战略要地街亭。而在街亭又违背诸葛亮的部署，不听副将王平的劝告，主观武断地在远离水源的山上安营扎寨。结果蜀军大败，致使战略要地街亭失守，这就是著名的马谡"失街亭"事。

精要概说：

有法不依，则无法讨贼。

---

① 以上五篇，皆引自王瑞功主编：《诸葛亮研究集成》（上、下册），齐鲁书社 1997 年版，第 306—308 页。

② 张连科、管淑珍：《诸葛亮集校注》，天津古籍出版社 2008 年版，第 62 页。

白话说意：

《论斩马谡》中的意思是说：孙武、吴起之所以能制服对方来取得胜利，就是其法令能得到执行。所以晋悼公之弟杨干违法乱纪，晋国大夫魏绛斩杀其手下人以示警戒。现在国家分裂，大一统战争刚刚开始，若有法不依，凭什么去讨伐并战胜敌人呢?

《自贬疏》

本节题解：

《自贬疏》亦即《街亭自贬疏》。自贬，当今往往将自贬解释为：是位卑者的伎俩。这伎俩的展示，有时候是自愿的，有时候是被逼的或假装的，有时候却兼而有之。像一个人并非故意办了错事，后悔之余称自己糊涂，则是自愿的；若是一个人面对强者或是恶者，不自贬便可能招致祸灾，其自贬就是被逼或假装了。而那兼而有之者，多是在铸成大错的时候。不管原因如何，其目的多是一种：讨人家的喜欢。吹捧呢，与自贬异曲同工。如果从这样的说法去理解诸葛亮《街亭自贬疏》的话，实属不妥。诸葛亮的自贬，则纯粹是以法律为准绳，是执法公正公平，法不阿贵、法不徇情的具体体现。

精要概说：

军队战败责主帅，受此罪责我该当。

白话说意：

《自贬疏》的意思是说：我凭着那微弱的才能，位居着不配的统帅高位，亲率军队并掌握着生杀大权，严格地训练着统领的三军。因不能宣扬军令，训明法度，临事小心拘谨，以至于造成马稷在街亭违反命令，导致作战失败以及箕谷警戒不严之误。所有的错都在我任官不当。我不能识别人才的好坏，考虑事情不够聪明，《春秋》经书记载，军队战败该督责主帅，我当受此罪责。今自请贬职三等，以此处罚我的罪责。

《与张裔蒋琬书》

本节题解：

《与张裔蒋琬书》是诸葛亮对提拔姜维为仓曹掾，加奉义将军理由的通报。诸葛亮与留府长史张裔、参军蒋琬的这封书信，实际上是对为何要提拔姜维的一种说明。

精要概说：

以李邵、马良这两位刘汉政权中颇有名气的人物，也是张裔、蒋琬十分熟悉的名士比姜维，说明他是凉州第一等人才！张裔、蒋琬怎能不服?

白话说意：

《与张裔蒋琬书》的意思是说：诸葛亮写信给留府长史张裔、参军蒋琬说：姜伯约对时事尽心尽力，思索考虑问题精密，他的长处，连永南（李邵）、季常（马良）等人都比不上。这个人，是凉州第一等人才啊！

《又与张裔蒋琬书》

本节题解：

《与张裔蒋琬书》写于公元228年，于同一年，诸葛亮写下《又与张裔蒋琬书》，说明诸葛亮重视人才与考察人才真是到了求贤若渴的地步。

精要概说：

德才兼备评姜维：敏于军事，有胆有义，深解兵意，心存汉室，才兼于人。

白话说意：

《又与张裔蒋琬书》的意思是说：诸葛亮又一次写信给留府长史张裔、参军蒋琬说：必须先训练京城的卫戍部队五六千人。姜伯约对军事很有领悟能力，他既有胆识而明义理，又深深懂得兵法的意理。这人心里不忘汉室，而才气比常人高出一倍，等到军事训练完毕，我会派他到宫里觐见主上的。

兵法探妙：

《祁山表》《论斩马谡》《自贬疏》《与张裔蒋琬书》《又与张裔蒋琬书》，这不就是一般的书信与奏疏吗？但作为一位三军统帅所写，它决非寻常。这隐含如何取得北伐战争胜利的妙招，隐含着诸葛亮在同一时期，从“超众拔谡到执法斩谡”，最终“超众提拔姜维，真正找到理想的接班人”那非同寻常的胆识与知人智慧。

第30妙：**兵出祁山理当然；略取千户埋伏笔。**

在研究这个问题之前，先引有关现场调查者的材料如下：“诸葛亮的整个用兵重心，在西不在东。尽管诸葛亮一共只出过两次祁山，但从文化意义上来说，祁山已经成为了诸葛丞相北伐的一个标志，或者说一个与他紧密相连的精神图腾。出祁山就是北伐，北伐就是出祁山，两者密不可分……总之，祁山古道、散关故道有西汉水、嘉陵江可资利用，这就是为什么诸葛亮北伐的大部分军事行动都围绕这条路展开。有水力漕运支撑，他的后勤才跟得上。而祁山恰好就在这个关键节点……其实诸葛亮并不是第一个发现祁山古道妙用的。东汉安帝朝有一位高人叫虞诩，他曾担任武都太守，抵御羌人。在当时，祁山古道极其难走，漕运不通，用驴马运输，沿途损耗高达五分之四。虞诩亲自主持，‘自沮（略阳）至下辩（成县）数十里中，皆烧石翦木，开漕船道，以人僦直雇借佣者，于是水运通利，岁省四千余万。’虞诩的开漕效果惊人，他就任时，整个武都才一万户左右居民，两三年工夫就激增到四万户，而且盐米比从前丰富了十倍不止。诸葛亮第一次出祁山前，勘察了一圈虞诩曾经战斗过的地方，写信给刘禅说：‘祁山去沮县五百里，有民万户，瞩其丘墟，信为殷矣’。意思是我光是看祁山到略阳这一带居民区附近的坟头，就知道他们多富裕了……祁山堡没有藏兵洞，不可能驻屯大军。可见祁山堡这个地方，是一个进攻型的要塞。当一支军队奉行防守策略时，它太小了，不适合固守，只能起到监视作用。当一支军队打算进攻时，它却是一个绝佳的出击基地。可以这么说，祁山堡是一个通往陇西地区的钥匙，谁拿到这把钥匙，谁就推开了陇西的大门，掌握着天水与西和之间广阔地区的主动权。这也就解释了，为何诸葛亮的北伐要称为‘兵出祁山’。因为祁山是整个北伐策略的关键节点，是大前提。没有祁山，就没有一切。这一个‘出’字用得非常准确，完全体现出了蜀军千辛万苦走出山区，踏上祁山堡这个平原入口时的心情。”[①]

这位先生的这段调查资料及其对《祁山表》的解说都是十分到位的，他充分地说明了诸葛亮“兵出祁山”之原因所在。

诸葛亮为什么要向后主呈《祁山表》呢？直雄认为：这正是诸葛亮用兵精妙之所在：

一是北伐是“兵出祁山”还是“兵出褒中”或曰“兵出子午”，在当时刘汉政权内是有争议的。在公元228年首次攻魏定作战方案时。清·佚名《诸葛亮传》载：“六年春，亮伐魏。亮司马魏延，欲请兵五千，与亮异道，会于潼关，如韩信故事。亮以为此危计，不如安从坦道，可以平取陇右，十全必克而无虞，遂不用延计。”[②]是诸葛亮“兵出祁山”还是魏延的“兵出子午”正确，即使是当今，仍然争论不休。对于这个问题，直雄在《千秋功过评孔明：诸葛亮新论·兵出子午计甚危》[③]中已有专论，此不赘述。魏延毕竟是刘备一贯重用的干将。这样的争论，当然会影响到刘汉朝廷，也会影响到士气。因此，诸葛亮呈《祁山表》给后主，对于证实自己出兵祁山判断的正确、对于安定军心、稳固朝政实属必要。

再是由于马谡违反诸葛亮的军事布署而失去街亭要塞，为避免部队被曹魏军所围歼，诸葛亮不得不撤退，在撤退的过程中，为了弥补汉中人口的不足，于是“亮拔西县千余家，还于汉中”[④]。从这里也说明诸葛亮在其《祁山表》所言自己所要北伐之地的富庶，能在撤退中挑选千余家不在话下。另外，也说明诸葛亮不甘心此败，从这次失败之略取人口实可看作《祁山表》中留下的“伏笔”。

第31妙：兵家胜败事乃常；马谡岂止军法亡？

诸葛亮在《论斩马谡》中，用孙武、吴起之所以能制服对方来取得胜利之典事，用晋悼公之弟之手下人杨干违法乱纪，晋国大夫魏绛斩杀其手下人以示警戒之典事，用大一统战争必须严格执行军法之需要说明马谡必斩，仅从这几个方面的理由来看，诸葛亮斩马谡，确实无可挑剔。

---

① 《诸葛亮五次北伐、两出祁山的“祁山”如今是在哪儿？》，2021年2月23日，https：//www.zhihu.com/question/38445483。

② 王瑞功主编：《诸葛亮研究集成》（上、下册），齐鲁书社1997年版，第167页。

③ 吴直雄：《千秋功过评孔明：诸葛亮新论》，中国书籍出版社2020年版，第235—256页。

④ [晋]陈寿撰，[南朝宋]裴松之注：《三国志》（全五册），中华书局1975年版，第923页。

然而，劝诸葛亮刀下留人者的理由，是不是证据不足的多余话呢？如蒋琬诣汉中之后，谓亮曰：“昔楚杀得臣，然后文公喜可知也。天下未定而戮智计之士，岂不惜乎！”[①] 又如，晋人习凿齿的批评最为尖锐，他说：“诸葛亮之不能兼上国也，岂不宜哉！夫晋人规林父之后济，故废法而收功；楚成暗得臣之益己，故杀之以重败。今蜀僻陋一方，才少上国，而杀其俊杰，退收驽下之用，明法胜才，不师三败之道，将以成业，不亦难乎！且先主诫谡之才不可大用，岂不谓其非才也？亮受诫，明谡之难废也。为天下宰匠，欲大收物之力，而不量才节任，随器付业。知之太过，则违明主之诫，裁之失中，即杀有益之人，难乎其可与言智者也。”[②]

直到清代，史学家、经学家、考据学家王鸣盛（1722—1798 年）云：“习凿齿论诸葛亮诛马谡云：‘晋人规林父之后济，故废法而收功；楚成暗得臣之益己，故杀之以重败。今蜀僻陋一方，才少上国，而杀其俊杰，退收驽下之用，将以成业，不亦难乎！’亮之误，非误于诛谡，误于用谡不得其当耳。谡幼负才名，以荆州从事随先主入蜀，才器过人，好论军计。盖其所长在智谋心战之说，亮既用之，赦孟获以服南方，终亮之世，南方不复敢反，此其明证也。祁山之役，令为先锋，统大众在前，以运筹决策之才，而责以陷阵摧坚之事，是使萧何为将，而韩信乃转粟敖仓以给军也，宜其败矣。此则亮之误也。”[③]

直雄以为，蒋琬与习凿齿及王鸣盛对诸葛亮的批评，确实属证据不足之论，因而他们立论是完全站不住脚的。

一是蒋琬与习凿齿用以比拟诸葛亮为“楚成王”“秦穆公”来看，诸葛亮虽然当国，与“楚成王”“秦穆公”所处的情况是完全不同的，就是刘备，也是不能与“楚成王”“秦穆公”当时所处的情况相比的。

楚成王（？—前 626 年），芈姓，熊氏，名恽。在位 45 年。春秋时楚国国君，楚文王之子，母亲是楚文夫人息妫。公元前 638 年，在泓水之战中战败宋襄公，称雄中原。楚成王元年（鲁庄公二十三年，公元前 671 年），楚成王刚一登位，就布施仁德恩惠，与诸侯修好结盟，派人向周天子进贡，周天子赐给他祭肉，说：

---

① ［晋］陈寿撰，［南朝宋］裴松之注：《三国志》（全五册），中华书局 1975 年版，第 984 页。

② ［晋］陈寿撰，［南朝宋］裴松之注：《三国志》（全五册），中华书局 1975 年版，第 984 页。

③ ［清］王鸣盛著，黄曙辉点校：《十七史商榷》，上海书店出版社 2005 版，第 297 页。

“镇守南方、平定夷越各族的动乱，不要侵犯中原各国。”于是楚国的疆土扩展到千里之外。

再看秦穆公。秦穆公（前683—前621年），嬴姓，赵氏，名任好，春秋时期秦国国君，秦德公少子，秦宣公、秦成公之弟，被《史记索隐》等书认定为春秋五霸之一。秦穆公曾击败晋国，俘晋惠公，灭梁国等，协助晋文公夺取君位，灭掉许多西方戎人所建立的国家。秦穆公于周襄王时出兵攻打函谷关以西的国家，开辟国土千余里，因而周襄王任命他为西方诸侯之伯，称霸西戎，为日后秦统一中国奠定了基石。

楚成王与秦穆公均是在周天子赞许其“维护周王朝天下”，名正言顺地强大自己的国力，而诸葛亮却是先联强吴，共灭劲魏最后恢复大汉一统，其所处的情况和在三国中的势力地位，与楚成王和秦穆公是毫无可比性的。

再是诸葛亮用马谡如王鸣盛言“祁山之役，令为先锋，统大众在前，以运筹决策之才，而责以陷阵摧坚之事，是使萧何为将，而韩信乃转粟敖仓以给军也，宜其败矣”。难道“运筹决策之才”，就不能为“陷阵摧坚之事”？难道“萧何”就不可为将？“韩信”就不可转粟敖仓？如果诸葛亮一生没有南征北伐的经历，谁知他是我国古代第一流的大军事家？同样，马谡不为“陷阵摧坚之事”，或让他去“转粟敖仓”，他就一定不会出事？君不见，那位可独当一面能“陷阵摧坚”的李严，不是在转运粮草时出大事的吗？如果马谡出了李严这样谎报军情、贻误战机这样的事，他是绝对没有李严这样幸运的了。何也，诸葛亮的处境，练就了他擅长平衡朝中各派政治力量也!

诸葛亮所把持下的刘汉朝廷，朝政复杂，内部计分有四大政治派系：即北方元老派、东州派、益州派、荆州派。而诸葛亮被视为荆州派的代表人物，以诸葛亮为核心而组成的刘汉政权班底，荆州派的显贵人物数量也远远超过其他派系。就马谡而言，他违背主帅命令，导致局部要害失守，引发了全局失败，他都是要杀头的。当然，如果诸葛亮有楚成王、秦穆公执政时这个条件，让马谡戴罪立功也是可以的。但是，诸葛亮治国，是最忌惮有“立朋党之嫌”的，况且，“建兴六年，亮出军向祁山，时有宿将魏延、吴壹等，论者皆言以为宜令为先锋，而亮违众拔谡，统大众在前，与魏将张郃战于街亭，为郃所破，士卒离散。亮进无所据，退军还

汉中。”[①]又，“诸葛亮从汉中出师……亮使参军马谡督诸军与魏将张郃战于街亭（今甘肃秦安东北）。马谡违亮节度，不听裨将王平谏阻，舍水上山，下不据城，遂为张郃所败，士卒离散。”[②]如果诸葛亮不斩马谡，就不能平衡军中各派政治力量的心态。即使是诸将敬佩诸葛亮，“马谡违亮节度，不听裨将王平谏阻”，这就是临阵违抗命令，完全违背诸葛亮《便宜十六策·斩断第十四》中的多条，“杀之者，王法也。”[③]如果诸葛亮不将马谡斩了，在这些将士内心中也会给诸葛亮戴上结“朋党”的帽子，所以马谡当死！

再是，诸葛亮之所以能够合情合理地让刘禅不得不“政由葛氏，祭则寡人”。完全是有先帝托孤之诏、完全是借先帝之威所致。而先帝有言在先云：“先主临薨谓亮曰：‘马谡言过其实，不可大用，君其察之！’”[④]诸葛亮却是“违众拔谡”，让其“统大众在前”，诸葛亮若不斩马谡，他一生口口声声“尊先帝”，就有可能被人误认为是别有用心地说假话。

三是相比下例，马谡亦当斩：孙武练兵时斩了吴王不执行将令的宠姬，“吴起与秦战，未合，一夫不胜其勇，前获双首而还，吴起立斩之。军吏谏曰：‘此材士也，不可斩。’起曰：‘材士则是也，非吾令也。斩之。’”[⑤]这段文字的意思是说，在吴起与秦国作战之时，两军尚未交锋，一个战士一时没有控制自己的杀敌情绪，冲上去便斩获两个敌人首级回阵。吴起便下令杀了这个猛士。军吏提出意见说：“这是一个很有才能的勇士，不要杀了。”吴起说：“他是一个很有才能很勇敢的战士，但他没有按照我的命令去做，应该杀了。”诸葛亮执法斩马谡可以说是有先例可循，杀之可也！

综上所述，直雄认为：马谡之死，是诸葛亮的军事执法与政治势力平衡妙用的必然之果！

---

① ［晋］陈寿撰，［南朝宋］裴松之注：《三国志》（全五册），中华书局1975年版，第984页。

② 张习孔、田珏主编：《中国历史大事编年·第二卷》，北京出版社1997年版，第10页。

③ 宋·司马光撰、元·胡三省注：《资治通鉴卷七十一·魏纪三·明帝太和二年（二二八）》，中华书局1976年版，第2242页。

④ ［晋］陈寿撰，［南朝宋］裴松之注：《三国志》（全五册），中华书局1975年版，第983页。

⑤ 黄颇著：《白话〈黄石公兵法〉〈尉缭子兵法〉》，中州古籍出版社1993年版，第165页。

第 32 妙：街亭之失当罪己；彰显先帝取主动。

自贬，当今往往将自贬解释为：是一种伎俩。如果这样去理解诸葛亮的《自贬疏》，则有失偏颇。诸葛亮的自贬，纯粹是以事实为依据，将箕谷不戒之失与街亭之败的总责全部自己揽下；法律为准绳，是执法公正公平，是法不阿贵、法不及己、法不徇情的具体体现。亦是彰显先帝之德及对后主的敬重，以加强对整个北伐部队团结一心对敌的重要举措，更是诸葛亮争取军心、民心、君心以便“所统如前的”主动权的绝妙一招。

诸葛亮曾说：“运筹策于帷幄之中，吾不如子初远矣！若提桴鼓，会军门，使百姓喜勇，当与人议之耳。”[①] 当我们品味诸葛亮的“若提桴鼓，会军门，使百姓喜勇，当与人议之耳”的话语时，令人不得不想到诸葛亮之所以能使百姓喜勇，与他在《自贬疏》中敢于正视自己的错误并诚恳地作出罪己的措施是不无关系的。《孟子·梁惠王下》云：“忧民之忧者，民亦忧其忧。”诸葛亮在征战中能够处处为民着想，因而能够“民忘其败矣”！

第 33 妙：求贤若渴论伯约；选取良将胆识高。

自从诸葛亮违众拔谡，试图对其作进一步培养，哪知马谡是如此的让他失望。他斩了“纸上谈兵”的马谡之后，他的麾下又失去名将赵云，对于挑选军中能够托付大事的主将一事，成了诸葛亮心中十分紧迫的大事。诸葛亮可不是那种“一朝被蛇咬，十年怕井绳”之人，他一出祁山遇到姜维并经过认真的接触之后，立即从其思想道德、军政才能上进行细致的考察，他十分欣赏这位“凉州上士”，以李邵、马良这两位刘汉政权中张裔、蒋琬十分熟悉的名士比姜维，说明他是凉州第一等人才！立即向张裔、蒋琬推荐！

俗话说：“口说不如身逢，耳闻不如眼见。”诸葛亮也为了让张裔、蒋琬对姜维进行考察，他又一次写信给留府长史张裔、参军蒋琬说：必须先将京城的卫戍部队五六千人让其训练。看看姜伯约对军事问题那极强的领悟能力，他既有胆识且明义理，又深深懂得兵法的精要。这人心里不忘汉室，而才气比常人高出一倍，等到军事训练完毕，我会派他到宫里觐见主上的。这真是“千军容易得，一将最

① 王瑞功主编：《诸葛亮研究集成》（上、下册），齐鲁书社 1997 年版，第 272 页。

难求”！诸葛亮超拔任用姜维，这不仅显现了“诸葛丞相弘毅忠壮，忘身忧国”[①]的崇高品格，也同时展现了诸葛亮的用兵选将的高超艺术！

说到诸葛亮超拔姜维有胆识，又不得不重提斩马谡一事。因为这两件大事几乎同时进行。斩马谡时多有重臣持反对态度：如安汉将军李邈便将马谡比之于强秦的孟明视、劲楚的子玉。史载：“建兴六年，亮西征，马谡在前败绩，亮将杀之，邈谏之以‘秦赦孟明，用伯西戎，楚诛子玉，二世不兢’，失亮意，还蜀。”[②]又如，留守成都统丞相府一切事务的蒋琬为了不杀马谡而诣汉中，谓亮曰：“昔楚杀得臣，然后文公喜可知也。天下未定而戮智计之士，岂不惜乎！”[③]

孟明，何等人物？孟明通称孟明视，春秋虞国（今山西平陆县）人。姜姓，百里氏，名视，字孟明，是百里奚的儿子，秦穆公的主要将领。他曾率领秦军与晋国决战，屡战屡败，但最终他还是战胜了晋军，秦穆公见晋国屈服了，就率领军队转到崤山，掩埋了三年前在这里阵亡的将士骨骸，祭祀了三日才回国。秦国打败了中原的霸主晋国，威震西戎，有二十来个小国和部族都争先恐后地归附了秦国，使秦国扩地千里，成了西戎的霸主，这都与孟明视有着一定的关系。

子玉（生卒不详），春秋中期楚国将领。即得臣（或称成得臣）。他有一定才干，却刚愎自用，不听劝谏，最终兵败自杀。楚成王三十九年（前633）冬，楚成王为准备征讨宋国，派令尹子文在睽地演习作战，子文一个早上就完事，没有杀一个人。成又派子玉在驻地演习作战，一整天才结束，鞭打了七人，用箭穿了三个人的耳朵。后来，子玉曾领兵攻打陈国，以讨伐陈和宋国（宋是楚的宿敌）的勾结，攻占了陈国的焦、夷两地。子文把这些作为子玉的功劳，要把令尹让给他来做。楚大夫叔伯担心子玉不能胜任，谏阻道：“子玉倔强而无礼，不能让他治理百姓，率领兵车超过300辆，恐怕就不能回来了。如果真的胜利回来，那时再祝贺也不晚吧？”重耳回国即位后，晋楚发生战争。晋与齐国、秦国联合，形势对楚不利，楚成王就命令楚将申叔与子玉把楚军从前线撤退到申地，告诫他们不要追逐晋国的军队。但子玉不听，反派伯棼请战。楚王对子

---

① ［晋］陈寿撰，［南朝宋］裴松之注：《三国志》（全五册），中华书局1975年版，第895页。

② ［晋］陈寿撰，［南朝宋］裴松之注：《三国志》（全五册），中华书局1975年版，第1086页。

③ ［晋］陈寿撰，［南朝宋］裴松之注：《三国志》（全五册），中华书局1975年版，第984页。

玉不听告诫很生气，虽然勉强同意他请战的要求，但不肯多给他兵力，只派东广、西宫和若敖之六卒（子玉的宗族部队）跟去。楚成王四十年（前632）四月二日，晋军与齐、秦、宋各国的军队到达城濮，楚国、陈国、蔡国联军追至。子玉求战心切，派斗勃向挑战。四月四日，晋军在城濮以南的莘北摆开阵势，子玉自负地预言："从今以后晋国就不存在了！"然而，城濮之战却以楚的大败而告终。子玉在城濮吃了败仗之后，楚王派人对他说："申、息的子弟大多伤亡了，大夫您如果回来，怎么向申、息两地的父老交代呢？"子玉打算自杀，楚大夫子西、子玉之子大心劝阻他说："您应等国君来处置啊。"子玉行至连穀，也不见赦令，就自杀了。晋文公听到子玉自杀的消息，喜形于色，说："从此可再没人能危害我了。"①

由此可见，在李邈与蒋琬眼中，马谡成了孟明视与子玉这样国家栋梁式的大人物。诸葛亮排除众议用马谡守街亭以及诸葛亮同样排除众议斩马谡一事，直雄在拙著《千秋功过评孔明：诸葛亮新论》中有过专门的论述。②此不赘述。

从执法的角度斩了马谡，"这便是将帅执行军法的公正，也是诸葛孔明的威严所在。"③但在出师遭受大挫折时，诸葛亮的过人之处在于：一是自贬三级，这比斩马谡向众将士谢罪以安军心同样重要，显现了一个大政治家大军事家的宽广胸怀、执法严峻，为整个刘汉王朝起到了榜样的作用；二是慧眼及时识得栋梁才——姜维。从诸葛亮的《与张裔蒋琬书》和《又与张裔蒋琬书》来看，诸葛亮从政治对姜维的考量上，姜维对恢复汉室有其忠肝义胆；从军事才能对姜维的考量上，蜀中诸将难与姜维相比。正如钟会对杜预所说："以伯约比中土名士，公休、太初不能胜也。"④其意为将姜维与曹魏的名士相比，公休（诸葛诞）、太初（夏侯玄）未必胜得过他。《世语》则云；"时蜀官属皆天下英俊，无出维右。"⑤三是大胆放手任用姜维，要在皇帝面前表彰他并立即付以兵权，"亮辟维为仓曹掾，

---

① 历史新知网：《春秋中期楚国将领子玉的故事：刚愎自用，兵败自杀》2018年8月13日 https：//www.lishixinzhi.com/chunqiuzhanguo/151852.html。

② 吴直雄：《千秋功过评孔明：诸葛亮新论》，中国书籍出版社2020年版，第226—235页。

③ 南关音、何长林编著：《中华谋略宝库》，南海出版公司1992年版，第735页。

④ ［晋］陈寿撰，［南朝宋］裴松之注：《三国志》（全五册），中华书局1975年版，第1067页。

⑤ ［晋］陈寿撰，［南朝宋］裴松之注：《三国志》（全五册），中华书局1975年版，第1067页。

加奉义将军，封当阳亭侯，时年二十七……后来姜维被升任为中监军、征西将军。”[①]

诸葛亮可谓洞悉姜维不仅有忠汉之志且才兼文武！待蒋琬、费祎去世之后，而姜维九伐中原成了刘汉王朝接续诸葛亮大一统中华的支柱。不幸的是，刘禅将刘备、诸葛亮的谆谆告诫置之脑后，最终走上桓灵腐败老路，姜维被奸臣黄皓所逼、为保全性命而避祸沓中屯田，最终献身于国。郤正撰文论述姜维说：姜伯约身居上将显位，处群臣之首列，住室简陋，家无余财，侧室无侍妾之欢，后庭无音乐之娱，衣服仅求够用，车马仅求乘用，饮食节俭不奢华，公家所给费用，用尽不留。究其原因，只求满足现有而无过求。常人论古今人物，总是喜欢赞扬成功贬低失败的人，赞誉高位贬抑在下之人，均不加分析地认为姜维错投蜀国导致身死家灭而贬损他，这与《春秋》褒贬人物的义旨相异。像姜维好学不倦、清廉朴素，实为一代之楷模。[②]

直雄认为：郤正后来不得已虽为司马氏的降臣，但他作为曾是姜维的同僚，对姜维的评说算是比较公允平实的。至于后人孙盛之流一味地贬损姜维，实在是不解诸葛武侯大一统之志，实在是不敢抨击贪腐的当政所致，其论不足为训！

---

① ［晋］陈寿撰，［南朝宋］裴松之注：《三国志》（全五册），中华书局1975年版，第1063页。

② 参见，［晋］陈寿撰，［南朝宋］裴松之注：《三国志》（全五册），中华书局1975年版，第1086页。

第八卷
屯田讲武八个月　“民忘其败”为一统

——《劝将士勤攻己阙教》《务农殖谷》（直雄拟题）《与兄瑾言赵云烧赤崖阁道书》《与兄瑾言大水赤崖桥阁悉坏书》《与兄瑾言治绥阳谷书》《后出师表》《绝盟好议》《与兄瑾论陈震书》中的兵法探妙

本卷示要：直雄以上述七篇文论分析归纳“屯田讲武八个月，‘民忘其败’为一统”中的三条兵法：一是：“身在征途忧其君；四驭后主忠贞心。”言诸葛亮以其忠贞之心感动并“驾驭”后主，从而得到朝廷对北伐的主持；二是：“罪己自责益智慧；同分曹魏曹魏亡。”论证《隆中对》中“联吴抗曹”长策的坚定执行，致三国中的曹魏最先灭亡；三是：“刘禅将走‘桓灵路’；北伐曹魏势必行。”论说了诸葛亮凭借其超强的洞察力，深感必须在有生之年北伐成功原因之所在。

用兵缘起：

《三国志·蜀书·诸葛亮传》，在写到诸葛亮第一次北伐失利后的作为中，只出现诸葛亮“厉兵讲武，以为后图，戎士简练，民忘其败矣”之表述。直雄此题中有“屯田讲武八个月”，这八个月时间是怎么来的呢？其实，这个时间可从《三国志·魏书·明帝纪》《三国志·魏书·张郃传》《三国志·魏书·郭淮传》中可以得知。

且看：《三国志·魏书·明帝纪》云：“蜀大将诸葛亮寇边，天水、南安、安定三郡吏民叛应亮。遣大将军曹真都督关右，并进兵。右将军张郃击亮于街亭，大破之。亮败走，三郡平。丁未，行幸长安。夏四月丁酉，还洛阳宫。赦系囚非殊死以下。乙巳，论讨亮功，封爵增邑各有差。”[①]《三国志·魏书·张郃传》：“诸葛亮出祁山。加郃位特进，遣督诸军，拒亮将马谡于街亭。谡依阻南山，不下据城。郃绝其汲道，击，大破之。南安、天水、安定郡反应亮，郃皆破平之。”[②]《三国志·魏书·郭淮传》：“太和二年，蜀相诸葛亮出祁山，遣将军马谡至街亭，高详屯列柳城。张郃击谡，淮攻详营，皆破之。”[③]

---

① ［晋］陈寿撰，［南朝宋］裴松之注：《三国志》（全五册），中华书局1975年版，第94页。

② ［晋］陈寿撰，［南朝宋］裴松之注：《三国志》（全五册），中华书局1975年版，第526页。

③ ［晋］陈寿撰，［南朝宋］裴松之注：《三国志》（全五册），中华书局1975年版，第734页。

太和二年即公元228年，诸葛亮在1月出发进攻曹魏，约1月底进入魏境。文武全才的张郃以轻骑兵赶到街亭，一举将刚愎自用的马谡击败，且将诸葛亮所占的南安、天水、安定郡夺回。魏明帝曹叡于这一年的2月17日抵达长安，在诸葛亮完全败退后的228年4月回到洛阳。张郃速战速决，诸葛亮被迫速退避险。姑且以行事高效率的诸葛亮，在二月处理了马谡之败所带来的所有问题的话，那么，他从3月至10月，计整整的八个月内，部分将士在赤崖屯田的同时，便"厉兵讲武，以为后图，戎士简练"且让"民忘其败矣"！在这八个月的"厉兵讲武"中，主要的内容是：

《劝将士勤攻己阙教》云："大军在祁山、箕谷，皆多于贼，而不能破贼为贼所破者，则此病不在兵少也，在一人耳。今欲减兵省将，明罚思过，校变通之道于将来；若不能然者，虽兵多何益！自今以后，诸有忠虑于国，但勤攻吾之阙，则事可定，贼可死，功可跷足而待矣。"①

《务农殖谷》（直雄拟题）："务农殖谷，闭关息民……劝分务穑以阜民财，授方任能以参其听，断私降意以养将士。"②

《与兄瑾言赵云烧赤崖阁道书》云："前赵子龙退军，烧坏赤崖以北阁道。缘谷百余里，其阁梁一头入山腹，其一头立柱于水中。今水大而急，不得安柱。此其穷极，不可强也。"③

《与兄瑾言大水赤崖桥阁悉坏书》云："顷大水暴出，赤崖以南，桥阁悉坏。时赵子龙与邓伯苗，一戍赤崖屯田，一戍赤崖口，但得缘崖与伯苗相闻而已。"④

《与兄瑾言治绥阳谷书》云："有绥阳小谷，虽山崖绝重，溪水纵横，难用行军。昔逻候往来，要道通人。今使前军斫治此道，以向陈仓，足以扳连贼势，使不得分兵东行者也。"⑤

《后出师表》云："先帝深虑汉、贼不两立，王业不偏安，故托臣以讨贼也。以先帝之明，量臣之才，固知臣伐贼才弱敌强也；然不伐贼，王业亦亡，惟坐待亡，

① [晋]陈寿撰，[南朝宋]裴松之注：《三国志》（全五册），中华书局1975年版，第923页。

② [晋]陈寿撰，[南朝宋]裴松之注：《三国志》（全五册），中华书局1975年版，第894—895页。

③ 王瑞功主编：《诸葛亮研究集成》（上、下册），齐鲁书社1997年版，第310页。

④ 王瑞功主编：《诸葛亮研究集成》（上、下册），齐鲁书社1997年版，第311页。

⑤ 王瑞功主编：《诸葛亮研究集成》（上、下册），齐鲁书社1997年版，第311页。

孰与伐之？是故托臣而弗疑也。

臣受命之日，寝不安席，食不甘味。思惟北征，宜先入南。故五月渡泸，深入不毛，并日而食。臣非不自惜也，顾王业不可得偏全于蜀都，故冒危难以奉先帝之遗意也，而议者谓为非计。今贼适疲于西，又务于东，兵法乘劳，此进趋之时也。

谨陈其事如左：高帝明并日月，谋臣渊深，然涉险被创，危然后安。今陛下未及高帝，谋臣不如良、平，而欲以长策取胜，坐定天下，此臣之未解一也。刘繇、王朗各据州郡，论安言计，动引圣人，群疑满腹，众难塞胸，今岁不战，明年不征，使孙策坐大，遂并江东，此臣之未解二也。曹操智计殊绝于人，其用兵也，仿佛孙、吴，然困于南阳，险于乌巢，危于祁连，逼于黎阳，几败北山，殆死潼关，然后伪定一时耳，况臣才弱，而欲以不危而定之，此臣之未解三也。曹操五攻昌霸不下，四越巢湖不成，任用李服而李服图之，委夏侯而夏侯败亡，先帝每称操为能，犹有此失，况臣驽下，何能必胜？此臣之未解四也。自臣到汉中，中间期年耳，然丧赵云、阳群、马玉、阎芝、丁立、白寿、刘郃、邓铜等及曲长屯将七十余人，突将、无前、賨叟、青羌、散骑、武骑一千余人。此皆数十年之内所纠合四方之精锐，非一州之所有；若复数年，则损三分之二也，当何以图敌？此臣之未解五也。今民穷兵疲，而事不可息，事不可息，则住与行劳费正等，而不及今图之，欲以一州之地与贼持久，此臣之未解六也。

夫难平者，事也。昔先帝败军于楚，当此时，曹操拊手，谓天下已定。然后先帝东连吴越，西取巴蜀，举兵北征，夏侯授首，此操之失计而汉事将成也。然后吴更违盟，关羽毁败，秭归蹉跌，曹丕称帝。凡事如是，难可逆见。臣鞠躬尽力，死而后已。至于成败利钝，非臣之明所能逆睹也。”①

《绝盟好议》云：“权有僭逆之心久矣，国家所以略其衅情者，求犄角之援也。今若加显绝，仇我必深，便当移兵东伐，与之角力，须并其土，乃议中原。彼贤才尚多，将相缉穆，未可一朝定也。顿兵相持，坐而须老，使北贼得计，非算之上者。昔孝文卑辞匈奴，先帝优与吴盟，皆应权通变，弘思远益，非匹夫之为忿者也。

今议者咸以权利在鼎足，不能并力，且志望以满，无上岸之情，推此，皆似是而非也。何者？其智力不侔，故限江自保；权之不能越江，犹魏贼之不能渡汉，

① ［晋］陈寿撰，［南朝宋］裴松之注：《三国志》（全五册），中华书局1975年版，第923—924页。同时参考①张连科，管淑珍：《诸葛亮集校注》，天津古籍出版社2008年版，第35—36页。

非力有余而利不取也。若大军致讨，彼高当分裂其地以为后规，下当略民广境，示武于内，非端坐者也。若就其不动而睦于我，我之北伐，无东顾之忧，河南之众不得尽西，此之为利，亦已深矣。权僭之罪，未宜明也。”①

《与兄瑾论陈震书》云：“孝起忠纯之性，老而益笃，及其赞述东西，欢乐和合，有可贵者。”②

《劝将士勤攻己阙教》

本节题解：

《劝将士勤攻己阙教》，意思是劝勉三军将士勤加批评自己过失所下的教令。

精要概说：

本节强调了“裁减军队，精简将领，明确刑罚，反省过失”的重要性，从根本上揽下首次出兵祁山失利的责任。

白话说意：

《劝将士勤攻己阙教》的意思是说：我军在祁山、箕谷两地的兵员数量皆比敌人多，反而被敌人打败了，究其根本原因，不在乎兵力的多少，而在于我这个人。现在我要裁减军队，精简将领，明确刑罚，反省过失，为将来出征找到一个灵活的办法，假若不能这样做，光靠兵力多又有什么好处呢！从今以后，诸位如对国事有忠直的思虑，只管勤加批评我的过失，完全纠正了我的不足，那么事情可以成功，敌人可以消灭，大一统天下的大功可以跷足以待了。

《务农殖谷》

本节题解：

《务农殖谷》（直雄拟题）本题是讲经济问题，而经济问题，诸葛亮在《隆中对》

① 王瑞功主编：《诸葛亮研究集成》（上、下册），齐鲁书社 1997 年版，第 312—313 页。
② 王瑞功主编：《诸葛亮研究集成》（上、下册），齐鲁书社 1997 年版，第 313 页。

中费了相当的文字谈到荆州与益州之“利”与“内修政理”的经济问题。而三国时的经济，主要是军事经济。其重点，则是落实到粮食问题上。因诸葛亮的“军屯”始于北伐，故将此题置于此卷。

精要概说：

劝导人们努力务农，以便让老百姓家家财物丰富，生活富裕起来，让百姓休养生息。

白话说意：

公元224年，诸葛亮号召努力发展农业生产，让百姓休养生息。劝导人们努力务农，以便让老百姓家家财物丰富，生活富裕起来。要委任有才能的人为官，教给为官者以为官之道，要断绝个人私欲，倾心地协助他们治理公务、决断和处理问题。

《与兄瑾言赵云烧赤崖阁道书》

本节题解：

《与兄瑾言赵云烧赤崖阁道书》，事在公元228年，赵云以偏军据箕谷，魏曹真大军据郿县，兵力异常悬殊，赵云接战不利，便火烧赤崖阁道以阻敌。诸葛亮向孙吴的诸葛瑾通报赤崖阁道的情况。

精要概说：

这样的战况通报，重在加强巩固与与国的同盟关系。

白话说意：

《与兄瑾言赵云烧赤崖阁道书》的意思是说：首次北伐失利赵子龙退军，为阻断曹真的追兵，不得不烧坏赤崖以北环绕箕谷那一百多里长的栈道。栈道的横梁一头插入山体之中，另一头搭立在河中间的柱子上。现今水大而湍急，无法在河水中间安装立柱。当此之时，困窘到了极点，实在是不可勉强行事。

《与兄瑾言大水赤崖桥阁悉坏书》

本节题解：

《与兄瑾言大水赤崖桥阁悉坏书》这条材料，源自《水经注》卷二七之《沔水注》，是诸葛亮228年与诸葛瑾书信的内容。

精要概说：

这也算是一种战况通报，亦重在加强巩固与与国的同盟关系。

白话说意：

《与兄瑾言大水赤崖桥阁悉坏书》的意思是说：近来大水突然猛烈而涨，赤崖以南的桥梁和栈道全部被毁坏。当时赵子龙与邓伯苗各部，一个驻守赤崖领兵士在驻扎种地，一个驻守在赤崖口，赵子龙与邓伯苗如要联络，只能沿着崖彼此喊话互通信息而已。

《与兄瑾言治绥阳谷书》

本节题解：

《与兄瑾言治绥阳谷书》这条材料源自《水经注》卷一七之《渭水注》，是诸葛亮228年第二次伐魏时与诸葛瑾书信的内容。

精要概说：

这同样是一种战况通报，亦重在加强巩固与与国的同盟关系。

白话说意：

《与兄瑾言治绥阳谷书》的意思是说：在绥阳谷（即洛谷的古称）境内有一个小山谷，虽然有很多弯曲的悬崖绝壁，山谷中的溪水纵横交错，行军困难。以往侦查敌情，从这条小山谷里通行过。如今命令前军砍伐树木整修这条道路，因斜谷在绥阳谷东，陈仓在绥阳谷西。是时武侯军屯斜谷口，魏人据陈仓县。所以武侯整治绥阳谷道路，以便通向陈仓，这样可以牵制在陈仓的敌人一部分兵力，

使他们不能分兵从东边进攻我方。

《后出师表》

本节题解：

《后出师表》作于建兴六年（228 年 11 月），诸葛亮在文中表示为了中华民族大一统而“鞠躬尽瘁，死而后已”，深刻地表现了诸葛亮对国家大一统事业的坚定信心。

精要概说：

表中的“先帝虑汉、贼不两立，王业不偏安”“鞠躬尽瘁，死而后已”经常被后人引用。南宋青城山隐士安子顺云：“读诸葛孔明《出师表》而不堕泪者，其人必不忠；读李令伯《陈情表》而不堕泪者，其人必不孝；读韩退之《祭十二郎文》而不堕泪者，其人必不友。”

白话说意：

《后出师表》的意思是说：先帝刘备考虑到刘汉和曹贼不能同时并存，复兴刘汉王业不能偏安西南一方，所以他才把征讨曹贼的大事托付给我。凭着先帝的英明决断来衡量我的才干，本来他是知道我去征讨曹贼，我的才能是很差的，而敌人是强大的。但是不征伐曹贼，先帝所创建的王业就会丢失，假若坐着等待灭亡，哪里比得上去讨伐敌人呢？因此先帝毫不迟疑地把讨伐曹贼的大业托付给了我。

我自接受先帝的遗命以后，每天寝食难安。想到要征伐北方的强敌，应该先平定南方，所以我五月领兵渡过泸水，深入到至今仍不开化的南方地区作战，两天才吃得下一天的饭。不是我不爱惜自己，只不过是想到刘汉的王业而决不能够在蜀都一带苟且偏安，所以我冒着艰难险阻来践行先帝的遗志。可是有些发议论的人却说这样做不是上策。如今曹贼刚刚在西方显得疲困，又竭力和孙吴作战于东方。兵法上说要趁敌军疲劳的时候向他进攻，现在正是进兵的时机。我恭敬地向陛下陈述如下六大情况：

高祖刘邦英明有如日月，谋臣们智谋渊博深远，即便这样也仍然要经历艰险，受到创伤，只有遭遇危难实现国家大一统以后才得到安全。现在陛下的英明决断未尝赶得上高祖刘邦，我们这班谋臣也不如陈平、张良。而我们要采用先北定中原后大一统的策略，安然平定天下，这是我必须坚持不懈的第一大原因。

刘繇、王朗，各自占据州郡，他们坐谈如何才能安全、提出种种计谋时，动不动就引用圣贤的话，满腹犹疑，胸中塞满难题，今年不出战，明年不出征，延误时机，使得孙策安然坐大，据有江东。这种坐失战机的经验教训，这是促使我必须抓住战机努力不懈北伐的第二大原因。

曹操的智慧计谋，远非一般人所及，他用起兵来就好像孙武、吴起一样，即便如此，可是他却曾在南阳受困，在乌巢处于险境，在祁连山上遭到危险，在黎阳为人所逼，几乎失败于北山，差一点死在潼关，在历经如此多的艰难险阻之后，后来才在表面上稳定了一段时间。何况我的才力很弱，怎能不经历危险来安定天下。这是促使我对于北伐曹贼必须努力不懈的第三大原因。

曹操五次攻打昌霸没有获胜，四次渡过巢湖未能成功，任用李服，可是李服却图谋杀死他，委任夏侯渊，可是夏侯渊却战败身亡。先帝常常称赞曹操是个有才能的人，他还会遭遇到这样的失败，何况我才能平庸低下，哪里就一定能获胜呢？这是我唯有作出不懈努力的第四大原因。

自从我入驻汉中，算来在一年之内，让我军丧失了赵云、阳群、马玉、阎芝、丁立、白寿、刘郃、邓铜将军，以及部曲中的首领、屯兵中的将官共七十多人，冲锋无前的将领，賨、羌民族将士以及散骑、武骑各路骑兵精锐一千多人，这都是几十年来从四处聚合起来的精华，不是一州所能具有的。如果再过几年，那就要损失全军的三分之二，那时拿什么兵力去消灭敌人呢？这就是我急不可耐努力不懈从速北征的第五大原因。

现在百姓穷困、兵士疲惫，可是北伐曹贼又是不能停止的。战争不能停止，那军队驻扎下来和去攻打敌人，所付出的辛劳和费用相差无几。既是这样，不趁现在考虑攻取北方，难道能用一州之地，去和曹贼长期相持消耗？只有这样积极进取才是出路，这就是我努力不懈的第六大原因。

人世间的事情是变化的，也是很难一句话评论断定的。从前先帝在楚地打了败仗，在这时，曹操拍手称快，认为天下已经被他平定了。哪知先帝东联吴越败曹贼，西取巴蜀定帝基，发兵向北征讨汉中，夏侯渊就被杀掉了，这是曹操未曾想到的。当此之时，复兴汉朝的大业将要成功在望。不想后来东吴改变态度，违背了盟约，关羽兵败身亡，先帝又在秭归失误，曹丕称帝，所有的事情都像这样，很难预料。

我当小心谨慎地为国献出我的一切力量，直到死为止。至于复兴汉朝帝业是成功还是失败，进行得顺利还是不顺利，那就不是我的智慧所能够预见到的了。

《绝盟好议》

本节题解：

《绝盟好议》，事出公元229年，孙权称尊号，其群臣以并尊二帝来告。议者咸以为交之无益，而名体弗顺，宜显明正义，绝其盟好。在这样的背景下诸葛亮作有《绝盟好议》。

精要概说：

《绝盟好议》的关键点落在：“若就其不动而睦于我，我之北伐，无东顾之忧，河南之众不得尽西，此之为利，亦已深矣。”此语深刻地揭示了政治需要以国家利益为核心，时刻向国家利益看齐，切忌意气用事的道理。这就避免了重犯刘备伐吴的错误。这是闪耀着诸葛亮远见卓识的外交智慧之光的高论！

白话说意：

《绝盟好议》中的意思是说：在公元229年4月孙权即皇帝位。并派遣他的大臣来到刘汉朝廷通报信息，目的是希望能够予以正式承认。刘汉朝众臣们在讨论此事时，相当多的人认为承认孙权为帝并与东吴交好，是对刘“汉”朝的冒犯，还要与之交好没有多大的好处，“天无二日，土无二王”，况且一旦承认孙权的帝位，就会使大汉政权变得名不正、体不顺。提议应当申明大义，与东吴断绝关系。诸葛亮以最为清醒的头脑指出：“孙权早就有篡逆称帝之心，朝廷之所以没有过分注重这个问题，就是为了牵制曹魏，以求得东吴的援助。现在如果明确地与孙吴绝交，他们必将与我们结下冤仇，我们就必须派军队进行防御或讨伐，只有打败了孙吴才能进军中原。如今孙吴的贤能之士众多，将相和睦相处，难以在短时间内消灭他们。如果与他们展开长期对峙，就会使曹魏有机可乘，乃绝非上策。当初孝文皇帝刘恒以谦卑的口气与匈奴议和，先帝宽宏大量地与东吴结盟。这都是顺应时势、善于变通的深谋远虑的做法，并不泄一时之忿。如今大家都认为孙权只求三足鼎立，不想与我们一起共同讨伐曹魏，这个看法看起来有道理但实际上却不是事实。只是因他的才智和实力不如曹魏，所以才凭据长江自保。孙权无法越过长江北上，就像曹魏无法渡过汉水进攻我们一样，并不是有这等实力，而是不愿意承担其沉重的代价。如果我们派兵征讨曹魏，孙吴即可以同时出兵进攻曹魏，掳掠曹魏的百姓，扩大自己的地盘。即使他们按兵不动，只要能与我们友好，我们北伐曹魏就无后顾之忧，而曹魏据守黄河以南的部队，就不敢调到西北以对付我军。这对我们的好处已经很大了。孙权僭越称帝的罪名，我们以不公开指责为妥。

《与兄瑾论陈震书》

本节题解：

《与兄瑾论陈震书》的由来是：建兴七年（229）四月，“吴王孙权即皇帝位，改元黄龙。立子孙登为皇太子，以诸葛恪为太子左辅，张休为右弼，顾谭为辅正，陈表为翼正都尉……六月，蜀遣陈震使吴，贺权称帝，约中分天下，以豫、青、徐、幽属吴，兖、冀、并、凉属汉，司州以函谷关(今河南陕县至灵宝间崤山山区)为界。”[①]正是陈震的这次使吴，方有诸葛亮的《与兄瑾论陈震书》。

精要概说：

诸葛亮与诸葛瑾分别是汉与吴的重臣，诸葛亮对其兄评说陈震，重在加强巩固与与国彼此信任彼此了解的同盟关系。

白话说意：

《与兄瑾论陈震书》的意思是说：陈震是个忠厚纯良的君子，品行敦厚，这些年一直沟通着东吴和季汉两国友好关系真是可贵。

兵法探妙：

读者也许要问：如果说诸葛亮的《劝将士勤攻己阙教》《与兄瑾言赵云烧赤崖阁道书》《与兄瑾言大水赤崖桥阁悉坏书》《与兄瑾言治绥阳谷书》，与其8个月内与将士“厉兵讲武”学习兵法有着密不可分的关系完全可以理解的话，而《后

① 张习孔、田珏主编：《中国历史大事编年·第二卷》，北京出版社1997年版，第12页。

出师表》是228年11月汉军将要北伐上疏刘禅的，这8个月内将士们哪里见到什么《后出师表》？

直雄认为：《前出师表》作于公元227年，《后出师表》作于公元228年11月，相隔时间仅仅1年有余。显然，《后出师表》写作的酝酿时间，当在这8个月左右的“厉兵讲武”期间，甚至也可以说，朝廷以及将士们在要不要继续北伐的问题上，有过大争议，进行过大讨论。而《后出师表》，就是对要不要继续北伐的总体答复。因此，在诸葛亮的《后出师表》未成文之前，《后出师表》中的六个“不解”即六个“不懈”，就是诸葛亮及其坚持北伐的朝臣与将士们的心声！《后出师表》的成文，诸葛亮已有腹稿。因此，将其放在“厉兵讲武”这8个月中的“兵法探妙”当是可以的。而《绝盟好议》《与兄瑾论陈震书》，直雄视为诸葛亮北伐中所处理的重大外交事件，它不亚于邓芝使吴。邓芝使吴，使孙权背魏结刘；《绝盟好议》，则解决了要不要承认孙权当皇帝的问题。也是《隆中对》中联吴政策的继续与发展。孙吴与刘汉重申结盟之好这一重大政策实施，直至曹魏王朝在三国中的最先灭亡！

第34妙：身在征途忧其君；四驭后主忠贞心。

兵法中的“将在外，君命有所不受”出自《孙子兵法·九变篇》。意为胜败往往是瞬间事，战机不可失也。因此，远征在外的将领可以应急作战，握有不必事先请战或等待君主的命令再战的权力。但是《左传·昭公十一年》中亦云：“五大不在边，五细不在庭。亲不在外，羁不在内。”孔颖达《疏》引贾逵说：“五大，谓太子、母弟、贵宠公子、公孙、累世正卿。”这五种人有权有势，居边则易反叛，故云：“五大不在边。”五细，孔颖达《疏》：“五细，贱妨贵、少陵长、远间亲、新间旧、小加大也不在庭，不当使居朝廷为政也。”

以上两条引言，对于明君而言，“将在外，君命有所不受”实乃理所当然，其手下的将军自可大胆地为国为民拼命一搏；对于平庸昏淫之君而言，“五大在边”，则会疑神疑鬼、寝食不安，一有敌方谣言，在外之将，必然倒霉。

诸葛亮在首次北伐失利之后，对要不要继续北伐，朝廷是有争议的，面对争议，正如诸葛亮所云：“臣非不自惜也，顾王业不得偏全于蜀都，故冒危难以奉先帝之遗意也，而议者谓为非计。”[①]议者谓为非计主要表现在：如“群臣谓失一大将，不宜兴师，独诸葛亮锐意北伐，未肯中止。乃更上表奏闻。”[②]又如，“建兴六年（228）正月攻魏，不料马谡失却战略要塞‘街亭’，致使出师不利。这年十一月，诸葛亮闻曹休为吴所败，魏兵东下，关中虚弱，拟再出兵伐魏，然群臣以为疑。诸葛亮遂再次上表，请许北伐。此表是为《后出师表》。”[③]特别是，“因为第一次北伐毕竟是在十分有利的情况下以失败告终的。刘禅甚至向诸葛亮发出这样的疑问：再次北伐，定能取胜否？”[④]

就是在当今，亦有先生比李邈的看法更为直切，认为诸葛亮北伐的目的是要当皇帝云：“诸葛亮常以北伐而统一天下为己任……其实，作为蜀汉丞相……再去北伐就已超出其职责范围……诸葛亮这种做法合理的解释只能是借助北伐进一步擅权，就是帝王之志的呈现……正因为有如此令人忌讳的帝王之志，所以诸葛亮一生从来不敢大意，在言语、处事、事君、待人等各方面无不小心谨慎……诸葛亮名义上成了忠君报恩、鞠躬尽瘁的贤相，实际上却是隐蔽的‘帝王’……总之，诸葛亮能从‘布衣’而帮助刘备建立蜀汉政权，成为一个成功的政治家，实实在在是他千辛万苦凭着自己的机智与才能走出来的，他不甘心于沉沦，他不戚然于平庸，立‘帝王’之志，这本身也无可厚非。”[⑤]胡觉照先生则认定诸葛亮“有称帝野心”的根据首先是北伐。诸葛亮的治国初衷是，利用曹丕的内忧外患，休养生息，等待时机再讨伐，可“一战而定”。之所以放弃初衷，多次北伐，根源就是他的皇帝梦。[⑥]朱子彦先生则从《后出师表》的首句入手，一边分析一边下结论道：“‘汉贼不两立，王业不偏安’，对于蜀汉而言，不北伐必然坐以待毙，对于诸葛亮个人而言，不北伐就不能显示其军事才能，蜀中士人就不会心悦诚服，也无法树立起个人声望，最终也就不能达到登上帝王宝座的目的。诸葛亮前后《出师表》的主旋律就是两个字：北伐。这是诸葛亮执政后，举国上下推行的一以贯之、始终不变的政策……因为北伐一旦取得成功，诸葛亮将功高盖世，无人可与之颉颃。

---

① [晋]陈寿撰，[南朝宋]裴松之注：《三国志》（全五册），中华书局1975年版，第923页。

② 蔡东藩：《中国历史通俗演义·前汉后汉》，安徽人民出版社1999年版，第648页。

③ 张习孔、田珏主编：《中国历史大事编年·第二卷》，北京出版社1997年版，第11页。

④ 朱大渭，梁满仓：《武侯春秋》，团结出版社1998年版，第577—578页。

⑤ 洪卫中：《诸葛亮‘帝王之志’新探》，《池州师专学报》2004年第1期，第66—69页。

⑥ 思想理论动态参阅课题组：《诸葛亮是非功过辩》，《今日政坛》2008年第1期，第49页。

届时，其已功高不赏，他要废掉‘不才’的刘禅而‘自取’，就有雄厚的政治资本……诸葛亮想通过北伐来证明，蜀汉政权中能够‘蹈涉中原’，与强敌曹魏争高低者，唯有其一人而已，这是其‘自取’步骤上极其重要的政治砝码……”[①]

议者劝阻诸葛亮北伐，今也有人认为诸葛亮北伐是想当皇帝。诸葛亮远离朝廷来到前线，“朱紫难辨”的刘禅，一旦受人挑拨，难免不会给诸葛亮北伐造成麻烦。然忠贞之心是一种实诚，是一种节操，是一种气节。它既是朝臣指对君主或对上级的一种忠诚与贞操，也是中华民族一个世代相传的传统美德。在这种情况下，诸葛亮不得不再上《出师表》，这就是凸显对朝廷忠贞不渝之心的有名的《后出师表》。

《后出师表》开篇就说北伐曹魏是先帝刘备托付给自己的遗愿，是刘汉王朝生存与复兴的必要。更有刘汉王朝与东吴王朝联合夹击曹魏的大好形势！

紧接着是诸葛亮向刘禅分析陈述了必须北伐曹魏的六大原因，即诸葛亮在《后出师表》中提出的必须坚持六不解（解通“懈”）。

在必须坚持不解（解通“懈”）之后，诸葛亮展望了“刘汉王朝的发展史”，最终强调了事在人为与事亦难预料，最后，捧出了自己忠贞不渝、以死明志之心：“我当小心谨慎地为国献出我的一切力量，直到死为止。”只有这样一个为了中民族大一统事业不计较个人利益，不顾生死，而坚持其大一统事业价值观，勇往直前的人，才能从心底里迸发出震撼古今、激励千古的“鞠躬尽瘁，死而后已”。

征途忧君君心知，岁月时逝作见证：后来在诸葛亮“自贬三等”不久即复为丞相；处理李严事件中，刘禅是全力支持之；在诸葛亮重病之时，刘禅对诸葛亮在朝廷中的人事安排完全照办；诸葛亮刚死，遭李邈恶毒攻击，刘禅怒而将其斩之；亮死，刘禅为表彰他一生的功业即“赠君丞相武乡侯印绶”以“忠武侯”美谥之；“天下第一武侯祠”是全国唯一由皇帝下诏并拨给银两修建的。

第35妙：罪己自责益智慧；同分曹魏曹魏亡。

“阙”在《劝将士勤攻己阙教》中即指缺点、错误的意思。诸葛亮在《前出师表》中云：“必能裨补阙漏，有所广益。”“劝”，在这里当指勉励之意。“勤”，

① 朱子彦：《走下圣坛的诸葛亮——三国史新论》，中国人民大学出版社2006年版，第26—29页。

在这里当指为某人某事尽力、帮助之意。“攻”，在这里当是指对别人的过失、错误进行指责或对别人的议论进行驳斥。《劝将士勤攻己阙教》的题意就是：诚恳地勉励将士对自己首次北伐中所犯下的错误尽力予以指正。这篇仅仅 91 个字的短文，开笔 33 个字即将首次北伐失利的责任全部揽下。这种大丈夫的英雄之气跃然纸上。汉军有这样的统帅，全军上下，谁人不佩服？紧接着的 28 个字，和盘托出自己的整军主张及其缘由之所在，谁人不会举手称赞？末尾 30 个字，将能对自己提出缺点错误与北伐大业联系起来，这是何等的高尚境界！这又是何等的诚恳！

古代骄傲自负的将领难于胜数，中国古代统帅在将士面前罪己自责如诸葛亮者，更属罕见。因为诸葛亮爱兵爱民如子，他曾云：“使百姓困于豺狼之吻，一夫有死，皆亮之罪。”[①] 他深知“北伐功成万骨枯”，他在首次出师北伐受挫的情况下，作为全军统帅，为北伐中减少不必要的牺牲，故而多次在不同的场合经常去向将士们请求他们对自己坚持北伐曹贼中还存在的问题。

读者也许会问：“罪己自责益智慧”可以理解，“同分曹魏曹魏亡”岂非无稽之谈？直雄坚持“同分曹魏曹魏亡”，实乃实事求是之论。

君不见，“毁盟与国汉几亡”：诸葛亮自答应出山辅佐刘备之时起，深知即使刘备能立国，也决非曹魏对手。要实现大汉一统，但必须事先击败曹魏这个对手，然后才能谈得上“恢复汉室”大一统中华的问题。怎样才能击败这个强劲的对手？他立即将眼光锁定在孙吴这个东南政权上，他在《隆中对》中云：“孙权据有江东，已历三世，国险而民附，贤能为之用，此可以为援而不可图也。”

《孙子兵法·九变篇》中有云：“是故屈诸侯者以害，役诸侯者以业，趋诸侯者以利。”诸葛亮十分机动灵活地妙用孙武此法，使充满着大一统潜力的孙吴政权为刘备日后的大一统中华服务。诸葛亮首次见孙权时，就是抓住不联合之“害”、联合之“业”、联合之“利”的分析，说动了孙权，得有“赤壁之战”，得有刘备立国之资；第二次派出邓芝使吴，邓芝很好地领会了诸葛亮的意图，抓住联合之魏“害”、联合之蜀汉之“业”、联合蜀汉平分曹魏之“利”的分析，说动了孙权，孙吴与刘汉再次结盟攻魏；当孙权称帝时，刘汉朝廷有相当多的朝臣以为刘汉朝才是正统，不能接受孙权称帝，拟绝与孙吴之盟，头脑异常清醒的诸葛亮又是抓

① [晋]陈寿撰，[南朝宋]裴松之注：《三国志》（全五册），中华书局 1975 年版，第 922 页。

住绝盟之“害”、结盟之“业”、联合之“利”的分析，说动了要求绝盟的朝臣，使与孙吴联盟一直坚持到曹魏为司马氏所灭到刘禅腐败自毁，孙吴还一直与司马王朝拼了个你死我活！

刘备遵此统战之策，最终才有了刘汉政权在西川的一席之地；刘备、关羽、张飞不思此统战之策的重要性，且不时挑战此策，最终导致关羽、张飞一代猛将不得善终，刘备虽狼狈地逃脱几乎被俘的命运，致使刘汉政权元气大伤！如不诚心地全权托孤诸葛亮，刘汉政权的灭亡，就在眼前！

正因为刘、关、张如此亵渎诸葛亮的“联吴政策”，加之诸葛亮的胞兄诸葛瑾又是孙权的心腹重臣，在刘备未痛定思痛托孤诸葛亮归西之前，诸葛亮为谋身避嫌避险，除了公元208年秋受刘备之命说服孙权共同抗曹之外，从此不得不与孙权、与孙吴诸将、与胞兄诸葛瑾等杜绝了没有必要的个人往来，史籍中也确实难以查到有过什么书信往来之证。

《孙子兵法·军形篇》中有云：“见胜不过众人之所知，非善之善者也；战胜而天下曰善，非善之善者也。故举秋毫不为多力，见日月不为明目，闻雷霆不为聪耳。古之所谓善战者，胜于易胜者也。故善战者之胜也，无智名，无勇功。”意为预见胜利不超越一般人的见识，这不算是高明中最为高明的人。借助激战而取胜，即使普天下之人都说好，也不算得高明中最高明的人。这好比能举起秋毫谈不到力大、能看见日月算不得是眼明、能听到雷鸣算不上是耳聪一样。古时候所说的擅长打仗之人，总是战胜那些容易战胜的敌人。而真正擅长打仗的人，打了胜仗，既不显露出智慧的名声，也不表现为勇武的战功。诸葛亮不就是这样擅长打仗之人吗？“曲突徙薪为彼人，焦头烂额为上客”。待刘备头脑清醒、恢复了英雄之气之后，他真正认识到了自己将“曲突徙薪”的诸葛亮冷落了，而将“焦头烂额”冲锋陷阵斗将关羽赋予远远大于诸葛亮的权力……要使刘汉政权不灭，刘备必须赐与诸葛亮与其本人同等的权力……

临终托孤之后，诸葛亮为了巩固与加强“孙刘联盟”，岂止《与兄瑾言赵云烧赤崖阁道书》《与兄瑾言大水赤崖桥阁悉坏书》《与兄瑾言治绥阳谷书》这三篇通报情况的文字？他向孙吴派遣使者陈震、贺孙权称帝、通报军情、民情等信息的文字，据王瑞功先生主编的《诸葛亮研究集成》一书统计，达17篇之多。其中著名的有227年请求孙权出兵策应第一次北伐的《与孙权书》，有229年说服众臣不能反对孙权称帝的《绝盟好议》，这个《绝盟好议》，在邓芝使吴的基础上又进了一步：将曹魏的版图给瓜分了，这说明刘汉政权与孙吴政权的同盟关系更为牢固了。还有234年向吴国重臣步骘通报驻军五丈原军情的《与步骘书》等。正因为此，诸葛亮的联吴政策一直到姜维“九伐中原”都得到了很好的贯彻。

在刘汉政权与孙吴政权的不断军事进攻下，曹叡政权总是遭到刘汉政权与孙吴政权的军事打击。在曹休、曹真、张郃、王朗、华歆、刘晔、董昭、贾逵、高堂隆等曹魏的亲信大臣、名将名臣先后死去之后，曹叡不得不倚重司马懿父子三人。《魏书·明帝纪第三》载称，曹叡是“秦始皇、汉孝武之俦”[①]式的人物，从曹叡执政及用兵对付诸葛亮与孙权的情况来看，刘晔此语不虚。然而给曹魏政权灭顶之灾的，正是诸葛亮长期坚持并不断加固孙刘联盟，曹叡自从诸葛亮死后，曹叡以为从此无劲敌了，他哪里在乎“孙刘联盟”在不断加固并将对曹魏发起攻击，他哪里会顾及曹魏势力在式微，他哪里想到司马懿势力在日渐坐大……便开始腐败起来。仅从《魏书·明帝纪第三》中所载“张茂之谏”“董寻之谏”，《魏书·杨阜传》中的“杨阜苦谏曹叡”，以及《魏书·高堂隆传》中的“高堂隆上疏切谏”所列举的腐败事实来看，“明帝”已是彻头彻尾的“昏君”了。特别是高堂隆临终请求曹叡：“宜防鹰扬之臣于萧墙之内。可选诸王，使君国典兵，往往棋跱，镇抚皇畿，翼亮帝室。”[②]

鹰扬之臣是谁？指的就是司马懿父子三人，处理办法为：将曹氏子孙参入司马懿父子三人所把控的军队之内，同时令诸侯握有一定的兵权，那么，一旦曹氏天下有变，则江山可保。高堂隆对司马懿父子把控军队的后果可谓一语中的，而其防备之策，可谓老到万全。这位“秦始皇、汉孝武之俦”听不懂吗？不！他腐败了，他昏淫了，他无能了！他归西之后的魏正始十年（249）正月，司马懿十分成功地发动高平陵事变，夺取了曹魏的军政大权。最先于220年10月立国的曹魏实际上只存在28年3个月。对于魏武艰难创业立国而留贪腐根而言，对于“宁教我负天下人，休教天下人负我”的魏武来说，岂不是报应？岂不是讽刺？岂不是悲剧？仅从诸葛亮的联吴抗曹这一长策而言，这未尝不是其“灭曹”的最后成功！

---

① [晋]陈寿撰，[南朝宋]裴松之注：《三国志》(全五册)，中华书局1975年版，第92页。

② [晋]陈寿撰，[南朝宋]裴松之注：《三国志》（全五册），中华书局1975年版，第716页。

第 36 妙：精心治理“天府国”；“久驻之基”必屯田。

一般说来，战争就是综合实力的竞争，是综合军力的竞争，又是综合国力的竞争，而军力的强弱与综合国力是密切相关的。综合国力包括经济势力，也包括人口的数量、国土面积的大小和资源的丰富与否等。就当时刘汉政权的土地面积而言，刘汉政权的国土，约相当于魏的三分之一或吴的二分之一。“史称‘九州之地魏有其七’，而蜀仅据其一。就人口看，蜀亡时（263），有人口 94 万，魏有 443 万，吴亡时有 230 万。”[①]除去刘汉政权刚刚占领益州与诸葛亮、蒋琬、董允与费祎死后刘禅与宦官乱政的腐败岁月，诸葛亮“之治蜀，田畴辟，仓廪实，器械利，蓄积饶，朝会不华，路无醉人”[②]。强军必须先理财，诸葛亮只有将刘汉王朝治理得非常强盛，才谈得上对强于自己数倍的曹魏出兵以伐之。

诸葛亮治蜀治军，始终视“粮谷，军之要最”[③]，他是怎样精心治理“天府之国”，后来为“久驻之基”以屯田的方式择机兵伐曹魏的呢？他的办法主要有五点：

一是运用法制。刘备在平定益州以后，为了约束蜀地军民，治理蜀汉用的法律，由诸葛亮、法正、伊籍、刘巴、李严五人一起研究制造《蜀科》。诸葛亮纯熟地妙用这部法律，首先就对制法又想违法且深得刘备信任、手握重权、要求“缓刑弛禁”的法正，以“下马威”式的法制教育。这就扫除了诸葛亮在治蜀理财中受到官吏干扰的所有障碍。这正如陈寿所评：“（诸葛亮）立法施度，整理戎旅，工械技巧，物究其极，科教严明，赏罚必信，无恶不惩，无善不显，至于吏不容奸，人怀自厉，道不拾遗，强不侵弱，风化肃然也。”[④]

二是宗旨明确。这一宗旨，在本书《便宜十六策·治人》有载。即倡导“利人相逢，用天之时，分地之利，以豫凶年，秋有余粮，以给不足，天下通财，路不拾遗，民无去就”，反对“利兴民争，灾害并起，强弱相侵，躬耕者少，末作者多，民

---

① 谭良啸：《诸葛亮用人四论》，载成都市诸葛亮研究会编：《诸葛亮研究》，巴蜀书社 1985 年版，第 139 页。

② ［晋］陈寿撰，［南朝宋］裴松之注：《三国志》（全五册），中华书局 1975 年版，第 935 页。

③ 王瑞功主编：《诸葛亮研究集成》（上、下册），齐鲁书社 1997 年版，第 304 页。

④ ［晋］陈寿撰，［南朝宋］裴松之注：《三国志》（全五册），中华书局 1975 年版，第 930 页。

如浮云，手足不安”，在此宗旨之下，采取“务农殖谷，闭关息民……劝分务穑以阜民财，授方任能以参其听，断私降意以养将士”之法，达到“富国安家”的太平景象。

三是注重水利。“都江堰”是秦国蜀郡太守李冰和他的儿子，吸取了前人的治水经验，率领当地人民，主持修建了著名的都江堰水利工程。据《水经注》卷33《江水一》载：“诸葛亮北征，以此堰农本，国之所资，以征丁千二百人主护之，有堰官。”以保障成都平原的农田灌溉。又据史载云：“大诸葛堰，在保山县南法宝山下。周遭九百八十余丈，中深二丈，汉诸葛武侯所浚……九里堤在成都县西北隅，其地洼下，诸葛武侯筑九里捍之。”①

国以民为本，民以食为天。诸葛亮为了多产粮食，足见其对水利工程的修建，是何等的重视。这些水利工程，其效果也是非常显著的。且看“左思在《蜀都赋》中赞颂说：‘沟洫脉散，疆理绮错，黍稷油油，粳稻莫莫’，描绘出一派丰收景象。蜀国的农产量很高，在绵竹、广汉一带的水田，亩产达三十斛以上”②。

四是平叛筹资。建兴三年（225）5月，诸葛亮率领大军征南平叛。用参军马谡“攻心为上，攻城为下，心战为上，兵战为下”之策，“七擒七纵”孟获，使其心悦诚服，称赞诸葛亮说：“公，天威也，南人不复反矣。”并用“三不留”之策，收获了民意民心。同时做到了“军资所出，国以富饶”③，据《华阳国志·南中志》《太平御览》等论著中所载：诸葛亮选拔南中数万青羌劲卒到蜀地，分为五部，号为“青羌五部”，组建了夷、汉并列的部曲，扩充了刘汉王朝的军队。在其后《出师表》中提到的“賨叟青羌”即指此，这支少数民族劲旅刚毅而善战，因其勇猛而号为“飞军”。再是南中各郡向刘汉王朝贡献金、银、丹、漆、耕牛、战马等贡品，使蜀汉军费有所保障，国家开始富裕。同时，也为诸葛亮后来的北伐曹魏军事活动提供了物资储备。这就是诸葛亮所说的：“军资所出，国以富饶，乃治戎讲武，以俟大举。”南征的全胜，为北伐打下了基础。

五是因粮于敌。《孙子兵法·作战篇》云：“善用兵者，役不再籍，粮不三载，

---

① 王瑞功主编：《诸葛亮研究集成》（上、下册），齐鲁书社1997年版，第1726—1728页。

② 朱绍侯：《试析〈隆中对〉兼论关羽之失》，《河南大学学报·社会科学版》，2008年版，第1期第106页。

③ ［晋］陈寿撰，［南朝宋］裴松之注：《三国志》（全五册），中华书局1975年版，第919页。

取用于国，因粮于敌，故军食可足也。”诸葛亮在“因粮于敌”的运用上独富创造性。史载：“……九年，亮复出祁山，以木牛运……亮分兵留攻，自逆宣王于上邽。郭淮、费曜等徼亮，亮破之，因大芟刈其麦。”[①] 又，《晋书》卷一帝纪第一《宣帝纪》载云：“……亮闻大军且至，乃自帅众将芟上邽之麦。”这是诸葛亮直接“因粮于敌”的一种方式。

诸葛亮面对司马懿的劲旅，深感不能速战速决解决问题。必须加强屯田，清洪饴孙《三国职官表》载：“蜀置督农，供继军粮，屯汉中。”诸葛亮的屯田是步步向敌占区靠近的，由汉中屯田到赤崖屯田，赤崖即赤岸，在今陕西留坝东北褒水西岸，往北距魏境之散关已不很远。由赤崖屯田，进而又在黄沙屯田，至蜀后主建兴十年（232），“亮休士劝农于黄沙，作流马木牛毕，教兵讲武”。黄沙在今陕西勉县东、褒城南，当褒水流入汉水处。史既言亮在黄沙休士劝农，则黄沙为军士屯田之要地，且屯田规模亦必甚大。最后干脆因地因粮于敌。史载：“（诸葛亮）据武功五丈原，与司马宣王对于渭南。亮每患粮不继，使己志不申，是以分兵屯田，为久驻之基。耕者杂于渭滨居民之间，而百姓安堵，军无私焉……青龙二年春，亮帅众出武功，分兵屯田，为久驻之基。其秋病卒，黎庶追思，以为口实。至今梁、益之民，咨述亮者，言犹在耳，虽甘棠之咏召公，郑人之歌子产，无以远譬也。孟轲有云‘以逸道使民，虽劳不怨。以生道杀人，虽死不忿’信矣。”[②] 仅百余日，据《晋书·宣帝纪》载：便产“粮谷甚众”。这种用敌方之地、和好敌方之民、屯田得粮且能丰产的办法，是诸葛亮对“因地因民因粮于敌”的一大创举！

诸葛亮之治蜀，始终注重以农为本、以粮为本、轻徭薄赋、爱民惠民、提倡节俭、反对奢侈，同时实行官营盐铁，用蜀锦展开贸易，广殖财力，为刘汉政权实行大一统战争打下坚实的物质基础。

---

① ［晋］陈寿撰，［南朝宋］裴松之注：《三国志》（全五册），中华书局 1975 年版，第 925 页。

② ［晋］陈寿撰，［南朝宋］裴松之注：《三国志》（全五册），中华书局 1975 年版，第 925—931 页。

第 37 妙：刘禅将走“桓灵路”；北伐曹魏势必行。

“据统计，从晋到元代，赞颂诸葛亮的作品将近90篇，而唐代就占有25篇。”[①]而对诸葛亮的前后《出师表》评价之高、称赞数量之多，亦十分可观。如宋人陆游《书愤》中云：“出师一表真名世，千载谁堪伯仲间！”其《游诸葛武侯书台》中云：“出师一表千载无，远比管乐盖有余。”宋人文天祥《怀孔明》中云：“斜谷事不济，将星殒营中。至今出师表，读之泪沾胸。汉贼明大义，赤心贯苍穹。世以成败论，操懿真英雄。”其《正气歌》中云：“或为出师表，鬼神泣壮烈。”因为，仅就诸葛亮前后《出师表》而言，它对于“弘扬民族正气，振我中华雄风”，为后人谱写了“鞠躬尽瘁，死而后已”的榜样！

然而，自《后出师表》出，从清人袁枚认定《后出师表》为伪作始，多见世人对《后出师表》诟病。对于这个问题，诚如前述，直雄已有详细论证，此不再赘述。直雄以为，作为诸葛亮对军事策略的妙用，这是无可厚非的。那么“刘禅定走‘桓灵路’；北伐曹魏势必行”也算是诸葛亮对兵法的妙用吗？

在未论说“刘禅定走‘桓灵路’”之前，先看看王阳明谈对付人性的一大弱点的艰难：

王阳明在《王阳明全集 · 与杨仕德薛尚谦书》中曾言：“破山中贼易，破心中贼难。”王阳明在明武宗正德十三年正月（1518）进剿袭击俐头的暴动山贼之前，写给弟子薛侃的信说：“即日已抵龙南，明日入剿，四路兵皆已如期并进，贼有必破之势。某向在横水，尝寄书（杨）仕德（即杨骥）云：‘破山中贼易，破心中贼难。’区区剪除鼠窃，何足为异。若诸贤扫荡心腹之寇，以收廓清之功，此诚大丈夫不世之伟绩。”

对于一国之主的君王，真正要改变自己内心不贪欲的种种非分之想，不是一件转念就可办到的事，需要每日每时每刻地下功夫，需要日复一日地一刻不停精进与修炼。这对一般的嗣君来说，岂能像越王勾践那样？他们绝大多数人难以办到。君不见，曾是一代盟主重耳在齐的经历乎？《史记·卷三十九·晋世家第九》载：“过卫，卫文公不礼……至齐，齐桓公厚礼，而以宗女妻之，有马十二乘，重耳安之。

① 半隐纸伞：《易中天认为《三国演义》丑化诸葛亮，塑造成了妖人，对不对呢》，2019 年 11 月 27 日 https：//www.360kuai.com/pc/9f0ca50b……

重耳至齐二岁而桓公卒，会竖刁等为内乱，齐孝公之立，诸侯兵数至。留齐凡五岁。重耳爱齐女，毋去心。赵衰、咎犯乃于桑下谋行。齐女侍者在桑上闻之，以告其主。其主乃杀侍者，劝重耳趣行。重耳曰：‘人生安乐，孰知其他！必死于此，不能去。’齐女曰：‘子一国公子，穷而来此，数士者以子为命。子不疾反国，报劳臣，而怀女德，窃为子羞之。且不求，何时得功？’乃与赵衰等谋，醉重耳，载以行。行远而觉，重耳大怒，引戈欲杀咎犯。咎犯曰：‘杀臣成子，偃之愿也。’重耳曰：‘事不成，我食舅氏之肉。’咎犯曰：‘事不成，犯肉腥臊，何足食！’乃止，遂行。”其意思是说：重耳过路卫国，卫文公对他很不礼貌。重耳到了齐国，齐桓公厚礼招待他，且将同家族的一名少女嫁给重耳，陪送十二辆驷马之车，重耳很是满足。他在齐住了两年，桓公去世，正是竖刁等人发起内乱，齐孝公即位，诸侯的军队常来侵犯。重耳在齐总共住了五年。他爱恋着在齐国娶的妻子，舍不得离开齐国。赵衰、咎犯有一天就在一棵桑树下商量离齐之事。重耳妻子的侍女在桑树上听到他们的密谈，回屋后悄然告知重耳妻子。于是重耳妻子杀了侍女，劝告重耳赶快走。重耳说：人生来就是寻求安逸享乐的，何必管其他事，我一定死在齐，不能走。妻子说：您是一国的公子，走投无路才来到这里，您的随从把您当作他们的生命。您不赶快回国，报答劳苦的臣子，却贪恋女色，我为您感到羞耻。况且，现在你不去追求，什么时候才能成功呢？她就和赵衰等人用计灌醉了重耳，用车载着他离开了齐国。走了一段很长的路，重耳醒来，得知事情的真相，大怒，拿起戈来要杀咎犯。咎犯说：“杀死我成就了您，是我的心愿。”重耳说：“事情要是不成功，我就吃舅父的肉。”咎犯说：“事情不能成功，我的肉又腥又臊，怎么值得吃！”于是重耳平息了怒气，继续前行。

重耳“人生安乐，孰知其他！必死于此，不能去”与“行远而觉，重耳大怒，引戈欲杀咎犯”的话语，十分生动形象地诠释了人性中“破山中抢劫之贼不容易，破心中贪婪腐败之贼更为艰难”！历尽人世艰险、文治武功卓著，春秋五霸中第二位霸主的晋文公尚且如此，司马炎、刘禅这样的平庸之辈，一旦有了权势就贪图享受大搞腐败，则更难避免。

翻开汉晋史，有两大名臣正当皇帝得意忘形不肯进取之时，就敢于当面预测他们正走或必然会走“桓灵腐败之路”，这就是诸葛亮与羊祜。

先说羊祜。当晋武帝司马炎坐享祖父、伯父、父亲的帝业，对伐吴迟迟不付与实施之时，他深知司马炎的腐败与孙皓腐败可谓不相上下，他在与吴将陆抗对峙中，占不到半点便宜，他也深知吴国将士厉害之处。故一针见血地当着司马炎的面指出：一旦吴国换上一个好皇帝，天下一统未必是您。史书是这样记载的：“祜曰：‘今主上有禅代之美，而功德未著。吴人虐政已甚，可不战而克。混入六合，以兴文教，则主齐尧舜臣同稷契，为百代之盛轨。如舍之，若孙皓不幸而没，吴人更立令主，虽有百万之众，长江未可而越也，将为后患乎！’”[①]经由羊祜切谏，在中书令张华等人的促成下，司马炎终于下决心攻吴。司马炎的腐败贪婪与孙皓可谓“半斤八两”，但司马炎为人比较宽容，然孙皓之残暴，不亚于董卓，“两腐相搏”，司马炎实现了中华民族大一统！然司马炎的贪婪腐败在灭吴后未有半点收敛，反而愈演愈烈，有过于桓灵！

“刘禅定走‘桓灵路’”可以说是显而易见的。史载：“自立阿斗为太子已来，有识之人相为寒心。”[②]此语不全是孟达挑拨刘封与刘备的关系，这是世人的共识！故刘备托孤时，“谓亮曰：‘君才十倍曹丕，必能安国，终定大事。若嗣子可辅，辅之；如其不才，君可自取。’……先主又为诏，敕后主曰：‘汝与丞相从事，事之如父！’”[③]俗云：“知子莫若父，知臣莫若君。”刘备托孤的惊人之举，就是对这一俗语最为形象的诠释（对于刘备诚心托孤的问题，直雄在《千秋功过评孔明：诸葛亮新论》中国书籍出版社 2020 年 7 月版中已有详细论证，此不赘述），亦是对刘禅无能乃至不能当国的庸庸碌碌之辈的直切表白。孙盛亦曰：“刘禅暗弱，无猜险之性，诸葛威略，足以检卫异端，故使异同之心无由自起耳。”[④]陈寿亦称刘禅“幼弱”。[⑤]这是从臣民、从君王、从父亲的行动与评说来看刘禅确为碌碌无为之辈。在当时魏、吴皆为争正统，皆为实现中华民族大一统之际，让刘禅当国即亡国。

“与国”又是怎样看待刘禅的呢？评人论事极为精细的孙权在刘备死后要不要再与刘禅政权结盟也是没有什么信心的。史载：“丞相诸葛亮深虑权闻先主殂殒，

---

① 唐·房玄龄：《晋书》〔全十册〕，中华书局 1974 年版，第 1021 页。

② [晋]陈寿撰，[南朝宋]裴松之注：《三国志》（全五册），中华书局 1975 年版，第 993 页。

③ [晋]陈寿撰，[南朝宋]裴松之注：《三国志》（全五册），中华书局 1975 年版，第 918 页。

④ [晋]陈寿撰，[南朝宋]裴松之注：《三国志》（全五册），中华书局 1975 年版，第 918 页。

⑤ [晋]陈寿撰，[南朝宋]裴松之注：《三国志》（全五册），中华书局 1975 年版，第 930 页。

恐有异计，未知所如。芝见亮曰：‘今主上幼弱，初在位，宜遣大使重申吴好。’……权果狐疑，不时见芝，芝乃自表请见权曰：‘臣今来亦欲为吴，非但为蜀也。’权乃见之，语芝曰：‘孤诚愿与蜀和亲，然恐蜀主幼弱，国小势偪，为魏所乘，不自保全，以此犹豫耳。’芝对曰：‘吴、蜀二国四州之地，大王命世之英，诸葛亮亦一时之杰也。’”[①] 此时的刘禅，年已 18 岁。古代男子 20 岁行加冠礼，这时的刘禅过两年就要进入“加冠礼”的年龄了。诸葛亮、孙权与邓芝皆认为其“幼弱”。幼弱指年少体弱的人。就是说，18 岁的刘禅仍然像是一个年少体弱的人。孙盛则称其“暗弱”即愚昧软弱。让这样的人当皇帝，让这样的人与吴、魏争雄，岂非笑话！刘禅，何堪“刘汉政权”的重任？故俗语有云：“扶不起的阿斗。”

人性的弱点难以计数，而人要战胜自身弱点实非易事。重耳这样雄才大略之辈，尚且有“人生安乐，孰知其他！必死于此，不能去”之求，懦弱无能的刘禅，主要是指其为政的懦弱无能。这种人却往往是“享受生活”的“高手”，留恋腐败享乐乃必然！这是诸葛亮接管刘备留给他的破烂摊子心中最大的隐忧！正因为如此，在南征时，“时南方诸郡不宾，诸葛亮将自征之，连谏以为‘此不毛之地，疫疠之乡，不宜以一国之望，冒险而行’。亮虑诸将才不及己，意欲必往，而连言辄恳至，故停留者久之。”[②] 诸葛亮南征，是其北伐的序幕，南征有失，则北伐无望，故必须亲征！故而诸葛亮“又自以为无身之日，则未有能蹈涉中原、抗衡上国者，是以用兵不戢，屡耀其武”[③]。这就是说，诸葛亮认为他死了以后，刘汉政权就不会再有能够进军中原、对抗曹魏的人了，也更不会有人能以“君父”的身份去驾驭这个刘阿斗了！[④] 因此他有计划地出兵征战，多次进攻曹魏政权。刘禅的懦弱无能且必入腐败之门，这是诸葛亮在《前出师表》中，反复以先帝的名义警醒他别走“桓灵腐败”老路的原因所在，也是只有诸葛亮才能有资格以先帝的

---

① ［晋］陈寿撰，［南朝宋］裴松之注：《三国志》（全五册），中华书局 1975 年版，第 1071—1072 页。

② ［晋］陈寿撰，［南朝宋］裴松之注：《三国志》（全五册），中华书局 1975 年版，第 1009—1010 页。

③ ［晋］陈寿撰，［南朝宋］裴松之注：《三国志》（全五册），中华书局 1975 年版，第 930 页。

④ 对于诸葛亮“又自以为无身之日，则未有能蹈涉中原……屡耀其武”一说，诸多学者多有异议或指责，故略补充事实于后：董允因限制刘阿斗多找老婆，而被阿斗所恨；费祎则顺着阿斗，使陈祇与黄皓狼狈为奸，诸葛亮之政绩从此渐渐泯灭；至姜维，继承诸葛亮之志，九伐中原，且多有战绩，至少可以抵御司马氏的进攻，但他差一点被黄皓要了他的命。

名义阻住他别走“桓灵腐败”老路，这是刘禅无法拒绝诸葛亮人事安排的绝妙措施！

然“后主富于春秋，朱紫难别……允处事为防制，甚尽匡救之理。后主常欲采择以充后宫，允以为古者天子后妃不过十二，今嫔嫱已具，不宜增益，终执不听。后主益严惮之……后主渐长大，爱宦人黄皓。皓便嬖佞慧，欲自容入。允常上则正色匡主，下则数责于皓。皓畏允，不敢为非。”①

然而盛年不重来，人生一日难再晨。流光容易把人抛，年龄何曾饶过人？蒋琬、董允同年逝，费祎泛爱酿悲剧！诸葛亮以先帝名义选拔这批精英，按照人的生命正常规律，总会先于安于享乐的刘禅而老去。诸葛亮并不是那种自视甚高、轻启战端的轻狂之士，迫不得已，这是诸葛亮一心想在自己任内完成中华民族大一统的重要原因之一。

司马法中有云：“天下虽安，忘战必危。”②诸葛亮有其远大而超常的洞察力，在魏、汉、吴三国都在进行大一统战争之际，刘汉政权无法置身度外，不战必灭，他必须在其有生之年先下手为强，以掌握大一统战争的主动权。他的《后出师表》，就是在面对就再次出师北伐提出各种疑虑、乃至反对意见的“议者”，甚至包括刘禅在内的一些人而撰写的。故在开篇即开宗明义地指出：“先帝深虑汉、贼不两立，王业不偏安，故托臣以讨贼也。以先帝之明，量臣之才，固知臣伐贼才弱敌强也；然不伐贼，王业亦亡，惟坐待亡，孰与伐之？是故托臣而弗疑也。”诸葛亮在开篇中的这几句话，道出了当时曹魏、孙吴、刘汉三大政权的目标走向就是无论哪一国，都要实现中华民族大一统，如不主动出击，只能是“坐以待亡”。

诸葛亮此语实实在在，他十分明白刘汉王朝的势力：“蜀汉在三国后期军事上比较活跃，但蜀汉发展至后期，人口不足百万。也就是说要用 10 万兵的话，则 10 个人中要有一个当兵，老幼妇女去掉，只选青壮年，比例要达多少？还要不要发展生产？历史上（正史）的诸葛北伐，每次都不超过五万人。此时孙吴有兵 23 万（230 万人口）。曹魏有兵 50 万（443 万人口）。魏蜀实力相差悬殊，正史上诸葛亮六出祁山的总兵力加起来都没有 30 万。最多的一次 6 万，最少的一次万余。蜀国人口不过百万，能托起 10 万军队都已经很不容易了。但是，刘汉政权不管怎么弱，它毕竟是一个政权，只要这个政权能够欣欣向荣地存在，就有可能在对方

---

① ［晋］陈寿撰，［南朝宋］裴松之注：《三国志》（全五册），中华书局 1975 年版，第 985—986 页。

② 黄颇编著：《司马兵法》，中州古籍出版社 1993 年版，第 7 页。

出现“漏洞”时将对方击败。

让我们不妨再读一下诸葛亮的《说孙权》：“（一）海内大乱，将军起兵江东，刘豫州收众汉南，与曹操共争天下。今操芟夷大难，略已平矣，遂破荆州，威震四海。英雄无用武，故豫州遁逃至此，愿将军量力而处之：若能以吴、越之众与中国抗衡，不如早与之绝；若不能，何不按兵束甲，北面而事之！今将军外托服从之名，而内怀犹豫之计，事急而不断，祸至无日矣！（二）田横，齐之壮士耳，犹守义不辱；况刘豫州王室之胄，英才盖世，众士慕仰，若水之归海。若事之不济，此乃天也，安能复为之下乎！（三）豫州军虽败于长坂，今战士还者及关羽水军精甲万人，刘琦合江夏战士亦不下万人。曹操之众远来疲散，闻追豫州，轻骑一日一夜行三百余里，此所谓‘强弩之末势不能穿鲁缟’者也，故兵法忌之，曰‘必蹶上将军’。且北方之人，不习水战；又，荆州之民附操者，逼兵势耳，非心服也。今将军诚能命猛将统兵数万，与豫州协规同力，破操军必矣。操军破，必北还。如此则荆、吴之势强，鼎足之形成矣。成败之机，在于今日！”①被曹操追打得溃不成军的刘备与临战前曾犹豫不决的孙权，他们在赤壁之战中之所以取胜，除了有诸多偶然的因素之外，不能排除孙刘联盟的抗曹决心。即使孙刘赤壁之战未能取胜，但刘备集团与孙吴政权，决非袁绍、乌丸那么好对付，最终鹿死谁手难以料定。现在刘汉、孙吴举两国之力，运用东西夹击之法对付曹魏一国之军，谁又能说，诸葛亮坚持北伐就一定失败？

《后出师表》中接下来的“六不解”即“六不懈”，就是诸葛亮面对当时现实的应对策略，其策略是得当的亦是富于远见的，其大一统坚定信念是令人感佩不已的。当时大一统的客观形势，邓芝（出使孙吴时诸葛亮的代言人）与孙权的对话，就有着最为生动具体形象的描绘。史载：“芝对曰：‘吴、蜀二国四州之地，大王命世之英，诸葛亮亦一时之杰也。蜀有重险之固，吴有三江之阻，合此二长，共为唇齿，进可并兼天下，退可鼎足而立，此理之自然也。大王今若委质于魏，魏必上望大王之入朝，下求太子之内侍，若不从命，则奉辞伐叛，蜀必顺流见可而进，如此，江南之地非复大王之有也。’权默然良久曰：‘君言是也。’遂自绝魏，与蜀连和，遣张温报聘于蜀。蜀复令芝重往，权谓芝曰：‘若天下太平，二主分治，不亦乐乎！’芝对曰：‘夫天无二日，土无二王，如并魏之后，大王未深识天命者也，

---

① 王瑞功主编：《诸葛亮研究集成》（上、下册），齐鲁书社 1997 年版，第 269—270 页。

君各茂其德，臣各尽其忠，将提枹鼓，则战争方始耳。’权大笑曰：‘君之诚款，乃当尔邪！’权与亮书曰：‘丁厷掞张，阴化不尽；和合二国，唯有邓芝。”[1]

这段对话，高度地概括了当时中华民族大一统的必然趋势：即孙吴若倒向曹魏，曹魏必要吞并孙吴；孙吴若不与刘汉政权结盟，则灭在朝夕；孙刘联合灭了曹魏，则“夫天无二日，土无二王，如并魏之后，大王未深识天命者也，君各茂其德，臣各尽其忠，将提枹鼓，则战争方始耳”。这就是说，灭了曹魏之后，孙刘还得必须“对决”，大一统战争即将开始。孙权非常赞赏邓芝的话。邓芝的话，实际上是诸葛亮要将中华民族大一统战争进行到底的精髓最为形象的表达。一句话，《后出师表》的精髓，就是要将中华民族大一统战争进行到底！

对于诸葛亮北伐中原这个问题，直雄在江西高校出版社2019年1月出版的《习凿齿与他的〈汉晋春秋〉：兼论〈三国演义〉对习凿齿的承继关系》一书中《卷五：三国分合论与习凿齿论著之渊源研究》该书的第721—854页，以及在中国书籍出版社2020年7月出版的《千秋功过评孔明：诸葛亮新论》中的《呕心沥血撰〈后表〉》259—391页中，均从不同的角度有过系统阐述这是诸葛亮精通妙用《孙子兵法》“打得一拳去，免得百拳来”的鲜活实例。此不再赘。

---

① ［晋］陈寿撰，［南朝宋］裴松之注：《三国志》（全五册），中华书局1975年版，第1071—1072页。

第九卷

永在台上是好人　孔明表率壮国魂

——《称蒋琬》《又称蒋琬》《答蒋琬教》《与张裔蒋琬书》《又与张裔蒋琬书》《又与张裔蒋琬书》《举蒋琬密表》《与蒋琬董允书》《答李福》《荐吕凯表》《称董厥》《称姚伷教》《称许靖》《与刘巴书》《论荐刘巴》《与刘巴论张飞》《称庞统廖立》《答关羽书》《论黄忠与关、马同列》《为法正答或问书》《答法正书》《思法正》《答惜赦》《弹廖立表》《又弹廖立表》《与张裔教》《与张裔书》《与杜微书》《答杜微书》《论来敏》《黜来敏教》《与孟达论李严书》《答李严书》《又与李严书》《与李平三策》《弹李严〔平〕表》《弹李平表》《公文上尚书》《与李丰教》《与群下教》《与参军掾属教》《又与群下教》《论交》《论诸子》《论让夺》《诫子书》《又诫子书》《诫外生书》《与陆逊书》《与兄瑾言子乔书》《谢贺者》《论斩马谡》《自贬疏》《上事表》《与兄瑾言孙松书》《与兄瑾言子瞻书》《自表后主》《空城计》《诸葛信战》（题名为直雄所取）中的兵法探妙

本卷示要：本卷的59篇文论，广涉诸葛亮理政治国、领军打仗等方方面面的人和事。其中多见诸葛亮是如何爱护人才与善于处理人际关系的高超艺术。这看似与兵法关系不大，然而，作为一位三军统帅和刘汉政权的实际领导者，这就与其治理天下、与其用兵打仗相关相切。君不见：虽起爱民爱兵如子，所以其麾下将士皆能为其效命沙场；张飞打骂士卒的恶习不改，结果枉死军士刀下。这种事例不少。这些文论，不能排除曾为诸葛亮练兵讲武时所用。有鉴如此，直雄亦将这些有助提高将士军子素质的文论列入诸葛亮军事著作之中，现仅撮取其中之精要，归纳治国用兵六妙。但这六妙涉及领导者当“如何以身作则”“如何选贤任能”“如何执法如山”“如何反腐廉政”“如何谨慎用兵”“如何实诚守信”，其中未能归纳入六妙者，读后亦有启发。这些内容，虽说距今1700余年，然仍可龟鉴。

用兵缘起：

本标题为什么用“永在台上是好人，孔明表率壮国魂”？直雄曾与一位德高望重的著名史学家论及封建王朝更迭的各种原因时，老先生在诸多论述中的一句看似不起眼的话，顿时叩动我的心扉：历朝历代有好人，就是要让好人在台上。

此语看似平常，实则通俗意深。何谓“好人”？好人就是指品行端正的人、心地善良的人。《三国志·吴志·楼玄传》：“旧禁中主者自用亲近人作之，或陈亲密近识，宜用好人。皓因敕有司，求忠清之士，以应其选。”唐·段成式《酉阳杂俎续集·贬误》中说：丰乐不谄，是个好人也。此语来自宋·刘敞《南北朝杂记》所载：北齐高祖尝宴群臣。酒酣，各令歌乐。武卫斛斯丰乐歌曰：“朝亦饮酒醉，暮亦饮酒醉，日日饮酒醉，国计无取次。”上曰：“丰乐不谄，是好人也！”这里由斛斯丰乐所唱歌的内容是忧国忧民，所以高祖说他是好人。《水浒传》第三七回：“宋江道：‘惭愧！正是好人相逢，恶人远离。且得脱了这场灾难。’”所谓品行端正的人，是指人品良好，行为举止合乎规范的善良之人。

当今有先生给好人的定义十分恰当："按照古人对君子标准的界定，结合社会主义核心价值观对我们的要求，对照'好人365'专栏里的好人好事，笔者发现对于'好人'至少要有三个方面的要求：有智慧、有责任感、有同情心。有智慧的人必定是位聪明的人，有责任感的人必然是位敢于担当的人，有同情心的人才会拥有悲天悯人的情怀。培育和践行社会主义核心价值观需要这样感动中国的'好人'，他们不仅是社会文明程度的标杆，更是这个时代引领文明风尚的旗手。"[①]我想，这就是好人的基本标准。在中国的封建王朝，如果皇帝与其臣子是好人，是贤人，则该王朝兴旺发达，江山稳固；反之则民不聊生、战乱四起、四分五裂乃至灭亡！透过诸葛亮上面这些文字，可以看到，诸葛亮为了北伐、为中华民族大一统而治国兴汉，必须让朝廷"好人永久在庙堂"，为此耗尽了他一生的心血。下面是他怎样让好人留在庙堂的各种举措，也给了人们以借鉴与启迪！

直雄认为，好人、贤人、圣人，没有一条十分明确、异常严格的分界线，但他们的共同特点是为国为民。好人、贤人、圣人在朝，则国家长治久安。这是古往今来真正的兵家十分重视的一条真理。

如黄石公言："夫能扶天下之危者，则据天下之安；能除天下之忧者，则享天下之乐；能救天下之祸者，则获天下之福。故泽及于民，则贤人归之；泽及昆虫，则圣人归之。贤人所归，则其国强；圣人所归，则六合同。求贤以德，致圣以道。贤去，则国微；圣去，则国乖。微者危之阶，乖者亡之征。贤人之政，降人以体；圣人之政，降人以心。体降可以图始，心降可以保终。降体以礼，降心以乐。所谓乐者，非金石丝竹也。谓人乐其家，谓人乐其族，谓人乐其业，谓人乐其都邑，谓人乐其政令，谓人乐其道德。如此君人者，乃作乐以节之，使不失其和。故有德之君，以乐乐人。无德之君，以乐乐身。乐人者，久而长。乐身者，不久而亡。"[②]其意思是说：能够在危难之中拯救众人的人，就会享有国君的高位；能够消除国家忧患的人，就会享受国家的祥和与欢乐；能够解救国家灾祸的人，就会获得国家的福佑。所以，恩泽施及于民众，贤人就会前来归附；恩泽施及于万物，圣人就会到来。贤人所归的国家，定会强盛；圣人到来的国家，定会太平统一。君主

---

① 菁雷：《中国好人是社会主义道德大厦的基石》，中国文明网2015年6月24日 http：//www.wenming.cn/wmpl_pd/yczl/201506/t20150624_2693851.shtml。

② 黄颇著：《白话〈黄石公兵法〉〈尉缭子兵法〉》，中州古籍出版社1993年版，第81—82页。

要凭德行求得贤人，要凭大道招致圣人。贤人要求离开，国家就会衰微，圣人陆续离去，国家就会陷入混乱。国家衰微就是危急之初始，国家混乱则是灭亡的表征。贤人主政，身体力行，为民师表；圣人主政，令人心悦诚服。行为的顺从只能是一时，内心里的顺从，可保始终。使人行为服从，只需以礼教；使人从心里顺服，就要靠乐教了。所谓乐教，并不是指的金石丝竹等乐器，而是指的家庭和谐欢乐，热爱自己的宗族，热爱自己的职业，热爱自己的家国，拥护国家的政令，乐于遵守国家的道德风俗。像这样，统治人民的君主就需要制定乐教来调节，使他们的生活和谐。所以，讲德政的君主，总是以乐教来使人快乐；不讲德政的君主，却一味地沉溺在丝竹管统中使自己快乐。能使人快乐的君主，才能长久居于君位；只顾自己享乐的君主，则会速亡。为使好人、贤人、圣人在朝，诸葛亮可谓呕心沥血、终生努力不懈。且看：

《称蒋琬》云："蒋琬，社稷之器，非百里之才也。其为政以安民为本，不以修饰为先，愿主公重加察之。"①

《又称蒋琬》云："公琰托志忠雅，当与吾共赞王业者也。"②

《答蒋琬教》云："思惟背亲舍德，以殄百姓，众人既不隐于心实，又使远近不解其义，是以君宜显其功举，以明此选之清重也。"③

《与张裔蒋琬书》云："姜伯约忠勤时事，思虑精密，考其所有，永南、季常诸人不如也。其人，凉州上士也。"④

《又与张裔蒋琬书》云："须先教中虎步兵五六千人。姜伯约甚敏于军事，既有胆义，深解兵意。此人心存汉室，而才兼于人，毕教军事，当遣诣宫，觐见主上。"⑤

《又与张裔蒋琬书》云："令史失赖厷，掾属丧杨颙，为朝中损益多矣。"⑥

《举蒋琬密表》云："臣若不幸，后世宜付琬。"⑦

① 王瑞功主编：《诸葛亮研究集成》（上、下册），齐鲁书社 1997 年版，第 273 页。本节参考了多种书刊，因王瑞功先生时有所考，故主要引自王瑞功主编：《诸葛亮研究集成》（上、下册）。个别条目为了论述之便而重引。特此说明。下不赘述。

② 王瑞功主编：《诸葛亮研究集成》（上、下册），齐鲁书社 1997 年版，第 323 页。

③ 王瑞功主编：《诸葛亮研究集成》（上、下册），齐鲁书社 1997 年版，第 281 页。

④ 王瑞功主编：《诸葛亮研究集成》（上、下册），齐鲁书社 1997 年版，第 307 页。

⑤ 王瑞功主编：《诸葛亮研究集成》（上、下册），齐鲁书社 1997 年版，第 308 页。

⑥ 王瑞功主编：《诸葛亮研究集成》（上、下册），齐鲁书社 1997 年版，第 308 页。

⑦ 王瑞功主编：《诸葛亮研究集成》（上、下册），齐鲁书社 1997 年版，第 327 页。

《与蒋琬董允书》云："孝起前临至吴，为吾说正方腹中有鳞甲，乡党以为不可近。吾以为鳞甲者但不当犯之耳。不图复有苏、张之事出于不意。可使孝起知之。"①

《答李福》云："孤知君还意，近日言语，虽弥日有所不尽，更来一决耳。君所问者，公琰其宜也。"②

《荐吕凯表》云："永昌郡吏吕凯、府丞王伉等人，执忠绝域，十有余年。雍闿、高定逼其东北，而凯等守义不与交通。臣不意永昌风俗忠直乃尔！"③

《称董厥》云："董令史，良士也。吾每与之言，思慎宜适。"④

《称姚伷教》云："忠益者莫大于进人，进人者各务其所尚；今姚椽并存刚柔，以广文武之用，可谓博雅矣。愿诸椽各希此事，以属其望。"⑤

《称许靖》云："靖人望，不可失也，借其名以竦动宇内。"⑥

《与刘巴书》云："刘公雄才盖世，据有荆土，莫不归德，天人去就，已可知矣。足下欲何之？"⑦

《论荐刘巴》：云："运筹策于帷幄之中，吾不如子初远矣！若提桴鼓，会军门，使百姓喜勇，当与人议之耳。"⑧

《与刘巴论张飞》云："张飞虽实武人，敬慕足下。主公今方收合文武，以定大事；足下虽天素高亮，宜少降意也。"⑨

《称庞统廖立》云："庞统、廖立，楚之良才，当赞兴世业者也。"⑩

《答关羽书》云："孟起兼资文武，雄烈过人，一世之杰，黥彭之徒，当与益德并驱争先，犹未及髯之绝伦逸群也。"⑪

《论黄忠与关、马同列》云："忠之名望，素非关、马之伦也。而今便令同列，

---

① 王瑞功主编：《诸葛亮研究集成》（上、下册），齐鲁书社 1997 年版，第 321—322 页。
② 王瑞功主编：《诸葛亮研究集成》（上、下册），齐鲁书社 1997 年版，第 327 页。
③ 王瑞功主编：《诸葛亮研究集成》（上、下册），齐鲁书社 1997 年版，第 287 页。
④ 王瑞功主编：《诸葛亮研究集成》（上、下册），齐鲁书社 1997 年版，第 279 页。
⑤ 王瑞功主编：《诸葛亮研究集成》（上、下册），齐鲁书社 1997 年版，第 306 页。
⑥ 王瑞功主编：《诸葛亮研究集成》（上、下册），齐鲁书社 1997 年版，第 329 页。
⑦ 王瑞功主编：《诸葛亮研究集成》（上、下册），齐鲁书社 1997 年版，第 270 页。
⑧ 王瑞功主编：《诸葛亮研究集成》（上、下册），齐鲁书社 1997 年版，第 272 页。
⑨ 王瑞功主编：《诸葛亮研究集成》（上、下册），齐鲁书社 1997 年版，第 272 页。
⑩ 王瑞功主编：《诸葛亮研究集成》（上、下册），齐鲁书社 1997 年版，第 271 页。
⑪ 王瑞功主编：《诸葛亮研究集成》（上、下册），齐鲁书社 1997 年版，第 272—273 页。

马、张在近，亲见其功，尚可喻指；关遥闻之，恐必不悦，得毋不可乎！”[①]

《为法正答或问书》云：“主公之在公安也，北畏曹公之强，东惮孙权之逼，近则惧孙夫人生变于肘腋之下。当斯之时，进退狼跋，法孝直为之辅翼，令翻然翱翔，不可复制，如何禁止法正使不得行其意耶！”[②]

《答法正书》云：“君知其一，未知其二。秦以无道，政苛民怨，匹夫大呼，天下土崩，高祖因之，可以弘济。刘璋暗弱，自焉以来有累世之恩，文法羁縻，互相承奉，德政不举，威刑不肃。蜀土人士，专权自恣，君臣之道，渐以陵替。宠之以位，位极则贱；顺之以恩，恩竭则慢；所以致敝，实由于此。吾今威之以法，法行则知恩；限之以爵，爵加则知荣。荣恩并济，上下有节，为治之要，于斯而著。”[③]

《思法正》云：“法孝直若在，则能制主上，令不东行；就复东行，必不倾危矣。”[④]

《答惜赦》云：“治世以大德，不以小惠。故匡衡、吴汉不愿为赦。先帝亦言：‘吾周旋陈元方、郑康成间，每见启告，治乱之道悉矣，曾不及赦也。’若刘景升、季玉父子，岁岁赦宥，何益于治乎！”[⑤]

《弹廖立表》云：“长水校尉廖立，坐自贵大，臧否群士，公言国家不任贤达而任俗吏，又言万人率者皆小子也。诽谤先帝，疵毁众臣。人有言国家兵众简练，部伍分明者，立举头视屋，愤咤作色曰：‘何足言！’凡如是者不可胜数。羊之乱群，犹能为害，况立讬在大位，中人以下识真伪耶？”[⑥]

《又弹廖立表》云：“立奉先帝无忠孝之心，守长沙则开门就敌，领巴郡则有暗昧阘茸其事，随大将军则诽谤讥诃，侍梓宫则挟刃断人头于梓宫之侧。陛下即位之后，普增职号，立随比为将军，面语臣曰：‘我何宜在诸将军中！不表我为卿，上当在五校！’臣答：‘将军者，随大比耳。至于卿者，正方亦未为卿也。且宜处五校。’自是之后，怏怏怀恨。”[⑦]

《与张裔教》云：“去妇不顾门，萎韭不入园。以妇人之性，草莱之情，犹有所耻，

① 王瑞功主编：《诸葛亮研究集成》（上、下册），齐鲁书社1997年版，第275页。
② 王瑞功主编：《诸葛亮研究集成》（上、下册），齐鲁书社1997年版，第273页。
③ 王瑞功主编：《诸葛亮研究集成》（上、下册），齐鲁书社1997年版，第274页。
④ 王瑞功主编：《诸葛亮研究集成》（上、下册），齐鲁书社1997年版，第276页。
⑤ 王瑞功主编：《诸葛亮研究集成》（上、下册），齐鲁书社1997年版，第284—285页。
⑥ 王瑞功主编：《诸葛亮研究集成》（上、下册），齐鲁书社1997年版，第285页。
⑦ 王瑞功主编：《诸葛亮研究集成》（上、下册），齐鲁书社1997年版，第286页。

想忠壮者意何所之？”[①]

《与张裔书》云：“君昔在陌下，营坏，吾之用心，食不知味；后流洪迸南海，相为悲叹，寝不安席；及其来还，委付大任，同奖王室，自以为与君古之石交也。石交之道，举仇以相益，割骨肉以相明，犹不相谢也，况吾但委意于元俭，而君不能忍邪？”[②]

《与杜微书》云：“服闻德行，饥渴历时，清浊异流，无缘咨觐。王元泰、李伯仁、王文仪、杨季休、丁君干、李永南兄弟、文仲宝等，每叹高志，未见如旧。猥以空虚，统领贵州，德薄任重，惨惨忧虑。朝廷（主公）今年始十八，天姿仁敏，爱德下士。天下之人思慕汉室，欲与君因天顺民，辅此明主，以隆季兴之功，著勋于竹帛也。以谓贤愚不相为谋，故自割据，守劳而已，不图自屈也。”[③]

《答杜微书》云：“曹丕篡弑，自立为帝，是犹土龙刍狗之有名也。欲与群贤因其邪伪，以正道灭之。怪君未有相诲，便欲求还于山野。丕又大兴劳役，以向吴、楚。今因丕多务，且以闭境勤农，育养民物，并治甲兵，以待其挫，然后伐之，可使兵不战民不劳而天下定也。君但当以德辅时耳，不责君军事，何为汲汲欲求去乎！”[④]

《论来敏》云：“来敏乱郡〔群〕，过于孔文举。”[⑤]

《黜来敏教》云：“将军来敏对上官显言：‘新人有何功德而夺我荣资与之邪？诸人共憎我，何故如是？’敏年老狂悖，生此怨言。昔成都初定，议者以为来敏乱群，先帝以新定之际，故遂含容，无所礼用。后刘子初选以为太子家令，先帝不悦而不忍拒也。后主上既位，吾暗于知人，遂复擢为将军祭酒，违议者之审见，背先帝所疏外，自谓能以敦厉薄俗，帅之以义。今既不能，表退职，使闭门思愆。”[⑥]

《与孟达论李严书》云：“部分如流，趋舍罔滞，正方性也。”[⑦]

《答李严书》云：“吾与足下，相知久矣，可不复相解！足下方诲以光国，戒之以勿拘之道，是以未得默已。吾本东方下士，误用于先帝，位极人臣，禄赐

① 王瑞功主编：《诸葛亮研究集成》（上、下册），齐鲁书社1997年版，第280页。
② 王瑞功主编：《诸葛亮研究集成》（上、下册），齐鲁书社1997年版，第290—291页。
③ 王瑞功主编：《诸葛亮研究集成》（上、下册），齐鲁书社1997年版，第282页。
④ 王瑞功主编：《诸葛亮研究集成》（上、下册），齐鲁书社1997年版，第282页。
⑤ 王瑞功主编：《诸葛亮研究集成》（上、下册），齐鲁书社1997年版，第274页。
⑥ 王瑞功主编：《诸葛亮研究集成》（上、下册），齐鲁书社1997年版，第305页。
⑦ 王瑞功主编：《诸葛亮研究集成》（上、下册），齐鲁书社1997年版，第290页。

百亿。今讨贼未效，知己未答，而方宠齐、晋，坐自贵大，非其义也。若灭魏斩叡，帝还故居，与诸子并升，虽十命可受，况于九耶！”①

《又与李严书》云：“吾受赐八十万斛，今蓄财无余，妾无副服。”②

《与李平三策》云：“上计断其后道。中计与之持久。下计还住黄土。”③

《弹李严（平）表》云：“严少为郡职吏，用性深刻，苟利其身。乡里为严谚曰：“难可狎，李鳞甲。”④

《弹李平表》云：“自先帝崩后，平所在治家，尚为小惠，安身求名，无忧国之事。臣当北出，欲得平兵以镇汉中，平穷难纵横，无有来意，而求以五郡为巴州刺史。去年臣欲西征，欲令平主督汉中，平说司马懿等开府辟召。臣知平鄙情，欲因行之际逼臣取利也，是以表平子丰督主江州，隆崇其遇，以取一时之务。平至之日，都委诸事，群臣上下皆怪臣待平之厚也。正以大事未定，汉室倾危，伐平之短，莫若褒之。然谓平情在于荣利而已，不意平心颠倒乃尔。若事稽留，将致祸败，是臣不敏，言多增咎。”⑤

《公文上尚书》云：“平为大臣，受恩过量，不思忠报，横造无端，危耻不辨，迷罔上下，论狱弃科，导人为奸，狭情志狂，若无天地。自度奸露，嫌心遂生，闻军临至，西向讬疾还沮（漳），军临至沮，复还江阳，平参军狐忠劝谏乃止。今篡贼未灭，社稷多难，国事惟和，可以克捷，不可包含，以危大业。辄与行中军师车骑将军都乡侯臣刘琰、使持节前军师征西大将军领凉州刺史南郑侯臣魏延、前将军都亭侯臣袁琳、左将军领荆州刺史高阳乡侯臣吴壹、督前部右将军玄乡侯臣高翔、督后部后将军安乐亭侯臣吴班、领长史绥军将军臣杨仪、督左部行中监军扬武将军臣邓芝、行前监军征南将军臣刘巴、行中护军偏将军臣费祎、行前护军偏将军汉成亭侯臣许允、行左护军笃信中郎将臣丁咸、行右护军偏将军臣刘敏、行护军征南将军当阳亭侯臣姜维、行中典军讨虏将军臣上官雝、行中参军昭武中郎将臣胡济、行参军建义将军臣阎晏、行参军偏将军臣爨习、行参军裨将军臣杜义、行参军武略中郎将臣杜祺、行参军绥戎都尉臣盛勃、领从事中郎武略中郎将臣樊

① 王瑞功主编：《诸葛亮研究集成》（上、下册），齐鲁书社 1997 年版，第 311—312 页。

② 王瑞功主编：《诸葛亮研究集成》（上、下册），齐鲁书社 1997 年版，第 312 页。

③ 王瑞功主编：《诸葛亮研究集成》（上、下册），齐鲁书社 1997 年版，第 317 页。

④ 王瑞功主编：《诸葛亮研究集成》（上、下册），齐鲁书社 1997 年版，第 319 页。

⑤ 王瑞功主编：《诸葛亮研究集成》（上、下册），齐鲁书社 1997 年版，第 319 页。

岐等议，辄解平任，免官禄、节传、印绶、符策，削其爵土。”①

《与李丰教》云：“吾与君父子戮力以奖汉室，此神明所闻，非但人知之也。表都护典汉中，委君于东关者，不与人议也。谓至心感动，终始可保，何图中乖乎！昔楚卿屡绌，亦乃克复，思道则福，应自然之数也。愿宽慰都护，勤追前阙。今虽解任，形业失故，奴婢宾客百数十人，君以中郎参军居府，方之气类，犹为上家。若都护思负一意，君与公琰推心从事者，否可复通，逝可复还也。详思斯戒，明吾用心。临书长叹，泣涕而已！”②

《与群下教》云：“夫参署者，集众思广忠益也。若远小嫌，难相违复，旷阙损矣。违复而得中，犹弃弊跻而获珠玉。然人心苦不能尽，惟徐元直外兹不惑；又董幼宰参署七年。事有不至，至于十反，来相启告。苟能慕元直之十一，幼宰之殷勤，有忠于国，则亮可少过矣。”③

《与参军掾属教》云：“任重才轻，故多阙漏。前参军董幼宰，每言辄尽，数有谏益，虽性鄙薄，不能悉纳。幼宰参署七年，事有不至，至于十反，未有忠于国如幼宰者也。亮可以少其过矣。”④

《又与群下教》云：“昔初交州平，屡闻得失，后交元直，勤见启诲，前参军于幼宰，每言则尽；后从事于伟度，数有谏止。虽资性鄙暗，不能悉纳，然与此四子终始好合，亦足以明其不疑于直言也。”⑤

《论交》云：“势利之交，难以经远。士之相知，温不增华，寒不改叶，能四时而不衰，历险夷而益固。”⑥

《论诸子》云：“老子长于养性，不可以临危难。商鞅长于理法，不可以从教化。苏张长于驰辞，不可以结盟誓。白起长于攻取，不可以广众。子胥长于图敌，不可以谋身。尾生长于守信，不可以应变。王嘉长于遇明君，不可以事暗主。许子将长于明臧否，不可以养人物。此任长之术者也。”⑦

《论让夺》云：“范蠡以去贵为高，虞卿以舍相为功；太伯以三让为仁，燕

① 王瑞功主编：《诸葛亮研究集成》（上、下册），齐鲁书社1997年版，第320页。
② 王瑞功主编：《诸葛亮研究集成》（上、下册），齐鲁书社1997年版，第321页。
③ 王瑞功主编：《诸葛亮研究集成》（上、下册），齐鲁书社1997年版，第278页。
④ 王瑞功主编：《诸葛亮研究集成》（上、下册），齐鲁书社1997年版，第279页。
⑤ 王瑞功主编：《诸葛亮研究集成》（上、下册），齐鲁书社1997年版，第280页。
⑥ 王瑞功主编：《诸葛亮研究集成》（上、下册），齐鲁书社1997年版，第291页。
⑦ 王瑞功主编：《诸葛亮研究集成》（上、下册），齐鲁书社1997年版，第293页。

哙以辞国为祸；尧、舜以禅位为圣，孝哀以授董为愚；武王以取殷为义，王莽以夺汉为篡；桓公以管仲为霸，秦王以赵高丧国；此皆趣同而事异也。明者以兴，暗者以辱乱也。”①

《诫子书》云：“夫君子之行，静以修身，俭以养德，非澹泊无以明志，非宁静无以致远。夫学须静也，才须学也，非学无以广才，非志无以成学。淫慢则不能励精，险躁则不能治性。年与时驰，意与日去，遂成枯落，多不接世，悲守穷庐，将复何及！”②

《又诫子书》云：“夫酒之设，合礼致情，适体归性，礼终而退，此和之致也。主意未殚，宾有余倦，可以至醉，无至迷乱。”③

《诫外生书》云：“夫志当存高远，慕先贤，绝情欲，弃疑滞，使庶几之志，揭然有所存，恻然有所感。忍屈伸，去细碎，广咨问，除嫌吝，虽有淹留，何损于美趣，何患于不济！若志不强毅，意不慷慨，徒碌碌滞于俗，默默束于情，永窜伏于凡庸，不免于下流矣！”④

《与陆逊书》云：“家兄年老，而恪性疏，今使典主粮谷，粮谷军之要最。仆虽在远，窃用不安。足下特为启至尊转之。”⑤

《与兄瑾言子乔书》云：“乔本当还成都，今诸将子弟皆得传运，思惟宜同荣辱。今使乔督五六百兵，与诸子弟传于谷中。”⑥

《谢贺者》云：“普天之下，莫非汉民，国家威力未举，使百姓困于豺狼之吻。一夫有死，皆亮之罪，以此相贺，能不为愧。”⑦

《论斩马谡》云：“孙、吴所以能制胜于天下者，用法明也。是以扬干乱法，魏绛戮其仆。四海分裂，兵交方始，若复废法，何用讨贼邪！”⑧

《自贬疏》云：“臣以弱才，叨窃非据，亲秉旄钺以厉三军。不能训章明法，临事而惧，至有街亭违命之阙，箕谷不戒之失。咎皆在臣，授任无方。臣明不知人，

---

① 王瑞功主编：《诸葛亮研究集成》（上、下册），齐鲁书社 1997 年版，第 294 页。
② 王瑞功主编：《诸葛亮研究集成》（上、下册），齐鲁书社 1997 年版，第 294—295 页。
③ 王瑞功主编：《诸葛亮研究集成》（上、下册），齐鲁书社 1997 年版，第 295 页。
④ 王瑞功主编：《诸葛亮研究集成》（上、下册），齐鲁书社 1997 年版，第 295 页。
⑤ 王瑞功主编：《诸葛亮研究集成》（上、下册），齐鲁书社 1997 年版，第 304 页。
⑥ 王瑞功主编：《诸葛亮研究集成》（上、下册），齐鲁书社 1997 年版，第 304 页。
⑦ 王瑞功主编：《诸葛亮研究集成》（上、下册），齐鲁书社 1997 年版，第 307 页。
⑧ 王瑞功主编：《诸葛亮研究集成》（上、下册），齐鲁书社 1997 年版，第 309 页。

恤事多暗，《春秋》责帅，臣职是当。请自贬三等，以督厥咎。”[①]

《上事表》云：“臣先遣虎步监孟玉〔琰〕据武功水东，司马懿因水涨，以二十日出骑万人，来攻玉〔琰〕营。臣作车〔竹〕桥，贼见桥垂成，便引兵退。”[②]

《与兄瑾言孙松书》云：“既受东朝厚遇，依依于子弟。又子乔良器，为之恻怆。见其所与亮器物，感用流涕。”[③]

《与兄瑾言子瞻书》云：“瞻今已八岁，聪慧可爱，嫌其早成，恐不为重器耳。”[④]

《自表后主》云：“伏念臣赋性拙直，遭时艰难，兴师北伐，未获全功，何期病在膏肓，命垂旦夕。伏愿陛下清心寡欲，约己爱民，达孝道于先君，存仁心于寰宇，提拔隐逸，以进贤良，屏黜奸谗以厚风俗。

臣初奉先帝，资仰于官，不自治生。成都有桑八百株，薄田十五顷，子孙衣食，自有余饶。臣身在外，别无调度，随时衣食，悉仰于官，不别治生以长尺寸。臣死之日，不使内有余帛，外有盈财，以负陛下也。”[⑤]

《空城计》云：“郭冲三事曰：‘亮屯于阳平，遣魏延诸军并兵东下，亮惟留万人守城。晋宣帝率二十万众拒亮，而与延军错道，径至前，当亮六十里所，侦候白宣帝说亮在城中兵少力弱。亮亦知宣帝垂至，已与相逼，欲前赴延军，相去又远，回迹反追，势不相及。将士失色，莫知其计。亮意气自若，敕军中皆卧旗息鼓，不得妄出庵幔，又令大开四城门，扫地却洒。宣帝常谓亮持重，而猥见势弱，疑其有伏兵，于是引军北趣山。明日食时，亮谓参佐拊手大笑曰：“司马懿必谓吾怯，将有强伏，循山走矣。”候逻还白，如亮所言。宣帝后知，深以为恨。’”[⑥]

《诸葛信战》（题名为直雄所取）云：“魏明帝……遣宣王督张郃诸军，雍、凉劲卒三十余万，潜军密进，规向剑阁。亮时在祁山，旌旗利器，守在险要，十二更下，在者八万。时魏军始陈，幡兵适交，参佐咸以贼众强盛，非力不制，宜权停下兵一月，以并声势。亮曰：‘吾统武行师，以大信为本，得原失信，古人所惜；去者束装以待期，妻子鹤望而计日，虽临征难，义所不废。’皆催遣令

---

① 王瑞功主编：《诸葛亮研究集成》（上、下册），齐鲁书社 1997 年版，第 309 页。

② 王瑞功主编：《诸葛亮研究集成》（上、下册），齐鲁书社 1997 年版，第 318 页。

③ 王瑞功主编：《诸葛亮研究集成》（上、下册），齐鲁书社 1997 年版，第 322 页。

④ 王瑞功主编：《诸葛亮研究集成》（上、下册），齐鲁书社 1997 年版，第 326 页。

⑤ 汉·诸葛亮：《自表后主》2021 年 4 月 8 日 https：//www.slkj.org/b/20702.html。

⑥ [晋]陈寿撰，[南朝宋]裴松之注：《三国志》（全五册），中华书局 1975 年版，第 921 页。

去。于是去者感悦，愿留一战，住者愤踊，思致死命。相谓曰：‘诸葛公之恩，死犹不报也。’临战之日，莫不拔刃争先，以一当十，杀张郃，却宣王，一战大克，此信之由也。”①

《称蒋琬》

本节题解：

《称蒋琬》是有一次刘备视察时，发现蒋琬不理公务，刘备正要处分他时，诸葛亮为了保护蒋琬，而对蒋琬的才华予以称赞。

精要概说：

蒋琬是社稷栋梁之才。

白话说意：

《称蒋琬》的意思是说：有一次刘备外出视察时，突然前至蒋琬所管辖的广都县，看到诸般公务都不管，且又喝得大醉，便大发雷霆，要将他治罪处斩。这时军师将军诸葛亮为蒋琬求情说：“蒋琬，是社稷栋梁之才，其才干不止于治理一个百里的小县。他为政以安民为本，不以表面文章相夸饰，希望您深加考察才是。”因刘备一向敬重诸葛亮，便没有治蒋琬的罪，在忙碌之中只罢免他的官而已。后来的蒋琬，成了诸葛亮的接班人。

《又称蒋琬》

本节题解：

前面的《称蒋琬》是诸葛亮为了保全蒋琬的性命当着刘备说的，《又称蒋琬》是诸葛亮常年在外作战，蒋琬能足食足兵，以保障供给时，对蒋琬工作的进一步肯定。

---

① ［晋］陈寿撰，［南朝宋］裴松之注：《三国志》（全五册），中华书局1975年版，第926页。

精要概说：

蒋琬是一个辅佐诸葛亮共同完成一统大业之人。

白话说意：

《又称蒋琬》的意思是说：蒋琬升任为抚军将军。诸葛亮多次带兵出外，蒋琬常常以足够的粮饷与兵力供应前线。诸葛亮常说："公琰（蒋琬的字）的志向在于忠正清雅报效国家，他是一个辅佐我共同完成大一统大业之人。"

《答蒋琬教》

本节题解：

《答蒋琬教》是因公元223年诸葛亮提拔蒋琬，蒋琬推让给刘邕、阴化、庞延、廖淳。于是诸葛亮写有此短文。

精要概说：

您应该显示您是因功绩而受到荐举，以表明这种选举是清贵与慎重的。

白话说意：

《答蒋琬教》的意思是说：因蒋琬将秀才之位推让于他人，诸葛亮便提醒并鼓励他说：思量您为百姓奔走而离乡背亲舍弃恩惠，大家不安于内心。而您又确实使远近的人不理解您这样做的本意，故而您应该显示您是因功绩而受到荐举，以表明这种选举是清贵与慎重的。

《与张裔蒋琬书》

本节题解：

《与张裔蒋琬书》是诸葛亮发现姜维这个人才后对这二人的通报，也是诸葛亮在斩了马谡之后，发现一个真正的人才而心情喜悦的表现。

精要概说：

姜维是凉州地带道德高尚的上等士人。

白话说意：

《与张裔蒋琬书》的意思是说：姜伯约（姜维）做事诚恳勤奋为人忠诚，思考问题仔细周密，考察他的德行，连李邵、马良等人也都比不上他。他算是凉州地带道德高尚的上等士人。

《又与张裔蒋琬书》

本节题解：

《又与张裔蒋琬书》是诸葛亮发现姜维这个人才后，就对姜维如何使用，对这二人的指示。

精要概说：

姜维忠心于大汉，而且才力过人。

白话说意：

《又与张裔蒋琬书》的意思是说：应先交给姜伯约五六千禁中兵卒。他非常敏于军事，既有胆略勇义，又精通用兵之道。此人忠心于大汉，而且才力过人，应将军事大权交给他，宜派他进宫朝见主上。

《又与张裔蒋琬书》

本节题解：

《又与张裔蒋琬书》是诸葛亮对知心将士心情的诉说。

精要概说：

朝中损失重大。

白话说意：

《又与张裔蒋琬书》的意思是说：令史失去了赖厷，掾属丧失杨颙，朝中损失重大。

《举蒋琬密表》

本节题解：

《举蒋琬密表》是诸葛亮对北伐那复杂斗争的慎重思考后对刘禅的叮嘱！

精要概说：

国家大事应该托付蒋琬。

白话说意：

《举蒋琬密表》的意思是说：为臣若不幸离开人世，国家大事应该托付蒋琬。

《与蒋琬董允书》

本节题解：

《与蒋琬董允书》是诸葛亮对李平为人给蒋琬董允的提醒与对陈震的关心。

精要概说：

这事应该让孝起知道。

白话说意：

《与蒋琬董允书》的意思是说：孝起（陈震）前年（建兴七年即229年）临去吴国时，曾告诉我说李平肚子里多有巧诈，其同乡人都认为他不可接近。我以为有如此巧诈之心者不去惹他就是了，想不到他竟像苏秦、张仪那样坑害人，真是出乎意料。这事应该让孝起知道。

《答李福》

本节题解：

《答李福》，是诸葛亮临终时对朝廷重臣人事安排的答复。

精要概说：

我认为公琰这个人是比较恰当的。

白话说意：

《答李福》的意思是说：我知道您走回来的意思，虽说近几天的言语，连日以来仍有存在有说完的，故而再次来请作一决定。您所问的是谁可接替我的事，我认为公琰这个人是比较恰当的。

《荐吕凯表》

本节题解：

《荐吕凯表》是诸葛亮南征获胜后，推荐吕凯任云南太守、封阳迁亭侯的奏表。

精要概说：

在远离朝廷的地方十多年以来，仍然保持着坚定的忠君之心。

白话说意：

《荐吕凯表》的意思是说：永昌郡吏吕凯与府丞王伉等人，在远离朝廷的地方十多年以来，仍然保持着坚定的忠君之心。雍闿、高定在东北方向逼迫他们背叛朝廷，而吕凯等人始终坚守正义，不与雍闿、高定相勾结。我真意料不到永昌有这样的惇厚忠直风俗啊！

《称董厥》

本节题解：

《称董厥》，是公元223年，蜀主刘备病逝，诸葛亮受其遗命兼任益州牧，不久，诸葛亮开府治事，启用董厥等蜀汉青年才俊，诸葛亮对董厥委以重任时对董厥的称赞。

精要概说：

董厥是一位品行高尚的士大夫。

白话说意：

《称董厥》的意思是说：董令史，是一位品行高尚的士大夫。我每次与他说话，他都是考虑怎样谨慎说话才恰到好处。

《称姚伷教》

本节题解：

《称姚伷教》，事由建兴元年（223），姚伷被任命为广汉太守，诸葛亮进驻汉中时，姚伷被征辟为丞相府掾吏，因为他向诸葛亮举荐了众多“文武之士”。诸葛亮对于姚伷的表现很满意，特意当着丞相府属官们的面夸赞姚伷并撰有此文。

精要概说：

忠效的人莫大于为国家推荐人才。诸葛亮将推荐人才视为为国孝忠。

白话说意：

《称姚伷教》的意思是说：（刘备占领益州后，任命姚伷为功曹书佐。建兴元年，为广汉太守。诸葛亮驻军汉中时，任命他为掾）效忠的人莫大于为国家推荐人才，推荐人才的人都把自已所崇尚的品德作为标准；今姚椽推荐的人才刚强的、柔和的互相补充，使恰到好处，以扩充文武之用，可谓学识渊博，品行端正、丰丽博敞矣。愿诸位椽属官员仰慕学习此事，以不失寄托我的希望。

《称许靖》

本节题解：

《称许靖》，许靖是东汉末年至三国时期蜀汉时期重臣、名士、评论家。许靖因与从弟许邵俱以品评人物而闻名于世。刘备定蜀后欲将其弃用，诸葛亮为纠正刘备这一错误想法而撰有是文。

精要概说：

借许靖之名以惊动全国疆域之内。

白话说意：

《称许靖》的意思是说：（许靖这个人是当时的名士之一，因其名声在外，人脉关系极广，倘若刘备重用他，就会博得“爱才”的名声。)所以诸葛亮说：“（许）靖是众人所属望、为众人所仰望，有其声望和威望的人，不可失去也，借其名以惊动全国疆域之内。”（于是刘备拜许靖为左将军长史，要知道，此时刘备的官职也不过是左将军，可见许靖真的是得到了刘备的“重用”。）

《与刘巴书》

本节题解：

刘巴少知名，荆州牧刘表多次征用推举，刘巴均不应就。曹操征伐荆州，荆州士人多归刘备，刘巴却北上投靠曹操。后受曹操命令招降荆南三郡，不料先为刘备所得，刘巴不能复命曹操，遂远至交趾，又辗转进入益州。诸葛亮为了得到这个人才，撰有《与刘巴书》。

精要概说：

刘备雄才盖世，占据着荆州，天下人莫不归心。

白话说意：

《与刘巴书》的意思是说：（诸葛亮追书劝刘巴说：）“刘备雄才盖世，已经占据着荆州，天下人莫不归心，天意人事，进退或取舍，已经十分清楚了，你还想到何处去呢？”

《论荐刘巴》

本节题解：

刘巴曾在刘璋手下任职。建安十六年（211），刘璋想请刘备进入益州以讨伐张鲁，派遣法正去迎接刘备。刘巴进谏道：“刘备勇力过人，让他进入益州必然会造成祸害，不能请他进来。”等到刘备进入益州后，刘巴又向刘璋进言道：“如果让刘备去讨伐张鲁，相当于将老虎放归山林。”但刘璋都没有听从刘巴的意见，刘巴唯有闭门称疾。后刘备果然兵发刘璋，夺取益州。建安十九年（214）夏，刘璋败战投降，益州落入刘备之手。诸葛亮深知刘巴与刘备之间的这段关系，为使刘备能够放下心中“隔膜”，撰有《论荐刘巴》一文。

精要概说：

坐在军帐中运用计谋，就能决定千里之外战斗的胜利，（在这一点上）我与刘巴相比相差甚远。

白话说意：

《论荐刘巴》的意思是说：坐在军帐中运用计谋，就能决定千里之外战斗的胜利，（在这一点上）我与刘巴相比相差甚远；假若提起鼓槌和鼓在战场用来激励百姓和指挥士兵作战，我还是可以征战沙场建功立业的。

《与刘巴论张飞》

本节题解：

刘巴为人清廉简朴，自认为不是一开始就跟从刘备，害怕受到猜忌嫌疑，所以为人恭顺安静、沉默寡言，朝堂之下从不和人私底下有交往，非公事不谈，但刘巴清高的性格依旧张扬不变。张飞曾经到刘巴处就宿，刘巴却不理会张飞，使张飞十分恼怒。诸葛亮对刘巴说：“张飞虽是武人，但他非常仰慕先生您。主公

正召集文武人才，以成就一番大事业。先生你虽然天性清高，但也应该放低一些格调吧。”刘巴回答道：“大丈夫处世，当交四海英雄，怎么能教我去和一介武夫交谈了？”这使刘备愤怒不已。为缓解刘巴与刘备之间的紧张关系，诸葛亮撰有《与刘巴论张飞》。

精要概说：

先生你虽然天性清高，但也应该降低一些格调吧。

白话说意：

《与刘巴论张飞》的意思是：（张飞仰慕刘巴，曾经就宿于刘巴的住处，刘巴不肯搭理他，于是张飞将此事状告诸葛亮。诸葛亮说了下面劝导的话）张飞虽然是个武人，但他十分仰慕你，主公刘备正在召集文武，以成就一番一统天下的大业；先生你虽然天性清高，但也应该降低一些格调吧。直雄曾考证，这不是降低一些格调的问题。张飞这个人这样做，不一定是十分仰慕刘巴而“突发奇想”，刘巴拒绝他不一定不对。

《称庞统廖立》

本节题解：

在《称庞统廖立》中，诸葛亮评价庞统廖立皆为“楚之良才”，将廖立与庞统相提并论。

精要概说：

庞统、廖立，都是楚地的优秀人才。

白话说意：

《称庞统廖立》的意思是说：（刘备进攻蜀地，诸葛亮镇守荆州，孙权派遣使者向诸葛亮表示往来友好，顺便询问读书士人中都有谁在帮助规划治理国家，诸葛亮回答说：“庞统、廖立，都是楚地的优秀人才，应是辅助振兴帝王世代大业的人。”

《答关羽书》

本节题解：

《答关羽书》是在关羽骄狂而要与马超一比高下时所撰写的书信。

精要概说：

仍比不上你这位美髯公的超群绝众啊！

白话说意：

《答关羽书》的意思是说：马超（字孟起）能文能武，雄武刚烈超过常人，是一代豪杰，是黥布、彭越（汉初开国功臣）一流的人，应该与张飞并驾齐驱，可以一争高下，但仍比不上你这位美髯公的超群绝众啊！

《论黄忠与关、马同列》

本节题解：

建安二十四年（219）秋七月，刘备在沔阳自立汉中王，封关羽为前将军、张飞为右将军、赵云为翊军将军、马超为左将军、黄忠为后将军。是为刘备麾下的五虎大将。诸葛亮非常了解关羽的秉性，预知关羽因与黄忠同列而不满，于是撰有《论黄忠与关、马同列》以提醒刘备要处理好这些矛盾。

精要概说：

远在荆州的关羽，恐怕不会高兴。实有警醒之妙。

白话说意：

《论黄忠与关、马同列》的意思是说：黄忠的名望无法与关羽、马超相比，如今要让他们官位相等，马超、张飞都亲眼看到黄忠的战功，还可以向他们说明；远在荆州的关羽，恐怕不会高兴，这一任命该不会不行吧？

《为法正答或问书》

本节题解：

法正与诸葛亮，同为刘备的重臣。法正为官以后，有恩必报，有仇亦必报，但报仇过分，有受害者向诸葛亮状告法正。在无法可依的情况下，诸葛亮撰有《为法正答或问书》。

精要概说：

法正辅佐帮助主公，使他得以展翅高飞不再受人钳制，现在怎么能抑制法正，使他不能按自己的意志行事呢！

白话说意：

《为法正答或问书》的意思是：（法正对别人一顿饭的恩德也要报答，小的怨仇也要报复，曾经擅自处死过几个毁谤过他的人。有人向诸葛亮报告说："法正在蜀郡太骄横，您应该禀告主公，约束他作威作福的行为。"）诸葛亮答道："主公从前在公安，北为曹操的强盛所逼迫，东临孙权的威胁，身边又惧怕孙夫人在生变化，当此之时，可谓进退两难。法正辅佐主公，使他得以展翅高飞不再受人钳制，现在怎么能抑制法正，使他不能按自己的意志行事呢！"（对于这个问题，本人曾在《千秋功过评孔明：诸葛亮新论·十二、法正违法仅此时》，中国书籍出版社2020年版，第84—95页提出了自己的看法并作考证：当时《蜀科》尚未制定，诸葛亮知道刘备很喜爱法正，又无法可依，因而不得不这样说。）

《答法正书》

本节题解：

为了打击巴蜀的豪强势力，诸葛亮受刘备之意，与法正、伊籍、刘巴、李严五人一起研究制订了《蜀科》。诸葛亮严格执法，引起朝野人士的不满。刘备重臣，蜀郡太守法正用刘邦入咸阳"约法三章"为例，劝诸葛亮缓刑弛禁，他说："昔高祖入关，约法三章，秦民知德。今君假借威力，跨据一州，初有其国，未垂惠抚；且客主之义，宜相降下，愿缓刑弛禁以慰其望。"在这种情况下，公元216年，诸葛亮写了有名的《答法正书》。

精要概说：

您是只知道事物的一方面，而不知道事物的另一方面！

白话说意：

《答法正书》的意思是说：在《蜀科》这部法典制订之后，诸葛亮厉行法制，刑罚峻严，引起了有怨有仇必报的法正的不满，他用刘邦入咸阳“约法三章”为例，劝诸葛亮缓刑弛禁说：“昔高祖入关，约法三章，秦民知德。今君假借威力，跨据一州，初有其国，未垂惠抚；且客主之义，宜相降下，愿缓刑弛禁以慰其望。”针对这种情况下，公元216年，诸葛亮写下了《答法正书》云：您是只知道事物的一方面，而不知道事物的另一方面！秦王朝昏庸无道，刑罚苛严，导致百姓怨恨，致有陈胜、吴广揭竿而起。汉高祖刘邦吸取秦朝的教训，采取了宽大的措施，取得成功。你因此认为益州今日当缓刑弛禁，这是不对的。因为当今益州已历刘焉、刘璋两代统治，只靠一些表面的文书、法令来维持，养成了相互吹捧的恶习，导致德政不施，威严不肃。因此益州豪强敢于胡作非为，君臣之道日渐废替。这样，用当官封爵的宽容办法来笼络他们，结果是：官位给高了，他们反而不觉得可贵；恩惠给多了，他们反而不知好歹。如今，我严明赏罚，法令一行，他们就会知道好歹；不滥封官加爵，官位升了，他们就会感到来之不易而珍贵它。这样，赏罚并用，相辅相成，上下就有了秩序。

《思法正》

本节题解：

刘备在诸葛亮等重臣的劝阻下，仍然执意伐吴，结果在猇亭战败。目睹此情此景，诸葛亮感慨不已而有《思法正》之文。

精要概说：

即使向东吴进兵，也不会遭到如此惨败。

白话说意：

《思法正》的意思是说：章武二年（222），刘备在猇亭战败，退驻白帝城。诸葛亮感叹说："法孝直如果在世，一定能够劝阻主上，使他不匆忙向东吴用兵；即使向东吴进兵，也不会遭到如此惨败。"

《答惜赦》

本节题解：

常璩在记载孟光批评费祎"滥赦"时，为了补充自己的深层意思，引出诸葛亮《答惜赦》一文。

精要概说：

治世以大德，不以小惠。

白话说意：

《答惜赦》的意思是说：告诫为政者施政要顾及大多数人的利益，长久的利益，这是大德；为少数人谋利益，给少数恩惠也只能是小恩。要用大德治理社会，不能用小惠治理社会。赦免犯人无罪，对于犯人来说，好似施了恩惠，但对于受害者来说，这是坏事，因为坏人未受到应有的惩罚，会潜伏着动乱。所以匡衡、吴汉都不同意轻易实行赦免。陈元方、郑康成经常与先帝刘备讲到治乱的问题，从来未提及赦免的事。刘表与刘璋父子虽然每年都赦免一批犯人，但对于社会政治的治理又有什么帮助呢！

《弹廖立表》

本节题解：

廖立因自傲而嫌官小发展到诽谤先帝，毁骂众臣的地步，不得以，诸葛亮必须给他以处分，于是撰有《弹廖立表》。

精要概说：

一羊乱群，都能造成危害，何况廖立处在重要职位，常人听到他的话能分辨出真伪吗？

白话说意：

《弹廖立表》的意思是说：长水校尉廖立，由于自高自傲，就批评讽刺其他人，公言指责国家不任贤才而任俗吏，又说统领万人的将帅都是些平民百姓，诽谤先帝，毁骂众臣。有人说国家兵众训练有素，部伍分明，他仰头望着屋顶，气愤愤地说“这不值一提”，像这样的话数不胜数。一羊乱群，都能造成危害，何况廖立处在重要职位，常人听到他的话能分辨出真伪吗？

《又弹廖立表》

本节题解：

廖立因为过于骄傲自大，发展到争地位、妄论他人、破坏团结的地步，渐渐成了朝中害群之马，诸葛亮不得不将其弹劾而撰有《又弹廖立表》。

精要概说：

因嫌官小而一直心怀不满。

白话说意：

《又弹廖立表》的意思是：廖立侍奉先帝没有忠孝之心，守长沙则开门迁就敌军，任巴郡太守时则资质驽钝愚劣、猥亵微贱、有不可告人之阴私、隐私之事，跟随大将军则诽谤讽刺。守护先帝刘备的灵柩竟然杀人于灵柩之侧。刘禅即位，普遍增以爵号，他随着大家升级到将军，当着我的面说：“我怎么能摆在这些将军的行列中呢！不封我为上卿，也应该在五大校尉里面啊！”我回答他说：“封你为将军，是根据大家一起考核的结果，至于上卿，李严也没有啊，先放在五校里面。”从此以后他一直心怀不满。

《与张裔教》

本节题解：

张裔困于孙吴，诸葛亮之“教”，用比喻鼓励张裔固守气节，赞颂张裔是“忠壮之士”，委婉表达出希望张裔还蜀。

精要概说：

一个忠诚慷慨的人会怎么做呢！

白话说意：

《与张裔教》的意思是说：被丈夫休弃的妇女不会再回头看故家的门，枯萎的韭菜不会再要回到园中，以妇人之性、草木之情，还知晓什么是耻辱，再想想一个忠诚慷慨的人会怎么做呢！（据《三国志·张裔传》的内容分析，诸葛亮此文当是写于张裔被困孙吴之时。）

《与张裔书》

本节题解：

刘备任张裔为巴郡太守、司金中郎将、益州太守。在赴郡上任途中，被益州人雍闿押送给吴国孙权。章武二年（223），刘备去世，丞相诸葛亮派邓芝出使吴国，乘机向孙权提出请求放还张裔。张裔回到蜀国后，诸葛亮任他为丞相府参军，代行相府政务，又兼益州治中从事。公元227年，诸葛亮驻守汉中，张裔以射声校尉身份兼留府长史。诸葛亮为排解张裔与岑述的隔膜而撰有此文。

精要概说：

作为交谊坚固的朋友，相互之间就应帮助对方除掉仇敌，割下自己骨肉来表明自己的诚心，即使这样也无相谢的必要。

白话说意：

《与张裔书》的意思是说：你过去在陌下的时候，所守军营为敌所破，我心里为你担忧，以致食不知味；后来你被流放南海，我内心为你悲叹，以致睡不安宁；等到你从东吴回归后，委大任于你，共同为王室尽力，我自认为与你可说是古代的“石交”（交谊坚固的朋友）。作为交谊坚固的朋友，相互之间就应帮助对方除掉仇敌，割下自己骨肉来表明自己的诚心，即使这样也无相谢的必要。况且我只是将自己的意图托付给元俭（岑述字元俭），而你就不能忍受了吗？诸葛亮以自己与张裔的深厚友谊，调解张裔与岑述的关系，实际上是将心比心地对张裔进行了批评。这对张裔来说，是如何做人、如何处理同事关系的一大提高。这从张裔对诸葛亮的评价中可以得到证实。诸葛亮出驻汉中，张裔以射声校尉领留府长史，尝称颂诸葛亮说道：诸葛公赏罚不分亲疏远近，无功者不能得赏，贵势者不能免罚，这是人人奋勉的重要原因啊！

《与杜微书》

本节题解：

刘备平定蜀地，杜微经常假装耳聋，闭门不出。建兴二年（224），丞相诸葛亮兼任益州牧，选拔迎接和任职为官都是有名望的故旧，任命秦宓为别驾，王梁为功曹，杜微为主簿。杜微坚决推辞，诸葛亮为此撰有《与杜微书》。

精要概说：

天下人都盼望汉室复兴，我想与您一道顺应天意民心，辅佐英明的主上，以创建复兴汉室功业，让勋绩垂载史册。

白话说意：

《与杜微书》的意思是说：诸葛亮兼任益州牧，选拔迎纳和任职委官都是有德望的故老，以秦宓为州别驾，王梁为功曹，杜微为主簿。杜微坚辞不就，最后用车子把他拉来。来到官府后，诸葛亮考虑到杜微耳聋听不到人讲话，于是在座上用笔与他交谈：心悦诚服地听到您的品行，渴望见到您已有很长时间了，只因清、浊分流，故无缘面见请教。王元泰、李伯仁、王文仪、杨季休、丁君干、李永南兄弟、文仲宝等，常常赞叹您的高尚志趣，一直未能见面。我才疏学浅，管领益州，德薄而任重，为此深深忧虑。后主年方十八，是天性仁厚聪敏、爱惜德行、礼待

贤良之士。天下人都盼望汉室复兴，我想与您一道顺应天意民心，辅佐英明的主上，以创建复兴汉室功业，让勋绩垂载史册。只因常言道贤者与愚者不能一起共事，故此您自动隔绝与政治联系，独守勤劳之身，不图屈身于人而已。

《答杜微书》

本节题解：

当是针对杜微仍自称年老多病乞求归返家园而作《答杜微书》。

精要概说：

您只需以自己的德行与名望辅助朝廷，不让您负军事之责，何必匆匆忙忙地请求归去呢？

白话说意：

《答杜微书》的意思是说：曹丕弑君篡位，自立为帝，这就像土塑的龙、草扎的狗一样徒有其名。正打算与各位贤士声张正义之道，讨灭这种邪恶伪诡之徒。而您却没有对我作任何指示教诲，便想请求退归山野。曹丕又极力征召劳役，准备进攻吴、楚之地。现在考虑到曹丕境内多事，故打算守住边境致力农业生产，让人民休养生息，积货蓄财，同时治理兵甲，等待他受到挫折之时，出兵讨伐，这样可以收到兵不战、民不劳而平定天下之功。您只需以自己的德行与名望辅助朝廷，不让您负军事之责，何必匆匆忙忙地请求归去呢？（诸葛亮就是这样敬重杜微的。于是任命杜微为谏议大夫，以顺从他的志向。）

《论来敏》

本节题解：

来敏其人，语言放肆，影响不好。诸葛亮9字《论来敏》，以过于孔融喻之，言简意赅。

精要概说：

惑乱百姓，比孔融还严重。

白话说意：

《论来敏》的意思是说：来敏破坏捣乱、散布流言蜚语，惑乱百姓，比孔融还严重。（孔融被曹操杀了，来敏的罪过比孔融还严重，诸葛亮宽大为怀，留用。）

《黜来敏教》

本节题解：

来敏为人狂妄、倚老卖老，诸葛亮列举具体事实将其贬斥，而撰有《黜来敏教》。

精要概说：

让来敏闭门思过。

白话说意：

《黜来敏教》的意思是说：来敏对上级官员明目张胆地说："新来的人有什么功劳与德行，而夺走我的地位与待遇呢？现在大家都讨厌我，为什么会是这样？"来敏年老狂妄，竟敢说出如此怨愤的话。当初成都刚刚平定，参与评议他的人就认为他会聚众闹事。刘备看到政权刚刚稳定，不宜急于处理，就宽容了他，但也未能礼遇聘任。后来刘巴选用他当上了太子家令，刘备就很不高兴，却又不忍拒绝。刘禅即位，我缺乏知人之明，又提拔他为将军祭酒，既有违评议者对来敏已有的定评，又背离了刘备疏远他的遗训，自以为能用道德的力量加以引导，使他改变以往的恶习。现在既然难以办到，只好上奏皇上，免去他的职务，让其闭门思过。

《与孟达论李严书》

本节题解：

孟达与李严，曾同为刘璋的旧部。诸葛亮得知孟达有重归刘汉政权的举措，曾多次给他写信劝其从速反魏。在这封信中提及孟达熟悉的李严，显然有拉近情感之需。

精要概说：

解决难题从不遗漏，这就是正方的性格。

白话说意：

《与孟达论李严书》的意思是说：（李严）处理公务有如行云流水，解决难题从不遗漏，这就是正方的性格。

《答李严书》

本节题解：

李严心术不正，鼓动诸葛亮“受九锡”，诸葛亮义正辞严以拒，撰有《答李严书》。

精要概说：

如果能够剿灭曹魏、斩杀曹叡，让皇帝陛下能够还居故都，然后与诸位同僚一道升迁，到那时候就算是十命的赏赐也可能接受，何况是九命呢？

白话说意：

《答李严书》的意思是说：（李严写给诸葛亮的信，信中劝说诸葛亮应当接受九锡的赏赐，进爵称王。）诸葛亮回信说：我与你当是老相识了，可惜相互了解仍然不深！您刚才还教诲我要光大本国、告诫我处事不要拘泥的道理，因此我也不能沉默，而要表达我的意见：我本来就是东方一个没有学问的下等士人，误被先帝不拘一格地予以提拔，达到了臣子中的最高地位，俸禄、赏赐多多，现在讨伐曹魏篡贼还未见成效，先帝的知遇之恩还没有报答，却要我效法当年齐国的田氏，晋国的韩、赵、魏三卿，便利用国家的信任与给予的恩惠反而去谋取私人的利益，那是不讲道义的。如果能够剿灭曹魏、斩杀曹叡，让皇帝陛下能够还居故都，然后与诸位同僚一道升迁，到那时候就算是十命的赏赐也可能接受，何况是九命呢？

《又与李严书》

本节题解：

这是继前一封信后，为表明自己的清廉，便有《又与李严书》。

精要概说：

我的妻子连贵重首饰也没有。

白话说意：

《又与李严书》的意思是说：我所受到的赏赐达八十万斛，现今没有积存财富，我的妻子连贵重首饰也没有。[①]

《与李平三策》

本节题解：

公元 231 年春，丞相亮复出围祁山，始以木牛运。参军王平守南围。司马宣王拒亮，张郃拒平。亮虑粮运不继，设三策告都护李平。

---

① 对于“妾无副服”的解释，诸家的解释总难令人信服。直雄认为：陈思婷的考证恰到好处，故用其说。她写道：“‘妾’还有用作谦称的情况，不仅用作女子自谦，也用作士大夫对己妻的谦称。如刘向《列女传》：‘楚王闻于陵子终贤，欲以为相，使使者持金百镒往聘迎之。于陵子终曰：“仆有箕帚之妾，请入与计之。”即入谓其妻’……‘副’本义为‘覆盖’，‘副服’之意当为‘覆首之服’，即首饰，这个含义在东汉时期依然常见。若诸葛亮既要显示节俭，又不失身份，此处的‘副服’当理解为首饰，而非‘多余的衣服’或‘与身份相称的衣服’。”陈思婷：《诸葛亮《又与李严书》“妾无副服”新释》，2021 年 7 月 14 日来源：中国社会科学网 - 中国社会科学报 http：//ex.cssn.cn/zx/bwyc/202107/t2021071……

精要概说：

最好的计策是切断张郃的后路。

白话说意：

《与李平三策》的意思是说：面对张郃等人的进攻，您“最好的计策是切断张郃的后路，中等的计策是与张郃持续相对，下等的计策是率部回到黄土川水滨的原驻地”。

《弹李严（平）表》

本节题解：

此表的内容比较零碎，不像是专文。据王瑞功先生推定，当在231年所写，它有可能是下文《弹李平表》中的一部分，抑或是另有一表。

精要概说：

难以与李严亲近，他心机峻深、难以捉摸、难以接近。

白话说意：

《弹李严（平）表》中的意思是说：李严年少时即在郡做地位低下的官吏，其人用心刻薄而严峻，只要对自己有利的，那他就不会顾念其他。家乡人为严作谚语的意思是说：“难以与李严亲近，他心机峻深、难以捉摸、难以接近。”

《弹李平表》

本节题解：

据《三国志·李严传》载：公元230年，李严改名“平”。李严的作为极其恶劣，影响朝政的执行，故有《弹李平表》。

精要概说：

李平竟然存有颠倒是非之心。

白话说意：

《弹李平表》的意思是说：自从先帝驾崩之后，李平的心思全想着家庭，且喜欢搞些小恩小惠，只想平稳处世求名，全不忧虑国家大事。我北伐出兵，希望让李平带兵前往镇守汉中，可他再三借口推辞，并无前来汉中之意，反而想把五郡连并起来，自己当巴州刺史。去年我打算西征，想让李平主管镇守汉中，李平却说司马懿等在那边开府招聘人士作大官。我心里十分明白李平那点鄙陋心思，是想借我临行之机逼我给他一些利益，于是我上表奏任他的儿子李丰主管江州事宜，给他如此的破格待遇，本想解决一时的急务。李平上任后，我将大小事权全部委付于他，朝廷上下都奇怪我为什么这样地厚待李平。正是因为国家大事未定，汉室倾危，与其揭批李平之短处，不如对他褒扬鼓励。只是认为李平本性不过是为了得到一些荣誉、利益而已，哪料到他竟然存有颠倒是非之心，以致如此。如果这种人和事任其存在下去，必将导致国家的祸败。这是我的愚暗所致，说多了徒增愧咎之情。（于是废李平为民，流放梓潼郡。）

《公文上尚书》

本节题解：

公元231年，李平谎报军情，陷害诸葛亮，为绝后患，诸葛亮撰有《公文上尚书》。

精要概说：

李平不思以忠孝报答国家，无缘无故地任意捏造事实。

白话说意：

《公文上尚书》的意思是说：李平作为国家大臣，受到的恩惠太多，却不思以忠孝报答国家，无缘无故地任意捏造事实，危险而不顾耻辱不办军务，迷惑、欺罔主上与委罪臣下，治狱未依科法，导人为奸，本性狭窄、心志狂妄纵情任性，

不知天高地厚。自忖奸行败露，怨恨之心终于产生，得知伐魏大军已经退回，便借口有病西向回到沮县，当大军到达沮县之时，拟复还江（沔）阳。参军狐忠劝谏乃止。当今篡贼曹魏未灭，国家多难，国事惟在于协调统一，可以克敌制胜，不可包含宽容，以危及统一大业。则与行中军师车骑将军都乡侯臣刘琰、使持节前军师征西大将军领凉州刺史南郑侯臣魏延、前将军都亭侯臣袁琳、左将军领荆州刺史高阳乡侯臣吴壹、督前部右将军玄乡侯臣高翔、督后部后将军安乐亭侯臣吴班、领长史绥军将军臣杨仪、督左部行中监军扬武将军臣邓芝、行前监军征南将军臣刘巴、行中护军偏将军臣费祎、行前护军偏将军汉成亭侯臣许允、行左护军笃信中郎将臣丁咸、行右护军偏将军臣刘敏、行护军征南将军当阳亭侯臣姜维、行中典军讨虏将军臣上官雝、行中参军昭武中郎将臣胡济、行参军建义将军臣阎晏、行参军偏将军臣爨习、行参军裨将军臣杜义、行参军武略中郎将臣杜祺、行参军绥戎都尉臣盛勃、领从事中郎武略中郎将臣樊岐等议商讨议罪，立即解除李平职务，免去其官位和俸禄、玺节与传言、官爵、符契简策，剥夺他的官爵和封地。

《与李丰教》

本节题解：

公元231年春，时年51岁的诸葛亮在上表弹劾李严、罢黜他的官爵后，给其子李丰写了一封信即《与李丰教》。

精要概说：

希望你宽慰你父亲，劝他追悔过去的错误。

白话说意：

《与李丰教》的意思是说：我与你父子同心合力辅助汉室，何止世人知道，这是天地共知之事。我上表举荐你父亲主管汉中，将东部重镇委托给你，这些事都没有跟其他人商议过。认为我的真心会感动他，自始至终可以依靠，哪里想到他中途背离呢？从前楚国的令尹斗谷于菟多次被罢官，却能恢复原职，可见往正道上想的就得福，符合自然规律。希望你宽慰你父亲，劝他追悔过去的错误。现在虽然解除了他的职务，权势、家业不如以往，但男女奴仆宾客仍有一百多人，你又以中郎将参军身份在丞相府工作，与同类相比，还算得上是上等人家。如果你父亲反思罪过，一心为国，你与蒋琬又能推心置腹地办事，闭塞的仍能通畅，失去的仍可复得。请仔细思考我的这些劝诫，明白我的用心。面对书信我长声叹息，惟有流泪而已。

《与群下教》

本节题解：

公元 223 年，诸葛亮受托孤之重主持蜀政，深感责任重大，告诫部下多多指出自己的不足，而撰有《与群下教》。有的先生将此文列入 221 年，直雄以为，其时刘备尚在，诸葛亮只是助手而已。

精要概说：

贤明的谋略广聚，我诸葛亮就可以少犯过错了。

白话说意：

《与群下教》的意思是说：实行参署制度，就是要使众人思想集合，贤明的谋略广聚。如果因为参署人有一点小的过失而不重视他的意见，那意见就很难有相互的对立，暴露出来的过失就少了。如果意见有相互的对立，从而得到中肯的意见，这就好像丢弃了破旧的草鞋，却获得了美玉一样。然而人的心意恐怕不能让别人意见表达穷尽，只有徐庶担任参署无所畏惧，又有董和担任参署七年，前来见我十余次纠正我的过失，我做得有不到位的事，有很多人多次来告诉我。如果能像徐庶一样有前来纠正我过错十余次的人，董和的兢兢业业，对国家效忠而提出意见，那么我诸葛亮就可以少犯过错了。

《与参军掾属教》

本节题解：

公元 223 年，诸葛亮受托孤之重，深感位重责大，借表彰董和以激励部下指出自己工作的不足，而撰有《与参军掾属教》。

精要概说：

参谋董幼宰，每次建议总是全部说出，我屡次获得匡正而受益。

白话说意：

《与参军掾属教》的意思是说：我在位责任重大，但才能薄弱，力难胜任，故多有缺失遗漏。以往军事参谋董幼宰，每次建议总是全部说出，虽说我本性浅陋微薄，不能全部接受，但屡次获得匡正而受益。幼宰任参署一职七年，我做事有不到位之处，他前来见我十余次纠正我的过失，未见有忠于国事像董幼宰这样的人。有了这样的人，我诸葛亮就可以做到少犯错误了。

《又与群下教》

本节题解：

公元223年，诸葛亮受托孤之重，深感位重责大，借表彰崔州平、徐庶、董和、胡济以激励部下指出自己工作的不足，撰有《又与群下教》。

精要概说：

与崔州平、徐庶、董和、胡济四人始终友好相处，也足以能说明他们能够用真诚坦白的话来谈论事情的益处。

白话说意：

《又与群下教》的意思是说：过去我与崔州平初交，常常听到他对我的得失发出评论；后来与徐元直相交，总是受到他的启发诱导；先前与董幼宰（董和）共事，他总是言无不尽；后来与胡伟度（胡济）在一起，常常听到他进谏之言。我虽然资性鄙陋执拗，不能完全采纳他们的意见，但与他们四人始终友好相处，也足以能说明他们能够用真诚坦白的话来谈论事情的益处。

《论交》

本节题解：

《论交》即论与人相交往、相友好、相交结之意。

精要概说：

依靠权势和利益结成的交情，难以保持长久。

白话说意：

《论交》的意思是说：依靠权势和利益结成的交情，难以保持长久。有修养的人之间彼此深交而心息相通时，就好比花木，温暖时也不会多开花，寒冷时也不会改变叶子的颜色，能够经历一年四季而不衰败，经历崎岖与平坦或是艰难与顺利，反而日益牢固。

《论诸子》

本节题解：

《论诸子》即评论先秦至汉的各派学者或其著作优长与不足。

精要概说：

公正品评诸子之短长。

白话说意：

《论诸子》的意思是说：老子（姓李名耳，字聃，一字伯阳，或曰谥伯阳，春秋末期人，生卒年不详，籍贯也多有争议，《史记》等记载老子出生于楚国或陈国。中国古代思想家、哲学家、文学家和史学家，道家学派创始人和主要代表人物，与庄子并称“老庄”。）擅长于修身养性，但却不能对付危难局面；商鞅（约公元前395年—公元前338年。战国时期政治家、改革家、思想家，法家代表人物，卫国人，卫国国君的后裔，姬姓公孙氏，故又称卫鞅、公孙鞅。）擅长于以法理治国，但却不能推行道德教化；苏秦（？—前284年，己姓，苏氏，名秦，

字季子，雒阳人。战国时期著名的纵横家、外交家和谋略家。）、张仪（张仪？—公元前 309 年，魏国安邑人。战国时期著名的纵横家、外交家和谋略家。）擅长于外交辞令，但却不能结盟守约；白起（？—公元前 257 年，《战国策》作公孙起，战国时期秦国郿县人，出自芈姓。）擅长于攻城夺地，但却不能团结多数人；伍子胥（公元前 559 年—公元前 484 年，名员，字子胥，楚国人，春秋末期吴国大夫、军事家。）擅长于以谋破敌，但却不能保全自身；尾生（春秋时期有一位叫尾生的男子与女子约定在桥梁相会，久候女子不到，水涨，乃抱桥柱而死。后用。尾生抱柱一词比喻坚守信约。《庄子·盗跖》："尾生与女子期于梁下，女子不来，水至不去，抱梁柱而死。"陆德明释文："尾生，一本作微生。"）擅长于守信用，但却不能随机应变；王嘉（？—约 385 年），字子午，北朝河南洛阳人，著名方士。王嘉形貌丑陋，很不注重举止，看起来滑稽可笑，不与世人交往。他通常不穿华丽衣服，不食五谷，类似现在说的辟谷。然而他外拙而内聪。初隐居于东阳谷中，后居终南山，凿崖穴居。追随其受业者常数百人。前秦时苻坚屡次征他为官，皆不应。他喜谈神仙怪异之事，善预测未来。善预测未来。后来被后秦主姚苌所杀。）擅长于知遇明君，但却不能事奉暗主；许劭（150—195 年，字子将。汝南平舆人。东汉末年著名人物评论家。据说他每月都要对当时人物进行一次品评，人称为"月旦评"。）擅长于公正地品评别人的长短，但却不能培养人才。这就是揭示了用人之所长的办法。

《论让夺》

本节题解：

《论让夺》即为论说"礼让"与"强取"之意。

精要概说：

让夺之间，品格毕见，以揭示用人之长的办法。

白话说意：

《论让夺》的意思是说：诸葛亮说：范蠡放弃高官厚禄，这是高明的做法；虞卿舍弃相国的位置，也是一大功劳；太伯以三让天下是为仁德之举；战国时燕国国王燕哙受人怂恿让国于子之，后导致大乱；唐尧和虞舜以禅位成为道德智能极高仅次于神的圣人；汉哀帝宠信董贤，哀帝死后，董贤畏诛而自杀是为愚蠢；周武王继承其父文王遗业，联合庸、蜀、羌、微、卢、彭、濮等族率军攻商，战于牧野（今河南淇县西南）之南取得大胜而灭商，建立了西周王朝，这是正义的事业；王莽毒死汉平帝，自称假皇帝之次年立年仅二岁的刘婴为太子，初始元年称帝，改国号为“新”，作为汉朝的臣子夺取君位的行为是篡国之贼；齐桓公以管仲为相，使之成为春秋时第一个霸主；秦二世胡亥以赵高为丞相，不久被杀而丧国；此皆取舍相同而事情的结果不一样也。贤明的人用事而事业兴盛，愚昧不明的人用事而事业必遭遇耻辱或混乱！

《诫子书》

本节题解：

《诫子书》，一般皆认为是诸葛亮在去世前写给年仅 8 岁的小儿子诸葛瞻的一封家书。但紧接着的《又诫子书》中涉及酒宴之事，当是指已经成年从军的诸葛乔为妥。

精要概说：

学习必须静心专一，而才干来自学习，所以不学习就无法增长才干，没有志向就无法使自己的学习有好的成绩。道出了修身养性，治学做人的道理。

白话说意：

《诫子书》的意思是说：一个人格高尚、道德品行兼好之人的行为操守，是从清静寡欲、不慕荣利来提高自身的修养，以节俭来培养自己的品德；不恬淡安静、清心寡欲无法明确自己的志向，不排除外来干扰无法达到自己远大的目标。学习必须静心专一，而才干来自学习，所以不学习就无法增长才干，没有志向就无法使自己的学习有好的成绩；放纵懒散就无法为事业振奋精神，轻薄浮躁就不能陶冶性情；年华随着时光而飞驰，意志随着岁月流逝而消退，最终衰残凋落；这样的人不会有益于社会，当然会为社会所遗弃，只有悲伤地困守在自己的穷家破舍虚度年华，到那时已悔之不及！

《又诫子书》

本节题解：

这是诸葛亮生前继《诫子书》后再一次写给诸葛乔的一封家书。

精要概说：

宴席上的酒的设置，重在合符礼节、表达情意，适应身体和性格的需要，礼节尽到了就该退席，这就达到和谐的顶点了。这是应对主人以酒待客之道的箴言。

白话说意：

《又诫子书》的意思是：宴席上的酒的设置，重在合符礼节、表达情意，适应身体和性格的需要，礼节尽到了就该退席，这就达到和谐的顶点了。主人待客的情意还未尽，客人已有明显的倦色，可能是饮到了酒醉的地步，但也不能醉到无所不至，没有止境的迷惑错乱的地步。

《诫外生书》

本节题解：

诸葛亮是国人心目中的智者，读其《诫外生书》，我们能够知晓诸葛亮何以成为智者！短短数字，不是通常的空洞说教，娓娓道来，都是针对青年人普遍存在的毛病来说的，可谓切中要害。

精要概说：

倘若志向不刚强坚毅，意气不慷慨激昂，那就会碌碌无为地沉湎于流俗。

白话说意：

《诫外生书》的意思是说：人应当有高尚远大的志向，仰慕先贤，戒绝情欲，抛弃阻碍前进的因素，使先贤的志向，在自己身上显著地得到存留，在自己内心深深地引起震撼；要能屈能伸，丢弃琐碎，广泛地向人请教咨询，去除猜疑和吝啬，这样即使因受到挫折而滞留，也不会损伤自己的美好志趣，又何必担心达不到目的。

倘若志向不刚强坚毅，意气不慷慨激昂，那就会碌碌无为地沉湎于流俗，默默无闻地被情欲束缚，势必永远沉沦于俗子凡夫，甚至免不了成为卑鄙庸俗的下流。

《与陆逊书》

本节题解：

人道是“知子莫于父”！对于诸葛亮的《与陆逊书》来说，可谓“知侄莫如叔”！诸葛亮从诸葛恪的性格断言将来必有失，这里何止是说粮食一事！

精要概说：

诸葛瑾年老，而诸葛恪性格粗疏。

白话说意：

《与陆逊书》的意思是说：家兄（诸葛瑾）年老，而恪（诸葛瑾之子诸葛恪）性格粗疏，今令他主管军队中所发的粮食，粮谷是军队中之最为重要、紧要的事。我虽身在远方，仍深感不安。特转请您向至尊（孙权）报告之。

《与兄瑾言子乔书》

本节题解：

《与兄瑾言子乔书》，是公元227年诸葛亮北驻汉中时，对如何培养陶冶诸葛乔的情况向家兄诸葛瑾的叙说。

精要概说：

将领的子弟都在参与军需运输，诸葛乔理应与他们共荣辱。

白话说意：

《与兄瑾言子乔书》的意思是说：乔儿（诸葛乔本为诸葛瑾次子。他与胞兄诸葛恪在吴国的名声颇大，后被过继给诸葛亮。到蜀国后，任驸马都尉。诸葛亮视他如亲生儿子，深恐其成为庸人，管教甚严。诸葛亮北伐屯驻汉中，让诸葛乔

同士兵们一起，参加督运军粮，艰苦工作。建兴六年〔228〕去世，年仅二十五岁。）本来应该回成都，现在诸位将领的子弟都在参与军需运输，我想乔儿理应与他们共荣辱。现在派遣乔儿率领五六百士兵，和诸位将领的子弟一起在谷中运转军需物品。

《谢贺者》

本节题解：

《谢贺者》一文撰于何时？是有争议的。计有228年说、229年说，直雄考证："当是诸葛亮在大喜之日接受相贺者之贺辞时，发出心存愧疚之言，当在229年春比较合情合理。"[①]

精要概说：

大汉朝令人畏惧的强大力量未能兴起，致使百姓为残酷贪婪的贼官吏所困，陷在艰难痛苦中无法摆脱。

白话说意：

《谢贺者》的意思是说：凡是天下水土上生活的人，没有不是我大汉王朝的臣民。大汉朝令人畏惧的强大力量未能兴起，致使百姓为残酷贪婪的贼官吏所困，陷在艰难痛苦中无法摆脱。死去一人，都是我之罪过，拿这事相贺，我岂能不为之羞愧。

《论斩马谡》

本节题解：

公元228年春，诸葛亮第一次攻魏，出兵祁山。前锋马谡在街亭（今甘肃秦安县东北）战斗中没有听从诸葛亮的命令，导致攻魏的失败。为了严明法纪，诸

① 吴直雄：《千秋功过评孔明：诸葛亮新论·三十六、孔明有吞魏之志》，中国书籍出版社2020年版，第391—403页的考证。

葛亮斩了马谡。在斩马谡之时，说情者不少，遂有《论斩马谡》之文。

精要概说：

天下四分五裂，战乱不止，如再废除法制，怎能去征讨敌人?

白话说意：

《论斩马谡》的意思是说：孙武、吴起所以能制服对方以取胜于天下者，懂得依法断罪也。所以晋悼公弟扬干，行为不法，魏绛戮其仆以示惩罚。现在天下处于四分五裂的局面中，战乱不止，如果再废除法制，怎能去征讨敌人呢?

《自贬疏》

本节题解：

公元228年，诸葛亮第一次出师北伐曹魏。诸葛亮任用自己器重的参军马谡驻守战略要地街亭。不料马谡在街亭违背诸葛亮的部署，不听副将王平的劝告，主观武断地在远离水源的山上安营扎寨。结果张郃大军蜂拥而至围困孤山，马谡大败、失魂落魄、灰头土脸地逃回大营，致使街亭失守。事后诸葛亮处斩了主要责任人马谡，上《自贬疏》于刘禅，免去自己的丞相职务，降级三等。

精要概说：

军队战败该督责的是主帅，我的职位正当受此罪责。

白话说意：

《自贬疏》的意思是说：我凭借微弱的才能，自己居着不该占据的高位，亲率军队掌握斧钺大权，总是严格地训练三军。但是因为不能宣扬军令，训明法度，临事小心谨慎，以至于有马谡在街亭违背命令，作战失败的过错，以及箕谷警戒不严的失误。所有的错都在我个人授人任官不当而造成的。我的见识不能了解人才的好坏，考虑事情大多不够聪明，《春秋》经书记载，军队战败该督责的是主帅，我的职位正当受此罪责，故自请贬职三等，来督责我的罪过。

《上事表》

本节题解：

《上事表》，上事即向朝廷报告情况、陈述意见。事在公元231年春。

精要概说：

贼见桥将成，便引兵而退。

白话说意：

《上事表》的意思是说：我先遣虎步监孟玉〔琰〕据武功县的水东，司马懿因见水涨，以二十日派出骑兵万人，来攻玉〔琰〕的营地。我作车〔竹〕桥（越水射之）。贼见桥将成，便引兵而退。

《与兄瑾言孙松书》

本节题解：

《与兄瑾言孙松书》即诸葛亮与其兄诸葛瑾的信中，谈到孙松其人其事。事在公元231年。

精要概说：

见物思人，不由自主地悲伤流泪。

白话说意：

《与兄瑾言孙松书》的意思是说：孙松已经受到东吴朝廷的隆重待遇，对于江东子弟，依依不舍，眷恋有加。而且孙松（字子乔）是一位杰出的人才，是社会的栋梁，是国之大器。他的去世，我为之哀伤。如今看到他所赠与我的东西，见物思人，不由自主地悲伤流泪。

《与兄瑾言子瞻书》

本节题解：

《与兄瑾言子瞻书》即诸葛亮与其兄诸葛瑾的信中，谈到其子诸葛瞻事。事在公元234年，诸葛瞻8岁，诸葛亮病逝于郭氏坞。这封信当是诸葛亮临死前不久写的。

精要概说：

我嫌他早慧，恐怕将来难成大器。

白话说意：

《与兄瑾言子瞻书》的意思是：诸葛瞻如今已经8岁了，聪明可爱，我嫌他早慧，恐怕将来难成大器。

《自表后主》

本节题解：

《自表后主》作于公元234年，又云《临终遗表》《遗表》。

精要概说：

我死的时候，不让家里有多余的布匹、外面还有多余的钱财，否则会辜负陛下的厚望。

白话说意：

《自表后主》的意思是说：（本文讲述了诸葛亮忧劳成疾，自知将不久于人世，于234年秋八月手书遗表给后主刘禅。此表本非武侯遗表，乃罗贯中《三国演义》取陈寿《三国志》所载武侯之遗表，增补修改而来，非武侯于五丈原军中遗作。其中讲述自己生命危在旦夕，只愿皇帝陛下能清心寡欲，约束自己，爱戴自己的老百姓。让自己的孝道能通达至先帝，使自己的仁爱之心能广布于天下，提拔那些隐士逸士，让贤良能走进宫廷，把那些奸臣谗臣从身边支开罢黜，以使民风变

得淳朴忠厚……直雄以为，虽“本非武侯遗表”，但符合诸葛亮的一贯思想，故而取用于此）想到自己禀赋不灵巧，正好赶上动乱的艰难时代，北上出兵五次攻魏，都没有成就功业。怎会料到我却生病无救，生命等在旦夕间结束。在下希望陛下能使心境纯洁，克制享乐的欲望，约束自己，关爱百姓，对先主力尽孝道，对天下的老百姓施行仁爱之心，选拔任用隐居不仕的贤人，来增加朝廷内的贤良人才，罢免邪恶不正的坏人，以使得风俗敦厚。我当初侍奉先帝时，日用全靠官府供给，自己不再经商务农。在成都有桑树八百棵，薄田十五顷，靠这些子孙们的衣食，自给是有富余的。至于我在外边，不再有另外的调度，平时的吃穿用度，全部靠官府供给，不再去搞别的生计，来增加微小的收入。如果我死的时候，不让家里有多余的布匹、外面还有多余的钱财，否则会辜负陛下的厚望。

《空城计》

本节题解：

《空城计》，“空城计”是一种心理战术。是指在己方无力守营守城的情况下，故意向敌人暴露己方城内空虚，使敌疑虑犹豫而不敢发起攻击。“空城计”早在春秋时期就被广泛运用，历史上尤以诸葛亮的“空城计”最为著名。但被裴松之等所否定。因而千数年以来，争讼至今。直雄在《千秋功过评孔明：诸葛亮新论·四十、空城计却司马懿》，中国书籍出版社 2020 年版，第 421—434 页进行了考证。认为：裴松之落注“空城计”于：“遂行，屯于沔阳。〔五〕”实属不当，是造成千余年以来否定“空城计”和导致戏剧《失空斩》（《失街亭》《空城计》《斩马谡》）史实严重错误的主要根源所在。“空城计”当实有其事。无论是从小说创作或是从历史的真实来看：足以说明，以裴松之为首的一大批持“空城计”一事为子虚乌有者，皆因未细读裴松之有违历史事实之质疑，对其论述未作任何悉心的考证，就凭空对诸葛亮的“空城计”予以否定，这是欠道理的。

精要概说：

司马懿一定是以为诸葛亮镇定，肯会有埋伏，便顺着山道走了。

白话说意：

《空城计》的意思是说：诸葛亮困于阳平，司马懿率领20万大军来攻打诸葛亮，又与魏延的大军岔道，一直前进，到距离诸葛亮60里的时候，侦查人员报告司马懿说诸葛亮在城中兵少力弱。而诸葛亮也知道司马懿已经逼近，想追上魏延的部队，但是又相隔太远，让魏延返回的话也不能抵挡。将士们很害怕，不知道诸葛亮想什么。诸葛亮很镇定，让将士们把旗帜放倒，停止击鼓，不准随便出帐篷，又下命令打开四个城门，清扫道路，洒水去尘。司马懿看见诸葛亮很稳重，并没有看到他心虚，怀疑有埋伏，于是率领大军北去趣山。第二天吃饭的时候，诸葛亮大笑着对身边的参谋说："司马懿一定是以为我镇定，会有埋伏，顺着山道走了。"侦查人员正如诸葛亮所讲的话一样向司马懿报告。司马懿知道以后很是悔恨。

《诸葛信战》

本节题解：

本节原题为《谕参佐停更》，谕，即上告知下的意思，参佐，即部下。停更，即指停止更换守祁山的人马。事在公元231年。鉴于与载于（晋）陈寿撰，（南朝宋）裴松之注：《三国志》（全五册），中华书局1975年版，第926页，名之曰："郭冲五事"。裴松之以为非是。直雄考证实有其事。又鉴于原题为《谕参佐停更》所截内容与郭冲五事不全，直雄又参照明代大军事家刘基《百战奇略·信战》的内容精髓，取题名为《诸葛信战》。

精要概说：

我率军打仗，以特别诚实为本。

白话说意：

《诸葛信战》的意思是说：曹叡派遣宣王司马懿总督张郃等诸路人马，与雍州、凉州精锐的士卒共计三十余万，秘密地向剑阁进军。诸葛亮当时在祁山，整顿战旗和兵器，守在山势险要的地方，十分之二的人换防休息，处在自身岗位的只有八万人。当时魏国军队刚刚列成阵势，双方战旗临近、士兵正好要交锋。有僚属

对诸葛亮说："对方人数众多，兵力强盛，单靠蛮力不能抵抗，最好权且停止换岗制度一个月，来消磨对方的声势。"诸葛亮说："我统帅军队作战，靠诚信作为根本，为了得到一个国却失去信义，那我又靠什么来指挥士兵呢？信义，这是古人也珍惜的啊！现在轮到自己返回家乡的士兵收拾好行李等待归期，他们的妻子像鹤一样伸长脖子等待丈夫的归来，虽然时下我们面临被征讨的困难，但不能废了大义。"诸葛亮仍命令长官催促调遣士兵回乡。于是轮岗回乡的时候都感到高兴，反而愿意留下作战，驻扎在此的士兵都精神踊跃，想用死来报答。士兵们互相说：诸葛亮的恩德，我就算是战死也无法报答。等到战斗的时候，没有谁不是拔刀争取向前，无不以一当十地阻挡敌方的进攻。这场战役杀死了张郃，击败了司马懿，打退了魏军，这是因为诚信治军的缘故啊。

兵法探妙：

本卷计有59篇文论，广涉诸葛亮理政治国、领军打仗等方方面面的人和事，而这一切，诸葛亮都是为了顺应历史潮流——进行中华民族大一统战争之需而为。直雄归纳如下几条用兵之妙。

第38妙：克己律子为表率；三代忠贞悬日月。

也许有读者会问："克己律子为表率；三代忠贞悬日月"也是诸葛亮兵法之妙吗？表面上来看，这是"家事"，其实，"家事"关乎"国事"。对于诸葛亮而言，尤其如此。他的"家事"就不仅仅是家事，而且更是关乎"治国""治军""用兵"的大事，处理好"家事"，同样是诸葛亮兵法的妙用！

翻开中华民族辉煌灿烂的历史，典籍浩如烟海，而其中的古代兵书就不计其数，"我们了解，汉初有182家的兵法书，而这些书籍都是秦始皇焚书所遗留下来的，所以能够知道在战国时代里，一定有更多的兵法书存在才对。"[①]就当今所见最有名的兵书，就有《握奇经》《姜太公六韬兵法》《司马兵法》《黄石公三略兵法》《孙子兵法》《吴子兵法》《尉缭子兵法》《孙膑兵法》《李卫公问对》《李靖兵法》《太白阴经》《虎钤经》《何博士备论》《守城录》《百战奇略》《练兵实纪》《阵纪》《投笔肤谈》《百金方》《三十六计》《兵经百篇》《左氏兵法》《曾胡治兵录》等。

---

① 南关音、何长林编著：《中华谋略宝库》，南海出版公司1992年版，第11页。

稽查这些军事著作家，其中享誉最高者，或被赐为“国策顾问”、或被任命为“统帅”、或被誉为“中兴之臣”……仅此而已！然惟有《诸葛亮兵法》的著者诸葛亮，他不仅是刘汉政权的初始设计者，特别是在刘备托孤之后，他实际上是刘汉政权唯一的掌舵人。这个掌舵人，可以说是“君”、是“君父”、是“相”、是南征北伐的“大将军”、是刘汉政权四十年天下的奠基者。

刘备诏诸葛亮曰：“君才十倍曹丕，必能安国，终定大事。若嗣子可辅，辅之；如其不才，君可自取……先主又为诏敕后主曰：‘汝与丞相从事，事之如父。’……政事无巨细，咸决于亮。”[①]又，“初备以诸葛亮为太子太傅，及禅立，以亮为丞相，委以诸事，谓亮曰：‘政由葛氏，祭则寡人。’亮亦以禅未闲于政，遂总内外。”[②]再，“先主立太子，允以选为舍人，徙洗马。丞相亮将北征，住汉中，虑后主富于春秋，朱紫难别，以允秉心公亮，欲任以宫省之事。上书曰：‘侍中郭攸之、费祎，侍郎董允等，先帝简拔以遗陛下，至于斟酌损益，进尽忠言，则其任也。愚以为宫中之事，事无大小，悉以咨之，必能裨补阙漏，有所广益。若无兴德之言，则戮允等以彰其慢。’亮寻请祎为参军，允迁为侍中，领虎贲中郎将，统宿卫亲兵。攸之性素和顺，备员而已。献纳之任，允皆专之矣。允处事为防制，甚尽匡救之理。后主常欲采择以充后宫，允以为古者天子后妃不过十二，今嫔嫱已具，不宜增益，终执不听。后主益严惮之……后主渐长大，爱宦人黄皓。皓便嬖佞慧，欲自容入。允常上则正色匡主，下则数责于皓。皓畏允，不敢为非。终允之世，皓位不过黄门丞。”[③]

据上可知：自公元223年3月刘备托孤至234年8月这11年中，可以说是诸葛亮代行了“刘备”帝位这样的角色执掌着“刘汉政权”。而自234年8月至246年11月蒋琬、董允先后去世，公元251年，尚书令吕乂病逝，后主刘禅让陈祗以侍中守尚书令，加封镇东将军。公元253年春正月朔日，费祎不及戒备，为魏之降将郭循亲手持刃所害身死。陈祗为侍中，与黄皓互相表里，皓始预政事。从234年至251年陈祗坏政这17年里，因为蒋琬、董允与费祎这三相在世，诸葛

① ［晋］陈寿撰，［南朝宋］裴松之注：《三国志》（全五册），中华书局1975年版，第918页。

② ［晋］陈寿撰，［南朝宋］裴松之注：《三国志》（全五册），中华书局1975年版，第893—894页。

③ ［晋］陈寿撰，［南朝宋］裴松之注：《三国志》（全五册），中华书局1975年版，第985—986页。

亮执政时的政令威力仍存。这样算来，可以说自223年至251年这28年中，仍然是诸葛亮本人、是诸葛亮的路线代行了“刘备”帝位这样的角色，执掌着“刘汉政权”。环视古今中外，这样的兵法作者能立国亲政确是绝无仅有的，而他为整个封建社会君王树立的治国典范也是绝无仅有的。

诸葛亮克制私欲、严以律己的事迹是多方面的，本条仅选例论说。俗话说：“英雄难过美人关。”诸葛亮不仅是一位“身长八尺”的美男子，他更是一位大英雄，可他娶的却是一位丑女。史载：“黄承彦，高爽开朗，为沔南名士。谓孔明曰：‘闻君择妇，身有丑女，黄头黑面，才堪相配。’孔明许，即载送之。时人以为笑乐，乡里为之谚曰：‘莫作孔明择妇，正得阿承丑女！’”[①]就是这位丑女，她久未有生男。在这种情况下，权力近似刘备的诸葛亮并不曾纳妾。直雄遍查典籍，不见诸葛亮有过纳妾的任何历史记载。

诸葛亮在《与兄瑾言子瞻书》中云：“瞻今已8岁，聪慧可爱，嫌其早成，恐不为重器耳。”是书写于公元234年，据此可知，“丑女”（即黄硕，又名黄月英）在公元226年之前是不曾生有男孩的。“诸葛亮是在建安五年娶黄承彦丑女的。”[②]如果说，诸葛亮出山前的公元200年与“丑女”结婚的话，那么，这位“丑女”与诸葛亮结婚后26年不曾生有男孩。又据《武侯春秋》一书载，诸葛亮当是建安二年（197）与黄承彦之女结婚的。[③]如此，则诸葛亮与黄氏女结婚近30年未生有男孩。在如此情况下，这在中国封建社会对于一个家庭来说是个异常严重的问题。《孟子·离娄上》：“孟子曰：不孝有三，无后为大。舜不告而娶，为无后也，君子以为犹告也。”知名学者杨伯峻《孟子译注》的翻译是：“孟子说：‘不孝顺父母的事有三种，其中以没有子孙为最大。舜不禀告父母就娶妻，为的是怕没有子孙，（因为先禀告，妻就娶不成）因此君子认为他虽没有禀告，实际上同禀告了一样。’”诸葛亮26年家无男孩，顶着“不孝”的名声不曾纳妾，这样高尚的道德修养，在中国封建社会的帝王将相中是极其罕见的。

人生过了美人关，难过金钱一大关。面对金钱，诸葛亮又怎么样呢？他在《又

---

①　［晋］习凿齿撰，黄惠贤校补：《襄阳耆旧记》，中州古籍出版社1987年版，第23页。

②　《黄月英是什么时候嫁给诸葛亮的》2020年10月23日https：//www.yebaike.com/22/1354215.html。

③　直雄据朱大渭、梁满仓著：《武侯春秋》团结出版社1998年版第85页至87页“十年砥砺”章中的内容分析推算而来。

与李严书》中，告知李严：自己虽有赏赐达八十万斛，可是没有财富积存，他的妻子连贵重首饰也没有。在众目睽睽之下，这是假话吗？绝对不可能。

诸葛亮的钱财哪里去了？只要我们看看诸葛亮斩马谡之后即可知晓：“亮自临祭，待其遗孤若平生。”[①] 对此，《三国演义》第96回有过形象生动的描绘：“汝死之后，汝之家小，吾按月给与禄粮，汝为必挂心……吾与汝义同兄弟，汝之子即吾之子也，不必多嘱。”马谡一家的负担，是诸葛亮“承包”了。仅从此例可知，为什么诸葛亮的妻子连贵重首饰也没有！诸葛亮在其《诫子书》中提倡“俭以养德”，他自己就是表率。在其《上表后主》中，我们可以看到：一个有着君王地位的丞相，时到临终，留给子孙只有桑树八百棵，薄田十五顷，死的时候，家里没有多余的布匹、外面没有多余的钱财。

面对金钱美女，面对大一统事业，诸葛亮是为全家表率、是为全国表率、是为后世表率，此事不必多赘。诸葛亮是如何“律子”的呢？俗话说：“虎父无犬子。”又有俗话云：“龙生龙，凤生凤，贼的儿子打壁洞。”其实，这样的俗语是比较片面的。“虎父”如果不对儿子进行教育，或是儿子不肯接受教育，搞得不好，其儿就是“犬子”，或是“贼子”，或是“叛逆”，或是国家民族的罪人。

诸葛亮自己无子时，从其兄诸葛瑾那儿、将诸葛瑾颇有名气的次子诸葛乔过继给他的，诸葛亮对诸葛乔管教甚严。让诸葛乔同士兵们一起，参与督运军粮的艰苦工作。按照部队的调整，诸葛乔本来是应该回成都的，但诸葛亮看到诸位将领的子弟都在参与军需运输，他即让诸葛乔与他们共荣辱、率领五六百士兵，和诸位将领的子弟一起在谷中运转军需物品直至贡献出生命。

汉代乐府诗集名篇《长歌行》有云：“青青园中葵，朝露待日晞。阳春布德泽，万物生光辉。常恐秋节至，焜黄华叶衰。百川东到海，何时复西归？少壮不努力，老大徒伤悲。”如果说这是劝诫世人惜时奋进的箴言的话，诸葛亮的《诫子书》则是以诗的语言，从人品道德的高度，富于哲理地全面阐释了怎样才能避免“少壮不努力，老大徒伤悲”！诸葛亮为了恢复大汉一统，真是做到了教子有方！

生与死是对人的最大考验，在轰轰烈烈地开展大一统战争的三国时期，曹魏、刘汉、孙吴的君王与朝臣们，无不会面临身死国亡考验。面对强敌，是“生当为人杰，

---

① ［晋］陈寿撰，［南朝宋］裴松之注：《三国志》（全五册），中华书局1975年版，第984页。

死亦为鬼雄”，还是苟且偷安，这是对每一个人人格道德的一次检验。在邓艾即将兵临城下之时，“瞻督诸军至涪停住，前锋破，退还，住绵竹。艾遣书诱瞻曰：‘若降者必表为琅邪王。’瞻怒，斩艾使。遂战，大败，临阵死，时年三十七。众皆离散，艾长驱至成都。瞻长子尚，与瞻俱没……瞻虽智不足以扶危，勇不足以拒敌，而能外不负国，内不改父之志，忠孝存焉……《华阳国志》曰：尚叹曰：‘父子荷国重恩，不早斩黄皓，以致倾败，用生何为！’乃驰赴魏军而死……《晋泰始起居注》载诏曰：‘诸葛亮在蜀，尽其心力，其子瞻临难而死义，天下之善一也。’”[①] 以上足见：诸葛亮祖孙三代满门忠烈，得益其克己奉公、言传身教。

诸葛亮“克己律子为兴汉，鞠躬尽瘁满门忠”，展现了他对天地公理的敬畏与人格道德力量的践行。他一家的动人事迹，对于刘汉政权的稳固，对于尔后历朝统治者治国时能够遏制难见天日的贪婪私欲，都是一个能够起到警戒与示范作用的可贵榜样！

第 39 妙：打破派系选好人；挑选好人智慧多。

刘汉政权不同于曹魏政权，更不同于孙吴政权。虽说刘汉政权所占国土仅为曹魏的百分之三十六左右，也只是孙吴政权的百分之七十三左右，但这小小的地方，其干部派系却显得相当复杂。

有刘焉父子统治时期的益州土著集团。他们由益州本地的地主势力构成，主要有黄权、张裔、谯周为代表的马忠、张翼、张嶷、李恢、句扶、王平、杨洪、秦宓、彭羕、吕凯、王伉、张表、李福、李骧等人。这个集团内部本来就矛盾重重。

有以法正、李严、吴懿、许靖、刘巴为代表的东州集团，他们是刘焉、刘璋父子在益州维持其统治的政治基础和军事保障；他们是庞羲、法正、董和、董允、李严、李丰、费观、费祎、费诗、孟达、吴懿、吴班，以及许靖、陈祇、刘巴、孟光、来敏、郤正等。他们是一批富有政治军事文化才干的能臣名将。

有以诸葛亮、庞统为领袖的荆州集团，他们是包括刘备在荆州时加入其集团的荆州人士。这批以荆襄九郡人士为基础的官僚集团，以诸葛亮为首，团结在刘备周围。有所谓“豫州入蜀，荆楚人贵”。刘备招募的这批人才，他们是荆襄本

---

① ［晋］陈寿撰，［南朝宋］裴松之注：《三国志》（全五册），中华书局 1975 年版，第 933 页。

士大族，原刘表手下官员等。如诸葛亮、庞统、蒋琬、陈震、伊籍、马良、马谡、向朗、廖立、杨仪、黄忠、魏延、向宠、邓芝、霍峻、冯习、张南、傅彤、刘封、高翔等。从刘汉政权的建立到衰亡，荆州派一直是蜀汉的中坚力量。

再就是老班底的北方集团。他们能够跟着刘备一路跑到荆州的北方派，都是经过磨练的时代精英。刘备从起兵到立足荆州，跟随他的人虽说多遭重创，但大多数随刘备南征北战，忠心耿耿。如关羽、张飞、赵云、陈到、糜芳、士仁、糜竺、简雍、孙乾、刘琰，皆劳苦功高。甚至在蜀汉建立前，已经不能成为一股强有力的势力了。

但是，诸葛亮在处理这四大派系的关系时，他惊人的智慧破除了重此轻彼的恶习，让四大派别的人才都有重臣在朝，并鼎力为刘汉王朝的大一统事业而奋斗。

诸葛亮是怎样从这四大派别中选取人才入廊庙的呢？并能防止日后朝中不出现威胁朝政的朋党现象的呢？这对诸葛亮来说是对其智慧的一大考验。

诸葛亮有其高明的办法：这就是要“打破派系选好人”？此话说来容易做到难！诸葛亮采用了五大手段：

一是以“君父”“丞相”的身份直接向朝廷荐用人才。

如在《与张裔蒋琬书》中亲自推荐姜维。说他做事诚恳勤奋为人忠诚，思考问题仔细周密，说他的德行，连李邵、马良等人也都比不上。说他是凉州地带道德高尚的上等士人。这样的人才，是为人中骐骥，朝廷必用。而在《又与张裔蒋琬书》中，则指示应先交给姜维五六千禁中兵卒的指挥权。说他非常敏于军事，既有胆略勇义，又精通用兵之道。说他忠心于大汉王朝，而且才力过人，应将军事大权交给他，要派他进宫朝见皇上。细览姜维入蜀后的毕生奋斗经历，他确不负诸葛亮之所望，不负朝廷所期。

二是把向朝中举荐人才提高到是对国家“效忠”的高度。发动群臣为国家举荐人才、设法招揽人才。

如在刘备占领益州后，任功曹书佐的姚伷。在建兴元年，诸葛亮便任命他为广汉太守。在诸葛亮驻军汉中时，即任命他为掾。在《称姚伷教》中说：忠效的人莫大于为国家推荐人才，推荐人才的人都把自己所崇尚的品德作为标准；今姚掾推荐的人才刚强的、柔和的互相补充，使恰到好处，以扩充文武之用，可谓学识渊博，品行端正、丰丽博敞矣。愿诸位椽属官员仰慕学习此事，以不失寄托我的希望。“诸葛亮又曾在成都筑招贤台。《太平寰宇记》卷七十二载：‘读书台

在（成都）县南一里。诸葛亮相蜀，筑此台以集诸儒，兼以待四方贤士，号曰读书台。’”[①]诸葛亮用这种求人才的措施，并不亚于曹操的《求贤令》。诸葛亮用这种求人才的措施，影响深远。如《曾胡治兵语录·用人》中有云：“寻求贤才……又要像青蚨有母，野鸡有媒那样，同类相求，同气相引。差不多可以先由少数人才，互相引荐，逐步发展到众多人才。”[②]；为诸葛亮所首肯姚伷这种“互相引荐”人才之法，被曾国藩、胡林翼所娴熟运用并发扬光大。

三是放下“君父”“丞相”的“架子”，诚心诚意求贤人。

其中最为典型的事例表现在《与杜微书》中，建兴二年（224），诸葛亮兼任益州牧，选拔迎纳和任职委官都是有德望的故老，以秦宓为州别驾，王梁为功曹，杜微为主簿。杜微坚辞不就，最后用车子把他拉来。来到官府后，诸葛亮考虑到杜微耳聋听不到人讲话，于是在座上用笔写道：悦服地听到您的品行，渴望见到您已有很长时间了，只因清、浊分流，故无缘面见请教。王元泰、李伯仁、王文仪、杨季休、丁君干、李永南兄弟、文仲宝等，常常赞叹您的高尚志趣，一直未能见面。我才疏学浅，管领益州，德薄而任重，为此深深忧虑。后主年方十八，是天性仁厚聪敏、爱惜德行之主，礼待贤良之士。天下人都盼望汉室复兴，我想与您一道顺应天意民心，辅佐英明的主上，以创建复兴汉室功业，让勋绩垂载史册。[③]只因常言道，贤者与愚者不能一起共事，故此您自动隔绝与政治联系，独守勤劳之身，不图屈身于人而已。杜微仍然自称年老多病乞求归返家园。对此不合作的态度，诸葛亮仍不失去求杜微出山的信心。他在《答杜微书》中说：曹丕弑君篡位，自立为帝，这就像土塑的龙、草扎的狗一样徒有其名。正打算与各位贤士声张正义之道，讨灭这种邪恶伪诡之徒。而您却没有对我作任何指示教诲，便想请求退归山野。曹丕又极力征召劳役，准备进攻吴、楚之地。现在考虑到曹丕境内多事，故打算守住边境致力农业生产，让人民休养生息，积货蓄财，同时治理兵甲，等待他受到挫折之时，出兵讨伐，这样可以收到兵不战、民不劳而平定天下之功。您只需以自己的德行与名望辅助朝廷，不让您负军事之责，何必匆匆忙忙地请求

---

① 谭良啸：《诸葛亮用人四论》，载成都市诸葛亮研究会编：《诸葛亮研究》，巴蜀书社1985年版，第130页。

② 王平著：《中华兵典要览》，黄河出版社1999年版，第1071页。

③ 睿智者皆云阿斗无能。是诸葛亮虚伪说假话吗？不！一是诸葛亮已是刘汉政权的掌舵人，他可以代刘禅这样请求杜微任职；二是他不得这么说，因为刘禅是一国之主。诸葛亮若实话实说，正中杜微不肯任职的“下怀”。刘禅执政，孙权也无信心，在邓芝访吴时，孙权已明说。

归去呢？诸葛亮就是这样敬重杜微的。于是任命杜微为谏议大夫，以顺从他的志向。

诸葛亮是个绝顶聪慧之人，杜微的倚老卖老不肯合作的态度，他是心知肚明的。然鉴于他在益州派中的影响力，诸葛亮终于苦口婆心地求得了杜微的支持，实属不易。

四是敢于被刘备打击、冷落、杀头不用的人才中“抢救人才”。

如《称蒋琬》中所载：有一次刘备外出视察时，突然前至蒋琬所管辖的广都县，看到诸般公务都不管，且又喝得大醉，便大发雷霆，要将他治罪处斩。这时军师将军诸葛亮为蒋琬求情说：“蒋琬，是社稷栋梁之才，其才干不止于治理一个百里的小县。他为政以安民为本，不以表面文章相夸饰，希望您深加考察才是。”因刘备一向敬重诸葛亮，便没有治蒋琬的罪，在忙碌之中只罢免他的官而已。后来的蒋琬，成了诸葛亮的接班人。

又如，据《三国志·刘巴传》载：“会先主略有三郡，巴不得反使，遂远适交阯，先主深以为恨。”[①]诸葛亮为了留住刘巴，曾给刘巴写过一封书信，劝其归降刘备。《零陵先贤传》记载，当时刘巴的回复是：“受命而来，不成当还，此其宜也。足下何言邪！”[②]可以看到，刘巴心向曹操，他并不认为刘备有成功的可能性，所以他宁可跑到交阯，也不愿意投奔刘备。至于刘备为什么会对刘巴产生怨恨。《零陵先贤传》曰：“张飞尝就巴宿，巴不与语，飞遂忿恚。诸葛亮谓巴曰：‘张飞虽实武人，敬慕足下。主公今方收合文武，以定大事；足下虽天素高亮，宜少降意也。’巴曰：‘大丈夫处世，当交四海英雄，如何与兵子共语乎？’备闻之，怒曰：‘孤欲定天下，而子初专乱之。其欲还北，假道于此，岂欲成孤事邪？’备又曰：‘子初才智绝人，如孤，可任用之，非孤者难独任也。’亮亦曰：‘运筹策于帷幄之中，吾不如子初远矣！若提枹鼓，会军门，使百姓喜勇，当与人议之耳。’……《零陵先贤传》曰：‘是时中夏人情未一，闻备在蜀，四方延颈。而备锐意欲即真，巴以为如此示天下不广，且欲缓之。与主簿雍茂谏备，备以他事杀茂，由是远人不复至矣。’”[③]

---

① ［晋］陈寿撰，［南朝宋］裴松之注：《三国志》（全五册），中华书局1975年版，第980页。

② ［晋］陈寿撰，［南朝宋］裴松之注：《三国志》（全五册），中华书局1975年版，第981页。

③ ［晋］陈寿撰，［南朝宋］裴松之注：《三国志》（全五册），中华书局1975年版，第982页。

从上述史实来看：刘巴的初心是看重曹操的，而对刘备是有自己看法的。而刘备完全知刘巴之心，刘巴是在诸葛亮的反复劝告下，无可奈何地投奔到刘备的麾下。刘巴是个大丈夫，既然投奔到刘备的帐下，也就诚心诚意地为刘备服务，但是，当刘备要称帝时，刘巴与雍茂劝其宜缓，刘备恨心难平，即杀了雍茂以警示刘巴。诸葛亮深知此时刘备，已经不是三顾茅庐时的刘备，要不是诸葛亮在刘备面前，将刘巴的才能摆在自己同等地位的话，很难说他不会将刘巴置之死地！

五是帮助指导与完善自己一手提拔的人才。

如《答蒋琬教》中，因蒋琬将秀才之位推让于他人，诸葛亮便提醒并鼓励他说：思量您为百姓奔走而离乡背亲舍弃恩惠，大家既不安于内心。而您又确实使远近的人不理解您这样做的本意，故而您应该显示您是因功绩而受到荐举，以表明这种选举是清贵与慎重的。又如，因张裔有心胸不宽，好忌恨他人的毛病，他与司盐校尉岑述不和，以至于积怨成恨。诸葛亮在《与张裔书》中说：（本文当是写于建兴五年〔227〕）你过去在陌下的时候，所守军营为敌所破，我心里为你担忧，以致食不知味；后来你被流放南海，我内心为你悲叹，以致睡不安宁；等到你从东吴回归后，委大任于你，共同为王室尽力，我自认为与你可说是古代的“石交”（交谊坚固的朋友）。作为交谊坚固的朋友，相互之间就应帮助对方除掉仇敌，割下自己骨肉来表明自己的诚心，即使这样也无相谢的必要。况且我只是将自己的意图托付给元俭（岑述字元俭），而你就不能忍受了吗？诸葛亮以自己与张裔的深厚友谊，调解张裔与岑述的关系，实际上是将心比心地对张裔进行了批评。这对张裔来说，是如何做人、如何处理同事关系的一大提高。这从张裔对诸葛亮的评价中可以得到证实。诸葛亮出驻汉中，张裔以射声校尉领留府长史，尝称颂诸葛亮说道：诸葛公赏罚不分亲疏远近，无功者不能得赏，贵势者不能免罚，这是人人奋勉的重要原因啊！

由于诸葛亮能够打破派系选好人、有才之人，而且挑选好人、才人有智慧多方法，所以，一大批德才兼备的人才为其所用。据有关专家统计：“《三国志·蜀志》自诸葛亮及其子以下，有传者（包括附传）计 69 人。其中，有 38 人受到诸葛亮的提升或重用……再综合《蜀志》《华阳国志》、裴注及杨戏《季汉辅臣赞》等各方面资料看，诸葛亮在主持国事期间，用人范围之广，见于记载的就达 63

人……”[①] 诸葛亮主要凭借一己之力广揽并使用如此多的人才，这在中国历史上是极为罕见的。

第 40 妙：执法如山振纲纪；法外施恩得人心。

自古以来，军法都是十分严厉的。如《尉缭子·伍制令》中有云：“军中之制，五人为伍，伍相保也；十人为什，什相保也；五十人为属，属相保也；百人为闾，闾相保也。伍有干令犯禁者，揭之，免于罪；知而弗揭，全伍有诛。什有干令犯禁者，揭之，免于罪；知而弗揭，全什有诛。属有干令犯禁者，揭之，免于罪；知而弗揭，全属有诛。闾有干令犯禁者，揭之，免于罪；知而弗揭，全闾有诛。吏自什长以上，至左右将，上下皆相保也。有干令犯禁者，揭之，免于罪；知而弗揭者，皆与同罪。夫什伍相结，上下相联，无有不得之奸，无有不揭之罪。父不得以私其子，兄不得以私其弟，而况国人聚舍同食，乌能以干令相私者哉！”[②] 这段话的意思是说：军队的联保制度规定：按五人编为一伍，伍内互相联保，十人编为一什，什内互相联保；五十人编为一属，属内互相联保；百人编为一闾，闾内互相联保。伍内如有触犯禁令的，同伍之人揭发了他，全伍免罪，知道而不揭发，全伍受罚。什内有触犯禁令的，同什之人揭发了他，全什免罪，知道而不揭发，全什受罚。属内有触犯禁令的，同属之人揭发了他，全属免罪，知道而不揭发，全属受罚。闾内有触犯禁令的，同闾的人揭发了他，全闾免罪，知道而不揭发，全闾受罚。将吏从什长以上到左、右将军，上下都互相联保，凡有触犯禁令的，揭发了的都免于治罪，知道而不揭发的，都与之同罪。同伍同什的人都互相具结，上下之间都互相联保，就没有不能破获的阴谋，没有不被揭发的罪恶。即使父亲也不能够包庇他的儿子，哥哥也不能够包庇他的弟弟，何况一般的人呢？既然同吃同住，哪还敢有违犯禁令而私相包庇的呢？这种连保连坐，难免牵连好人、伤及无辜，有时是异常恐怖的。

由诸葛亮所执掌的刘汉政权，之所以敢于对强大的曹魏政权不断进行征伐，其原因是多方面的。其中最为重要的一点是：诸葛亮深知——敌人并非完全来自外界，有时候最大的敌人来自自己的营垒。即我们常说的“堡垒最容易从内部被

---

① 谭良啸：《诸葛亮用人四论》，载成都市诸葛亮研究会编：《诸葛亮研究》，巴蜀书社 1985 年版，第 130 页。

② 黄颇著：《白话〈黄石公兵法〉〈尉缭子兵法〉》，中州古籍出版社 1993 年版，第 195 页。

攻破”。朝廷上下团结一心，是对敌最为坚固的抵御。所以只有执法如山振肃朝廷纲纪，方可做到举朝上下团结一心，方可全力北伐中原。又能根据实际情况，法外施恩，使得满朝文武皆能尽心王事。

诸葛亮在执法的同时，根绝了连保连坐制的军法，诸葛亮能根绝连保连坐制的军法，是一大进步，亦让我们可见其主持制订《蜀科》内容之端倪。待《蜀科》订立之后，他能实事求是地大胆处理纠纷。如在《为法正答或问书》中，当时并未订立《蜀科》，在有人状告法正无法无天之后，他设身处地解释了为什么不能去处理法正“作威作福”的问题。当有了《蜀科》这部法典后，他即有法可依地限制法正“随心所欲”的违法行为。这在他的《答法正书》有着生动的表述，在法律面前，强悍的法正也只是无可奈何地遵从法律。

在诸葛亮当政之后，对两起有违朝政的大事的处理，展现了诸葛亮在执法如山的同时，又能法外施恩，且取得了世所罕见的执法效果。

一是处理“廖立狂惑乱政的问题”。这在《弹廖立表》《又弹廖立表》有着明白的记载，刘禅与诸葛亮均未按律对其加刑。直雄品味廖立的言论认为：诸葛亮对廖立狂惑的言论考虑到了不乏有其合理性，故只是将其削职为民“徙汶山郡”而已，故而，当廖立知诸葛亮魂归五丈原时，“垂泣叹曰：‘吾终为左衽矣！’”①

二是处理“李严造假并诬陷诸葛亮的问题”。这在《弹李严（平）表》《弹李平表》《公文上尚书》《与李丰教》有着详细的记载。在《弹李严（平）表》《弹李平表》《公文上尚书》中列数了李严本当斩首的罪过，但只是给予他流放的处分。

李严的犯罪行为，不但没有连累其儿子李丰，而且对李丰予以重权。诸葛亮《与李丰教》中动情地表白道：我与你父子同心合力辅助汉室，何止世人知道，这是天地共知之事。我上表举荐你父亲主管汉中，将东部重镇委托给你，这些事都没有跟其他人商议过。认为我的真心会感动他，自始至终可以依靠，哪里想到他中途背离呢？从前楚国的令尹斗谷于菟多次被罢官，却能恢复原职，可见往正道上想的就得福，符合自然规律。希望你宽慰你父亲，劝他追悔过去的错误。现在虽然解除了他的职务，权势、家业不如以往，但男女奴仆宾客仍有一百多人，你又以中郎将参军身份在丞相府工作，与同类相比，还算得是上等人家。如果你

① ［晋］陈寿撰，［南朝宋］裴松之注：《三国志》（全五册），中华书局1975年版，第998页。

父亲反思罪过，一心为国，你与蒋琬又能推心置腹地办事，闭塞的仍能通畅，失去的仍可复得。请仔细思考我的这些劝诫，明白我的用心。面对书信我长声叹息，惟有流泪而已。史载，对李严的处理只是："乃废平为民，徙梓潼郡。十二年，平闻亮卒，发病死。平常冀亮当自补复，策后人不能，故以激愤也。"[①]

对于诸葛亮执法如山又能法外施恩取得"惩前毖后、治病救人"的用法效果，东晋著名史学家习凿齿十分感慨地评说道："昔管仲夺伯氏骈邑三百，没齿而无怨言，圣人以为难。诸葛亮之使廖立垂泣，李平致死，岂徒无怨言而已哉！夫水至平而邪者取法，镜至明而丑者无怒，水镜之所以能穷物而无怨者，以其无私也。水镜无私，犹以免谤，况大人君子怀乐生之心，流矜恕之德，法行于不可不用，刑加乎自犯之罪，爵之而非私，诛之而不怒，天下有不服者乎！诸葛亮于是可谓能用刑矣，自秦、汉以来未之有也。"[②]

第 41 妙：一朝上下皆廉政；好人在朝国威立。

"廉政"一词最早出现在《晏子春秋·问下四》："廉政而长久，其行何也？"人们所说的"廉政"，主要指政府工作人员在履行其职能时不以权谋私，办事公正廉洁。后来，廉政中的"政"有了政治层面的内涵。孟子认为："（不义之财）可以无取，取伤廉。"阐明了孟子对廉与贪的道德价值取向。廉政，即廉洁政治，是一种与贪污腐败直接对立的政治现象。又，"利一害百，民去城郭；利一害万，国乃思散。去一利百，人乃慕泽；去一利万，政乃不乱。"[③] 其意思是说，为一己之私利而危害百人，民众就会离开城郭；为一人之私利而危害万人，全国民众就会人心离散甚至造成国家分崩离析的局面。反之，除掉一人而对百人有利，人们就会感慕他的恩泽；除掉一人而对万人有利，国家就不会混乱，政治将会呈现太平景象。诸葛亮深知黄石公此语的深意，自 223 年执掌刘汉政权的 10 年之内，"约官职，修法制""集思广益"治理刘汉政权。

透过第 37 妙"打破派系选好人；挑选好人智慧多"一节内容可知，诸葛亮"打

① ［晋］陈寿撰，［南朝宋］裴松之注：《三国志》（全五册），中华书局 1975 年版，第 1000 页。

② ［晋］陈寿撰，［南朝宋］裴松之注：《三国志》（全五册），中华书局 1975 年版，第 1001 页。

③ 南关音、何长林编著：《中华谋略宝库·黄石公三略兵法》，南海出版公司 1992 年版，第 411 页。

破派系选好人”是成功的。因为“只有希望多数同心同德的君子，相互提携维持，激荡挑拨，挽狂澜于既倒，使那些好人变得更好，使那些差的人也能得到潜移默化，慢慢变为好人，如此人人都成了有用之才”（蔡锷评《曾胡治兵语录》语）。[①]曾国藩则认为：“要做一个好人，或做一个好官，还是做一个名将，都要拜好老师，交好朋友，向好榜样学习。”[②]借助第36妙“克己律子为表率；三代忠贞悬日月”可知：诸葛亮就是刘汉政权群臣的好老师、好朋友、好榜样。

可以说自223年至246年这23年之内，刘汉政权一朝上下、满朝文武还比较清明廉洁，特别是诸葛亮执政的这十年内，经过诸葛亮的大力整肃，朝政清廉，诸葛亮得以抽身全力北伐曹魏。且看下列事实：

一是在这23年之内，在诸葛亮及其以先君刘备的名义指定的朝臣帮助下，刘禅算是一个开明之君。史载：“丞相亮将北征，住汉中，虑后主富于春秋，朱紫难别，以允秉心公亮，欲任以宫省之事。上疏曰：‘侍中郭攸之、费祎、侍郎董允等，先帝简拔以遗陛下，至于斟酌规益，进尽忠言，则其任也。愚以为宫中之事，事无大小，悉以咨之，必能裨补阙漏，有所广益。若无兴德之言，则戮允等以彰其慢。’亮寻请祎为参军，允迁为侍中，领虎贲中郎将，统宿卫亲兵。攸之性素和顺，备员而已。献纳之任，允皆专之矣。允处事为防制，甚尽匡救之理。后主常欲采择以充后宫，允以为古者天子后妃之数不过十二，今嫔嫱已具，不宜增益，终执不听。后主益严惮之。尚书令蒋琬领益州刺史，上疏以让费祎及允，又表‘允内侍历年，翼赞王室，宜赐爵土以褒勋劳。’允固辞不受。后主渐长大，爱宦人黄皓。皓便辟佞慧，欲自容入。允常上则正色匡主，下则数责于皓。皓畏允，不敢为非。终允之世，皓位不过黄门丞。”[③]

这段内容记载了两件大事，展现了诸葛亮料事如神：一指“后主富于春秋，朱紫难别”“后主常欲采择以充后宫，允以为古者天子后妃之数不过十二，今嫔嫱已具，不宜增益，终执不听”。就是说，刘禅重女色，遭到董允的坚决抵制而未能得逞；二指刘禅“爱宦人黄皓。皓便辟佞慧，欲自容入。允常上则正色匡主，下则数责于皓。皓畏允，不敢为非”，这就是说，刘禅想让宦官干政，又被董允

① 王平著：《中华兵典要览》，黄河出版社1999年版，第1073页。

② 王平著：《中华兵典要览》，黄河出版社1999年版，第1075页。

③ [晋]陈寿撰，[南朝宋]裴松之注：《三国志》（全五册），中华书局1975年版，第985—986页。

坚决杜绝。刘汉一朝，由于有诸葛亮、蒋琬、董允“严把防止皇室腐败关”，刘禅未敢走桓灵之路，刘汉一朝在这 23 年之内，可以说是朝政清明廉洁。“正如有一个故事所云：原在刘汉朝为官李密，即写有《陈情表》的作者。后来不得已在晋朝为官。晋朝有个宰相想羞辱他而向他提问曰：‘你的老主子刘禅是个什么样的人？’李密当然心知肚明这个宰相的意思。李密毕竟是个文才高手。他说：‘我给您打个比方吧，刘禅可以和齐桓公相比。’这个宰相一时反应不过来说，齐桓公可是春秋五霸之首呀！刘禅这个昏君怎能与之相比呢？李密说：‘齐桓公任用管仲，就能称霸；管仲死了以后，亲近小人，结果死无葬身之地。刘禅任用诸葛亮，就能抵抗曹魏；诸葛亮死了以后，亲近小人，结果国家灭亡。所以我说，刘禅可以和齐桓公相比。’这个比喻是颇为生动颇能说明问题的。”[①] 故而，著名史学家范文澜先生在《中国通史简编》第二编第三章中说：“诸葛亮治理下的蜀国，在三国中是最有条理的一个。”

二是从由诸葛亮所挑选所薰陶的一批朝臣来看，多为廉洁自砺的栋梁之才。诸葛亮是为表率自不必说，他们为国家利益能忍辱负重、舍生忘死皆有事例可证。“《世语》曰：‘时蜀官属皆天下英俊。’”[②]

且看蒋琬为相的风格与人格：史载：“东曹掾杨戏素性简略，琬与言论，时不应答。或欲构戏于琬曰：‘公与戏语而不见应，戏之慢上，不亦甚乎！’琬曰：‘人心不同，各如其面；面从后言，古人之所诫也。戏欲赞吾是耶，则非其本心，欲反吾言，则显吾之非，是以默然，是戏之快也。’又督农杨敏曾毁琬曰：‘作事愦愦，诚非及前人。’或以白琬，主者请推治敏，琬曰：‘吾实不如前人，无可推也。’主者重据听不推，则乞问其愦愦之状。琬曰：‘苟其不如，则事不当理，事不当理，则愦愦矣。复何问邪？’后敏坐事系狱，众人犹惧其必死，琬心无适莫，得免重罪。其好恶存道，皆此类也。”[③] 其意思是说，东曹掾杨戏性格向来简略，蒋琬同他谈话，他有时不应不答。有人借此机会挑拨杨戏与蒋琬的关系：“您与杨戏讲话时而他不理不睬，这样傲慢对待您，不是太过分了吗！”蒋琬却说：“各人心性不

① 吴直雄：《习凿齿与他的〈汉晋春秋〉——兼论〈三国演义〉对习凿齿的承继关系》，江西高校出版社 2019 年版，第 814—815 页。

② ［晋］陈寿撰，［南朝宋］裴松之注：《三国志》（全五册），中华书局 1975 年版，第 1067 页。

③ ［晋］陈寿撰，［南朝宋］裴松之注：《三国志》（全五册），中华书局 1975 年版，第 1058 页。

一，就像人的容貌一样是有差异的，当面应承背后非议，这是古人告诫我们应当注意之事。杨戏想要赞成我，这不是他的本意，想要不赞成我，又怕暴露我的不是，所以默然不应，这正是他的诚实之处啊！”又有督农杨敏曾经说过蒋琬：“做事昏昏然，确实不如前人。”有人将杨敏的话告诉蒋琬，主管官员请求让他们给杨敏治罪，蒋琬却说：“我确实不如前人，有什么可推究杨敏的呢？”主管官员再次陈请追究杨敏，蒋琬仍然拒绝。主管官员则请蒋琬去责问杨敏，说他昏昏糊糊的情状。蒋琬却说：“如果不如前人，则处事不合理，处事不合理，则昏昏糊糊。还有什么好问的呢？”后来杨敏犯罪坐牢，人们都担心他必死无疑，而蒋琬不存成见，所以杨敏能免除重罪。蒋琬的好恶爱憎就是这样合乎道义。大有诸葛亮不罪在他面前讥笑谯周的人们的诸葛之风！

再是廉洁节俭不贪财，也是诸葛亮所整治的刘汉朝廷，之所以能南征北伐并获得民意民心的一大基础所在。

曾与诸葛亮共事的董和为官二十余年，“死之日家无担石之财。”①

曾被诸葛亮千方百计挽留为尚书令的刘巴，“躬履清俭，不治产业。”②

曾为尚书令的费祎：“雅性谦素，家不积财。儿子皆令布衣素食，出入不从车骑，无异凡人。”③

曾为刘汉朝主帅的姜维：“姜伯约据上将之重，处群臣之右。宅舍敝薄，资财无余，侧室无妾媵之亵，后庭无声乐之娱。衣服取供，舆马取备，饮食节制，不奢不约，官给费用，随手消尽；察其所以然者，非以激贪厉浊，抑情自割也。直谓如是为足，不在多求。凡人之谈，常誉成毁败，扶高抑下，咸以姜维投厝无所，身死宗灭，以是贬削，不复料擿，异乎《春秋》褒贬之义矣。如姜维之乐学不倦，清素节约，自一时之仪表也。”④其意为姜维居上将显位，处群臣首列，住室简陋，家无余财，侧室无侍妾之欢，后庭无音乐之娱，衣服仅求够用，车马仅求乘用，

① ［晋］陈寿撰，［南朝宋］裴松之注：《三国志》（全五册），中华书局1975年版，第979页。

② ［晋］陈寿撰，［南朝宋］裴松之注：《三国志》（全五册），中华书局1975年版，第981页。

③ ［晋］陈寿撰，［南朝宋］裴松之注：《三国志》（全五册），中华书局1975年版，第1062页。

④ ［晋］陈寿撰，［南朝宋］裴松之注：《三国志》（全五册），中华书局1975年版，第1068页。

节俭饮食，不华不奢，公家所给费用，随时用尽不留。分析他这样做的原因，并非为了激励贪浊者抑制情欲，限制自己，只是满足于现有条件，而无过多要求。人们谈论古今人物，常常赞扬成功者而贬低失败者，赞誉高位者而贬抑在下者，都认为姜维错投蜀国最后身死家灭，因此贬损他，而不进行具体分析，这与《春秋》褒贬人物的义旨极不相同。像姜维这样好学不倦、清廉朴素，应为一代之楷模。

曾在平定边患、支援诸葛亮北伐有功的将军张嶷，曾“因为家境贫寒，没钱医治”① 疾病的地步。

曾为吴蜀通好立下汗马功劳的阳武亭侯邓芝：“做将军二十多年，赏罚分明而有决断，善于体恤部下士兵；他自己本身的衣食依靠公家供给，不随便接受不明不白的钱财。他一向俭朴，但始终不肯营谋私人财产，妻子儿女不能免于挨饿受冻，他死的那一天，家里没有剩下什么财物。”②

曾在刘备麾下为镇北将军，督江北军以防魏师进攻的黄权。在刘备伐吴败还，而归途隔绝不得归，无奈之下率部降魏。被魏文帝所赏识，拜镇南将军，封育阳侯，加侍中的黄权。常在司马懿面前称赞诸葛亮。故司马懿在给诸葛亮的书信中说：“黄公衡是个爽快人，经常从座位上起身，赞叹着谈论你，这种谈论总不离口。”③“诸葛亮殁没五丈原后，其故将黄权率族人在南阳卧龙岗建庵祭祀，时称诸葛庵。元延祐四年（1317），始命名为‘武侯祠’。”④ 黄权在诸葛亮的敌国竟然敢于如此推崇诸葛亮，从某种意义上来说，这就是他对诸葛亮整肃朝政的赞扬并得到敌国的认同。

第 42 妙：平生谨慎成共识；正是弄险成功时。

自关羽毁败之后，刘备于“猇亭”又为之大败，刘汉政权的军事力量遭到了毁灭性的打击。诸葛亮在刘汉政权元气大伤的情况下，接手了刘汉政权这个“烂摊子”。用兵，本来就是一件应当十分谨慎的事，诸葛亮在军事力量十分薄弱的

---

① 参见[晋]陈寿撰，[南朝宋]裴松之注：《三国志》（全五册），中华书局 1975 年版，第 1051 页。

② 参见[晋]陈寿撰，[南朝宋]裴松之注：《三国志》（全五册），中华书局 1975 年版，第 1073 页。

③ 参见[晋]陈寿撰，[南朝宋]裴松之注：《三国志》（全五册），中华书局 1975 年版，第 1044 页。

④ 刘先琴，刘阳：《南阳：擦亮三国文化名片》，《光明日报》2015 年 6 月 4 日第 5 版。

状况下，用兵就不得不异乎寻常的“谨慎”。“诸葛一生惟谨慎”几乎是古今共识。既然时人认定“诸葛一生惟谨慎”，那么“正是弄险成功时”对于智慧超常的诸葛亮来说，这就为他弄险成功创造了十分有利的条件。

“历史小说是以文学的真实，有效地保存着历史的‘肉身’，并还原于日常生活之中。它对历史真实地做了一种有益的补充，为干巴巴的时间、地点、事件补上了鲜活的人物和人物那生动的内心世界，为‘人事’补上了‘人生’。只有人事而没有人生的历史，就显得太单调了。只有补上了‘人生’的历史，才能更激动人心，鼓舞人心，激励人生，启迪人生，教育人生乃至指导人生。历史小说，是书写成为我们历史教益的一个部分，是卸下了历史包袱的历史对话。从这个意义上来说，它是经过了研究者、创作者赋予了人生影像的历史。这样的历史，它更能为大多数读者所接受。其教育意义往往超过与其对应的历史人物的实际。”[①]基于此，我不想用缺乏人物生动形象的史料来品析“平生谨慎成共识；正是弄险成功时”诸葛亮对“空城计”的妙用，而是引用上海古籍出版社 1996 年版《三国演义》第九十五回《马谡拒谏失街亭　武侯弹琴退仲达》中的片断，用以说明诸葛亮是如何妙用“空城计”欺骗司马懿的。

在这一回中，除了司马懿说到诸葛亮“谨慎”之外，数处写到诸葛亮用兵“谨慎”。直雄引用后加按语，借以代替分析：

“且说司马懿引二十万军出关下寨，请先锋张郃至帐下曰：‘诸葛亮平生谨慎，未敢造次行事。若是吾用兵，先从子午谷径取长安，早得多时矣。他非无谋，但怕有失，不肯弄险……’”

直雄按：这里用司马懿的话，形象写到诸葛亮用兵“谨慎”。

“即唤王平吩咐曰：‘吾素知汝平生谨慎，故特以此重任相托。汝可小心谨守此地：下寨必当要道之处，使贼兵急切不能偷过。安营既毕，便画四至八道地理形状图本来我看。凡事商议停当而行，不可轻易。如所守无危，则是取长安第一功也。戒之！戒之！’二人拜辞引兵而去。孔明寻思，恐二人有失，又唤高翔曰：‘街亭东北上有一城，名列柳城，乃山僻小路，此可以屯兵扎寨。与汝一万兵，去此城屯扎。但街亭危，可引兵救之。’高翔引兵而去。孔明又思：高翔非张郃对手，

① 吴直雄：《习凿齿与他的〈汉晋春秋〉——兼论〈三国演义〉对习凿齿的承继关系》，江西高校出版社 2019 年版，第 567—568 页。

必得一员大将，屯兵于街亭之右，方可防之，遂唤魏延引本部兵去街亭之后屯扎。延曰：‘某为前部，理合当先破敌，何故置某于安闲之地？’孔明曰：‘前锋破敌，乃偏裨之事耳。今令汝接应街亭，当阳平关冲要道路，总守汉中咽喉。此乃大任也，何为安闲乎？汝勿以等闲视之，失吾大事。切宜小心在意！’魏延大喜，引兵而去。孔明恰才心安，乃唤赵云、邓芝吩咐曰：‘今司马懿出兵，与旧日不同。汝二人各引一军出箕谷，以为疑兵。如逢魏兵，或战或不战，以惊其心。吾自统大军，由斜谷径取郿城；若得郿城，长安可破矣。’二人受命而去。孔明令姜维作先锋，兵出斜谷。”

直雄按：诸葛亮用王平，可谓谨慎人用谨慎人，更加凸显了诸葛亮排兵布阵，处处老到谨慎。

“孔明分拨已定，先引五千兵退去西城县搬运粮草，忽然十余次飞马报到，说司马懿引大军十五万，望西城蜂拥而来。时孔明身边别无大将，只有一班文官，所引五千兵，已分一半先运粮草去了，只剩二千五百军在城中。众官听得这个消息，尽皆失色。孔明登城望之，果然尘土冲天，魏兵分两路望西城县杀来。孔明传令，教：‘将旌旗尽皆隐匿，诸军各守城铺，如有妄行出入及高声言语者立斩之。大开四门，每一门用二十军士扮作百姓，洒扫街道。如魏兵到时，不可擅动，吾自有计。’孔明乃披鹤氅，戴纶巾，引二小童携琴一张，于城上敌楼前凭栏而坐，焚香操琴。却说司马懿前军哨到城下，见了如此模样，皆不敢进，急报与司马懿。懿笑而不信，遂止住三军，自飞马远远望之。果见孔明坐于城楼之上，笑容可掬，焚香操琴。左有一童子，手捧宝剑；右有一童子，手执麈尾。城门内外，有二十余百姓，低头洒扫，旁若无人，懿看毕大疑，便到中军，教后军作前军，前军作后军，望北山路而退。次子司马昭曰：‘莫非诸葛亮无军，故作此态？父亲何故便退兵？’懿曰：‘亮平生谨慎，不曾弄险。今大开城门，必有埋伏。我兵若进，中其计也。汝辈岂知？宜速退。’于是两路兵尽皆退去。孔明见魏军远去，抚掌而笑。众官无不骇然，乃问孔明曰：‘司马懿乃魏之名将，今统十五万精兵到此，见了丞相，便速退去，何也？’孔明曰：‘此人料吾生平谨慎，必不弄险；见如此模样，疑有伏兵，所以退去。吾非行险，盖因不得已而用之。此人必引军投山北小路去也。吾已令兴、苞二人在彼等候。’众皆惊服曰：‘丞相之机，神鬼莫测。若某等之见，必弃城而走矣。’孔明曰：‘吾兵止有二千五百，若弃城而走，必不能远遁。得不为司马懿所擒乎？’后人有诗赞曰：‘瑶琴三尺胜雄师，诸葛西城退敌时。

十五万人回马处，土人指点到今疑。’言讫，拍手大笑，曰：‘吾若为司马懿，必不便退也。’遂下令：‘教西城百姓，随军入汉中，司马懿必将复来。’于是孔明离西城望汉中而走。天水、安定、南安三郡官吏军民，陆续而来。”

直雄按：这一大段令古今读者津津乐道的精彩文字，分了如下六个层次写诸葛亮的谨慎：一是突然遇到劲敌司马懿十五万大军如潮水而来，仅有二千五百兵的诸葛亮，在众皆为之失色的情况下，就像没事一样，这是在生死存亡时的一种“谨慎”；二是在仅有二千五百兵的情况下，照样井井有条地排兵布阵：“将旌旗尽皆隐匿，诸军各守城铺，如有妄行出入及高声言语者立斩之。大开四门，每一门用二十军士扮作百姓，洒扫街道。如魏兵到时，不可擅动，吾自有计。”这样一举一动，彰显了诸葛亮的“谨慎”；三是诸葛亮利用司马懿深知只有在心情很好的时候才会去弹琴，弹琴时的心情是可以直接去影响到琴声，且细细地去品味琴声中也许还会含有一些高兴的意味。于是“孔明乃披鹤氅，戴纶巾，引二小童携琴一张，于城上敌楼前凭栏而坐，焚香操琴”，弹奏出上述效果，并在其“左有一童子，手捧宝剑；右有一童子，手执麈尾”以烘托出这种旁若无人、潜心而奏的艺术效果。展现出了面对千军万马潮涌而来的大将风度。这是何等的谨慎！又是何等的气度！四是“主要观众”司马懿被诸葛亮的“谨慎”所威服了，他只有从速退军，并坚信“亮平生谨慎，不曾弄险。今大开城门，必有埋伏。我兵若进，中其计也。汝辈岂知？宜速退”。五是诸葛亮“解谜”自道其谨慎：众官“乃问孔明曰：‘司马懿乃魏之名将，今统十五万精兵到此，见了丞相，便速退去，何也？’孔明曰：‘此人料吾生平谨慎，必不弄险；见如此模样，疑有伏兵，所以退去。吾非行险，盖因不得已而用之。此人必引军投山北小路去也。吾已令兴、苞二人在彼等候。’”六是撤退时的谨慎，让司马懿无空子可钻！

虽说小说家罗贯中挪移了史实，但将诸葛亮平生的谨慎作了穷尽性的描绘，让人终生难忘。如果直雄用史料（肉身）去论证去描绘诸葛亮的谨慎，是无法达到这个效果的。

第 43 妙：轮休作战创奇迹；诸葛用兵重信义。

人称我国历史上杰出的政治家、军事谋略家、文学家、思想家刘基，有着“划破 500 年时空的智慧闪光”，直雄读其《百战奇略》，涉及诸葛亮事迹的内容，几乎达百分之七，足见刘基对诸葛亮的敬佩且对诸葛亮有着深层次的研究。《百战奇略》首卷首篇“计战”中用的材料就是诸葛亮的《隆中对》。首卷第九篇“信战”，用的就是诸葛亮“十二更下”史料。直雄取题《诸葛信战》，即用刘基题意。“十二更下”史料，上海古籍出版社1996年版《三国演义》第一〇一回《出陇上诸葛妆神　奔剑阁张郃中计》中，罗贯中作了生动形象的改写。但对于表现诸葛亮妙用“信战”，有着异乎寻常的效应，基于与“空城计”一样的缘由，直雄引用小说论说其妙。该回写道：

“孔明拜辞后主，复到汉中，一面发檄令李严应付粮草，仍运赴军前；一面再议出师。杨仪曰：‘前数兴兵，军力罢敝，粮又不继，今不如分兵两班，以三个月为期：且如二十万之兵，只领十万出祁山，住了三个月，却教这十万替回，循环相辅。若此则兵力不乏，然后徐徐而进，中原可图矣。’孔明曰：‘此言正合我意。吾伐中原，非一朝一夕之事，正当为此长久之计。’遂下令，分兵两班，限一百日为期，循环相转，违限者按军法处治。

直雄按：在《谕参佐停更》与《诸葛信战》中，皆无这段文字。也许是罗贯中看到过这样的相关史料而写；也许是罗贯中为了小说情节衔接的需要所创作出来的文字。但提出了一个在“十二更下”的基础上“对半作战对半休整”的用兵之法，解决了疲劳应战与实战训练的问题。

建兴九年春二月，孔明复出师伐魏。时魏太和五年也……长史杨仪入帐告曰：‘向者丞相令大兵一百日一换，今已限足，汉中兵已出川口，前路公文已到，只待会兵交换。见存八万军，内四万该与换班。’孔明曰：‘既有令，便教速行。’众军闻知，各各收拾起程。忽报孙礼引雍、凉人马二十万来助战，去袭剑阁，司马懿自引兵来攻卤城了。蜀兵无不惊骇。杨仪入告孔明曰：‘魏兵来得甚急，丞相可将换班军且留下退敌，待新来兵到，然后换之。’孔明曰：‘不可。吾用兵命将，以信为本。既有令在先，岂可失信？且蜀兵应去者，皆准备归计，其父母妻子倚扉而望。吾今便有大难，决不留他。’即传令教应去之兵，当日便行。众军闻之，皆大呼曰：‘丞相如此施恩于众，我等愿且不回，各舍一命，大杀魏兵，以报丞相。’孔明曰：‘尔等该还家，岂可复留于此？’众军皆要出战，不愿回家。孔明曰：‘汝等既要与我出战，可出城安营，待魏兵到，莫待他息喘，便急攻之。此以逸待劳之法也。’众兵领命，各执兵器，欢喜出城，列阵而待。

直雄按：在《谕参佐停更》与《诸葛信战》中，虽说也充分地表现了诸葛亮“吾统武行师，以大信为本，得原失信，古人所惜；去者束装以待期，妻子鹤望而计

日，虽临征难，义所不废”的守信与仁义慈爱。但是，小说中的这一段，借助诸葛亮与战士的对话，诸葛亮“守信与仁义慈爱”的高大形象即展现在读者的眼前，令人看到了大战在即即知大战必胜！

却说西凉人马倍道而来，走得人马困乏，方欲下营歇息，被蜀兵一拥而进，人人奋勇，将锐兵骁，雍、凉兵抵敌不住，望后便退。蜀兵奋力追杀，杀得那雍、凉兵尸横遍野，血流成渠。孔明出城，收聚得胜之兵，入城赏劳。”

直雄按：在《谕参佐停更》与《诸葛信战》中有“临战之日，莫不拔剑争先，以一当十，杀张郃，却司马懿，一战大克，信之由也”，此语在表述诸葛亮“信战”所表现出来的辉煌战果上，虽说十分概括到位，但在小说中的表述则更富形象性生动性。

细细品味《谕参佐停更》与《诸葛信战》及罗贯中据此所创作的这段文字，让我们对于“统武行师，以大信为本”的治军原则，有着最为深刻的领会。让部队作战与休整有着合理的安排，虽说是缘起颇早通常之法，但是，在这样的特殊情况下，诸葛亮强调用兵仍当讲求信义，这是诸葛亮在“征战”与“轮休”用兵史上的伟大创举与独特贡献！尔后，实可为历代兵家所借鉴。

第十卷
“诸葛武侯诚哉武”　练兵奇才重创新

——《便宜十六策》《将苑》《兵法秘诀》《作连弩法》《作木牛流马法》《八阵图法》中的兵法探妙

本卷示要：本卷就上述六篇进行了品析，归纳出69妙。因古今诸多文论否定《便宜十六策》《将苑》为诸葛亮所作，认为“很难用来作为研究诸葛亮的基本资料”，而实际上，诸多著作却是“不约而同”视为诸葛亮的军事著作。这是一个十分严肃的学术问题，故而必须考证。直雄考证认为：诸葛亮著作，如果将有104112字的陈寿《诸葛氏集目录》视为“准确集结”的话，目前所收集到的仅仅是24500字或29503字左右而已。对于已经发现的诸葛亮著作，它是珍贵品，如果拿不出真正的“铁证”，是不能轻易否定的。故而有多位专家将《将苑》与《便宜十六策》算作《诸葛氏集》中的著作，是有道理的。

用兵缘起：

我们常说：“平常多流汗，战时少流血。”指的就是选将练兵的重要性问题。练兵能弥补实战存在的不足。没有训练的部队，就是一群乌合之众，是不能投入战斗的。经过训练了的军队，其战斗力会有很大的提高。

诸葛亮非常重视对战士的训练。为了北伐曹魏，在其短短的八年内，大致算来，诸葛亮有过三次大练兵。一是本书中的“成都营‘治戎讲武’，诸葛亮整军有方”，讲到诸葛亮南征回来后的练兵；二是本书的“屯田讲武八个月‘民忘其败’为一统”中，讲到诸葛亮上《后出师表》前这一段时间内的练兵；三是本节的“诸葛武侯诚哉武，练兵奇才重创新”中的练兵。这次练兵的时间，当是在准备北伐曹魏的过程中间断式的、陆陆续续的练兵。依据直雄在《千秋功过评孔明：诸葛亮新论·〈灭魏兴汉大一统　鞠躬尽瘁五丈原——诸葛亮行年暨其时要事纪年新谱〉》（中国书籍出版社2020年7月版第482—510页）中载：诸葛亮在229年4月至230年8月，在这近一年半的时间内，在229年9月筑汉、乐二城的前后，在改进运输工具的同时，当有过军事训练；在230年9月至231年1月之间，在改进运输工具的同时，当有过军事训练；231年8月至232年12月，诸葛亮在黄沙（今陕西省勉县东）休士劝农，教兵讲武，作流马、木牛毕，并军事训练以俟伐魏。233年，诸葛亮劝农讲武，作木牛、流马，使诸军运米集斜谷口（今陕西省眉县西南），治斜谷邸阁（粮仓），并进行过军事训练准备攻魏。

关于诸葛亮这次练兵的时间有多久，《三国演义》第一百二回写作：“魏主曹叡大惊，急召司马懿至，谓曰：‘蜀人三年不曾入寇，今诸葛亮又出祁山，如之奈何？’”诸葛亮在与曹魏决战前的练兵时间，前前后后算起来，大约有三年之久，虽是小说，但是历史小说，历史是其“肉身”，“《三国演义》一书不同于一般的历史小说，它的主要史实来源于《三国志》《资治通鉴》等正史，自清乾隆年间章学诚提出‘七实三虚’之后，后来学者包括鲁迅在内皆附而信之。而当代学者王万岭先生经过详细考证，其结论是：《三国演义》中实有之人与虚构之人相比，‘为 83 ∶ 17，约为九与二之比，并非“七实三虚。’”[①] 由此可以推定，此说不虚。再是，查本人所著《灭魏兴汉大一统，鞠躬尽瘁五丈原——诸葛亮行年暨其时要事纪年新谱》[②] 等诸葛亮年谱，约有三个年头为练兵时间。

从这几次的练兵时间之长、准备之足及后来分兵屯田，拟久驻五丈原与曹魏大军对峙的情况来看，诸葛亮是准备与曹魏大军决一死战的。

鉴于这次练兵时间最长，直雄拟将《便宜十六策》《将苑》《兵法秘诀》《作连弩法》《作木牛流马法》《八阵图法》等纳入这一章之内。

《便宜十六策》《将苑》是《诸葛亮兵法》中的主体内容。它展现了诸葛亮练兵的主要特点是：注重精选兵将精严练兵；注重政治思想练兵；注重军容军纪练兵；注重严赏罚严执法练兵；注重以身作则体贴将士练兵。这些特点，充分地汲取了前代军事家的治军精粹。对于《便宜十六策》《将苑》，是不是诸葛亮所作，在学术上历来被质疑、被否定！而在实际的出版过程中，编著者们则不容分说地视为诸葛亮所作。直雄觉得，否定者否定得十分明确具体，而赞成是诸葛亮所著作者，则不予辩驳地一口咬定这就是诸葛亮的兵法之作。这种情况不能再这样继续下去了，拟作考证后而用（《便宜十六策》《将苑》的考证内容，置于《便宜十六策》的白话说意）。

---

① 王万岭：《〈三国演义〉并非“七实三虚”——兼谈罗贯中处理虚实的艺术性》，载《淮北煤师院学报（社会科学版）》1996 年第 2 期，第 99 页。

② 吴直雄：《千秋功过评孔明：诸葛亮新论》，中国书籍出版社 2020 年版，第 508—509 页。

《便宜十六策》

治国第一

治国之政，其犹治家。治家者务立其本，本立则末正矣。夫本者，倡始也；末者，应和也。倡始者，天地也；应和者，万物也。万物之事，非天不生，非地不长，非人不成。故人君举措应天，若北辰为之主，台辅为之臣佐，列宿为之官属，众星为之人民。是以北辰不可变改，台辅不可失度，列宿不可错缪，此天之象也。故立台榭以观天文，郊祀、逆气以配神灵，所以务天之本也；耕农、社稷、山林、川泽，祀祠祈福，所以务地之本也；庠序之礼，八佾之乐，明堂辟雍，高墙宗庙，所以务人之本也。故本者，经常之法，规矩之要。圆凿不可以方枘，铅刀不可以砍伐，此非常用之事不能成其功，非常用之器不可成其巧。故天失其常，则有逆气；地失其常，则有枯败；人失其常，则有患害。《经》曰：“非先王之法服不敢服。”此之谓也。

君臣第二

君臣之政，其犹天地之象，天地之象明，则君臣之道具矣。君以施下为仁，臣以事上为义。二心不可以事君，疑政不可以授臣。上下好礼，则民易使；上下和顺，则君臣之道具矣。君以礼使臣，臣以忠事君。君谋其政，臣谋其事。政者，正名也；事者，劝功也。君劝其政，臣劝其事，则功名之道俱立矣。是故君南面向阳，著其声响；臣北面向阴，见其形景。声响者，教令也；形景者，功效也。教令得中则功立，功立则万物蒙其福。是以三纲六纪有上中下。上者为君臣，中者为父子，下者为夫妇，各修其道，福祚至矣。君臣上下，以礼为本；父子上下，以恩为亲；夫妇上下，以和为安。上不可以不正，下不可以不端。上枉下曲，上乱下逆。故君惟其政，臣惟其事，是以明君之政修，则忠臣之事举。学者思明师，仕者思明君。故设官职之全，序爵禄之位，陈璇玑之政，建台辅之佐；私不乱公，邪不干正，此治国之道具矣。

视听第三

视听之政，谓视微形，听细声。形微而可见，声细而不闻，故明君视微之几，听细之大，以内和外，以外和内。故为政之道，务于多闻，是以听察采纳众下之言，谋及庶士，则万物当其目，众音佐其耳。故《经》云：“圣人无常心，以百姓为心。”目为心视，口为心言，耳为心听，身为心安。故身之有心，若国之有君，以内和外，万物昭然。观日月之形，不足以为明；闻雷霆之声，不足以为听，故人君以多见为智，多闻为神。夫五音不闻，无以别宫商；五色不见，无以别玄黄。盖闻明君者常若昼夜，昼则公事行，夜则私事兴。或有吁嗟之怨而不得闻，或有进善之忠而不得信。怨声不闻，则枉者不得伸；进善不纳，则忠者不得信，邪者容其奸。故《书》云：“天视自我民视，天听自我民听。”此之谓也。

纳言第四

纳言之政，谓为谏诤，所以采众下之谋也。故君有诤臣，父有诤子，当其不义则诤之，将顺其美，匡救其恶。恶不可顺，美不可逆；顺恶逆美，其国必危。夫人君拒谏，则忠臣不敢进其谋，而邪臣专行其政，此为国之害也。故有道之国，危言危行；无道之国，危行言孙，上无所闻，下无所说。故孔子不耻下问，周公不耻下贱，故行成名著，后世以为圣，是以屋漏在下，止之在上，上漏不止，下不可居矣。

察疑第五

察疑之政，谓察朱紫之色，别宫商之音。故红紫乱朱色，淫声疑正乐。乱生于远，疑生于惑。物有异类，形有同色。白石如玉，愚者宝之；鱼目似珠，愚者取之；狐貉似犬，愚者蓄之；栝蒌似瓜，愚者食之。故赵高指鹿为马，秦王不以为疑；范蠡贡越美女，吴王不以为惑。计疑无定事，事疑无成功。故圣人不可以意说为明，必信夫卜，占其吉凶。《书》曰：“三人占必从二人之言。”而有大疑者，“谋及庶人”。故孔子云，明君之治，不患人之不己知，患不知人也。不患外不知内，惟患内不知外；不患下不知上，惟患上不知下；不患贱不知贵，惟患贵不知贱。故士为知己者死，女为悦己者容，马为策己者驰，神为通己者明。故人君决狱行刑，患其不明。或无罪被辜，或有罪蒙恕，或强者专辞，或弱者侵怨，或直者被枉，或屈者不伸，或有信而见疑，或有忠而被害，此皆招天之逆气，灾暴之患，祸乱之变。惟明君治狱案刑，问其情辞，如不虚不匿，不枉不弊，观其往来，察其进退，听其声响，瞻其看视。形惧声哀，来疾去迟，还顾吁嗟，此怨结之情不得伸也。下瞻盗视，见怯退还，喘息却听，沉吟腹计，语言失度，来迟去速，不敢反顾，此

罪人欲自免也。孔子曰：“视其所以，观其所由，察其所安，人焉庾哉！人焉庾哉！”

治人第六

治人之道，谓道之风化，陈示所以也。故《经》云：“陈之以德义而民与行，示之以好恶而民知禁。”日月之明，众下仰之；乾坤之广，万物顺之。是以尧、舜之君，远夷贡献；桀、纣之君，诸夏背叛；非天移动其人，是乃上化使然也。故治人犹如养苗，先去其秽。故国之将兴，而伐于国，国之将衰，而伐于山。明君之治，务知人之所患皂服之吏，小国之臣。故曰，皂服无所不克，莫知其极，克食于民，而人有饥乏之变，则生乱逆。唯劝农业，无夺其时，唯薄赋敛，无尽民财。如此，富国安家，不亦宜乎？夫有国有家者，不患贫而患不安。故唐、虞之政，利人相逢，用天之时，分地之利，以豫凶年，秋有余粮，以给不足，天下通财，路不拾遗，民无去就。故五霸之世，不足者奉于有余。故今诸侯好利，利兴民争，灾害并起，强弱相侵，躬耕者少，末作者多，民如浮云，手足不安。《经》云：“不贵难得之货，使民不为盗；不贵无用之物，使民心不乱。”各理其职，是以圣人之政治也。古者齐景公之时，病民下奢侈，不遂礼制。周、秦之宜，去文就质，而劝民之有利也。夫作无用之器，聚无益之货，金银璧玉，珠玑翡翠，奇珍异宝，远方所出，此非庶人之所用也。锦绣纂组，绮罗绫縠，玄黄衣帛，此非庶人之所服也。雕文刻镂，伎作之巧，难成之功，妨害农事，辎軿出入，袍裘索袢，此非庶人之所饰也。重门画兽，萧墙数仞，冢墓过度，竭财高尚，此非庶人之所居也。《经》云：“庶人之所好者，唯躬耕勤苦，谨身节用，以养父母。”制之以财，用之以礼，丰年不奢，凶年不俭，素有蓄积，以储其后，此治人之道，不亦合于四时之气乎？

举措第七

举措之政，谓举直措诸枉也。夫治国犹于治身：治身之道，务在养神；治国之道，务在举贤；是以养神求生，举贤求安。故国之有辅，如屋之有柱；柱不可细，辅不可弱；柱细则害，辅弱则倾。故治国之道，举直措诸枉，其国乃安。夫柱以直木为坚，辅以直士为贤；直木出于幽林，直士出于众下。故人君选举，必求隐处，或有怀宝迷邦，匹夫同位；或有高才卓绝，不见招求；或有忠贤孝弟，乡里不举；或有隐居以求其志，行义以达其道；或有忠质于君，朋党相谗。尧举逸人，汤招有莘，周公采贱，皆得其人，以致太平。故人君悬赏以待功，设位以待士，不旷庶官，辟四门以兴治务，玄纁以聘幽隐，天下归心，而不仁者远矣。夫所用者非所养，所养者非所用；贫陋为下，财色为上；谗邪得志，忠直远放，玄纁不行，焉得贤辅哉？若夫国危不治，民不安居，此失贤之过也。夫失贤而不危，得贤而不安，未之有也。为人择官者，乱；为官择人者，治。是以聘贤求士，犹嫁娶之道也。未有自嫁之女，出财为妇。故女慕财聘而达其贞，士慕玄纁而达其名，以礼聘士，而其国乃宁矣。

考黜第八

考黜之政，谓迁善黜恶。明主在上，心昭于天，察知善恶，广及四海，不敢遗小国之臣，下及庶人，进用贤良，退去贪懦，明良上下，企及国理，众贤雨集，此所以劝善黜恶，陈之休咎。故考黜之政，务知人之所苦。其苦有五：或有小吏因公为私，乘权作奸；左手执戈，右手治生；内侵于官，外采于民，此所苦一也；或有过重罚轻，法令不均，无罪被辜，以致灭身，或有重罪得宽，扶强抑弱，加以严刑，枉责其情，此所苦二也；或有纵罪恶之吏，害告诉之人，断绝语辞，蔽藏其情，掠劫亡命，其枉不常，此所苦三也；或有长吏数易守宰，兼佐为政，阿私所亲，枉克所恨，逼切为行，偏颇不承法制，更因赋敛，傍课采利，送故待新，夤缘征发，诈伪储备，以成家产，此所苦四也；或有县官慕功，赏罚之际，利人之事，买卖之费，多所裁量，专其价数，民失其职，此所苦五也。凡此五事，民之五害。有如此者，不可不黜，无此五者，不可不迁。故《书》云："三载考绩，黜陟幽明。"

治军第九

治军之政，谓治边境之事，匡救大乱之道，以威武为政，诛暴讨逆，所以存国家、安社稷之计。是以有文事必有武备，故含血之蠹，必有爪牙之用，喜则共戏，怒则相害；人无爪牙，故设兵革之器，以自辅卫。故国以军为辅，君以臣为佐，辅强则国安，辅弱则国危，在于所任之将也。非民之将，非国之辅，非军之主。

故治国以文为政，治军以武为计；治国不可以不从外，治军不可以不从内。内谓诸夏，外谓戎狄。戎狄之人，难以理化，易以威服。礼有所任，威有所施。是以黄帝战于涿鹿之野，唐尧战于丹浦之水，舜伐有苗，禹讨有扈，自五帝、三王至圣之主，德化如斯，尚加之以威武，故兵者凶器，不得已而用之。

夫用兵之道，先定其谋，然后乃施其事。审天地之道，察众人之心，习兵革之器，

明赏罚之理，观敌众之谋，视道路之险，别安危之处，占主客之情，知进退之宜，顺机会之时，设守御之备，强征伐之势，扬士卒之能，图成败之计，虑生死之事，然后乃可出军任将，张擒敌之势，此为军之大略也。

夫将者，人之司命，国之利器，先定其计，然后乃行。其令若漂水暴流，其获若鹰隼之击物，静若弓弩之张，动如机关之发，所向者破，而勍敌自灭。

将无思虑，士无气势，不齐其心，而专其谋，虽有百万之众，而敌不惧矣。非仇不怨，非敌不战。工非鲁般之目，无以见其工巧；战非孙武之谋，无以出其计运。夫计谋欲密，攻敌欲疾，获若鹰击，战如河决，则兵未劳而敌自散，此用兵之势也。

故善战者不怒，善胜者不惧。是以智者先胜而后求战，暗者先战而后求胜；胜者随道而修途，败者斜行而失路；此顺逆之计也。

将服其威，士专其力，势不虚动，运如圆石，从高坠下，所向者碎，不可救止。是以，无敌于前，无敌于后，此用兵之势也。

故军以奇计为谋，以绝智为主；能柔能刚，能弱能强，能存能亡；疾如风雨，舒如江海；不动如泰山，难测如阴阳；无穷如地，充实如天；不竭如江河，终始如三光，生死如四时，衰旺如五行；奇正相生，而不可穷。

故军以粮食为本，兵以奇正为始，器械为用，委积为备。故国困于贵买，贫於远输。攻不可再，战不可三，量力而用，用多则费。罢去无益，则国可宁也；罢去无能，则国可利也。

夫善攻者，敌不知其所守；善守者，敌不知其所攻。故善攻者不以兵革，善守者不以城郭。是以高城深池，不足以为固；坚甲锐兵，不足以为强。敌欲固守，攻其无备；敌欲兴阵，出其不意。我往敌来，谨设所居；我起敌止，攻其左右。量其合敌，先击其实。不知守地，不知战日，可备者众，则专备者寡。以虑相备，强弱相攻，勇怯相助，前后相赴，左右相趋，如常山之蛇，首尾俱到，此救兵之道也。

故胜者全威，谋之于身，知地形势，不可豫言。议之知其得失，诈之知其安危，计之知其多寡，形之知其生死，虑之知其苦乐，谋之知其善备。

故兵从生击死，避实击虚。山陵之战，不仰其高；水上之战，不逆其流；草上之战，不涉其深；平地之战，不逆其虚；道上之战，不逆其孤。此五者，兵之利，地之所助也。

夫军成于用势，败于谋漏；饥于远输，渴于躬井；劳于烦扰，佚于安静；疑于不战，惑于见利；退于刑罚，进于赏赐；弱于见逼，强于用势；困于见围，惧于先至；惊于夜呼，乱于暗昧；迷于失道，穷于绝地；失于暴卒，得于豫计。

故立旌旗以视其目，击金鼓以鸣其耳，设斧钺以齐其心，陈教令以同其道，兴赏赐以劝其功，行诛伐以防其伪。昼战不相闻，旌旗为之举；夜战不相见，火鼓为之起；教令有不从，斧钺为之使。

不知九地之便，则不知九变之道。天之阴阳，地之形名，人之腹心，知此三者，获处其功。知其士乃知其敌，不知其士，则不知其敌，不知其敌，每战必殆。故军之所击，必先知其左右士卒之心。

五间之道，军之所亲，将之所厚；非圣智不能用，非仁贤不能使。五间得其情，则民可用，国可长保。故兵求生则备，不得已则斗，静以理安，动以理威，无恃敌之不至，恃吾之不可击。以近待远，以逸待劳，以饱待饥，以实待虚，以生待死，以众待寡，以旺待衰，以伏待来。整整之旌，堂堂之鼓，当顺其前，而覆其后；固其险阻，而营其表，委之以利，柔之以害，此治军之道全矣。

赏罚第十

赏罚之政，谓赏善罚恶也。赏以兴功，罚以禁奸；赏不可不平，罚不可不均。赏赐知其所施，则勇士知其所死；刑罚知其所加，则邪恶知其所畏。故赏不可虚施，罚不可妄加，赏虚施则劳臣怨，罚妄加则直士恨，是以羊羹有不均之害，楚王有信谗之败。

夫将专持生杀之威：必生可杀，必杀可生，忿怒不详，赏罚不明，教令不常，以私为公，此国之五危也。赏罚不明，教令有不从；必杀可生，众奸不禁；必生可杀，士卒散亡；忿怒不详，威武不行；赏罚不明，下不劝功；政教不当，法令不从；以私为公，人有二心。故众奸不禁，则不可久；士卒散亡，其众必寡；威武不行，见敌不起；下不劝功，上无强辅；法令不从，事乱不理；人有二心，其国危殆。

故防奸以政，救奢以俭；忠直可使理狱，廉平可使赏罚。赏罚不曲，则人死服。路有饥人，厩有肥马，可谓亡人而自存，薄人而自厚。故人君先募而后赏，先令而后诛，则人亲附，畏而爱之，不令而行。赏罚不正，则忠臣死于非罪，而邪臣起于非功。赏赐不避怨仇，则齐桓得管仲之力；诛罚不避亲戚，则周公有杀弟之名。《书》云：“无偏无党，王道荡荡；无党无偏，王道平平。”此之谓也。

喜怒第十一

喜怒之政，谓喜不应喜无喜之事，怒不应怒无怒之物；喜怒之间，必明其类。怒不可犯无罪之人，喜不纵可戮之士；喜怒之际，不可不详。喜不可纵有罪，怒不可戮无辜；喜怒之事，不可妄行。行其私而废其功，将不可发私怒，而兴战必用众心，苟合以私忿而合战，则用众必败。怒不可以复悦，喜不可以复怒，故以文为先，以武为后。先胜则必后负，先怒则必后悔；一朝之忿，而亡其身。故君子威而不猛，忿而不怒，忧而不惧，悦而不喜。可忿之事，然后加之威武，威武加则刑罚施，刑罚施则众奸塞。不加威武，则刑罚不中；刑罚不中，则众恶不理，其国亡。

治乱第十二

治乱之政，谓省官并职，去文就质也。夫绵绵不绝，必有乱结；纤纤不伐，必成妖孽。夫三纲不正，六纪不理，则大乱生矣。故治国者，圆不失规，方不失矩，本不失末，为政不失其道，万事可成，其功可保。夫三军之乱，纷纷扰扰，各惟其理。明君治其纲纪，政治当有先后。先理纲，后理纪；先理令，后理罚；先理近，后理远；先理内，后理外；先理本，后理末；先理强，后理弱；先理大，后理小；先理上，后理下；先理身，后理人。是以理纲则纪张，理令则罚行，理近则远安，理内则外端，理本则末通，理强则弱伸，理大则小行，理上则下正，理身则人敬，此乃治国之道也。

教令第十三

教令之政，谓上为下教也。非法不言，非道不行，上之所为，人之所瞻也。夫释己教人，是谓逆政；正己教人，是谓顺政。故人君先正其身，然后乃行其令。身不正则令不从，令不从则生变乱。故为君之道，以教令为先，诛罚为后；不教而战，是谓弃之。

先习士卒用兵之道，其法有五：一曰：使目习其旌旗指麾之变，纵横之术；二曰：使耳习闻金鼓之声，动静行止；三曰：使心习刑罚之严，爵赏之利；四曰：使手习五兵之便，斗战之备；五曰：使足习周旋走趋之列，进退之宜；故号为五教。

教令军阵，各有其道。左教青龙，右教白虎，前教朱雀，后教玄武，中央轩辕。大将军之所处，左矛右戟，前盾后弩，中央旗鼓。旗动俱起，闻鼓则进，闻金则止，随其指挥，五陈乃理。正左矛右戟，前盾后弩，中央旗鼓。旗动俱起，闻鼓则进，闻金则止，随其指挥，五陈乃理。正阵之法，旗鼓为之主：一鼓，举其青旗，则为直阵；二鼓，举其赤旗，则为锐阵；三鼓，举其黄旗，则为方阵；四鼓，举其白旗，则为圆阵；五鼓，举其黑旗，则为曲阵。直阵者，木阵也；锐阵者，火阵也；方阵者，土阵也；圆阵者，金阵也；曲阵者，水阵也。此五行之阵，辗转相生，冲对相胜，相生为救，相胜为战；相生为助，相胜为敌。凡结五阵之法，五五相保，五人为一长，五长为一师，五师为一枝，五枝为一火，五火为一撞，五撞为一军，则军士具矣。

夫兵利之所便，务知节度。短者持矛戟，长者持弓弩，壮者持旌旗，勇者持金鼓，弱者给粮牧，智者为谋主。乡里相比，五五相保，一鼓整行，二鼓习阵，三鼓起食，四鼓严办，五鼓就行。闻鼓听金，然后举旗，出兵以次第，一鸣鼓三通，旌旗发扬，举兵先攻者赏，却退者斩，此教令也。

斩断第十四

斩断之政，谓不从教令之法也。其法有七：一曰轻，二曰慢，三曰盗，四曰欺，五曰背，六曰乱，七曰误，此治军之禁也。当断不断，必受其乱，故设斧钺之威以待，不从令者，诛之。军法异等，过轻罚重，令不可犯，犯令者斩。

期会不到，闻鼓不行，乘宽自留，避回自止，初近后远，唤名不应，车甲不具，兵器不备，此为轻军，轻军者斩。受令不传，传令不审，迷惑吏士，金鼓不闻，旌旗不睹，此谓慢军，慢军者斩。食不禀粮，军不省兵，赋赐不均，阿私所亲，取非其物，借贷不还，夺人头首，以获其功，此谓盗军，盗军者斩。变改姓名，衣服不鲜，旌旗裂坏，金鼓不具，兵刃不磨，器仗不坚，矢不着羽，弓弩无弦，法令不行，此为欺军，欺军者斩。闻鼓不进，闻金不止，按旗不伏，举旗不起，指挥不随，避前向后，纵发乱行，折其弓弩之势，却退不斗，或左或右，扶伤举死，自托而归，此谓背军，背军者斩。出军行将，士卒争先，纷纷扰扰，车骑相连，咽塞路道，后不得先，呼唤喧哗，无所听闻，失乱行次，兵刃中伤，长短不理，上下纵横，此谓乱军，乱军者斩。屯营所止，问其乡里，亲近相随，共食相保，不得越次，强入他伍，干误次第，不可呵止，度营出入，不由门户，不自启白，奸邪所起，知者不告，罪同一等，合人饮酒，阿私取受，大言警语，疑惑吏士，此谓误军，误军者斩。斩断之后，此万事乃理也。

思虑第十五

思虑之政，谓思近虑远也。夫人无远虑，必有近忧，故君子思不出其位。思者，正谋也；虑者，思事之计也。非其位不谋其政，非其事不虑其计。大事起于难，小事起于易。故欲思其利，必虑其害；欲思其成，必虑其败。是以九重之台，虽高必坏。故仰高者不可忽其下，瞻前者不可忽其后。是以秦穆公伐郑，二子知其害；吴王受越女，子胥知其败；虞受晋璧马，宫之奇知其害；宋襄公练兵车，目夷知其负。凡此之智，思虑之至，可谓明矣。夫随覆阵之轨，追陷溺之后，以赴其前，何及之有？故秦承霸业，不及尧舜之道。夫危生于安，亡生于存，乱生于治。君子视微知著，见始知终，祸无从起，此思虑之政也。

阴察第十六

阴察之政，譬喻物类，以觉悟其意也。外伤则内孤，上惑则下疑；疑则亲者不用，惑则视者失度，失度则乱谋，乱谋则国危，国危则不安。是以思者虑远，远虑者安，无虑者危。富者得志，贫者失时，甚爱太费，多藏厚亡，竭财相买，无功自专，忧事众者烦，烦生于怠。船漏则水入，囊穿则内空；山小无兽，水浅无鱼，树弱无巢；墙坏屋倾，堤决水漾；疾走者仆，安行者迟；乘危者浅，履冰者惧，涉泉者溺，遇水者渡，无楫者不济，失侣者远顾，赏罚者省功，不诚者失信。唇亡齿寒，毛落皮单。阿私乱言，偏听者生患。善谋者胜，恶谋者分。善之劝恶，如春雨泽。麒麟易乘，驽骀难习。不视者盲，不听者聋。根伤则叶枯，叶枯则花落，花落则实亡。柱细则屋倾，本细则末挠，下小则上崩。不辨黑白，弃土取石，虎羊同群。衣破者补，带短者续。弄刀者伤手，打跳者伤足。洗不必江河，要之却垢；马不必骐骥，要之疾足；贤不必圣人，要之智通。总之，有五德：一曰禁暴止兵，二曰赏贤罚罪，三曰安仁和众，四曰保大定功，五曰丰挠拒谗，此之谓五德。①

① 王瑞功主编：《诸葛亮研究集成》（上、下册），齐鲁书社1997年版，第335—346页。对于其中的个别字词标点分段等，直雄参考过相关著作经校核后，稍有改动，特此说明。

《将苑》

一、兵权

夫兵权者，是三军之司命，主将之威势。将能执兵之权，操兵之要势，而临群下，譬如猛虎，加之羽翼，而翱翔四海，随所遇而施之。若将失权，不操其势，亦如鱼龙脱于江湖，欲求游洋之势，奔涛戏浪，何可得也。

二、逐恶

夫军国之弊，有五害焉：一曰结党相连，毁谮贤良；二曰侈其衣服，异其冠带；三曰虚夸妖术，诡言神道；四曰专察是非，私以动众；五曰伺候得失，阴结敌人。此所谓奸伪悖德之人，可远而不可亲也。

三、知人性

夫知人之性，莫难察焉。美恶既殊，情貌不一，有温良而为诈者，有外恭而内欺者，有外勇而内怯者，有尽力而不忠者。然知人之道有七焉：一曰问之以是非而观其志；二曰穷之以辞辩而观其变；三曰咨之以计谋而观其识；四曰告之以祸难而观其勇；五曰醉之以酒而观其性；六曰临之以利而观其廉；七曰欺之以事而观其信。

四、将材

夫将材有九：道之以德，齐之以礼，而知其饥寒，察其劳苦，此之谓仁将；事无苟免，不为利挠，有死之荣，无生之辱，此之谓义将；贵而不骄，胜而不恃，贤而能下，刚而能忍，此之谓礼将；奇变莫测，动应多端，转祸为福，临危制胜，此之谓智将；进有厚赏，退有严刑，赏不逾时，刑不择贵，此之谓信将；足轻戎马，气盖千夫，善固疆场，长于剑戟，此之谓步将；登高履险，驰射如飞，进则先行，退则后殿，此之谓骑将；气凌三军，志轻强虏，怯于小战，勇于大敌，此之谓猛将；见贤若不及，从谏如顺流，宽而能刚，勇而多计，此之谓大将。

五、将器

将之器，其用大小不同：若乃察其奸，伺其祸，为众所服，此十夫之将；夙兴夜寐，言词密察，此百夫之将；直而有虑，勇而能斗，此千夫之将；外貌桓桓，

中情烈烈，知人勤劳，悉人饥寒，此万夫之将；进贤进能，日慎一日，诚信宽大，闲于理乱，此十万人之将；仁爱洽于下，信义服邻国，上知天文，中察人事，下识地理，四海之内，视如家室，此天下之将。

六、将弊

夫为将之道，有八弊焉：一曰贪而无厌；二曰妒贤嫉能；三曰信谗好佞；四曰料彼不自料；五曰犹豫不自决；六曰荒淫于酒色；七曰奸诈而自怯；八曰狡言而不以礼。

七、将志

兵者凶器，将者危任，是以器刚则缺，任重则危。故善将者，不恃强，不怙势，宠之而不喜，辱之而不惧，见利不贪，见美不淫，以身殉国，壹意而已。

八、将善

将有五善四欲：五善者，所谓善知敌之形势，善知进退之道，善知国之虚实，善知天时人事，善知山川险阻。四欲者，所谓战欲奇，谋欲密，众欲静，心欲一。

九、将刚

善将者，其刚不可折，其柔不可卷，故以弱制强，以柔制刚。纯柔纯弱，其势必削；纯刚纯强，其势必亡；不柔不刚，合道之常。

十、将骄吝

将不可骄，骄则失礼，失礼则人离，人离则众叛。将不可吝，吝则赏不行，赏不行则士不致命，士不致命则军无功，无功则国虚，国虚则寇实矣。孔子曰：“如有周公之才之美，使骄且吝，其余不足观也已。”

十一、将强

将有五强八恶。高节可以厉俗，孝弟可以扬名，信义可以交友，沉虑可以容众，力行可以建功，此将之五强也。谋不能料是非，礼不能任贤良，政不能正刑法，富不能济穷厄，智不能备未形，虑不能防微密，达不能举所知，败不能无怨谤，此谓之八恶也。

十二、出师

古者国有危难，君简贤能而任之。斋三日，入太庙，南面而立；将北面，太师进钺于君。君持钺柄以授将，曰：“从此至军，将军其裁之。”复命曰：“见其虚则进，见其实则退。勿以身贵而贱人，勿以独见而违众，勿恃功能而失忠信。士未坐，勿坐；士未食，勿食；同寒暑，等劳逸，齐甘苦，均危患，如此则士必尽死，敌必可亡。”将受词，凿凶门，引军而出，君送之，跪而推毂，曰：“进退惟时，军中事，不由君命，皆由将出。”若此，则无天于上，无地于下，无敌于前，无主于后。是以智者为之虑，勇者为之斗，故能战胜于外，功成于内，扬名于后世，福流于子孙矣。

十三、择材

夫师之行也，有好斗乐战，独取强敌者，聚为一徒，名曰“报国之士”；有气盖三军，材力勇捷者，聚为一徒，名曰“突阵之士”；有轻足善步，走如奔马者，聚为一徒，名曰“搴旗之士”；有骑射如飞，发无不中者，聚为一徒，名曰“争锋之士”；有射必中，中必死者，聚为一徒，名曰“飞驰之士”；有善发强弩，远而必中者，聚为一徒，名曰“摧锋之士”。此六军之善士，各因其能而用之也。

十四、智用

夫为将之道，必顺天、因时、依人以立胜也。故天作时不作而人作，是谓逆时；时作天不作而人作，是谓逆天；天作时作而人不作，是谓逆人。智者不逆天，亦不逆时，亦不逆人也。

十五、不阵

古之善理者不师，善师者不阵，善阵者不战，善战者不败，善败者不亡。昔者，圣人之治理也，安其居，乐其业，至老不相攻伐，可谓善理者不师也。若舜修典刑，咎繇作士师，人不干令，刑无可施，可谓善师者不阵。若禹伐有苗，舜舞干羽而苗民格，可谓善阵者不战。若齐桓南服强楚，北服山戎，可谓善战者不败。若楚昭遭祸，奔秦求救，卒能返国，可谓善败者不亡矣。

十六、将诚

《书》曰：“狎侮君子，罔以尽人心；狎侮小人，罔以尽人力。”固行兵之要，务揽英雄之心，严赏罚之科，总文武之道，操刚柔之术，悦《礼》《乐》而敦《诗》《书》，先仁义而后智勇；静如潜鱼，动若奔獭，丧其所连，折其所强，耀以旌旗，戒以金鼓，退若山移，进如风雨，击崩若摧，合战如虎；迫而容之，利而诱之，乱而取之，卑而骄之，亲而离之，强而弱之，有危者安之，有惧者悦之，有叛者怀之，有冤者申之，有强者抑之，有弱者扶之，有谋者亲之，有谗者覆之，获财者与之；不倍兵以攻弱，不恃众以轻敌，不傲才以骄之，不以宠而作威；先计而后动，知胜而始战；得其财帛不自宝，得其子女不自使。将能如此，严号申令，而人愿斗，则兵合刃接而人乐死矣。

十七、戒备

夫国之大务，莫先于戒备。若夫失之毫厘，则差若千里，覆军杀将，势不逾息，可不惧哉！故有患难，君臣旰食而谋之，择贤而任之。若乃居安而不思危，寇至不知惧，此谓燕巢于幕，鱼游于鼎，亡不俟夕矣！《传》曰：“不备不虞，不可以师。”又曰：“预备无虞，古之善政。”又曰：“蜂虿尚有毒，而况国乎？”无备，虽众不可恃也。故曰：有备无患。故三军之行，不可无备也。

十八、习练

夫军无习练，百不当一；习而用之，一可当百。故仲尼曰：“不教而战，是谓弃之。”又曰：“善人教民七年，亦可以即戎矣。”然则即戎之不可不教，教之以礼义，诲之以忠信，诫之以典刑，威之以赏罚，故人知劝，然后习之，或阵而分之，坐而起之，行而止之，走而却之，别而合之，散而聚之。一人可教十人，十人可教百人，百人可教千人，千人可教万人，可教三军，然后教练而敌可胜矣。

十九、军蠹

夫三军之行，有探候不审，烽火失度；后期犯令，不应时机，阻乱师徒；乍前乍后，不合金鼓；上不恤下，削敛无度；营私徇已，不恤饥寒；非言妖辞，妄陈祸福；

无事喧杂，惊惑将吏；勇不受制，专而陵上；侵竭府库，擅给其财。此九者，三军之蠹，有之必败也。

二十、腹心

夫为将者，必有腹心、耳目、爪牙。无腹心者，如人夜行，无所措手足；无耳目者，如冥然而居，不知运动；无爪牙者，如饥人食毒物，无不死矣。故善将者，必有博闻多智者为腹心，沉审谨密者为耳目，勇悍善敌者为爪牙。

二十一、谨候

夫败军丧师，未有不因轻敌而致祸者，故师出以律，失律则凶。律有十五焉：一曰虑，间谍明也；二曰诘，谇候谨也；三曰勇，敌众不挠也；四曰廉，见利思义也；五曰平，赏罚均也；六曰忍，善含耻也；七曰宽，能容众也；八曰信，重然诺也；九曰敬，礼贤能也；十曰明，不纳谗也；十一曰谨，不违礼也；十二曰仁，善养士卒也；十三曰忠，以身殉国也；十四曰分，知止足也；十五曰谋，自料知他也。

二十二、机形

夫以愚克智，逆也；以智克愚，顺也；以智克智，机也。其道有三：一曰事，二曰势，三曰情。事机作而不能应，非智也；势机动而不能制，非贤也；情机发而不能行，非勇也。善将者，必因机而立胜。

二十三、重刑

吴起曰："鼓鼙金铎，所以威耳；旌帜，所以威目；禁令刑罚，所以威心。"耳威以声，不可不清；目威以容，不可不明；心威以刑，不可不严。三者不立，士可怠也。故曰：将之所麾，莫不心移；将之所指，莫不前死矣。

二十四、善将

古之善将者有四：示之以进退，故人知禁；诱之以仁义，故人知礼；重之以是非，故人知劝；决之以赏罚，故人知信。禁、礼、劝、信，师之大经也。未有纲直而目不舒也，故能战必胜，攻必取。庸将不然，退则不能止，进则不能禁，故与军同亡；无劝戒则赏罚失度，人不知信，而贤良退伏，谄顽登用；是以战必败散也。

二十五、审因

夫因人之势以伐恶，则黄帝不能与争威矣；因人之力以决胜，则汤、武不能与争功矣。若能审因而加之威胜，则万夫之雄将可图，四海之英豪受制矣。

二十六、兵势

夫行兵之势有三焉：一曰天，二曰地，三曰人。天势者，日月清明，五星合度，彗孛不殃，风气调和；地势者，城峻重崖，洪波千里，石门幽洞，羊肠曲沃；人势者，主圣将贤，三军由礼，士卒用命，粮甲坚备。善将者，因天之时，就地之势，依人之利，则所向者无敌，所击者万全矣。

二十七、胜败

贤才居上，不肖居下，三军悦乐，士卒畏服，相议以勇斗，相望以威武，相劝以刑赏，此必胜之徵也。士卒惰慢，三军数惊，下无礼信，人不畏法，相恐以敌，相语以利，相嘱以祸福，相惑以妖言，此必败之徵也。

二十八、假权

夫将者，人命之所悬也，成败之所系也，祸福之所倚也。而上不假之以赏罚，是犹束猿猱之手，而责之以腾捷；胶离娄之目，而使之辨青黄，不可得也。若赏移在权臣，罚不由主将，人苟自利，谁怀斗心？虽伊、吕之谋，韩、白之功，而不能自卫也。故孙武曰：“将之出，君命有所不受。”亚夫曰：“军中闻将军之命，不闻有天子之诏。”

二十九、哀死

古之善将者，养人如养己子，有难，则以身先之；有功，则以身后之；伤者，泣而抚之；死者，哀而葬之；饥者，舍食而食之；寒者，解衣而衣之；智者，礼而禄之；勇者，赏而劝之。将能如此，所向必捷矣。

三十、三宾

夫三军之行也，必有宾客，群议得失，以资将用。有词若悬流，奇谋不测，博闻广见，多艺多才，此万夫之望，可引为上宾；有猛若熊虎，捷若腾猿，刚如铁石，利若龙泉，此一时之雄，可以为中宾；有多言或中，薄技小才，常人之能，此可引为下宾。

三十一、后应

若乃图难于易，为大于细，先动后用，刑于无刑，此用兵之智也。师徒已列，戎马交驰，强弩才临，短兵又接，乘威布信，敌人告急，此用兵之能也。身冲矢石，争胜一时，成败未分，我伤彼死，此用兵之下也。

三十二、便利

夫草木丛集，利以游逸；重塞山林，利以不意；前林无隐，利以潜伏；以少击众，利以日暮；以众击寡，利以清晨；强弩长兵，利以捷次；逾渊隔水，风大暗昧，利以搏前击后。

三十三、应机

夫必胜之术，合变之形，在于机也。非智者孰能见机而作乎？见机之道，莫先于不意。故猛兽失险，童子持戟以追之；蜂虿发毒，壮士彷徨而失色；以其祸出不图，变速非虑也。

三十四、揣能

古之善用兵者，揣其能而料其胜负。主孰圣也？将孰贤也？吏孰能也？粮饷孰丰也？士卒孰练也？军容孰整也？戎马孰逸也？形势孰险也？宾客孰智也？邻国孰惧也？财货孰多也？百姓孰安也？由此观之，强弱之形，可以决矣。

三十五、轻战

螫虫之触，负其毒也；战士能勇，恃其备也。所以锋锐甲坚，则人轻战。故甲不坚密，与肉袒同；射不能中，与无矢同；中不能入，与无镞同；探候不谨，与无目同；将帅不勇，与无将同。

三十六、地势

夫地势者，兵之助也。不知战地而求胜者，未之有也。山林土陵，丘阜大川，此步兵之地；土高山狭，蔓衍相属，此车骑之地；依山附涧，高林深谷，此弓弩之地；草浅土平，可前可后，此长戟之地；芦苇相参，竹树交映，此枪矛之地也。

三十七、情势

夫将有勇而轻死者，有急而心速者，有贪而喜利者，有仁而不忍者，有智而心怯者，有谋而情缓者。是故勇而轻死者，可暴也；急而心速者，可久也；贪而喜利者，可遗也；仁而不忍者，可劳也；智而心怯者，可窘也；谋而情缓者，可袭也。

三十八、击势

古之善斗者，必先探敌情而后图之。凡师老粮绝，百姓愁怨，军令不习，器械不修，计不先设，外救不至，将吏刻剥，赏罚轻懈，营伍失次，战胜而骄，可以攻之；若用贤授能，粮食羡余，甲兵坚利，四邻和睦，大国应援，敌有此者，引而计之。

三十九、整师

夫出师行军，以整为胜。若赏罚不明，法令不信，金之不止，鼓之不进，虽有百万之师，无益于用。所谓整师者，居则有礼，动则有威，进不可当，退不可逼，前后应接，左右应旄，而不与之危，其众可合而不可离，可用而不可疲矣。

四十、厉士

夫用兵之道，尊之以爵，赡之以财，则士无不至矣；接之以礼，厉之以信，则士无不死矣；畜恩不倦，法若画一，则士无不服矣；先之以身，后之以人，则士无不勇矣；小善必录，小功必赏，则士无不劝矣。

四十一、自勉

圣人则天，贤者法地，智者则古。骄者招毁，妄者稔祸，多语者寡信，自奉者少恩，赏于无功者离，罚加无罪者怨，喜怒不当者灭。

四十二、战道

夫林战之道：昼广旌旗，夜多金鼓，利用短兵，巧在设伏，或攻于前，或发于后。丛战之道：利用剑楯，将欲图之，先度其路，十里一场，五里一应，偃戢旌旗，特严金鼓，令贼无措手足。谷战之道：巧于设伏，利以勇斗，轻足之士凌其高，必死之士殿其后，列强弩而冲之，持短兵而继之，彼不得前，我不得往。水战之道：利在舟楫，练习士卒以乘之，多张旗帜以惑之，严弓弩以中之，持短兵以捍之，设坚栅以卫之，顺其流而击之。夜战之道：利在机密，或潜师以冲之以出其不意，或多火鼓，以乱其耳目，驰而攻之，可以胜矣。

四十三、和人

夫用兵之道，在于人和，人和则不劝而自战矣。若将吏相猜，士卒不服，忠谋不用，群下谤议，谗慝互生，虽有汤、武之智，而不能取胜于匹夫，况众人乎？

四十四、察情

夫兵起而静者，恃其险也；迫而挑战者，欲人之进也；众树动者，车来也；尘土卑而广者，徒来也；辞强而进驱者，退也；半进而半退者，诱也；杖而行者，饥也；见利而不进者，劳也；鸟集者，虚也；夜呼者，恐也；军扰者，将不重也；旌旗动者，乱也；吏怒者，倦也；数赏者，窘也；数罚者，困也；来委谢者，欲休息也；币重而言甘者，诱也。

四十五、将情

夫为将之道，军井未汲，将不言渴；军食未熟，将不言饥；军火未燃，将不言寒；军幕未施，将不言困。夏不操扇，雨不张盖，与众同也。

四十六、威令

夫一人之身，百万之众，束肩敛息，重足俯听，莫敢仰视者，法制使然也。若乃上无刑罚，下无礼义，虽有天下，富有四海，而不能自免者，桀、纣之类也。夫以匹夫之刑令以赏罚，而人不能逆其命者，孙武、穰苴之类也。故令不可轻，

势不可通。

四十七、东夷

东夷之性，薄礼少义，悍急能斗，依山堑海，凭险自固。上下和睦，百姓安乐，未可图也。若上乱下离，则可以行间，间起则隙生，隙生则修德以徕之，固甲兵而击之，其势必克也。

四十八、南蛮

南蛮多种，性不能教，连合朋党，失意则相攻，居洞依山，或聚或散，西至昆仑，东至洋海，海产奇货，故人贪而勇战，春夏多疾疫，利在疾战，不可久师也。

四十九、西戎

西戎之性，勇悍好利，或城居，或野处，米粮少，金贝多，故人勇战斗，难败。自碛石以西，诸戎种繁，地广形险，俗负强很，故人多不臣。当候之以外衅，伺之以内乱，则可破矣。

五十、北狄

北狄居无城郭，随逐水草。势利则南侵，势失则北遁，长山广碛，足以自卫。饥则捕兽饮乳，寒则寝皮服裘。奔走射猎，以杀为务，未可以道德怀之，未可以兵戎服之。汉不与战，其略有三：汉卒且耕且战，故疲而怯；虏但牧猎，故逸而勇；以疲敌逸，以怯敌勇，不相当也，此不可战一也。汉长于步，日驰百里；虏长于骑，日乃倍之。汉逐虏则赍粮负甲而随之，虏逐汉则驱疾骑而运之，运负之势已殊，走逐之形不等，此不可战二也。汉战多步，虏战多骑，争地形之势，则骑疾于步，迟疾势悬，此不可战三也。不得已，则莫若守边。守边之道，拣良将而任之，训锐士而御之，广营田而实之，设烽堠而待之，候其虚而乘之，因其衰而取之，所谓资不费而寇自除矣，人不疲而虏自宽矣。[①]

---

① 王瑞功主编《诸葛亮研究集成》（上、下册），齐鲁书社1997年版，第347—359页。对于其中的个别字词标点标次序号，经校核后，稍有改动，特此说明。

《兵法秘诀》

镇星所在之宿，其国不可伐。又彗星见大明，臣下纵横，民流亡无所食，父子坐离，夫妇不相得。四维有流星，前如瓮，后如火，光竟天，如雷声，名曰天狗。其下饥荒，民疾疫，群臣死。流星东北行，名天冈。天海之口，必有大水土功。又四维有流星，入以后有白气如云，状似车轮，是谓啮食。其下大兵，中国多盗贼。又有星如斗，见北斗，名为旬始。天下大乱，诸侯争雄。[①]

《作连弩法》

损益连弩，谓之元戎，以铁为矢，矢长八寸，一弩十矢俱发。[②]

《作木牛流马法》

木牛者，方腹曲头，一脚四足，头入领中，舌著于腹。载多而行少，宜可大用，不可小使；特行者数十里，群行者二十里也。曲者为牛头，双者为牛脚，横者为牛领，转者为牛足，覆者为牛背，方者为牛腹，垂者为牛舌，曲者为牛肋，刻者为牛齿，立者为牛角，细者为牛鞅，摄者为牛鞦轴。牛仰双辕，人行六尺，牛行四步。载一岁粮，日行二十里，而人不大劳。

流马尺寸之数，肋长三尺五寸，广三寸，厚二寸二分，左右同。前轴孔分墨去头四寸，径中二寸，前脚孔分墨二寸，去前轴孔四寸五分，广一寸。前杠孔去前脚孔分墨二寸七分，孔长二寸，广一寸。后轴孔去前杠分墨一尺五分，大小与前同。后脚孔分墨去后轴孔三寸五分，大小与前同。后杠孔去后脚孔分墨二寸七分，后载克去后杠孔分墨四寸五分。前杠长一尺八寸，广二寸，厚一寸五分。后杠与等板方囊二枚，厚八分，长二尺七寸，高一尺六寸五分，广一尺六寸，每枚受米二斛三斗。从上杠孔去肋下七寸，前后同。上杠孔去下杠孔分墨一尺三寸，孔长一寸五分，广七分，八孔同。前后四脚，广二寸，厚一寸五分。形制如象，

① 王瑞功主编《诸葛亮研究集成》（上、下册），齐鲁书社 1997 年版，第 359 页。

② ［晋］陈寿撰，［南朝宋］裴松之注：《三国志》（全五册），中华书局 1975 年版，第 928 页。

靬长四寸，径面四寸三分。孔径中三脚杠，长二尺一寸，广一寸五分，厚一寸四分，同杠耳。①

《八阵图法》

八阵既成，自今行师，庶不复败矣。②

《便宜十六策》

本节题解：

《便宜十六策》的意思是什么呢？便宜，《姜太公兵法·虎韬·第三十九》中有云：“太公曰：‘凡深入敌人之境，必察地之形势，务求便利。’”这里的便利，即便宜有利之意。便宜，即是指对于国事而言，要合乎时宜地行使行事之权，要以小的代价换取有利国家的最大便利、最大好处。策者，策略、计谋也。“便宜十六策”，简而言之，就是为了国家利益，机宜权变灵活有节地谋划出的十六种策略。

精要概说：

《便宜十六策》是中国古代著名的刘汉政权的军事著作。是由三国时期杰出的政治家和军事家诸葛亮所著的重要兵法。

白话说意（此节以考证为主）：

《便宜十六策》和《将苑》，毋庸置疑是专讲兵法的著作。但是，古今皆有先生认定这不是诸葛亮的军事著作。直雄将其归入为《诸葛亮兵法》，首先必须对其真伪性作出论证。否则，本书中的“诸葛亮兵法之妙”便无从谈起。此书清人张澍称《隋书·经籍志》中有收录，此后的许多兵法类书都收有此《便宜十六策》。岳麓书社 1997 年 10 月 3 次印刷毛元佑译注的《白话诸葛亮兵法》就是以《便

---

① 张连科，管淑珍：《诸葛亮集校注》，天津古籍出版社 2008 年版，第 151—152 页。

② 张连科，管淑珍：《诸葛亮集校注》，天津古籍出版社 2008 年版，第 154 页。

宜十六策》和《将苑》为主要内容的；时事出版社 1997 年 11 月 2 次印刷普颖华、郑吟韬编著的《白话诸葛亮兵法》也是以《便宜十六策》和《将苑》为主要内容的；江西人民出版社 1996 年 2 月印刷何兆吉、任真译注的《诸葛亮兵法》同样是以《便宜十六策》和《将苑》为主要内容的；军事科学出版社 2005 年 9 月印刷孔干著的《诸葛亮兵法古今谈——军地两用智谋丛书之三（修订版）》全是以《将苑》为主要内容的；宗教文化出版社 1999 年 1 月印刷由应涵编译的《诸葛亮神算兵法》则是以《便宜十六策》和《将苑》为主要内容的；尹名、金川、荣庆所著、中州古籍出版社，1991 年 11 月出版的《白话诸葛亮谋略全书·前言》载称："《将苑》又称《心书》《新书》，是诸葛亮兵法的精华。"如果一一列举，仍有不少《诸葛亮兵书》将《便宜十六策》和《将苑》为主要内容，对诸葛亮兵书加以研究。

《便宜十六策》和《将苑》的具体作年仍有待考证。诸葛亮抽出专门时间对将士进行系统的军事训练主要有三次。一次当是前面提到的"成都练兵"；一次是书写《后出师表》前的八个月的练兵；而"汉中练兵"，是为时最长的一次。

考察《便宜十六策》和《将苑》的实际内容，将《便宜十六策》和《将苑》视为"汉中练兵"的内容比较妥当。

现在的问题是：有的先生对《便宜十六策》和《将苑》是诸葛亮所作予以全面否定。认为："诸葛亮自己的著述，被收入清人张澍所编《诸葛忠武侯文集》，即今天我们所见到的《诸葛亮集》。但是，这里需要说明的是，《诸葛亮集》中所收之《便宜十六策》《将苑》究竟是否系诸葛亮所著，讫无定论，很难用来作为研究诸葛亮的基本资料。张澍称'《隋书·经籍志》，武侯《十六策》一卷'，但检阅《隋书·经籍志》，并无记载。所以，晁公武在其《读书志》中云：'陈寿录孔明书，不载此策，疑依托者。'张澍还说，《将苑》也为《隋书·经籍志》著录。但实际上也没有。不仅如此，《三国志》本传载陈寿所上'诸葛亮集目录'中，亦无《将苑》和《便宜十六策》。并且，就连《诸葛亮集》所载从清人姚振宗《三国艺文志》中辑出的《诸葛亮著作考》，也未见上述二书。所以，清人姚际恒在《古今伪书考》中干脆称其'伪也'，《四库提要》则指其'大都窃取孙子书，而附以迂陋之言，至不足道，盖妄人所伪作'。实事求是地说，不论是从行文特点和语言风格看，还是从思想体系看，《便宜十六策》和《将苑》基本上可以断定皆非诸葛亮所著。现在完全可以认定的诸葛亮所撰文字，如《隆中对》以及《诫子书》等，均警策凝练，清新隽永，极富创造性，而这恰恰是《便宜十六策》和《将苑》

所没有的。有学者认为，‘《将苑》中的某些段落、语句的原文或原意来源于《孙子》，或与《孙子》原意接近’，唐宋以来一些学者认为‘是抄袭《孙子》，抑或后人抄《孙子》并附以粗俗语言，伪托的诸葛亮著作’，对此‘可以理解为诸葛氏早年熟读熟记了《孙子》，并将其转化为自己军事思想中的一部分’。然而，这种说法并无史料依据，可信程度不高，所以只能看作是一种猜想。”①

这是系统彻底地否定《便宜十六策》和《将苑》为诸葛亮所作的具有代表性的论断。这一论断主要是从如下六个方面说明《便宜十六策》和《将苑》并非诸葛亮所作：

一是“张澍称‘《隋书·经籍志》，武侯《十六策》一卷’，但检阅《隋书·经籍志》，并无记载”。“张澍还说，《将苑》也为《隋书·经籍志》著录。但实际上也没有。”

二是“晁公武在其《读书志》中云：‘陈寿录孔明书，不载此策，疑依托者’”。

三是“就连《诸葛亮集》所载从清人姚振宗《三国艺文志》中辑出的《诸葛亮著作考》，也未见上述二书。所以，清人姚际恒在《古今伪书考》中干脆称其‘伪也’”。

四是“《四库提要》则指其‘大都窃取孙子书，而附以迂陋之言，至不足道，盖妄人所伪作’”。

五是“实事求是地说，不论是从行文特点和语言风格看，还是从思想体系看，《便宜十六策》和《将苑》基本上可以断定皆非诸葛亮所著”。

六是“现在完全可以认定的诸葛亮所撰文字，如《隆中对》以及《诫子书》等，均警策凝练，清新隽永，极富创造性，而这恰恰是《便宜十六策》和《将苑》所没有的”。仅据此梳理，《便宜十六策》和《将苑》非诸葛亮所作无疑。

如果上述六点能够成立，显而易见《便宜十六策》和《将苑》是“很难用来作为研究诸葛亮的基本资料”的。

面对上述六点否定《便宜十六策》和《将苑》是诸葛亮所作的论断，直雄想起了“说有易，道无难”的名言。“说有”，是因为人们亲眼所见，当然容易说；“道无”，是因为人们因为没有看见，仅仅因为没有看见，就说世无此事此书……这

① 李兴斌：《诸葛亮与〈孙子兵法〉——兼评诸葛亮的军事才能》，《孙子研究》2017年第1期，第59—60页。

是一件谁也说不准的难事，因为个人的阅历是有限的，人们各自的智慧是不一样的，一个人独自所见的事物极其有限，而信口开河地说此事此书不存则是极为容易的。几多众人认为没有存在的可能性的书稿与物件，后来通过考古的挖掘便一一呈现在世人的眼前。这样的事例举不胜举。

例如《孙子兵法》的问题。班固（公元32—92年）在《汉书·艺文志》中，把孙武的兵法叫《吴孙子兵法》，把孙膑的兵法叫《齐孙子兵法》。《吴孙子兵法》即《孙子兵法》一直流传至今，而《齐孙子兵法》即《孙膑兵法》在东汉时便已失传。于是宋代学者陈振孙、叶适提出质疑：《孙子兵法》真是孙武撰著的吗？历史上是否真有孙武其人？又是这个姚际恒也赞同这种说法，认为《孙子兵法》为伪书。

宋代以来，甚至有人对孙武是否确有其人也持怀疑态度。较多的人则认为现存的《孙子兵法》可能源出于孙武，完成于孙膑，是春秋末期到战国中期长期战争经验的总结，并非一个人的著作。这种头头是道的推论，谁又能说它不合理呢？只有实物的出现，才可以否定那些喜欢轻易否定古籍的学人。1972年4月，山东省临沂县银雀山在基本建设施工中，发现了两座西汉前期墓葬。经过文物、考古工作者清理，出土了著名的《孙子兵法》和已经失传两千多年的《孙膑兵法》等竹简（包括残简）4900多枚。这批竹简的出土，对于研究先秦古代军事思想，提供了重要的资料，同时对古代文字学、隶书的演变和书法的研究也很有价值。所以，有些推论，往往是武断的。“从西汉到清末，孙膑足足埋没了2000多年。连博学多才的司马迁、对兵法大感兴趣的政治家曹操及后来《武经七书》的编纂者，皆不晓得另有这么一本《孙膑兵法》的存在——《孙膑兵法》的发现，是中国军事思想史上的一件大事。1972年，在山东省临沂县银雀山挖掘两座汉初古墓时，意外发现了古代兵书的残留竹简。”[①]又，“《尉缭子》公元前3世纪，在秦始皇手下任官。为由尉缭的言论所集录的一本书，或有人谓其为伪书，但是它和《孙膑兵法》，同是由银雀山汉墓出土，所以可证明这本书并非伪书。”[②]由此可证下面的一段话实有深刻的现实意义：“联想起罗香林先生回忆陈寅恪的一段著名的话：凡前人对历史发展所流传下来的记载或追述，我们如果要证明它为“有”，则比较容易；因为只要能够发现一二种别的记录以作旁证，就可以证明它为“有”

---

① 南关音、何长林编著：《中华谋略宝库》，南海出版公司1992年版，第805页。

② 南关音、何长林编著：《中华谋略宝库》，南海出版公司1992年版，第20页。

了。如果要证明它“无”则委实不易，千万要小心从事。因为如你只查了一二种有关的文籍而不见其“有”，那是还不能说定的；因为资料是很难齐全的，现有文籍虽全查过了，安知尚有地下未发现或将发现的资料仍可证明其非“无”呢？（罗香林《回忆陈寅恪师》）[①]

现在就上述六个问题一一论说于后。

一是关于“张澍称‘《隋书·经籍志》，武侯《十六策》一卷’，但检阅《隋书·经籍志》，并无记载”。“张澍还说，《将苑》也为《隋书·经籍志》著录。但实际上也没有”的问题。

张澍（1776—1847年）清代著名文献学家。年犹未弱冠，于乾隆五十九年（1794）中乡榜，嘉庆四年（1799）进士，入翰林院庶吉士充实录馆纂修，未几引疾归。后起任贵州玉屏、四川屏山等知县。丁父忧，再起为江西永新知县，署临江通判，改江西泸溪县令，以缓漕免职。所学长于考证舆地，以及姓氏谱牒。其《五凉旧闻》，则专纪乡邦故实。补辑《汉皇德传》《魏周生烈子》以下关陇著述10余种。藏书处“二酉堂”，所搜集地方文献为多。张澍下此结论之时，距今算来已经200余年。张澍去世之后至中华人民共和国成立之前，正是世界列强野蛮抢劫、瓜分中国最为惨烈之时，我们不能排除作为以考证见长文献学家所见该版本之书，早已为列强所毁，故今人不得而见。我们不能因当今的版本查不到，而说张澍所说为假。其实，各人所查见的资料来源不一，当今有的学者仍是可查并查得到的，且看：张连科、管淑珍校注：《诸葛亮集校注》，天津古籍出版社2008年1月版在其《前言》第10页中这样写道：“陈寿所编的《诸葛亮集》后来散佚。另外，《隋书·经籍志》也录有《诸葛亮集》。明清两代学者辑佚重编了诸葛亮文集要。较有名的为明代王士祺的《武侯全书》和清代张澍的《诸葛忠武侯文集》。中华书局1960年出版的《诸葛亮集》就是在‘张澍本’的基础上整理而成，到1974年，中华书局纠正了一些错字和标点，又将此书再版。我们的《诸葛亮集校注》主要以中华书局《诸葛亮集》（即‘张澍本’）为底本进行校注。”在该书的封面上，赫然写着：“国家古籍整理出版‘十一五’重点规划项目”；而在扉页上标示：“本书出版得到国家古籍整理出版专项经费资助”。又，“根据《隋书》的《经籍志》记载，诸葛亮的兵书，其完整版本到南朝的梁代仍然存在。北魏孝文帝在位时间在梁代之前，

① 祝老师：《说有易说无难》2021年9月24日 https：//zhuanlan.……。

因此完全能够读到诸葛亮的完整兵书，也才能采用其八阵图来训练军队。”[①] 再，《隋书》卷三四《经籍志》第1013页：“例如《隋书·经籍志》记载：‘梁有《诸葛亮兵法》五卷’”[②] 由此可见，《隋书·经籍志》也录有《诸葛亮集》和《诸葛亮兵书》是真实的、可信的。

二是关于“晁公武在其《读书志》中云：‘陈寿录孔明书，不载此策，疑依托者’”的问题。

晁公武只是说“疑依托”，我们就不能说晁公武(1105—1180年)说了“疑伪托”，就去掉“疑”字而肯定是“伪托”。况且晁公武说“陈寿录孔明书，不载此策”，就一定是《便宜十六策》和《将苑》非诸葛亮所作。这样的结论是不科学的。况且，陈寿有言：“亮言教书奏多可观，别为一集。”[③] 谁敢于肯定地说陈寿就收尽了诸葛亮的言论文章！谁能排除不在其“别为一集”之中？直雄考证的《后出师表》，陈寿就不曾收录！陈寿收有诸葛亮言论文章达104112字，我们有什么理由说《便宜十六策》和《将苑》就一定不在其内，或《便宜十六策》和《将苑》属子虚乌有?

三是关于“就连《诸葛亮集》所载从清人姚振宗《三国艺文志》中辑出的《诸葛亮著作考》，也未见上述二书。所以，清人姚际恒在《古今伪书考》中干脆称其‘伪也’”的问题。

因某某书未载，就一定没有诸葛亮的《便宜十六策》和《将苑》。姚振宗(1842—1906年)，姚际恒(1647—约1715年)，他们两人下这样的结论，不曾见他们的详细考证，只能说是在承袭晁公武看法的基础上，自己作了进一步的武断推论而已，故而其看法不能成立。

四是关于“《四库提要》则指其‘大都窃取孙子书，而附以迂陋之言，至不足道，盖妄人所伪作’”的问题。

《四库提要》是《四库全书总目提要》又称《四库全书总目》的简称。为我国古代最大的官修图书目录。是书是由清代永瑢、纪昀等编纂。永瑢，为乾隆皇帝第六子。纪昀(1724—1805)。著名学者，官至礼部尚书、协办大学士。纪昀

① 钟离策《钟离子的奇门遁甲——如何掌握三式之首》2020年1月5日 https://zhuanlan.zhihu.com/……

② 白杨:《诸葛亮研究相关文献初探——以〈诸葛亮集〉〈便宜十六策〉及〈将苑〉为例》，《华中国学》(第三卷)，华中科技大学出版社2015年版，第278页。

③ [晋]陈寿撰，[南朝宋]裴松之注:《三国志》(全五册)，中华书局1975年版，第927页。

虽说官大才大。但他并未专门就《便宜十六策》和《将苑》是否诸葛亮所作进行考证，他只是取他人陈说而编辑之，不能算是定论。

再是，《便宜十六策》和《将苑》是诸葛亮为将士作教材而写，里面有孙子之言有什么奇怪？继而斥之为“附以迂陋之言，至不足道”。是这样的吗？不！世人对于所出版的《便宜十六策》和《将苑》，评价极高且出版量极大。如时事出版社1997年1月出版，到11月又重印达21000部；又如岳麓书社1997年10月版，印数达33000部。军事科学出版社2005年9月印刷孔干著的《诸葛亮兵法古今谈——军地两用智谋丛书之三（修订版）》，全是以《将苑》为主要内容的一部书。而纪昀从未打过仗却又爱妄评诸葛亮《便宜十六策》和《将苑》的话，相比之下，实乃“腐儒”相形见绌之语！

直雄在撰写《诸葛亮兵法百妙》时，专门将诸葛亮的《便宜十六策》和《将苑》等兵法，与《姜太公六韬兵法》《司马兵法》《黄石公三略兵法》《孙子兵法》《吴子兵法》《尉缭子兵法》等兵法作了比对，尤其注意了将《诸葛亮兵法》与《孙子兵法》作了比对，事实证明：纪昀等将《诸葛亮兵法》在其“《四库提要》则指其‘大都窃取孙子书，而附以迂陋之言，至不足道，盖妄人所伪作’”这样的话语，完全不是事实，实在是极端的不负责任。

五是关于“实事求是地说，不论是从行文特点和语言风格看，还是从思想体系看，《便宜十六策》和《将苑》基本上可以断定皆非诸葛亮所著”的问题。

直雄前面已经说过：《便宜十六策》和《将苑》是诸葛亮为将士作教材而写。教材体例，与诸葛亮的奏疏等其他体例，有所不同，这是正常现象，用前后《出师表》的奏章体等其他文体，去否定易记易诵的《便宜十六策》和《将苑》是诸葛亮为将士讲武而作为教材体，显然不妥。

六是关于“现在完全可以认定的诸葛亮所撰文字，如《隆中对》以及《诫子书》等，均警策凝练，清新隽永，极富创造性，而这恰恰是《便宜十六策》和《将苑》所没有的”问题。

在第五个问题中，直雄已经基本上答复了上述这个问题，此不重赘。需要补充的是如下一段：“至今梁、益之民，咨述亮者，言犹在耳，虽《甘棠》之咏召公，郑人之歌子产，无以远譬也。孟轲有云：‘以逸道使民，虽劳不怨；以生道杀人，虽死不忿。’信矣！论者或怪亮文彩不艳，而过于丁宁周至。臣愚以为咎繇大贤也。周公圣人也。考之《尚书》，咎繇之谟略而雅，周公之诰烦而悉。何则？咎繇与舜、禹共谈，周公与群下矢誓故也。亮所与言，尽众人凡士，故其文指不得及远也。然其声教遗言，皆经事综物，公诚之心，形于文墨，足以知其人之意理，而有补于当世。”[①] 其意思是说：诸葛亮的有些作品要顾及当时所有平凡的人。用于将士兵法学习的著作，是不应当与其上疏宫廷的其他文字相提并论的。用诸葛亮依据不同读者对象的作品去否定诸葛亮的作品，这不是实事求是的态度。

肯定《便宜十六策》和《将苑》非诸葛亮所作的结论是不妥之论，前面已经剖析。那么《便宜十六策》和《将苑》是诸葛亮所作，又还有什么证据吗？

陈寿的《诸葛氏集目录》载云：“开府作牧第一　权制第二　南征第三　北出第四　计算第五　训厉第六　综核上第七　综核下第八　杂言上第九　杂言下第十　贵和第十一　兵要第十二　传运第十三　与孙权书第十四　与诸葛谨书第十五　与孟达书第十六　废李平第十七　法检上第十八　法检下第十九　科令上第二十　科令下第二十一　军令上第二十二　军令中第二十三　军令下第二十四　右二十四篇，凡十万四千一百一十二字。

臣寿等言：臣前在著作郎，侍中领中书监济北侯臣荀勖、中书令关内侯臣和峤奏，使臣定故蜀丞相诸葛亮故事。亮毗佐危国，负阻不宾，然犹存录其言，耻善有遗，诚是大晋光明至德，泽被无疆，自古以来，未之有伦也。辄删除复重，随类相从，凡为二十四篇，篇名如右。”[②] 这是陈寿在晋泰始十年（274）二月一日上奏的《诸葛亮传》。距诸葛亮死不到 40 年，距蜀汉灭亡刚刚 10 年。这 104112 字当是真实可信的。

王瑞功主编的《诸葛亮研究集成》中的《诸葛亮·文集卷》所收 122 篇“诸葛亮文论”（含《便宜十六策》和《将苑》），这是目前收集最全的。然称其量，也不过 24500 字左右。如果以 24500 字为准，离 104112 字尚差 79612 字。因陈寿上书时为了简省，只是列出目录（实际内容当另呈载“晋武帝”，惜佚失难见），而不大可能列出详细的篇章及这 104112 字的具体内容书面上奏。面对陈寿对诸葛亮著作有 104112 字的“准确集结”这样一种情况，谁能够断言《便宜十六策》和《将苑》就不在这 104112 字之内或是陈寿失收呢？故而，称《便宜十六策》和《将

---

① ［晋］陈寿撰，［南朝宋］裴松之注：《三国志》（全五册），中华书局 1975 年版，第 931 页。

② ［晋］陈寿撰，［南朝宋］裴松之注：《三国志》（全五册），中华书局 1975 年版，第 929—930 页。

苑》因陈寿上奏目录中不见，而说其是伪作实属毫无根据！

同样，张连科、管淑珍的《诸葛亮集校注》收有诸葛亮文章论著134篇，计约29503字，离104112字尚差74609字。面对陈寿对诸葛亮著作有104112字的“准确集结”这样一种情况，谁能够断言《便宜十六策》和《将苑》就不在这104112字之内或陈寿失收呢？

因此，直雄综合后面将要说到的情况认为，《便宜十六策》和《将苑》只是陈寿“诸葛氏集目录”中，后人未能见到过的具体内容，将其单独析出的篇章抑或是陈寿失收而已。

或曰：“诸葛氏集目录”早已为萧绎一把火烧了，史载：“随着魏军进攻得更加猛烈，他终于知道，没有希望了。萧绎不由悲从中来。他让人把江陵的书籍集中到东合竹殿上，一把火全部烧了个精光。这些书共有十四万卷，其中很多是古籍、孤本，魏晋、南朝几百年传承下来的文化精萃就此失传，实在是一场不亚于焚书坑儒的文化浩劫。萧绎又拿出自己的佩剑，砍斫庭柱把剑折毁。人问萧绎这是什么意思，萧绎说：“文武之道，今夜尽矣！”[①]

世人多以为萧绎烧书书已尽。“《隋志》所言‘梁有《诸葛亮兵法》五卷’，又云已‘亡’，故诸葛亮并无兵法传世。”[②]直雄认为未必如此。“至宋，《崇文总目》卷三有诸葛亮《兵机法》五卷；晁公武《郡斋读书志》兵家类录‘《武侯十六策》一卷’。晁氏注文曰：右蜀诸葛亮孔明撰。序称：‘谨进便宜十六事：一治国，二君臣，三视听，四纳言，五察疑，六治民，七举措，八考黜，九治军，十赏罚，十一喜怒，十二治乱，十三教令，十四斩断，十五思虑，十六阴察。’陈寿录孔明书，不载此策，疑依托者。（《郡斋读书志》卷十四）此知晁公武即疑其伪托。”[③]

《崇文总目》是宋代的官修书目，著录经籍共3445部，30669卷，是北宋最大的目录书。宋仁宗景佑元年（1034）命翰林学士张观、李淑、宋祁等校定整理三馆与秘阁藏书，去芜存菁、刊其讹舛，编成书目，不久又命翰林学士王尧臣、聂冠卿、郭稹、吕公绰、王洙、欧阳修等人校正条目，讨论撰次，又仿唐代《开元群书四部录》，编列书目。历七年至庆历元年七月成书60卷，庆历元年（1041

① 大橙橙聊生活：《江陵之战失败，梁元帝为啥怒烧14万卷书》2020年2月20日 https：//www.360kuai.com/pc……

② 谢祥皓：《中国兵学（汉唐卷）》，山东人民出版社1998年版，第302页。

③ 谢祥皓：《中国兵学（汉唐卷）》，山东人民出版社1998年版，第302页。

年）十二月，由翰林学士王尧臣上奏，赐名《崇文总目》，是中国现存最早的一部国家书目（已残缺）。

《郡斋读书志》是南宋著名目录学家、藏书家晁公武（1105—1180年）所撰。《崇文总目》是宋时这九位大学者过目编定，他们均未否定诸葛亮《兵机法》五卷的真实存在。因为只是书目，故他们不可能列出诸如《便宜十六策》和《将苑》这样的篇目与详细内容。但是，这些学者没有一人说过因陈寿的《诸葛氏集目录》未见此书而否定诸葛亮《兵机法》五卷的客观存在。这就是科学的编辑态度。

晁公武先生在其《郡斋读书志》兵家类录《武侯十六策》一卷时，却说“陈寿录孔明书，不载此策，疑依托者”。如果有104112字的《诸葛氏集目录》均有一字一句的实际内容，里面不见《武侯十六策》，则晁公武的“陈寿录孔明书，不载此策，疑依托者”或是断言“伪托”是成立的。现在晁公武显然是将《武侯十六策》视为《诸葛氏集目录》之一而论，明眼人一看就知道晁公武的这个判断是错误的，因为他无法断定《武侯十六策》是否是从拥有104112字内容的《诸葛氏集目录》中析出来的，或是《诸葛氏集目录》有可能漏收的诸葛亮兵书的事实。

《将苑》又称《心书》，是中国古代一部专门讨论为将之道的军事著作。宋代称《将苑》，而明代始称《心书》，但无论《将苑》还是《心书》，既不见陈寿之目，亦不见隋唐史志，而与晁公武同代的南宋著名诗人、大臣、藏书家尤袤（1127—1194年）在其《遂初堂书目》中，题为《诸葛亮将苑》。晁公武先生的《郡斋读书志》，他是否读过，不得而知。但尤袤并未将《将苑》疑作伪书。

大约与晁公武、尤袤同一时期的西夏，他们对《诸葛亮将苑》并不视其为伪书，而进行了大量的翻译以用于实战。有研究者称：“格林斯蒂德清空公布了伦敦所藏另一种兵书的尾卷（11行），即诸葛亮《将苑》的抄本。这种书到目前为止未见圣彼得堡藏品著录（更不用说世界其他地方的番文藏品了），由此我们可以想象这是一个番文孤本，它反映了未经宋人编辑的汉文古本原貌……《将苑》的作者是三国时期的军事统帅、蜀国的诸葛亮（181—234）。‘蜀国’即所谓三国时间（220—265）与魏、吴鼎立的蜀国。果真如此，那就意味着这部著作写成于1500多年前。毫无疑问，书在如此长的时段内不止一次地再版过。”[①]

① 克平，龚煌城著，彭向前译：《诸葛亮〈将苑〉的番文译本》，《宁夏社会科学》2008年第6期，第130页。

然而，“近人孙猛《郡斋读书志校证》，又引《中兴书目》有《武侯十六条》云：‘初，蜀主三访亮于草庐，既见，亮上便宜事，列之文武二篇，凡十六条。’——依此言乃亮初见备时所进，似殊不可信。又，孙猛所引侯康《补三国艺文志》，亦谓《武侯十六策》等‘俱为伪托’，而未予收录。（见《郡斋读书志校证》）至于《宋史·艺文志》所录《将苑》《手诀》《八阵图》等，究竟有多大的可靠性，亦难以判定。”① 君不见：早在《李靖兵法》中，唐太宗李世民与李靖论兵法时，就不少于两处论及了诸葛亮的“八阵图”，我们怎能轻易言其不可信呢？

《中兴书目》（《中兴馆阁书目》），陈骙撰。陈骙（1128—1203）宋台州临海人，字叔进。高宗绍兴二十四年进士；《补三国艺文志》，侯康撰。侯康（1798—1837）原名廷楷，字君模，清广东番禺人；《宋史·艺文志》八卷。元脱脱（1314—1355）等撰。这些典籍中，皆继承了前人所载《武侯十六策》，然均因晁公武断言“陈寿录孔明书，不载此策，疑依托者”而被孙猛等人所否定。这是不妥的。

“晋王司马昭在灭蜀后，立即就叫陈勰学习诸葛亮兵法……从晋代开始，历代封建统治者都在给诸葛亮升官晋爵，赐庙加号：晋封武兴王；唐封武灵王，并赐庙；宋赐‘英惠庙’，加号‘仁济’；元代更追封为‘威烈忠武显灵仁济王’。至明初洪武二十一年（1388 年）朱元璋钦定‘帝王庙’，选从祀名臣三十七人，‘忠武侯与焉。’到了清代，朝廷不但下令将许多纪念诸葛亮的胜迹古祠加以整修建新，供人瞻拜；而且每年春秋祭祀孔庙，还以诸葛亮从祀。康熙皇帝赞叹地说：诸葛亮云：鞠躬尽瘁，死而后已。为人臣者，惟诸葛亮能如此耳。‘乾隆皇帝还亲自撰文《蜀汉兴亡论》，大发议论，提出人君之用贤与不用贤，关系国家存亡’，对诸葛亮推崇备至。由于最高统治者的倡导，一般封建士大夫更是争相编纂文集，以诸葛亮为题著书立说，一时成为风气。”②

关于司马昭指示陈勰学习诸葛亮兵法一事，《晋书·志第十四·职官》载：“先是，陈勰为文帝所待，特有才用，明解军令。帝为晋王，委任使典兵事。及蜀破后，令勰受诸葛亮围阵用兵倚伏之法，又甲乙校标帜之制，勰悉暗练之，遂以勰为殿中典兵中郎将，迁将军。久之，武帝每出入，勰持白兽幡在乘舆左右，卤簿陈列齐肃。（太康末，武帝尝出射雉，勰时已为都水使者，散从。车驾逼暗乃还，漏已尽，

① 谢祥皓：《中国兵学（汉唐卷）》，山东人民出版社 1998 年版，第 303 页。

② 王晓琳《历代对诸葛亮的褒扬》2017 年 1 月 6 日 1http：//www.360doc.com/content/17/0106/21/36319167_620611312.shtml。

当合函，停乘舆，良久不得合，乃诏勰合之。勰举白兽幡指麾，须臾之间而函成。皆谢勰闲解，甚为武帝所任）。”《读史方舆纪要卷六十九》载：“又汉时都肄已有孙吴六十四阵。窦宪常勒八阵击匈奴。晋马隆用八阵以复凉州。陈勰持白虎幡，以武侯遗法教五营士。”这里记载了西晋陈勰、马隆妙用诸葛亮兵法的效应。而作为大政治家、军事家司马昭，与他的父亲司马懿一样，是与诸葛亮进行过实战较量的，是真正领教过诸葛亮兵法高明而独到之处的。由此可以论断，对诸葛亮的《便宜十六策》和《将苑》二书，在没有十足证据的前提下，否定它是诸葛亮所作是不妥的。

写到这里，直雄想到与此问题颇相类的一个问题：自清朝的袁枚认为《后出师表》非诸葛亮所作的200余年至今，由于袁枚的名气大，于是相当多数名人学者便“一拥而上”附和之、完善之，使之似成铁案！本人收集以袁枚为首的古今学者认定《后出师表》非诸葛亮所作的“铁证”竟达14种之多。先后两次在书中一一辩驳之。最终就是落在持《后出师表》是伪作的关键性证据——“丧赵云”一语上，予以彻底澄清。最终的结论是：《后出师表》非诸葛亮所作莫属！事见拙著《习凿齿与他的〈汉晋春秋〉——兼论〈三国演义〉对习凿齿的承继关系》，江西高校出版社2019年1月版，第856—946页(《后出师表》确系孔明所作之详证：〔一〕视《后出师表》为伪作的十四大理由，〔二〕昭雪《后出师表》的十四大理由)；后来又因有先生借《后出师表》对诸葛亮以彻底的否定。于是又在拙著《千秋功过评孔明：诸葛亮新论》进一步补充材料作了再次论说。见《千秋功过评孔明：诸葛亮新论》，中国书籍出版社2020年7月版，第259—391页〔三十五、呕心沥血撰《后表》〕。

由此连类而及：诸葛亮著作，如果将有104112字的陈寿《诸葛氏集目录》视为“准确集结”的话，目前所收集到的仅仅是24500字或29503字左右而已。对于已经发现诸葛亮著作，它是珍贵品，如果拿不出真正的“铁证”，是不能轻而易举地一口否定的。故而有多位学者这样写道：“诸葛亮死后40年，陈寿替他编订《诸葛氏集》。其中‘将苑’及‘便宜十六策’是比较具体的兵法理论。”①“在诸葛亮死后四十年，史学家陈寿替他编订了《诸葛氏集》，其中的《将苑》集中

① 南关音、何长林编著：《中华谋略宝库》，南海出版公司1992年版，第894页。

了诸葛亮的军事思想……”[①]“‘便宜十六策’和‘将苑’，是否为诸葛亮所撰，学术界说法不一。但考察书中内容，基本同诸葛亮思想、性格、文风一致。因此，可以认为是诸葛亮作。”[②]“《便宜十六策》是诸葛亮所著的一部兵书，从十六个方面提出了一系列治国治军的原则和方法，故称‘十六策’。”[③]朱大渭先生则将《便宜十六策》和《将苑》放在军事学发展历史进程中去考察其历史意义，“指出‘在战争胜负观上，《将苑》篇的认识比先秦军事家更全面更深刻了’；关于兵士在战争中作用问题上，‘《十六策》《将苑》比先秦思想家都站得高些，其认识无疑是对治军思想的发展’；《便宜十六策》和《将苑》‘完全摒弃了神学观念’，‘在一定程度上起了澄清理论和承先启后的作用’。”[④]这些专家将《将苑》与《便宜十六策》算作《诸葛氏集》中的著作，是有道理的。

《便宜十六策》主要论述治国治军之道，全文分为十六个部分，分别论述治理国家的十六个方面，所以称“十六策”，在计约六千字中所提出的一系列治国治军原则，为后代的人们所推崇，它成了千古治国治军者的经典。

治国第一

本节题解：

“治国第一”就是治理好国家的政务，使国家强盛安定。安邦治国乃为君臣的第一等要务。《礼记·大学》：“治国在齐其家。”南朝梁·刘勰《文心雕龙·诸子》：“野老治国于地利，騶子养政于天文。”郑观应《盛世危言·学校》：“有文事者必有武备，文以治国，武以捍难。”《陕北民歌选·移民歌》：“三山低，五岳高，毛主席治国有勋劳。”《庄子·人间世》：“治国去之，乱国就之。”《管子·明法》：“所谓治国者，主道明也；所谓乱国者，臣术胜也。”《便宜十六策》各节中的第一、第二……只是诸葛亮对其各策作的相对排序而已。

---

① 王平著：《中华兵典要览》，黄河出版社 1999 年版，第 247 页。

② 毛元佑：《白话诸葛亮兵法·前言》岳麓书社 1997 年版，第 13 页。

③ 人民日报评论部《习近平用典》，人民日报出版社 2015 年版，第 278 页。

④ 孔毅：《旧学邃密新知深沉——朱大渭学术成就评析》，《中国社会科学院研究生院学报》20081 年第 5 期，第 141 页。

精要概说：

治国如治家。要治国图存，必须立意高远。这就是见识要高明，在从本国实际出发的同时，要能够洞察周边世界，决策才能高出群臣。在执行时，则要强调各司其职、各定其位。

白话说意：

治国如治家，正本须清源，知晓国家根底，抓住根本，其他末节则可迎刃而解。本是万事万物的源头，末是源头之流之果。如对自然界而言，天地是为本，万物当为末，万物之所以衍生不绝，皆因有天地所得，人之所以生育成长，为人君的当举措应天，天者，万民也！这有如星象：以北极星居中似为人主，天枢、天旋居测似为臣佐，其他主星似为众多官吏，而散布外围的无数小星有如百姓。北极星（如君王）位置是固定着的，而两侧极星（如臣佐）的运行（执法行政）当不失其节度，其他众星（如官吏）皆有其轨道（照章办事），不能出差错，这就是正常的天象。天若没有了散布在外围的小星（即百姓）的拱卫，即会天昏地暗！国家失去了民心就要遭殃了！

故而为人君者就须设置高台以观天象（实则知民心），按季节而行郊祀大典以应天，天者，百姓也，体察治民的得失，这就是应天的表现。祭祀山林、川泽的后土庙的方式体察民情，定时采取为民祈福祈祷和政策，这就是务黎民众生知本的表现。重视对民礼乐教化，设立大学讲坛与尊敬祖先的宗庙，让黎民百姓接受教化、敬畏祖宗，这就是务民知本的表现。圆凿不能安上方柄，铅刀怎能用作砍伐，工具使用不当，就不能成事；未用适当的方法治国治民，不足以治国利民。以民为本即是常法要规，因而天地失常会有祸殃，人违常法，大祸临头。所以《书经》上说：“要不是先王行之有效的道德礼法，我不敢去遵循。”就是这个道理。

君臣第二

本节题解：

“君臣第二”，是专论君主与臣下的关系。《易·序卦》：“有父子，然后有君臣；

有君臣，然后有上下。”唐·韩愈《送浮屠文畅师序》：“彼见吾君臣父子之懿，文物事为之盛，其心有慕焉。”这里讲的就是君臣关系。

精要概说：

治国之道重在君王与臣僚的关系，君臣关系有如天地。必须清楚天与地的关系，天地关系不清楚，君臣关系难完备！

白话说意：

天下乃众民家国之天下，皆非王者一己之私物；人才乃众民家国之才，而非王者一己之材；政教乃一国之政教，皆非王者之私器；官员乃国家之官员，皆非王者之家奴；治国乃不缺人才，而难在其公心；创千秋大业，奇策易得，公心难觅。

君之于臣，犹天之于地，厘清彼此关系则君臣之道为之彰显。君施仁政，则臣下尽心王事，背离道义之策，君不应让臣子去办理，会陷臣为不义，臣事君不怀二心。上下守礼，那么老百姓的事也好办理，君臣和顺，君臣之道正常。

君待臣以礼，则臣事君以忠，君可专心行政，臣子则效力尽忠。君王勤政，臣子辅佐尽力，则王霸之业可成。

君王坐南发号施令，臣子北面而立效力尽忠，彼此合作无间，则国家兴盛，福泽被及天下。故而三纲六纪将人伦分为上、中、下三种，上为君臣，中为父子，下为夫妇，各尊其道，必享福祚。君臣严守君臣之礼，不可以下犯上；父子必讲究恩情，父慈子孝不违道；夫妇间和为贵，维系家庭和顺。上梁不正下梁歪。君王必致力于政治整顿，臣子当竭尽心力维护政治修明，君王臣下于国于民皆有功。

好学者期盼名师，为官者祈求明君。有了明君则官职体系可完备，爵位俸禄可到位，治国之道则备，辅佐之功、百恶可除之效皆成。

视听第三

本节题解：

“视听”，一般指所见所闻即看到的和听到的。南朝梁·刘勰《文心雕龙·谐隐》：“然文辞之有谐隐，譬九流之有小说，盖稗官所采，以广视听。”又指耳目。晋·王羲之《三月三日兰亭诗序》：“所以游目骋怀，足以极视听之娱。”也借指耳目（替人刺探消息的人）。也泛指言路、舆论。唐·魏征有名言："兼听则明，偏听则暗。"

精要概说：

君王之所以成为昏君，问题在于生性多疑且又刚愎自用。疑心生暗鬼，则外事迷惑不清，眼下忠奸不分是非颠倒，乃至怀疑一切！故而正人先正己、集思广益、多看多听、多分析、见微知著以定是非曲直，可为明君。

白话说意：

为政之道在于能明察秋毫：看到被人们忽略的问题，听到鲜为人知的意见。这样观微听细，上知下情能够安定民生，以固国本。君王能听取臣意与民意，则万物可化为其目，众音可化为其耳，这样一来，君王便知晓臣意与民意，故《书经》上说："圣人没有固定不变的意见，因为他完全以百姓的意见为意见。"人的行为为其意志所决定，君王若能代表民众的意志，朝野上下相呼应，全国处处可祥和。

国君观日月之形而不察民情，其目不明；双耳能闻雷霆而不听民意，其耳不聪，君王要知民间百姓苦，才显君王圣明。

不听五音，怎知音阶高低？不察万事万物，怎知颜色之变化？君王若过分专注于私事，则难闻忠言、民怨，这样下去，冷落了良臣、寒透了黎民之心，奸邪佞人就要乘隙作乱，国家就会出现危机。所以《书经》上说"施政要以民意为依归"，就是这个意思。

纳言第四

本节题解：

"纳言"，本为古官名。主出纳王命。《书·舜典》："命汝作纳言，夙夜出纳朕命，惟允。"孔传："纳言，喉舌之官，听下言纳于上，受上言宣于下，必以信。"按，秦汉不置，王莽依古制，改大司农为纳言，有纳言将军严尤。北周初有御伯中大夫，掌出入侍从。保定四年改御伯为纳言。宣帝末又置侍中。隋避文帝父杨忠讳，改侍中为纳言，炀帝大业十二年又改纳言为侍内。唐初为纳言，唐武德四年改为侍中。据设置此官的本意，就有接纳人言的意思。"纳言"，在这里就是接纳群言的意思。

精要概说：

有名言曰：“良药苦口利于病，忠言逆耳利于行。”君王拒绝忠言则必听邪佞谄媚之语，如此，则成昏君；昏君则必绝言路，绝言路，则不知实情而昏庸，如此执政，则有如“盲人骑瞎马，夜半临深池”，天下必致乱。

白话说意：

身为国君应广开言路，虚心纳谏。为父者有直言不讳的子女，为君者有直谏的臣子，当为君为父行为不义时，臣子、儿女便会提出告诫以挽救危机，从而保全君王父辈的美德。违逆正道的恶习必须戒除，以免国家将遭遇危机。

君王若专断固执不纳谏言，忠臣的计策就无法上达，奸邪便趁机危害朝政。故而政治清明的国家，臣子能直言不讳；而无道之国，趋炎附势、谄媚取宠者当朝，朝政便为之腐败。

孔子不耻下问，周公与百姓结交，而能成就他们的伟大，为后世所景仰而奉为圣人。所以屋顶漏水不修补，无法居住，当政者有缺失不肯改过，百姓必将痛苦不堪。

察疑第五

本节题解：

“察疑”，察者，察访也。疑者，惑也。本节所谓“察疑”，当指擅长分辨人物、事物的好坏，以不至于昏淫而失误上当的意思。

精要概说：

世间万事万物，复杂纷纭。白石如玉、枯萝卜（中药）像瓜，为君者手下群臣众多，是良臣？是奸臣？往往一时难辨！唐太宗李世民有诗云：“疾风知劲草，板荡识诚臣。”实际上善察疑是等不了“急风”与“动乱”到来之时，就要明察秋毫而防不测。

白话说意：

当政者应明察秋毫，以杜绝奸邪，维护原道德传承的脉络。动乱不时发生在政令不能到位之所，众心疑惑而谣言产生。某些事物的表相相近，但本质不同，白石如玉石，鱼目似珍珠，狐貉好像犬栝蒌形似瓜。昏暗不明事理的人往往把“白石”当白玉、把“鱼目”当珍珠、把“狐貉”当作家犬、把“栝蒌”当作瓜果。历史上的赵高指鹿为马，秦王不敢反驳；范蠡为吴王进贡越国美女，而夫差不加怀疑，腐败使他们失察而最终酿成大祸。

计策存疑事难成，圣人行事问天意，人卜吉凶防妄动。《书经》上说：“有三个人占卜的结果，则须遵从其中的多数。”若再有疑，就要征询百姓的看法。所以孔子说：“有为之君不担心百姓不理解他为政的举措，而担心自己不解民意民心；不担心他国不了解本国，而担心自己不了解他国；不担心臣下不了解自己的意图，而担心自己不知道大臣们的思想；不担心百姓不了解贵族，而担心贵族不了解百姓。”

士为知己者死，女为悦己者容；马为雇主而驰远，神明为通者显灵。人君审案最怕不明真相而累及无辜从而纵容小人。强者持强不招供、弱者无辜遭诬陷，以致刚直者被陷害，有冤屈者无处伸，忠良、信义之士被害，这些败德事，必会招来祸灾。

君主审理案件，处理案犯，最担心自己不了解案情。有无罪者被冤，有罪大恶极者却被宽恕，有因为能力强者被忌妒，有弱者受到侵害，有刚直不阿者被陷害，有冤屈者被沉冤，有对国家一片忠心者却被怀疑，有忠心耿耿为国为民者却被侵害。这都是与国家的命运背道而行的，是产生动乱与灾暴的隐患。所以，明君处理刑案、问案时，即便毫无破绽可循，也要观察人犯的举止言行。假若罪犯有敬畏之色，言词哀怨不已，匆忙上堂，又迟迟不肯离去，离去时还不时反顾叹息，此必隐含冤情。若见人犯言语反覆，自相矛盾，多方揭词，似有诡计，畏畏缩缩，不敢直视判官，此必定是罪犯而急欲脱罪之像。孔子说：“观察人的所作所为，察明他的行为动机，再看他是否心安理得，那么其奸情难以隐瞒！”

治人第六

本节题解：

何谓“治人”？一指统治他人。《孟子·滕文公上》：“劳心者治人，劳力者治于人。”宋·曾巩《思政堂记》：“正己而治人，故谓之政。”王闿运《〈老子注〉序》：“观其词意，务欲胜民、久国、治人、用道。”二指治理国家的人才。《荀子·君道》：“有治人，无治法……故法不能独立，类不能自行。”宋·秦观《任臣上》：“李石当国，荐弟福可任治人，繇监察御史为户部侍郎。”清·黄宗羲《明夷待访录·原法》：“有治法而后有治人。”综上所述，何谓“治人”？简而言之，“治人”即治己方能治人。

精要概说：

治人为治国，治国治人如农夫育苗、牧民牧马。刘备临死之时曾云：“勿以恶小而为之，勿以善小而不为。惟贤惟德，能服于人。”其意思是说：不要因为好事小而不做，更不能因为不好的事小而去做。小善积多了就成为利天下的大善，而小恶积多了则“足以乱国毁家”。此语足以参透“治人第六”一节之内蕴所在。

白话说意：

《书经》上说：“以德义教化百姓，百姓就不会悖德忘义；教民明辨是非，百姓行为将得以规范。”所以要以正道来教育百姓。日月之光被及众人，为众人所仰望；天地孕育万物，万物顺其生长。故而尧舜之恩泽广布，远方夷族亦来归服；夏桀、商纣败德腐败，诸夏为之背叛，皆非上天所使，乃其自作自受。

统领百姓犹如培养幼苗，必先去杂草；牧民牧马，必除去害群之马。要使国家兴盛，须先去祸根。明君应知皂服小吏，危害甚大，因此有人说：“那些胡作非为的皂服小吏是百姓的克星，他们广征暴敛，使百姓贫穷，因而导致动乱。”明君若能注重农业，不加侵扰，减少赋税，增加百姓收入，这才是国家富强的途径。

明君不忧心国家不够繁荣，忧心的是国内不安定，故而尧舜划地为利，与民耕作，观测天象，以防凶年，使年有余粮，黎民衣食不缺，路不拾遗，皆满足现实。春秋时代贫弱者开始为富有者耕作，延续至今的诸侯皆争一己之利，弱肉强食，农人减少，改行从商，争利互斗，导致人心惶惶，社会动荡。

《书经》上说："统治者不视金银为宝，百姓就不会为贼；居统治者不贪不腐，民心就不变坏。"明君能使百姓安于其职，才是开明的政治。齐景公生活奢侈腐败，礼制无法施行，周朝与秦朝，一度能够去除纹饰，崇尚俭朴，民风得以敦厚。

金银璧玉，珠玑翡翠，奇珍异宝，皆非出自中原，它并非百姓所必需。锦绣编织，绮罗绫縠，染色布帛，皆非百姓非穿不可。雕文刻镂，耗时费工，妨害农事，并非必用之途。辎軿袍裘，也不是老百姓急需，刻意装点门面，翻修祖坟，炫耀财富的做法，乃富人所为。

《书经》上说："黎民百姓所需求的是努力躬耕，谨身节用，以侍奉父母。"所以明君要擅长控制财货，以礼教化百姓，使之勤俭刻苦日有积蓄，以备荒年，如此治民之道，不就可以适时而变吗？

举措第七

本节题解：

何谓"举措"？"举措"亦作"举厝"，亦作"举错"。即举动与行为。《管子·五辅》："故民必知权，然后举错得；举错得，则民和辑。"《汉书·匡衡传》："举错动作，物遵其仪。"《东观汉记·梁商传》："举措动作，直推雅性。"二指措置、措施。《荀子·天论》："政令不明，举错不时。"《汉书·何武传》："君举错烦苛，不合众心。"《后汉书·霍谞传》："言行动天地，举厝移阴阳。"晋·左思《魏都赋》："谘其考室，议其举厝。"三指任用与废黜。《周书·萧詧传论》："赏罚得衷，举厝有方。"本节中的举措，皆包含着上述三大内容。

精要概说：

诸葛亮曾在刘禅面前反复提醒："亲贤臣，远小人，此先汉所以兴隆也；亲小人，远贤臣，此后汉所以倾颓也。先帝在时，每与臣论此事，未尝不叹息痛恨于桓、灵也。"简而言之，一个政权要不断兴隆强大，必须要做到把好人留在政权之内。

白话说意：

国家要长治久安，须任用贤能，贬抑小人。治国与养生之道近似，养生在于养神调气，治国在于选贤任能，养神能健身，用贤能使国家安定。

辅佐之臣如栋梁，栋梁粗大房稳固；国内贤能少，小人就会多，国隐倾覆之危。朝廷贤士多，国家安定可保。

直木顶千斤，栋梁选直木，直木长于深山老林之中。佐臣当选极谏忠直之士，如此贤良之士多潜藏于布衣百姓之中，这就是俗话说的“茅屋出秀才，猛虎在深山”的意思。君王求贤才，必深入乡里民间。在民间，贤才往往怀才不遇流为庶民；或虽才智过人，得不到君王的赏识而被埋没；或因忠贤孝悌遭忌不曾荐举；或因曲高和寡“鹤立鸡群”，甘愿隐遁山林，不肯在朝合污于小人；或因为国为民耿直忠诚，为奸佞陷害所不容。

君不见：古之尧、舜与周公，深入草泽觅良材，太平盛世传久远。明君当厚赏有功于国之人，贤才当处高位，良士固守岗位，智谋之士得到聘用，天下归心，罪恶隐遁，百废得以俱兴。导致国家危险不安，百姓流离失所，此乃失贤之过错；奸谗小人重财色，蓄养毫无用处，小人一旦得志，忠良必然退隐，那国家只能衰败。

借用关系人情安排职务，吏治必然大乱；若按职选材，条理自然明确。聘贤求才犹如嫁娶，世上未有不娶自嫁，出钱为妇之事。女子盼望迎娶，才守其贞洁；贤士冀求明君发掘而守其高节。明君倘若厚礼聘才、“千金买骨”，国家自然安定。

考黜第八

本节题解：

何谓“考黜”？“考黜”就是考察官员的业绩以决定对该官员的进退，以及对该官吏的升降。《后汉书·左雄传》：“宁人之务，莫重用贤；用贤之道，必存考黜。”

精要概说：

“考黜”可以说是治国理政、察善知恶、真正重用贤才的必要措施。通过对所任命的官员从政治、经济、民众的反映等进行行政监察，可知晓所任命官员的特长及对工作的胜任情况，这就有利于真正的人才更好地为朝廷服务。

白话说意：

明主要使政治清明，必须升迁忠良正直贤士而罢黜心怀鬼胎心术不正的奸佞。

明君德泽天下，遍察全国政务的施行状况，纳小官吏与百姓之情于胸。任用忠贤之士，革除贪婪小人，厘清关系，使得国政井井有条，让朝中贤才各司其职各得其所，这才是“考黜”政策所要达到的结果。

但实施“考黜”政策之时，务必先了解百姓是否受过官吏压迫的五种痛苦状况：

一是官吏是否假借职权，作威作福，玩弄百姓生死于股掌之间，欺上压下，黎民敢怒不敢言；

二是官吏是否断狱不公，执法不严，犯大罪者得不受制裁，官吏欺善怕恶，使无辜者备受迫害；

三是官吏是否官官相护，徇私勾结，迫害告发者，隐藏实情，湮灭证据，甚至杀人灭口；

四是官吏是否对新任长官谄媚取宠，以博取上级信任，对于仇人刻意逼陷，公报私仇。在任官员是否假借征税之名，搜刮民财，表面上是储备以防患未然，暗中是否扩增私产；

五是地方官是否贪财揽权，施行赏罚之时考虑是否有利于己，是否介入民间买卖与民争利，使百姓造成损失。违反朝纲的以上五种官吏，危害百姓，必须罢黜。

无此五种恶行的官吏，予以升官奖赏。

所以《书经》上说：“新官上任三年后，需考核其功绩，以定升迁或辞退。”

治军第九

本节题解：

何谓“治军”？简而言之就是治理军队的事务。军队杀敌制胜的战斗力来自其严格的训练。否则，军队再庞大，只能是一群乌合之众。“以不教民战，是谓弃之”（《论语·子路》），乃是不言而喻之理。因此，军事训练自古至今就是概莫能外的治军中心环节，而对军事训练问题的理性探讨，也成为古代兵家关于治军思想中的有机组成部分。

精要概说：

文治武功，是安邦定国、维护国家民族利益与尊严的重要支柱；变化多端的奇计奇谋，来自聪明睿智的将士。因此，治军的过程也是一个选贤任能的过程。

白话说意：

整治军队不仅仅御侮防边，还要讨伐有罪、维护国家大一统。因此不忘军备，诛杀暴逆，保家卫国是为要旨。必须文治与武功并举，有如昆虫有爪有牙，一旦遭受侵犯则以爪牙相斗。人不用爪牙，则用武器自卫或进攻。军队是国家政治的护卫，良臣是国家政治的僚佐，军强则国安，军弱则国危。强军必选强将，强将手下无弱兵，强将可主导全军，可承当护国安民的大任。

治国注重外部，治军关注内部，内部是指中原，外部是指戎、狄诸族，蛮夷戎狄难教化，以军威震慑。古有黄帝大战蚩尤于涿鹿，尧战三苗于丹浦，舜伐有苗，禹讨有扈氏。以三皇五帝之圣名睿智，德被四海，犹以武力平蛮，显其军威。用兵攻伐乃非不得已。

用兵必事先有规划才能取胜，要有谋划则要先考量时势潮流，明白人心归向。作战训练，要有赏罚，要揣测假想敌的意图，查视将要进攻的路况，知晓地形的险易，知己知彼，进退自如，看准时机，防御、进攻措施到位，发挥战斗力，竭尽士卒之能，图谋成败生死之计，而后再选将任兵，以壮大的军威军声出兵。这是整军出战的大略。

百姓性命、国家安危皆为将领操纵，因此将领行事须三思而后行。做到令行禁止：将领号令一下，全军要猛如山洪爆发，声势浩大；追击敌人要似飞鹰捕食，势在必得；禁止时如弯弓待发；行动时一触即发，所向披靡，让强敌闻风丧胆。将领若无预谋，兵士则无斗志，军心不一，各怀鬼胎，如此之军就是称百万大军，敌人无所畏惧。若非仇人，无由怨恨；若非敌人，不与之战。工匠没有鲁班那样的眼光，就无法造出精巧细腻的器具。作战不用孙武的战略，无法出奇制胜。策略应机密，攻敌求速度，追敌要准确，迅如长堤溃决，这就不会损兵折将，而敌人四散逃逸，这是用兵势取胜的方法。

善战者胸有成竹，不易被人恼激怒；胜利在握，不畏强敌。智者求稳操胜券，不会轻易求战，愚者求战心切并望侥幸得胜。胜者注意沿途道路的修筑，行军自有章法；败者往往因抄小路而迷失方向。

将士应知晓造势；以军威势力服人，士兵是以其战斗能力战胜敌人的，因而不能作无功行动以耗损军力，应积蓄有居高临下坠落圆石那样的势力，敌挡者皆碎，乃至溃不成军，这就是天下无敌的军队。

军师当绝顶聪明，其计谋多以奇计为佳，战术刚柔相济，操纵着敌人存亡，兵贵神速如暴风骤雨，施展战力如奔腾江河，令禁时如泰山压顶不弯腰，令行时隐密如阴阳诡异难测。士气旺盛如江河汹涌永不枯竭，如日月之光永不磨灭，将士视死如归，灵活机动的奇正相生之术，一招出奇便制敌。

兵马未动，粮草先行。作战粮秣应备足，亦当擅长奇正术，兵器、装备应办足。倘若国用拮据，经年用兵，必然兵困国贫。切忌连年征战，只可量力而行，拒绝无益的征战，罢黜无用将领，以求得国家安定。

擅长进攻的军队，令敌人防不胜防，擅长防守的军队，令使敌人无从下手。故而擅长攻取的军队不会完全仰仗兵器，在擅长攻取的军队面前，敌军铠甲坚固、兵器锋利也不能说是战无不胜；擅长防守的军队，不会依赖城郭，因为在擅长防守的军队面前，城再高护城河再深，也不足以固守。攻击敌人时当攻其不备，敌人列阵求战，说明准备充分，须改期后发现其有漏洞的地方，出奇不意。若在交战时先取得优势，侧面攻其左右两军，然后再与其正面部队交锋。

不知作战的时间与地点，应该作好充分的准备。做到军队有如常山之蛇，首尾互救，合作无间，此乃救援之道。取胜之军的将帅应具威严，胸有妙计；了解战局的总体形势，事先有充分准备；必须熟悉地形，并擅长使诈欺骗敌军。精心策划，事先豫知用计的得失；引诱调动敌军，侦知敌军虚实；分析敌情，估算敌军多寡；示敌以假象，找到战胜的办法；侦察敌情，探测敌军的苦乐以知其军心和战斗力的强弱。

战斗开始，应占据有利地势，要将敌人置于不利地位，避实击虚。具体而言：山地丘陵作战须居高临下；水上作战应顺应水流，切忌逆流进攻；草原作战，切忌深入草丛，以防伏兵；平地作战要利用平地毫无屏障的优点，猛打猛攻、力避进村；道路上作战，应集中兵力，围堵切割敌人，切忌孤军深入为敌军所算计。这五种地形的利用，是为作战原则。

在战斗中，擅长为己军制造声势乘势发起攻击，就会成功；泄漏军情就会失败；远途出征运输，容易陷于补给不继的危险；临渴掘井，难解将士干渴之苦；敌人挑衅不断，切忌将士疲于奔命；遇敌按兵不动，我军切忌松懈；敌军久不开战，切忌军心疑虑；遇到敌军利诱，切忌贪利扰乱军心；刑罚过于苛刻，易使将士怯懦消极；厚赏之下，必有勇夫；将士遭受逼迫，易于胆小怕事；乘胜追击敌军，将士愈战愈勇；遭遇围困，突围艰难；先锋部队，切忌恐惧；夜深喧哗，会惊动三军；

暗夜行军，秩序容易混乱；路况不明，就会迷失行军方向；军陷绝地，无法作战；长久征伐，必师老无功；行军作战预先谋划，才能取胜。

金鼓旌旗是主帅管理三军的号令，用挥动旌旗指引部队，用敲打金鼓指挥部队，用斧钺为刑罚以震慑军心，以教令来教化将士，用厚赏激励将士立功，行诛罚以防叛变投敌。白天作战，为防号令听不清，辅之以旌旗指挥；夜间作战，旗帜符号往往难辨，辅之以火把与鼓声为指引。凡有不服军令者，用斧钺行刑惩治。

不懂得九种战场上的地形情况，也就不知晓这九种地形情况将会怎样变化的道理，这样一来，就不可能取得对敌斗争的胜利。不懂天时、地利与人和之间的默契配合，取胜无望。知己知彼，百战百胜，不知己也难知彼，每战必败。知己知彼当知彼方（敌方）的军心斗志强弱如何，作战要成功。必须掌握敌我双方之军心。

用间谍作战，事关整个作战成败的进程，故而自古以来将领们无不特别重视。但若将领才智有限，就难于役使间谍，将帅若无仁义之心，间谍就不会效忠甚至反为敌方所用。“因间”“反间”“内间”“死间”“生间”（见《孙子兵法·五间》）这五种间谍所得的情报准确无误，国家安全就有了保障。

军队要不为敌方所灭，平时必须不忘备战，在迫不得已时才决一死战。带兵要擅长平静时求得稳妥，实战时要有威严，不要等到敌来时才应战，而要立足防御，待敌至时战无不胜。临战时要做到以逸代劳、以饱待饥、以近代远、以实待虚、以盛待衰、整顿旗鼓、旺盛士气、镇守险阻、以伏待攻，诱敌投降，把握好一切有利条件严阵以待，以强大的军容迎击一切来犯之敌。以上用兵作战的方法可谓齐备。

赏罚第十

本节题解：

何谓“赏罚”？“赏罚”亦作“赏罸”。简而言之，就是奖赏和惩罚。奖赏有功的人，处罚有过失的人。《书·康王之诰》：“惟新陟王，毕协赏罚，戡定厥功，用敷后人休。”三国魏·李康《运命论》：“赏罚悬于天道，吉凶灼乎鬼神。”《辽史·食货志下》：“〔太祖〕于是抚诸部，明赏罚，不妄征讨。”

精要概说：

有功不赏，无人立功；有怨不赦，大怨则生。这样没有为国为民为军的集体意识及主人翁意识的国度，则会一盘散沙而无法统领更是无法对付外敌。军队不能打仗，则亡军亡国。所以赏罚在国在军中实在必不可少。“赏可以兴功，罚可以禁奸”“赏不可不平，罚不可不均”，赏不避仇，罚不避亲，这样的赏罚制度治国治军，可使天下太平。

白话说意：

君王执政应确立奖善惩恶的赏罚制度，这样做可鼓励百姓立功、杜绝罪恶。部属知晓赏罚标准，他们的行为就有规范，不至于犯法。赏罚应公平，不可以厚此薄彼，徇私偏袒，无功不受禄；无过不受罚，若奖赏或惩罚肆意而行，部属谁人会服？春秋战国时，中山国国王只因一杯羊肉羹漏分了司马子期。司马子期怒而出走于楚，为楚王所重，便率军灭了中山国；楚怀王熊槐（有多位楚王如此，直雄选用楚怀王）因听信谗言而迫害贤良，先败于秦、继失汉中、最终客死于秦，祸及子孙，都是赏罚不当的结果，值得后人警诫。

赏罚大权在君王、在将领。君王、将领把持了属下的生杀大权，若误杀好人，若纵容恶人，若喜怒无常、赏罚不明，若假公济私，若政令朝令夕改、使部属无所适从。凡是犯有上述过失的君王、将领，都将祸害国家。君王、将领若赏罚不明，所下的命令，谁肯自愿遵守？若纵容恶人，各种败坏道德的事怎么不会出现？若枉杀无辜，谁不怀恨？若喜怒无常，哪有威严可言？若赏罚不公，谁愿争相报国立功？若正教实施不当，法令怎会自然施用？若假公济私，人们怎么会不怀二心？故而众恶不止，国家命运必然不能长久，士卒必然离心离德，再庞大的军队，终必溃败；君王、将领毫无威严，军队就会无能；属下便无心作战，士气无从激励；法令不彰，事物就没有条理；人人心怀鬼胎，国家就将土崩瓦解面临崩溃。

因此，君王、将领要杜绝罪恶，须先使国家政治清明；要杜绝奢侈，须崇尚节俭；须令忠直之士，审理讼狱；须令清廉之士，执行赏罚，赏罚严明，则臣民致力效忠。倘若路有饥民，当权者马厩中却有肥马，这就是那些该死的贪婪君王与将领克扣臣民而自肥的罪恶表现，他们太不懂得体恤百姓了。要做不该死的贪婪君王与将领，就必先订立赏罚条例，而后才实施刑赏，令百姓既敬且畏，不须命令，即能服从。

赏罚不公，则忠臣尽死于冤屈，而奸臣皆无功受禄且受重用。赏罚应不受恩怨情仇的影响，齐桓公就因不计管仲杀己的前嫌而重用管仲，得以成就霸业；周公大义灭亲，杀了参与叛乱弟弟而能树立威信，所以《书经》上说：“无所偏私，无所袒护，君王的治国之道便可施行无阻，那么，天下就会太平。”

喜怒第十一

本节题解：

何谓“喜怒”？本节中的“喜怒”，含有“喜怒哀乐”“喜怒无常”“喜怒好恶”等关于人的方方面面的各种不同感情的意思。

精要概说：

喜怒不可妄行。君王、将帅在国家的管理或带兵过程中，在遇到种种现象、处境时，其情绪的变化对国事、战事影响甚大，因此，如何理智驾驭情绪，把控感悟就显得十分重要。

白话说意：

君王、将领应随时注意控制自已的情绪，谁人没有喜怒？但不能因一时的喜怒而误事。怒气发作之时，决不可迁怒他人，也不能因一时之喜，就心血来潮地赦免罪大恶极之人，应冷静地据情发落。决断案情不因个人喜好而滥杀无辜，或纵容有罪，不因一时喜怒影响决策。君王将官，不能喜怒无常，喜怒无常行事，足以抵销以往所有的功劳，作战时，应团结部众，激励士气，齐力作战，如果只凭自已一时的血气之勇，强求军队硬攻，极有可能毁了全军。保持愉快的心情，平生制怒求谨慎；郁郁寡欢难度日，君王将领养德性。讲究武功更修德，胜仗之后更谨慎，不因轻敌而致败，意气用事必后悔。冲动一时理国事，败国亡身乃必然。君王将帅有修养，威严威武不粗鲁；只知忧心不知恐惧；喜怒皆不形于色。平时就要有威严，刑法施之有效力，一切罪恶皆扫尽。倘若无法立威信，施行刑罚则无法，行恶之人难管束，国破家亡在眼前。

治乱第十二

本节题解：

何谓“治乱”？“治乱”含有两层意思。一是指安定与动乱。《书·君牙》：“民之治乱在兹。”宋·范仲淹《润州谢上表》：“议治乱之本根，求祖宗之故事。”王闿运《上巡抚恽侍郎书》：“观其诚伪知其治乱，观其轻重知其兴亡。”二是谓治理混乱的局面，使国家安定、太平。《孔子家语·哀公问政》：“继绝世，举废邦，治乱持危，朝聘以时，厚往而薄来，所以怀诸侯也。”晋·葛洪《抱朴子·用刑》：“明治病之术者，杜未生之疾；达治乱之要者，遏将来之患。”《前汉书平话》卷上云：“陛下圣文神武，治乱安危。”

精要概说：

国家治理：“圆不失规，方不失矩，本不失末，为政不失其道，万事可成，其功可保。”国家治理，应治纲纪，先理纲目，后理其纪。纲举目张，治国有道。

白话说意：

整顿乱世，必须先整顿吏治，整顿吏治，须先裁汰冗官，削除虚职，以免其结党害政。治国若违君臣、父子、夫妇三纲与诸父、兄弟、族人、诸舅、师长、朋友六纪，就会乱政。所以君王行为举止必遵从三纲六纪正道，行政符合理法道统，则万事可成，功业长久可保。军队是国家政权的支柱，如果军队纷扰骚动，必是部队各自为政所致。所以君王要治理国家，须先整顿大纲，而后处理细目；先颁布法令，而后用刑罚；先治理好国都附近辖区，而后兼及各地；先安内再攘外；正人先正己，先修己身后及他人。如此一来，法令申明，刑罚得以执行；国家强盛，邻国不犯；对付好了强者，弱者自然归服；吏治清明，百姓则循规蹈矩，君王品格德高望重，天下人景仰遵从，这就是治国之道。

教令第十三

本节题解：

何谓“教令”？这里所谓“教令”，囊括如下五种意思：一指教化、命令。

《晏子春秋·问上十八》：“景公问晏子曰：‘明王之教民何若？’晏子对曰：‘明其教令。’”宋·叶适《林伯和墓志铭》：“侯官之俗淳，伯和静抚之，民服教令，木阴满庭，终日寂寂，无复讼者。”清·昭梿《啸亭杂录·西域用兵始末》：“诸酋亦皆不平达尔扎之所为，与之相抗，不奉教令。”二指孝诫、命令。《汉书·文帝纪》：“上亲劳军，勒兵，申教令。”三谓禁忌。《史记·太史公自序》：“夫阴阳四时、八位、十二度、二十四节各有教令，顺之者昌，逆之者不死则亡，未必然也，故曰‘使人拘而多畏’。”裴骃集解引张晏曰：“八位，八卦位也。十二度，十二次也。二十四节，就中气也。各有禁忌，谓日月也。”四为文体的一种。《后汉书·孔融传》：“所著诗、颂、碑文、论议、六言、策文、表、檄、教令、书记凡二十五篇。”五为军事名词。一种近似条令的或带试验性的原则规定。本节的“教令”，是指军中的教令。

精要概说：

这一节的主旨是论如何实现军训的原则、方法与实际内容。就纪律训练而言，所强调的是将帅身先士卒方能做到令行禁止；就技术训练而言，所强调的是习武与习阵操演。在整个训练过程中，强调的是教令为先，诛罚为后。

白话说意：

君王、将帅身居高位，必须注意自己的举止言行，因自己的一言一行，皆在众人的注视之中。只有言辞要合乎理法，行为要合乎正道，才能严格要求别人；如果将帅放纵自己去教育别人，这就是逆政，将帅端正自我，而后教导百姓，这才是顺政。君王、将帅行为举止不端正，所施的政令无人听从，如此，则国家大乱，故而君王、将帅为政须先正其身，而后施政布令则名正言顺。君王、将帅为政，应先教导、训诫百姓，而后再施用刑罚，军队不经训练开往前线，无异于将其置之死地。

君王、将帅训练部队的方法有五：一是训练他们熟悉旌旗指挥符号，并随指挥变换队形阵势；二是训练他们分辨动静行止等锣鼓号令而做到令行禁止；三是教导兵士了解刑法的严苛与封赏的丰厚，使之不敢违背军令并鼓励他们立功受奖的积极性；四是训练他们熟悉戈、枪、剑、戟、刀等兵器的使用方法；五是教他们快步、慢步、后转等行进方法，使他们进退皆合宜，随时有具备投入对敌作战的能力。这五个方面的训练称之为“五教”。

君王、将帅排兵布阵各有其法。部队各按其不同的阵形分开训练，左军教以青龙阵，右军教以白虎阵，前军教以朱雀阵，后军教以玄武阵，中军摆为轩辕阵，轩辕阵是主将的所在之处。在轩辕阵的左边，士兵手持长矛，右边的士兵手持长戟，前面则是盾牌手，后边则是弓弩手，主将中央放置旗、鼓以指挥全军。在主将的旗、鼓指挥下，旗帜一动，三军就要集中精力，听到鼓声就前进，听到锣声就停止，三军按主帅的旗、鼓指挥行动，严格地按主帅的旗、鼓号令有秩序地排成五种阵式。用旗帜和大鼓指挥军阵：击鼓一遍举青旗，变换为直阵；击鼓二遍举红旗，变换成锐阵；击鼓三遍举黄旗，则变换成方阵；击鼓四遍举白旗，变换为圆阵；击鼓五遍举黑旗，变换成曲阵。直阵即木阵；锐阵即火阵；方阵即土阵；圆阵即金阵；曲阵即水阵。这五种按金、木、水、火、土命名的阵形，互相衍生变化，相辅相成、合作无间，时而前后夹击取胜，时而前仆后继相救援，让敌人无法进攻。这五种阵式的组织形式是：五人组成一长，五长组成一师，五师组成为一支，五支组成为一伙，五伙组成为一撞（当为刺、戳之兵），五撞组成为一军，则全军的军事编制就规划完善。

君王、将帅在兵员搭配之时，应使兵士各尽其才、各显其能。个子矮的将士使用矛戟，个子高的将士使用弓弩，身强力壮的将士扛负旌旗，力大奋勇的将士负责打锣擂鼓，体弱年老的将士负责后勤诸如搬运粮草之类杂役，挑选聪明的将士负责参与军事谋划。同乡编为一队，五户成兵相互保护。听鼓声为号令：击鼓一声，则整队待发；击鼓两声，则练习排阵；击鼓三声，则准备用餐；击鼓四声，则准备完毕肃立待命；击鼓五声，则队伍准备开拔出发。出发之时，按照军旗所指挥依次出兵。擂鼓三通冲入敌阵，旌旗挥动、战鼓齐鸣，勇敢向前杀敌者重赏，临阵退却者砍头示众，这就是教令。

斩断第十四

本节题解：

何谓“斩断”？“斩断”亦即砍断、切断之意。《荀子·正论》：“捶笞膑脚，斩断枯磔。”唐·杜甫《后苦寒行》之二：“天兵斩断青海戎，杀气南行动坤轴。”清·李渔《奈何天·调美》：“提把绝命刀，斩断情根在这遭。”这里的“斩断”

是指对违纪违法、不服从军队教令者，为严明军纪军法的惩罚措施。

精要概说：

本节将惩罚的范围诠定在“轻军”“慢军”“盗军”“欺军”“背军”“乱军”“误军”七个方面，是比较系统全面的，治军能够根除这七个方面的败象，其军必治。诸葛亮的这个治军条例，可以说折射出了由他主持制订的《蜀科》精要。我们只要将上述七方面的内容改为“轻政”“慢政”“盗政”“欺政”“背政”“乱政”“误政”必惩处之，则政行无阻，于今仍有借鉴价值矣！

白话说意：

这是一部军法，凡是违抗军法的人，必须严惩不贷，不如此严加处分就会拖垮全军，所以君王授予将领以处置违令犯纪将士全权。有以下七种犯军法的人，当处以斩刑。一是藐视军令，集结的时间已到却不准时到达，听到号令却不行动，借故推托、回避任务，呼其名字却不答应，临阵时装备仍未准备齐全，犯此轻视国法、军纪之罪者，斩！二是怠慢军令，接到上级的命令，不即刻向下传达，或者误传命令，导致行动出错；作战时不听号令，不听指挥，犯此怠慢军事行动之罪者，斩！三是贪赃枉法，不体恤属下疾苦，取其用物，久借不归；行为不轨，掠夺他人功劳。并且给予亲近的人最优厚、丰足的待遇。犯此强盗恶劣行径之罪者，斩！四是任意更改姓名，毁坏服号、旌旗、锣鼓等指挥用具的人，武器装备不妥善保存，不加以维修，弓矢上的羽毛脱落，弓弦断裂，无法用来作战，犯此欺蒙哄骗之罪者，斩！五是违背军令，不依号令行进，行动不听指挥，一味地退居后位，躲开打头阵，搅乱队伍的次序，折损军队的气势；还假借救助伤患的名义，撤回到安全地方。犯此违背上级军令之罪者，斩！六是搅乱军队秩序，行军时争先恐后，导致队伍凌乱不堪，车辆阻塞道路，使得后面的队伍不能前进而高声喧哗，将领的命令无法下达。导致军中的伤亡增多，无法作战。犯此横行动乱之罪者，斩！七是军队扎营驻守，四处打听亲友的下落，不顾军令，与亲友同进同出，强行潜入其他营区，屡次违令，不听劝阻。数次由后门出入军营，而不坦白认错。知奸情而不告发，则与犯过者同罪。暗地里饮酒作乐，四处散布谣言，搅乱军心，犯此妨害营规之罪者，斩！治国、治军必须能严刑峻法，将士才会严守军令。如此一来，各项军务才能进行得井井有条。

思虑第十五

本节题解：

何谓“思虑”？“思虑”一指思索考虑。《楚辞·九章·悲回风》：“曾歔欷之嗟嗟兮，独隐伏而思虑。”汉·董仲舒《春秋繁露·正贯》：“夙夜无寤，思虑惓心。”清·黄遵宪《杂感》诗：“从古祸患来，每在思虑外。”二犹心智、心思。《墨子·公孟》：“身体强良，思虑徇通。”汉·徐干《中论·治学》：“然鄙儒之博学也……无异乎女史诵诗，内竖传令也，故使学者劳思虑而不知道，费日月而无成功。”北齐·颜之推《颜氏家训·勉学》：“人生小幼，精神专利；长成以后，思虑散逸。固须早教，勿失机也。”宋·欧阳修《东斋记》：“官署之东，有阁以燕休，或曰斋，谓闲居平心以养思虑。”本节的思虑，重在思谋考虑。

精要概说：

人无远虑，则必有近忧；智者多虑，则见微知著。君王在思考国家大事时，必须兼及正反两个方面。汉·王符《潜夫论·浮侈第十二》中云：“夫贫生于富，弱生于强，乱生于治，危生于安。”意为贫穷生于富贵之中，弱小生于强盛之中，祸乱生于太平之中，危难生于安定之中。故诸葛亮云：“欲思其利，必虑其害，欲思其成，必虑其败。”是为经典。

白话说意：

君王为政，应有深谋远虑之胸襟，以防范未然。“人无远虑，必有近忧”是孔子名言。思，就是为了谋求事情解决的好办法；虑，就是反复思考，处事不可越俎代庖，若非己之权限不可干预，这就是不在其位不谋其政。欲成大事，则须从难处着手，遇有小事，可从容易处理。大凡问题总有利弊，欲成其功，当先虑其败，方可确保成功。九层楼高之台，若其基础不牢，就有倒塌之危。行事当考虑全面，不留破绽与祸根，不能顾前不顾后，只看高处忘了低处。古有秦穆公伐郑国，百里奚与蹇叔就已看出了轻易劳师远袭郑国的不妥；吴王夫差放走勾践，伍子胥当即预知夫差日后必亡；虞国接受晋国的璧玉好马，宫之奇已知其危害将至；宋襄公野心称霸天下，公子目夷就预言其失败告终。上述百里奚、蹇叔、伍子胥、宫之奇、目夷的先见之明，皆是他们思虑的睿智。君王若不纳忠言，而重蹈覆辙，

委实太不聪明。始皇因拒谏，难成尧舜般的长久大业。安定的环境，往往潜伏危机；海晏河清的太平盛世，稍有疏忽，则动乱隐伏于无形。君王若能见微知著，深思熟虑、见始知终，则祸患消弭于滋生之中。

阴察第十六

本节题解：

何谓“阴察”？欲知“阴察”之意，先解“明察”一语。明察，谓观察入微，不受蒙蔽。《左传·昭公六年》：“圣哲之上，明察之官。”《旧唐书·李晟传》：“临下明察，每理军，必曰某有劳，某能其事，虽厮养小善，必记姓名。”阴察，阴，在这里指暗的意思。察，在这里指分辨的意思。所谓“阴察”，与“明察”对应，本节中的“阴察”，亦有暗中察访、对人对事以潜在的考察之意。最终目的是为政的君王对政事对自我应“心知肚明、心中有数”。

精要概说：

本节提出“上惑则下疑；疑则亲者不用，惑则视者失度；失度则乱谋，乱谋则国危，国危则不安”，道尽了所有英明的与腐朽的为政君王与重臣的特点。英明的为政君王与重臣则是“上不惑下不疑；不疑则能者见用，不惑则视者适度；适度则不乱谋，不乱谋则国不危，国不危则国泰民安”；昏君佞臣则是“上惑则下疑；疑则亲者不用，惑则视者失度；失度则乱谋，乱谋则国危，国危则不安”。魏之曹叡、汉之刘禅、吴之孙皓、晋之司马炎这班亡国、乱国之君，无不如此。

白话说意：

君王治国同样要“知己知彼”，“知己”就是要勤于反省自己，了解自己有几斤几两？常自我审察；“知彼”，就是要了解臣民，了解敌国。在“知己知彼”的过程中悟出治国的道理。反之，则易遭到敌国入侵，国内的政治、经济就会受到影响乃至灭国。君王缺乏主张，官吏和老百姓就会无所适从。君王内心迷惘混乱，忠臣就会得不到重用，没有主见就会在分析问题上发生偏差，考虑问题时有了失误就会自乱其谋，国家必危，国危则民不安，民不安则国乱。故而，君王应有远虑，远虑则国安，君王短视则危机四伏。富裕时候得意洋洋，贫困时六神无主、狼狈不堪，《老子·德经·第四十四章》说：“甚爱必大费，多藏必厚亡。”意为：爱名过分就必定要为此付出重大的耗费；藏货过多就必定会招致损失惨重。为了购买物品而用尽积蓄，没有功劳又专横跋扈，颠三倒四地思考问题导致心烦意乱，心烦意乱久而久之易于懈怠。船底有漏洞水入船，袋囊破了所装东西就会漏空，山小难见野兽，水浅没有游鱼，树干纤弱鸟不垒窝，围墙塌坏屋要倾倒，河堤决口洪水泛滥，急行易于摔倒，慢行动作迟缓，乘船时有搁浅之危，履于薄冰有落水之险，在山涧中游水的人有淹死的可能，想要渡河必须有船，失去同伴常会倍加思念。论功行赏是行使赏罚者的权力，不诚实的人会失信于他们。唇破齿犹寒，发落皮单薄。偏信怀有私心者，就会产生祸患；擅长策划容易取胜，谋略出错必然失败；用好的谋略修正错误的计划，有如大地沐浴春雨；良马易驾驭，劣马则难驯；有眼不察像瞎子，不听良言如耳聋；树木伤根叶枯败，树叶枯败花脱落，叶落花脱无结果；房屋支柱细，时有倒塌危；树木主干弱，树梢易弯曲；不辨黑和白，如虎羊同群；衣破须补，带短须续；玩弄刀子易伤手，打闹跑跳易伤足；洗涮不要非去江河，要能洗掉污垢则可；骑马不要非骑千里马，只要它能快跑则可；贤士必非圣人，只要有才智则可。总而言之，反省自己应该注意五个方面：禁绝暴乱、不轻易言战；奖赏贤能、惩罚罪恶；广施仁政、协和民众；稳固一统江山，不受外敌侵扰；杜绝惑乱、拒听谗言。这就是擅长阴察的君王所具备的五德。

《将苑》

本节题解：

《将苑》。何谓“将苑”？即将士用兵谋略荟萃之所。《将苑》是诸葛亮荟萃自己专门论说为将之道的一部军事著作，又称《诸葛亮将苑》《武侯将苑》《心书》《武侯心书》《新书》《武侯新书》等。此书宋代称《将苑》，明代始改称《心书》，如焦竑《经籍志》；或称《新书》，如陶宗仪《说郛》；也有称《将苑》的，如《百川书志》。《汉魏丛书》虽于书名题作《心书》，而篇章标题中间有《新书》字样。现存版本中，这几种称谓都有，核其内容，虽有所差别，但基本上是一致的，是同书异名。

精要概说：

不仅是一部军事著作，亦是一部很好的治国理政著作。

白话说意：

关于《将苑》，有人称：“自《兵权》以纥《北狄》，凡五十篇，篇幅均不甚长，即可知其窘于才矣。”[①]

我们一旦将《将苑》逐篇探讨，此论非也！《将苑》，一般人都以为仅仅是一部军事著作，究其实，它亦是一部很好的治国著作，它有着完整的治国治军思想体系，其思虑之深刻，可谓独具特色。事隔近1800年的今天，仍有其现实意义！

一、兵权

本节题解：

所谓“兵权”。一是指挥军队的权力。《五代史平话·梁史·卷上》：“您是咱每弟弟，故把宋州兵权付您。”二是指用兵的谋略。《管子·兵法》：“故夫兵虽非备道至德也，然而所以辅王成霸。今代之用兵者不然，不知兵权者也。”《北齐书·卷一七·斛律金传·史臣曰》：“战术兵权，暗同韬略。”简而言之：所谓兵权，就是将帅统率三军、调动军队的权力。将帅如果失去了这个权力，就不能指挥军队。

精要概说：

此段短文重在言兵权之要害，是指统驭与指挥军队的权术、权谋及方法。清人赵翼在《廿二史札记》中就魏、蜀、吴三国用人的特点做了比较说道：“人才莫盛于三国，亦惟三国之主各能用人，故能众力相扶，以成鼎足之势。而其用人亦各有不同者，大概曹操以权术相驭，刘备以性情相契，孙氏兄弟以意气相投，后世尚可推见其心迹也。”综观诸葛亮一生之统军，兼有曹操、刘备、孙氏兄弟之长。

---

① 《将苑简介》，https：//www.rejuzi.cn/bk/briefly/c2wa6qi8re7yu。

白话说意：

所谓兵权，就是将帅统率三军的权力，它是将帅建立自己威信的关键。将帅掌握了兵权，就抓住了统领军队的要点，犹如如虎添翼，亦如凤凰展翅，不仅有威势而且能翱翔四海，遇到任何情况都能灵活应变，占据主动。反之，将帅如果失去了这个权力，不能指挥军队，就好像鱼、龙离开了江湖，想要求得在海洋中遨游的自由，在浪涛中奔驰嬉戏，也是不可能的。

二、逐恶

本节题解：

逐，书中是为驱逐、铲除之意；恶：在书中当指恶人、坏人、令人厌恶与讨厌之人。联系本文，逐恶就是排斥、疏远、杜绝、铲除在军中那些具有五种恶德、腐蚀军国大事之人。诸葛亮在《前出师表》中云："亲贤臣，远小人，此先汉所以兴隆也；亲小人，远贤臣，此后汉所以倾颓也。"这就是对如何"逐恶"最为生动具体的表述。

精要概说：

本段所概括的五害，相对来说是治国治军中最为全面的五大障碍。除之则国治军治，反之，则国破军亡。首次提出了结朋党的问题，这是诸葛亮治军治国的一大贡献。

白话说意：

不论是治军还是理国，有五种人需要对之注意，他们是国家、军队混乱的祸患。这五种人是：私结朋党，搞小团体，专爱讥毁、打击有才德的人；在衣服上奢侈、浪费、穿戴与众不同的帽子、服饰、虚荣心重、哗众取宠的人；不切实际地夸大蛊惑民众的人，制造谣言欺诈视听的人；专门搬弄是非，为了自己的私利而兴师动众的人；非常在意自己的个人得失，暗中与敌人勾结在一起的人。这五种虚伪奸诈、德行败坏的小人，对他们只能远离而不可亲近。

三、知人性

本节题解：

何谓“知人性”？首先就要知晓这里所谓的人性是什么？人性是人在一定的社会制度和一定历史条件下形成的人的本性。它表现在人的秉性、修养、品格、道德、丑美高下的不一。《孟子·告子上》：“人性之无分于善不善也，犹水之无分于东西也。”宋·欧阳修《诲学说》：“玉不琢不成器，人不学不知义……人性因物而迁，不学则捨君子而为小人，可不念哉。”鲁迅《华盖集·这个与那个》：“然而人性岂真能如道家所说的那样恬淡；欲得的却多。”知，即懂得、了解、理会，并擅长识别、区别之意。知人性即通晓人的秉性、修养、品格、道德、丑美高下的不一，这是治国治军者所必备。

精要概说：

本段提出了知人性之难，这不能不令人想起《水浒传》第四十五回《杨雄醉骂潘巧云　石秀智杀裴如海》中所云：“画龙画虎难画骨，知人知面不知心。”对此，诸葛亮却给出知人知面知心的七种考察之法。这七种方法，不泛其现实借鉴价值。

白话说意：

世界上没有比真正地了解一个人的本性还要困难的事情了。每个人的善、恶程度不同，本性与外表也无统一模式可寻。有的人外貌和善却为人奸诈，有的人恭谦有礼却心怀鬼胎，有的表面上很勇敢而实际上却很怯懦，有的人处事看似竭尽全力但实际上却另有盘算。然万变不离其宗，了解一个人的本性还是有七种办法的：用离间的方式询问他对某一特定事件的看法，以察其志向、立场；用激烈的言辞有意激怒他，以考察其气度及应变的能力；拿出某个计划咨询其处理方式，征求其意见，可考察其学识；告之处境将大祸临头，以考察其胆识与勇气；酒能识性，利用喝酒之机，使其醉后吐真言，以察其本性、修养；用利益对其引诱，以考察其是否清廉；将某件事情托付其处理，以考察其是否讲求信用，是否值得信任。

四、将材

本节题解：

何谓“将材”？亦作“将才”，将帅之才。亦指有此才具的人。明·李贽《续藏书·勋封名臣》：“余所见俞大猷、戚继光，所闻有周尚文、郭琥，皆具将材。”《老残游记》第七回：“因为我二十几岁的时候，看天下将来一定有大乱，所以极力留心将才，谈兵的朋友颇多。”

精要概说：

题解中的“将才”比较笼统，容易让人误为凡是有了将军职位的人就是“将才”。其实，历朝历代腐败王朝那些尸位素餐为“将军”者就不在少数。桓灵时佚名童谣有云：“举秀才，不知书。举孝廉，父别居。寒素清白浊如泥，高第良将怯如鸡。”“高第良将怯如鸡”以生动形象的语言，活画桓灵时的“将才”面目。诸葛亮以十分客观的标准，诠定了“将才”的概念，这是对《孙子兵法》《六韬》《吴子兵法》中的“将才”定义的发展。

白话说意：

为将帅者，是否称职，应根据不同的将帅不同的才干，可以把他们分为“仁将”“义将”“礼将”“智将”“信将”“步将”“骑将”“猛将”“大将”九种类型：“仁将”者：能用自己的德行教育部下，用礼法规范部下的行动，对部下关怀备至，问寒问暖，与部下同甘共苦，是为将帅中的仁将。“义将”者：做事能不只图眼前消灾去难，还有长远打算，一丝不苟，不被利益所诱惑，宁愿为荣誉献身，也不屈辱求生，是为将帅中的义将。“礼将”者：虽身居高位但不盛气凌人，功绩卓著又不骄傲自大，贤德而不清高，谦让比自己地位低的人，个性刚直又能包容他人，是为将帅中的礼将。“智将”者：其运用战术高深莫测，足智多谋，身处逆境却能转祸为福，面临危险又知逢凶化吉，是将帅是智将。“信将”者：其人忠诚信实，对有功之人以重赏，以有过之人以重罚，赏罚分明，奖赏时不拖延，惩罚时不管对方的地位高下，是为将帅中的信将。“步将”者：其身手矫捷，冲锋陷阵时快如战马，气概豪壮，斗志昂扬能胜千夫，善于保卫国家，又擅长剑戟，是为将帅中的步将。“骑将”者：能攀高山，走险地，驰马如风，身先士卒，

锐不可挡，撤退时在队伍后面抵挡敌兵掩护他人，是为将帅中的骑将。“猛将”者：其人气盖三军，所向无敌，对小的战役小心谨慎不马虎，面对强大的敌人则愈战愈勇，是为将帅中的猛将。“大将”者：见贤虚心请教，对别人的意见从谏如流，能广开言路，待人宽厚又不失刚直，勇敢果断又富于计谋，是为将帅中的大将，常人云“大将风度”是也。

五、将器

本节题解：

何谓“将器”？将，在这里泛指军官。器，本指器具，也指人才、才能、器识、器任。《老子》中有：“大器晚成。”《法言·先知》中有：“先自治而后治人之称大器。”“将器”即将官的人才、大将的才具。在本节中更多的意思是如何器用将领的意思。

精要概说：

将将帅作出大致的分类，然后将其器用之。确能做到人尽其才、才尽其用之妙。

白话说意：

将帅的气质、气度、识见各有不同，其本领、作用就有大小之分。如能及时地察觉他人的奸诈，看到事物潜伏的危害、祸端，为部下所信服，此人可为十夫之将，即可以统领十人的队伍；如能早起晚睡，整日为公事操劳，言辞谨慎小心，能倾听部下的心声，此人可为百夫之将，可以统领百人的队伍；为人耿直且又深谋远虑，勇猛善战，此人可为千夫之将，可以统领千人的队伍；外表威武，内心却蕴藏着丰富的感情，个性光明磊落，能体贴他人的努力和辛苦，又能关心别人的饥寒情况，此人可为万夫之将，可以统领万人的部队；能举贤能，进德修业不断充实自己，且为人忠诚、可信、宽容、大度，善于治理乱世，此人可为十万人之将，可以统领十万人的部队；能以仁爱之心待部下，又能使邻国信服，善处人际关系，上晓天文，下识地理，放眼四海之内，治家如同治国，治国如同治家，和谐圆满，此人可为天下之将，可以治理整个天下。

六、将弊

本节题解：

弊，在本节中即为欺蒙人的坏事：如作弊、营私舞弊。又指害处，与“利”相对：弊病、弊端、弊害、弊政、利弊、兴利除弊。也有败、疲困之意。将弊与将德相对应。它是指为将者在思想品行上的种种弊病与缺陷。

精要概说：

本节同样对将领的种种弊病与缺陷进行较为科学的分类，是为将者的一面镜子，亦是勒兵统将者及全体将士们评价将领、考核将领、升迁将领的一大重要标准。

白话说意：

身为将帅者如有下述八种弊病，是国君、是勒兵用将者之大忌：一曰对财物贪得无厌者；二曰妒贤嫉能者；三曰听谗信谗，亲近能说会道、巧言谄媚的小人者；四曰只是看到别人的不足，却无自知之明者；五曰遇事犹豫不决、优柔寡断者；六曰酒色之徒者；七曰虚伪奸诈而又贪生怕死者；八曰巧言令色、傲慢无礼、目无法纪者。

七、将志

本节题解：

何谓“将志”？即将领的志向和抱负、将领的志气和节操也！

精要概说：

因为将领所从事的事业是军国生死存亡的大事，所以提出为将者要有以身殉国的志向和抱负，要有鞠躬尽瘁、死而后已的志气和节操，是为必要。

白话说意：

战士所持的兵甲器械是为凶器，勒兵为将者责任重大。兵器刚硬，容易缺损，将领与战士们的任务重大而又充满着风险。故而，真正的将帅不会以自己的部队

强大有威势做靠山，当他受到君主的宠爱时也不会得意忘形，当他受到别人的诽谤污辱时，也不会惧怕、退缩，当他看到利益时不会起贪念，当他看到美女时更不会心生邪念，他只知全心全意，保家卫国，以身殉职，这就是智勇双全、有志气和节操的良将，真可谓“千军易得一将难求”！

八、将善

本节题解：

何谓“将善”？意指将领善于、擅长做好或处理好某事的才能或技巧。

精要概说：

本节指出了为将者应该具备的、必须遵循的最为基本的克敌制胜之法。

白话说意：

对将帅的军事实践能力的要求是“五善四欲”。五善者：即擅长察晓敌人的兵力部署，擅长正确地判断进攻和撤退的时机，擅长了解交战双方的国力虚实，擅长利用对自己一方有利的时机，擅长利用山川地形的崎岖险阻。四欲者：即作战时的四个环节也，作战力争出奇制胜，事先的谋划要周密要保密，人多事繁之时，追求安静稳重，保持全军上下团结一心，步调一致。

九、将刚

本节题解：

何谓“将刚”？刚，坚强之意。《商君书·立本》中有：“强者必刚斗其意。”所谓“将刚”，就是指为将者在具备坚强性格的同时，还必须文武兼备、刚柔相济。

精要概说：

“刚”与“柔”相对应，说到为将者要“刚”，则必然说到“柔”，为将者若不能刚柔相济，则其战斗力会丧失殆尽。

白话说意：

擅长担任将帅的人，应该具备刚强、刚烈的性格，但不能固执己见，温和、柔和却不软弱无力，即要做到刚柔相济。单纯一味的柔和、软弱，就会使自己的力量被削减，以致失败，单纯一味的刚烈、刚强又会导致刚愎自用而注定要灭亡。所以，不柔不刚、刚柔相济才是最理想的性格特点，才是为将者所应具有的最佳状态。

十、将骄吝

本节题解：

何谓“将骄吝”？“骄吝”亦作“骄悋”。即骄傲而吝啬。《论语·泰伯》：“如有周公之才之美，使骄且吝，其余不足观也已。”唐·张说《赠别杨炯箴》：“才勿骄悋，政勿烦苛。”清·杜岕《思贤篇送荔轩还京师》：“康衢本平坦，骄吝涂乃窄。”“将骄吝”有警示：为将者勿“骄吝”之意。

精要概说：

本节以层层递进推理的方式，论证了将骄将吝的表现及恶果。

白话说意：

为将帅者切勿骄傲自大，如果骄傲自大，待人接物就会有不周到的地方和失礼之处，一旦失礼就会众叛亲离，人心愤懑相怨；为将领者，也不能小气吝啬，如果吝惜财物必然不愿奖赏部下，奖赏不行，部下必定不肯在战斗中尽最大努力以拼死作战。这样一来，则在战争中不会取得什么战绩，国家的实力也就会因此虚弱下去，自己国家实力下降就表示敌人正在强大起来。正如孔子说：“一个人尽管具备像周公那样的德才，但是为人骄傲吝啬，那么即使他能做出一定的贡献，也不值得人们去评价称道。”

十一、将强

本节题解：

何谓“将强”？实有强将的意思。强将即才能超群的将帅。何以能如此？这就是“将之所以强”，就是他能具“五强”之德以去“八恶”之祸的结果。

精要概说：

本节从正反两面论述将领的修养，但其侧重点却在将领的道德品质方面。为将者应有“五强”的品质，五强之后又提出“八恶”作为将领修养的戒律，从而将问题说得异常透彻。

白话说意：

为将者的品德修养标准是“五强”“八恶”。五强即五种必需的德性：一是高风亮节可以勉励世俗；二是友爱孝悌可以名扬海内；三是信义忠诚可以获得友谊；四是周到细致地考虑问题可以容忍他人；五是身体力行可以建功立业。这是为将者的五种美德。八恶即八种在德性上的缺陷：一是谋不能分辨是非；二是不能礼贤下士，更不能任用贤良之人；三是施政时有法不依，无法引导社会风俗；四是富有却不能慷慨施惠，不肯救济穷困；五是智不能防患于未然；六是智慧不足，难以深思远虑，也不能防微杜渐；七是声誉显达时不能推荐自己所熟悉的贤能之士；八是在失败时，怨天尤人，不肯承担全部责任。这是为将者的八种缺陷。

十二、出师

本节题解：

何谓“出师”？出师的本义是出兵打仗。《左传·文公十六年》：“夫麇与百濮，谓我饥不能师，故伐我也。若我出师，必惧而归。”《后汉书·吴汉传》：“每当出师，朝受诏，夕即引道，初无办严之日。”唐·韩愈《元和圣德诗》：“负鄙为艰，纵则不可，出师征之，其众十旅。”清·昭梿《啸亭杂录·缅甸归诚本末》：“乙巳出师。会天大雨，三昼夜不绝。”这里的出师，是在出兵打仗前的一种“命将仪式”。这种仪式缘起很早：《尚书》所载《甘誓》《汤誓》《牧誓》等，都是上古著名的誓师之辞。命将出征，天子要在太庙召见大将军及全军将校，授之以节钺（后代常授刀剑）。君王拿着斧钺的端首，把柄交给大将，表示将节制军队的全权授予他。诸葛亮的《出师》，重在再现了出师命将的仪式情景。

精要概说：

《史记·孙子吴起列传》中有云："将在军，君命有所不受。"本节通过"命将仪式"形象生动地申述了这一思想。这是战争取胜的一大关键之点。

白话说意：

古往今来，大凡国家遇有危难，国君会选拔贤德之人作将帅以赴国难。出征前，斋戒三日，进至太庙告祭列祖列宗，国君面南而立，将帅面北而朝，太师双手捧上大斧（权力的象征），国君接过大斧，手持斧柄授给将帅说："从现在开始，部队由您指挥。"然后，国君接着说："作战时，见敌人势弱则进击，见敌人实力强固则以退为主。不能因为自己身居高位而轻视别人，也不要因为自己意见独特而听不进部下的意见，不可以凭借自己功绩显赫就失去人忠信本分的品质。部下还没有坐下来休息时，你不能自己先坐下来休息，部下还没有吃饭时，你也不要首先进餐，应该与部下同寒暑，等劳逸，齐甘苦，均危患，做到了这一切，手下的将士必会竭尽全力，敌人也一定会被打败。"将帅听完国君的训命后，宣誓效忠，然后亲自打开凶门（古代统帅出征时，凿出一扇向北的门，并由此出发，有如办丧事一般，以示必死的决心，此北门谓之"凶门"），率军出征。国君把出征的军队送到北门，向将帅乘用的车马跪拜时又说："将在外，不受君命。从今天起，军队中的一切行动都由你来决策。"这样，将帅就具有了绝对的权威，也可以使智谋之人为之献策，使勇敢之人为之效命沙场。由此，可以百战百胜，立下汗马功劳，也能扬名于后世，福泽恩及子孙。

十三、择材

本节题解：

何谓"择材"？择，选取，挑选；材通"才"。谓才能、能力。《书·咸有一德》中云："任官惟材，左右惟其人。"《管子·五辅》中云："士修身功材。"（注：

"材谓艺能。"）"择材"，就是选择各种人才。

精要概说：

本节精要之处在于精当的分类，用这种分类法去组建部队，大大地提高了部队的战斗力。

白话说意：

为将者在部队采取军事行动之前，在编排军队时应该做好如下事项：一是有的士兵武艺高强，喜欢对敌厮杀，愿意独立地与强劲对手较量，应把他们编在一个行列，这些人可以算得上是"报国之士"；二是有的士兵气冠三军，精力充沛，身手敏捷，应把他们编在一个行列，这些人可以算作"突阵之士"；三是有的士兵行走快速而轻捷，像飞驰的马一样有威势，应把他们编在一起，这此人可以组成"搴旗之士"；四是有的士兵善骑善射，箭术高超，百发百中，应把他们编在一起，这些人可以组成"争锋之士"；五是有的士兵专门擅长射箭，是一流的射手，也应把他们编在一个行列，这些人可以组成"飞驰之士"；六是有的士兵力大无比可以使用强有力的弓弩，即使射程比较远也可以射中目标，应把他们编成一组，组成"摧锋之士"。可见，不同的士兵，有不同的能力特点，应该使他们能充分发挥自己的特长，各尽其才，各尽其用。

十四、智用

本节题解：

何谓"智用"？智用就是智慧的运用。《尸子》卷上："行有四仪：一曰志动不忘仁；二曰智用不忘义。"三国魏·嵇康《答〈难养生论〉》："夫不虑而欲，性之动也；识而后感，智之用也。性动者遇物而当，足则无余；智用者从感而求，勌而不已。"南朝梁·刘勰《文心雕龙·养气》："器分有限，智用无涯。"《云笈七籤》卷六："既登上境，智用无滞。"

精要概说：

本节最为精要之点是：指出了决定战争胜负的关键是"不逆人"，即要得民意民心。

白话说意：

为将者带兵出征，谁不想夺取战斗的胜利？想要夺取胜利，必须考虑到天候、战机、人的素质这几方面的因素，要顺应天候、求得战机、自身要具备能够取胜的相应战斗力。所以顺应了天候、也具备了相应的战斗力，但时机却不成熟的情况下出兵就是逆时，在具备了相应的战斗力，有了成熟的战机，但不具备天候条件下出兵就是逆天，在顺应了天候、抓住了战机，但却不具备士兵相应的战斗力且有违民众意志的条件下出兵是逆人。明智的将帅，领兵作战是决不会逆天、逆时、逆人的。

十五、不阵

本节题解：

何谓“不阵”？阵，指战争或战斗。不阵，乃不战之意。

精要概说：

本节所论，重在强国，重在安民，以达到“不战而屈人之兵”的目的。

白话说意：

古代擅长治理国家懂得治国规律的高明君主，是不依赖军队这种国家机器就能夺取胜利的；具有军事才能擅长用兵的将帅也不以战争，摆开交战的阵势去夺取胜利的；擅长排兵布阵的将帅根本不用向对方发起攻击就能夺取胜利的；擅长指挥战斗者则能永远立于不败之地；擅长总结失败教训的将帅则不会被敌方所消灭。以往，英明的君主治理天下，主要是让老百姓生活安定，勤于工作，人们安居乐业，不发生任何不愉快的纠纷，“善理者不师也”就是这个意思；舜修刑典，还让大臣皋陶作了掌理刑法的官员，可是老百姓无人冒犯法令，因此也就不用对任何人施加刑法，这就是“善师者不陈”的实例；大禹征伐苗族，只派舜手持舞蹈用的干盾、羽扇就征服了有苗人，这就是“善陈者不战”的实例；齐桓公在南威服楚国，北伐山戎的过程中，所向无敌，这就是“善战者不败”的实例；楚昭

王时楚国受到吴国的侵犯，楚昭王立刻向秦国求救得以复国，这就是“善败者不亡”的实例。

十六、将诫

本节题解：

何谓“将诫”？将诫，即对为将者的警告、劝告、告诫、劝诫、规诫之意。

精要概说：

本节论述了为将者“待人心”和“尽人力”的问题，抓住了治军用兵的根本。文中的“行兵之要，务揽英雄之心”，为将者“得人心”是何等的重要。这是尽人皆知的道理，但做到却非易事。诸葛亮在此节中给为将者提供做到“得人心”的根本办法。

白话说意：

《书经》中说：“戏辱轻慢贤能之士，就无法得到他们的一片真心，蔑视小看基层士兵，也无法使他们竭尽全力为自己服务”。所以，为将者领兵的要诀是：广泛笼络贤人将士之心，严格有关赏罚的规章和纪律，要具备文、武相济之道，操刚柔并济之术，为将者当精通礼、乐、诗、书，使自己在修身方面达到仁义、智勇的内涵，以收揽将士之心；“士为知己者死，女为悦己者容”，从而在领兵作战时，能够做到命令将士休息时像游鱼潜水般地不出声响，命令将士出击时能够像奔游中的水獭一样突跃飞奔，又快又猛，打乱敌人的阵营，切断敌人的联系，挫败敌人的锋芒。挥动旌旗以显示自己的威力并且让将士服从指挥，听从调动。撤兵时部队像移山般的稳重、整齐；进攻时则如疾风暴雨锐不可当，拿出虎一样的猛势彻底地摧毁敌军让其成为残军败将；为将者既在勇亦在谋，对待敌人，还要采取一些计谋：面对紧急情况应该想办法从容不迫，用小恩小惠诱敌进入设置好的圈套之中，想尽办法打乱敌军稳固整齐的阵势，然后乱中取胜；对小心谨慎的敌军要用计使他盲目骄傲起来，上下不一，用离间之术破坏敌军的内部团结，对异常强大的敌人想方设法地削弱他的力量；要使处境危险的敌人感到安宁以麻痹之，让忧惧的敌人感到喜悦，使之疏忽起来；对投到我军的战俘要以怀柔的政策来对待，要使部下的冤屈有地方申诉，扶持弱者，抑制气势凌人的将士，对有智谋的将士要尽全力亲近他，用他做参谋，对巧言令色的小人要坚决打击，获得了战利品要首先分给将士；还须注意的是：如果敌人势弱，就不必以全力去攻击他，也不能因为自己军队力量强大就忽视他，更不能以自己能力高强就骄傲自大，不能因为自己受宠就到部下那里作威作福；对于整个战事的进行，要先制定详实的计划，要有万全的把握才能领兵出征，不独自享受战场上缴获的财物、布帛，俘虏的男女人等也不自己独自役使。为将者若能如此，再严格号令，将士一定会积极作战，即使白刃相搏，也会效命疆场。

十七、戒备

本节题解：

何谓“戒备”？戒备，即警戒准备、警戒防备、警惕防备以应不测之意。《国语·晋语三》：“内谋外度，考省不倦，日考而习，戒备毕矣。”明·张居正《请谕戒边臣疏》：“臣看得北虏连年款塞，目前虽若安宁，然虏情叵测，戒备宜谨。”明·冯梦龙《东周列国志》第四十七回：“闻前有晋军，犹以为迎公子雍而来，全不戒备。”清·蒲松龄《聊斋志异·聂小倩》：“宁感谢，问戒备之期，答以明宵。”姚雪垠《长夜》三八：“寨墙上的老百姓也不答话，也不放枪，带着戒备的神气偶尔探出头看看他们。”

精要概说：

国家必须常备不懈，必须居安思危，必须有备无患，必须做到安不忘战。

白话说意：

国家最重要的事务就是国防，在国防的问题上稍有偏差，一瞬之间就会使将士被杀、全军覆没、导致国家的灭亡，无可挽回，这是最可怕的事情啊！故而，一旦国家出现了危难，君臣应齐心一致，废寝忘食，共同谋策，挑选有本领的人担任将帅，指挥三军应敌。如果不能居安思危，就是敌人已打到了家里也不能警觉，如同燕子的窝巢搭筑在帐篷之上，有如鱼儿游戏在将要烹饪的锅子之中，灭亡之日子就在眼前。《左传》中说：“对事物没有计划，不准备到毫无差错的地步，

不能出兵！”又说：“居安思危，妥善安排，防止可能出现的灾难，这是古代推崇的善政”。还说：“蜜蜂和蝎子一类的小昆虫都能以毒刺作为防御的工具，更何况是一个庞大的国家呢？”如果一个国家忽视了国防建设，即使有百万之众也是靠不住的，所以说：“有备无患，就是这个意思。”因此，三军将士在出征之前，一定要做好准备。

十八、习练

本节题解：

何谓“习练”？习练，一指练习、训练。三国汉・诸葛亮《将苑・习练》：“夫军无习练，百不当一；习而用之，一可当百。”《三国演义》第四八回：“江南之兵，往来水上，习练精熟。”清・王韬《变法自强》：“讲求武备，整顿海防，慎固守御，改易营制，习练兵士，精制器械。此六者，实为当务之急。”柔石《二月》二：“我的手指生疏了，我好久没有习练。”二谓熟悉。《周书・韦孝宽传》：“孝宽自以习练齐人虚实，请为先驱。”

精要概说：

本节精要之处在于阐释了“习练”的重要性与必要性，提出达到“习练”目的的措施与行之有效的方式方法。

白话说意：

将士若得不到应有的教育和训练，那么一百名士兵也抵不上敌人的一个士兵；如果将士得到了应有的教育和训练，那么一名士兵就可抵挡百名敌人的进攻。所以孔子在《论语》中说：“没有受到教育和训练的老百姓叫他们去参加战斗，这是让他们去送死。”又说：“让贤德的人费七年的时间来教育和训练百姓，他们马上可以投入战斗，并且个个都勇猛善战！”这就是说想让百姓投入战斗，在出征之前不能不对他们进行教育和训练，既然如此，对将士就更应进行训练，要使将士明白什么是礼，什么是义。要训练、教诲将士有忠信的思想，要讲明赏罚的界限，用赏罚来制约督促他们的行为，使他们自觉上进。然后进行基本技能训练：列队与解散，坐下起立，行进立定，前进后退，解散与集合，使他们能整齐划一、井然有序像这样一教十，十教百，百教千，千教万，就可以使整个三军受到训练。最后让训练有素的将士上战场，就可以将敌人打败了。

十九、军蠹

本节题解：

何谓“军蠹”？蠹，一指蛀蚀。宋·罗大经《鹤林玉露补遗》中有云：“是勤可以远淫辟地，户枢不蠹，流水不腐。”又如：蠹木（蛀坏的梁木）；蠹心（蛀蚀内部）；蠹书（蠹册。被虫蛀坏的书）；蠹国（侵蚀、危害国家）；蠹朽（木材被蠹腐烂），又指损害。如蠹民（害民）；蠹耗（损害、败坏）；蠹政（败坏朝政、害国虐民的统治）；蠹俗（败坏风化）；蠹刻（侵耗刻削）；蠹劳（病害劳累）；蠹伤（损害）；蠹敝（侵蚀破坏）。“蠹”还指一种虫子，专门从里面咬书、咬衣服、咬木头，从而至毁坏这些东西。诸葛亮把用兵中的九种错误比作军中之“蠹”，说明这是毁灭一支军队的内部因素。

精要概说：

诸葛亮归纳用兵中的九项大忌。并以“蠹”比喻之，十分形象准确地说明了其危害。对比贴切，引人深思。对任何一员将领来说都有借鉴作用。

白话说意：

大军队行动之时，有九种情况可以直接导致全军崩溃：

一是对敌情的侦察不仔细、不准确，在消息的反馈上不按规定进行，与实情不相符合；

二是不严格执行命令，耽误了集合的时间，使整个军事行动受阻，丧失战机；

三是不服从指挥，不听候调度，忽前忽后，七零八乱；

四是将官不体贴下级，只知一味地聚敛搜刮；

五是营私舞弊，不关心下级将士的生活；

六是言论胡说八道、迷信诽谤之辞、神鬼怪兆，一味瞎猜测吉凶祸福；扰乱军心；

七是将士不守秩序，喧哗吵闹，扰乱了将帅决策的执行；

八是不遵守命令，专横难制、藐视上级；

九是贪污现象严重，侵占国家财物，无所不为。

这九种现象，是军队的蛀虫。这些弊病一旦产生，必然导致三军溃败。

二十、腹心

本节题解：

何谓“腹心”？一指肚腹与心脏，皆人体重要器官。亦比喻贤智策谋之臣。《诗·周南·兔罝》：“肃肃兔罝，施于中林；赳赳武夫，公侯腹心。”郑玄笺：“此罝兔之人，行于攻伐，可用为策谋之臣，使之虑事，亦言贤也。”《孟子·离娄下》：“君之视臣如手足，则臣视君如腹心。”唐·陈子昂《上军国利害事·牧宰》：“宰相陛下之腹心，刺史县令陛下之手足，未有无腹心手足而能独理者也。”《金瓶梅词话》第十七回：“君犹元首，辅臣犹腹心也，百官犹四肢也。”本节的“腹心”主要指此。然仍隐含下列诸义，故亦罗列之。二指亲信。《汉书·张汤传》：“伍被本造反谋，而助亲幸出入禁闥腹心之臣，乃交私诸侯，如此弗诛，后不可治。”《陈书·高祖纪上》：“景至阙下，不敢入台，遣腹心取其二子而遁。”清·洪昇《长生殿·合围》：“原有三十二路将官，番汉并用，性情各别，难以任为腹心。”郭沫若《王阳明礼赞》：“刘瑾命腹心二人尾随，原拟在途中加以暗害。”三是犹言至诚之心。《左传·宣公十二年》：“君之惠也，孤之愿也，非所敢望也。敢布腹心，君实图之。”《史记·淮阴侯列传》：“臣愿披腹心，输肝胆，效愚计，恐足下不能用也。”宋·王安石《谢林中舍启》：“比间州邸，云改县章，治所相望，私诚甚喜，谓宜朝夕，可布腹心。”清·蒲松龄《聊斋志异·红玉》：“今实布腹心：僕之卧薪尝胆者，固有日矣。”四是比喻近中心的重要地区。《史记·赵世家》：“今中山在我腹心，北有燕，东有胡，西有林胡、楼烦、秦、韩之边，而无彊兵之救，是亡社稷，奈何？”唐·韩愈《论天旱人饥状》：“又京师者，四方之腹心，国家之根本。”清·昭梿《啸亭杂录·亮总兵》：“腹心千里，兵力虚弱。”杨朔《海罗杉》：“大井深藏在井冈山的腹心地带，四面紧围着层层叠叠的高山。”

精要概说：

为将者必须有忠实的骨干相辅佐。即必须有足智多谋者作“腹心”，必须有能及时报告情况者作“耳目”，必须有能坚决执行命令者作“爪牙”。只有这样才能统领全军。诸葛亮深具将德，他这样做，目的不是要形成一个谋私利的小集团，而是要为国为民、结束长期的战乱、恢复中华民族大一统的强盛国家。

白话说意：

为将者，应该有自己的左右亲信可以咨商参谋事情，有给自己侦察消息通风报信的耳目，有坚决贯彻自己作战意图以辅佐自己的羽翼。没有心腹之人，就如人在黑夜中走路，手脚不知该迈向何处。没有耳目之人，就好比盲人安静地生活在黑暗中，何谈行军打仗？没有自己的爪牙，就如饥不择食，吃了有毒食物，必然中毒身亡。所以，擅长为将帅者，一定要选用学识渊博、足智多谋的人做自己的心腹，要选用机智聪明、谨慎保密、有很强判断力的人做自己的耳目，还必须选择勇敢、彪悍的将士做自己的帮手。

二十一、谨候

本节题解：

何谓“谨候”？谨，即谨慎小心、谦虚谨慎的意思。候，即观测、等候的意思。谨候，就是必须谨慎待战，否则，败军丧师。

精要概说：

治军用兵必须严谨，必须“师出以律”，即必须按“虑”“诘”“勇”“廉”“平”“忍”“宽”“信”“敬”“明”“谨”“仁”“忠”“分”“谋”这十五项“律”办事，否则就会“败军丧师”。

白话说意：

夫败军丧师，未有不因轻敌而致祸者，故师出以律，失律则凶。律有十五焉：一曰虑，间谍明也；二曰诘，谇候谨也；三曰勇，敌众不挠也；四曰廉，见利思义也；

五曰平，赏罚均也；六曰忍，善含耻也；七曰宽，能容众也；八曰信，重然诺也；九曰敬，礼贤能也；十曰明，不纳谗也；十一曰谨，不违礼也；十二曰仁，善养士卒也；十三曰忠，以身殉国也；十四曰分，知止足也；十五曰谋，自料知他也。凡是为将者出师不利，都是因为轻视敌军而产生的后果，故而军队在出师时要严格执行法律、法令，详细考虑各种细节，按战争规律行事，否则会招致全军覆灭之危。这些应该注意的事项计有十五个方面：一是虑，就是要仔细地考虑、谋划，探明敌人的所有情况；二是诘，就是盘问、追查，搜集敌人情报，并仔细判断情报的真假；三是勇，就是当看到敌人阵势威武强大而有不屈不挠敢于与之搏斗之勇；四是廉，就是不为眼前小利所诱惑，以义为重；五是平，就是赏罚公正，公平合理；六是忍，就是能忍辱负重，寄希望于全军更为伟大的使命；七是宽，就是为人宽厚，宽宏大量，能包容他人；八是信，就是忠信、诚实，遵守诺言；九是敬，就是对有才德的人以礼相待；十是明，就是明察是非，不听信搀言；十一是谨，就是严谨、慎重，不违礼不悖法；十二是仁，就是仁爱，能无微不至地关心、体贴下级将士；十三是忠，就是忠诚报国，为了国家的利益，就是赴汤蹈火也在所不辞；十四是分，就是行为有分寸，坚守本分，做事情量力而行；十五是谋，就是足智多谋，能知己知彼。

二十二、机形

本节题解：

何谓“机形”？机，在这里指先兆、征兆的意思。如《易·至乐》中有云：“知机其神乎。”又如《三国志·蜀书·吴主传》中有云：“睹其机兆。”形，在这里是显露、表现的意思。如《孙子·虚实》中有云：“形人而我无形，则我专而敌分。”综合并联系诸葛亮所说的“机形”，其意思是：即战机出现的迹象。这是我们常说的“捕捉战机”的意思。

精要概说：

“因机而立胜”是诸葛亮用兵的一个重要战略思想。战争中情况瞬息万变，为将者应擅长顺应形势，审时度势，捕捉战机，把握战机，及时用兵，从而克敌制胜。

白话说意：

大凡愚笨的将帅战胜聪明将帅，这只能是违反常理的世上难见到的偶然事件；而聪明将帅战胜愚笨对手，才是理所当然；聪明将帅与聪明的将帅交战，真是“棋逢对手，将遇良才”，就全看掌握战机如何了。掌握战机的关键有三点：一是事机，这是指战争自身的变化情况；二是势机，这是指战争形势的变化情况；三是情机，这是指双方将士战斗情绪的变化。当战争已经发生，有利于我而不利于敌时，不能作出相应的反应，这是愚蠢之将；当形势发生变化，有利于我而不利于敌时，却不能拿出克敌制胜的办法，也是平庸无能之将；当整个态势已经很明确对我方有利时，却不能断然采取行动，这是懦弱之将。所以，善于指挥军队的将领，一定要根据情况的变化，及时捕捉战机、掌握时机对敌发起攻击并取得胜利，是谓因机立胜。

二十三、重刑

本节题解：

何谓“重刑”？一指重的刑罚。《吴子·治兵》：“进有重赏，退有重刑。”《尉缭子·重刑令》：“使民内畏重刑，则外轻敌。”二谓加重刑罚；施以严刑。《左传·襄公二十二年》：“洩命重刑，臣亦不为。”《商君书·画策》：“以刑去刑，虽重刑可也。”《隋书·赵煚传》：“尝有人盗煚田中蒿者，为吏所执……〔煚〕慰谕而遣之，令人载蒿一车以赐盗者，盗者愧恧，过于重刑。”三犹慎刑。谓不轻易用刑。《礼记·王制》“王命三公参听之”。汉·郑玄注：“王使三公复与司寇及正共平之，重刑也。”直雄认为：诸葛亮的所谓“重刑”，除含上述诸义之外，还有注重刑法运用的意思。

精要概说：

从严治军乃常用话题，而诸葛亮的独到之处在于：提出了“威耳”“威目”“威心”的见解，并就此深入论述了从严治军的思想。诸葛亮所论，是其治军的精髓所在。

白话说意：

吴起说：“军队中敲击鼙鼓、金铎的目的，在于引起将士在听觉方面的敏锐注意力，听从指挥，是为“威耳”；挥舞旗帜，在于集中将士在视觉方面的注意力，是为“威目”；各项法规、禁令及刑罚的目的在于管理将士，节制将士的行动。是为“威心”。在军队中，用声音引起将士的注意，要求将士听从指挥时，发声的器具必须音质清脆宏亮；用旗帜来指挥将士作战时，旗帜的颜色要鲜明、醒目；用刑罚、禁令来约束将士的行动时，执法必须公正、严明。如果做不到上述三点，军容就会紊乱，将士就会涣散、懈怠。故而，为将者在指挥部队的问题上，应该达到这样的程度：只要为将者指挥的旗帜挥舞摇动，将士就会英勇前进到达指定位置，只要为将者的命令一下，所有的将士就会同仇敌忾，前赴后继，拼死报效国家。

二十四、善将

本节题解：

何谓“善将”？善者，擅长之意也。将者，统率、率领之意也。善将，就是擅长统率军队、治理军队的将帅。

精要概说：

诸葛亮从正反两方面详尽论述了“善将”带兵遵循“禁、礼、劝、信”四个最重要的规范准则，“善将”不败；而不按这四项原则治军的将领称作“庸将”，“庸将”必败。

白话说意：

古代善于领兵打仗的将领统兵治军原则有四点：一是令出如山，事先向部下讲明什么是进，什么叫退，让全军知晓军法禁令；二是用仁、义的思想教育部下，使士卒能知书达礼；三是告诫部下明辨是非曲直，使将士能互相勉励，规过劝善；四是严格赏罚，使将士不敢涣散，讲求信用，遵纪守法。上述“禁、礼、劝、信”四点是部队的重要规范，是统兵治军的大纲。如果彻底做到了这四点，就好像主要的支架已经搭好，其它的细微末节也就自然地顺展开来，有了法规，具体的内容也就明晰了，这样军队就能战必胜，攻伐时得其所需。平庸无能之将做不到这四点：没有规制，一旦下令撤退，将士不听指挥，抱头鼠窜；而下令进攻时，则没有节制，步调不一，甚至纷纷逃避，怠慢拖延，全军也就难逃灭亡的下场；劝诫不明，赏罚无度，则失信于将士，上下不能一心，贤德之人纷纷远走，谄媚狡猾的小人得势，这样的将领带出的部队，每战必然溃败。

二十五、审因

本节题解：

何谓“审因”？审，即审查之意。因，为原因的意思。《梁书·范缜传》中有云：“贵贱虽复殊途，因果竟在何处？”唐·白居易《有木》诗中云：“自谓得其势，无因有动摇。”审因，在诸葛亮的“审因”中，就是审核考察出那些能够夺取胜利的根本原因。

精要概说：

出兵要“审因”和“威胜”。“审因”，即审“师出有名”否？师出有名乃正义之战，才能获取民意民心。“威胜”即要求为将者，要善于凭借这种群众拥护而形成的群众力量的优势取胜。

白话说意：

国君、统帅如果能顺应百姓的心愿来征伐邪恶势力，就是黄帝也不能与其争夺威势；国君如果能借助百姓的力量，群策群力获得胜利，就是商汤、周武王也不能与其争夺功劳。在此基础上，如能审时度势，以德威服人，即使有万夫不当之勇的各路英雄、将帅也可谋取，四海之内，普天之下的各方豪杰也会甘心受其制约。

二十六、兵势

本节题解：

何谓“兵势”？兵势的本义有三：一指兵力情况。《韩非子·十过》：“秦穆公迎而拜之上卿，问其兵势与其地形。”二指用兵布阵。《南史·曹武传》：“世宗性严明，颇识兵势，末遂封侯富显。”三犹兵力。宋·司马光《涑水记闻》卷十一：“陕西四路，自来只为城寨太多，分却兵势。”《清史稿·饶余敏郡王阿巴泰传》：“兵势单弱，不能长驱。”诸葛亮兵法中的兵势当然包括上述因素，但其兵势讲的是“夺取战争胜利的是‘天、地、人’的三大要素”。

精要概说：

兵势篇强调了人是战争的直接参与者与主体力量，指出了“主圣将贤，三军由礼，士卒用命，粮甲坚备”乃取胜之本。

白话说意：

大凡将帅领兵出征是否取胜，有三种情势：一是天候之情；二是地理条件；三是所统领之军状况。这是战争胜利的基本因素和条件。所谓“天候之情”，就是指天气晴朗、气候温和适中，寒暑不烈，不旱不荒，金、木、水、火、土五星运行正常，没有不祥的征兆，这是有利于我方的自然因素；所谓“地理条件”，就是指我方城墙高垒于险峻的地势之上，有深沟、大河做天然屏障，地形复杂，深不可测，还有唯一的羊肠小路曲折迂回利于坚守；所谓“军队的状况”，就是君主圣明将帅贤达，三军上下守礼守法，整齐划一，士卒个个都能效命沙场，粮饷充足，武器精良。擅长用兵的将帅，必然会凭借有利的天候条件，借助这有利的地理形势，依靠所统部队的良好状况，他就能攻无不克、战无不胜、所向无敌。

二十七、胜败

本节题解：

何谓“胜败”？胜败，即胜利或者失败、成功或者失败。诸葛亮的“胜败”

是指征战开始之前对敌我双方情况的分析后，对战争胜败的预测。

精要概说：

本节的精要在于给出了敌我双方谁胜谁败的最为基本情况，这是衡量胜败的基本标准。

白话说意：

为将者出师必胜的条件是：真正有才德的人担任着重要职务，没有才德的人身处最低位置，三军将士情绪高昂，团结统一，上下关系和睦，将士服从命令，勇敢善战，军容威武雄壮，法纪严明，这是判断敌我双方军队谁胜谁败的表征；将士懒惰、散漫，不遵守军纪，全军将士非常畏惧对敌作战，将士不讲信义，不畏惧刑罚，对敌军实力估计过高，经常无故惊乱，内部不团结，彼此之间通常的话题是一些与利益有关的事情，喜欢猜测事情的吉凶祸福，附会各种无稽之谈，军内流言蜚语盛行，军心涣散。军队出师不利，这也是判断敌我双方军队谁胜谁败的征兆。

二十八、假权

本节题解：

何谓“假权”？假，即为授予、给予的意思。清·梁启超《谭嗣同传》中有云：“假大兵权。”又如：假兵权（给予兵权）；假人（授予人）；假年（给以岁月。指延长寿命）；假息（苟延残喘）；等等。权，在书中当为权柄、权力的意思。《谷梁传》中有云：“大夫执国权。”清·黄宗羲《原君》中有云：“利害之权。”又如：权牟人主（权力与君王相等）；权珰（擅权的宦官）；权宠（权势与宠幸）；权臣（握有权势而专横的臣子）；掌权；专权（独揽大权）；兵权；等等。假权，就是授予、给予权柄、权力的意思。诸葛亮的“假权”，就是给予为将者以机动的指挥权。

精要概说：

诸葛亮在《将苑》的《兵权》《出师》中，已论述过为将者要有独立的统兵之权，虽说侧重点有所不同，但总归还是要求为将者要有统兵的指挥之权。在《假

权》中又再三论及。可见其对“将之出，君命有所不受。”重要性有着深刻的体悟。

白话说意：

为将者是军队中的首脑。他悬系着千万将士的性命，关系着战争的胜败结局，左右着国家命运的盛衰兴亡。如果君主不把指挥军队的权力全部交给为将者，这就好像用绳索捆住猿猴的手足却斥令它快速地攀爬树木，跳跃飞奔，又好像用胶带粘贴目力极强的离娄的双眼，却要求他去辨别各种颜色，这都是不可行的事情。如果赏罚大权交与权臣去操纵，而为主将者没有任何可以自主的权力，上下必然会被私心、权力所笼罩，将士必然会苟且于私利，这就没有人会为国家效命，更没有旺盛的斗志了。在这种情况之下，为将者就是有伊尹、吕尚那样出类拔萃的才智谋略，有韩信、白起那样功绩显赫，也不能自保性命。故而孙武说：“将帅一旦领兵作战，可以一概不从君命”。周亚夫也说：“军中只听将帅的命令，而不听皇帝的诏令。”

二十九、哀死

本节题解：

何谓“哀死”？哀，通“爱”即爱护之意。《管子・侈靡》中有云：“国虽弱，令必敬以哀。”《淮南子・说山》中有云：“各哀其所生。”《管子・形势》中有云：“见与之友，几于不亲；见哀之交，几于不结。”《吕氏春秋・报更》中有云：“人主胡可以不务哀。”死，书中指拼死、拼命的将士。《战国策・秦策》中有云：“于是乃废文任武，厚养死士，缀甲厉兵，效胜于战场。”《汉书・李广传》中有云：“上欲陵死战，召陵母及妇，使相者视之，无死丧色。”又如：死战、死守、死杀（死命拼杀）等。诸葛亮的所谓“哀死”，就是指要怜爱、珍重那些为国为民拼死效力的将士之意。

精要概说：

近 1800 年前诸葛亮提出“养人如养己子”的带兵观点，难能可贵。更为可贵之处还在于，他不但提出了主张，而且提出了这一系列爱兵相当详尽的八项作法，这一领兵的要旨深具价值。

白话说意：

古之善将者，养人如养己子，有难，则以身先之；有功，则以身后之；伤者，泣而抚之；死者，哀而葬之；饥者，舍食而食之；寒者，解衣而衣之；智者，礼而禄之；勇者，赏而劝之。将能如此，所向必捷矣。古代凡是擅长领将带兵的将帅，一是对待自己的将士就好像对待自己的儿女一样，当危难来临时，当身先士卒，首当其冲，站在危险的最前面；二是在功劳荣誉面前，对将士谦让，把功劳、荣誉推给将士；三是对待受伤的将士，百般安慰和抚恤；四是当将士为国捐躯时，能厚葬他们，并妥善地安排好后事；五是在粮食不够吃时，主动地把自己的食物让给将士；六是在天气寒冷的时候，把自己的衣服让给将士穿用；七是对待有才智的将士，以礼相待，并委之以高官；八是对待英勇擅战的将士，给予其恰当、及时的奖赏并勉励他再立新功。身为一名将帅，做到了上面的八项内容，就会所向披靡，百战百胜。

三十、三宾

本节题解：

何谓“三宾”？宾，即客人（跟“主”相对）。三宾即指三种客人。诸葛亮的三宾，是指为君为将者必须招揽三种客人为幕僚。

精要概说：

本节是诸葛亮《知人性》内容的深化与补充。凸显了君王与为统帅者应组建“智囊团”的必要性与重要性。

白话说意：

君王或是为将者凡是带领三军出征作战，他们必须配有各类幕僚人员为自己策划参谋，共同讨论战事的利弊得失，他们辅佐在君王或为将帅者的左右，以资决策参考。这些幕府人员大约可分为三种：一是有些人腹笥深厚、见闻广博、多才多艺，故能口若悬河地提出奇计妙策，这是万里挑一的出色人才，可以成为君王或将帅的高级幕僚；二是有些人像熊虎一样勇猛，像猿猴一样敏捷，性格刚烈

如铁石，作战如楚地龙泉宝剑般锐利无比，这些人是一代豪杰，可以成为将帅的中级幕僚；三是有些人喜欢发表言论，但议论中偶然也有正确的建议，小有技艺和才能，具备常人的能力。虽说只是普通之辈，还是可以成为君王或将帅的下级幕僚。

三十一、后应

本节题解：

何谓"后应"？有词语曰"前呼后应"本意是前面的人在呼喊，后面的人在应答。现多用来比喻写文章首尾呼应。诸葛亮兵法中的"后应"，是谓首先创造战争取胜的条件，而后发制敌以取胜的意思。

精要概说：

本节将用兵的水平分为三等，主张以智用兵，谋定而后动，决不打无把握的仗，可谓军事大家高见。

白话说意：

若乃图难于易，为大于细，先动后用，刑于无刑，此用兵之智也。师徒已列，戎马交驰，强弩才临，短兵又接，乘威布信，敌人告急，此用兵之能也。身冲矢石，争胜一时，成败未分，我伤彼死，此用兵之下也。

君王或为将者面对强敌时，如能把危险的局面转换成容易的事情，在事情还没有转变成复杂之前就预先做好准备，在事情还没有变得不可收拾时就采取应对措施，在军中设立了严明的刑罚但不以动用刑为最终目的，谋定而后动，这样的君王或为将者是智者，这是用兵带兵的上策；与敌人交战，将士已布列阵形，双方兵马交错，短兵相接，这时君王或为将者如果能乘机以种种威势扩大自己的影响，使敌军混乱以致失败，这算得上是用兵的能者，是为用兵之中策；在战场上，君王或为将者冒着枪林弹雨冲锋陷阵，这只是逞一时之能，双方损失极大但胜负不分、两军俱伤，是为用兵中的下策。

三十二、便利

本节题解：

何谓“便利”？便利，主要含有下列各义：一指敏捷、灵活。《荀子·非十二子》：“辩说譬谕，齐给便利，而不顺礼义，谓之姦説。”杨倞注：“便利，亦谓言辞敏捷也。”《史记·范雎蔡泽列传》：“夫人生百体坚彊，手足便利，耳目聪明而心圣智，岂非士之愿与？”清·蒲松龄《聊斋志异·刘亮采》：“因与接谈，词旨便利，悦之。”二是引申为伶俐。明·王錂《春芜记·感叹》：“就中独有侍女秋英，性多便利，色擅芳华。”清·蒲松龄《聊斋志异·珠儿》：“群喜珠儿复生，又加之慧黠便利，迥异曩昔。”三指有利、方便。《墨子·尚同中》：“万民之所便利，而能强从事焉，则万民之亲可得也。”《史记·高祖本纪》：“地执便利，其以下兵于诸侯，譬犹居高屋之上建瓴水也。”四是使方便有利。《汉书·魏相传》：“所以周急继困，慰安元元，便利百姓之道甚备。”五为熟习之意。宋·戴埴《鼠璞·防海》：“南人谙海道者也，于舟楫非不便利，犹艰阻如此，况北人乎？”诸葛亮之所谓“便利”，在隐含了上述诸义的同时，主要意思为：君王或为将者，领兵打仗行动起来不感到困难，易于达到目的。

精要概说：

本节详细说明在七种条件下宜于使用的战术，启发君王或为将者按照客观条件灵活运用战术，切不可主观臆断瞎指挥。

白话说意：

君王或为将者带兵出征应高度注意如下七种情况并应采取的战法是：一是在草木茂密的地区作战，宜采用有利于部队隐蔽的游击战略；二是在有浓密的山林地带作战，宜采用出敌不意、攻其不备的突击办法；三是在平原作战没有任何隐蔽物的情况下，可以采用设立埋伏的堑壕战术对敌；四是在敌众我寡的情况下，我方应在黄昏日落时候攻击敌人；五是在我众敌寡的时候，则应在清晨以众击少向敌人发起进攻；六是如果武器装备精良，兵力强盛，持有强弓利箭等射远兵器，则应交替射击敌人，以利速战速决；七是如果与敌人隔岸对峙，又有风沙，风大昏暗，视线不清，就应采取前后夹击的战术进击敌人。

三十三、应机

本节题解：

何谓“应机”？应机，一指顺应时机。《三国志·蜀志·郤正传》：“辩者驰说，智者应机。”《周书·文帝纪上》：“今便分命将帅，应机进讨。”又指随机应变。《世说新语·排调》“未若诸庾之翼翼”。南朝梁·刘孝标注：“放应机制胜，时人仰焉。”唐·黄滔《误笔牛赋》：“王献之缋画弥精，变通可惊，失手而笔唯误点，应机而牛则真成。”明·李本《重编〈诚意伯文集〉序》：“运筹定计，应机料敌。”诸葛亮的“应机”，含有顺应时机与见机行事之意。

精要概说：

在《机形》一文中诸葛亮对战机作了论述，本节又特别强调抓住战机，出其不意，打击敌人，可收到意外的效果。可见诸葛亮在临战指挥上十分重视捕捉战机这一环节，故而这里又进一步作了论述。

白话说意：

君王或为将者必胜的要诀及掌握情势变化以指挥调动部队的方法就是擅长出其不意。如果不是智者，谁又能准确地把握时机当机立断呢？掌握时机的秘诀在于出其不意。如果猛兽离开山区险要，失去了险峻的山势做依托，就是孩子手持长戟也可以吓退它追逐它，而小小的毒蜂只凭借自己一根毒刺，就可使强壮的大汉惊慌失措到不敢靠近。对敌人来说，让灾祸突然出现，防不胜防，无法预料，是最好的制胜之法。

三十四、揣能

本节题解：

何谓“揣能”？揣，推测、估量之意。能，才干、本事、能量之意。“揣能”就是揣度估量敌我双方的能量，衡量敌我双方的势力、双方的战斗力。

精要概说：

本节的揣能，实际上是对《孙子兵法》中的“知己知彼，百战不殆”观点的进一步论述。诸葛亮十分强调开战之前深入分析敌我力量的对比，不打无把握之仗。这再一次显示了诸葛亮谨慎用兵的指导思想。

白话说意：

古代善于用兵的君王与为将者，只要估量揣度敌我双方实力的虚实后就对双方交战的胜负有了基本的认识。君王或为将者在预料胜负的结果时，往往是从下列十二个方面着手：一是双方的君王哪一个比较圣明？二是双方的将领哪一个更为贤明有能力？三是双方的官吏哪一方更有能力？四是双方哪一方的粮草更为充足？五是双方中哪一方的士兵训练有素？六是双方的军容哪一方更为严整？七是双方的战马哪一方跑得快？八是双方哪一方占据的地势更为险要？九是双方哪一方的幕僚更有计谋？十是双方各有哪些可以畏惧的邻国？十一是双方哪一方的国力更富有？十二是双方哪一方的百姓生活更安定？通过对敌我双方上述十二个方面的比较，双方谁强谁弱，谁胜谁负就可以比较容易地做出判断了。

三十五、轻战

本节题解：

何谓“轻战”？轻战，一谓轻忽战事，不怕打仗。《史记·燕召公世家》：“燕国殷富，士卒乐轶轻战，于是遂以乐毅为上将军，与秦、楚、三晋合谋以伐齐。”又谓轻率出战。《史记·张仪列传》：“且夫从者聚群弱而攻至强，不料敌而轻战，国贫而数举兵，危亡之术也。”《晋书·姚兴载记上》：“苻登穷寇，宜持重，不可轻战。”清·李渔《风筝误·坚垒》：“贼兵破竹而来，机锋正锐，我军不可轻战。”诸葛亮的“轻战”，兼有上述二义，即既不怕打仗，又重视武器装备的配备，不轻易打仗。大有在战略上藐视敌人，在战术上重视敌人的意味。

精要概说：

本节论及用兵的准备问题。强调不打无准备之仗，是《应机》《揣能》等篇

的补充。该节以五组排比的句式，论述了没有准备的危害，论述十分生动形象突出，发人深思。

白话说意：

那些能够螫人的毒虫，就是凭着令人生畏的毒刺来保护自己，使人不敢轻易地招惹它，将士在战场上能勇敢作战，是因为他有精良的武器作依靠。故而，只要有了锋利的武器，坚实的铠甲，那么所有的将士都可以勇猛善战。若铠甲不够坚实，就好像赤身裸体与敌人拼杀；若弓箭射不中敌人，就好像没有弓箭一般；若射中了目标，但因为力量不够没有射进去，就好像弓箭没有箭头一样；若战前的侦察工作做得不仔细，不周详，就好像一个盲人在准备作战；若将帅不英勇不善战，就好像没有将帅一样。由此可见，这都是在战备建设中不可或缺的五大方面。

三十六、地势

本节题解：

何谓“地势”？地势，亦即地理形势，土地山川的形势，更为详细地说是指地表形态起伏的高低与险峻的态势。包括地表形态的绝对高度和相对高差或坡度的陡缓程度。地势亦作“地埶”。埶，“势”的古字。《周礼・考工记・匠人》：“凡天下之地势，两山之间，必有川焉。”《史记・高祖本纪》：“秦，形胜之国，带河山之险，县隔千里……地埶便利，其以下兵于诸侯，譬犹居高屋之上建瓴水也。”汉・张衡《南都赋》：“尔其地势，则武阙关其西，桐柏揭其东。”宋・梅尧臣《五月十三日大水》诗：“我家地势高，四顾如湖滮。”碧野《没有花的春天》第二章：“两天后由一个行地理的风水先生用罗盘在后山顶上勘定了地势。”

精要概说：

本节指出，不会利用地形地物的将领，无法取得胜利。在此基础上十分详尽地说明了什么地形地物用什么战术，用什么兵种、兵器。这对临阵指挥的将领大有指导意义。

白话说意：

地形地物对军队作战取胜是最好的帮助，君王或为将者如果不能准确地把握地势地形特点，要想取得战争的胜利是不可能的。五种地形地势应各遣将士与战：一是高山峻岭、森林险川的地形，适合用步兵将士作战；二是虽说有土岭小山、但广延伸展、相连不断的地形，适合驾战车、骑兵将士作战；三是在依山临水、狭涧谷深的战场上，可以用弓箭手作战；四是在平坦宽阔、可以自由活动的战场上，可以用持长戟之将士与敌交战；五是在芦苇丛生草木交错的地带，又可以充分发挥持长枪、长矛将士的作战优势。

三十七、情势

本节题解：

何谓“情势”？情势，其本义是指情况和趋势、形势。《三国志·蜀志·谯周传》“刘氏无虞，一邦蒙赖，周之谋也”。裴松之注引晋·孙盛曰：“且屈伸有会，情势代起。”《新五代史·杂传六·阎宝》：“夫决胜料势，决战料情，情势既得，断在不疑。”张天翼《温柔制造者》：“桌上还放着一个学生写的关于远东情势的文章，他压根就没翻开来过。”情，书中是谓人情之喜怒哀惧爱恶欲，即通常所说的“七情六欲”。势，即人情力量表现出来的趋向。诸葛亮的情势，引申为指君王或为将者在品质、性格上所存在的缺陷而对战争造成的影响。诸葛亮指出，要夺取战争的胜利，必须要了解对方（直雄认为亦包括己方）君王或将帅的性格、品质情况，并针对其缺陷而制定击败对方的办法。

精要概说：

本节强调对于五种不同性格的将领应该采取因人制宜的五种策略，利用其性格上的弱点，造成对方的失误，最终战而胜之。

白话说意：

君王或为将者性格对作战有直接影响。他们有的勇猛顽强不惧怕死亡，有的性情急躁没有耐心一味追求速战速决，有的贪爱小功、小财，有的过于仁慈而失

去了威严，有的虽有计谋但常常犹豫不决，有的则谋略有余而失之决断。故而，应采取不同的策略击败他们。一是对仅有匹夫之勇的要设法使其暴躁起来然后消灭他；二是对待性情急躁没有耐心的，要用持久战、消耗战去消灭他；三是对待贪功贪利贪色的，要用财、色去贿赂引诱他；四是对待仁慈有余威严不足的，要使用各种办法使他整日奔忙劳累；五是对待颇有心智而胆怯的，可以用猛烈的进攻使他陷入窘迫的境地；六是对待多谋而情缓寡断的，可以用突然袭击的办法使之灭亡。

三十八、击势

本节题解：

何谓“击势”？击，即攻击、攻打之意。《史记·魏公子列传》中有云：“而诸侯敢救者，已拔赵，必移兵击之。”势，即势头、趋势、时机的意思。《清稗类钞·战事类》中有云：“三保见敌势可乘，急挥帜。”《史记·项羽纪赞》中有云：“然羽非有尺寸，乘势起陇庙之中。”诸葛亮的“击势”就是乘势而击的意思，就是解释带兵作战时，何种情况可以乘势而击和如何做到乘势而击。

精要概说：

临战须先明敌情，此乃兵家常识问题，也是决定战争胜负最不可忽视的问题。诸葛亮的精妙之处在于提出了“十一种情况击之”“五种情况暂避开”之法。这是诸葛亮一生用兵的经验总结，于世人多有裨益！

白话说意：

凡擅长用兵的君王或为将者，临战前首先打探敌人的情况然后再采取相应的对策。探明敌人处于下列十一种情况时，当乘势而击之：一乘敌方军队长期征战失去锐气之时；二乘敌方粮食供应不上时；三乘敌方百姓对战争怨声不断之时；四乘敌方士兵不熟悉军中的各项法令之时；五乘敌方武器装备不充足之时；六乘敌方行动作战没有任何计划可言之时；七乘敌方处于战时孤立无援之时；八乘敌方将、官对部下刻薄无度暴敛资财之时；九乘敌方赏罚不明不公之时；十乘敌方士兵懈怠且阵营混乱不堪毫无秩序可言之时；十一乘敌方偶尔取得一点成绩就骄傲自大之时。这时就可以向敌人发起猛烈的进攻。凡是敌方君王或为将者处于下列五种情况时，只能暂予回避再设法图敌：一是敌方能选派贤良之士辅助之时；二是敌方粮饷充足有余之时；三是敌方百姓生活安定，铠甲、兵器锐利精良之时；四是敌方能与其周边国家保持和睦友善的关系之时；五是敌方有大国作靠山之时。遇到这种情况，就应暂时设法避开敌人，不可轻举妄动以求日后寻敌有隙再行击之。

三十九、整师

本节题解：

何谓“整师”？整，整设（整齐阵列）之意。师，泛指军队。《左传·庄公十年》中有云：“十年春，齐师伐王。”汉·贾谊《过秦论》：“九国之师，逡巡而不敢进。”综合上述诸义，结合诸葛亮对“整师”的定义，“整师”就是指将军容、军纪整顿得十分严整的军队。

精要概说：

本节是诸葛亮论如何整顿军队、如何管理军队问题。外在方面：要做到队形整齐，军容严整，进可攻，退能守，应对自如；内在方面，要求军纪严明，令行禁止，指挥通达，全军形成一个强有力的有机整体。这就是军队战斗力的展现。

白话说意：

夫出师行军，以整为胜。若赏罚不明，法令不信，金之不止，鼓之不进，虽有百万之师，无益于用。所谓整师者，居则有礼，动则有威，进不可当，退不可逼，前后应接，左右应旄，而不与之危，其众可合而不可离，可用而不可疲矣。部队行军作战，以军容严整、保持整体的战斗力为取胜的关键。如何做到这一取胜的关键呢？一是君王或为将者对将士赏罚要公平，切忌赏罚无度；二是君王或为将者的命令应让将士信服，切忌将士不服从指挥、该进时不进，该止时不止，如果这个样子，就是有百万大军，也起不到任何实际的作用。所谓军容严整、部队有整体战斗力：驻军平时井然有序，驻留时能尊重当地的风俗习惯，行动起来威武有势，进攻时锐不可当，后退时则敌人不敢追逼，部队能前后呼应，左右协调一致，服从指挥调度，所以不会出现危险的局面。这样的部队能够团结一致，将士有很

高的组织纪律性不会被敌人分割，能经受与任何敌人任何奋力作战的考验，总是保持旺盛的斗志而不知疲劳。

四十、厉士

本节题解：

何谓“厉士”？厉同励，即激励、勉励的意思。《韩非子·用人》有云：“故明主厉廉耻，招仁义。”陈寿《三国志·诸葛亮传》有云：“亲秉旄钺，以厉三军。”又如：厉世（激励世人）；厉俗（激励世俗）；厉诚（激励忠诚）；厉崇（勉励推重）；厉抚（勉励抚慰）；厉志（激励意志）。厉士，简而言之，就是激励士气。

精要概说：

本节提了五条激励将士的办法：奖励、礼遇、畜恩、身先士卒、论功行赏。这是为将者带兵行之有效的办法。

白话说意：

为将者对待自己将士的原则是：一是要委之以高位，封赏以钱财，这样就可以吸引有才德的人前来尽力；二是要以礼相待，以诚、信来鼓励将士，这样的将士就会以舍生忘死的决心投入战斗；三是要经常对部下施恩惠，赏罚时公平严明，一视同仁，这样就会赢得将士的信服、敬佩；四是要在作战中身先士卒，冲锋陷阵，在撤退时主动掩护他人，这样将士才会英勇善战；五是对待将士的点滴功劳都要给与充分的重视，并进行适当的奖励，这样他们才会积极向上，互相劝勉，舍生忘死、永保昂扬的斗志。

四十一、自勉

本节题解：

何谓“自勉”？自勉就是自己勉励自己。《庄子·天运》：“此皆自勉，以役其德者也。”《北史·辛昂传》：“若不事斯语，何以成名，各宜自勉，克成令誉。”明·方孝孺《赠王仲缙序》：“以斯说使仲缙知为学之足恃而益思自勉。”

精要概说：

君王或为将者统兵作战时易犯后果严重的七种错误。因而，君王或为将者严于律己，戒骄戒躁，时时自我警戒。显得十分必要。

白话说意：

知行完备、至善之人都崇尚自然法则，贤明的人则推崇一定的道德规范，而有智慧的人则以效法古代的贤者为立身之根本。然君王或为将者统兵作战时应常常自警易犯的七种错误：其一是骄傲自大的人注定自取灭亡；其二是狂妄无知的人则极易招惹祸端；其三是夸夸其谈的人很少有信义可言；其四是只顾自我标榜的人则薄情寡义；其五是无功者受赏肯定会被部下离弃；其六是惩罚无罪的人则肯定使百姓怨声载道，造成人心离散；其七是人若喜怒无常，往往厄运降临导致灭亡。

四十二、战道

本节题解：

何谓“战道”？战道即战争的规律或法则。《孙子·地形》：“故战道必胜，主曰‘无战’，必战可也；战道不胜，主曰‘必战’无战可也。”《司马法·仁本》：“战道，不违时，不历民病，所以爱吾民也。”

精要概说：

本节详尽地将野战中将要遇到的各种地形、地物、时间等，该采取的战术、布阵方法、指挥方式、伪装手段、兵器的运用等，都有着清楚的述说。

白话说意：

为了便于指挥联络，将士在森林中作战的方法是：白天以旌旗作主要的指挥工具，夜间用铜钲、擂鼓指挥，以短兵为主，可以巧妙地设置埋伏，或是进攻敌人的正面，或是进攻敌人的背面，或是采用前后夹击的战术；将士在草木丛生地带作战的方法是：要利用刀、剑、盾牌等短型武器，在与敌人交锋之前，事先要

调查好敌人的进军路线，在敌人的必经之路埋下哨兵，十里一大哨，五里一小哨，把所有的旗帜收藏好，把铜钲、鼓包掩好，当敌人过来时，出其不意，打敌人一个措手不及；将士在两山之间的谷地作战，可采用的方法是：利用埋伏，勇猛出击，让身手狡捷的将士站在高处，让敢死队的将士切断敌人后路，用弓弩向敌人射击，接着使用短兵继续进攻，使敌人瞻前顾后，没有反击的机会；将士在水上作战的方法是：利用船只作战，训练将士掌握各种水上技巧以攻击敌人，可以在船上多插旗帜以迷惑敌人，要用弓、弩猛烈地向敌人发射，也可用短兵与敌人在近处交手，还要在水上埋设栅栏防止敌人入侵，这一切都要顺水的流向进击敌人；将士在夜间作战的方法是：以安静、隐秘为主，可以秘密地派部队偷袭敌人，也可以用火把、战鼓扰乱视听，用最快的速度攻击敌人，就可以取得胜利。

四十三、和人

本节题解：

何谓“和人”？和人即使民众和顺。《后汉书·孔融传》：“进不能风化海内，退不能建德和人。”诸葛亮的和人当为人和之意。人和，就是人事和谐、民心和乐的意思。用之于整军，就是要使军队内部上下一心、团结一致。

精要概说：

君王或为将者带兵的根本问题就是要得军心。只有得军心，才能上下同心、全军一致。

白话说意：

夫用兵之道，在于人和，人和则不劝而自战矣。若将吏相猜，士卒不服，忠谋不用，群下谤议，谗慝互生，虽有汤、武之智，而不能取胜于匹夫，况众人乎？君王或为将者领兵作战，要注意使部队内部官兵之间、官官之间、兵兵之间和谐、团结，若能如此，将士就会主动地竭尽全力冲锋杀敌。倘若将士与统帅、将士与将士上下猜忌，互不信任，这样一来，有谋略的人就会得不到重用，将士在背后议论纷纷，谗言与恶念滋生迅速，部队中毁谤中伤之语流行，部队被闹成这样相互猜疑、相互拆台、相互对立的地步，即使有商汤、周武王那样高明的智慧统率者，也不能打败一般的庸人，更何况是人数众多的劲敌呢?

四十四、察情

本节题解：

何谓“察情”？察之义多多，结合诸葛亮的“察情”，察，一是指明察、知晓。《左传·庄公十年》中有云：“小大之狱，虽不能察，必以情。”《吕氏春秋·察今》中云：“故察已则可以知人。”又如：察士（能明察事理的人）；察议（察明情节而议定处分。通常指过失较轻者）。二指调查、考察。《吕氏春秋·察传》有云：“夫传言不可以不察。”又如：察勘（实地调查）；察访（详细调查）。三指分辨。《礼记·礼器》中有云：“观物弗之察矣。”（注：“犹分辨也。”）《淮南子·说林》中有云：“视之可察。”（注：“别也。”）《新语·道基》中有云：“尝百草之实，察酸苦之味。”情，结合诸葛亮的“察情”，情，主要指实情、情况。《周礼·天官》疏中有云：“情，谓情实。”《韩非子·主道》中有云：“虚则知实之情。”《韩非子·二柄》中有云：“今人主不掩其情。”《世说新语·自新》中有云：“俱以情告。”清·黄宗羲《原君》中有云：“犹夫人之情。”又如：情词（有关罪情的供词）；情真（真情；事实）；内情（内部情况）；详情（详细的情形）。综上所述，诸葛亮所谓“察情”，即指侦察了解敌我双方之情。

精要概说：

本节中诸葛亮把敌情分为十七种类型，并将各类敌情的表征和判断奥妙予以精到的揭示。为君王或为将者临阵指挥的必读之篇。

白话说意：

君王或为将者领兵作战需要根据下列十七种现象判断敌人的真实情况：一是如果敌人在与我军争战时按兵不动，说明他们一定是凭借了险要的地势；二是如果敌人不断地向我军挑战，说明他们一定是想引诱我军首先出击；三是当看到敌方树木无风而动，说明一定是敌人的战车在悄悄驶来；四是当看到敌方的尘土低飞而且范围很广，可以初步肯定是敌人的步兵正在进袭途中；五是当敌人言辞强硬而且做出向我军进攻的样子时，说明他们一定是在准备撤退；六是当敌人忽而

前进，忽而后退时，这就是在引诱我军进击；七是当发现敌军扶仗而行、萎靡不振，说明敌人肯定是已经到了饥饿难忍的地步；八是当发觉敌人对有利的时机不加以利用，说明敌人肯定已相当疲劳，无力再进；九是当看到飞鸟在敌军的阵地群集栖飞，说明敌军阵营已开始空虚无人；十是若在夜间听到敌军阵地喧哗吵闹之声，说明敌人内部对战争已经感到十分恐惧害怕了；十一是当看到敌人的军队涣散，混乱不堪时，说明敌军主将正失去应有的威势；十二是当看到敌军的旗帜混杂纷乱，说明敌军内部已经大乱；十三是当侦知敌军的将、官不断地发怒，说明战争形势的发展使他们感到无可奈何，敌人对取胜已失去信心；十四是当侦知敌军奖赏过于频繁，这是敌方处境窘迫的表现；十五是当侦知敌方不断用刑罚处分将士时，说明敌军主帅已无力扭转自己内部的混乱和士兵不服从将帅命令的局面；十六是当敌人派遣使者低声下气地来求和时，说明敌军想暂时停战，以求喘息之机；十七是如果敌人送来贵重的物品，用尽甜言蜜语，表示敌军想私下讲和，这是为了引诱我方上当受骗。

四十五、将情

本节题解：

何谓“将情”？情，在书中主要是指思想、精神。如情物（指思想内容）；情抱（情怀，胸襟）；情神（精神，神情）。诸葛亮所说的将情，主要是指为将者的道德情操。

精要概说：

本节是诸葛亮爱兵思想的再次具体表述。强调了将领和士兵同甘共苦的重要性。具体到饮水、吃饭、驱寒、睡觉、扇扇、避雨这些看似为小事上，实际上是带好兵打胜仗的重要措施。

白话说意：

为将者带兵治军的方法还表现在他的人格道德情操上，这看似一些小事，实则是其在思想作风做到官兵平等的六件大事：一是军营中的水井还没有打上水来时，为将者就不要先喊口渴；二是给将士吃的饭没有煮好，为将者也不要先喊饥饿；

三是军营中的火堆还没有点燃，为将者也不能先叫寒冷；四是军中的帐篷还没有搭造完毕，为将者也不能先言困乏；五是夏天酷热，为将者不要轻易地拿把扇子取凉；六是多雨天气，为将者也不要首先举伞避雨。总而言之，在各种生活细节上要处处展现官兵平等。

四十六、威令

本节题解：

何谓“威令”？威令即指政令、军令。《管子·牧民》：“不明鬼神，则陋民不悟；不祇山川，则威令不闻。”汉·贾谊《新书·威不信》：“而特扪然数百里，而威令不信。”《周书·文帝纪上》：“洛(寇洛)素无雄略，威令不行。”《初刻拍案惊奇》卷十七：“那府尹威令素严，公人怎敢有违？”清·魏源《圣武记》卷六：“然必决死战者，正欲贼知我国家威令严明。”范文澜、蔡美彪等《中国通史》第三编第二章第二节：“吐突承璀率左、右神策军到行营，威令不振，各道统兵将帅互相观望，无意立功。”

精要概说：

治国先治吏、治军先治将、治国治军须用法。为将者必须讲求法度，严肃军纪，让威令保证军队战斗力，而为将者爱兵是得军心的必要，两者相辅相成，缺一不可。这样才能建立起一支上下同心，意志统一的钢铁部队。

白话说意：

君王或为将者之所以能指挥百万大军，让他们恭恭敬敬地接受命令，屏气凝神，稳而有序，不敢松懈，这是严格法令制度的结果。如果君王或为将者不能刑赏将士，部属就会不知礼义，即使据有天下，尽占四海之内的财富，也难逃自我灭亡的命运，比如夏桀、商纣这样的暴君就是例证。但是，如果君王或为将者在领兵之时，能够推行法令实行赏罚，部属是不敢违背君王或为将者命令的，孙武、司马穰苴这样善用法制的人就是这样治军行兵打仗的例证。由此可见，法令是不能轻视的，因严格执行法令而产生君王或为将者的威势也是不可以违抗的。

四十七、东夷

本节题解：

何谓“东夷”？东夷是古代对我国中原以东各族的统称。《礼记·曲礼下》：“其在东夷、北狄、西戎、南蛮，虽大曰子。”晋·孙楚《为石仲容与孙皓书》：“东夷献其乐器，肃慎贡其楛矢。”唐·杜甫《八哀诗·赠司空王公思礼》：“司空出东夷，童稚刷劲翮。”郭沫若《中国古代社会研究》第二篇序说：“河北、山西的北部是所谓北狄，陕西的大部分是所谓西戎，黄河的下游是所谓东夷。”诸葛亮的所谓东夷就是对东方少数民族的泛称。

精要概说：

本节在抓准东夷“悍急能斗”和“凭险自固”两个特征的基础上，提出了依据情况，分化瓦解，德政招抚，强兵进攻的处理对策。

白话说意：

东夷的特点是：轻视礼义，勇猛强悍，凶狠善战。他们依山傍海，凭借这险要的地形，有较强的自我保护和对外防御能力。当其内部上下和睦，百姓安居乐业时，不能谋图攻打它；如果在他们内部出现了上层叛乱，下层百姓离心时，就可以用离间的办法，扩大他们上层内部的矛盾，使之混乱，使百姓背弃他们，造成尖锐的冲突，然后用仁义、道德的理论安抚、招抚他们；与此同时，配合以强有力的军事进攻，就必然可以彻底战胜他们。

四十八、南蛮

本节题解：

何谓“南蛮”？南蛮是中国古代对南方部族的称呼。《吕氏春秋·恃君览·召类》：“尧战于丹水之浦，以服南蛮。”诸葛亮的所谓南蛮，是当时对南方各少数民族的泛称。

精要概说：

本节指出，南蛮诸族，不易教化，爱结朋党，但稍有不满又互相攻打；南蛮诸族，居住分散，聚分不定，为人贪心，却很勇敢。南蛮居所，春夏常流行传染病。对此，诸葛亮指出，对南蛮的战事，速战速决，不宜持久。

白话说意：

南部有许多小的、性情无法教化的野蛮民族，他们常常结合成不同的利益团体，遇到不满意的地方就互相攻伐，他们平时住在山洞水边，有的聚居一处，有的分散各处而居，西到昆仑山、东到大海边，都是他们的活动范围，这一带多海产奇货，故其人个个贪婪好战，春夏两季常发生瘟疫，因此，对南蛮用兵，只能速战速决，不能在此长期驻军停留。

四十九、西戎

本节题解：

何谓“西戎”？西戎，我国古代西北戎族的总称。《书·禹贡》指织皮、昆仑、析支、渠搜。《史记·匈奴列传》指绵诸、绲戎、翟豲、义渠、大荔、乌氏、朐衍等。最早分布在黄河上游及甘肃西北部，以后逐渐东迁，春秋时分属秦、晋等国。三国魏·阮籍《咏怀》之四十：“园绮遯南岳，伯阳隐西戎。”

精要概说：

本节指出西北少数民族“勇悍好利”的诸多特点及其“地广形险”生活环境等，分析了形成这种性格特点的原因。提出了“候之以外衅，伺之以内乱”才能一统的对策。

白话说意：

西部的少数民族，有性情勇悍贪利的习性。他们有的居住在城郭，有的散居住野外，那里没有充足的粮食，但金银财宝却很丰盈。他们个个都勇猛善战，因此很难统一他们。自大、小积石山以西，种族繁衍很快，有广阔、险峻的形胜，

民风自负，强横凶狠，所以多不愿臣服于中原，只有等待时机，当他们外遇他族挑战，内部混乱之时，才可以伺机向他们用兵，则可彻底地击败他们了。

五十、北狄

本节题解：

何谓“北狄”？北狄原指古代的狄族。因其主要居住于北方，故称。后用为对北方各少数民族的泛称。北狄的称谓最早起始于周代。周朝时期的中原人把周围非华夏的四方，称为东夷、南蛮、西戎、北狄，以区别于华夏。狄作部称，《春秋》所记始于春秋中叶，但《国语·郑国》于西周末已有狄的记载。《春秋》在庄公三十二年记载：“冬，狄伐邢。”这是《春秋》中第一次出现狄的记载。这时晋献公在位，与狄人的关系错综复杂，但戎与狄常常混称。战国以后，“北狄”之名被改为代指匈奴及鲜卑等游牧民族。

精要概说：

本节分析比较北方游牧民族的特性及汉民族与其优劣后，提出了切实可行的守边之法：即遣良将戍边，训练精兵屯田，以逸待劳，待机破敌。

白话说意：

北狄是游猎民族，没有固定的城邑居住，哪里水草丰富，他们就迁徙到哪里去居住。遇到有利的形势，他们就南下入侵中原，反之，如果他们没有充足的力量就逃遁到更远的北方。绵延的山岭，辽阔的沙漠，使他们凭借险要足以自卫。饥饿时，他们就捕食野兽喝奶充饥，寒冷时，他们就用兽皮作成衣被取暖。他们每日奔走射猎，以捕杀动物为每天必做的事情，因此，这样的民族，既不能用礼义道德去感化，也不可以用武力去臣服。汉朝时一度不对他们正面用兵，其理由有三点：一是汉朝的将士一面耕作一面战斗，故十分疲惫又怯弱，而北狄平时只是以狩猎放牧，过的是游牧生活，既安闲又勇敢，以汉军的疲力对抗北狄的安闲，以汉军的胆怯对抗北狄的勇敢，自然难以势均力敌；二是汉军以步兵为主，每日只能行程百里，而北狄擅长骑马，一天的行程数倍于汉军，汉朝将士追击北狄需要携带所有的粮饷和铠甲，而北狄追击汉军时用战马就运载了这些军需品，双方的运输形式不同，互相追击的速度也不相等。三是汉朝士兵徒步作战，北狄则以轻骑作战。双方争夺最好的地势时，总是骑兵快于步兵，速度悬殊很大。在这种迫不得已的情况下，对付北狄之法，最好的方式是固守边疆。而固守边疆的办法，就是派遣将士戍边，选择贤能的人作将帅，训练精锐的将士进行防御，大规模地实行屯田种粮使仓库充实，设置烽火台加强警戒。等到北狄内部空虚时再乘机攻取，乘其势力衰竭时一举打败他。这样一来，可不必动用太多的人力、物力就能使北狄的威胁自行解除，也不必兴师动众，北狄就会自动远避。

五十一、兵法秘诀

本节题解：

何谓“兵法秘诀”？兵法，即用兵作战的策略和方法。《战国策·秦策一》：“以大王之贤，士民之众，车骑之用，兵法之教，可以并诸侯，吞天下，称帝而治。”《孙子·形》：“兵法：一曰度，二曰量，三曰数，四曰称，五曰胜。”郭沫若《洪波曲》第七章一：“这是我们的传统兵法——‘水淹六军’。”也指兵书。《汉书·艺文志》：“汉兴，张良、韩信序次兵法，凡百八十二家，删取要用，定著三十五家。”明·郎瑛《七修类稿·诗文一·山农刺时》：“〔王冕〕少明经不偶，即焚书读古兵法。”特指《孙子》。汉·荀悦《汉纪·武帝纪三》：“军正閎、长史安曰：‘不然。《兵法》：“小敌之坚，大敌擒也。”建以数千当单于数万，力战百余，士尽死，无二心。自归而斩之，是示后人无返意也。’”秘诀，即隐秘而不公开的方术、奇妙的诀窍。晋·干宝《搜神记》卷一：“遇异人授以祕诀。”《南史·陶弘景传》：“弘景既得神符祕诀，以为神丹可成。”唐·杨炯《后周明威将军梁公神道碑》：“被玉轴之文章，三冬遽足；穷金坛之祕诀，百战不孤。”宋·欧阳修《送刘虚白》诗：“祕诀谁传妙若神，能将题品徧朝绅。”兵法秘诀，当指用兵作战中的奇妙策略与决窍。

精要概说：

借助天象隐指灾异、隐指人事。

白话说意：

镇星即土星，离土星所在的位次很近的国家不可以攻打。又，扫帚星相遇日

月，朝中大臣会强横，老百姓会流亡失所无所食，父子会生离死别，夫妇不能团聚。东南、西南、东北、西北四隅有飞掠过天空的发光星体，有如陶制的盛器，后部如火，光焰达天，声如雷鸣，这是状如大奔星，有声，其下止地，类似狗的天狗星。它的下面会发生饥荒，民众中有瘟疫流行，群臣会死亡。流星向东北方运行，这种星名叫天纲星（又疑为天罡星）。水陆的口边，必有大水成灾，随之而来的是兴修治水工程。又东南、西南、东北、西北四隅有飞掠过天空的发光星体，进入天宇以后，有白气如云，状似车轮，是谓侵蚀。出现这种流星的地方会有战乱，中原地区多窃取政权、残害百姓的人。又有星如斗，出现在北斗，名为旬始星。那么天下会大乱，诸侯争雄。

五十二、作连弩法

本节题解：

人称“诸葛连弩”是三国时期蜀国的诸葛亮制作了一种连弩，又被称作“元戎弩”，一次能发射十支箭，火力很强，但是体积、重量偏大，单兵无法使用，主要用来防守城池和营塞。汉末魏大发明家马钧欲对其进行改进，使之成为一种五十矢连弩，威力更大，但是因为生产工艺很复杂，所用的箭矢也必须特制，所以没大量生产，后失传。

精要概说：

射击力度强大，一次能发射十支箭；可以瞄准目标等到需要时再发射，有利于捕捉射击时机，有利于防守，命中率比弓要高。

白话说意：

诸葛亮在原有的连弩基础上减去不必要的、增加有用的制成改进型连弩，改造完成后授予名号“元戎”，即元帅的意思。以铁为箭，箭长八寸，一弩十支箭同时一起发射。

五十三、作木牛流马法

本节题解：

诸葛亮在北伐期间，由于蜀道险窄，前线军粮常常难以保证。为此，诸葛亮在蒲元等能工巧匠的协助下，参考西汉末年创制应用的独轮车，先制造了独轮小车“木牛”，继而改进“木牛”结构，制成了四轮小车“流马”。今陕西省勉县的黄沙镇，就是诸葛亮当年制造“木牛流马”的重要地点。本节的文字中，诸葛亮对“木牛流马”的制造方法作了较详细的介绍。从这篇简明的《作木牛流马法》，我们可以看到，诸葛亮不仅是一位杰出的政治家、军事家，也是一位“长于巧思”的智慧之星。

精要概说：

用《三国演义》第一百二回中道其精要是：“牛马皆不水食，可以轻运，昼夜不绝。”该回中有诗称“木牛流马”的作用及运用之妙云：“剑阁险峻驱流马，斜谷崎岖驾木牛。后世若能行此法，输将安得使人愁？”

白话说意：

所谓木牛，其肚子是方形的，头部是弯曲的，有一个转动的车轮，四条防倾倒的木柱为其四足，它的头接在横木上，刹车紧靠肚子。舌头附在肚子上，能载很多东西，应当大大地利用，而不能一般地使用；独行的可走好几十里，结队行动的每天也能走二十里。弯曲的是牛头，两对防倾倒的木柱是牛足，前面的横木是牛领，转动的车轮是牛足，盖在上面的木板是牛背，方形的木箱是牛肚，木箱边那垂下的刹车是牛舌，弯曲的木条是牛肋，车辕刻有齿痕的是牛齿，直立着的木棍是牛角，细的是牛脖子，拉车的是皮套，牵引的则是牛屁股周围的皮带轴。木牛行走依靠后面供人握的两根车辕木，人行走六尺，木牛车轮转四圈即行走了四尺。运载量可够一个人吃一年的粮食，每天可以走二十里，而且人不会感到很劳累。

流马各部位的尺寸数字是：肋长三尺五寸，宽三寸，厚二寸二分，左右两肋的尺寸相同。前轴的孔分墨线离头四寸，直径为二寸。连接上、下肋的前脚孔分墨界线距离为二寸，距离前轴孔四寸五分，宽一寸。前杠的孔与前脚孔分墨界线

距离为二寸七分，孔长二寸、宽一寸。后轴孔与前杠分墨界线距离为一尺五分，轴孔大小与前轴孔相同。后脚孔分墨距离后轴孔分墨界线为三寸五分，轴孔大小与前脚孔相同。后杠孔距离后脚孔分墨界线二寸七分，后部的刹车装置与后杠孔分墨界线距离为四寸五分。前杠长一尺八寸，宽二寸，厚一寸五分。后杠长、宽、厚的尺寸与前杠相同。流马装有长方形木箱两个，木板厚八分，箱长二尺七寸，高一尺六寸五分，宽一尺六寸，每个木箱能装粮食二斛三斗。从上孔杠距离肋下七寸，前后相同。上杠孔离下杠孔分墨界线为一尺三寸，杠孔长一寸五分，宽七分，其他八个杠孔大小一样。前后四只脚，各宽二寸，厚一寸五分，形状像象腿。皮带长四寸，直径表面四寸三分。穿于孔中的三只脚杠，长二尺一寸，宽一寸五分，厚一寸四分，两只脚杠的大小相同。

上述翻译，非真正专业人员，实在是难得其解。倒是《三国演义》第一百二回所记更为通俗、便于理解，今引载于后：

孔明笑曰：“吾已运谋多时也。前者所积木料，并西川收买下的大木，教人制造木牛流马，搬运粮米，甚是便利。牛马皆不水食，可以昼夜转运不绝也。”众皆惊曰：“自古及今，未闻有木牛流马之事。不知丞相有何妙法，造此奇物？”孔明曰：“吾已令人依法制造，尚未完备。吾今先将造木牛流马之法，尺寸方圆，长短阔狭，开写明白，汝等视之。”众大喜。孔明即手书一纸，付众观看。众将环绕而视。

造木牛之法云：

方腹曲胫，一腹四足；头入领中，舌着于腹。载多而行少：独行者数十里，群行者三十里。曲者为牛头，双者为牛足，横者为牛领，转者为牛脚，覆者为牛背，方者为牛腹，乘者为牛舌，曲者为牛肋，刻者为牛齿，立者为牛角，细者为牛鞅，摄者为牛鞦轴。牛御双辕，人行六尺，牛行四步。人不大劳，牛不饮食。

造流马之法云：

肋长三尺五寸，广三寸，厚二（三）寸五分，左右同。前轴孔分墨去头四寸，径中二寸。前脚孔分墨去头四寸五分，长一寸五分，广一寸。前杠孔去前脚孔分墨二寸七分，孔长二寸，广一寸。后轴孔去前杠分墨一尺五寸，大小与前同。后杠孔去后脚孔分墨二寸二分。后杠孔分墨四寸五分。前杠长一尺八寸，广二寸，厚一寸五分。后杠与等。板方囊二枚，厚八分，长二尺七寸，高一尺六寸五分，广一尺六寸：每枚受米二斛三斗。从上杠孔去肋下七寸，前后同。上杠孔去下杠孔分墨一尺三寸，孔长一寸五分，广七分：八孔同。前后四脚广二寸，厚一寸五分。形制如象，靬长四寸，径面四寸三分。孔径中三脚杠长二尺一寸，广一寸五分，厚一寸四分。

众将看了一遍，皆拜伏曰："丞相真神人也！"

直雄认为，按照书中所载之尺寸及描绘，即使当今能工巧匠，也不能复原到诸葛亮当年这个运输效果，在当时不能装上"发动机"的情况下，诸葛亮为保其"专利"不被敌国盗用，一定还留有关键一招！

五十四、八阵图法

本节题解：

古代用兵的一种阵法。《三国志·蜀志·诸葛亮传》："推演兵法，作八阵图。"《晋书·桓温传》："初，诸葛亮造八阵图于鱼腹平沙之下，纍石为八行，行相去二丈。温见之，谓'此常山蛇势也'。文武皆莫能识之。"唐·杜甫《八阵图》诗："功盖三分国，名成八阵图。"八阵图遗址传说不一：一是《水经注·沔水》谓在陕西沔县东南诸葛亮墓东。二是《水经注·江水》《太平寰宇记》谓在四川奉节县南江边。三是《太平寰宇记》《明一统志》谓在四川新都县北三十里牟弥镇。后以比喻巧妙难测的谋略。明·王錂《春芜记·诉怨》："纵是那八阵图怎施灵异，六出计漫夸奇诡。俺呵，到如今一诺敢辞也。"克非《春潮急》四："只要你的八阵图摆得高明，还怕他不闹个焦头烂额，而后一步一步地走进圈圈吗？"《八阵图》是三国时诸葛亮在前人阵法的基础上创设的一种阵法。相传诸葛孔明御敌时以乱石堆成石阵，按遁甲分成生、伤、休、杜、景、死、惊、开八门，变化万端，可挡十万精兵。这个由天、地、风、云、龙、虎、鸟、蛇八种阵势所组成的军事操练和作战阵图，是诸葛亮的一项创造，反映了他卓越的军事才能。

精要概说：

八阵图的特点，唐·李靖《李靖兵法》中，当唐太宗问到李靖的"六花阵法"出处时，李靖说他的六花阵来自诸葛亮的八阵法，并指出八阵法的精要是："大

阵包小阵，大营包小营，隅落钩连，曲折相对。”[①]

白话说意：

八阵图已经创制练成了，从此以后用兵打仗，大概就不会有败了。诸葛亮用兵打仗十分讲究兵法，他在继承古代兵家布阵之法基础上创制的八阵图，对练兵、屯驻安营和用兵打仗做出了基本规定，并提出了适应情况变化的不同作战方案。这种阵法的运用不但使蜀军的进攻和防御能力得到了提高，而且在北伐曹魏的战争中使魏军无懈可击，并屡次击败魏军。

兵法探妙：

第一卷至第九卷的兵法探妙，多系数篇内容归纳其理政用兵之妙。对于“第十卷　诸葛武侯诚哉武　练兵奇才重创新——《便宜十六策》《将苑》《兵法秘诀》《作连弩法》《作木牛流马法》《八阵图法》中的兵法探妙”而言，因其每一节都是就练兵而言，且相当多数与诸葛亮之前的兵法有着千丝万缕的联系。若采用“数篇内容归纳其理政用兵之妙”的办法，则会顾此失彼，而且难于知晓其与此前兵法的内在联系。故本章采用一节一妙之法展现之。

第 44 妙：常法要则民为本；君王贪腐必败亡。

我国历史悠久、文化辉煌。在这宝贵的文化遗产中，那卷帙宏大、浩然可观、广涉治国理政、治军卫国的古代兵书尤显耀眼。直雄所读《姜太公六韬兵法》中的“龙韬”“虎韬”“豹韬”“犬韬”，其中论治国治军甚详；《司马兵法》中，论及“立国之精神与战争之原则”“君王之义务”“备战之事项”“作战之指导”“战场之指挥”，莫不与治国治军相关相切；《黄石公三略兵法》中，“强调了君王对于民心动向的确实掌握之必要”“强调君王的识人之明的重要”“指出了治国的根本之所在”，其中论治国治军赋下了重重的一笔；《孙子兵法》中，道及“谋略之根本”“强调速战速决之重要”“战争制胜之方式”“最为之攻防态势”“乘势之重要性”“掌握主动之力量”“策略之运用”“作战变化之法则”“作战行动之要领”“战术之应用与将帅之权责”“作战态势之应对方法”“将帅之条件”“强

① 南关音，何长林：《中华谋略宝库·李靖兵法》，南海出版公司 1992 年版，第 1058 页。

调情报活动之重要”中，对治国治军作战堪称经典；《吴子兵法》中，对于“图谋国家富强之道”“‘知己知彼，百战不殆’的料敌之法”“统御军队之要诀”“将领应有之胆识与智慧”“盱衡局势，应对千变万化之方法”“涉及战略战术之研讨”中，亦有其治国治军的基本原则；[①]《尉缭子兵法》中，提出了“百战全胜赖人事”“治军与国家之建设”“政治与军事制度”“决胜之三种力量”“进攻作战之手段”“防守作战之手段”“选将之十二条依据”“为了正义而参战”“部队之军事审判”“分官设职以治国治军”“国家治理之根本”“兵家权谋之意义”“严刑重罚之规定”“军内连坐法之规定”“营地之管理规定”“战时之赏罚原则”“组织编队之方法”“统一军队之指挥”“将帅之指挥权力”“救援军队之规定”“军中步兵之训练”“行军作战之训练”“用兵打仗之目的”“执行军纪之原则”中，以强调“人本思想”最为突出。[②] 品味《诸葛亮兵法》的实际内容，深深地体味到诸葛亮汲取了上述军事大家所著兵法的精要，结合自己的治国治军、南征北伐、行军打仗的实践，构建了独具特色、便于练兵讲武的诸葛亮兵法体系。

在如何治理好天下家国的问题上，为历代开明的统治者所高度重视，他们时常就这些问题请教贤臣。

如姜太公教之周文王治理国家的关键是重在“为民爱民”。姜太公有云：“文王问太公曰：何如而可为天下？太公曰：大盖天下，然后能容天下。信盖天下，然后能约天下。仁盖天下，然后能怀天下。恩盖天下，然后能保天下。权盖天下，然后能不失天下。事而不疑，则天运不能移，事变不能迁。此六者备，然后可以为天下政。故利天下者，天下启之；害天下者，天下闭之；生天下者，天下德之；杀天下者，天下贼之；彻天下者，天下通之；穷天下者，天下仇之。安天下者，天下恃之；危天下者，天下灾之。天下者非一人之天下，惟有道者处之。”[③] 其意思是说，周文王求教姜太公，如何顺应人心、指导人民？姜太公言，治国之道必须是“大、信、仁、恩、权、不疑”六者兼备方可为政。大，即宽宏大量，才足以包容天下；信，重信义，才能制约四海；仁，仁人爱物，天下归顺；恩，施恩百姓，

---

① 参见南关音，何长林：《中华谋略宝库》，南海出版公司 1992 年版，第 1—1102 页。

② 参见黄颇著：《白话〈黄石公兵法〉〈尉缭子兵法〉》，中州古籍出版社 1993 年版，第 105—242 页。

③ 南关音，何长林：《中华谋略宝库·姜太公六韬兵法》，南海出版公司 1992 年版，第 167 页。

才能保全社稷；权，权力强盛，方可不失天下；不疑，信念坚定，为民之志不动摇。即可治理好天下。后一段"故利天下者"到"惟有道者处之"，则是从为民与不为民正反有几个方面，描绘其截然不同的结果，结论是治理天下之道重在为民。

黄石公教之以"获取民心"。黄石公有云："夫主将之法，务揽英雄之心，赏禄有功，通志于众。故与众同好，靡不成；与众同恶，靡不倾。治国安家，得人也。亡国破家，失人也。含气之类，咸愿得共志。"① 其意是说，君主或担任军队主帅的要诀是，就在于务必笼络英雄豪杰的心，重赏那些有功的人，使部下通晓明白自己的志向，因为，与将士众人同喜好，就没有成就不了的事业；与将士众人同憎恶，就没有击不垮的敌人。国家大治，是因为深得民心。国家败亡，是因为失去了民心。君王将士百姓众人意愿相同，则国家大治。

诸葛亮在如何治理好天下家国的问题上，汲取了姜太公、黄石公等军事家"爱民、得民心的精髓"之处。在其《便宜十六策》开篇即论"治国"，这里的"治国"，当然亦含统帅的"治军"。并将其摆在首要位置之上。可见治理好国家的政务，使国家强盛安定在军事中占有何等重要的地位。

诸葛亮在这节中的兵法之妙在于：提出了"知根底说"。在"知根底说"中，诸葛亮通过推理分析，将国家的"根底"落实到爱民、不失民心这个关键点上；将部队的"根底"落实到将士这个关键点上。抓住了"根底"，获得了民心军心，其他是为末节则可迎刃而解。诸葛亮擅长妙用比喻，将老百姓比作天，将腐败了的君王或统帅视为不应天、不务民知本、不体察治民治军的得失。因为以民为本即是常法要规，因而天地失常会有祸殃，人违常法，大祸临头。简而言之：失去了民心军心，社会就会天昏地暗！国家就要遭殃！

诸葛亮在其"治国第一"中，借助对"知根底说"的论说，提出治理好天下，必须"务天之根本""务地之根本""务人之根本"，将姜太公、黄石公告知君王"治国要以爱民为先"的观点，发挥到了极致！

第 45 妙：治国从不缺人才；千秋大业在公心。

不少封建君王，总是将天下视为一己之私，首先就必然会产生一个君臣问题，也是治国治军中必然要处理好的问题。故而，姜太公在与周文王论及这个问题时

① 黄颇著：《白话〈黄石公兵法〉〈尉缭子兵法〉》，中州古籍出版社 1993 年版，第 38 页。

指出："天下非一人之天下，乃天下之天下也。同天下之利者则得天下，擅天下之利者则失天下……文王问太公曰：君臣之礼如何？太公曰：为上惟临，为下惟沉。临而无远，沉而无隐。为上惟周，为下惟定。周，则天也；定，则地也。或天或地，大礼乃成。文王曰：主位如何？太公曰：安徐而静，柔节先定。善与而不争，虚心平志，待物以正。文王曰：主听如何？太公曰：勿妄而许，勿逆而拒。许之则失守，拒之则闭塞。高山仰之，不可极也。深渊度之，不可测也。神明之德，正静其极。文王曰：主明如何？太公曰：目贵明，耳贵聪，心贵智。以天下之目视，则无不见也。以天下之耳听，则无不闻也。以天下之心虑，则无不知也。辐辏并进，则明不蔽矣。"[①] 这段话的意思是说：在姜太公向文王指出了所谓"天下"并不是君王一人所有，而是万民的天下之后，文王又与姜太公论及了"君臣之道"。文王问太公说："君主与臣民之间的礼法应该是什么样的关系？"姜太公说："为君主者，关键是要能洞察下情；为臣民者，关键是要谦恭驯服。君王想察下情，就不能疏远臣民；臣民要谦恭驯服，就要报告真情。君王当普施恩德，臣下当安于职守。所谓普施恩德，有如上天一样覆盖万物；安于职守，则像大地那样稳重厚实。君王效法天，臣子效法地，从而构成了君臣间的基本礼法关系。"文王说："君王该如何处理政务呢？"太公说："君王要安详稳健且气质宁静，先要有柔和节制的态度。多施恩惠，而不与民争利，对人则谦虚而无私，处事公正而不偏袒。"文王问："君主该如何听取他人的意见与要求呢？"太公说："不必一听就轻易接受，也不必一听就轻易拒绝。轻易接受，则会丧失自己的主见；轻易拒绝，言路就会闭塞。假若为君者像高山一样，使臣下仰慕而不能见到峰顶；若像深渊一样，使臣下难测量深浅。这样一来，神圣的君德，则清静公正达到极致。"文王问："君王如何才能洞察一切呢？"太公说："眼贵在明，耳贵在灵，心贵在智。如果能利用天下人的眼睛去看实情，则天下的事无不知；如果利用天下人的耳朵去听，则天下的信息则无所不晓；如果借用天下人的心思去思考问题，则天下的万事就无所考虑不周到的。君王如车辐轴心，天下的见闻和智慧都得以在君王那里集中，君王自然神明而不受蒙蔽。"

诸葛亮洞悉姜太公与周文王论"君臣之道"的"精髓"所在，就是重在君王

① 南关音、何长林编著：《中华谋略宝库·姜太公六韬兵法》，南海出版公司 1992 年版，第 118—128 页。

的修养，他承继完善了“君王该如何修政、谋政、劝政、施下为仁、以礼使臣”的问题，从“三纲六纪”的角度补充与增添了臣子该如何按“三纲六纪”处理君臣关系。他的君臣关系亦含军中的将士关系，将其摆在第二位的重要位置上，可见诸葛亮对朝中君臣关系与军队中的将士关系是何等看重。《易·序卦》：“有父子，然后有君臣；有君臣，然后有上下。”这里讲的就是君臣关系如此的紧密。

诸葛亮承前面的“知根底说”，在这里提出了与之紧密相关的“君惟其政、臣惟其事的公心说”。即天下乃众民家国之天下，皆非王者一己之私物；人才乃众民家国之材，而非王者一己之材；政教乃一国之政教，皆非王者之私器；官员乃国家之官员，皆非王者之家奴；治国乃不缺人才，而难在其公心；创千秋大业，奇策易得，公心难觅。

诸葛亮在这一短论中厘清了君臣彼此关系，厘清了君臣与人才彼此关系。推而广之，进而厘清了父子、夫妻间彼此关系。诸葛亮以生动的比喻，阐明了公心千古，为私难久乃治国治军之根本。这一高论，追根溯源，实乃对孔子“君使臣以礼，臣事君以忠”（《论语·八佾篇》）和孟子的“君之视臣如手足，则臣视君如腹心；君之视臣如犬马，则臣视君如国人；君之视臣如土芥，则臣视君如寇雠”（《孟子·离娄下》），以及姜太公回答文王关于“君臣之礼如何？”这些高论调的进一步发挥，对于治国治军，颇有指导作用。诸葛亮之所以出山辅佐刘备，又何尝不是因刘备“三顾”之诚所致！

第46妙：广开言路知民意；兼听则明断是非。

“视听”一篇，品味其真谛，是乃诸葛亮论君臣关系的继续，亦是诸葛亮对于姜太公与周文王讨论“君臣关系”内容的深化。说到“视听”，就会想到唐·魏征的名言：“兼听则明，偏听则暗。”诸葛亮在这一短篇中，提出了“明君知民意说”。诸葛亮在经过一番论说之后，以《书经》作结云：故《书经》上说：“圣人没有固定不变的意见，因为他完全以百姓的意见为意见。”人的行为为其意志所决定，君王若能代表民众的意志，朝野上下相呼应，全国处处可祥和。

诸葛亮在进行了正面的论述之后，从反面论述了昏君当国的情景是：国君观日月之形而不察民情，其目不明；双耳能闻雷霆而不听民意，其耳不聪，接着用三个反问，指出昏君难闻忠言、民怨，其结果是，冷落了良臣、寒透了黎民之心，奸邪佞人就要乘隙作乱，国家就会出现危机。以《书经》作结云：《书经》上说“施政要以民意为依归”。本篇的中心点是：君王要知民间百姓苦，才显君王圣明。对于治军，何尝不是如此？统帅要知将士心，令行禁止显军容！

第 47 妙：专横固执不纳谏；奸邪乘隙害朝政。

诸葛亮的“纳言”，在这里就是接纳群言的意思。“纳言”是承接“视听”这篇短论，在更深入层次阐述“视听”重要性与必要性。

说到接纳群言，一般人都会想到名言：“良药苦口利于病，忠言逆耳利于行。”君王拒绝忠言则必听邪佞谄媚之语，如此，则成昏君；昏君则必绝言路，绝言路，则不知实情而昏庸，如此执政，则有如“盲人骑瞎马，夜半临深池”，天下必致乱。

诸葛亮指出：君王若专断固执不纳谏言，忠臣的计策就无法上达，奸邪便趁机危害朝政。故而政治清明的国家，臣子能直言不讳；而无道之国，趋炎附势、谄媚取宠者当朝，朝政便为之腐败。这可以说是诸葛亮在诉说着中国封建社会败亡的大致规律。

诸葛亮这篇短论最终重点指出乱政恶果是：当政者有缺失不肯改过，百姓必将痛苦不堪。这是对昏君庸将们的警告，更是诸葛亮理政时对兴衰之道论述的一大闪光之点。

第 48 妙：明察秋毫奸邪绝；腐败失察大祸临。

诸葛亮在上一篇短论谈到如何才不会堕落到昏君庸将的问题。在这一篇短论中，仍然是从更深入的层次论述如何才不会堕落到昏君庸将的问题。

本节所谓“察疑”，是指擅长分辨人物、事物的好坏，以不至于昏淫而失误上当。唐太宗李世民有诗云：“疾风知劲草，板荡识诚臣。”实际上君王与统帅是等不了“急风”与“动乱”到来之时再去识别忠臣与良将的，关键还是要明察秋毫而防患于未然。所以君王或统帅应有明察秋毫、杜绝奸邪的能力。因为某些人事或事件往往表相相近，但本质不同。诸葛亮列举历史实例，指出君王、统帅因其腐败使他们失察最终酿成大祸。

诸葛亮提出察疑的根本办法是请教老百姓。并借孔子的经典名言“有为之君不担心百姓不理解他为政的举措，而担心自己不解民意民心；不担心他国不了解本国，而担心自己不了解他国；不担心臣下不了解自己的意图，而担心自己不知道大臣们的思想；不担心百姓不了解贵族，而担心贵族不了解百姓”之说论证之，

并列举实例形象地说明之。

在本篇中，诸葛亮提出百姓可决疑，这又是一个闪耀着“走群众路线”的重要观点。这一观点，罗贯中借助《三国演义》，将其表现得十分生动形象而充分。如诸葛亮南征时，遇到不了解的当地风土人情，往往会问及当地“土人”！

黄石公在谈到有关“察疑”的情况时写道：“军国之要，察众心，施百务。危者安之，惧者欢之，叛者还之，怨者原之，诉者察之，卑者贵之，强者抑之，敌者残之，贪者丰之，欲者使之，畏者隐之，谋者近之，谗者覆之，毁者复之，反者废之，横者挫之，满者损之，归者招之，服者居之，降者脱之。”[①]其意思是说：统军治国的关键，在于体察众人的心理，采取相应的措施：对于处境危险者使之安全，对于心存畏惧者使之欢愉，对于离乡逃亡者加以招还，对于含冤受屈者予以昭雪，对于上告申诉者应查清事实，对于地位卑贱者加以提拔，对于恃强行暴者加以抑制，对于与我为敌者加以清除，对于贪图钱财者厚给赏赐，对于自愿效力者予以任用，对于怕人揭短者替其隐讳，对于善于谋划者与之亲近，对于爱进谗言者弃之不用，对于诋毁之言要反复核实，对于反叛者坚决消灭，对于蛮横之人要挫其锋芒，对于骄傲自满者要警告之，对于愿意归顺的要招徕之，对于已被征服的要予以安置，对于战败投降的要给予宽大。

黄石公此言，妙在提出了君王要擅长探察人的心理问题，但是在处理的方法上过于笼统粗疏，如此简单化实在是令人难于把握。

诸葛亮的“察疑”，承继了黄石公“察众心，施百务”中的精粹，但借助妙用比喻、妙用典故、妙用名人名言，能给人以深刻的印象并便于把握运用。

第49妙：治己治人去奢侈；上梁不正大厦倾。

“治人”有多重意思。诸葛亮的“治人”即治己方能治人。刘备临死之时留有名言云：“勿以恶小而为之，勿以善小而不为。惟贤惟德，能服于人。”其意思是说：不要因为好事小而不做，更不能因为不好的事小而去做。小善积多了就成为利天下的大善，而小恶积多了则“足以乱国毁家”。此语的精髓渗透于“治人第六”一节之内。

诸葛亮引《书经》“以德义教化百姓，百姓就不会悖德忘义；教民明辨是非，

---

① 黄颇著：《白话〈黄石公兵法〉〈尉缭子兵法〉》，中州古籍出版社1993年版，第39页。

百姓行为将得以规范”之语，提倡要以正道来教育百姓。因尧舜之恩泽广布，远方夷族亦来归服；夏桀、商纣败德腐败，诸夏为之背叛，皆非上天所使，乃其自作自受。以此，警告君王或统帅的同时，也警示自己。

对于如何治己治人？诸葛亮又将重心落到了关爱老百姓身上。他提出明君若能注重农业，不加侵扰，减少赋税，增加百姓收入，这才是国家富强的途径。与此同时，引《书经》“统治者不视金银为宝，百姓就不会为贼；居统治者不贪不腐，民心就不变坏”之语与“上梁不正大厦倾”诸多历史实例，指出治民者的过度奢侈，深刻地揭示社会动荡之源。是为治民之道之明镜。

第 50 妙：举贤任能奸佞弃；藏龙卧虎在民间。

本节中的所谓“举措”，重在挑选贤才任用贤能与废黜奸佞。诸葛亮曾在刘禅面前反复提醒：“亲贤臣，远小人，此先汉所以兴隆也；亲小人，远贤臣，此后汉所以倾颓也。先帝在时，每与臣论此事，未尝不叹息痛恨于桓、灵也。”简而言之，一个政权要不断兴隆强大，必须要做到好人留在政权之内。诸葛亮以养生之道喻治国之法。调气养神体格健，选贤任能家国安。辅佐之臣如栋梁，栋梁粗大房稳固；国内贤能少，小人就会多，国隐倾覆之危。朝廷贤士多，国家安定可保。

直木顶千斤，栋梁选直木，直木长深山，老林多直木。佐臣当选极谏忠直之士，如此贤良之士多潜藏于布衣百姓之中，这就是俗话说的“茅屋出秀才，猛虎在深山”的意思。君王求贤才，必深入乡里民间。在民间，贤才往往怀才不遇流为庶民；或虽才智过人，得不到君王的赏识而被埋没；或因忠贤孝悌遭忌不曾荐举；或因曲高和寡“鹤立鸡群”，甘愿隐遁山林，不肯在朝合污于小人；或因为国为民耿直忠诚，为奸佞陷害所不容。总之，旷世奇才藏民间。小人一旦得志，忠良必然退隐，那国家只能衰败。明君倘若“千金买骨”，国家自然安定。

读罢此篇，仿佛又一次听到诸葛亮在对刘禅说：“亲贤臣，远小人，此先汉所以兴隆也；亲小人，远贤臣，此后汉所以倾颓也。”亦同时听到了刘禅亲小人后，薛珝使蜀所见刘汉政权堕落到“主闇而不知其过，臣下容身以求免罪，入其朝不闻正言，经其野民皆菜色。臣闻燕雀处堂，子母相乐，自以为安也，突决栋焚，而燕雀怡然不知祸之将及，其是之谓乎！——《三国志·薛综传》”倘若刘备、诸葛亮地下有知：岂不凄然相向泪眼……

第 51 妙：是非善恶终该报；迁善黜恶听民声。

“考黜”就是考察官员的业绩以决定对该官员的进退，以及对该官吏的升降。“考黜”可以说是治国理政、察善知恶、真正重用贤才的必要措施。通过对所任命的官员从政治、经济、民众的反应等进行行政监察，可知晓所任命官员的特长及对工作的胜任情况，这就有利于真正的人才更好地为朝廷服务。

从诸葛亮处理廖立、李严及提拔蒋琬的文论，可见诸葛亮是非常注重对官员“考黜”的。故而对“考黜”的论述也是比较全面的。指出“考黜”政策所要达到的结果，就是任用忠贤之士，革除贪婪小人；要达此效果，办法与措施是务必先了解百姓是否受过官吏压迫的五种痛苦状况：一是官吏是否假借职权，作威作福，玩弄百姓生死于股掌之间，欺上压下，黎民敢怒不敢言；二是官吏是否断狱不公，执法不严，犯大罪者得不受制裁，官吏欺善怕恶，使无辜者倍受迫害；三是官吏是否官官相护，徇私勾结，迫害告发者，隐藏实情，湮灭证据，甚至杀人灭口；四是官吏是否对新任长官谄媚取宠，以博取上级信任，对于仇人刻意逼陷，公报私仇。在任官员是否假借征税之名，搜刮民财，表面上是储备以防患未然，暗中是否扩增私产；五是县官是否贪财揽权，施行赏罚之时考虑是否有利于己，是否介入民间买卖与民争利，使百姓造成损失。违反朝纲的以上五种官吏，危害百姓，必须罢黜。无此五种恶行的官吏，予以升官奖赏。

读罢诸葛亮的考黜之法，清人郑板桥《潍县署中画竹呈年伯包大中丞括》那“衙斋卧听萧萧竹，疑是民间疾苦声。些小吾曹州县吏，一枝一叶总关情”的诗语不时在耳边回响，近 1800 年前的诸葛亮“选干”，真可谓有“是非善恶终该报；迁善黜恶听民声”之妙。

第 52 妙：用兵攻伐不得已；诛暴讨逆安社稷。

“治军”，无不是所有立国者极为重视的头等大事。《诸葛亮兵法》汲取了上述诸多军事家所著兵法中的精要，结合自己的治国治军行军打仗的实践，简洁地将如何治军标准化条列化，方便治军的管理，提高治军管理效率。

“治军”就是治理军队的事务。这个事务就是提高军队的战斗力，而要提高部队的战斗力，就是要严格地训练军队。因此，军事训练自古至今就是概莫能外的治军中心环节，而对军事训练问题的理性探讨，也成为古代兵家关于治军思想中的有机组成部分。

诸葛亮治军之妙，粗略归纳有八点：

一是妙在将治军的过程视为一个选贤任能挑选强将的过程。他提出良臣是国家政治的僚佐，即“国以军为辅，君以臣为佐；辅强则国安，辅弱则国危，在于所任之将也”。这就是军强则国安，军弱则国危。强军必选强将，强将手下无弱兵，强将可主导全军，可承当护国安民的大任。

二是妙在将治军治国相辅相成。提出“治国不可以不从外，治军不可以不从内。内谓诸夏，外谓戎狄。戎狄之人，难以理化，易以威服”。这就是治国要关注周边，治军关注中原，一旦周边不安，则以军威震慑。用兵攻伐乃不得已。

三是妙在治军的过程中要有“假想敌”。即所谓“观敌众之谋”。依据这“假想敌的敌情”，用兵必事先有规划才能取胜，要有谋划则要先考量时势潮流，明白人心归向。作战训练方能做到“知己知彼”，方有针对性。

四是妙在选将要谨慎且应选取“孙武”式的将领，提出“将者，人之司命，国之利器”的观点，并列出了一系列可具操作性的具体选将标准。

五是妙在阐明了征战与国力之间的关系。诸葛亮提出了切忌连年征战，称“攻不可再，战不可三，量力而用，用多则费”。说到这里，相当多的人也许要问：诸葛亮南征北伐，尤其是北伐，相当多的人认为他不就是在连年征战吗？直雄认为，诸葛亮在223年4月接受托孤担顾命之任，至225年3月南征四郡。12月返回成都。诸葛亮约两年之内打了约4个月的仗。公元226年1月至228年1至2月首次北伐。两年打了2个月的仗。228年3月至12月，打了20多天的仗。229年约在3月，第三次北伐，陷魏武都、阴平二郡。约在3个月内打了约1个月的仗。229年3月至230年7月，曹魏大司马曹真、大将军司马懿分道攻蜀，诸葛亮屯军成固以空城计退司马懿大军，9月曹真等回师。约1年半打了1个月仗。230年9月至231年2至6月，诸葛亮第四次伐魏。约10外月打了3个月仗；231年6月至234年2至8月第五次伐魏费时约半年与魏军对峙直到病死五丈原。诸葛亮在任11年4个月，其中南征北伐（含曹魏进攻之战）时间约1年半。我们还不能说诸葛亮是“连年征战”。用他自己的话来说，就是：“今因丕多务，且以闭境勤农，育养民物，并治甲兵，以待其挫，然后伐之，可使兵不战民不劳而天下定也。”[①]

① [晋]陈寿撰，[南朝宋]裴松之注：《三国志》（全五册），中华书局1975年版，第1019—1020页。

可以说这是诸葛亮出师北伐的总体指导方针。

事实也是如此，诸葛亮每次北伐，都是乘曹魏不备或受挫或孙吴在魏之东面进攻而发起攻击的。而他的极大部分时间还是用来处理政务、屯田、练兵等；

六是妙在十分具体地提出了不打无准备之仗，和如何执行与完成战斗任务，极富指导意义；

七是妙在用间谍作战的问题上，重申并强调了孙武重在用间谍之人的问题，尤其注重用间谍的将帅要有仁义之心的问题，即孙武“非圣智不能用间，非仁义不能使间，非微妙不能得间之实”的问题；

八是妙在提出了军队必须不忘备战，把握好一切有利条件严阵以待，以强大的军容迎击一切来犯之敌，在迫不得已时才决一死战。

“治军篇”中有一个值得我们认真品味的问题，这就是诸葛亮结合自己的实战经验，将《孙子兵法》《吴起兵法》等军事家的实战操作经验中的名言、金句，乃至精彩语段糅入自己的论述之中。名言、金句与精彩语段特有其审美价值，糅入之后，能为诸葛亮论证的说服力增色添彩。为省篇幅，仅就其引用《孙子兵法》中的名言、金句与精彩语段利用夹注以“直雄按”的方式简作品评分析。且看诸葛亮云：“夫善攻者敌不知其所守，善守者敌不知其所攻。（《孙子·虚实篇》中有：‘攻而必取者，攻其所不守也；守而必固者，守其所不攻也。故善攻者，敌不知其所守；善守者，敌不知其所攻。’直雄按：这是诸葛亮对《孙子兵法》中此段内容的浓缩而用，使自己的语言简洁且内容丰富。）故善攻者不以兵革，善守者不以城郭。是以高城深池，不足以为固；坚甲锐兵，不足以为强。敌欲固守，攻其无备；敌欲兴阵，出其不意；（《孙子·计篇》中有：‘兵者；诡道……攻其无备；出其不意。’直雄按：这是诸葛亮对《孙子兵法》中此段内容的扩展而用，糅入孙武‘攻其无备；出其不意’这一名言之后，能使自己所要论证的内容更具‘权威性’。）我往敌来，谨设所居；我起敌止，攻其左右；量其合敌，先击其实。不知守地，不知战日，可备者众，则专备者寡。以虑相备，强弱相攻，勇怯相助，前后相赴，左右相趋，如常山之蛇，首尾俱到，（《孙子·九地》中有：‘故善用兵者，譬如率然。率然者，常山之蛇也。击其首则尾至，击其尾则首至，击其中则首尾俱至。’直雄按：这是诸葛亮对《孙子兵法》中此段内容中‘常山之蛇’这一典故语的借用，使自己的这段论述形象生动且又隐含《孙子兵法》中的这段内容。）此救兵之道也。故胜者全威，谋之于身，知地形势，不可豫言。

议之知其得失，诈之知其安危，计之知其多寡，形之知其生死，虑之知其苦乐，谋之知其善备。故兵从生击死，避实击虚。（《孙子·虚实》中有：‘水之行，避高而趋下；兵之形，避实而击虚。’直雄按：这是诸葛亮对《孙子兵法》中著名语典‘避实而击虚’的引用，这一引用，有总领其后文的作用。）山陵之战，不仰其高；水上之战，不逆其流；草上之战，不涉其深；平地之战，不逆其虚；道上之战，不逆其孤。此五者，兵之利，地之所助也。夫军成于用势，败于谋漏，饥于远输，渴于躬井，劳于烦扰，佚于安静，疑于不战，惑于见利，退于刑罚，进于赏赐，弱于见逼，强于用势，困于见围，惧于先至，惊于夜呼，乱于暗昧，迷于失道，穷于绝地，失于暴卒，得于豫计。故立旌旗以视其目，击金鼓以鸣其耳，设斧钺以齐其心，陈教令以同其道，兴赏赐以劝其功，行诛伐以防其伪。昼战不相闻，旌旗为之举；夜战不相见，火鼓为之起；教令有不从，斧钺为之使。（《孙子兵法·军争篇》中有：‘……《军政》曰：言不相闻，故为之金鼓；视不相见，故为之旌旗。夫金鼓旌旗者，所以一人之耳目也；人既专一，则勇者不得独进，怯者不得独退，此用众之法也。故夜战多火鼓，昼战多旌旗，所以变人之耳目也。’直雄按：这是诸葛亮对《孙子兵法》中著名语段结合自己的军事实践的扩写。丰富了作战发挥“器械”作用运用的方式方法。)不知九地之使,则不知九变之道。(《孙子兵法·九地篇》中有：‘孙子曰：用兵之法，有散地，有轻地，有争地，有交地，有衢地，有重地，有泛地，有围地，有死地。’《孙子兵法·九变篇》中有：‘孙子曰：凡用兵之法，将受命于君，合军聚众。圮地无舍，衢地合交，绝地无留，围地则谋，死地则战。途有所不由，军有所不击，城有所不攻，地有所不争，君命有所不受。故将通于九变之利者，知用兵矣；将不通九变之利，虽知地形，不能得地之利矣。治兵不知九变之术，虽知五利，不能得人之用矣。’直雄按：这是诸葛亮妙用‘篇名典’，使自己的论述含蕴更为丰富。精通《孙子兵法》者，读到此处，心领神会，不精通者，查阅《孙子兵法》中的该段内容，比对诸葛亮此论，自会敬佩诸葛亮对《孙子兵法》领悟之到位。）天之阴阳，地之形名，人之腹心，知此三者，获处其功，知其士乃知其敌，不知其士，则不知其敌，不知其敌，每战必殆，故军之所击，必先知其左右士卒之心。五间之道，军之所亲，将之所厚，非圣智不能用，非仁贤不能使。五间得其情，则民可用，国可长保。（《孙子兵法·用间篇》中有：‘故用间有五：有因间，有内间，有反间，有死间，有生间。五间俱起，莫知其道，是谓神纪，人君之宝也。因间者，因其乡人而用之。

内间者，因其官人而用之。反间者，因其敌间而用之。死间者，为诳事于外，令吾间知之，而传于敌间也。生间者，反报也。故三军之事，莫亲于间，赏莫厚于间，事莫密于间。非圣智不能用间，非仁义不能使间，非微妙不能得间之实。微哉微哉！无所不用间也。间事未发，而先闻者，间与所告者皆死。’直雄按：这是诸葛亮对《孙子兵法》中这一著名语段结合自己的军事实践的高度精练而成自己论述。精通《孙子兵法》者，读罢此段，自会觉得诸葛亮兵法行文腹笥之深厚矣！）故兵求生则备，不得已则斗，静以理安，动以理威，无恃敌之不至，恃吾之不可击。以近待远，以逸待劳，以饱待饥，以实待虚，以生待死，以众待寡，以旺待衰，以伏待来。整整之旌，堂堂之鼓，当顺其前，而覆其后，固其险阻，而营其表，委之以利，柔之以害，此治军之道全矣。”（《孙子兵法·军争篇》中有：“以治待乱，以静待哗，此治心者也。以近待远，以逸待劳，以饱待饥，此治力者也。”直雄按：这是诸葛亮对《孙子兵法》中“以逸待劳，以饱待饥”名言及其排比方式的借用与扩展，使语言显得很有气势、很有说服力。）[1]

综上所述可见：诸葛亮深得《孙子兵法》出奇制胜之精髓，《诸葛亮兵法》对于《孙子兵法》中的精粹，有其绝妙的继承性，不仅如此，即使在对《孙子兵法》语言的运用上与承继上，也大有“存乎一心之妙”。

第53妙：赏以兴功罚禁奸；赏罚失当可致乱。

孔子《论语·季氏将伐颛臾》中有云：“丘也闻有国有家者，不患寡而患不均，不患贫而患不安。盖均无贫，和无寡，安无倾。”其意思是说：我听说，对于诸侯和大夫，不担心贫穷，而担心财富不均；不担心人口少，而担心不安定。由于财富均了，也就没有所谓贫穷；大家和睦，就不会感到人少；安定了，也就没有倾覆的危险了。

良行不可扼止，恶事不可赏赐。在历代政治家、军事家治国理政、整军打仗过程中尤为看重。如《姜太公六韬兵法·赏罚第十一》中有云：“文王问太公曰：赏所以存劝，罚所以示惩。吾欲赏一以劝百，罚一以惩众，为之奈何？太公曰：凡用赏者贵信，用罚者贵必。赏信罚必于耳目之所闻见，则不闻见者莫不阴化

---

① 毛元佑：《白话诸葛亮兵法》岳麓书社1997年版，第40—41页。

矣。夫诚畅于天地，通于神明，而况于人乎？”[①] 姜太公在其《六韬兵法》中，将赏罚要分明单独列为一章，可见其对“赏一可劝百，罚一可惩众”效果的高度重视。孙武亦云：“施无法之赏，悬无政之令。犯三军之众，若使一人。犯之以事，勿告以言；勿告以利，犯之以害。”[②] 孙武在这里讲的是在战时超越常规赏赐的重要性。吴起同样注重赏罚，其云：“武侯问曰：‘进兵之道何先？’……对曰：‘使地轻马，马轻车，车轻人，人轻战。明知阴阳，则地轻马；刍秣以时，则马轻车；膏锏有余，则车轻人；锋锐甲坚，则人轻战。进有重赏，退有重刑，行之以信。令制远，此胜之主也。’武侯问曰：‘兵何以为胜？’起对曰：‘以治为胜。’又问曰：‘不在众寡？’对曰：‘若法令不明，赏罚不信，金之不止，鼓之不进，虽有百万何益于用？所谓治者，居则有礼，动则有威，进不可挡，退不可追，前却有节，左右应麾，虽绝成陈，虽散成行。与之安，与之危，其众可合而不可离，可用而不可疲，投之所往，天下莫当，名曰父子之兵。’”[③] 吴起指出：若军中无赏罚，“虽有百万何益于用”？诸葛亮将姜太公、孔子、孙武、吴起等名家关于“赏罚分明”这一系列观念，单独列为一章用之于治蜀整军，并在运用过程中多有创见，同时列举具体典事予以论证，在赏罚中做到“赏不避仇，罚不避亲”，“赏罚之信，足感神明”，将“赏罚是否分明”提高到国家是否太平的高度。妙绝！

诸葛亮指出：奖赏有功的人，处罚有过失的人。无论是行政治吏或是治军均必不可少。因为有功不赏，无人立功；有怨不赦，大怨则生。没有赏罚，这就是没有为国为民为军的集体意识及主人翁意识的国度，这样的国度，则会一盘散沙而无法统领更是无法对付外敌。军队不能打仗，则亡军亡国。所以赏罚在国在军实在必不可少。“赏可以兴功，罚可以禁奸”“赏不可不平，罚不可不均”，赏不避仇，罚不避亲，这样的赏罚制度治国治军，可使天下太平。

诸葛亮的论赏罚之妙，妙在强调赏罚应公平，并以“中山国国王只因一杯羊肉羹漏分了司马子期而灭国”之典，警示“赏罚不公”者。再就是抓住握有赏罚大权的君王、将领在执行赏罚权时的各种“弊端”引经据典地品析之，给君王将帅在行赏罚时怎样做到赏罚公平有章法可循。

---

① 南关音，何长林：《中华谋略宝库·姜太公六韬兵法》，南海出版公司 1992 年版，第 148 页。

② 黄朴民注释：《白话孙子兵法》岳麓书社 1991 年版，第 154 页。

③ 吴健琴主编：《中国吴氏通书·吴子》，广西人民出版社 2002 年版，第 164 页。

诸葛亮最后引用《书经》加深自己的论述曰：“无所偏私，无所袒护，君王的治国之道便可施行无阻，那么，天下就会太平”。

第 54 妙：冲动一时理大事；事败身亡乃必然。

人总会有“喜怒哀乐”“喜怒无常”“喜怒好恶”等方方面面的各种不同感情。一家之主的喜怒会不时影响一家人的情绪。

君王、将帅在国家的管理或带兵的过程中，在遇到种种现象、处境时，决不可妄行喜怒。因为其情绪的变化对国事、战事影响甚大，因此，如何理智驾驭喜怒情绪，把控好感悟就显得十分重要。

对于为君为将者的情绪，为历代将帅所高度重视。孙武指出：“主不可以怒而兴师，将不可以愠而致战。合于利而动，不合于利而止。怒可以复喜，愠可以复悦，亡国不可以复存，死者不可以复生。故明主慎之，良将警之。此安国全军之道也。”①孙武之意是说，国君（当然也指主帅）不可因愤怒而发动战争，将帅不可因气愤而出阵求战。只有对国家有利才可用兵，对国家不利就要停止战争。人的愤怒是可以恢复到欣喜的，气忿也可以恢复到高兴。国亡了就不复存，人死了不能再生。所以，对于战争，明智的国君要慎之又慎，贤良的将帅要特别警惕，这是安定国家和保全军队的正确方法。继孙武之后的尉缭子指出：“兵起非可以忿也。见胜则兴，不见胜则止。患在百里之内，不起一日之师。患在千里之内，不起一月之师。患在四海之内，不起一岁之师。”②尉缭子之意是说，行军打仗不能意气用事。预料有胜利的把握就采取行动，倘若没有胜利的把握就坚决停止。祸乱发生在百里之内，不能只作一天的战斗准备可以取胜，祸乱发生在千里之内，不能只作一月的战斗准备可以取胜，祸乱发生在边远之地，不能只作一年的战斗准备可以取胜。孙武与尉缭子对于君王、将帅的情绪对战争的影响，已经论说得相当的生动到位。然诸葛亮较之孙武与尉缭子在论述君王、将帅的情绪对战争的影响时，深得他们的精髓又别开生面。

所谓诸葛亮“深得孙武、尉缭子论君王将帅的喜怒对战事的影响精髓又别开生面”，一是诸葛亮将君王将帅的喜怒对战事的影响专列一章，可见其对这个问

① 黄朴民注释：《白话孙子兵法》岳麓书社 1991 年版，第 173—174 页。

② 黄颇著：《白话〈黄石公兵法〉〈尉缭子兵法〉》，中州古籍出版社 1993 年版，第 122 页。

题的重视程度非同一般。再是诸葛亮没有重复孙武、尉缭子之论，而是妙在给治国治军的君王将帅的喜怒一一画像存照，方便君王、将帅自我把握以利给君王将帅以警示：

一是怒气发作之时，迁怒他人；

二是遇有一时之喜，就心血来潮轻率处事，影响决策；

三是喜怒无常、刚愎自用、滥杀无辜，或纵容有罪。

四是指出了克服的办法。君王将官养德性平生制怒求谨慎，做到意外大业卒然临之而不惊，无故加之而不怒。

诸葛亮在“喜怒”篇中所描绘的人物形象，用之于“练兵讲武”，易学易领会。对于普通人读之，亦可修养自我，颇具现实意义。诸葛亮在“喜怒篇”中的画像存照，在《三国演义》中均可找到栩栩如生的对象！

第 55 妙：三纲六纪必整顿；结党害政须杜绝。

“治乱”含有两层意思。一指安定与动乱。二谓治理混乱的局面，使国家安定、太平。简而言之：“治乱”就是治国理乱。

战国·韩非《韩非子·心度》云：“治国无法则必乱；明主治吏不治民。”诸葛亮则云：“治国者，圆不失规，方不失矩，本不失末，为政不失其道，万事可成，其功可保。”这就是说，国家治理，应治纲纪，先理纲目，后理其纪。纲举目张，治国有道。韩非子强调治国重在治吏，诸葛亮也是强调治国重在治吏，不过他提出了怎么个治法的问题，这就是以三纲六纪为法律依据去治吏，更具可操作性。具体而言：就是整顿乱世，必须先整顿吏治，整顿吏治，须先裁汰冗官，削除虚职，从而消除官吏之间结党害政的问题。治国若违君臣、父子、夫妇三纲与诸父、兄弟、族人、诸舅、师长、朋友六纪，就会乱政。诸葛亮强调君王将帅应“正人先正己”，君王将帅的行为举止必遵从三纲六纪正道，行政符合理法道统，则万事可成，功业长久可保。

诸葛亮从正反两面，谈整顿三纲六纪行法治的好处与乱法违纪的恶果。描绘了以法治国治军后，国家强盛，邻国不犯；对付好了强者，弱者自然归服；吏治清明，百姓则循规蹈矩，君王将帅德高望重，以让天下人景仰遵从，这就是诸葛亮的治国治军之道。

第56妙：“身不正则令不从”；“令不从则生变乱。”

“教令”一语多义，诸葛亮在这里讲的是军中的教令。其主旨是论如何实现军训的原则、方法与实际内容。就纪律训练而言，所强调的是将帅身先士卒方能做到令行禁止；就技术训练而言，所强调的是习武与习阵操演。在整个训练过程中，强调的是教令为先，诛罚为后。

诸葛亮这篇短论的精妙之处在于：

一是执行“教令”先抓“领导”，提出了“逆政”乱国“顺政”则国治的问题。

二是强调了军事训练的重要性，指出军队不经训练开往前线，无异于将其置之于死地。

三是提出了训练部队的五种切实可行方法。极具可操作性，是部队作战训练、排兵布阵、兵员搭配、临战赏罚等必须遵循之纲。

诸葛亮的《教令第十三》写得简洁而明白，在显现自己“练兵讲武”行“教令”的特色中，充分汲取了前代军事家的教练成果。且看：“教令之政，谓上为下教也。非法不言，非道不行，上之所为，人之所瞻也。夫释己教人，是谓逆政；正己教人，是谓顺政。（《黄石公兵法》中有：‘舍己而教人者逆，正己而化人者顺；逆者乱之招，顺者治之要。’[①]其意思有两种解释：一为：如果没有自我教育，而去教育别人是行不通的；只有先端正自己，再去感化别人，才顺乎常理。违背常理是招致祸乱的原因，顺乎天道才是治理国家的关键。二为：如果放弃自己的土地不去治理而要图谋别的国家，尽管劳累，却不可能有所建树；只有放弃图谋他国，致力于治理好本国的土地，则民众既能安逸又能富足。直雄按：很显然，诸葛亮的‘夫释己教人，是谓逆政；正己教人，是谓顺政’一说，是对黄石公一语的化用，并将上述的‘一为’‘二为’两种意思兼而纳入其‘逆政’‘顺政’之说。）故人君先正其身，然后乃行其令。身不正则令不从，令不从则生变乱。（《论语·子路》中有：‘其身正，不令而行；其身不正，虽令不从。’其意是说：在上位者若不修身正己，则在下者不服从其命令。直雄按：诸葛亮将《论语·子路》中的这一名言扩而用之，丰富了自己所论证观点的语意。意思是：当政者本身言行端正，不用发号施令，大家自然起身效法，政令将会畅行无阻；如果当政者本身言行不正，

---

① 黄颇：《白话〈黄石公兵法〉〈尉缭子兵法〉》，中州古籍出版社1993年版，第82页。

虽下命令，大家也不会服从遵守。《论语·子路》中的这一经典名言，可谓时用时新！）故为君之道，以教令为先，诛罚为后；不教而战，是谓弃之。（《论语·子路》中有：子曰：‘以不教民战，是谓弃之。’后多引作〔不教而战，是谓弃之〕。意为：如果用没有经过军事训练的老百姓去打仗，这是有意让他们去送死。直雄按：诸葛亮用这一经典名言，凸显了训练的重要性，极具说服力！）先习士卒用兵之道，其法有五：一曰：使目习其旌旗指麾之变，纵横之术；二曰：使耳习闻金鼓之声，动静行止；三曰：使心习刑罚之严，爵赏之利；四曰：使手习五兵之便，斗战之备；五曰：使足习周旋走趋之列，进退之宜；故号为五教。教令军阵，各有其道。左教青龙，右教白虎，前教朱雀，后教玄武，中央轩辕。（《吴起兵法·治兵第三》中有：‘必左青龙，右白虎，前朱雀，后玄武，招摇在上，从事于下。’[①]青龙、白虎、朱雀、玄武，这是古代天文学中的四象，又是图腾文化和道教文化中的四灵，有俗话说‘左青龙，右白虎，南朱雀，北玄武’，吴起将四象之名代用为旗名，其意思是说：军队指挥，必须左军用青龙旗，右军用白虎旗，前军用朱雀旗，后军用玄武旗，中军用招摇旗在高处指挥，军队在其指挥下行动。诸葛亮却是借用吴起的旗名为阵名，也为将士所易记。）大将军之所处，左矛右戟，前盾后弩，中央旗鼓。旗动俱起，闻鼓则进，闻金则止，随其指挥，五陈乃理。正左矛右戟，前盾后弩，中央旗鼓。旗动俱起，闻鼓则进，闻金则止，随其指挥，五陈乃理。正阵之法，旗鼓为之主：一鼓，举其青旗，则为直阵；二鼓，举其赤旗，则为锐阵；三鼓，举其黄旗，则为方阵；四鼓，举其白旗，则为圆阵；五鼓，举其黑旗，则为曲阵。直阵者，木阵也；锐阵者，火阵也；方阵者，土阵也；圆阵者，金阵也；曲阵者，水阵也。此五行之阵，辗转相生，冲对相胜，相生为救，相胜为战；相生为助，相胜为敌。凡结五阵之法，五五相保，五人为一长，五长为一师，五师为一枝，五枝为一火，五火为一撞，五撞为一军，则军士具矣。夫兵利之所便，务知节度。短者持矛戟，长者持弓弩，壮者持旌旗，勇者持金鼓，弱者给粮牧，智者为谋主。乡里相比，五五相保，一鼓整行，二鼓习阵，三鼓起食，四鼓严办，五鼓就行。闻鼓听金，然后举旗，（《吴起兵法·治兵第三》中有：‘教战之令，短者持矛戟，长者持弓弩，强者持旌旗，勇者持金鼓，弱者给厮样，智者为谋主。乡里相比，什伍相保。一鼓整兵，二鼓习陈，三鼓趋食，四鼓严办，五鼓就行。

---

① 吴健琴主编：《中国吴氏通书》，广西人民出版社 2002 年版，第 165 页。

闻鼓声合，然后举旗。’[①] 其意思是说：‘擎教战的法则与调度是，身体矮的拿矛戟，身体高的用弓弩，强壮的擎大旗，勇敢的操金鼓，体弱的担任饲养，聪明的出谋划策。同乡同里的编在一起，同什同伍的互相联保。军队行动的信号是：打一通鼓，整理兵器。打两通鼓，练习列阵。打三通鼓，迅速就餐。打四通鼓，整装待发。打五通鼓，站队整列。鼓声齐鸣，然后举旗指挥军队行动。’军事操练有其继承性，诸葛亮选用吴起这一操练之法，就是他带兵作战时验证过此法是有其优越性的。）出兵以次第，一鸣鼓三通，旌旗发扬，举兵先攻者赏，却退者斩，此教令也。”[②]

第 57 妙：治军必须严军纪；教令不从处斩刑。

“斩断”亦即砍断、切断之意。诸葛亮的“斩断”是指对违纪违法、不服从军队教令的将士，为严明军纪军法的惩罚措施。“斩断”之法有两妙：

妙之一是：军政互用之妙。诸葛亮精通军旅之治。其“斩断”之妙在于将惩罚的范围诠定在“轻军”“慢军”“盗军”“欺军”“背军”“乱军”“误军”七个方面，系统全面。治军能够根除这七个方面的败象，则其军必治，反之，则其军必乱。诸葛亮的这个治军条例，可以说折射出了由他主持制订的《蜀科》的精要之妙。因为我们只要将上述七方面的内容改为“轻政”“慢政”“盗政”“欺政”“背政”“乱政”“误政”必惩处之，则政行无阻，于今仍有借鉴价值矣！

妙之二是：对这部军法的解释具体合理，极具可操作性。这是一部军法，凡是违抗军法的人，必须严惩不贷，不如此严加处分就会拖垮全军，所以君王授予将领以处置违令犯纪将士全权。有以下七种犯军法的人，当处以斩刑。

一是藐视军令，集结的时间已到却不准时到达，听到号令却不行动，借故推托、回避任务，呼其名字却不答应，临阵时装备仍未准备齐全，犯此轻视国法、军纪之罪者，斩！

二是怠慢军令，接到上级的命令，不即刻向下传达，或者误传命令，导致行动出错；作战时不听号令，不听指挥，犯此怠慢军事行动之罪者，斩！

三是贪赃枉法，不体恤属下疾苦，取其用物，久借不归；行为不轨，掠夺他人功劳。并且给予亲近的人最优厚、丰足的待遇。犯此强盗恶劣行径之罪者，斩！

---

① 吴健琴主编：《中国吴氏通书》，广西人民出版社 2002 年版，第 165 页。

② 普颖华、郑吟韬编著：《白话诸葛亮兵法》，时事出版社 1997 年版，第 249—250 页。

四是任意更改姓名，毁坏服号、旌旗、锣鼓等指挥用具的人，武器装备不妥善保存，不加以维修，弓矢上的羽毛脱落，弓弦断裂，无法用来作战，犯此欺蒙哄骗之罪者，斩！

五是违背军令，不依号令行进，行动不听指挥，一味退居后位，躲开打头阵，搅乱队伍的次序，折损军队的气势；还假借救助伤患的名义，撤回安全地方。犯此违背上级军令之罪者，斩！

六是搅乱军队秩序，行军时争先恐后，导致队伍凌乱不堪，车辆阻塞道路，使得后面的队伍不能前进而高声喧哗，将领的命令无法下达。导致军中的伤亡增多，无法作战。犯此横行动乱之罪者，斩！

七是军队扎营驻守，四处打听亲友的下落，不顾军令，与亲友同进同出，强行潜入其他营区，屡次违令，不听劝阻。数次由后门出入军营，而不坦白认错。知奸情而不告发，则与犯过者同罪。暗地里饮酒作乐，四处散布谣言，搅乱军心，犯此妨害营规之罪者，斩！

治国、治军必须能严刑峻法，将士才会严守军令，如此一来，各项军务才能进行得井井有条。

第 58 妙：深谋远虑后行事；不留破绽与祸根。

“思虑”一指思索考虑。二犹心智、心思。诸葛亮的短论“思虑篇”，讲的是作战时发起突然袭击前重在正反两个方面都要作出思谋考虑。故诸葛亮云：“欲思其利，必虑其害，欲思其成，必虑其败。”是为经典，全篇短文，计有三妙。

其一是擅长选用典事之妙。他用秦穆公伐郑、吴王夫差放走勾践、宋襄公野心称霸天下、始皇因拒谏而败亡诸多典事指出：君王为政，应有深谋远虑之胸襟，以防范未然。“人无远虑，必有近忧。”

其二是对思虑有其富于哲理的解说之妙。思，就是为了谋求事情解决的好办法；虑，就是反复思考，处事不可越俎代庖，若非己之权限不可干预，这就是不在其位不谋其政。欲成大事，则须从难处着手，遇有小事，可从容易处处理。大凡问题总有利弊，欲成其功，当先虑其败，方可确保成功。九层楼高之台，若其基础不牢，就有倒塌之危。行事当考虑全面，不留破绽与祸根，不能顾前不顾后，只看高处忘了低处。

其三是引用老子名言之妙。为了劝君王劝将帅劝世人要居安思危而提醒道：

安定的环境，往往潜伏危机；海晏河清的太平盛世，稍有疏忽，则动乱隐伏于无形。君王若能见微知著，深思熟虑、见始知终，则祸患消弭于滋生之中，这实际上是对《老子·第五八章》中的“福兮祸所伏，祸兮福所倚”最为通俗易懂的富于哲理的生动解说，至今仍有其借鉴价值。

第59妙：明君阴察备五德；知己知彼能治国。

“阴察”与“明察”对应，诸葛亮的“阴察”，亦有暗中察访、对人对事以潜在的考察之意。最终目的是为政的君王对政事对自己对他国做到“心知肚明、心中有数”。如何做到呢？

诸葛亮首先将昏君与明君予以对比，让明君、昏君皆可“对号入座”。他运用逻辑推理，为昏君画像，描绘了昏君治国理政的乱象，给昏君以警示。指出了昏君佞臣则是“上惑则下疑；疑则亲者不用，惑则视者失度；失度则乱谋，乱谋则国危，国危则不安”，道尽了所有腐朽的为政君王与重臣的特点。诸葛亮也为英明的为政君王与重臣画像，他们则是“上不惑下不疑；不疑则能者见用，不惑则视者适度；适度则不乱谋，不乱谋则国不危，国不危则国泰民安”。我们所见的魏之曹叡、汉之刘禅、吴之孙皓、晋之司马炎这班亡国、乱国之君，无不如此。

其次是运用正反事例的对比，指出如何做明君的问题。君王治国同样要“知己知彼”，“知己”就是要勤于反省自己，了解自己有几斤几两？常自我省察；“知彼”，就是要了解臣民，了解敌国。在“知己知彼”的过程中悟出治国的道理。反之，则易遭到敌国入侵，国内的政治、经济就会受到影响乃至灭国。君王缺乏主张，官吏和老百姓就会无所适从。君王内心迷惘混乱忠臣就会得不到重用，没有主见就会在分析问题上发生偏差，考虑问题时有了失误就会自乱其谋，国家必危，国危则民不安，民不安则国乱。

其三是运用大量社会现象、自然现象、人间遭际等事例，归纳出明君阴察必备“五德”。即反省自己应该注意五个方面：禁绝暴乱、不轻易言战；奖赏贤能、惩罚罪恶；广施仁政、协和民众；稳固一统江山，不受外敌侵扰；杜绝惑乱、拒听谗言。这就是擅长阴察的君王所具备的五德。

诸葛亮的“阴察”，岂止是对明君重臣而言，对每一个为政者，都有其指导意义！

第 60 妙：诸葛勒兵兼三妙；曹操孙刘拜下风。

所谓“兵权”。一是指挥军队的权力。二是指用兵的谋略。简而言之：兵权，就是将帅统率三军、调动军队的权力。将帅如果失去了这个权力，就不能指挥军队。

诸葛亮这篇短文重在讲将领的兵权之要害是指统驭军队的权术、权谋及决策方法。清人赵翼在《廿二史札记》中，就魏、蜀、吴三国用人的特点做了比较说道：“人才莫盛于三国，亦惟三国之主各能用人，故能众力相扶，以成鼎足之势。而其用人亦各有不同者，大概曹操以权术相驭，刘备以性情相契，孙氏兄弟以意气相投，后世尚可推见其心迹也。”综观诸葛亮一生之统军，兼有曹操、刘备、孙氏兄弟之长。

所谓兵权，就是将帅统率三军的权力，它是将帅建立自己威信的关键。将帅掌握了兵权，就抓住了统领军队的要点，如虎添翼，亦如凤凰展翅，不仅有威势而且能翱翔四海，遇到任何情况都能灵活应变，占据主动。反之，将帅如果失去了这个权力，不能指挥军队，就好像鱼、龙离开了江湖，想要求得在海洋中遨游的自由，在浪涛中奔驰嬉戏，也是不可能的。

诸葛亮形象生动地描绘一个英明的统帅，有了兵权与失去兵权之后两种绝然不同的情景，可见兵权对于统帅的至关重要。诸葛亮的“兵权”短论，将《孙子兵法·九变篇》中的“涂有所不由，军有所不击，城有所不攻，地有所不争，君命有所不受”发挥到了极致！“将在外，君命有所不受”就是“兵权”篇的核心，这是一种策略，也是一条原则。有了兵权，也就有了选将用人之权，故研究者云：“对于诸葛亮这种选拔人才的精神与做法，后代的学者都给予相当高的评价。明代的方孝儒在《诸葛丞相论》中就认为，自秦汉以下为相者都不如诸葛亮。而清代的史学家赵翼在《廿二史札记》中，把诸葛亮与曹操、刘备、孙权加以比较后，认为：就用人来说，曹操用权术来驾驭人才，刘备以他的挚诚来笼络人才，孙氏兄弟用意气相投来网罗人才。用权术驾驭可以说是一种机谋，用挚诚与意气都是诚心的表现。而兼有这三者长处的人，只有诸葛孔明一人而已。”①

细观三国史，诸葛亮在刘备托孤之后的十多年军事生涯，赵翼所言不虚。

① 广西师范大学出版社：《后代的学者对诸葛亮选拔人才的做法有哪些评价？》2019 年 12 月 27 日 https：//zhidao.baidu.com/question/630958264600582204.html。

第 61 妙：亡国败军源五害；五害首恶是朋党。

诸葛亮的“逐恶”就是讲要排斥、疏远、杜绝、铲除在军中那些具有五种恶德、腐蚀军国大事之人。诸葛亮在《前出师表》中云：“亲贤臣，远小人，此先汉所以兴隆也；亲小人，远贤臣，此后汉所以倾颓也。”这就是诸葛亮对应当如何“逐恶”最为生动具体而简明的表述。

本段所概括的五害，相对诸葛亮以前的兵书来说，是治国治军中列举的最为全面的五大障碍。将五害除之，则国治军治，若五害存之，则国破军亡。翻查诸葛亮以前的兵书，对于“朋党”的出现，皆高度警惕其害。姜太公云：“臣有结朋党，蔽贤智，障主明者，伤王之权……太公曰：‘君以世俗之所誉者为贤，以世俗之所毁者为不肖。则多党者进，少党者退。若是则群邪比周而蔽贤，忠臣死于无罪，奸臣以虚誉取爵位。是以世乱愈甚，则国不免于危亡。’”[①]姜太公指出：一旦在朝廷在军队出现结朋党现象，若不处理，发展下去，则会国破军亡。故姜太公视朋党为贼、为患、为害。黄石公则指出：“群吏朋党，各进所亲；招举奸枉，抑挫仁贤；背公立私，同位相讪；是谓乱源……勿使仁者主财，为其多施而附于下。”[②]黄石公对朋党现象的表现形态进行了描绘，对其乱国乱军之害进行了批判并提出了一条防止的措施。诸葛亮在继承了姜太公、黄石公关于对“朋党”的危害性观点的同时，他系统地提出了朝中、军中结朋党及朋党缠斗的问题，他与姜太公、黄石公不同的是：他在临危受命接替刘汉王朝之后，十分有效地防止了朝中、军中出现朋党的现象，及时地对廖立、李严的错误作出了处理，有效地平衡了朝中元老派、荆州派、东州派、益州派之间的派系关系，让好人在台上，基本上铲除了朋党在朝中军中之害。这是诸葛亮治军治国的一大贡献。

诸葛亮不论是治军还是治国，均总结了自己防止朋党之害的经验，他提出了有五种人需要对之注意，他们是国家、军队混乱的祸患。这五种人是：

一是私结朋党，搞小团体，专爱讥毁、打击有才德的人；

二是在衣服上奢侈、浪费、穿戴与众不同的帽子、服饰、虚荣心重、哗众取

---

① 南关音、何长林编著：《中华谋略宝库——历代治世用兵全书·姜太公六韬兵法》，南海出版公司 1992 年版，第 142—146 页。

② 黄颇著：《白话〈黄石公兵法〉〈尉缭子兵法〉》，中州古籍出版社 1993 年版，第 43—67 页。

宠的人；

三是不切实际地夸大蛊惑民众人，制造谣言欺诈视听的人；

四是专门搬弄是非，为了自己的私利而兴师动众的人；

五是非常在意自己的个人得失，暗中与敌人勾结在一起的人。

诸葛亮指出这五种人是虚伪奸诈、德行败坏的小人，对他们只能远离而不可亲近。并将此五种人视为国中军中之五害，是对中国封建社会由盛而衰的描绘与总结，亦是他艰难治蜀的经验归纳，颇具警示意义！

第 62 妙：识别人性有七法；知人知面知其心。

人性是人在一定的社会制度和一定的历史条件下形成的人的本性。它表现在人的秉性、修养、品格、道德、丑美高下的不一。知，即懂得、了解、理会，并擅长识别、区别之意。知人性即通晓人的秉性、修养、品格、道德、丑美高下的不一，这是治国治军者所必备。

百智何为首？知人当为上。诸葛亮提出了知人性之难，这不能不令人想起了《水浒传》第四十五回中《杨雄醉骂潘巧云　石秀智杀裴如海》所云：“画龙画虎难画骨，知人知面不知心。”通晓人性之难却难不倒诸葛亮！俗话常云：“近水知鱼性，近山识鸟音。”诸葛亮久理刘汉朝政，他必须要知人性。他摸索出了知人知面亦知心的七种考察之法。这七种方法，不乏其现实借鉴价值。

诸葛亮提出，世界上没有比真正地了解一个人的本性还要困难的事情了。每个人的善、恶程度不同，本性与外表也无统一模式可寻。有的人外貌和善却为人奸诈，有的人恭谦有礼却心怀鬼胎，有的表面上很勇敢而实际上却很怯懦，有的人处事看似竭尽全力但实际上却另有盘算。诸葛亮认为人性万变不离其宗，了解一个人的本性有七种办法行之有效：一是用离间的方式询问他对某一特定事件的看法，以察其志向、立场；二是用激烈的言辞有意激怒他，以考察其气度及应变的能力；三是拿出某个计划咨询其处理方式，征求其意见，可考察其学识；四是告之处境将大祸临头，以考察其胆识与勇气；五是酒能识性，利用喝酒之机，使其醉后吐真言，以察其本性、修养；六是用利益对其进行引诱，以考察其是否清廉；七是将某件事情托付其处理，以考察其是否讲求信用，是否值得信任。

上述七种知人性的方法，是诸葛亮对姜太公识将八法的精练与改造而来，且看诸葛亮的《知人性》云：“夫知人之性，莫难察焉。美恶既殊，情貌不一，有

温良而为诈者，有外恭而内欺者，有外勇而内怯者，有尽力而不忠者。然知人之道有七焉：一曰问之以是非而观其志；二曰穷之以辞辩而观其变；三曰咨之以计谋而观其识；四曰告之以祸难而观其勇；五曰醉之以酒而观其性；六曰临之以利而观其廉；七曰欺之以事而观其信。”姜太公的《选将第二十》云：“武王问太公曰：王者举兵，简练英权，知士之高下嶙之奈何？太公曰：夫士外貌不与中情相应者十五：……有温良而为盗者；……有貌恭敬而心慢者；……有外勇而内怯者；……武王曰：何以知之？太公曰：知之有八征：一曰问之以言，以观其详。二曰穷之以辞，以观其变。三曰与之间谍，以观其诚。四曰明白显问，以观其德。五曰使之以财，以观其廉。六曰试之以色，以观其贞。七曰告之以难，以观其勇。八曰醉之以酒，以观其态。八征皆备，则贤不肖别矣。”①

上述七种了解人的秉性的基本办法，实有其历史价值与现实意义。

第63妙：挑选良将必重德；德才兼备是帅才。

何谓“将材”？亦作“将才”。将帅之才。亦指有此才具的人。“将才”一语比较笼统，容易让人误为凡是有了将军职位的人就是“将才”。其实，历朝历代腐败王朝那些尸位素餐为“将军”者就不在少数。家喻户晓的桓灵时佚名童谣有云：“举秀才，不知书。举孝廉，父别居。寒素清白浊如泥，高第良将怯如鸡。”“高第良将怯如鸡”以生动形象的语言，活画桓、灵时期的“将才”面目。

“将才”篇之妙，妙在诸葛亮以十分客观的标准，诠定了“将才”的概念，对于选将用才极具可操作性。这是对《六韬》《孙子兵法》《吴子兵法》中的“将才”定义的发展与内容的丰富。

“将才”篇之妙，妙在诸葛亮对将才的分类精细而老到：将帅分为九类，类类不忘德才兼备，将仁义礼智信放在最为首要的地位。诸葛亮认为：为将帅者，是否称职，应根据不同的将帅不同的才干，可以把他们分为“仁将”“义将”“礼将”“智将”“信将”“步将”“骑将”“猛将”“大将”九种类型。

“将才”篇之妙，妙在诸葛亮对每种将才的要求十分具体。

“仁将”者：能用自己的德行教育部下，用礼法规范部下的行动，对部下关

① 南关音，何长林：《中华谋略宝库——历代治世用兵全书·姜太公六韬兵法》，南海出版公司1992年版，第181—183页。

怀备至，问寒问暖，与部下同甘共苦，是为将帅中的仁将。

“义将”者：做事能不只图眼前消灾去难，还有长远打算，一丝不苟，不被利益所诱惑，宁愿为荣誉献身，也不屈辱求生，是为将帅中的义将。

“礼将”者:虽身居高位但不盛气凌人,功绩卓著又不骄傲自大,贤德而不清高,谦让比自己地位低的人，个性刚直又能包容他人，是为将帅中的礼将。

“智将”者：其运用战术高深莫测，足智多谋，身处逆境却能转祸为福，面临危险又知逢凶化吉，是为将帅中的智将。

“信将”者:其人忠诚信实,对有功之人以重赏,以有过之人以重罚,赏罚分明,奖赏时不拖延，惩罚时不管对方的地位高下，是为将帅中的信将。

“步将”者:其身手矫捷,冲锋陷阵时快如战马,气慨豪壮,斗志昂扬能胜千夫,善于保卫国家，又擅长剑戟，是为将帅中的步将。

“骑将”者：能攀高山，走险地，驰马如风，身先士卒，锐不可挡，撤退时在队伍后面抵挡敌兵掩护他人，是为将帅中的骑将。

“猛将”者：其人气盖三军，所向无敌，对小的战役小心谨慎不马虎，面对强大的敌人则愈战愈勇，是为将帅中的猛将。

“大将”者：见贤虚心请教，对别人的意见从谏如流，能广开言路，待人宽厚又不失刚直,勇敢果断又富于计谋,是为将帅中的大将,常人云“大将风度”是也。

直雄所谓的“帅才”，是指能统帅全军具有杰出指挥才能的人。现在，就是指那些威望高且具有组织领导能力的人。

选将是用兵中的关键一招，看似简单，操作起来却会十分复杂。诸葛亮妙用分类，将这一繁复的工作变得简单清楚，不愧为一代理政、领军高手！

第 64 妙：千人千面看德才；人尽其才国祚昌。

诸葛亮的“将器”更多的意思是如何器用将领的问题。将将帅作出大致的分类，然后将其器用之。确能做到人尽其才、才尽其用之妙。

俗话说：“千人千面，百人百性。”意思是一千个人就有一千个不同的面孔，一百个人就有一百个不同的性格。人人都有自己独特的个性，就和人人都有和别人不同的相貌一样。将帅的气质、气度、识见也是各有不同，其本领、作用就有大小之分。诸葛亮不怕人性的复杂。他选将先分类，按类命官。

其一是：如能及时地察觉他人的奸诈，看到事物潜伏的危害、祸端，为部下

所信服，此人可为十夫之将，即可以统领十人的队伍。

其二是：如能早起晚睡，整日为公事操劳，言辞谨慎小心，能倾听部下的心声，此人可为百夫之将，可以统领百人的队伍。

其三是：为人耿直且又深谋远虑，勇猛善战，此人可为千夫之将，可以统领千人的队伍。

其四是：外表威武，内心却蕴藏着丰富的感情，个性光明磊落，能体贴他人的努力和辛苦，又能关心别人的饥寒情况，此人可为万夫之将，可以统领万人的部队。

其五是：能举贤能，进德修业不断充实自己，且为人忠诚、可信、宽容、大度，善于治理乱世，此人可为十万人之将，可以统领十万人的部队。

其六是：能以仁爱之心待部下，又能使邻国信服，善处人际关系，上晓天文，下识地理，放眼四海之内，治家如同治国，治国如同治家，和谐圆满，此人可为天下之将，可以治理整个天下。

这六类将帅，皆是经过长期能力培训、实践锻炼、能力突出、业绩突出，专业能力强、专业素养高的优秀人才。诸葛亮将他们选拔到军队中，是南征北伐的骨干，是刘汉江山屏障，是刘汉王朝大一统的基础！

第 65 妙：掌军统将除将弊；将弊八种去务尽。

将弊与将德相对应，亦与前面的“将材”“将器”相对应。“材”“器”是对将领的“评优”，将弊则是对将领的“挑劣”，它是指为将者在思想品行上的种种弊病与缺陷。本节同样对将领的种种弊病与缺陷进行较为科学的分类，是为将者的一面镜子，亦是勒兵统将者及全体将士们评价将领、考核将领、升迁将领的一大重要标准。

这个标准如何把握？诸葛亮为下述八种弊病的将帅“画像”，是国君、是主帅勒兵用将者之重要参考。这八种弊病是：一曰对财物贪得无厌者；二曰妒贤嫉能者；三曰听谗信谗，亲近能说会道、巧言谄媚的小人者；四曰只是看到别人的不足，却无自知之明者；五曰遇事犹豫不决、优柔寡断者；六曰酒色之徒者；七曰虚伪奸诈而又贪生怕死者；八曰巧言令色、傲慢无礼、目无法纪者。

用人重德才，是古今中外治国理政统军的通则。德是道德品行，包括政治品德、职业道德、社会公德、家庭美德等；才，是指能力和水平，包括学习本领、政治领导本领。有了诸葛亮评判将帅的“将弊”八标准，则良将盈门，庸将远去！也是君王“亲贤臣，远小人”的一种形象表述！

在探索诸葛亮兵法之妙时，有一个问题即诸葛亮对用将选将指导将官作战等方面的论述时，尤其关注将领性格的把握。在这个问题上，孙武尤其关注。他说：“故将有五危：必死，可杀也；必生，可虏也；忿速，可侮也；廉洁，可辱也；爱民，可烦也。凡此五者，将之过也，用兵之灾也。覆军杀将，必以五危，不可不察也。”[①] 这里说的是，一般的将领有五种致命的危险，分别是：如果只知道死拼硬打，那么他就可能招致杀身之祸；如果一味贪生怕死，那么他就可能被敌人俘虏；如果性情暴躁易怒，那么就可能因为受到敌人的一点点轻侮而导致轻举妄动、陷入被动；如果一味清廉好名，过于爱好面子，就可能因为轻易被撩拨而失去理智，从而做出轻率的举动来；如果过于溺爱军士，就可能导致烦扰而陷于被动。以上这五种情况，都是将领容易犯的过错，会给战争带来灾难。那些在战争中全军覆没，连将领也被杀的情况，一定是因为统帅有这五种致命弱点所致。因此，对于将领可能存在的这些毛病，一定要充分认真地考察和了解，做到有则改之无则加勉。孙武在这里讲的为将之弊病，可以说是已经比较系统而全面了。但是他讲的将领的这些缺点，多是因“战事激发”而起。诸葛亮的“为将八弊”较之于孙武及其前代兵家所说的将弊，则是从为将者本身“人性的弱点”入手的，一个人的某些爱好如若过甚，最易成为敌方攻击乃至击败的“缺口”，显得更为全面系统，有其显著的特点与优势，它何止是指为将者，人若有此“八弊”，若让其带兵打仗，必然败北；若让其主持某一项工程，是必出纰漏！因而，“八弊”对所有的人来说，均是可以用作一种“自励自警”自我修养的镜子！故而，它也是诸葛亮兵法的一大独特贡献。

每一个人的性格都有它的优缺点，作为军中带兵的将领，他的性格就不光是他个人的问题，他会潜移默化影响着自己的部队。诸葛亮是三国时期著名的政治家与军事家，他在“将弊”“将志”“将善”“将刚”“将骄吝”“将强”等篇什中，有的放矢地专论了将领的性格。他提出要充分地了解将领自身性格的优势和弱势，努力做到扬长避短，以取胜敌方，无不有着深刻的现实意义。

---

① 黄朴民注释：《白话孙子兵法》岳麓书社 1991 年版，第 100—101 页。

第 66 妙：为将带兵重骨气；以身殉国显节操。

“将志”即将领的志向和抱负、将领的志气和节操！因为将领所从事的事业是军国生死存亡的大事，所以提出为将者要有以身殉国志向和抱负，要有鞠躬尽瘁、死而后已的志气和节操，是为必要。

因为战士所持的兵甲器械是为凶器，勒兵为将者其责任重大。兵器刚硬，容易缺损，将领与战士们的任务重大而又充满风险。故而，诸葛亮要求：真正的将帅不会以自己的部队强大有威势做靠山，当他受到君主的宠爱时也不会得意忘形，当他受到别人的诽谤污辱时，也不会惧怕、退缩，当他看到利益时不会起贪念，当他看到美女时更不会心生邪念，他只知全心全意，保家卫国，以身殉职，这就是智勇双全、有志气和节操的良将，真可谓“千军易得一将难求”！

《孟子·滕文公下》云：“得志，与民由之；不得志，独行其道。富贵不能淫，贫贱不能移，威武不能屈，此之谓大丈夫。”其意思是说高官厚禄收买不了，贫穷困苦折磨不了，强暴武力威胁不了，这就是大丈夫。大丈夫的这种种行为，表现出了英雄气概，用我们今天的话来说就叫做有骨气。诸葛亮的“将志”篇，可谓将孟子的这段话语的精华，杳无痕迹地妙用到教育手下的将军们了！

第 67 妙：“五善四欲”能克敌；“知彼知己”善定谋。

“将善”意指将领善于、擅长做好或处理好某事的才能或技巧。“将善”指出了为将者应该具备的、必须遵循的最为基本的克敌制胜之法。

诸葛亮对将帅军事实践能力的要求是“五善四欲”。五善者：一是擅长察晓敌人的兵力部署；二是擅长正确地判断进攻和撤退的时机；三是擅长了解交战双方的国力虚实；四是擅长利用对自己一方有利的时机；五是擅长利用山川地形的崎岖险阻。四欲者：一为作战时的四个环节，作战力争出奇制胜；二为事先的谋划要周密要保密；三为人多事繁之时，追求安静稳重；四为保持全军上下团结一心，步调一致。对于察晓敌人的兵力部署等情况，诸葛亮在另一处从“而阵之道”的角度做了特别的强调。他写道：“布阵之道，在乎临时先料敌之多寡，我之强弱，彼之虚实，象地之宜而宜之。”[①]

① 孙胜军、李家钊编著：《中外古今兵法集粹》，河北科学技术出版社1986年版，第274页。

这是诸葛亮对将帅在军事技术上最为基本的要求！

诸葛亮的“将善”，与前代兵家论将的关系甚大。且看：

将有五善四欲：五善者，所谓善知敌之形势，善知进退之道，善知国之虚实，善知天时人事，善知山川险阻。四欲者，所谓战欲奇，谋欲密，众欲静，心欲一。（《孙子・谋攻》中有：“故知胜有五：知可以战与不可以战者胜；识众寡之用者胜；上下同欲者胜；以虞待不虞者胜；将能而君不御者胜。此五者，知胜之道也。故曰：知彼知己者，百战不殆；不知彼而知己，一胜一负；不知彼，不知己，每战必殆。”[①]其意思是说：能预见胜利的情况有五种：一是懂得在何种情况下可以开战和在何种情况下不能开战的将领会取得胜利；二是懂得兵多兵少的不同战法的将领会取得胜利；三是官兵同心同德的将领会取得胜利；四是用自己的有准备来对待敌人无准备的将领会胜利；五是有指挥才能而君主不加干涉的将领会胜利。又，《孙子・军形》中有：“兵法：一曰度，二曰量，三曰数，四曰称，五曰胜。地生度，度生量，量生数，数生称，称生胜。故胜兵若以镒称铢，败兵若以铢称镒。胜者之战民也，若决积水于千仞之溪者，形也。”[②]其意思是说：用兵必须注意的问题：一是土地幅员；二是军赋物资；三是部队兵员战斗实力；四是双方力量对比；五是胜负优劣。度产生于土地幅员的广狭，土地幅员决定军赋物资的多少，军赋物资的多少又决定兵员的质量，兵员质量决定着部队的战斗力，部队的战斗力决定胜负优劣。所以胜利之师如同以镒对铢，是以强大的军事实力取胜于弱小的敌方，败亡之师如同以铢对镒，是以弱小的军事实力对抗强大的敌方。高明的人指挥部队作战，就像决开千仞之高的山涧积水一样，一泻万丈，这就是强大军事实力啊！诸葛亮的“五善四欲”，汲取了《孙子・谋攻》和《孙子・军形》中了解敌我双方情况的精髓，用自己带兵打仗的经验、用通俗的语言提出预见胜利的办法是：了解对方，了解自己，作战百次也不会有危险；不了解对方，而只了解自己，胜败的概率可能各占一半；不了解对方，也不了解自己，每次作战一定有危险。诸葛亮的“将善”，从敌我双方的角度丰富了《孙子・谋攻》和《孙子・军形》中的内容发展了孙子“知己知彼，百战不殆”的思想。）[③]

---

① 黄朴民注释：《白话孙子兵法》岳麓书社 1991 年版，第 32 页。

② 黄朴民注释：《白话孙子兵法》岳麓书社 1991 年版，第 45 页。

③ 诸葛亮的《将善》，参见王瑞功主编：《诸葛亮研究集成》（上、下册），齐鲁书社 1997 年版，第 349 页。

第 68 妙：性格刚强不可折；性格柔韧不可屈。

“将刚”，就是指为将者在具备坚强性格的同时，还必须文武兼备、刚柔相济。“刚”与“柔”相对应，说到为将者要“刚”，则必然说到“柔”，为将者若不能刚柔相济，则其战斗力会丧失殆尽。

擅长担任将帅的人，应该具备刚强、刚烈的性格，但不能固执己见，温和、柔和却不软弱无力，即要做到刚柔相济。单纯一味的柔和、软弱，就会使自己的力量被削减，以致失败，单纯一味的刚烈、刚强又会导致刚愎自用也注定要灭亡。所以，不柔不刚，刚柔相济才是最理想的性格特点，才是为将者所应具有的最佳状态。

这是诸葛亮从将领性格的作用上再一次对将领的提醒与教育。

第 69 妙：骄傲吝啬者为将；国家败亡之征象。

“将骄吝”即骄傲而吝啬。“将骄吝”其本意就有警示为将者勿“骄吝”之意。诸葛亮以层层递进推理的论证方式，揭示了将骄将吝的表现及恶果。

将骄吝的第一大表现及恶果：为将帅者切勿骄傲自大，如果骄傲自大，待人接物就会有不周到的地方和失礼之处，一旦失礼就会众叛亲离，人心愤懑相怨；

将骄吝的第二大表现及恶果：为将领者，也不能小气吝啬，如果吝惜财物必然不愿奖赏部下，奖赏不行，部下必定不肯在战斗中尽最大努力以拼死作战，这样一来，则在战争中不会取得什么战绩，国家的实力也就会因此虚弱下去，自己国家实力下降就是表示敌人正在强大起来。

细品“将骄吝”的内蕴，诸葛亮的其锋芒所向，表面上是指“将骄吝”，实谓“君骄吝”于国于民则会恶贯满盈！

诸葛亮最后借用孔子的话对骄吝之将以鄙视之——正如孔子说：“一个人尽管具备像周公那样的德才，但是为人骄傲吝啬，那么即使他能做出一定的贡献，也不值得人们去评价称道。”

第 70 妙：练兵必须练其将；练将先须修其德。

练兵先练其将，练将先修其德；将强兵勇绝“八恶”，效命沙场具“五强”。“将强”实有强将的意思。强将即才能超群的将帅。何以能如此？这就是“将之所以强”，就是他能具“五强”之德以去“八恶”之祸的结果。

诸葛亮从正反两面论述将领的修养，但其侧重点却在将领的道德品质方面。为将者应有“五强”的品质，五强之后又提出“八恶”作为将领修养的戒律，从而将何以造就强将的问题说得异常透彻。

诸葛亮要求为将者的品德修养标准是具备“五强”以绝“八恶”。

五强即五种必须的德性：一是高风亮节可以勉励世俗；二是友爱孝悌可以名扬海内；三是信义忠诚可以获得友谊；四是周到细致地考虑问题可以容忍他人；五是身体力行可以建功立业。这是为将者的五种美德。

八恶即八种在德性上的缺陷：一是在智谋上不能分辨是非；二是道德上不能礼贤下士，更不能任用贤良之人；三是施政时有法不依，无法引导社会风俗；四是富有却不能慷慨施惠，不肯救济穷困；五是智不能防患于未然；六是智慧不足，难以深思远虑，也不能防微杜渐；七是声誉显达时不能推荐自己所熟悉的贤能之士；八是在失败时，怨天尤人，不肯承担全部责任。这是为将者的八种缺陷。

细而思之：诸葛亮的“五强”“八恶”岂止说将领，更是重在喻君王！

第71妙：训导之词主旨明；不由君命将在军。

出师的本义是出兵打仗。诸葛亮的《出师》，是在出兵打仗前的一种“命将仪式”。这种仪式缘起很早：《尚书》所载《甘誓》《汤誓》《牧誓》等，都是上古著名的誓师之辞。命将出征，天子要在太庙召见大将军及全军将校，授之以节钺（后代常授刀剑）。君王拿着斧钺的端首，把柄交给大将，表示将节制军队的全权授予他。

诸葛亮的《出师》，重在再现了出师命将的仪式情景。“将在外，君命有所不受”，因为这是一个非同寻常的话题，故为世世代代的君王、军事家们所高度重视，因而有必要选取数例大军事家之论细而品之。

姜太公有云：“武王问太公曰：立将之道奈何？太公曰：凡国有难，君避正殿。召将而诏之曰：社稷安危，一在将军。今某国不臣，愿将军帅师应之。将既受命。乃令太史钻灵龟，卜吉日；斋三日，至太庙以授斧钺。君入庙门，西面而立。将入庙门，北面而立。君亲操钺，持首，授将其柄，曰：从此上至天者，将军制之。复操斧，持柄，授将其刃，曰：从此下至渊者，将军制之。见其虚则进，见其实则止。勿以三军为众而轻敌，勿以受命为重而必死，勿以身贵而贱人，勿以独见而违众，

勿以辩说为必然。士未坐勿坐。士未食勿食，寒暑必同。如此，士众必尽死力。将以受命，拜而报君曰：臣闻国不可从外治，军不可从中御。二心不可以事君，疑志不可以应敌。臣既受命，专斧钺之威。臣不敢生还，愿君亦垂一言之命于臣。君不许臣，臣不敢将。君许之，乃辞而行。军中之事，不闻君命，皆由将出。临敌决战，无有二心。若此，则无天于上，无地于下，无敌于前，无君于后。是故智者为之谋，勇者为之斗；气厉青云，疾若驰骛；兵不接刃，而敌降服。战胜于外，功立于内。吏迁上赏，百姓欢悦，将无咎殃。是故风雨时节，五谷丰熟，社稷安宁。武王曰：善哉。[①] 其意思是说：武王问太公：任命将帅的仪式是怎样的？太公回答道：凡国家遭遇危难，国君就避开正殿，在偏殿上召见主将，向他下达诏令说：国家的安危，全系于将军一身。现在某国反叛，请将军统领大军前去征讨。主将接受命令后，国君就令太史占卜，斋戒三天，前往太庙，钻炙龟灵，选择吉日，向将帅颁授斧钺。到了吉日，国君进入太庙门，面向西站立；主将随之进入太庙门，面向北站立。国君亲自拿着钺的上部，把钺柄交给主将，宣告：从此，军中上至于天的一切事务全由将军处置。然后又亲自拿着斧柄，将斧刃授予主将，宣告：自此，军中下至于渊的一切事务全由将军裁决。并申明：见到敌人虚弱就前进，见到敌人强大就停止，不要认为我军众多就轻敌，不要因为任务重大就拼死，不要因为身份尊贵就轻视部下，不要认为自己意见独到而违背众意，不要由于能言善辩而自以为是。士卒没坐下，你不要先坐；士卒还没进餐，你不要先吃。冷热都要与士卒相同。这样，士卒就会尽死力作战。主将接受任命后，拜而回答说：我听说国事不可受外部的干预，作战不能由君王在朝廷遥控指挥。臣怀二心就不能忠心侍奉君王，将帅受君王牵制而疑虑重重就不能专心一志去对付敌人。我既已奉命执掌军事大权，不获胜利不敢生还。请您按照上面的话允许我全权处置一切，若不允许，我不敢担此重任。国君答允之后，主将就辞别君王率部出征。从此军中一切事务，不听命于国君而全部听命于主将。临敌作战，专心一意。这样，主将就能上不受天时限制，下不受地形牵制，前无敌人敢于抵挡，后无君王从中掣肘。这样，就能使智谋之士都愿出谋画策，勇武之人都愿殊死战斗，士气昂扬直冲霄汉，行动迅速如快马奔驰，兵未交锋而敌人就已降服。从而取胜于国外，建功于朝廷，

---

① 南关音、何长林编著：《中华谋略宝库——历代治世用兵全书·李靖兵法》，南海出版公司 1992 年版，第 184—185 页。

将吏得到晋升，士卒获得奖赏，百姓欢欣鼓舞，主将没有祸殃。于是风调雨顺，五谷丰登，国家安宁。武王说：说得好啊！周武王与姜太公的对话，说到将军奉命出征的方方面面，虽说君臣临别情意切切，但是，要害的话最终还是落在：“臣既受命，专斧钺之威。臣不敢生还，愿君亦垂一言之命于臣。君不许臣，臣不敢将。君许之，乃辞而行。”可见，“将在军，君命有所不受”对于奉命出征之将，是何等的重要！

黄石公有云：“《军势》曰：‘出军行师，将在自专。进退内御，则功难成。’”①其意思是说：当军队出兵作战，将帅应当有独立的指挥大权。如果军队的前进后退、一举一动都要受君王的控制，那么就很难夺取战争的胜利。《孙子兵法·谋攻篇》有云：“故君之所以患于军者三：不知军之不可以进而谓之进，不知军之不可以退而谓之退，是谓縻军。不知三军之事，而同三军之政者，则军士惑矣。不知三军之权，而同三军之任，则军士疑矣。三军既惑且疑，则诸侯之难至矣，是谓乱军引胜。”②其意思是说：君王对军队造成危害的情况有三个方面：君王不懂得军队不可以前进而命令他们前进，君王不懂得军队不可以后退而命令他们后退，这叫束缚、羁縻军队；君王不懂军中事务却要干涉军中行政管理，则军士就会迷惑；君王不知军中权谋之变而参与军队指挥，那么将士就会疑虑。如果三军将士既迷惑又疑虑，诸侯乘机发起攻击的灾难就将来临。这就叫自乱其军而丧失了胜利。《史记·孙子吴起列传》有云：“将在军，君命有所不受。”《尉缭子·将令第十九》中有云：“将军受命，君必先谋于庙，行令于廷，君身以斧钺授将，曰：‘左、右、中军，皆有分职，若逾分而上请者死。军无二令，二令者诛，留令者诛，失令者诛。’将军告曰：‘出国门之外，期日中设营，表置辕门期之，如过时则坐法。’将军入营，即闭门清道。有敢行者诛，有敢高言者诛，有敢不从令者诛。”③其意思是说：“将军即将奉命出征，君主必先在宗庙商定大计，然后在朝廷发布命令，要亲自把斧钺授予将军说：‘左、右、中三军，皆有分掌的职权，如有越级报告者处死；军队中除将军外不得发布命令，有擅自发布命令者处死；如有扣压命令者处死；有贻误命令执行者处死。’将军受领任务后，向下级宣布：‘出了京城以后，限于正午以前，树立营表，设置辕门，等待军队报到，如果超过规定时间而迟到者

① 黄颇著：《白话〈黄石公兵法〉〈尉缭子兵法〉》，中州古籍出版社1993年版，第67页。

② 黄朴民注释：《白话孙子兵法》岳麓书社1991年版，第31—32页。

③ 黄颇著：《白话〈黄石公兵法〉〈尉缭子兵法〉》，中州古籍出版社1993年版，第211页。

依法惩办。’将军入营以后，即关闭营门，禁止通行，有敢擅自通行者处死，有敢高声喧嚷者处死，有敢不服从命令者处死。与姜太公一样，黄石公、孙武、吴起、尉缭子等军事家们，无不以不同的方式论述着‘将在军，君命有所不受’的重要性。”

诸葛亮有效地汲取了姜太公、黄石公、孙武、吴起、尉缭子等军事家，关于将领出征当获取“将在军，君命有所不受真正的出征权”的经典之处，通晓大将出征如不限制君王“不肯放权而干扰的可怕后果”，他借助“命将仪式”形象生动地强调了“将在外，君命有所不受”这一重权立威思想，这是战争取胜的一大关键之点。

诸葛亮在命将仪式中所重申的“将在军，君命有所不受”，有其历史传承性：诸葛亮称，古往今来，大凡国家遇有危难，国君会选拔贤德之人作将帅以赴国难。出征前，斋戒三日，进至太庙告祭列祖列宗，国君面南而立，将帅面北而朝，太师双手奉上大斧（权力的象征），国君接过大斧，手持斧柄授给将帅说：“从现在开始，部队由您指挥。”诸葛亮通过命将仪式进一步强调“将在军，君命有所不受”的国君诚恳性：诸葛亮陈述着——国君接着说：“作战时，见敌人势弱则进击，见敌人实力强固则以退为主。不能因为自己身居高位而轻视别人，也不要因为自己意见独特而听不进部下的意见，不可以凭借自己功绩显赫就失去人忠信本分的品质。部下还没有坐下来休息时，你不能自己先坐下来休息，部下还没有吃饭时，你也不要首先进餐，应该与部下同寒暑，等劳逸，齐甘苦，均危患。做到了这一切，手下的将士必会竭尽全力，敌人也一定会被打败。”显然是对姜太公答武王问中一些话语的活用。

诸葛亮通过命将仪式进一步强调“将在军，君命有所不受”的影响性。诸葛亮继续表述道：将帅听完国君的训命后，宣誓效忠，然后亲自打开凶门，率军出征。国君把出征的军队送到北门，向将帅乘用的车马跪拜时又说：“将在外，不受君命。从今天起，军队中的一切行动都由你来决策。”

诸葛亮通过命将仪式进一步强调“将在军，君命有所不受”的作用性。诸葛亮进而描绘道：将帅就具有了绝对的权威，也可以使智谋之人为之献策，使勇敢之人为之效命沙场。由此，可以百战百胜，立下汗马功劳，也能扬名于后世，福泽恩及子孙。

为了加深我们对“将在军，君命有所不受”的进一步理解，现引唐太宗李世民与唐时大军事家李靖的一段对话于后：

（唐）太宗曰："古者出师命将，斋三日，授之以钺，曰：'从此至天，将军制之。'又授之以斧，曰：'从此至地，将军制之。'又推其毂曰：'进退唯时，既行，军中但闻将军之令，不闻君命。'朕谓此礼久废，今欲与卿参定遣将之仪，如何？"靖曰："臣窃谓圣人制作，致斋于庙者，所以假威灵于神也。授斧钺而推其毂者，所以委寄以权也。今陛下每有出师，必与公卿议论，告庙而后遣，此则邀以神至矣。每有任将，必使之便宜从事，此则假以权重矣。何异于致斋推毂耶？尽合古礼，其义同焉。不须参定。"上曰："善！"。乃命近臣书此二事，为后世法。[①] 唐太宗李世民和卫国公李靖关于历代兵法的讨论，论及大将出征时，唐朝虽废除了"致斋于庙"的形式，但对出征之将委以"将在外，君命有所不受"的重权未变。

细细品味诸葛亮的"出师"篇，细细品味唐太宗与李靖的对话，我们不难发现，这也是诸葛亮"兵权"篇"假威灵于神"以防阿斗这个糊涂之君的一个重要措施。写到此处，直雄再读《蜀书·姜维传》，当读到"宦官黄皓等弄权于内，右大将军阎宇与皓协比，而皓阴欲废维树宇。维亦疑之，故自危惧，不复还成都"时，再度领悟到诸葛亮撰写此篇乃高明之所在！

第 72 妙：洞悉将士选精英；专长专用尽其才。

"择材"，就是选择各种人才。诸葛亮"择材"精要之处在于对人才的精当分类，用这种分类法所挑选的精英去组建部队，大大地提高了部队的战斗力。

俗话说："人上一百，武艺皆全""人上一百，形形色色""人上一百，必有奇谋"，说的就是人才处处有，就看你是否有慧眼一双！诸葛亮的"择材"之妙：一是妙在对人才分析归类之妙。再就是给人才的冠名之妙，这样对人才的归类冠名，实在是对人才具有极大的鼓舞性。

诸葛亮认为，为将者在部队采取军事行动之前，在编排军队时应该做好如下事项：

一是有的士兵武艺高强，喜欢对敌厮杀，愿意独立地与强劲对手较量，应把他们编在一个行列，并给这些人冠之以"报国之士"。

二是有的士兵气冠三军，精力充沛，身手敏捷，应把他们编在一个行列，并

---

① 南关音、何长林编著：《中华谋略宝库——历代治世用兵全书·李靖兵法》，南海出版公司 1992 年版，第 1095—1096 页。

给这些人冠之以“突阵之士”。

三是有的士兵行走快速而轻捷，像飞驰的马一样有威势，应把他们编在一起，并给这些人冠之以“搴旗之士”。

四是有的士兵善骑善射，箭术高超，百发百中，应把他们编在一起，并给这些人冠之以“争锋之士”。

五是有的士兵专门擅长射箭，是一流的射手，也应把他们编在一个行列，并给这些人冠之以“飞驰之士”。

六是有的士兵力大无比，可以使用强有力的弓弩，即使射程比较远也可以射中目标，应把他们编成一组，并给这些人冠之以“摧锋之士”。

诸葛亮编排将士与众不同，妙在对不同的士兵，洞悉其不同的能力特点，配之以生动形象且富于褒奖性、鼓舞性的名号予以合理编排，使他们能充分发挥自己的特长，各尽其才，各尽其用。这样能做到“专长专用”以获取胜利的最大战斗效果。

诸葛亮是人不是神，他的“择才”，是借鉴了前代军事家的优秀分类成果的。不过诸葛亮决非当“搬运工”。他是如何借鉴姜太公分类法的呢？“武王问太公曰：练士之道奈何？太公曰：军中有大勇、敢死乐伤者，聚为一卒，名曰“冒刃之士”。有锐气壮勇强暴者，聚为一卒名曰“陷阵之士”。有奇表长剑，接武齐列者，聚为一卒，名曰“勇锐之士”。有披距伸钩，强梁多力，溃破金鼓，绝灭旌旗者，聚为一卒，名曰“勇力之士”。有逾高绝远，轻足善走者，聚为一卒，名曰“寇兵之士”。有王臣失势，欲复见功者，聚为一卒，名曰“死斗之士”。有贫穷忿怒，欲快其志者，聚为一卒，名曰“必死之士”。有赘婿人虏，欲掩迹扬名者，聚为一卒，名曰“励钝之士”。有死将之人子弟欲与其将报仇者，聚为一卒，名曰“敢死之士”；有贫穷愤怒欲快其志者，聚为一卒，名曰“必死之士”；有胥靡免罪之人欲逃其耻者，聚为一卒，名曰“幸用之士”。有材技兼人，能负重致远者，聚为一卒，名曰“待命之士”。此军之练士，不可不察也。”[①] 这篇问答的意思是：武王问太公：“选编士卒的办法应是怎样为好？”太公答道：“把军队中勇气超人、不怕牺牲、不怕负伤者，编为一队，称之为“冒刃之士”；把锐气旺盛、年轻壮勇、

① 南关音、何长林编著：《中华谋略宝库——历代治世用兵全书·姜太公六韬兵法》，南海出版公司 1992 年版，第 274—275 页。

强横凶暴者，编为一队，称之为“陷阵之士”；把体态奇异，善用长剑，步履稳健、动作整齐者，编为一队，叫“勇锐之士”；把臂力过人能拉直铁钩、强壮有力、能冲入敌阵捣毁敌人金鼓、撕折敌人旗帜者，编为一队，叫“勇力之士”；把能翻越高山，擅行远路、轻足善走者，编为一队，叫“寇兵之士”；把曾经是贵族大臣而已失势又想重建功勋者，编为一队，叫“死斗之士”；把阵亡将帅的子弟，急于为自己父兄报仇者，编为一队，叫“敢死之士”；把因自己贫穷而愤怒不满，要求立功受赏而达到富足心愿者，编为一队，叫“必死之士”；把曾入赘为婿和当过敌人俘虏，要求扬名遮丑者，编为一队，叫做“励钝之士”；把免罪刑徒，要掩盖自己耻辱者，编为一队，叫“幸用之士”；把才技胜人，能任重致远者，编为一队，叫“待命之士”。这就是军中选编士卒的方法，不可不详加考察。”诸葛亮借用姜太公的分类之法，将自己所招募的将士细而分类，且命名多具鼓励性，让人尽其才，更显精妙！

诸葛亮又是如何借鉴吴起分类法的呢？且看：“武候问曰：‘愿闻治兵、料人、固国之道。’起对曰：‘古之明王，必谨君臣之礼，饰上下之仪，安集吏民，顺俗而教，简募良材，以备不虞。昔齐桓募士五万，以霸诸侯。晋文召为前行四万，以获其志。秦缪置陷阵三万，以服邻敌。故强国之君，必料其民。民有胆勇气力者，聚为一卒。乐以进战效力，以显其忠勇者，聚为一卒。能踰高超远轻足善走者，聚为一卒。王臣失位而欲见功于上者，聚为一卒。弃城去守，欲除其丑者，聚为一卒。此五者军之练锐也。有此三千人，内出可以决围，外入可以屠城矣。’”[①]这篇问答的意思是讲：（魏）武侯对吴起说“我想知道关于治理军队、统计人口、巩固国家的方法。”吴起回答说：“古时贤明的君王，必严守君臣间的礼节，讲究上下间的法度，使吏民各得其所，按习俗进行教育，招募能干者，以防不测。从前齐桓公招募勇士五万，赖以称霸诸侯。晋文公招集勇士四万作为前锋，以得志于天下，秦穆公建立冲锋陷阵的部队三万，用以制服邻近的敌国。所以，发奋图强的君王，必须查清人口，把勇敢强壮者，编为一队。把乐意效命显示忠勇者，编为一队。把能攀高跳远、轻快善走者，编为一队。把因罪罢官而想立功报效者，编为一队。把曾弃守城邑而想洗刷耻辱者，编为一队。这五种编队都是军队中的精锐部队。如果有这样三千人，由内出击可以突破敌人的包围，

---

① 吴健琴主编：《中国吴氏通书》，广西人民出版社2002年版，第163—164页。

由外进攻，可以摧毁敌人的城邑。”吴起在答魏武侯问时，偶尔提及分类，但他的分类汲取了姜太公分类的方式方法，重在回答魏武侯的提问，同样给了诸葛亮莫大的启迪，诸葛亮对招募了将士，从实战出发进行分类，大大地有利于自己调兵遣将！

第 73 妙：顺天因时依人胜；逆天逆时逆人败。

“智用”就是智慧的运用。诸葛亮“智用”的精要之点是：通过详细分析，指出了决定战争胜负的关键是“不逆人”，即要得民意民心。

诸葛亮认为：为将者带兵出征，谁不想夺取战斗的胜利？想要夺取胜利，必须考虑到天候、战机、人的素质这几方面的因素，要顺应天候、求得战机、自身要具备能够取胜的相应战斗力。所以在顺应了天候、也具备了相应的战斗力，但时机却不成熟的情况下出兵就是逆时，在具备了相应的战斗力，有了成熟的战机，但不具备天候条件下出兵就是逆天，在顺应了天候、抓住了战机，但却不具备士兵相应的战斗力且有违民众意志的条件下出兵是逆人。明智的将帅，领兵作战是决不会逆天、逆时、逆人的。诸葛亮经过分析，最后将战争取胜的重点落在人的因素上，这样的结论是无可置疑的。

第 74 妙：征战之善之善者；不战而屈人之兵。

不阵，乃不战之意。诸葛亮的“不阵”篇，重在强国，重在安民，以达到“不战而屈人之兵”的目的。

诸葛亮认为：古代擅长治理国家、懂得治国规律的高明君主，是不依赖军队这种国家机器就能夺取胜利的；具有军事才能擅长用兵的将帅也不以战争，摆开交战的阵势去夺取胜利的；擅长排兵布阵的将帅根本不用向对方发起攻击就能夺取胜利的；擅长指挥战斗者则能永远立于不败之地；擅长总结失败教训的将帅则不会被敌方所消灭。以往，英明的君主治理天下，主要是让老百姓生活安定，勤于工作，人们安居乐业，不发生任何不愉快的纠纷，“善理者不师也”就是这个意思；诸葛亮举例作了说明：这就是舜修刑典，还让大臣皋陶作了掌理刑法的官员，可是老百姓无人冒犯法令，因此也就不用对任何人施加刑法，这就是“善师者不阵”的实例；大禹征伐的苗族，只派舜手持舞蹈用的干盾、羽扇就征服了有苗族人，这就是“善阵者不战”的实例；齐桓公在南威服楚国，北伐山戎的过程中，所向无敌，这就是“善战者不败”的实例；楚昭王时楚国受到吴国的侵犯，楚昭王立刻向秦国求救得以复国，这就是“善败者不亡”的实例。

诸葛亮的“不阵”，其来有自，只须比较，便知其继承与创新：《姜太公六韬兵法》有云：文王在丰，召太公曰：呜呼！商王虐极，罪杀不辜，公尚助予忧民，如何？太公曰：王其修德，以下贤惠民，以观天道。天道无殃，不可先倡。人道无灾，不可先谋。必见天殃，又见人灾，乃可以谋。必见其阳，又见其阴，乃知其心。必见其外，又见其内，乃知其意。必见其疏，又见其亲，乃知其情。行其道，道可致也。从其门，门可入也。立其礼，礼可成也。争其强，强可胜也。全胜不斗，大兵无创，与鬼神通，微哉微哉！与人同病相救，同情相成，同恶相助，同好相趋。故无甲兵而胜，无冲机而攻，无沟堑而守。大智不智，大谋不谋，大勇不勇，大利不利。利天下者，天下启之。害天下者，天下闭之。天下者，非一人之天下，乃天下之天下也。取天下者，若逐野兽，而天下皆有分肉之心。若同舟而济，济则皆同其利，败则皆同其害。然则皆有以启之，无有闭之也。无取于民者，取民者也。无取民者民利之；无取国者国利之；无取天下者天下利之。故道在不可见，事在不可闻，胜在不可知。微哉微哉！鸷鸟将击，卑飞敛翼；猛兽将搏，弭耳俯伏；圣人将动，必有愚色。今彼殷商，众口相惑，纷纷渺渺，好色无极。此亡国之征也。吾观其野，草菅胜谷。吾观其众，邪曲胜直。吾观其吏，暴虐残疾。败法乱刑，上下不觉。此亡国之时也。大明发而万物皆照，大义发而万物皆利，大兵发而万物皆服。大哉圣人之德，独闻独见，乐哉！① 姜太公回答周文王的意思是：周文王在丰邑召见太公说：“唉！商纣王暴虐到了极点，任意杀戮无辜，请您辅助我拯救天下民众，该怎么办为好？”太公说：“君主应修养德性，礼贤下士，施恩惠于民，以观察天道的吉凶。当天道还没有灾害征兆时，不可征讨。当人道没有祸乱时，不可谋划兴师。必须看到出现了天灾人祸，才可以兴师征伐；既看到他的公开言行，又了解他的秘密活动，才能知道他的真实想法；既看到他的外在表现，又了解他的内心活动，才能知道他的真实意图；既看到他疏远什么人，又了解他亲近什么人，才能知道他的真情实感。实行吊民伐罪之道，政治理想就可以实现；遵循正确的路线，统一天下的目的就可以达到；建立适当的制度，就一定能获得

① 南关音，何长林：《中华谋略宝库——历代治世用兵全书·姜太公六韬兵法》，南海出版公司 1992 年版，第 153—154 页。

成功；确立强大的优势地位，就可以战胜强大的敌人。取得全胜而不经过战斗，以大军临敌而没有伤亡，真可谓用兵如神了。微妙啊微妙！”能与人同疾苦而相互救援，同情感而相互保全，同憎恶而相互帮助，同爱好而有共同追求。这就是没有军队也能取胜，没有冲车机弩也能进攻，没有沟垒也能防守。真正的智慧在于不显现智慧，真正的谋略在于不显现谋略，真正的勇敢在于不显现勇敢；真正的利益在于不显现利益。为天下人谋利益天下人都会欢迎；让天下人都受害天下人都会反对。因为天下不是一个人的天下，而是天下所有人的天下。要夺取天下，就要像猎逐野兽一样，天下所有人都有分享兽肉的欲望；也似同坐一条船渡河一样，渡河成功，大家都达到了目的；如若失败，大家都要遭受灾难。这样做，天下人就都欢迎他，而不会反对他：不从民众那里掠取利益，却能够从民众那里得到利益；不从别国那里掠夺利益，却能够从别国那里获得利益；不掠夺天下利益，却能够从天下获取利益。不掠取民众利益，民众拥护他，这是民众给予他利益；不掠取别国利益，别国归附他，这是别国给予他利益；不掠夺天下利益，天下拥护他，这是天下给予他利益。所以，这种方法使人看不见，这种事情使人听不到，这种胜利使人不可知。真是微妙而又微妙啊！“鸷鸟将要发起袭击时，必先收翼低飞；猛兽将要搏斗时，必先贴耳伏地；圣贤将要行动时，必先向人表示自己的愚蠢迟钝。现在商朝谣言四起，动乱不已，而纣王依然荒淫无度，这是国家覆亡的征兆，我观察他们的田地里，野草盖过了禾苗；我观察他们的大臣，奸邪之徒超过了忠直之士；我观察他们的官吏，暴虐残酷，违法乱纪。面对这种局面，他们朝廷上下依然执迷不悟。这是到了该灭亡的时候了。旭日当空则天下万物都能沐浴阳光，正义所至则天下万物都能得到利益，大军兴起则天下万物都会欣然归附。伟大啊！圣人的德化，见解独到，无人能及，这才是最大的欢乐啊！”这里描绘了一幅商纣王朝的逐渐腐败过程图，在此基础上提出“全胜不斗，大兵无创”的主张。与此一脉相承，在其《六韬·龙韬·军势》中提出“善战者，不待张军；善除患者，理于未生；善胜敌者，胜于无形；上战无与战”的观点。

诸葛亮的“不阵”与之相比，因姜太公属“问答文体”，诸葛亮属论证文体，所以，诸葛亮开笔的“古之善理者不师，善师者不阵，善阵者不战，善战者不败”四句，基本上概括姜太公答周文王问内容的全篇之妙，而其所举之例，则另开境界，完全适合“弱蜀”要出师北伐曹魏进行大一统战争的实际情况。

尔后，关于“不战而屈人之兵”的著名论说者当属孙武。《孙子·谋攻》篇曰：

“凡是用兵之法，全国为上，破国次之；全军为上，破军次之；全旅为上，破旅次之；全卒为上，破卒次之；全伍为上，破伍次之。是故百战百胜，非善之善者也；不战而屈人之兵，善之善者也。”[①]此论是孙武战争“全胜”观的重要内容，反映了中国古代追求不战而胜的战略思想。“不战而屈人之兵”之高论从孙武之一观点发展为“不战而胜”的思想，主张通过政治、外交等多种手段达成不战而屈人之兵的目的，丰富了这一思想所包含的内容。通过伐谋、伐交、伐兵，使三者环环相扣，最终才能造成有利于己的局面。不战而屈人之兵反映了中国古代以强大的军事实力为后盾，通过伐谋、伐交斗争，用全胜计谋争胜于天下的思想。它是《孙子》用兵之道的理想追求和最高境界，是对中国古代军事思想的重大贡献，在中国和世界上产生了广泛而深远的影响。

较之于孙武，诸葛亮的“不阵”更有创新。孙武只是吴国的大将，诸葛亮在带兵打仗的同时，则自己主政刘汉王朝，其用兵视野更为开阔，故并非将视点完全放在军事上，他强调“英明的君主治理天下，主要是让老百姓生活安定，勤于工作，人们安居乐业，不发生任何不愉快的纠纷”，他的“善理者不师也”就是这个意思；舜修刑典，还让大臣皋陶作了掌理刑法的官员，可是老百姓无人冒犯法令，因此也就不用对任何人施加刑法，这就是“善师者不阵”的实例；大禹征伐的苗族，只派舜手持舞蹈用的干盾、羽扇就征服了有苗族人，这就是“善阵者不战”的实例；齐桓公在南威服楚国，北伐山戎的过程中，所向无敌，这就是“善战者不败”的实例；楚昭王时楚国受到吴国的侵犯，楚昭王立刻向秦国求救得以复国，这就是“善败者不亡”的实例。其中的“让老百姓生活安定”与“善败者不亡”，这就是诸葛亮理政用兵的经验之谈，是对孙武“不战而屈人之兵”战略思想的补充与发展！

诸葛亮“不阵”中有一应特别引起注意的话语，这就是：“善师者不阵，善阵者不战，善战者不败，善败者不亡。”语出《汉书·刑法志》。其意思是说：善于用兵的人不轻易出兵布阵，善于出兵布阵的人不轻易发起攻击，善于攻击的人不容易失败，善于应对败局的人不容易灭亡。诸葛亮在这里不是一般的引用，其“善败者不亡”，实属暗指经历“猇亭之败”后的刘汉政权，善于总结经验，不会灭亡而是会强大（后面的举例就是这个意思），这是对当时唱衰刘汉政权的

---

① 黄朴民注释：《白话孙子兵法》岳麓书社 1991 年版，第 31 页。

一种回击与对刘汉王朝诸多臣民的鼓舞!

第75妙：统军治兵抓要害；务揽英雄一片心。

将诫，即对为将者的警告、劝告、告诫、劝诫、规诫之意。诸葛亮在“将诫”中论述了为将者“待人心”和“尽人力”的问题，抓住了治军用兵的根本。文中的“行兵之要，务揽英雄之心”，为将者“得人心”是何等的重要。这是尽人皆知的道理，但做到却非易事。诸葛亮在此节中给为将者提供做到“得人心”的根本办法。

一是提出了要收揽将士之心的根本办法：《书经》中说：“戏辱轻慢贤能之士，就无法得到他们的一片真心，蔑视小看基层士兵，也无法使他们竭尽全力为自己服务。”所以，为将者领兵的要诀是：广泛笼络贤人将士之心，严格有关赏罚的规章和纪律，要具备文、武相济之道，操刚柔并济之术，为将者当精通礼、乐、诗、书，使自己在修身方面达到仁义、智勇的内涵，此“严赏罚”“总文武”“操刚柔”“说礼乐”“先仁义”五法，是收揽将士之心的根本。

二是在指导了怎样去收揽将士之心之后，如何去取得克敌制胜的办法与效应：自为军中表率，“士为知己者死，女为悦己者容”，从而在领兵作战时，能够做到命令将士休息时像游鱼潜水般的不出声响，命令将士出击时能够像奔游中的水獭一样突跃飞奔，又快又猛，打乱敌人的阵营，切断敌人的联系，挫败敌人的锋芒。挥动旌旗以显示自己的威力并且让将士服从指挥，听从调动。撤兵时部队应像移山般的稳重、整齐；进攻时则如疾风暴雨锐不可当，拿出虎一样的猛势彻底地摧毁敌军让其成为残军败将；为将者既在勇亦在谋，对待敌人，还要采取一些计谋：面对紧急情况应该想办法从容不迫，用小恩小惠诱敌进入设置好的圈套之中，想尽办法打乱敌军稳固整齐的阵势，然后乱中取胜；对小心谨慎的敌军要用计使他盲目骄傲起来，上下不一，用离间之术破坏敌军的内部团结，对异常强大的敌人则想方设法地削弱他的力量；要使处境危险的敌人感到安宁以麻痹之，让忧惧的敌人感到喜悦，使之疏忽起来；对投到我军的战俘要以怀柔的政策来对待，要使部下的冤屈有地方申诉，扶持弱者，抑制气势凌人的将士，对有智谋的将士要尽全力亲近他，用他做参谋，对巧言令色的小人要坚决打击，获得了战利品要首先分给将士；还须注意的是：如果敌人势弱，就不必以全力去攻击他，也不能因为自己军队力量强大就忽视他，更不能以自己能力高强就骄傲自大，不能因为自己受宠就到部下那里作威作福；对于整个战事的进行，要先制定详实的计划，要有万全的把握才能领兵出征，不独自享受战场上缴获的财物、布帛，俘虏的男女人等也不自己独自役使。为将者若能如此，再严格号令，将士一定会积极作战，即使白刃相搏，也会效命疆场。

三是诸葛亮的“将诫”是对《黄石公三略·上略》“强调君王对于民心的动向要确实掌握”中，“务揽英雄之心”内容的丰富、完善与发展。《黄石公三略·上略》有云：“上略夫主将之法，务揽英雄之心，赏禄有功，通志于众。故与众同好，靡不成；与众同恶，靡不倾。治国安家，得人也；亡国破家，失人也。含气之类，咸愿得其志。”[①]意为，当军队主帅的要诀，在于务必笼络英雄豪杰的心，重赏那些有功的人，让部下通晓自己的志向。与众人同喜好，就没有办不成功的事业；与众人同憎恶，就没有打不败的敌人。得英雄之人，家安国治，反之国破家亡。所有的人都心满意足。《黄石公三略·中略》“强调君王需要有识人之明”中云：“德同势敌，无以相倾，乃揽英雄之心，与众同好恶，然后加之以权变。故非计策，无以决嫌定疑；非谲奇，无以破奸息寇；非阴谋，无以成功。”[②]其意思是说：诸侯之间，势均力敌，谁也没有办法战胜对手，于是便争相延揽英雄豪杰，与之同好同恶，然后再运用权术。所以，不运筹谋划，是没有办法决嫌定疑的；不诡诈出奇，是没有办法破奸平寇的；不秘密谋划，是没有办法取得成功的。

诸葛亮的将诫，与“上略、中略”中的这两段内容相比，诸葛亮则是以“君王的身份”提出并解决了将帅如何以身作则，“怎样去收揽将士之心”的问题，是诸葛亮在自己的军事实践中对战略战术的深入研究与总结，是对黄石公兵法的丰富、完善与拓展。

第 76 妙：居安思危不忘战；有备无患众可恃。

戒备，即警戒准备、警戒防备、警惕防备以应不测之意。戒备的要旨是国家必须常备不懈，必须居安思危，必须做到有备无患，必须做到安不忘战。

诸葛亮指出国家最重要的事务就是国防，在国防的问题上稍有偏差，一瞬之间就会使将士被杀、全军覆没、导致国家的灭亡，无可挽回，这是最可怕的事情啊！

---

① 南关音、何长林编著：《中华谋略宝库——历代治世用兵全书·黄石公三略兵法》，南海出版公司 1992 年版，第 353 页。

② 南关音、何长林编著：《中华谋略宝库——历代治世用兵全书·黄石公三略兵法》，南海出版公司 1992 年版，第 394 页。

故而，一旦国家出现了危难，君臣应齐心一致，废寝忘食，共同谋策，挑选有本领的人担任将帅，指挥三军应敌。如果不能居安思危，就是敌人已打到了家里也不能警觉，如同燕子的窝巢搭筑在帐篷之上，有如鱼儿游戏在将要烹饪锅子之中，灭亡之日子就在眼前。《左传》中说：“对事物没有计划，不准备到毫无差错的地步，不能出兵！”又说：“居安思危，妥善安排，防止可能出现的灾难，这是古代推崇的善政”。又说：“蜜蜂和蝎子一类的小昆虫都能以毒刺作为防御的工具，更何况是一个庞大的国家呢？”如果一个国家忽视了国防建设，即使有百万之众也是靠不住的，所以说：“有备无患，就是这个意思。”故而，三军将士在出征之前，一定要做好准备。

诸葛亮在论述将戒之时，重在妙用比喻。他连用“燕子的窝巢搭筑在帐篷之上”“鱼儿游戏在将要烹饪锅子之中”“小昆虫都能以毒刺作为防御的工具”三者比喻居安思危、有备无患的重要性，给世人以警醒！诸葛亮的居安思危思想在其另一处又做进一步的强调，他写道：“若乃居安而不思危，寇至不知惧，此谓燕巢于幕，鱼游于鼎，亡不待夕矣。”[①] 诸葛亮的“戒备”，是对《司马兵法》中“天下虽安，忘战必危。天下既平，天子大恺，春蒐秋狝，诸侯春振旅，秋治兵。所以不忘战也”[②] 战备思想的承继与发挥。

古往今来，有不少人对于诸葛亮北伐曹魏不甚理解，体味一下诸葛亮的“戒备”，读一读他的《隆中对》中的中华民族大一统思想，我以为：对于诸葛亮为什么要北伐，就不难理解了。

第 77 妙：不习练百不当一；勤习练一可当百。

习练，一指练习、训练。二谓熟悉。本篇阐释了“习练”的重要性与必要性，提出达到“习练”目的的措施与行之有效的方式方法。

诸葛亮在如下方面指出了习练的重要性：将士若得不到应有的教育和训练，那么一百名士兵也抵不上敌人的一个士兵；如果将士得到了应有的教育和训练，那么一名士兵就可抵挡百名敌人的进攻。所以孔子在《论语》中说：“没有受到教育和训练的老百姓叫他们就去参加战斗，这是让他们去送死。”又说：“让贤

---

① 孙胜军、李家钊编著：《中外古今兵法集粹》，河北科学技术出版社 1986 年版，第 139 页。

② 南关音，何长林：《中华谋略宝库——历代治世用兵全书·司马兵法》，南海出版公司 1992 年版，第 299 页。

德的人费七年的时间来教育和训练百姓，他们马上可以投入战斗，并且个个都勇猛善战！”这就是说想让百姓投入战斗，在出征之前不能不对他们进行教育和训练，既然如此，对将士就更应进行训练。

诸葛亮指出习练的主要内容：要使将士明白什么是礼，什么是义。要训练、教诲将士有忠信的思想，要讲明赏罚的界限，用赏罚来制约督促他们的行为，使他们自觉上进。然后进行基本技能训练：列队与解散，坐下起立，行进立定，前进后退，解散与集合，使他们能整齐划一、井然有序。像这样一教十，十教百，百教千，千教万，就可以使整个三军受到训练。最后让训练有素的将士上战场，就可以将敌人打败了。

对于将士的训练，无不引起军事家的高度重视，有必要详细一论。姜太公答周武王问称：“……士卒不习。若此，不可以为王者之兵也。”[①] 姜太公对将士的训练，有一套系统的方法。他在训练前，先将士兵分类。分类之后云：“武王问太公曰：合三军之众，欲令士卒服习教战之道，奈何？太公曰：凡领三军，有金鼓之节，所以整齐士众者也。将必明告吏士，申之以三令，以教操兵起居，旌旗指麾之变法。故教吏士：使一人学战；教成，合之十人。十人学战；教成，合之百人。百人学战；教成，合之千人。千人学战；教成，合之万人。万人学战；教成，合之三军之众。大战之法，教成，合之百万众。故能成其大兵，立威于天下。武王曰：善哉。”[②] 其意思是说：武王问太公：“集合纪成全军部队，要使士卒娴熟战斗技能，其训练方法应该怎样？太公答道：“凡是统率三军，必须用金鼓来指挥。这是为了使全军的行动整齐划一。将帅必须首先明确告诉官兵应该怎样操练，并且要反复申明讲解清楚，然后再训练他们操作兵器，熟悉战斗动作，以及根据各种旗帜指挥信号的变化而行动的方法。所以，训练军队时，要先进行单兵教练，单兵教练完成后，再十人合练；十人学习战法，教练完成后，再百人合练；百人学习战法，教练完成后，再千人合练；千人学习战法，教练完成后，再万人合练；万人学习战法，教练完成后，再全军合练；全军教练作战的方法，教练完成后，再进行百万大军的合练。这样，就能组成强大的军队，立威无敌于天下。”武王说：

---

① 南关音，何长林：《中华谋略宝库——历代治世用兵全书·姜太公六韬兵法》，南海出版公司 1992 年版，第 230 页。

② 南关音，何长林：《中华谋略宝库——历代治世用兵全书·姜太公六韬兵法》，南海出版公司 1992 年版，第 277 页。

"好啊！"吴起也谈到"习练"的问题，他说："吴子曰：'夫人当死其所不能，败其所不便。故用兵之法，教诫为先。一人学战，教成十人，十人学战，教成百人，百人学战，教成千人，千人学战，教成万人，万人学战，教成三军。"[①] 其意思是：吴起说："将士战死是由于没有打仗的本领，失败是由于缺乏灵活的战术。所以，用兵的法则，以教育训练为先决条件。一人学会打仗，可以教会十人；十人学会打仗，可以教会百人；百人学会打仗，可以教会千人；千人学会打仗，可以教会万人；万人学会打仗，可以教会全军。"

我国的军训史源远流长，也留下了卷帙浩繁的兵家典籍，由于战乱、天灾等方方面面的缘由，可留下的兵书不多。兵书中关于"习练"的记载亦不多见，以上姜太公、吴起关于习练将士的方式方法，表面上来看，诸葛亮的习练方式方法，仅仅是对他们习练方式的承继而已。其实不然，诸葛亮在强调了军事训练巨大作用的同时，他还主张"教之以礼义，诲之以忠信，诫之以典刑，威之以赏罚"，从政治上法律上去把关习练，使习练后的将士知晓为国为民而战、当守法向上，从政治上法律上去把关习练，这是一个历久弥新的永恒话题，也是诸葛亮习练高明于姜太公、吴起练兵之处。再是诸葛亮所承继的"一教十，十教百，百教千，千教万"的习练方式，至今仍有其旺盛的生命力，我们应常怀"本领恐慌"，永葆进取之志，向实践学习，向书本学习，拜身边优秀战友为师，不断掌握新知识、熟悉新领域、开拓新视野，学到老，用到老，方能更好地为国为民做出更大的贡献。

第78妙：蚁穴可毁堤千里；军蠹若存败三军。

何谓"军蠹"？蠹，一指蛀蚀。"蠹"还指一种虫子，专门从里面咬书、咬衣服、咬木头，从而至毁坏这些东西。诸葛亮把用兵中的九种错误比作军中之"蠹"，故题为"军蠹"，说明这是毁灭一支军队的内部因素。诸葛亮归纳用兵中的九项大忌。并以"蠹"比喻之，十分形象准确地说明了其危害。对比贴切，引人深思。对任何一员将领来说都有借鉴作用。

诸葛亮指出，大军队行动之时，有九种情况可以直接导致全军崩溃：一是对敌情的侦察不仔细、不准确，在消息的反馈上不按规定进行，与实情不相符合；二是不严格执行命令，耽误了集合的时间，使整个军事行动受阻，丧失战机；三

① 吴健琴主编：《中国吴氏通书》，广西人民出版社2002年版，第165页。

是不服从指挥，不听候调度，忽前忽后，七零八乱；四是将官不体贴下级，只知一味地聚敛搜刮；五是营私舞弊，不关心下级将士的生活；六是言论胡说八道、迷信诽谤之辞、神鬼怪兆，一味瞎猜测吉凶祸福，扰乱军心；七是将士不守秩序，喧哗吵闹，扰乱了将帅决策的执行；八是不遵守命令，专横难制、藐视上级；九是贪污现象严重，侵占国家财物，无所不为。这九种现象，是军队的蛀虫。这些弊病一旦产生，必然导致三军溃败。

千里之堤，尚可溃于蚁穴；军中之蠹，足以败坏三军。诸葛亮所归纳的军中的九大忌讳，在诸葛亮兵法多有散见，诸葛亮将其集聚一起，并以“军蠹”命题，足见其对军中存在的这种腐败现象的高度重视与痛恨，再是将其集聚一起，也有利于将士学习时，得以时时刻刻自我警醒，有利治军治政反腐，其意义深远，价值永恒！

第 79 妙：将帅必须有腹心；耳目爪牙不能少。

“腹心”，一指肚腹与心脏，皆人体重要器官。二是比喻贤智策谋之臣。诸葛亮的“腹心”是用其比喻义。然仍隐含下列诸义。故亦罗列之。三是“腹心”又指心腹，左右亲信。亦犹言至诚之心。四是比喻近中心的重要地区。诸葛亮大胆地提出：为将者必须有忠实的骨干相辅佐。即必须有足智多谋者作“腹心”，必须有人能及时报告情况者充作“耳目”。

“耳目”多义，在这里指为“主人”监视他人或为“主人”收集情报者。必须有能坚决执行命令者作“爪牙”。

“爪牙”，现多比喻为坏人效力的人，是坏人的党羽、帮凶，是贬义词。原指动物的尖爪和利牙。古代则是得力帮手的意思，属于褒义。将帅只有有了“腹心”才能统领全军。

关于君王、统帅要有“腹心”“爪牙”“耳目”等人选，古人非常注重且多有论及。《姜太公兵法·龙韬》中的首篇即论及：“武王问太公曰：王者帅师，必有股肱羽翼，以成威神，为之奈何？太公曰：凡举兵师，以将为命，命在通达，不守一术，因能受职，各取所长，随时变化，以为纲纪，故将有股肱羽翼七十二人，以应天道。备数如法，审知命理，殊能异技，万事毕矣。武王曰：请问其目？太公曰：腹心一人：主赞谋应猝，揆天消变，总揽计谋，保全民命。谋士五人：主图安危，虑未萌，论行能，明赏罚，授官位，决嫌疑，定可否。天文三人：主司星历，候

风气，推时日，考符验，校灾异，知天心去就之机。地利三人：主三军行止形势，利害消息，远近险易，水涸山阻，不失地利。兵法九人：主讲论异同，行事成败，简练兵器，刺举非法。通粮四人：主度饮食，备蓄积，通粮道，致五谷，令三军不困乏。奋威四人：主择才力，论兵革，风驰电掣，不知所由。伏鼓旗三人：主伏旂鼓，明耳目，诡符节，谬号令，暗忽往来，出入若神。股肱四人：主任重持难，修沟堑，治壁垒，以备守御。通才二人：主拾遗补过，应对宾客，论议谈语，消患解结。权士三人：主行奇谲，设殊异。非人所识，行无穷之变。耳目七人：主往来，听言视变，览四方之士，军中之情。爪牙五人：主扬威武，激励三军，使冒难攻锐，无所疑虑。羽翼四人：主扬名誉，震远方，动四境，以弱敌心。游士八人：主伺奸候变，开阖人情，观敌之意，以为间谍。术士二人：主为谲诈，依托鬼神，以惑众心。方士三人：主百药，以治金疮，以痊万病。法算二人：主会计三军营壁粮食，财用出入。”[①] 其意思是：武王问太公：“君王统率军队，必须有得力的辅佐之人，以造成非凡的威势，这该怎么办呢？”太公答：“凡举兵兴师，都以将帅掌握军队的命运。要掌握好全军的命运，最重要的是通晓和了解各方面情况，而无需专精某项技术。因此，应该量才授职，用其所长，灵活掌握，并使其成为一项制度。所以将帅需要辅佐人员七十二人，以便顺应天道，应付各种情况。按照这种方法设置助手，就是掌握了做将帅的道理。发挥各种特殊人才的奇异才能，就可以圆满完成各项任务。”武王问：“请问这方面的细节是怎样的呢？”太公答：“腹心一人，主管参赞谋划。应付突然事变，观测天象，消除祸患，总揽军政大计，保全民众生命；谋士五人，主管筹划安危大事，考虑形势的发展变化，鉴别将士的品德才能，申明军纪，授予官职，决断疑难问题，裁定事情可否；天文三人，主管观察日月星辰的运行，测度风向气候，推算时日吉凶，考察吉凶征兆，核查灾异现象，观察人心的向背；地利三人，主管察明军队行军和驻址的地形状况，分析利弊得失的变化，观察距离远近，地形险易，江河水情和山势险阻等，确保军队作战不失地利；兵法九人，主管探讨敌我形势的异同，分析作战胜负的原因，检查点验作战时的兵器，检举揭发各种违法行为；通粮四人，主管筹划给养，筹备储存，保证粮道畅通，征集军需粮秣，确保军队供给不发生困难；奋威四人，

① 南关音、何长林编著：《中华谋略宝库——历代治世用兵全书·姜太公六韬兵法》，南海出版公司 1992 年版，第 172—174 页。

主管选拔有才能的勇士，配发优良的武器装备，组织突击部队风驰电掣般行动，迅猛快速地打击敌人；伏旂鼓三人，主管军队的旗鼓，明确视听信号，制造假符节，发布假命令以迷惑敌人，忽来忽往，神出鬼没；股肱四人，主管担负重要使命，从事艰巨任务，挖掘沟堑，构筑壁垒，以备守御；通才三人，主管完善将帅的不足，弥补将帅的过失。接待宾客，讨论问题，消除祸患，排解纠纷；权士三人，主管实施诡诈奇谋，设置绝术异技，不让敌人识破，进行无穷变化；耳目七人，主管通过与外界交往，听风声，观动静，查明天下形势，了解敌军情况；爪牙五人，主管宣扬我军军威，激励三军斗志，使他们敢于冒险犯难，攻坚摧锐而无所疑惧；羽翼四人，主管宣扬将帅的威名声誉，以震骇远方、动摇邻国，削弱敌军斗志；游士八人，主管察明敌方奸佞，刺探敌国变乱，操纵敌国民心，观察敌人意图，进行间谍活动；术士二人，主管使用诡诈，借助鬼神，迷惑士众，稳定军心。方士三人，主管各种药物，治疗创伤，医治疾病；法算二人，主管计算军队营垒、粮食和财用的收支情况。”直雄以为：姜太公在其《龙韬·王翼第十八》中所列“腹心”至“法算”计18项，可以说是为周武王“朝廷”设定了完备的“各部委”机构，可以看到周初行政的能力和治理国家能力的高度成熟，无不给后世以启迪。诸葛亮“将苑”中所列诸项，多受到其启发。故直雄全引并细释之。

诸葛亮将“腹心”独立为一篇，其内涵与姜太公的“腹心”是不甚相同的。姜太公的“腹心一人”，近似“宰相一人”。诸葛亮的“腹心”，是指麾下要有亲信，要有耳目，要有爪牙，要有走狗，不然，很难执行自己的战略意图。这是一个大胆而不得不辨析、不得不正视的大的政治问题。

诸葛亮要谋取“腹心”，他有一个大前提：这就是，“臣不可以无德，无德则无以事君。”将帅是国家命运的掌握者，如果为将者不具将德，他不是为国为民而谋取“腹心”，极有可能会结党营私、结成一伙组成朋党，独立成一个军阀或皇权的篡夺者。那么，他随时会化为一股为害国家为害老百姓的分裂势力，这在中国漫长的历史上是屡见不鲜的。所以，将帅谋取“腹心”，其所具将德是第一要素。

诸葛亮深具将德，他一生为国为民鞠躬尽瘁，他这样做，目的不是要形成一个谋私利的小集团，而是要为国为民、结束长期的战乱、恢复大汉大一统！

诸葛亮运用生动的比喻指出“腹心”必不可少：为将者，应该有自己的左右亲信可以咨商参谋事情，有给自己侦察消息通风报信的耳目，有坚决贯彻自己作

战意图以辅佐自己的羽翼。没有心腹之人，就如人在黑夜中走路，手脚不知该迈向何处。没有耳目之人，就好比盲人安静地生活在黑暗中，何谈行军打仗？没有自己的爪牙，就如饥不择食，吃了有毒食物，必然中毒身亡。

诸葛亮运用生动的比喻指出如何选取“腹心”：他认为，擅长为将帅者，一定要选用学识渊博、足智多谋的人做自己的心腹，要选用机智聪明、谨慎保密、有很强判断力的人做自己的耳目，还必须选择勇敢、彪悍的将士做自己的爪牙。

鞠躬尽瘁为大统，一片丹心可对天！诸葛亮怀着坦荡、不谋私利、为国为民完成大一统之心，才敢于公然提出必须要有“腹心、耳目、爪牙”的问题，我们在探讨“腹心”篇的精妙时，必须十分认真客观地看到，为将者必须具备有为国为民的将德，否则，他极有可能成为一个误国害民的独裁者。

第 80 妙：为将妙用十五律；神机制敌永不败。

谨候，就是必须谨慎待战，否则，败军丧师。治军用兵必须严谨，必须“师出以律”，即必须按“虑”“诘”“勇”“廉”“平”“忍”“宽”“信”“敬”“明”“谨”“仁”“忠”“分”“谋”这十五项“律”办事，否则就会“败军丧师”。

诸葛亮总结胜败经验时归纳为十五个字：夫败军丧师，未有不因轻敌而致祸者，故师出以律，失律则凶。律有十五焉：一曰虑，间谍明也；二曰诘，谇候谨也；三曰勇，敌众不挠也；四曰廉，见利思义也；五曰平，赏罚均也；六曰忍，善含耻也；七曰宽，能容众也；八曰信，重然诺也；九曰敬，礼贤能也；十曰明，不纳谗也；十一曰谨，不违礼也；十二曰仁，善养士卒也；十三曰忠，以身殉国也；十四曰分，知止足也；十五曰谋，自料知他也。凡是为将者出师不利，都是因为轻视敌军而产生的后果，故而军队在出师时要严格执行法律、法令，详细考虑各种细节，按战争规律行事，否则会有招致全军覆灭之危。

诸葛亮对十五个字有着独到的解释，诠定了十分具体的内容：这些应该注意的事项计有十五个方面：一是虑，就是要仔细地考虑、谋划，探明敌人的所有情况；二是诘，就是盘问、追查，搜集敌人情报，并仔细判断情报的真假；三是勇，就是当看到敌人阵势威武强大而有不屈不挠敢于与之搏斗之勇；四是廉，就是不为眼前小利所诱惑，以义为重；五是平，就是赏罚公正，公平合理；六是忍，就是能忍辱负重，寄希望于全军更为伟大的使命；七是宽，就是为人宽厚，宽宏大量，能包容他人；八是信，就是忠信、诚实，遵守诺言；九是敬，就是对有才德的人以礼相待；十是明，就是明察是非，不听信谗言；十一是谨，就是严谨、慎重，不违礼不悖法；十二是仁，就是仁爱，能无微不至地关心、体贴下级将士；十三是忠，就是忠诚报国，为了国家的利益，就是赴汤蹈火也在所不辞；十四是分，就是行为有分寸，坚守本分，做事情量力而行；十五是谋，就是足智多谋，能知己知彼。

谨候中的十五律的内容，其中不少散见于其他篇什之中，诸葛亮将集中于一篇，作为施政治军的纲要，于将士、于官员皆易记易背，同时以“法律、律令”的形式颁之于军，当作将士必须遵守的法律条文，这对于减少战斗中的失败因素是能够起到很好作用的。

第 81 妙：将遇良才难藏幸；各显神通捕战机。

“机形”？机，在这里指先兆、征兆的意思。形，在这里是显露、表现的意思。综合并联系诸葛亮所说的“机形”，是指战机出现的迹象。我们常说的“捕捉战机”的意思。“因机而立胜”是诸葛亮用兵的一个重要战略思想。战争中情况瞬息万变，为将者应擅长顺应形势，审时度势，捕捉战机，把握战机，及时用兵，从而克敌制胜。

诸葛亮将将帅分为两大类：大凡愚笨的将帅战胜聪明将帅，这只能是违反常理的世上难见到的偶然事件；而聪明将帅战胜愚笨对手，才是理所当然。

诸葛亮论强强对决的取胜之法：聪明将帅与聪明的将帅交战，真是“棋逢对手，将遇良才”，这就全看各自掌握战机的情况如何了。掌握战机的关键有三点：一是事机，这是指战争情况自身的变化情况；二是势机，这是指战争形势的变化情况；三是情机，这是指双方将士战斗情绪的变化。当战争已经发生，有利于我而不利于敌时，不能作出相应的反应，这是愚蠢之将；当形势发生变化，有利于我而不利于敌时，却不能拿出克敌制胜的办法，也是平庸无能之将；当整个态势已经很明确对我方有利时，却不能断然采取行动，这是懦弱之将。所以，善于指挥军队的将领，一定要根据情况的变化，及时捕捉战机、掌握时机对敌发起攻击并取得胜利，是谓因机立胜。

第 82 妙：将所麾莫不心移；将所指莫不赴死。

“重刑”：一指重的刑罚。二谓加重刑罚。三言重视刑罚的运用，施以严刑。四犹慎刑。谓不轻易用刑。直雄认为：诸葛亮的所谓“重刑”，除含上述诸义之外，还有从法律的角度注重刑法在军事斗争中运用的意思。

从严治军乃常用话题。诸葛亮的“重刑”篇，全引《吴起兵法·论将第四》的一段，并命篇名为《重刑》，这在诸葛亮兵法中是极为罕见的现象。其独到之处在于表达了诸葛亮对这一段内容异乎寻常的重视：是对“威耳”“威目”“威心”治军的精髓所在的重申，和对吴起从严治军思想重要性的认定。

何谓“威耳”？即震慑其耳，以引起将士听觉的注意。吴起说：军队中敲击鼙鼓、金铎的目的，在于引起将士在听觉方面的敏锐注意力，听从指挥，是为“威耳”；

何谓“威目”？即震慑其目，以引起将士视觉的注意。吴起说：挥舞旗帜，在于集中将士在视觉方面的注意力，是为“威目”；何谓“威心”？即震慑其心，以引起将士全身心的注意。吴起说：各项法规、禁令及刑罚的目的在于管理将士，节制将士的行动。是为“威心”。

在军队中，用声音引起将士的注意，要求将士听从指挥时，发声的器具必须音质清脆宏亮；用旗帜来指挥将士作战时，旗帜的颜色要鲜明、醒目；用刑罚、禁令来约束将士的行动时，执法必须公正、严明。如果做不到上述三点，军容就会紊乱，将士就会涣散、懈怠。故而，为将者在指挥部队的问题上，应该达到这样的程度：只要为将者指挥的旗帜挥舞摇动，将士就会英勇前进到达指定位置，只要为将者的命令一下，所有的将士就会同仇敌忾，前赴后继，拼死报效国家，真可谓“刑罚严明出奇效”。

只有经过这样严格操练出来的将士，即可以做到统领之将大旗一挥，将士则见旗动莫不心随；统领之将大旗一指，将士则按其所指莫不冲锋赴死。

诸葛亮在“重刑”篇，将吴起的“三威”化为从法律的角度注重刑法的运用，这是诸葛亮兵法思想给后世的一大贡献。而另一重大贡献是：由于诸葛亮对《吴起兵法·论将第四》中一段的完整引用，从而保留了《吴起兵法·论将第四》中另一版本的重要一条。

何以如此说：吴起约生于周考王元年（前440），死于周安王二十一年（前381），卫国左氏（今山东曹县）人。他是与孙武齐名的大军事家。其《吴起兵法》四十八篇在流传中多已散失。直雄所读到四部《吴起兵法》（或曰《吴子兵法》或曰《吴子》），仅仅只有“图国第一”“料敌第二”“治兵第三”“论将第四”“应变第五”“励士第六”而已。由此算来，《吴起兵法》四十八篇，尚有四十二篇不见踪影。诸葛亮对《吴起兵法·论将第四》中一段的引用，保存了吴起兵法不同版本中“论将第四”的重要一段，诸葛亮所引，与直雄所据有《吴起兵法·论将第四》中这一段内容的字词句多有所差别，尤其是诸葛亮所引用这一段的结尾处是“三者不立，士可怠也。故曰”这一处。直雄所见四个版本中虽有个别字词有异，但是，此处皆是写作“三者不立，虽有其国，必败于敌。故曰”正是这种差别，这对日后《吴起兵法》四十八篇不同版本的完善，嘉惠后人，实属一大贡献。①

第 83 妙：善将治军抓大纲；千军万马任驰骋。

善将，就是擅长统率军队、治理军队的将帅。诸葛亮从正反两方面详尽论述了“善将”的带兵遵循“禁、礼、劝、信”四个最重要的规范准则，“善将”不败；而不按这四项原则治军的将领称作“庸将”，“庸将”必败。

善将治军抓大纲：古代善于领兵打仗的将领的统兵治军原则有四点：一是令出如山，事先向部下讲明什么是进，什么叫退，让全军知晓军法禁令；二是用仁、义的思想教育部下，使士卒能知书达礼；三是告诫部下明辨是非曲直，使将士能互相勉励，规过劝善；四是严格赏罚，使将士不敢涣散，讲求信用，遵纪守法。上述“禁、礼、劝、信”四点是部队的重要规范，是统兵治军的大纲。如果彻底做到了这四点，就好像主要的支架已经搭好，其它的细微末节也就自然地顺展开来，有了法规，具体的内容也就明晰了。这样军队就能战必胜，攻伐时得其所需。

庸将治军乱无章：平庸无能之将做不到这四点：没有规制，一旦下令撤退，将士不听指挥，抱头鼠窜；而下令进攻时，则没有节制，步调不一，甚至纷纷逃避，怠慢拖延，全军也就难逃灭亡的下场；劝诫不明，赏罚无度，则失信于将士，上下不能一心，贤德之人纷纷远走，谄媚狡猾的小人得势，这样的将领带出的部队，每战必然溃败。

“善将”从正反两方面言简意深地将带兵的原则归结为四项：禁、礼、劝、信。并且把这些原则称之为治军的“大经”。“大经”者，也就是最重要的规范准则了。诸葛亮的“善将篇”实际上也包括了“庸将篇”，两相对比，形象生动、说理透彻、事件突出，引人警觉。治军如此，治政亦然！

---

① 吴健琴主编：《中国吴氏通书·论将第四》，广西人民出版社 2002 年版，第 165 页；王平著：《中华兵典要览》，黄河出版社 1999 年版，第 78 页；南关音，何长林：《中华谋略宝库·吴子兵法》，1992 年版，第 658—659 页；黄朴民注释：《白话孙子兵法·附〈吴子〉》岳麓书社 1991 年版，第 256 页。

第 84 妙：征伐邪恶顺民心；四海英豪心思同。

诸葛亮的“审因”，就是审核考察出那些能够夺取胜利的根本原因。出兵要“审因”和“威胜”。“审因”，即审“师出有名”否？师出有名乃正义之战，才能获取民意民心。“威胜”即要求为将者，要善于凭借这种群众拥护而形成的群众力量的优势取胜。

国君、统帅如果能顺应百姓的心愿来征伐邪恶势力，就是黄帝也不能与其争夺威势；国君如果能借助百姓的力量，群策群力获得胜利，就是商汤、周武王也不能与其争夺功劳。在此基础上，如能审时度势，以德威服人，即使有万夫不当之勇的各路英雄、将帅也可谋取，四海之内，普天之下的各方豪杰也会甘心受其制约。

“审因”之贵，贵在诸葛亮提出了正义战争与非正义战争的用兵原则。这个原则中的核心内容，可以说是《正议》与《为后帝伐魏诏》主旨内容的高度凝练。

第 85 妙：国君圣明将帅贤；“三势”兼用敌胆寒。

《姜太公六韬兵法》中论及“军势”，讲的是要灵活机动、不拘一格地因敌因情用兵，要争取战争的主动权。力求未战先胜，不战而屈人之兵。要把握好作战指挥中事、用、动、谋四个环节。《黄石公三略兵法·中略》中有“军势”四篇，首篇言将帅要擅长因人的不同特质而用兵；次篇讲要防止有人动摇军心；第三篇讲要禁用巫祝；第四篇讲君王的“德”“威”问题，君王应做到“德威相济”。孙武同样注重“军势”，他用与“军势”相近的“兵势”表达他的用兵艺术。其《孙子兵法》中有“势篇”亦即《孙子兵法》“兵势篇”，是讲用势造势，出奇制胜；奇中有正，正中有奇，奇正相生，要善于调动敌军的人，以灵活的方式向敌军展示或真或假的军情，敌军必然据此判断而跟从，给敌军一点实际利益作为诱饵，敌军必然趋利而来，从而听我调动。是将形态巧妙地转化为势力的用兵艺术。

兵势的本义有三：一指兵力情况。二指用兵布阵。三犹兵力。诸葛亮兵法中的兵势当然包括上述诸多因素，在有些方面他承继了姜太公、黄石公“军势”，及孙武“兵势”中巧用兵法艺术精粹之处的同时，也从“天、地、人”方面换新角度，其兵势讲的主要是“夺取战争胜利的是‘天、地、人’三大要素”。

兵势篇强调了人是战争的直接参与者与主体力量，指出了“主圣将贤，三军由礼，士卒用命，粮甲坚备”乃取胜之本。

诸葛亮称，大凡将帅领兵出征是否取胜，有三种情势：一是天候之情；二是地理条件；三是所统领之军状况。这是战争胜利的基本因素和条件。

所谓“天候之情”，就是指天气晴朗、气候温和适中，寒暑不烈，不旱不荒，金、木、水、火、土五星运行正常，没有不祥的征兆，这是有利于我方的自然因素；

所谓“地理条件”，就是指我方城墙高垒于险峻的地势之上，有深沟、大河做天然屏障，地形复杂，深不可测，还有唯一的羊肠小路曲折迂回利于坚守；

所谓“军队的状况”，就是君主圣明、将帅贤达，三军上下守礼守法，整齐划一；

士卒个个都能效命沙场，粮饷充足，武器精良。擅长用兵的将帅，必然会凭借有利的天候条件，借助这有利的地理形势，依靠所统部队的良好状况，他就能攻无不克、战无不胜、所向无敌。

兵势篇是诸葛亮出兵打仗的战术原则。必须善于顺应天时，善于利用地利，充分发挥人和。为将之人能做到这三点，就能“所向者无敌，所击者万全”。但其战术核心，还是强调了人的因素第一。

第 86 妙：欲知胜败看征兆；谋胜应在未胜时。

胜败，即胜利或者失败、成功或者失败。诸葛亮的“胜败”是指征战开始之前，就要对敌我双方的情况作出客观的分析，从而对战争的胜败作出科学的预测。

对于战争胜败的预测，在诸葛亮之前军事家是有过深入论说的。

如姜太公在专论战争胜败的征兆时，以答周武王问的形式说道：“武王问太公曰：吾欲未战先知敌人之强弱，预见胜负之征，为之奈何？太公曰：胜负之征，精神先见，明将察之，其效在人。谨候敌人出入进退，察其动静，言语妖祥，士卒所告。凡三军说怿，士卒畏法，敬其将命；相喜以破敌，相陈以勇猛，相贤以威武，此强征也。三军数惊，士卒不齐；相恐以敌强，相语以不利，耳目相属，妖言不止，众口相惑；不畏法令，不重其将，此弱征也。三军齐整，阵势以固，深沟高垒，又有大风甚雨之利；三军无故，旌旗前指；金铎之声扬以清，鼙鼓之声宛以鸣，此得神明之助，大胜之征也。行阵不固，旌旗乱而相绕；逆大风甚雨之利；士卒恐惧，气绝而不属；戎马惊奔，兵车折轴；金铎之声下以浊，鼙鼓之声湿以沐，此大败之征也。凡攻城围邑：城之气色如死灰，城可屠。城之气出而北，城可克。城之气出而西，城必降。城之气出而南，城不可拔。城之气出而东，城不可攻。

城之气出而复入，城主逃北。城之气出而覆我军之上，军必病。凡攻城围邑，过旬不雷不雨，必亟去之，城必有大辅。此所以知可攻而攻，不可攻而止。武王曰：善哉！”[①]其意思是：武王问太公：“我想在交战前就先知道敌人的强弱，预见战争胜负之兆，该怎么知晓？”太公答：“胜败之兆，先可在敌人精神上表现出来。精明的将帅能够察觉，但能否利用征兆打败敌人，则在于人的主观努力上。周密地侦察敌人出入进退的情况，观察它的动静，言中谈论吉凶预兆和士卒们相互议论的问题。凡全军喜悦，士卒畏惧法令，尊重将帅命令，相互以破敌为喜，相互以勇猛为荣，相互以威武为誉，这是军队战斗力强大的征兆；如敌军上下不断惊动，士卒散乱且行列不整，相互之间被对方的强悍所恐吓，相互传播作战不利的消息，相互之间议论纷纷，谣言四起不能制止，互相煽惑欺蒙，不畏惧法令，不尊重将帅，这是军队战斗力虚弱的征兆；敌军步调一致，阵势坚固，沟深垒高，又凭借大风大雨的有利气候条件，三军不待命令而旌旗指向前方，金铎之声高扬而清晰，鼙鼓之声婉转而嘹亮，这是敌军得到神明的帮助，必将取得人胜的征兆；敌军行阵不稳固，旌旗纷乱而方向不明，又逆着大风大雨的不利气候条件，士卒震骇恐惧，士气衰竭而涣散，军马惊骇乱奔，战车轴木折断，金铎之声低沉而混浊，鼙鼓之声沉闷而压抑，这是军队大败的征象。凡是攻打包围城市：如果城上的气是死灰之色，城可被毁灭；如果城上的气出而向北流动，城可被攻克；如果城上的气出而向西流动，城可能投降；如果城上的气出而向南流动，城就坚不可拔；如果城上的气出而向东流动，城就不能进攻；如果城上的气出而又入，守城的主将必定逃亡败北；如果城上的气出而覆盖我军，我军必遭不利；凡是攻城围邑，如果过了十天仍不打雷下雨，必须迅速撤围，因为城中一定有贤能的辅助。这样，就可以知道为什么可攻就攻，不可攻就停止的道理了。”武王说：“好啊！”

直雄以为，姜太公在回答周武王之问时，主要是靠分析，这种分析是靠间谍侦察来的情报，比较可靠，诸葛亮有效地汲取了其中敌方情况分析的“该击与不该击”的合理部分，撰入自己的“胜败”篇，而对显得玄妙难测“望气”予以舍弃，使自己的“胜败”篇显得简练精当。

再如吴起答魏武侯问，对于胜败之估算，有着较为完备的论说，现截录一段

① 南关音，何长林：《中华谋略宝库——历代治世用兵全书·姜太公六韬兵法》，南海出版公司 1992 年版，第 208—209 页。

诸葛亮有所借鉴的如下："吴子曰：'凡料敌，有不卜而之战者八：一曰疾风大寒，早兴寤迁，刊木济水，不惮艰难；二曰盛夏炎热，晏兴无间，行驱饥渴，务于取远；三曰师既淹久，粮食无有，百姓怨怒，妖祥数起，上不能止；四曰军资既竭，薪刍既寡，天多阴雨，欲掠无所；五曰徒众不多，水地不利，人马疾疫，四邻不至；六曰道远日暮，士众劳惧，倦而未食，解甲而息；七曰将薄吏轻，士卒不固，三军数惊，师徒无助；八曰陈而未定，舍而未毕，行孤涉险，半隐半出，诸如此者，击之勿疑。有不占而避之者六：一曰土地广大，人民富众；二曰上爱其下，惠施流布；三曰赏信刑察，发必得时；四曰陈功居列，任贤使能；五曰师徒之众，兵甲之精；六曰四邻之助，大国之援。凡此不如敌人，避之勿疑，所谓见可而进，知难而退也。'武侯问曰：'吾欲观敌之外以知其内，察其进以知其止，以定胜负，可得闻乎？'起对曰：'敌人之来，荡荡无虑，旌旗烦乱，人马数顾，一可击十，必使无措。诸侯未会，君臣未和，沟垒未成，禁令未施，三军匈匈，欲前不能，欲去不敢，以半击倍，百战不殆。'武侯问敌必可击之道，起对曰：'用兵必须审敌虚实而趋其危。敌人远来新至，行列未定，可击；既食未设备，可击；奔走，可击；勤劳，可击；未得地利，可击；失时不从，可击；旌旗乱动，可击；涉长道，后行未息，可击；涉水半渡，可击；险道狭路，可击；陈数移动，可击；将离士卒，可击；心怖，可击。凡若此者，选锐冲之，分兵继之，急击勿疑。'"[①] 其意思是：吴起说："判断敌情，不必占卜有八种情况可与其交战：一是在大风严寒中，昼夜行军，伐木渡河，不顾部队艰难者；二是在盛夏炎热，出发很迟，途中不休息，行军急速，又饥又渴，只顾赶往远地者；三是出兵已久，粮食用尽，百姓怨怒，谣言屡起，将领不能制止者；四是军资耗尽，柴草不多，阴雨连绵，无处可掠夺者；五是兵力不多，水土不服，人马多病，四邻援军未到者；六是路远日暮，部队疲劳恐惧，困倦未食，解甲休息者；七是将吏无威信，军心不稳定，三军屡次惊慌，而又孤立无援者；八是部署未定，宿营未毕，翻山越险只过一半者。遇到此类情况，都应从速进击。不必占卜有六种情况应避免和敌人作战的是：一是土地广大，人口众多而且富足者；二是上爱其下，恩惠普及者；三是赏罚严明，行动及时者；四是论功叙位，选贤任能者；五是军队众多，装备精良者；六是有四邻帮助，大国支援者。凡是这些条件都不如敌人时，就应避免与之作战而不必迟疑，这就是

① 吴健琴主编：《中国吴氏通书·吴子》，广西人民出版社2002年版，第164页。

所谓见可而进，知难而退。”武侯问：“我想通过观察敌人的外部表现来了解它的内部情况，从观察敌人的行动来了解它的真实意图，从而判定胜负，你能说给我听听吗？”吴起答：“敌人来时行动散漫而无顾虑，旗帜纷乱不整，人马东张西望，这样以一击十，就可使敌人惊慌失措；敌人各路军队尚未会师，君臣意见不和，工事未完成，禁令未实施，三军吵吵嚷嚷，想前进不能前进，想后退不能后退，在这种情况下以半击倍，可以百战不败。”武侯又问在什么情况下，我军可以打击敌人呢？吴起答：“用兵必须查明敌人的虚实而冲击它的弱点。敌人远来新到，部署未定，可击；刚吃完饭，还未戒备，慌乱奔走者，可击；疲劳者，又没有占据有利地形者，可击；天候季节于敌不利者，可击；部队混乱者，可击；经长途行军，其后队尚未得到休息者，可击；涉水半渡者，可击；正在通过险道隘路者，可击；阵势频繁移动者，可击。将帅脱离部队者，可击；军心恐怖者，可击。凡是遇着上述情况，就应先派精锐的部队冲向敌人，并继续派遣兵力接应它，必须要迅速进击，不可迟疑。”

对于吴起，从诸葛亮在其《将苑》中多处引用吴起用兵精要处来看，诸葛亮对于吴起兵法的研究是颇为深透的。其“胜败”篇同样有效地汲取了其中敌方情况分析的“该击与不该击”的合理部分，撰入自己的“胜败”篇。

诸葛亮“胜败”的精要在于：高度精练了姜太公六韬兵法与吴起兵法中上述所引内容，以极其简练的、将士易记的文字，摆出了敌我双方谁胜谁败的最为基本情况，让将士掌握衡量胜败的基本标准。他指出为将者出师必胜的条件是：真正有才德的人担任着重要职务，没有才德的人身处最低位置，三军将士情绪高昂，团结统一，上下关系和睦，将士服从命令，勇敢善战，军容威武雄壮，法纪严明，这是判断敌我双方军队谁胜谁败的表征。

他指出为将者出师必败的原因是：将士懒惰、散漫，不遵守军纪，全军将士非常畏惧对敌作战，将士不讲信义，不畏惧刑罚，对敌军实力估计过高，经常无故惊乱，内部不团结，彼此之间通常的话题是一些与利益有关的事情，喜欢猜测事情的吉凶祸福，附会各种无稽之谈，军内流言蜚语盛行，军心涣散。军队出师不利，这也是判断敌我双方军队谁胜谁败的征兆。

诸葛亮从姜太公、吴起兵法中，正反两方面谈论导致胜败的种种征兆的精粹而撰成的“胜败”，简明而易记，这是将领在出战前对于作战胜负判断的重要参考。虽说是谈兵，然其核心仍在主将、在司令部。司马昭伐刘禅、司马炎伐孙皓都是很好的实例，晋书皆已详载。此不赘述。

第 87 妙：“军中闻将军之命”；“不闻有天子之诏”。

假权，就是授予、给予权柄、权力的意思。诸葛亮的“假权”，就是给予为将者以机动的指挥权。诸葛亮在《将苑》的《兵权》《出师》中，已论述过为将者要有独立的统兵之权，虽说侧重点有所不同，但总归还是要求为将者要有统兵的独立指挥之权。在《假权》中又再三论及，虽说角度有所不同。但足见其对“将之出，君命有所不受”的重要性有着深刻的体悟。

诸葛亮以生动形象的比喻，论述了为将者应有独立指挥权的重要性：为将者是军队中的首脑。他悬系着千万将士的性命，关系着战争的胜败结局，左右着国家命运的盛衰兴亡。如果君主不把指挥军队的权力全部交给为将者，这就好像用绳索捆住猿猴的手足却斥令它快速地攀爬树木，跳跃飞奔，又好像用胶带粘贴目力极强的离娄此人的双眼，却要求他去辨别各种颜色，这都是不可行的事情。

诸葛亮论述了为将者应有独立赏罚权的重要性：他指出，如果赏罚大权交与权臣去操纵，而为主将者没有任何可以自主的权力，上下必然会被私心、权力所笼罩，将士必然会苟且于私利，这就没有人会为国家效命，更没有旺盛的斗志了。

诸葛亮运用典事论述了为将者应有独立指挥权的重要性：他认定，在这种情况之下，为将者就是有伊尹、吕尚那样出类拔萃的才智谋略，有韩信、白起那样显赫的功绩，也不能自保性命。故而名将孙武说：“将帅一旦领兵作战，可以一概不从君命”。周亚夫也说：“军中只听将帅的命令，而不听皇帝的诏令。”

如果说前面的《兵权》论述的是统兵之权、是总指挥之权的话；《假权》则着重论述的是临阵指挥之权，强调“将之出，君命有所不受”。要求保证将领能够审时度势临阵指挥的全权。诸葛亮抓住了为将者的独立指挥权与独立的赏罚权这个要害展开论述，道出了为将者们共有的心声！

第 88 妙：爱兵爱民如爱子；为将百战身名留。

诸葛亮的所谓“哀死”，其意就是指要怜爱、珍重那些为国为民拼死效力的将士。1800 余年前诸葛亮提出“养人如养己子”的爱民带兵观点，难能可贵。更为可贵之处还在于，他不但提出了主张，而且提出了一系列如何爱兵的相当详尽的极具可操作性的八项作法，这一领兵的要旨深具历史意义与现实价值。

养人如养己子的八项措施是：有难，则以身先之；有功，则以身后之；伤者，泣而抚之；死者，哀而葬之；饥者，舍食而食之；寒者，解衣而衣之；智者，礼而禄之；勇者，赏而劝之。将能如此，所向必捷矣。

这八项举措可更为具体地解说为：

一是对待自己的将士就好像对待自己的儿女一样，当危难来临时，当身先士卒，首当其冲，站在危险的最前面。

二是在功劳荣誉面前，对将士谦让，把功劳、荣誉推给将士。

三是对待受伤的将士，百般安慰和抚恤。

四是当将士为国捐躯时，能厚葬他们，并妥善地安排好后事。

五是在粮食不够吃时，主动地把自己的食物让给将士。

六是在天气寒冷的时候，把自己的衣服让给将士穿用。

七是对待有才智的将士，以礼相待，并委之以高官。

八是对待英勇擅战的将士，给予其恰当、及时的奖赏并勉励他再立新功。

身为一名将帅，践行了上面的八项内容，就会所向披靡，百战百胜。

值得一提的是：“哀死”中提出“养人如养己子”的论点，其开篇“古之善将者，养人如养己子”一语，告知我们“哀死”其来有自。查知它是对我国历代军事家、将领“爱兵如子”观点的高度精练与提升。

且看黄石公有云：“夫将帅者，必与士卒同滋味而共安危，敌乃可加，故兵有全胜，敌有全因。昔者，良将之用兵，有馈箪醪者，使投诸河，与士卒同流而饮。夫一箪之醪，不能味一河之水，而三军之士思为致死者，以滋味之及己也。《军谶》曰：军井未达，将不言渴；军幕未办，将不言倦；军灶未炊，将不言饥。冬不服裘，夏不操扇，雨不张盖，是谓将礼。与之安，与之危，故其众可合而不可离，可用而不可疲，以其恩素蓄，谋素和也。故曰：蓄恩不倦，以一取万。”[①] 其意思是说：作为将帅，必须与士兵同甘共苦、同安共危，才可与敌作战。只有这样，作战才可以大获全胜，敌人会全军覆没。从前，有良将带兵打仗，有人送他一壶酒，他叫人将酒倒进河里，并与士卒一起就河而痛饮。当然，一壶酒不能使一河的水都变得有酒味，但全军将士却因此愿意效死力战，就是由于将帅士卒能够同甘共苦的缘故。《军谶》上说：“军井还未挖好，将帅不要说口渴；幕帐还未搭成，将

① 黄颇著：《白话〈黄石公兵法〉〈尉缭子兵法〉》，中州古籍出版社1993年版，第40页。

帅不要说困倦；军灶还未做饭，将帅不要说饥饿。同时，将帅在寒冬不要穿皮服，在炎夏不要用扇子，雨天也不要打雨伞，这就是将帅所要遵循的礼法。与士卒同安乐共危难，军队就会团结一致而不分离，士卒的力量可以充分得到发挥而不会懈怠，这就是平时将帅注重恩养士卒、思想统一的缘故。所以，经常给士卒一些恩惠，战时士卒就会以一当十、以少胜多。”

孙子则云：“视卒如婴儿，故可与之赴深溪；视卒如爱子，故可与之俱死。爱而不能令，厚而不能使，乱而不能治，譬若骄子不可用也。”[①] 其意思是：将军们可以像对待自己的儿子一样对待士兵，士兵也可以和将军们一起死去。如果只知道善待士兵却不能命令，只知道溺爱，但他们却不能使用。孙武在提出“视卒如爱子”的同时，还特别强调对士卒要严格要求，不能过分“厚爱”，以免把士兵惯养成“骄子”；主张爱严结合，赏罚要分明，该赏的一定要赏，该罚的一定要罚。《史记·孙子吴起列传》载云：“起之为将，与士卒最下者同衣食。卧不设席，行不骑乘，亲裹赢粮，与士卒分劳苦。卒有病疽者，起为吮之。卒母闻而哭之。人曰：‘子卒也，而将军自吮其疽，何哭为？’母曰：‘非然也。往年吴公吮其父，其父战不旋踵，遂死于敌。吴公今又吮其子，妾不知其死所矣。是以哭之。’”吴起爱兵如子的事迹是令人十分感动的。

诸葛亮将黄石公、孙武、吴起等爱兵如爱子的各种生动事迹凝聚于心，他在“哀死”篇开笔即以“古之善将者，养人如养己子”总括之。同时明确地将古之善将“养人如养己子”的论点及具体实践高度地精练成八句，并写入自己的兵法之中，是为难能可贵。更可贵之处还在于，诸葛亮不但承继上述军事家“养人如养己子”的真谛，而且条列成了这一系列具体爱兵的路径，总共达八项，相当详尽。如能做到这些，就能造就一支所向无敌的大一统军队。

诸葛亮在前面诸篇论述过从严治军，这里又专文论述爱兵如子，从严治军与爱兵如己子是治理军队中一个问题的两个方面，二者相辅相成，可见诸葛亮治军的全面而系统。

第 89 妙：将帅须组智囊团；“三宾”千虑知得失。

说到“智囊团”。早在周武王时期，周武王与姜太公论及将帅组建参谋组织

① 张文穆：《孙子解故》，国防大学出版社 1995 年版，第 274 页。

的必要性及其重要性时说：“王者帅师，必有股肱羽翼，以成威神，为之奈何？太公曰：凡举兵师，以将为命，命在通达，不守一术，因能受职，各取所长，随时变化，以为纲纪，故将有股肱羽翼七十二人，以应天道。”①周武王与姜太公都视参谋组织即“幕僚”“智囊团”，乃使君王将帅“应天道”之必不可少。

三宾即指三种客人。诸葛亮的三宾，其性质就是周武王与姜太公说到的股肱羽翼“幕僚”“智囊团”。三宾汲取了周武王与姜太公在《姜太公六韬兵法·龙韬·王翼第十八》中的精粹。诸葛亮的三宾是指为君为将者必须招揽三种客人为幕僚的“智囊团”。“三宾”是诸葛亮《知人性》篇内容的深化与补充。它凸显了君王与为统帅者应组建“智囊团”的必要性与重要性。

君王或是为将者凡是带领三军出征作战，他们必须配有各类幕僚人员为自己策划参谋，共同讨论战事的利弊得失，他们辅佐在君王或为将帅者的左右，以资决策参考。

这些幕府人员大约可分为三种：

一是有些人腹笥深厚、见闻广博、多才多艺，故能口若悬河地提出奇计妙策，这是万里挑一的出色人才，可以成为君王或将帅的高级幕僚。

二是有些人像熊虎一样勇猛，像猿猴一样敏捷，性格则烈如铁石，作战如楚地龙泉宝剑般锐利无比，这些人是一代豪杰，可以成为将帅的中级幕僚。

三是有些人喜欢发表言论，但议论中偶然也有正确的建议，小有技艺和才能，具备常人的能力，虽说只是普通之辈，还是可以成为君王或将帅的下级幕僚。

“三宾”是诸葛亮专门论述将帅助手之选拔任用。这个问题是军队组建的核心问题。统领一支大部队的将帅，必须组成一个强有力的核心中枢，才足以统领、指挥全军，才足以对抗敌军，战而胜之。这是诸葛亮对历史经验与实战经验的总结。

诸葛亮将《三宾》分类，较之《姜太公六韬兵法·龙韬·王翼第十八》的分类更为简练精当。这是诸葛亮的取士标准，亦是用人标准。诸葛亮将足智多谋的人列为“万夫之望”，可“引为上宾”；而将勇猛无敌的武将列为“一时之雄”，“可以为中宾”。诸葛亮把智谋之士列为上宾，显现了他“将在谋来不在勇”的重智谋理念。诸葛亮这样组建“智囊团”的思想观念，至今仍有其重要参考意义。

① 南关音、何长林编著：《中华谋略宝库——历代治世用兵全书·姜太公六韬兵法》，南海出版公司 1992 年版，第 172 页。

第 90 妙：将帅斗智亦斗勇；我伤彼死乃下策。

“后应”，有词语曰“前呼后应”本意是前面的人在呼喊，后面的人在应答。现多用来比喻写文章首尾呼应。诸葛亮兵法中的“后应”，是谓首先创造战争取胜的条件，从而后发制敌的取胜之道。

诸葛亮开篇即描绘了这样三幅战斗实景并评说之：若乃图难于易，为大于细，先动后用，刑于无刑，此用兵之智也。师徒已列，戎马交驰，强弩才临，短兵又接，乘威布信，敌人告急，此用兵之能也。身冲矢石，争胜一时，成败未分，我伤彼死，此用兵之下也。

君王或为将者面对强敌时，如能把危险的局面转换成容易的事情，在事情还没有转变成复杂之前就预先做好准备，在事情还没有变得不可收拾时就采取了应对措施，在军中设立了严明的刑罚但不以动用刑为最终目的，谋定而后动，这样的君王或为将者是智者，这是用兵带兵的上策；与敌人交战，将士已布列阵形，双方兵马交错，短兵相接，这时君王或为将者如果能乘机以种种威势扩大自己的影响，使敌军混乱以致失败，这算得上是用兵的能者，是为用兵之中策；在战场上，君王或为将者冒着枪林弹雨冲锋陷阵，这只是逞一时之能，双方损失极大但胜负不分、两军俱伤，是为用兵中的下策。

“后应”论军事对抗中，作为将帅应懂得用兵的巧拙，学会在不同情况下采取不同用兵方法，学会上等用兵方法。“后应”将用兵作战分为三种情况：

一为上等的用兵。能够防患于未然，这是诸葛亮提倡与“点赞”的，是最聪明的用兵。

二为中等的用兵。敌我对峙，能够布下严密的阵式，诸葛亮认为是最能干的用兵。

三为下等的用兵。将帅急于建功决一死战，双方伤亡惨重。诸葛亮说是最愚蠢的用兵。

“后应”告诫将帅应当不断提高自己的素质，学会上等用兵方法。这一思想原则对于其他方面的谋略对抗也是适用的。“后应”的精髓是以智用兵，谋定而后动，决不打无把握之仗，可谓军事大家高见。

读罢“后应”，令人不得不想起孙子所云：“凡用兵之法，全国为上，破国次之；全军为上，破军次之；全旅为上，破旅次之；全卒为上，破卒次之；全伍

为上，破伍次之。是故百战百胜，非善之善者也；不战而屈人之兵，善之善者也。故上兵伐谋，其次伐交，其次伐兵，下政攻城。攻城之法，为不得已。修蔽橹轒轀，具器械，三月而后成；距堙，又三月而后已。将不胜其忿而蚁附之，杀士卒三分之一，而城不拔者，此攻之灾也。故善用兵者，屈人之兵，而非战也，拔人之城，而非攻也，毁人之国，而非久也。必以全争于天下。故兵不顿而利可全，此谋攻之法也。”[①] 其意思是孙子说：大凡用兵的原则，要使敌人举国屈服，不战而降是上策，击破敌国就次一等；使敌全军降服是上策，打败敌人的军队就次一等；使敌人一个“旅”的队伍降服是上策，击破敌人一个“旅”就次一等；使敌人全“卒”降服是上策，打败敌人一个“卒”的队伍就次一等；使敌人全“伍”投降是上策，击破敌人的“伍”就次一等。因此，百战百胜，不算是最好的用兵策略，只有在攻城之前，先让敌人的指挥能力和作战能力严重短缺，根本无力抵抗，才算是高明中最高明的。所以上等的用兵策略是以谋取胜，其次是以外交手段挫敌，再次是出动军队攻敌取胜，最下策才是攻城。攻城为万不得已时才使用。制造攻城的蔽橹、轒辒，准备各种攻城器械，需要花费三个月的时间。构筑攻城的土山又要三个月。将帅控制不住忿怒的情绪，驱使士卒像蚂蚁一样去爬梯攻城，使士卒伤亡三分之一而不能攻克，这便是攻城所带来的灾难。因此，善于用兵的人，使敌人屈服而不是靠战争，攻取敌人的城池而不是靠硬攻，消灭敌国而不是靠久战，用完善的计策争胜于天下，兵力不至于折损，却可以获得全胜，这就是以谋攻敌的方法。诸葛亮的“后应”，得孙子“谋攻”之神髓，简而言之地表述了将在谋而不在勇的大智慧！

细心品味“后应”篇，我们可知“诸葛一生惟谨慎”的真谛所在，让“后应”作为通俗易懂的、演兵讲武的教材，诸葛亮实在是煞费苦心。

第 91 妙：瞬息万变战术变；以长击短操胜券。

便利，一指敏捷；二是引申为伶俐；三指有利、方便。诸葛亮之所谓“便利”，在隐含了上述诸义的同时，其主旨是要“因利乘便”。主要意思为：君王或为将者，领兵打仗行动起来不感到困难，易于达到目的。

诸葛亮为君王或为将者带兵出征，列出了应高度注意如下七种情况及其相应的应当采取的灵活作战原则是：

---

① 张文穆：《孙子解故》，国防大学出版社 1995 年版，第 111—112 页。

一是在草木茂密的地区作战，宜采用有利于部队隐蔽的游击战略。

二是在有浓密的山林地带作战，宜采用出敌不意、攻其不备的突击办法。

三是在平原作战没有任何隐蔽物的情况下，可以采用设立埋伏的壕堑战术对敌。

四是在敌众我寡的情况下，我方应在黄昏日落时候攻击敌人。

五是在我众敌寡的时候，则应在清晨以众击少向敌人发起进攻。

六是如果武器装备精良，兵力强盛，持有强弓利箭等射程远的兵器，则应交替射击敌人，以利速战速决。

七是如果与敌人隔岸对峙，又有风沙，风大昏暗、视线不清，就应采取前后夹击的战术进击敌人。

诸葛亮说明了在上述七种条件下宜于使用的战术原则，以启发君王或为将者按照客观条件灵活运用战术，要以己之长击敌之短，切不可主观臆断瞎指挥。

其实，在《姜太公六韬兵法・虎韬・军略第三十五》所讲要“配合地形作战”中；《姜太公六韬兵法・虎韬・动静第三十七》所讲要擅长“埋伏作战”中；《姜太公六韬兵法・虎韬・绝道第三十九》所讲深入“敌境作战”中；《姜太公六韬兵法・豹韬・林战第四十三》所讲要擅长“丛林作战”中；《姜太公六韬兵法・豹韬・敌强第四十五》所讲要擅长“夜间作战”中；《姜太公六韬兵法・豹韬・敌强第四十七》所讲要擅长“山地作战”中；《姜太公六韬兵法・豹韬・少众第四十九》所讲要擅长“以寡击众之道”中；《姜太公六韬兵法・豹韬・分险第五十》所讲要擅长“险地作战”中；《孙子兵法・行军第九》《孙子兵法・地形第十》《孙子兵法・九地第十一》《吴起兵法・应变第五》《尉缭子兵法・兵谈第二》等篇什中，无不涉及在各种情况下要“因利乘便”以对敌。对于诸葛亮的“便利”篇，只要细细推敲品味，无不有上述军事家所著兵法内容的“影子”，诸葛亮用作演兵讲武教材的“便利”，结合自己南征北伐的军事实践，成就了其易记易诵易理解、杜绝主观臆断的“便利”佳篇，仍不乏其现实价值。

第 92 妙：见机行事握战机；出敌不意创奇迹。

应机，一指顺应时机。又指随机应变。诸葛亮的“应机”，含有顺应时机、见机行事、当机立断、出其不意。

诸葛亮指出：君王或为将者必胜的要诀及掌握情势变化以指挥调动部队的方

法，就是擅长出其不意。如果不是智者，谁又能准确地把握时机当机立断呢？掌握时机的秘诀在于出其不意。如果猛兽离开山区险要，失去了险峻的山势做依托，就是孩子手持长戟也可以吓退它追逐它，而小小的毒蜂只凭借自己一根毒刺，就可使强壮的大汉惊慌失措到不敢靠近。对敌人来说，让灾祸突然出现，防不胜防，无法预料，是最好的制胜之法。

在《机形》一文中，诸葛亮对战机作了专门的论述，而在“应机”中论述了基本战术策略，特别强调抓住战机，出其不意，打击敌人，可收到意外的效果。可见诸葛亮在临战指挥上十分重视捕捉战机、创造战机这一环，故而这里又进一步作了论述。其中的“小孩抓住了战机，可以制服猛兽；小小的毒蜂，如出击得当，可以让壮士大惊失色”，精妙而生动的比喻，十分贴近日常生活。前一个比喻，最能让人联想到《增广贤文》中的：“龙游浅水遭虾戏，虎落平阳被犬欺。”又能令人想及俗语：“得志猫儿雄过虎，失时鸾凤不如鸡。”后一个比喻，也最容易让人想到谚语“青竹蛇儿口，黄蜂尾上针”的生动，将这些日常生活的常见事纳入兵法之中，确实最易启迪人们去创造战机。

第 93 妙：胜败当精准预测；不打无把握之仗。

“揣能”就是揣度估量敌我双方的能量与军事势力。

诸葛亮开篇就指出：古代善于用兵的君王与为将者，只要估量揣度敌我双方实力的虚实后，就对双方交战的胜负有了基本的认知。诸葛亮对他们的取胜之道进行了总结：君王或为将者，在预料胜负的结果时往往是从下列十二个方面着手：

一是双方的君王哪一个比较圣明？

二是双方的将领哪一个更为贤明有能力？

三是双方的官吏哪一方更有能力？

四是双方哪一方的粮草更为充足？

五是双方中哪一方的士兵训练有素？

六是双方的军容哪一方更为严整？

七是双方的战马哪一方跑得快？

八是双方哪一方占据的地势更为险要？

九是双方哪一方的幕僚更有计谋？

十是双方各有哪些可以畏惧的邻国？

十一是双方哪一方的国力更富有？

十二是双方哪一方的百姓生活更安定？

通过对敌我双方上述十二个方面的比较，双方谁强谁弱、谁胜谁负就可以比较容易地做出判断了。

诸葛亮开篇就十分谦虚而又十分客观地说：“古之善用兵者，揣其能而料其胜负。”这就十分明白地告诉我们，诸葛亮的“强弱之形，可以决矣”的十二条，其来有自。查知其来源，对于我们对诸葛亮所总结的、决定敌我双方强弱的十二条的理解，大有帮助。今溯其渊源如下：

《姜太公六韬兵法·武韬·文伐第十五》其论心理作战的十二节形式及其内容，对于构建诸葛亮定敌我双方胜败十二个方面，有其启迪作用；《黄石公三略兵法·上略》中的：“军谶曰：用兵之要，必先察敌情，视其仓库，度其粮食，卜其强弱，察其天地，伺其空隙。故国无军旅之难，而运粮者，虚也。民菜色者，穷也。千里馈粮，民有饥色。樵苏后爨，师不宿饱。夫运粮百里，无一年之食；二千里，无二年之食；三千里，无三年之食，是谓国虚。国虚，则民贫；民贫，则上下不亲。敌攻其外，民盗其内，是谓必溃。”[①]比对诸葛亮的“揣能”，显而易见，诸葛亮是参考了黄石公“军谶”中的内容。

然而，诸葛亮的“揣能”，参考较多的当是《孙子兵法·计篇》。“计篇”中有云：“孙子曰：兵者，国之大事，死生之地，存亡之道，不可不察也。故经之以五事，校之以计而索其情：一曰道，二曰天，三曰地，四曰将，五曰法。道者，令民与上同意也，故可以与之死，可以与之生，而不畏危。天者，阴阳、寒暑、时制也。地者，远近、险易、广狭、死生也。将者，智、信、仁、勇、严也。法者，曲制、官道、主用也。凡此五者，将莫不闻，知之者胜，不知者不胜。故校之以计而索其情，曰：主孰有道？将孰有能？天地孰得？法令孰行？兵众孰强？士卒孰练？赏罚孰明？吾以此知胜负矣。”[②]其意思是孙子说：战争，是国家的大事，是关系民众生死之所在，是决定国家存亡之关键，不能不认真加以考察、研究。应该以五个方面的情实为纲，通过具体比较双方的基本条件来探讨战争胜负的情形：一是政治，二是天时，三是地利，四是将领，五是法制。所谓政治，就

---

① 南关音，何长林：《中华谋略宝库——历代治世用兵全书·黄石公三略兵法》，南海出版公司 1992 年版，第 379—380 页。

② 华杉著：《华杉讲透〈孙子兵法〉》，江苏凤凰文艺出版社 2018 年版，第 43 页。

是从政治上使民众与君主的思想一致，这样，民众就能与君主同生死共患难，誓死效命，毫无二心。所谓天时，就是气候的阴晴、寒暑、四季节令的更替规律等。所谓地利，就是指行程的远近、地势的险峻或平易，战地的广狭，是死地还是生地等。所谓将领，就是看将领们是否具备智、信、仁、勇、严五种素质。所谓法制，就是指部队的组织编制制度，军官的职责范围规定，军需物资的供应管理制度等。大凡这五个方面，将领们没有谁没听说过，但只有透彻掌握了的人才能取胜，没有透彻掌握的人则不能取胜。因而，还要通过比较双方的具体条件来探究战争胜负的情形。这些条件是：双方君主哪一方施政清明、有道？将领哪一方更有才能？天时、地利哪一方占得多？军中法令哪一方执行得好？兵力哪一方更强大？士兵哪一方更训练有素？奖赏与惩罚哪一方更严明？我凭着对这些情况的分析比较，就可知道战争胜负的情形了。

诸葛亮的“揣能”一节中十二问，实际上是对“计篇”中“主孰有道？将孰有能？天地孰得？法令孰行？兵众孰强？士卒孰练？赏罚孰明？”七问的融练与拓展，是孙子“知己知彼，百战不殆”观点的进一步论述，是对“知己知彼，百战不殆”观点的深层次的更为具体的解读与提升。诸葛亮的“揣能”，仅仅以84个易记易懂字，便十分全面系统地总括了在决战前夜必须再次对敌我双方的情况进行分析，特别强调开战之前深入分析敌我力量的对比，不打无把握之仗。这再一次显示了诸葛亮谨慎用兵的指导思想。

第94妙：锋锐甲坚士气盛；装备精良威力强。

轻战，一谓轻忽战事，不怕打仗。又谓轻率出战。诸葛亮的“轻战”，兼有上述二义，即既不怕打仗，又重视武器装备的配备，不轻易打仗。大有在战略上藐视敌人，在战术上重视敌人的意味。

诸葛亮擅长妙用比喻，形象生动地比喻武器、武艺在战场上的作用：那些能够螫人的毒虫，就是凭着令人生畏的毒刺来保护自己，使人不敢轻易地招惹它，将士在战场上能勇敢作战，是因为他有精良的武器作依靠。

他将武器装备作用归纳为五种情况：

一是只要有了锋利的武器，坚实的铠甲，那么所有的将士都可以勇猛善战。若铠甲不够坚实，就好像赤身裸体与敌人拼杀；

二是若弓箭射不中敌人，就好像没有弓箭一般；

三是若射中了目标，但因为力量不够没有射进去，就好像弓箭没有箭头一样；

四是若战前的侦察工作做得不仔细，不周详，就好像一个盲人在准备作战；

五是若将帅不英勇不善战，就好像没有将帅一样。

由此可见，这五大方面都在战备建设中不可或缺。

这篇短文论述了用兵的准备问题。强调了不打无准备之仗，强调了对武器装备改良的重要性与必要性，是诸葛亮发明与改造武器装备诸如“连弩”“神刀”的经验体会的表述，也是《应机》《揣能》等篇的补充。该节以五组排比的句式，论述了没有准备的危害，论述十分生动形象突出，发人深思。

第95妙：“地势者兵之助也”；趋利避害选地形。

地势，亦即地理形势，土地山川的形势，更为详细地说是指地表形态起伏的高低与险峻的态势。包括地表形态的绝对高度和相对高差或坡度的陡缓程度。

诸葛亮提出：地形地物对军队作战取胜是最好的帮助，君王或为将者如果不能准确地把握地势地形特点，要想取得战争的胜利是不可能的。有五种地形地势应各遣将士与战：

一是高山峻岭、森林险川的地形，适合用步兵将士作战。

二是虽说有土岭小山但广延伸展、相连不断的地形，适合驾战车、骑兵将士作战。

三是在依山临水、狭涧谷深的战场上，可以用弓箭手作战。

四在平坦宽阔、可以自由活动的战场上，可以用持长戟之将士与敌交战。

五是在芦苇丛生、草木交错的地带，又可以充分发挥持长枪、长矛将士的作战优势。

诸葛亮强调：不会利用地形地物的将领，无法取得胜利。在此基础上十分详尽地说明了什么地形地物用什么战术，用什么兵种、兵器。这对临阵指挥的将领大有指导意义。

选地形以占地利，为古今将士所特别关注。在诸葛亮之前的军事家就积累了十分丰富的经验。

如《姜太公六韬兵法·虎韬·绝道第三十九》论在敌境作战时，尤其关注地形地势。其云：“武王问太公曰：引兵深入诸侯之地，与敌相守。敌人绝我粮道，又越我前后，吾欲战则不可胜，欲守则不可久，为之奈何？太公曰：凡深入敌人

之境，必察地之形势，务求便利。依山林险阻，水泉林木，而为之固，谨守关梁，又知城邑丘墓地形之利。如是，则我军坚固，敌人不能绝我粮道，又不能越我前后。武王曰：吾三军过大林广泽平易之地，吾候望误失，仓卒与敌人相薄。以战则不胜，以守则不固，敌人翼我两旁，越我前后，三军大恐，为之奈何？太公曰：凡帅师之法，常先发远候，去敌二百里，审知敌人所在。地势不利，则以武冲为垒而前，又置两踵军于后，远者百里，近者五十里，即有警急，前后相知，吾三军常完坚，必无毁伤。武王曰：善哉！”[①]其意思是周武王问姜太公：“如果领兵深入敌国境内，与敌对峙，这时敌人截断了我军粮道，迂回到我军后方，从前后两方面夹击我军。我想和他作战，担心不能取胜，我想防守，又怕不能持久，这该怎么办呢？”姜太公答：“凡是深入敌国境内，必须详细观察那里的地理形势，务求控制有利地形，依托山林、险阻、水泉、林木以求阵势的巩固，严守关隘桥梁的同时，还应掌握城邑、丘墓等有利地形。这样，我军防守就能坚固，敌人既不能绝我粮道，也不能迂回到我军后方两面夹击我军。”周武王又说：“我军通过大山、广阔的沼泽地及平坦地形时，我所派遣的侦探失期未到我前，情况不明。这时我军突然与敌遭遇，要想进攻怕不能取胜，想防守怕不能巩固，这时敌人包围两侧，超越我军前后方，我三军大为恐惧，对此怎么办呢？”姜太公答：“统军作战之法，当事先向我前进远方时所派出侦察，在距离敌人尚有二百里时，就需要确实了解敌军所在的位置。如果地势对我行动不利，就用武冲战车在前面掩护行进，并编两支‘踵军’在后跟进，踵军和主力的距离远的可达百里，近的可达五十里，一旦遇有紧急情况，前后可以互相救援。我三军如能经常保持这种完善而巩固的部署，也就不至于遭受损伤了。”周武王说：“好啊！”周武王与姜太公论述了与敌遭遇以及行军途中应采取的战法。“必察地之形势，务求便利”，依托山林、险阻、水泉，占领有利地形，把守交通要道。这样，我军就坚不可摧，敌军就无隙可乘。

诸葛亮在充分汲取周武王与姜太公论在不同地形地势下如何应对敌人的精髓所在的同时，依据自己带兵作战的经验，提出了五种作战之法。这五种地形地势中应对敌人之法，是对周武王与姜太公论述在敌境作战经验的丰富。

又如：孙武在其《孙子兵法》中多处论及地形的重要及其如何用兵，提出“处

---

① 南关音、何长林编著：《中华谋略宝库——历代治世用兵全书·姜太公六韬兵法》，南海出版公司 1992 年版，第 240 页。

山之军”“处水之军”“处斥泽之军”“处平陆之军”“六害之地”等该如何应对敌人的诸多问题。在其专论战地形势的《孙子兵法・地形篇第十》中云：“地形有通者，有挂者，有支者，有隘者，有险者，有远者。我可以往，彼可以来，曰通；通形者，先居高阳，利粮道，以战则利。可以往，难以返，曰挂；挂形者，敌无备，出而胜之；敌若有备，出而不胜，难以返，不利。我出而不利，彼出而不利，曰支；支形者，敌虽利我，我无出也。引而去之，令敌半出而击之，利。隘形者，我先居之，必盈之以待敌；若敌先居之，盈而勿从，不盈而从之。险形者，我先居之，必居高阳以待敌；若敌先居之，引而去之，勿从也。远形者，势均，难以挑战，战而不利。凡此六者，地之道也；将之至任，不可不察也。故兵有走者，有弛者，有陷者，有崩者，有乱者，有北者。凡此六者，非天之灾，将之过也。夫势均，以一击十，曰走。卒强吏弱，曰弛。吏强卒弱，曰陷。大吏怒而不服，遇敌怼而自战，将不知其能，曰崩。将弱不严，教道不明，吏卒无常，陈兵纵横，曰乱。将不能料敌，以少合众，以弱击强，兵无选锋，曰北。凡此六者，败之道也，将之至任，不可不察也。夫地形者，兵之助也。料敌制胜，计险阨远近，上将之道也。知此而用战者必胜；不知此而用战者必败。故战道必胜，主曰无战，必战可也。战道不胜，主曰必战，无战可也。故进不求名，退不避罪，唯民是保，而利合于主，国之宝也。视卒如婴儿，故可与之赴深溪；视卒如爱子，故可与之俱死。厚而不能使，爱而不能令，乱而不能治，譬若骄子不可用也。知吾卒之可以击，而不知敌之不可击，胜之半也；知敌之可击，而不知吾卒之不可以击，胜之半也；知敌之可击，知吾卒之可以击，而不知地形之不可以战，胜之半也。故知兵者，动而不迷，举而不穷。故曰：‘知彼知己，胜乃不殆；知天知地，胜乃可全。’”[①]其意思是孙子说：地形有通、挂、支、隘、险、远六类。我们可以去，敌人可以来的地域叫做通；在通形地域，应抢先占据地势高而向阳之处，并保持粮道畅通，这样与敌交战就有利。可以前进，不易返回的地域叫做挂；在挂形地域，敌军如无防备，就要突然出击战胜它；如果敌有防备，我出击不能取胜，就难以返回，于我不利。凡是我出击不利，敌出击也不利的地方，叫做支；在支形地区，敌人虽然以利诱我，也不要出击；最好是带领部队假装离去，诱使敌军前出一半时，我突然发起攻击，这样有利。在隘形地，我若先敌占据，就要用重兵堵塞隘口，等待敌人来攻；如果敌

① 张文穆：《孙子解故》，国防大学出版社1995年版，第267—280页。

军已先我占据隘口，并以重兵据守，那就不要进击，若敌人没有用重兵据守隘口，就迅速攻取它。在险形地区，如我先敌占领，要占据地势高而向阳的地方侍击敌人；如果敌人已先占领，那就主动撤退，不要进攻它。在远形地区，双方势均力敌，不宜挑战，勉强求战，于我不利。以上六点，是关于利用地形的原则；这是将帅的重要责任，是不可不认真考虑研究的。军队失败的情况有走、弛、陷、崩、乱、北六种。这六种情况，都不是由于天灾造成的，而是由于将帅的过失所致。在敌我条件相当的情况下，如果攻击十倍于我的敌人，因而失败的，叫做走。士卒强悍，将吏懦弱，因而失败的，叫做弛。将吏本领高强，士卒怯弱，因而失败的，叫做陷。部将怨怒而不服从指挥，遇到敌人忿然擅自出战，主将又不了解他的能力而加以控制，因而失败的，叫做崩。主将软弱而又缺乏威严，训练教育不明，吏卒无所遵循，布阵杂乱无章，因而失败的，叫做乱。主将不能正确判断敌情，以少击多，以弱击强，又没有精锐部队为骨干，因而失败的，叫做北。以上六种情况，必然导致军队的失败；这是将帅的重大责任，是不可不认真考虑研究的。地形是用兵的辅助条件。正确判明敌情，制定取胜计划，研究地形的险易，计算道路的远近，这些都是将帅的职责。懂得这些道理去指导作战的，就必然胜利，不懂得这些道理去指挥作战的，就必然失败。所以，如果根据战场实情确有必胜把握，即使国君命令不要打，也可以坚决地打；如果根据战场实情不能取胜，即使国君命令打，也可以不打。作为一个将帅，应该进不贪求战胜的功名，退不回避罪责，只求国家和军队得以保全，符合于国君的根本利益，这样的将帅才算是国家最宝贵的人材。将帅对士卒能像对待婴儿一样体贴，士卒就可以跟随将帅赴汤蹈火；将帅对士卒能像对待自己的“爱子”一样，士卒就可以与将帅同生共死。但是，对士卒如果过分厚养而不能使用，一味溺爱而不能驱使，违犯了纪律也不能严肃处理，这样的军队，就好比“骄子”一样，也是不能用来打仗的。只了解我军能打，而不了解敌军不可以打，取胜的可能性只有一半；只了解敌军可以打，而不了解我军不能打，取胜的可能性也只有一半；了解敌军可以打，也了解我军能打，而不了解地形条件不可以打，取胜的把握仍然只有一半。所以，真正懂得用兵的将帅，他行动起来，目的明确而不迷误，他所采取的措施变化无穷而不呆板。所以说：了解敌方，了解我方，就能必胜不败；了解天时，了解地利，胜利就不可穷尽了。

孙武这篇“战地形势”专论，指出了地形对于军事的重大影响，全军人事处理，一有不当，即易致败。地形篇中所涉及的内容虽说十分广泛，但是是以“地形”

而展开的。诸葛亮是精读了此文的。他的“地势”篇中，首句就将孙子在“地形篇”的名言“夫地形者，兵之助也”，化而为“夫地势者，兵之助也”。继而以“不知战地而求胜者，未之有也”，概括并完全赞同《孙子兵法·地形篇第十》中的所有内容并下如此中肯的结论。但是，诸葛亮依据自己的征战经验，在语言上化繁为简，让人易记易诵易运用，提出了将帅在遇到五种不同的地势时，当如何用兵、如何使用兵器获取胜利。这是对孙子《地形篇第十》内容的补充与出新。

第 96 妙：六种缺陷六对策；区别对待敌败北。

情势，其本义是指情况和趋势、形势。诸葛亮的情势，引申为指君王或为将者在品质、性格上所存在的缺陷而对战争造成的影响。诸葛亮指出，要夺取战争的胜利，必须要了解对方君王或将帅的性格、品质情况，并针对其缺陷而制定击败对方的办法。

君王或为将者性格对作战有直接影响。诸葛亮将他们的性格特点划分为六大类：

有的勇猛顽强不惧怕死亡。

有的性情急躁没有耐心一味追求速战速决。

有的贪爱小功、小财。

有的过于仁慈失去了威严。

有的虽有计谋但常常犹豫不决。

有的则谋略有余而失之决断。

故而，应采取不同的策略击败他们。诸葛亮依据他们的性格特点用六种策略使其致败：

一是对仅有匹夫之勇的要设法使其暴躁起来然后消灭他。

二是对待性情急躁没有耐心的，要用持久战、消耗战去消灭他。

三是对待贪功贪利贪色的，要用财、色去贿赂引诱他。

四是对待仁慈有余威严不足的，要使用各种办法使他整日奔忙劳累。

五是对待颇有心智而胆怯的，可以用猛烈的进攻使他陷入窘迫的境地。

六是对待多谋而情缓寡断的，可以用突然袭击的办法使之灭亡。

诸葛亮专论对敌将领的战术，强调对不同的敌将要使用不同的战术，从而克敌制胜。诸葛亮对敌军将领分析细致入微，对于六种不同性格的敌将应该采取因

人制宜的六种策略，利用其性格上的弱点，造成对方的失误，最终战而胜之，切实可行，颇具现实参考价值。

考诸葛亮的“情势”篇，对前代军事家的学说多有借鉴与创新。

如《孙子兵法·始计篇》中有：“利而诱之，乱而取之，实而备之，强而避之，怒而挠之，卑而骄之，逸而劳之，亲而离之。”[①] 其意思是：敌人贪心就用小利来引诱他上当；敌人混乱就乘机攻取他；敌人实力雄厚就要谨慎防备；敌人强大就暂时避开其锋芒；敌人容易冲动发怒，就设法挑逗他，使其失去理智；对于小心谨慎的敌人，要千方百计骄纵他，使其丧失警惕；敌人安逸就设法骚扰他，搞得他疲劳不堪；内部团结的敌人，要设法离间他，让他分裂。

诸葛亮的“躁敌之法”“耗敌之法”“诱敌之法”“劳敌之法”“陷敌之法”“袭敌之法”，比照《孙子兵法·始计篇》中这一段落，其借鉴之处是显而易见的。但是，诸葛亮对将帅的六种分类别出心裁，其分类所指，亦隐含了自己军队中的将帅，较之孙子在“计始篇”中只是“兼之所论”，其价值就异乎寻常！

又如《吴起兵法·论将第四》中有：“吴子曰：“凡战之要，必先战其将而察其才，因形用权，则不劳而功举。其将愚而信人，可诈而诱；贪而忽名，可货而赂；轻变无谋，可劳而困。上富而骄，下贫而怨，可离而间。进退多疑，其众无依，可震而走。士轻其将而有归志，塞易开险，可邀而取。”[②] 其意思是吴子说：一般说作战最重要的是，首先探知敌将是谁，并充分了解他的才能。根据敌人情况，采取权变的方法，不费多大力气，就可取得成功。敌将愚昧而轻信于人，可用欺骗的手段来引诱他。敌将贪利而不顾名誉，可用财物收买他。轻率变更计划而无深谋远虑的，可以疲困他。上级富裕而骄横，下级贫穷而怨愤的，可以离间它。进退犹豫不决，部队无所适从的，可震撼吓跑它。士卒藐视其将领而急欲回家的，就堵塞平坦道路，佯开险阻道路，用拦击消灭它。

吴起在论将时，与孙武一样，只是对将帅性格特点及爱好顺便论之。诸葛亮在其“情势”篇中，也是“论将”，不过，他是专从将帅道德、品质、性格特点着手而论，作为专论，较之吴起，则更为集中而凸显，让人易记易诵易学易于“存乎一心”得其妙。

---

① 春秋·孙武著：《孙子兵法》，厦门大学出版社 1997 年版，第 2 页。

② 吴健琴主编：《中国吴氏通书·吴子》，广西人民出版社 2002 年版，第 165 页。

第97妙：有隙可乘则击之；无隙可乘则计之。

诸葛亮的“击势”，就是乘势而击的意思，就是解释带兵作战时，何种情况可以乘势而击和如何做到乘势而击。

凡擅长用兵的君王或为将者，临战前首先打探敌人的情况然后再采取相应的对策。诸葛亮总结探明敌人处于下列十一种情况时，当乘势而击之：

一乘敌方军队长期征战失去锐气之时。

二乘敌方粮食供应不上时。

三乘敌方百姓对战争怨声不断之时。

四乘敌方士兵不熟悉军中的各项法令之时。

五乘敌方武器装备不充足之时。

六乘敌方行动作战没有任何计划可言之时。

七乘敌方处于战时孤立无援之时。

八乘敌方将、官对部下刻薄无度暴敛资财之时。

九乘敌方赏罚不明不公之时。

十乘敌方士兵懈怠且阵营混乱不堪毫无秩序可言之时。

十一乘敌方偶尔取得一点成绩就骄傲自大之时。

这时就可以向敌人发起猛烈的进攻。

凡是敌方君王或为将者处于下列情况时，只能暂予回避再设法图敌，诸葛亮总结为五种：

一是敌方能选派贤良之士辅助之时；

二是敌方粮饷充足有余之时；

三是敌方百姓生活安定，铠甲、兵器锐利精良之时；

四是敌方能与其周边国家保持和睦友善的关系之时；

五是敌方有大国作靠山之时。

遇到这五种情况，就应暂时设法避开敌人从长计议，不可轻举妄动以求日后寻敌有隙再行击之。

临战须先明敌情，此乃兵家常识问题，也是决定战争胜负最不可忽视的问题。诸葛亮的精妙之处在于，提出了“十一种情况击之”“五种情况暂避开”之法。这“十一种情况击之”“五种情况暂避开”岂仅指对敌？其实于己亦可警醒之！这是诸葛

亮一生用兵的经验总结，于世人多有裨益！

诸葛亮为人是谦虚而谨慎的，他写论著亦是如此。“击势”的开篇即云：“古之善斗者，必先探敌情而后图之。”这就是他在向读者表明，其文渊源有自。

如《姜太公六韬兵法·犬韬·武锋第五十二》有云：“武王问太公曰：凡用兵之要，必有武车、骁骑，驰阵、选锋，见可则击之。如何而可击？太公曰：夫欲击者，当审察敌人十四变，变见则击之，敌人必败。武王曰：十四变可得闻乎？太公曰：敌人新集可击。人马未食可击。天时不顺可击。地形未得可击。奔走可击。不戒可击。疲劳可击。将离士卒可击。涉长路可击。济水可击。不暇可击。阻难狭路可击。乱行可击。心怖可击。”[①] 其意思是武王问太公：“用兵的原则，就是必须有强大的战车和骁勇的骑兵，有能够冲锋陷阵的突击部队，在发现敌人有可乘之机就发起攻击。那么，究竟何种时机可以发起攻击呢？”太公答：“要攻击敌人，应当详细察明不利于敌人的十四种情况。这些情况一旦出现，就可以发起攻击打败敌人。”武王问：“你可以把这十四种对敌不利的情况讲给我听吗？”太公答：“一是敌人刚集结而立足未稳时可以发起攻击；二是敌人人马没有进食而饥饿时可以发起攻击；三是天候季节对敌人不利时可以发起攻击；四是地形对敌人不利时可以发起攻击；五是敌人仓促奔走赶路时可以发起攻击；六是敌人没有戒备时可以发起攻击；七是敌人疲劳倦怠时可以发起攻击；八是敌军将领离开士卒而无指挥时可以发起攻击；九是敌人长途跋涉时可以发起攻击；十是敌军渡河时可以发起攻击；十一是敌军忙乱不堪时可以发起攻击；十二是敌军通过险阻隘路时可以发起攻击；十三是敌人行列散乱不整时可以发起攻击；十四是敌人军心恐惧不安时可以发起攻击。”我们只要细细比较，便会发现，诸葛亮借鉴了姜太公击敌的归纳形式，特别是姜太公可以击敌的第二条、第七条、第十三条，在诸葛亮的“击势”篇中有着明显的借鉴痕迹。同样，对《姜太公六韬兵法·犬韬·战车第五十八》中的“太公曰：敌之前后，行阵未定，即陷之。旌旗扰乱，人马数动，即陷之。士卒或前或后，或左或右，即陷之。阵不坚固，士卒前后相顾，即陷之。前往而疑，后往而怯，即陷之。三军猝惊，皆薄而起，即陷之。战于易地，暮不能解，即陷之。远行而暮舍，三军恐惧，即陷之。此八者，车之胜地也。将明于十害、八胜，敌

---

① 南关音、何长林编著：《中华谋略宝库——历代治世用兵全书·姜太公六韬兵法》，南海出版公司 1992 年版，第 272 页。

虽围周，千乘万骑，前驱旁驰，万战必胜”。[①]诸葛亮对姜太公的战车战术的攻击之术，借鉴颇多。再是对《姜太公六韬兵法·犬韬·战骑第五十九》的“十胜九败”，有着系统的借鉴。且看《战骑第五十九》云：“武王问太公曰：战骑奈何？太公曰：骑有十胜九败。武王曰：十胜奈何？太公曰：敌人始至，行阵未定，前后不属，陷其前骑，击其左右，敌人必走。敌人行阵，整齐坚固，士卒欲斗，吾骑翼而勿去，或驰而往，或驰而来，其疾如风，其暴如雷，白昼如昏，数更旌旗，变易衣服，其军可克。敌人行阵不固，士卒不斗，薄其前后，猎其左右，翼而击之敌人必惧。敌人暮欲归舍，三军恐骇，翼其两旁，疾击其后，薄其垒口，无使得入，敌人必败。敌人无险阻保固，深入长驱，绝其粮道，敌人必饥。地平而易，四面见敌，车骑陷之，敌人必乱。敌人奔走，士卒散乱，或翼其两旁，或掩其前后，其将可擒。敌人暮返，其兵甚众，其行阵必乱，令我骑十而为队，百而为屯，车五而为聚，十而为群，多设旌旗，杂以强弩；或击其两旁，或绝其前后，敌将可虏。此骑之十胜也。武王曰：九败奈何？太公曰：凡以骑陷敌而不能破阵；敌人佯走，以车骑返击我后，此骑之败地也。追北逾险，长驱不止；敌人伏我两旁，又绝我后，此骑之围地也。往而无以返，入而无以出，是谓陷于天井，顿于地穴，此骑之死地也。所从入者隘，所从出者远。彼弱可以击我强，彼寡可以击我众，此骑之没地也。大涧深谷，翳茂林木，此骑之竭地也。左右有水，前有大阜，后有高山；三军战于两水之间，敌居表里，此骑之艰地也。敌人绝我粮道，往而无以返，此骑之困地也。汙下沮泽，进退渐洳，此骑之患地也。左有深沟，右有坑阜，高下如平地，进退诱敌，此骑之陷地也。此九者，骑之死地也。明将之所以远避，暗将之所以陷败也。”[②]

诸葛亮在其“击势的写作”中，是熟读了“武锋”中如何把握作战契机，切记了“战车”中的车战之术，吃透了“战骑”中骑兵“十胜九败”的精髓。与此同时，对《孙子兵法》中的“五事”“七计”，《吴起兵法》中的“料敌”亦进行了深透的研究，依据自己南征北伐的作战经验，将姜太公、孙武、吴起之战术删繁就简地写出了自己十一种可击与五种不可击的用兵之策。但是，只要细细品味诸葛亮之“击势”，

---

① 南关音、何长林编著：《中华谋略宝库——历代治世用兵全书·姜太公六韬兵法》，南海出版公司1992年版，第284—285页（限于篇幅，不译）。

② 南关音、何长林编著：《中华谋略宝库——历代治世用兵全书·姜太公六韬兵法》，南海出版公司1992年版，第287—288页（限于篇幅，不译）。

尽管是删繁就简地全面继承了姜太公、孙武、吴起之战术，但是，鉴于刘汉政权在对付曹魏及与孙吴的博弈中，诸葛亮十分注重三国之间的关系。他要实现中华民族大一统，不可能对魏对吴同时发起攻击，因此，他特别顾及敌国与四邻关系。直白地说，即使是在孙权称帝，他也必须坚持联吴政策，只有当孙吴在东面出击曹魏时，他才有从速北伐曹魏的良机，所以，在其“击势”中，他重重地赋上“外救不至”与“四邻和睦”八字。意指必须让曹魏没有外救，让曹魏与孙吴永远不睦，这八个字不能不说是他的独到创新之处，这不能不说是他在把握作战契机方面，将其用之于适应将士讲武时易记易诵易理解，故而，“击势”就其切合刘汉政权的实际情况而言，较之姜太公、孙武、吴起则有自己的别开生面之处。

第 98 妙：军容军纪事非小；令行禁止斗志旺。

“整师”就是指将军队的军容、军纪整顿得十分严整。

诸葛亮开篇即言整师的必要性：

夫出师行军，以整为胜。若赏罚不明，法令不信，金之不止，鼓之不进，虽有百万之师，无益于用。所谓整师者，居则有礼，动则有威，进不可当，退不可逼，前后应接，左右应旄，而不与之危，其众可合而不可离，可用而不可疲矣。部队行军作战，以军容严整、保持整体的战斗力为取胜的关键。

诸葛亮总结出了如何做到军队取胜的两大关键点：

一是君王或为将者对将士赏罚要公平，切忌赏罚无度。

二是君王或为将者的命令应让将士信服，切忌将士不服从指挥、该进时不进，该止时不止，如果这个样子，就是有百万大军，也起不到任何实际的作用。

所谓军容严整、部队有整体战斗力，诸葛亮总结出了整顿军队取胜的四大效应：

一是驻军平时井然有序。

二是驻留时能尊重当地的风俗习惯。

三是行动起来威武有势，进攻时锐不可当，后退时则敌人不敢追逼，部队能前后呼应，左右协调一致，服从指挥调度，所以不会出现危险的局面。

四是部队能够团结一致，将士有很高的组织纪律性而不会被敌人分割，能经受与任何敌人任何奋力作战考验，总是保持旺盛的斗志而不知疲劳。

整师是诸葛亮论如何整顿军队、如何管理军队问题。外在方面：要做到队形整齐，军容严整，进可攻，退能守，应对自如；内在方面：要求军纪严明，令行禁止，指挥通达，全军形成一个强有力的有机整体。这就是军队战斗力的展现。

品味“整师”，有必要溯其渊源。且看：“武侯问曰：‘兵何以为胜？’起对曰：‘以治为胜。’又问曰：‘不在众寡？’对曰：‘若法令不明，赏罚不信，金之不止，鼓之不进，虽有百万，何益于用？所谓治者，居则有礼，动则有威，进不可当，退不可追，前却有节，左右应麾，虽绝成阵，虽散成行。与之安，与之危，其众可合而不可离，可用而不可疲，投之所往，天下莫当，名曰父子之兵。’”① 其意思是魏武侯问：“军队靠什么打胜仗？”吴起答：“治理好军队就能打胜仗。”又问：“不在于兵力多少吗？”吴起答：“如果法令不严明，赏罚无信用，鸣金不停止，擂鼓不前进，虽有百万之众，又有什么用处？所谓治理好，就是平时守礼法，战时有威势，前进则锐不可挡，后退则速不可追，前进后退均有节制，左右移动听从指挥，虽被隔断仍能保持各自的阵形，虽被冲散仍能恢复行列。上下之间同安乐、共患难，这种军队，能团结一致而不会离散，能连续作战而不会疲惫，无论用它指向哪里，谁也不能阻挡。这叫父子兵。”

细读诸葛亮的“整师”，可谓吃透了吴起“统御军队之精髓矣”！其行文亦多取吴起陈句，用以表达自己所要表达的思想感情，说明自己治兵“整师”的要求，以此用于演兵讲武训练将士，诸葛亮练兵之果是：北伐曹魏，来去自由，让大军事家司马懿莫可如何！可谓达到了吴起“天下莫当父子兵”的要求矣！不是吗？诸葛亮统军约曹魏的三分之一，进退自如伐曹魏，曹真、司马懿对其无可奈何！

第 99 妙：将身正无令自行；身不正有令不从。

厉士，简而言之，就是激励士气。诸葛亮的“厉士”是指如何去激励士气的问题。

诸葛亮教导为将者时提出了如何厉士的五大原则是：

一是要委之以高位，封赏以钱财，这样就可以吸引有才德的人前来尽力。

二是要以礼相待，以诚、信来鼓励将士，这样的将士就会以舍生忘死的决心投入战斗。

三是要经常对部下施恩惠，赏罚时公平严明，一视同仁，这样就会赢得将士的信服、敬佩。

四是要在作战中身先士卒，冲锋陷阵，在撤退时主动掩护他人，只有这样，

---

① 黄朴民注释：《白话孙子兵法·附〈吴子〉》岳麓书社 1991 年版，第 254 页。

将士才会英勇善战。

五是对待将士的点滴功劳都要给与充分的重视，并进行适当的奖励，这样他们才会积极向上，互相劝勉，舍生忘死、永葆昂扬的斗志。

“厉士”解决了将领必须激励将士与如何激励将士的问题，即如何充分调动起将士的积极性问题。这五条激励将士的办法：奖励、礼遇、畜恩、身先士卒、论功行赏。关键在于综合运用这些措施并始终如一，为将者以身作则，身先士卒，一视同仁，那就会得军心，将士人人效命，无往而不胜了。这是为将者带兵行之有效的办法，其教育意义可谓深远。

关于“厉士”，姜太公在其“励军”中有云：“武王问太公曰：吾欲令三军之众，攻城争先登，野战争先赴；闻金声而怒，闻鼓声而喜，为之奈何？太公曰：将有三胜。武王曰：敢闻其目。太公曰：将冬不服裘，夏不操扇，雨不张盖，名曰礼将。将不身服礼，无以知士卒之寒暑。出隘塞，犯泥涂，将必先下步，名曰力将。将不身服力，无以知士卒之劳苦。军皆定次，将乃就舍；炊者皆熟，将乃就食；军不举火。将亦不举，名曰止欲将。将不身服止欲，无以知士卒之饥饱。将与士卒共寒暑劳苦饥饱，故三军之众，闻鼓声则喜，闻金声则怒。高城深池，矢石繁下，士争先登；白刃始合，士争先赴。士非好死而乐伤也，为其将知寒暑饥饱之审，而见劳苦之明也。”①其文意是周武王问太公：“我想使全军将士，攻城时争先登城，野战时争先冲击，听到停止的号令就愤怒，听到前进的号令就欢喜，怎么才能做到这样呢？”太公答：“将帅克敌制胜的要领有三。”武王说：“请谈谈具体内容？”太公答：“身为将帅，能冬天不穿皮衣，夏天不用扇子，雨天不张伞篷，这样的将帅叫礼将；将帅不能以身作则，就无从体会士卒的冷暖。翻越险阻关隘，通过泥泞道路，将帅必先下车马步行，这样的将帅叫力将；将帅不身体力行，就无从体会士卒的劳苦；军队宿营就绪，将帅才进入自己的宿舍，军队的饭菜做好，将帅才开始就餐。军队没有举火照明，将帅也不举火照明，这样的将帅叫止欲将；将帅不能克制自己，就不能体会士卒的饥饱。将帅能同士卒同寒暑，共劳苦，同饥饱，那么全军官兵听到前进的号令就欢喜，听到停止的号令就愤怒。攻打高城深池时，即使面临箭石如雨的危境，士卒也会争先恐后奋勇登城；进行野战时，双方刚一

① 南关音、何长林编著：《中华谋略宝库——历代治世用兵全书·姜太公六韬兵法》，南海出版公司1992年版，第190页。

交锋，士卒就会前仆后继勇往直前。士卒并不是天性喜欢死亡、乐于伤残，而是由于将帅关心自己的冷暖和饥饱，体恤自己的劳苦，因此深受感动而甘心尽力报效。”姜太公的“励军”，通篇是讲如何激励士气的。

比对诸葛亮的“厉士”篇，很显然是以“先之以身，后之以人”一语，去总结概括《姜太公六韬兵法·龙韬·励军第二十三》的精粹，化王者问与太公答的内容精粹入“厉士”为其“教材”，显得通俗易懂、易记易诵。

尉缭子在其“战威第四”中有云：“故战者必本乎率身以励众士，如心之使四肢也。志不励则士不死节，士不死节则众不战。励士之道，民之生不可不厚也。爵列之等，死丧之亲，民之所营不可不显也。必也因民所生而制之，因民所荣而显之，田禄之实，饮食之亲，乡里相劝，死生相救，兵役相从，此民之所励也。使什伍如亲戚，卒伯如朋友，止如堵墙，动如风雨，车不结辙，士不旋踵，此本战之道也。地所以养民也，城所以守地也，战所以守城也，故务耕者民不饥，务守者地不危，务战者城不围。三者，先王之本务也，本务者兵最急者。故先王专于兵，有五焉：委积不多则士不行；赏禄不厚则民不劝；武士不选则众不强；器用不便则力不壮；刑赏不中则众不畏。务此五者，静能守其所固，动能成其所欲。夫以居攻出，则居欲重，阵欲坚。发欲毕，斗欲齐。”[①]其文意是：将帅指挥作战，必须用自己的表率行为来激励部队，这样才能像头脑指挥四肢一样灵活自如。战斗意志不加激励，士兵就不会为国家效死，士兵不为国家效死，部队就没有作战能力。激励士气的方法，就是使民众都过富裕的生活。官职的等级，死丧的抚恤，是民众所追求的，应该有明确的规定。必须根据民众的生活需要制定保障措施，根据民众的功绩给予表彰奖励，使他们在田地俸禄方面得到实惠，起居饮食方面得到照顾，邻里互相鼓励，死生互相帮助，战时携手应征入伍，这就是激励民众的办法。使同什同伍的人，像亲戚那样互相关心，上下级关系像朋友那样亲密无间，军队驻止下来就像铜墙铁壁一样的坚固，行动起来像急风暴雨一样的迅猛，战车一往直前，士兵绝不后退，这就是战胜敌人的根本原则。土地是用来养活民众的，城塞是用来保卫土地的，战斗是用来防守城塞的。所以，注重农业生产的，民众就不会受饥荒，注重边疆守备的，领土就不会被侵犯，注重机动作战的，城市就不会被围困。这

---

① 南关音、何长林编著：《中华谋略宝库——历代治世用兵全书·尉缭子兵法》，南海出版公司1992年版，第712—714页。

件事是古代君王立国的根本问题，而其中军事问题又最为紧要。所以古代君王特别注意军事方面的五个问题：粮食储备不充分，军队就难以行动；奖赏待遇不优厚，民众就得不到鼓励；武士不经严格挑选，部队就不会坚强；武器装备不充实，战斗力就不会强大；赏罚不公正，民众就不会畏服。能够注意到这五个方面的问题，防守时就能守必固，行动时就能战必胜。

以尉缭子“战威第四”比对诸葛亮的“厉士”篇，并较之以《姜太公六韬兵法·龙韬·励军第二十三》，诸葛亮从尉缭子“率身以励众士”中所汲取的养分更多。比如诸葛亮“厉士”中则告知将士要施之“以爵”“以财”“以信”“以身”“畜恩”“必赏”等举措，可以是对尉缭子所述“率身以励众士”的最为精辟精到的概括。但是，诸葛亮表述得更为简练全面且易记易诵，于其练兵讲武教育将士，凸显其更为恰到好处！

诸葛亮的“厉士”，重在对将士的培养。他为什么如此重视对将士的培养呢？且看他所言：“诛暴救弱，谓之义兵，兵义者王；敌来加己，谓之应兵，兵应者胜；争小故，致大寇，谓之忿兵，兵忿者亡；利土地，欲利货，谓之贪兵，兵贪者死；恃国家之大，矜人民之众，谓之骄兵，兵骄者败。”[①] 其意思是说：剪灭强暴，拯救弱小的兵称之为“义兵”，为正义事业而战的军队可得天下的拥护。抗击敌人侵略而被迫自卫的兵，称之为“应兵”，为自卫而战的军队必然得到胜利。因小忿而导致战争的兵称之为“忿兵”，因私忿而战的军队必然败亡。强占别国的土地，掠夺别国财富的兵称之为“贪兵”，发动侵略战争的兵，为侵略而战的军队，必然会被消灭。恃国家之大，仗人多势众而挑起战事，称之为“骄兵”，骄兵必败乃常理。

诸葛亮所带之兵，乃是仗正诛邪灭曹魏篡汉的正义之兵，这是诸葛亮的一贯思想，上述论说，也是诸葛亮“厉士”思想的延续。

第100妙：至善贤明有智慧；乃将帅立身之本。

自勉是人人都懂的一个常用词，就是自己勉励自己。

诸葛亮一开篇即将有志向的人分为三种：

一是知行完备、至善之人都崇尚自然法则。

① 孙胜军、李家钊编著：《中外古今兵法集粹》，河北科学技术出版社1986年版，第4页。

二是贤明的人则推崇一定的道德规范。

三是有智慧的人则以效法古代的贤者为立身之根本。

至此笔锋一转，因为君王或为将者这些掌权之人，一般都是将自己定格为是上述“三种”志尚崇高之人。诸葛亮阅历丰富，看透这些帝王将相并非完全如此，故提醒他们统兵作战时应常常自警易犯的七种错误：

一是骄傲自大的人注定自取灭亡。

二是狂妄无知的人则极易招惹祸端。

三是夸夸其谈的人很少有信义可言。

四是只顾自我标榜的人则薄情寡义。

五是无功者受赏肯定会被部下离弃。

六是惩罚无罪的人则肯定使百姓怨声载道，造成人心离散。

七是人若喜怒无常，往往厄运降临导致灭亡。

君王或为将者往往不是他们自我标榜的是“知行完备、至善之人”“贤明的人”“有智慧的人”，因此，用以告诫将领，勉励将领严格要求自己，时时自我警戒在统兵作战时易犯后果严重的七种错误。这些道理，就是对一般人也具有警示意义。

细细品味“自勉”一文，虽说只有95个字，但是，它涉及历代军事著作中的不少内容，可以说它是诸葛亮对前代军事专家论著高度精练成自己的著作，是诸葛亮用以对君王、军事将领的谆谆告诫，亦是世人为人处事的重要参考！

第101妙：精湛纯熟五战法；千军万马握掌中。

战道即战争的规律或作战的法则抑或作战的方式方法。

为了训练将士，诸葛亮结合自己的军事实践，借鉴前人的作战经验，探索、总结、归纳了五种情况下的五种战法：

一是林战法：为了便于指挥联络，将士在森林中作战的方法是——白天以旌旗作主要的指挥工具，夜间用铜钲、擂鼓指挥，以短兵为主，可以巧妙地设置埋伏，或是进攻敌人的正面，或是进攻敌人的背面，或是采用前后夹击的战术。

二是丛战法：将士在草木丛生地带作战的方法是——要利用刀、剑、盾牌等短型武器，在与敌人交锋之前，事先要调查好敌人的进军路线，在敌人的必经之路埋下哨兵，十里一大哨，五里一小哨，把所有的旗帜收藏好，把铜钲、鼓包掩好，

当敌人过来时，出其不意，打敌人一个措手不及。

三是谷战法：将士在两山之间的谷地作战，可采用的方法是——利用埋伏，勇猛出击，让身手狡捷的将士站在高处，让敢死队的将士切断敌人后路，用弓弩向敌人射击，接着使用短兵继续进攻，使敌人瞻前顾后，没有反击的机会。

四是水战法：将士在水上作战的方法是——利用船只作战，训练将士掌握各种水上技巧以攻击敌人，可以在船上多插旗帜以迷惑敌人，要用弓、弩猛烈地向敌人发射，也可用短兵与敌人在近处交手，还要在水上埋设栅栏防止敌人入侵，这一切都要顺水的流向进击敌人。

五是夜战法：将士在夜里作战的方法是——以安静、隐秘为主，可以秘密地派部队偷袭敌人，也可以用火把、战鼓扰乱视听，用最快的速度攻击敌人，就可以取得胜利。

诸葛亮详尽地将野战中将要遇到的各种地形、地物、时间等，该采取的战术、布阵方法、指挥方式、伪装手段、兵器等五种条件下的战术运用，都有着清楚的论说，颇富参考价值。

诸葛亮的“战道”，十分广泛地汲取了前代军事家著作中“兵胜之术，密察敌人之机，而速乘其利，复击其不意”（姜太公《姜太公六韬兵法·文韬·兵道第十二》）的精华。

如《姜太公六韬兵法·豹韬·林战第四十三》中有云：“武王问太公曰：引兵深入诸侯之地，遇大林，与敌分林相拒，吾欲以守则固，以战则胜。为之奈何？太公曰：使吾三军，分为冲阵，便兵所处，弓弩为表，戟楯为里。斩除草木，极广吾道，以便战所。高置旌旗，谨敕三军，无使敌人知吾之情，是谓林战。林战之法，率吾矛戟，相与为伍。林间木疏，以骑为辅，战车居前，见便则战，不见便则止。林多险阻，必置冲阵，以备前后。三军疾战，敌人虽众，其将可走。更战更息，各按其部，是谓林战之纪。”[①] 其意为：武王问太公：“当率军深入敌境，遇到森林地，与敌人各占森林一部相对峙。我要使防御就能稳固，进攻就能取胜，应该怎么办？”太公答：“将我军部署为冲阵，配置在便于作战的地方，弓弩布设在外层，戟盾布设在里层，斩除草木，广开道路，以便于我军战斗行动。高挂

---

① 南关音、何长林编著：《中华谋略宝库——历代治世用兵全书·姜太公六韬兵法》，南海出版公司 1992 年版，第 250 页。

旗帜，严格约束全军，对敌保密，这就是所说的森林地作战。森林地作战的方法是：将我军使用矛盾等不同兵器的士兵，混合编组为战斗分队。森林中树木稀疏，就以骑兵辅助作战，把战车配置在前面，有利则战，无利则止。森林中多是险阻地形，就必须部署为冲阵队形，以防备敌人攻击我军前后。故必使全军迅速勇猛地进行战斗。这样，敌人即使人数众多，也会被我击败逃遁。我军在战斗过程中要轮番作战，轮番休息，各部均按编组行动。这就是森林地作战的一般原则。”

诸葛亮“战道”中的林战、水战、夜战，在姜太公林战的基础上，同时汲取了《姜太公六韬兵法·虎韬·绝道第三十九》中的“论敌境作战”的经验，汲取了《姜太公六韬兵法·豹韬·突战第四十四》中的“论突袭作战”的手法，汲取了《姜太公六韬兵法·豹韬·敌强第四十五》中的“论夜间作战”的某些方法，用自己带兵作战的体会，写入“战道”之中。同样，亦将《孙子兵法·军争篇》中的“‘言不相闻，故为金鼓；视不相见，故为旌旗。’夫金鼓旌旗者，所以一人之耳目也。人既专一，则勇者不得独进，怯者不得独退，此用众之法也。故夜战多火鼓，昼战多旌旗，所以变人之耳目也”意蕴，皆融入“战道”之中，使“战道”所言及战法，较之前代兵法家所论，有其全新变化，在进、退、攻、守、兵器运用、战术智慧等方面写得形象而具体，仿佛诸葛亮正在带领将士指挥着一场丛林之战、一场水上之战、一场谷地之战、一场黑夜之战，透过“战道”，可以显见诸葛亮在南征孟获、北伐曹魏时丛林战、水上战、谷地战、黑夜战之一斑。

第102妙：上下一心一当百；上下不和安变危。

和人即使民众和顺。诸葛亮的和人当为人和之意。人和，就是人事和谐、民心和乐的意思。用之于整军，就是要使军队内部上下一心、团结一致。

诸葛亮开篇即道出了人和与人不和的利害关系称：夫用兵之道，在于人和，人和则不劝而自战矣。若将吏相猜，士卒不服，忠谋不用，群下谤议，谗慝互生，虽有汤、武之智，而不能取胜于匹夫，况众人乎？

诸葛亮紧接着具体地描绘了军中人和与人不和的正反两种结果称：君王或为将者领兵作战，要注意使部队内部官兵之间、官官之间、兵兵之间和谐、团结，若能如此，将士就会主动地竭尽全力冲锋杀敌。倘若将士与统帅、将士与将士上下猜忌，互不信任，这样一来，有谋略的人就会得不到重用，将士在背后议论纷纷，谗言与恶念滋生迅速，部队中毁谤中伤之语流行，部队被闹成这样相互猜疑、

相互拆台、相互对立的地步，即使有商汤、周武王那样高明的智慧统率者，也不能打败一般的庸人，更何况是人数众多的劲敌呢?

君王或为将者带兵的根本问题就是要得军心。只有得军心，才能上下同心、全军一致。人和在写作上的特点是正反对比强烈，深刻而透彻，发人以深思，能给君王或为将者以猛醒以警示!

要击败劲敌，方法多种，其中用各种手法破坏其内部团结，是重要的手法之一。因此，君王与将帅，都非常注重自己内部的团结。吴起兵法“图国第一”中，在主讲“图谋国家富强之道”时，将“和人”放在此篇中的显要位置上。吴起云：“昔之图国家者，必先教百姓而亲万民。有四不和：不和于国，不可以出军；不和于军，不可以出阵；不和于阵，不可以进战；不和于战，不可以决胜。是以有道之主，将用其民，先和而造大事。不敢信其私谋，必告于祖庙，启于元龟，参之天时，吉乃后举。民知君之爱其命，惜其死，若此之至，而与之临难，则士以（尽）[进]死为荣，退生为辱矣。”[①] 其文意是吴起说：“从前谋求治好国家的君王，必先教育‘百姓’，亲近‘万民’。有四种不协调不和谐的情况不宜行动：国内意志不统一，不可以出兵；军队内部不团结，不可以上阵；临战阵势不整齐，不可以开战；战士行动不协调，不可能取得胜利。因此，英明的君王，准备用他的民众去作战的时候，必先搞好团结然后才进行战争。虽然如此，他还不敢自信其谋划的正确，必须祭告祖庙，占卜凶吉，参看天时，得到吉兆然后行动。让民众知道君王是爱护他们的生命，怜惜他们的死亡，做到这样周全的地步，然后再率领他们去打仗，他们就会以视死如归为荣，以苟且偷生为辱。”这真不愧为一代战神的真知灼见!

诸葛亮的“和人”篇，尽纳吴起所论之主旨入文，特别是在结尾以“虽有汤武之智，而不能取胜于匹夫，况众人乎？”反问之，这就大大地加强了语气，增强文中的气势和说服力，激发了接受者的感情，加深了对其论证印象，将和人的重要性表现得更加鲜明、强烈，起到了发人深思永难忘怀的作用，不乏其现实教育意义。

第103妙：透过现象看本质；抓住本质断敌情。

诸葛亮所谓“察情”，是专指侦察了解敌我双方之情。

---

① 黄朴民注释：《白话孙子兵法·附〈吴子〉》岳麓书社1991年版，第250页。

诸葛亮为君王或为将者领兵作战时归纳了十七种现象判断敌人的真实情况：

一是如果敌人在与我军争战时按兵不动，说明他们一定是凭借了险要的地势。

二是如果敌人不断地向我军挑战，说明他们一定是想引诱我军首先出击。

三是当看到敌方树木无风而动，说明一定是敌人的战车在悄悄驶来。

四是当看到敌方的尘土低飞而且范围很广，可以初步肯定是敌人的步兵正在进袭途中。

五是当敌人言辞强硬而且做出向我军进攻的样子时，说明他们一定是在准备撤退。

六是当敌人忽而前进，忽而后退时，这就是在引诱我军进击。

七是当发现敌军扶仗而行、萎靡不振，说明敌人肯定是已经到了饥饿难忍的地步。

八是当发觉敌人对有利的时机不加以利用，说明敌人肯定已相当疲劳，无力再进。

九是当看到飞鸟在敌军的阵地群集栖飞，说明敌军阵营已开始空虚无人。

十是若在夜间听到敌军阵地喧哗吵闹之声，说明敌人内部对战争已经感到十分恐惧害怕了。

十一是当看到敌人的军队涣散，混乱不堪时，说明敌军主将正失去应有的威势。

十二是当看到敌军的旗帜混杂纷乱，说明敌军内部已经大乱。

十三是当侦知敌军的将、官不断地发怒，说明战争形势的发展使他们感到无可奈何，敌人对取胜已失去信心。

十四是当侦知敌军奖赏过于频繁，这是敌方处境窘迫的表现。

十五是当侦知敌方不断用刑罚处分将士时，说明敌军主帅已无力扭转自己内部的混乱和士兵不服从将帅命令的局面。

十六是当敌人派遣使者低声下气地来求和时，说明敌军想暂时停战，以求喘息之机。

十七是如果敌人送来贵重的物品，用尽甜言蜜语，表示敌军想私下讲和，这是为了引诱我方上当受骗。

诸葛亮把敌情分为十七种类型，并将各类敌情的表征和判断奥妙予以精到的揭示，其分析是如此细致准确，这正是他多年潜心研究心血的结晶，亦是他多年带兵打仗宝贵经验的总结，对于诸葛亮留给我们的这笔宝贵财富，值得仔细研读，

是为君王或为将者临阵指挥的必读之篇。

对于“察情”，历代军事家无不异常重视，因为这是决定战争胜负的重要因素之一。在诸葛亮以前的军事家，对于“察情”有着系统论说者，当属孙武。在《孙子兵法·行军第九》中表述尤详。其云：“敌近而静者，恃其险也；远而挑战者，欲人之进也；其所居易者，利也。众树动者，来也；众草多障者，疑也；鸟起者，伏也；兽骇者，覆也；尘高而锐者，车来也；卑而广者，徒来也；散而条达者，樵采也；少而往来者，营军也。辞卑而益备者，进也；辞强而进驱者，退也；轻车先出居其侧者，陈也；无约而请和者，谋也；奔走而陈兵车者，期也；半进半退者，诱也。杖而立者，饥也；汲而先饮者，渴也；见利而不进者，劳也；鸟集者，虚也；夜呼者，恐也；军扰者，将不重也；旌旗动者，乱也；吏怒者，倦也；粟马肉食，军无悬缻，不返其舍者，穷寇也；谆谆翕翕，徐与人言者，失众也；数赏者，窘也；数罚者，困也；先暴而后畏其众者，不精之至也；来委谢者，欲休息也。兵怒而相迎，久而不合，又不相去，必谨察之。”[①] 孙武之意是说：敌军离我很近而仍保持镇静的，是倚仗它据有险要的地形；敌军离我很远而又来挑战的，是企图诱我前进；敌军之所以不居险要而居平地，定有它的好处和用意。树林里很多树木摇动的，是敌军向我袭来；在草丛中设有许多遮蔽物的，是敌人企图迷惑我军；鸟儿突然飞起，是下面有伏兵；走兽受惊奔跑，是敌人大举来袭。灰尘高而尖的，是敌人战车向我开来；灰尘低而广的，是敌人步卒向我开来；灰尘分散而细长的，是敌人在打柴；灰尘少而时起时落的，是敌军察看地形，准备设营。敌方使者言词谦卑而实际上又在加紧战备的，是要向我进攻；敌方使者言词强硬而军队又向我进逼的，是准备撤退；敌战车先出并占据侧翼的，是布列阵势，准备作战；敌方没有预先约定而突然来请求议和的，其中必有阴谋；敌方急速奔走并展开兵车的，是期求与我交战；敌军半进半退的，可能是伪装混乱来引诱我。敌兵倚仗手中的兵器站立的，是饥饿缺粮；敌兵从井里打水而急于先饮的，是由于渴、缺水；敌人见利而不前进的，是由于疲劳过度。敌方营寨上有飞鸟停集的，说明营寨已空虚无人；敌营夜间有人惊呼的，说明敌军心里恐惧；敌营纷扰无秩序的，是其将帅没有威严；敌营旌旗乱动的，是其阵形混乱；敌官吏急躁易怒，是敌军过度困倦。敌人用粮食喂马，杀牲口吃，收起炊具，不返回营寨的，

① 黄朴民注释：《白话孙子兵法》岳麓书社 1991 年版，第 115—116 页。

是“穷寇”；敌兵聚集一起私下低声议论，是其将领不得众心；再三犒赏士卒的，说明敌军已没有别的办法；一再重罚部属的，是敌军陷于困境；将帅先对士卒凶暴后又畏惧士卒的，说明其太不精明了；敌人借故派使者来谈判的，是想休兵息战。敌军盛怒前来，但久不接战，又不离去，必须谨慎观察其企图。孙武真不愧于兵家鼻祖矣，他洞察敌人和意图颇具辩证法，他洞察敌人内情方式方法极具穿透力。值得每一个人细心品味其中真谛所在，对于自己“思辨能力”的培养，将是提升的一个契机！

孙武的相敌察情细而详，具体的方式方法达 33 种之多。诸葛亮在参考孙武察情 33 法的基础上，用其简洁之笔，写出了自己相敌察情的 17 法。其中对孙武的 33 法多有承继，但亦有其创新。如“来委谢者，欲休息也；币重而言甘者，诱也”，特别是“币重而言甘者，诱也”这种“贿赂诱敌法”，是古今运用最多的一种，却在孙武相敌法中未所见，然而，却是在两军相争时，最易出现的现象！

清人郑板桥有名句云：“删繁就简三秋树；领异标新二月花。”比照孙武的相敌察情 33 法，诸葛亮的“察情”，在继承的基础上能自辟新路，真可谓有“领异标新二月红花”之妙！

第 104 妙：推己及人树榜样；身先士卒打胜仗。

诸葛亮所说的将情，主要是指为将者的道德情操。

诸葛亮认为：为将者带兵治军的方法还表现在他的人格道德情操上，这看似一些小事，实则是其在思想作风做到官兵平等的六件大事：

一是军营中的水井还没有打上水来时，为将者就不要先喊口渴。

二是给将士吃的饭没有煮好，为将者也不要先喊饥饿。

三是军营中的火堆还没有点燃，为将者也不能先叫寒冷。

四是军中的帐篷还没有搭造完毕，为将者也不能先言困乏。

五是夏天酷热，为将者不要轻易地拿把扇子扇凉。

六是多雨天气，为将者也不要首先举伞避雨。总而言之，在各种生活细节上要处处展现官兵平等。

这是诸葛亮爱兵思想的再次具体表述。强调了将领和士兵同甘共苦的重要性。具体到饮水、吃饭、驱寒、睡觉、扇扇、避雨这些看似为小事上，实际上是带好兵打胜仗的重要措施。这些措施，虽说是将帅带兵，其实于行政上同样有其现实

意义的价值。诸葛亮对于将帅的榜样作用尤为注重，他在另一处进一步强调说：“先之以身，后之以人，则士无不勇矣。”①

诸葛亮的“将情”，对《黄石公兵法》与《尉缭子兵法》有着显而易见的承继关系。黄石公有云：“《军谶》曰：‘军井未达，将不言渴；军幕未办，将不言倦；军灶未炊，将不言饥。冬不服裘，夏不操扇，雨不张盖。’是谓将礼。”②其意是：《军谶》上称：“‘军井还未挖好，将帅不要说口渴；幕帐还未搭成，将帅不要说困倦；军灶还未做饭，将帅不要说饥饿。同时，将帅在寒冬不要穿皮服，在炎夏不要操扇子，大雨之中也不要张雨盖。’这就是将帅带兵所要遵循的礼法。”尉缭子有云：“夫勤劳之师，将必先已。暑不张盖，寒不重衣，险必下步，军井成而后饮，军食熟而后饭，军垒成而后舍，劳佚必以身同之。如此，师虽久而不老不弊。”③其意是：勤劳的军队，将帅与士卒同甘苦，不先顾自己。天热不张伞，寒冷不加衣，路险必然下马步行，部队的井挖好了自己才最后饮水，部队的饭煮熟了自己才最后进餐，部队的营垒筑成了自己才最后休息，将帅必须与士兵同劳佚，共甘苦。这样，部队虽然长期作战，也能保持旺盛的士气而不致衰竭疲弊。黄石公与尉缭子都说到将帅要与士兵同甘共苦，因为这是决胜的重要措施，将帅采取这些措施，在与敌人作战时，就会产生无穷的力量。

诸葛亮的“将情”，将黄石公与尉缭子之言高度地浓缩凝练，化而为五个“四字句”，充分地承继黄石公与尉缭子关于将帅带兵，推己及人、先人后己与士兵同甘共苦的传统道德素质，通俗易懂，易记易诵，是练兵讲武的好教材，是强军的好措施。

第 105 妙：赏功罚过依法制；将帅神威显军风。

威令即指政令、军令。

诸葛亮开门见山地运用对比手法指出执行法令的重要性：君王或为将者之所以能指挥百万大军，让他们恭恭敬敬地接受命令，屏气凝神，稳而有序，不敢松懈，这是严格法令制度的结果。如果君王或为将者不能刑赏将士，部属就会不知礼义，

---

① 孙胜军、李家钊编著：《中外古今兵法集粹》，河北科学技术出版社 1986 年版，第 508 页。

② 黄颇著：《白话〈黄石公兵法〉〈尉缭子兵法〉》，中州古籍出版社 1993 年版，第 40 页。

③ 黄颇著：《白话〈黄石公兵法〉〈尉缭子兵法〉》，中州古籍出版社 1993 年版，第 139—140 页。

即使据有天下，尽占四海之内的财富，也难逃自我灭亡的命运，比如夏桀、商纣这样的暴君就是例证。

诸葛亮紧接着运用典事指出执行法令后所产生的效果，用以说明军中执法的必要性：他说，如果君王或为将者在领兵之时，能够推行法令实行赏罚，部属是不敢违背君王或为将者命令的，孙武、司马穰苴这样善用法制的人就是这样治军行兵打仗的例证。

诸葛亮的结论是：法令是不能轻视的，因严格执行法令而产生君王或为将者的威势也是不可以违抗的。

治国先治吏、治军先治将、治国治军须用法。这是一个既古老而又常新的话题。为将者必须讲求法度，严肃军纪，让威令保证军队战斗力，而为将者爱兵是得军心的必要，两者相辅相成，缺一不可。这样才能建立起一支上下同心、意志统一的钢铁部队。

君王或将帅的威令，历来为君王或将帅所关注并有其举措。如《姜太公六韬兵法》中有云：“武王问曰：将何以为威？何以为明？何以为禁止而令行？太公曰：将以诛大为威，以赏小为明，以罚审为禁止而令行。故杀一人而三军震者，杀之。赏一人而万人悦者，赏之。杀贵大，赏贵小。杀其当路贵重之人，是刑上极也。赏及牛竖马洗厩养之徒，是赏下通也。刑上极，赏下通，是将威之所行也。”[①] 姜太公在回答周武王问时的意思是：武王问太公：“将帅用什么办法来树立自己的威信？用什么办法来体现自己圣明？用什么办法做到有禁必止，有令必行？”太公答：“将帅通过诛杀地位高贵的人来树立威信，通过奖赏地位低下的人来体现圣明，通过审慎而严明的赏罚做到有禁必止，有令必行。因此，杀一人而能使全军震骇的，就杀掉他；赏一人而能使全军高兴的，就奖赏他。诛杀贵在诛杀地位高贵的人，奖赏重在奖赏地位低下的人。能诛杀那些官高位显担当重要职务的人，是刑罚能触及最上层；能奖赏牛僮、马夫、饲养人员等地位低下的人，是奖赏能达到最下层的表现。刑罚及于最上层，奖赏达到最下层，这就是君王或将帅的威信得以树立，命令能够执行的原因所在。”再如《尉缭子兵法·战威第四》中有：“审法制，明赏罚，便器用，使民有必战之心，此威胜也。”其意为：实行审定法制，

---

① 南关音、何长林编著：《中华谋略宝库——历代治世用兵全书·姜太公六韬兵法》，南海出版公司 1992 年版，第 188 页。

严明赏罚，改善武器装备，使人人都具有必须一战的决心，这就是以威吓力取得胜利。《尉缭子兵法·武议第八》中有：“凡诛者，所以明武也。杀一人而三军震者，杀之；杀一人而万人喜者，杀之；杀之贵大，赏之贵小。当杀而虽贵重必杀之，是刑上究也；赏及牛童马圉者，是赏下流也。夫能刑上究赏下流，此将之武也，故人主重将。”意为：杀戮，是用来整肃军威的。杀一人能使全军震动的，就杀掉他。杀一人能使万人高兴的，就杀掉他。需要杀人时，应该以地位高的人作典型，实行奖赏时应该以地位低的人做榜样。应该杀的虽然官高势大，也一定要杀，这就是“刑上究”的原则；奖赏及于下属的牛童马倌，这就是“赏下流”的原则。能够做到“刑上究”“赏下流”，这是将帅威武严肃的表现。所以君主应该尊重将帅的职权。

诸葛亮“威令”篇，从实行法制、从明赏罚的总体方面来讲，他的“威令”对姜太公和尉缭子进行了全面的借鉴。但是，诸葛亮在论证时，有其生动的实例为证，这就使自己关于君王或将帅要有威令的观点更具有说服力，且更浅显易懂。增加了练兵讲武对象对“威令”学习的兴趣！

诸葛亮的“威令”篇中的“若乃上无刑罚，下无礼义，虽有天下，富有四海，而不能自免者，桀、纣之类也”，可以说是《吴起兵法·图国第一》中的“故成汤讨桀而夏民喜悦，周武伐纣而殷人不非。举顺天人，故能然矣”语意与用词的化用，而选用名将孙武、司马穰苴严格执行军法做到令行禁止的故事，可谓军中同行众所周知。借助这样正反的举例，使“威令”思路更加清晰，凸显了论述的力度，达到了突出、深化自己观点的目的。

第106妙：东夷有两大特点；三管齐下是对策。

东夷是古代对我国中原以东各族的统称。诸葛亮所谓东夷就是对东方少数民族的泛称。

诸葛亮归纳东夷特点是：轻视礼义，勇猛强悍，凶狠善战。他们依山傍海，凭借这险要的地形，有较强的自我保护和对外防御的能力。

诸葛亮提出解决东夷叛乱的办法是：为了中华民族大一统之须，当其内部上下和睦，百姓安居乐业时，不能谋图攻打它；如果在他们内部出现了上层叛乱，下层百姓离心时，就可以用离间的办法，扩大他们上层内部的矛盾，使之混乱，使百姓背弃他们，造成尖锐的冲突，然后用仁义、道德的理论安抚、招抚他们；

与此同时，配合以强有力的军事进攻，就必然可以彻底地战胜他们。

诸葛亮在东夷“悍急能斗”和“凭险自固”两个特征的基础上，提出了依据情况，“分化瓦解，德政招抚，强兵进攻”三管齐下的处理对策。

第107妙：战则应速战速决；此地不宜久驻军。

南蛮是中国古代对南方部族的称呼。诸葛亮的所谓南蛮，是当时对南方各少数民族的泛称。

1800年之前，诸葛亮面对南部有许多小的、性情无法教化的“野蛮”民族，他们常常结合成不同的利益团体，遇到不满意的地方就互相攻伐，他们平时住在山洞水边，有的聚居一处，有的分散各处而居，西到昆仑山、东到大海边，都是他们的活动范围，这一带多海产奇货，故其人个个贪婪好战，春夏两季常发生瘟疫，因此，对南蛮用兵，只能速战速决，不能在此长期驻军停留。

诸葛亮在平定南中之乱时，深深了解南蛮诸族：不易教化，爱结朋党，但稍有不满又互相攻打；南蛮诸族：居住分散，聚分不定，为人贪心，却很勇敢。南蛮居所：春夏常流行传染病。对此，诸葛亮指出，对南蛮的战事，速战速决，不宜持久。这些经验，实际上是诸葛亮处理南中时的《南征表》《南征教》《“三不留”之策》的归纳与总结。

第108妙：强悍好战难一统；伺其内乱破西戎。

西戎，我国古代西北戎族的总称。

西部的少数民族，有性情勇悍贪利的习性。他们有的居住在城郭，有的散居在野外，那里没有充足的粮食，但金银财宝却很丰盈。他们个个都勇猛善战，因此很难统一他们。自大、小积石山以西，种族繁衍很快，有广阔、险峻的形胜，民风自负，强横凶狠，所以多不愿臣服于中原，只有等待时机，当他们外遇他族挑战，内部混乱之时，才可以伺机向他们用兵，则可彻底地击败他们了。

诸葛亮在《隆中对》中构想中华民族大一统时，就关注西戎，提出“西和诸戎”之策。在这篇短文中指出西北少数民族“勇悍好利”的诸多特点及其“地广形险”生活环境等，分析了形成这种性格特点的原因。提出了“候之以外衅，伺之以内乱”才能一统的对策。无疑，这是诸葛亮中华民族大一统构想中如何一统西戎的良策。

第109妙：候其虚而进击之；因其衰而统一之。

北狄原指古代的狄族。因其主要居住于北方，故称。后用为对北方各少数民族的泛称。北狄的称谓最早起始于周代。周朝时期的中原人把周围非华夏的四方，称为东夷、南蛮、西戎、北狄，以区别于华夏。

战国以后，“北狄”之名被改为代指匈奴及鲜卑等游牧民族。上文提到：诸葛亮在《隆中对》中构想中华民族大一统时，就关注西戎，提出“西和诸戎”之策。这“诸戎”，当然包括北狄。北狄是游猎民族，没有固定的城邑居住，哪里水草丰富，他们就迁徙到哪里去居住。遇到有利的形势，他们就南下入侵中原，反之，如果他们没有充足的力量就逃遁到更远的北方。绵延的山岭，辽阔的沙漠，使他们凭借险要足以自卫。饥饿时，他们就捕食野兽喝奶充饥，寒冷时，他们就用兽皮做成衣被取暖。他们每日奔走射猎，以捕杀动物为每天必做的事情。因此，这样的民族，既不能用礼义道德去感化，也不可以用武力去臣服。汉朝时一度不对他们正面用兵，其理由有三点：

一是汉朝的将士一面耕作一面战斗，故十分疲惫又怯弱，而北狄平时只是以狩猎放牧，过的是游牧生活，既安闲又勇敢，以汉军的疲力对抗北狄的安闲，以汉军的胆怯对抗北狄的勇敢，自然难以势均力敌。

二是汉军以步兵为主，每日只能行程百里，而北狄擅长骑马，一天的行程数倍于汉军，汉朝将士追击北狄需要携带所有的粮饷和铠甲，而北狄追击汉军时用战马就运载了这些军需品，双方的运输形式不同，互相追击的速度也不相等。

三是汉朝士兵徒步作战，北狄则以轻骑作战。双方争夺最好的地势时，总是骑兵快于步兵，速度悬殊很大。在这种迫不得已的情况下，对付北狄之法，最好的方式是固守边疆。而固守边疆的办法，就是派遣将士戍边，选择贤能的人作将帅，训练精锐的将士进行防御，大规模地实行屯田种粮使仓库充实，设置烽火台加强警戒。等到北狄内部空虚时再乘机攻取，乘其势力衰竭时一举打败他。这样一来，可不必动用太多的人力、物力就能使北狄的威胁自行解除，也不必兴师动众，北狄就会自动远避。

诸葛亮在汉末大乱之时就关心中华民族要尽快地恢复大汉一统，分析比较北方游牧民族的特性及汉民族与其优劣后，提出了切实可行的守边破敌之法：即遣良将戍边，训练精兵屯田，以逸待劳，待机破敌。这不愧是当时中华民族大一统的良策！用心可谓良苦！

第 110 妙：制弩技术大改进；十矢齐发威力大。

诸葛亮南征北伐，多在山地，曹魏乃强敌。而攻夺险要，坚守关隘，离不开弓弩。尤其是对付强势的曹魏大军，弓弩必不可少。故而诸葛亮关注弓弩的改进。他的连弩人称“诸葛连弩”。诸葛亮制作的一种连弩，又被称作“元戎弩”，一次能发射十支箭，火力很强，但是体积、重量偏大，单兵无法使用，主要用来防守城池和营塞。汉末魏大发明家马钧欲对其进行改进，使之成为一种五十矢连弩，威力更大，但是因为生产工艺很复杂，所用的箭矢也必须特制，所以没大量生产，后失传。

诸葛亮在原有连弩的基础上减去不必要的、增加有用的制成改进型连弩，改造完成后授予名号“元戎”，即元帅的意思。以铁为箭，箭长八寸，一弩十支箭同时一起发射，射击力度强大；可以瞄准目标等到需要时再发射，有利于捕捉射击时机，有利于防守，命中率比弓要高。

在《三国志》《晋书》等古籍中记载“诸葛连弩”的材料虽未见专论，但是，诸葛亮的这一兵器发明，后人是十分重视的，查找相关资料，我们可见诸葛亮这一发明在当时战场上所发挥的效应，再现了“诸葛连弩”的“神力”。据载：“……直到诸葛亮改良连弩，准确地说，应该是诸葛亮发明了真正意义上的连弩……明代《武备志》也说诸葛连弩，‘一弩连发十矢。’诸葛连弩真正实现了连续发射，这和此前的连弩有根本不同。诸葛连弩是如何做到的？《天工开物》记载：‘又有诸葛弩，其上刻直槽，相承函十矢，其翼取最柔木为之。另安机木，随手扳弦而上，发去一矢，槽中又落下一矢，则又扳木上弦而发。’……罗开玉、李希勇在《诸葛连弩及其再发明初论》中所说，‘诸葛连弩中的箭匣和箭管是现代枪械中弹匣和枪管的原始鼻祖。诸葛连弩是世界上最早的自动武器。’‘诸葛亮是当之无愧的全世界自动武器的开山始祖。’……诸葛亮发明诸葛连弩后，将这种新式武器用在了战场上。他专门成立了‘连弩士’，装备三千人，成为北伐中一支特种奇兵。《华阳国志》介绍涪陵郡时说，‘人多戆勇、多獽蜑之民，县邑阿党，斗讼必死……汉时赤甲军常取其民，蜀丞相亮亦发其劲卒三千人为连弩士。’在木门伏击战中，魏国名将张郃就是被诸葛亮帐下连弩士设伏射死的。《三国志》多次记载张郃之死，如：‘郃追至青封，与亮交战，被箭死。’‘（诸葛亮）与魏将张郃交战，射杀郃。’‘郃

追至木门，与亮军交战，飞矢中郃右膝，薨。’这些记载中都说张郃是被射杀的，但射箭的兵器是弓还是弩没有说明。《魏略》称，‘蜀军乘高布伏，弓弩乱发，矢中郃髀。’则明确记载，张郃是被弩射杀的。诸葛亮如果要使用弩伏击敌人，最佳的选择莫过装备诸葛连弩的连弩士。诸葛连弩虽然射程不利于远程打击，但对中短距离的目标杀伤力不小，是伏击战的最佳武器……《武备志》称：‘一弩连发十矢，铁镞涂以射虎毒药，发矢一中，人马见血立毙。’西晋镇南将军刘弘对兵器应该非常了解，当他参观诸葛亮故居时也不禁称赞诸葛连弩为‘神弩’：‘英哉吾子，独含天灵。岂神之祇，岂人之精？何思之深，何德之清！……神弩之功，一何微妙！’”①

我们在诸葛亮著的《将苑》也可以看到连弩在战场上的使用场景：“依山附涧，高林深谷，此弓弩之地。”“谷战之道，巧于设伏，利以勇斗，轻足之士凌其高，必死之士殿其后，列强弩而冲之，持短兵而继之……”这些，在《三国志》与《三国演义》中虽不见有专门描绘“诸葛连弩”的妙用，但后人的追记与研究，则可见“诸葛连弩”的功效与神奇！

第 111 妙：北伐曹魏运粮草；木牛流马显神威。

诸葛亮在北伐期间，由于蜀道险窄，前线军粮常常难以保证。为此，诸葛亮在蒲元等能工巧匠的协助下，参考西汉末年创制应用的独轮车，先制造了独轮小车“木牛”，继而改进“木牛”结构，制成了四轮小车“流马”。今陕西省勉县的黄沙镇，就是诸葛亮当年制造“木牛流马”的重要地点。在《作木牛流马法》的文字中，诸葛亮对“木牛流马”的制造方法作了较详细的介绍。从这篇简明的《作木牛流马法》，我们可以看到，诸葛亮不仅是一位杰出的政治家、军事家，也是一位“长于巧思”的智慧之星。

对所谓木牛流马的翻译，非真正专业人员，实在是虚虚实实难参透，难得其解。倒是《三国演义》第一百二回所记更为通俗、便于理解，今引载于后：

孔明笑曰：“吾已运谋多时也。前者所积木料，并西川收买下的大木，教人制造木牛流马，搬运粮米，甚是便利。牛马皆不水食，可以昼夜转运不绝也。”

---

① 《文物中的三国诸葛连弩：世界上最早的自动武器（下）神物应机》2021 年 8 月 9 日，https：//baijiahao.baidu.com/s？ id=1707614818347193022&w……

众皆惊曰："自古及今，未闻有木牛流马之事。不知丞相有何妙法，造此奇物？"孔明曰："吾已令人依法制造，尚未完备。吾今先将造木牛流马之法，尺寸方圆，长短阔狭，开写明白，汝等视之。"众大喜。孔明即手书一纸，付众观看。众将环绕而视。

造木牛之法云：

"方腹曲胫，一腹四足；头入领中，舌着于腹。载多而行少：独行者数十里，群行者三十里。曲者为牛头，双者为牛足，横者为牛领，转者为牛脚，覆者为牛背，方者为牛腹，垂者为牛舌，曲者为牛肋，刻者为牛齿，立者为牛角，细者为牛鞅，摄者为牛鞦轴。牛御双辕，人行六尺，牛行四步。人不大劳，牛不饮食。"

造流马之法云：

"肋长三尺五寸，广三寸，厚二（三）寸五分，左右同。前轴孔分墨去头四寸，径中二寸。前脚孔分墨去头四寸五分，长一寸五分，广一寸。前杠孔去前脚孔分墨二寸七分，孔长二寸，广一寸。后轴孔去前杠分墨一尺五寸，大小与前同。后杠孔去后脚孔分墨二寸二分。后杠孔分墨四寸五分。前杠长一尺八寸，广二寸，厚一寸五分。后杠与等。板方囊二枚，厚八分，长二尺七寸，高一尺六寸五分，广一尺六寸：每枚受米二斛三斗。从上杠孔去肋下七寸，前后同。上杠孔去下杠孔分墨一尺三寸，孔长一寸五分，广七分：八孔同。前后四脚广二寸，厚一寸五分。形制如象，靬长四寸，径面四寸三分。孔径中三脚杠长二尺一寸，广一寸五分，厚一寸四分。"

众将看了一遍，皆拜伏曰："丞相真神人也！"

直雄认为，按照书中所载之尺寸及描绘，即使当今能工巧匠，也能复原到诸葛亮当年这个运输效果，在当时不能装上"发动机"的情况下，诸葛亮为保其"专利"不被敌国盗用，一定还留有关键一招！正如有先生曰："《作木牛流马法》是诸葛亮木牛流马的传世文章。文章面世一千多年以来，不知道世界上曾经有过多少人无论怎样解读都觉得不对，至今还困惑着世界文坛……在比喻文句中加入兵法虚实与木工文化，使文章玄之又玄；妙用奇门遁甲，使文章像天书一样奥秘。"[①]

用《三国演义》第一百二回中道其精要是："牛马皆不水食，可以轻运，昼

① 《〈作木牛流马法〉文艺诠释》2020年1月1日，https：//tieba.baidu.com/p/6422658952。

夜不绝。”该回中有诗称“木牛流马”的作用及运用之妙云：“剑阁险峻驱流马，斜谷崎岖驾木牛。后世若能行此法，输将安得使人愁？”

与“诸葛连弩”不同的是，“木牛流马”的运用与功效在《三国志》中多有记载：“九年春二月，亮复出军围祁山，始以木牛运。魏司马懿、张郃救祁山。夏六月，亮粮尽过军，郃追至青封，与亮交战，被箭死。”“十年，亮休士劝农于黄沙，作流马木牛毕，教兵讲武。”“十二年春二月，亮由斜谷出，始以流马运。”“九年，亮复出祁山，以木牛运，与魏将张郃交战，射杀郃。十二年春，亮悉大众由斜谷出，以流马运，据武功五丈原，与司马宣王对于渭南。亮每患粮不继，使己志不申，是以分兵屯田，为久驻之基。耕者杂于渭滨居民之间，而百姓安堵，军无私焉。”[①] 从这些记载来看，诸葛亮发明的“木牛流马”融入了诸葛亮的妙思，体现了诸葛亮的创造智慧，在北伐战争中起到过很大作用。它不仅为国人所关注，亦为世界所瞩目。

第 112 妙：精心推演八阵图；出神入化惊仲达。

中国古代，阵法源远流长。《握奇经》，又名《握机经》《幄机经》《风后握奇经》就是古代关于八阵布列与运用的兵书，其年代久远而称之为“八阵始于井田遗制”。因为“将不习阵，不知分兵部伍，不能临阵对敌；兵不习阵，目不识旌旗，耳不闻金鼓，不知进退；众不习阵，不知队伍之法；临阵自乱，遇敌自溃。在古代，阵法好比今天的共同条令，练阵是军队最基本的日常训练，与今天部队的队列训练差不多。阵法在教育、训练方面的作用大致可归纳为……练分数、聚散，即练指挥，以提高将领的指挥能力……练形名、号令，即练通信联络……练器械、习击刺，知长短器械之便利……练协同、严军容，做到统一号令，统一步调……练纪律、明赏罚，做到令行禁止…………”[②] 八阵图法是古代用兵的一种重要练兵阵法，故诸葛亮练阵之后，十分喜悦地说：“八阵既成，自今行师，庶不覆败矣。”[③] 唐·杜甫《八阵图》诗：“功盖三分国，名成八阵图。”后来竟然用以比喻巧妙难测的谋略。这种阵法是三国时诸葛亮在前人阵法的基础上创设的一种阵法。相传诸葛

① [晋]陈寿撰，[南朝宋]裴松之注：《三国志》（全五册），中华书局 1975 年版，第 896、896、897、925 页。

② 参见王平著：《中华兵典要览》，黄河出版社 1999 年版，第 3—6 页。

③ 王瑞功主编：《诸葛亮研究集成》（上、下册），齐鲁书社 1997 年版，第 314 页。

孔明御敌时以乱石堆成石阵，按遁甲分成生、伤、休、杜、景、死、惊、开八门，变化万端，可挡十万精兵。这个由天、地、风、云、龙、虎、鸟、蛇八种阵势所组成的军事操练和作战的阵图，是诸葛亮的一项创造，反映了他卓越的军事才能。

诸葛亮称：八阵图已经创制练成了，从此以后用兵打仗，大概就不会有败了。诸葛亮用兵打仗十分讲究兵法，他在继承古代兵家布阵之法基础上创制的八阵图，对练兵、屯驻安营和用兵打仗做出了基本规定，并提出了适应情况变化的不同作战方案。这种阵法的运用不但使蜀军的进攻和防御能力得到了提高，而且在北伐曹魏的战争中使魏军无懈可击，并屡次击败魏军。

对于诸葛亮兵法及其八阵图，曾与诸葛亮作战的司马昭尤为重视、尤为敬佩，晋史载："先是，陈勰为文帝所待，特有才用，明解军令。帝为晋王，委任使典兵事。及蜀破后，令勰受诸葛亮围阵用兵倚伏之法，又甲乙校标帜之制，勰悉暗练之，遂以勰为殿中典兵中郎将，迁将军。久之，武帝每出入，勰持白兽幡在乘舆左右，卤簿陈列齐肃。太康末，武帝尝出射雉，勰时已为都水使者，散从。车驾逼暗乃还，漏已尽，当合函，停乘舆，良久不得合，乃诏勰合之。勰举白兽幡指麾，须臾之间而函成。皆谢勰闲解，甚为武帝所任。"[①] 意思是说：在那之前，陈勰就得到司马昭的任用，卓越有才干，通晓军中律令。司马昭还在当晋王的时候，委任他典掌兵马事务。到蜀被攻破之后，让陈勰学习诸葛亮的围阵用兵倚伏的方法，以及甲乙校标帜的规制，陈勰全部掌握了，于是任命陈勰为殿中典兵中郎将，升为将军。过了很长时间，每当武帝司马炎出入，陈勰手持白虎幡随从在车驾左右，仪仗队排列整齐肃穆。太康末年，武帝曾经出猎射雉，当时陈勰已经是都水使者，散骑随从。车驾临近天黑才返回，夜已深，应当布置警戒，车驾停下来，警戒却迟迟不能完成，于是诏令陈勰去安排警戒。陈勰举着白虎幡指挥，一会儿就部署完毕。众人都自愧弗如，陈勰也因此很受武帝信任。又有云："终晋之世，惟陈勰、马隆用诸葛亮古阵遗法，略试一二。隆以募兵三千，克平西凉，厥功称著。"[②]

八阵法其来有自，诸葛亮八阵法对付曹魏骑兵卓有成效："据考证，《八阵图》渊源极深，可以追溯到上古华夏的黄帝。经过姜太公、司马穰苴、管仲、孙武等人的不断改进和完善，到三国时期，诸葛亮使他达到了顶峰。八阵图是诸葛

① 唐·房玄龄：《晋书》〔全十册〕，中华书局 1974 年版，第 741 页。

② 南宋·陈傅良：《历代兵制》，2021 年 8 月 11 日 http: //www.360doc.com/content/21 ……

亮对八阵进行了‘推演’，即推广和演变，有了自己独到的创新……八阵图主要是步兵抵挡骑兵的一种阵法。据北魏《高闾传》记载，北魏孝文帝的时候，北方的柔然族骑兵，经常侵扰边塞，形成严重威胁。大臣高闾建议，专门组建一支军队，采用诸葛亮的八阵图战法，使他们能够在在开阔的北方草原上，抵御柔然民族铁骑兵团的强劲冲击。他明确说：‘采诸葛亮八阵之法，为平地御寇之方。’……这段记载说明，八阵图其实主要是平地上防御骑兵的车阵，直到公元5世纪的北魏，诸葛亮八阵依然被认为是平地上防御柔然骑兵的战阵……诸葛亮曾教授将士如何阻挡骑兵。《诸葛亮集》引《北堂书钞》，记载了诸葛亮教授，一旦骑兵来犯，要‘以车蒙陈而待之’，这‘车’显然是战车兵车。当然，《诸葛亮集》没有明说‘以车蒙陈而待之’是诸葛亮八阵，仅仅是与窦宪类似。西晋的马隆在对付鲜卑秃发树机能时，根据八阵图作偏箱车，在开阔地设置鹿角车营，来对付鲜卑骑兵，然后依托战车兵车，一步步向前。有趣的是马隆是‘路狭则为木屋施于车上’，而诸葛亮则是‘地狭者，以锯齿而待之’，这些类似之处，都说明八阵图的实战应用。”①

八阵图有其特别之点，在唐·李靖《李靖兵法》中，唐太宗李世民与李靖均为大军事专家，均熟谙兵法，李靖尤精阵势。他们之间的答问，可谓让我们知八阵图其真谛之所在——这不过是诸葛亮当时操演军事的训练方式方法。今引于后：“太宗曰：‘阵数有九，中心零者，大将握之，四面八向，皆取准焉。阵间阵容，队间阵容，以前为后，以后为前，进无速奔，退无遽走，四头八尾，触处为首，敌冲其中，两头皆救，数起于五，而终于八，此何谓也？’靖曰：‘诸葛亮以石纵横布为八行方阵之法，即此图也，臣尝教阅，必先此阵世所传握机文，盖得其粗也。’太宗曰：‘天地风云，龙虎鸟蛇、斯八阵，何义也？’靖曰：‘传之者误也，古人秘藏此法，故诡设八名耳。八阵本一也，分为八焉。若天地者，本乎旗号，风云者本乎幡名。龙虎鸟蛇本乎队伍之别，后世误传，诡设物象，何止八而已乎？’”②八阵图问到李靖的“六花阵法”的出处时，李靖说他的六花阵来自诸葛亮的八阵法，并指出八阵法的精要是：“臣所本诸葛亮八阵法也。大阵包小阵，大营包小营，隅落钩连，曲折相对，古制如此，臣为图因之，故外画之方，内环之圆，是成六花，

---

① 小凡读史：《诸葛亮八阵图真的存在吗？八阵图没有困住陆逊，而是对阵曹魏骑兵》2021年7月3日，https：//baijiahao.baidu.com/s？id=1704188899632928320&wfr=spider&for=pc。

② 南关音，何长林：《中华谋略宝库·李靖兵法》，1992年版，第1037页。

俗所号耳。”[①] 八阵图具有这样的构成特点，确实是可将来犯之敌或敌骑入阵后分割包围吞噬！

值得一提的是：《孙膑兵法》中的《八阵》与《十阵》对于阵势的列法与战法有着详细的论说。如其《十阵》，就有各具妙用的“方阵”“圆阵”“疏阵”“密阵”“锥形阵”“雁形阵”“钩形阵”“玄襄阵”“火阵”“水阵”。惜孙膑兵法自西汉初失传，直到1972年四月在山东临沂银雀山一西汉前期的墓葬中出土，在阵法的运用与创造上，明代文武兼备、善辞赋、精将略的何良臣在其重要的军事著作《阵纪》中云：“诸葛亮根据握奇阵阵法，又参照乘之阵的阵法，推演了《河图》《洛书》的方阵，继承了井田旧制，将战阵分为四奇四正。以西北为乾位，取名天阵；西南为坤位，取名地阵；东南为巽位，取名风阵；东北为艮位，取名云阵；东方属青，取名龙阵；西方属白，取名虎阵；南方属火，取名鸟阵；北方属水，取名蛇阵。大将居中，掌握四小阵。另外，有游骑二十四阵，位于八阵之后。此阵的阵与队相包容，奇与正多处错杂，可伸可缩，可开可合，进退均有节制。可以为方形、圆形、曲角形、直条形、锐角形，或翻滚而扩张，或归并而还原，或前冲，或后退，合拢为一大阵，分列则为九处，变化无穷，迎敌之处皆可作为阵首，取名为八阵图。这一阵法显现出深奥的道理，部署非常周密，十分精通布阵的原理，莫非是夏、商、周三代遗留的英才吗？”[②] 倘若诸葛亮与孙权齐寿，司马懿那30万貔貅，面对诸葛亮的10万精兵，则将莫可奈何！诸葛亮在阵法上的创造性为历代军事家所用，实属军事史一大奇迹一大贡献。

---

① 南关音，何长林：《中华谋略宝库·李靖兵法》，1992年版，第1058页。

② 王平著：《中华兵典要览》，黄河出版社1999年版，第779页。

第十一卷

智星陨落是非存　盖棺定论史实在

——《阴符经序》《阴符经注》《驳司马懿否定诸葛亮的用兵之道》（题目直雄所取）《驳陈寿评诸葛亮的用兵之道》（题目直雄所取）中的兵法探妙

本卷示要：关于《司马懿否定诸葛亮的用兵之道》与《陈寿评诸葛亮的用兵之道》，是从古至今争讼不息的问题。直雄论证后认为：司马懿如此贬评诸葛亮，是司马懿借对诸葛亮用兵的臆断枉评以安抚将士的心理战法；至于"陈寿评诸葛亮的用兵之道"，言诸葛亮"应变将略，非其所长"，属其不得已之说。纵观诸葛亮的军事生涯，直雄以三句话作结："隆中长策败曹操成三国""隆中长策擒孟获定南中""隆中长策'借司马'灭曹魏"。故而，陈寿言诸葛亮"应变将略，非其所长"，实属有违其所著《三国志》中的客观事实。

用兵缘起：

直雄读《阴符经序》《阴符经注》两文，据其内容，当是诸葛亮并未出山之前，思考自己是否出山？出山当如何择主的问题时所撰。《司马懿否定诸葛亮用兵之道》则是诸葛亮的老对手给诸葛亮用兵下了否定性结论，影响很大，很有必要就诸葛亮兵法妙与不妙作出回答。而《陈寿评诸葛亮的用兵之道》，亦是一个争论千余年、影响很大的话题，他与司马懿不同的是不是否定，而是比较"诸葛亮的理政与用兵"的优长，言诸葛亮用兵非其所长！历代史家对此问题皆是"公说公有理，婆说理更长"，这也是很有必要作出回答的问题。直雄将《阴符经序》《阴符经注》系于此，看似"风马牛不相及"，是则妙相关联。这正如有先生云："古今对于阴符经所作注释者不在一二，有些注释应该比丞相所作的更加具体、深刻。丞相的阴符经序与阴符经注，更多偏向于君臣相择、治国治民，是《便宜十六策》第一篇、第二篇的思想体现。"①

《阴符经序》云："所谓命者，性也。性能命通，故圣人尊之以天命。愚其人而智其圣。故曰："天机张而不死，地机弛而不生。"观乎《阴符》，造化在乎手，生死在乎人。故圣人藏之于心，所以陶甄天地，聚散天下，而不见其迹者，天机也。

① 封侯开府：《〔转载〕〈阴符经序〉〈阴符经注〉与〈阴符经〉全文及……》2014年7月21日，https://tieba.baidu.com/p/3179207515。

故黄帝得之以登云天，汤、武得之以王天下，五霸得之以统诸侯。夫臣易而主难，不可以轻用。太公九十非不遇，盖审其主焉。若使哲士执而用之，立石为主，刻木为君，亦可以享天下。夫臣尽其心而主反怖有之，不亦难乎？呜呼！无贤君，则义士自死而不仕，莫若散志岩石，以养其命，待生于泰阶。世人以夫子为不遇，以秦、仪为得时。不然，志在立宇宙，安能驰心下走哉？丈夫所耻！呜呼！后世英哲，审而用之。范蠡重而长，文种轻而亡，岂不为泄天机？天机泄者沉三劫，宜然。故圣人藏诸名山，传之同好，隐之金匮，恐小人窃而弄之。”[①]关于《阴符经》，其作者有黄帝说直到唐人李筌说多种。因《阴符经序》《阴符经注》的内容显现了诸葛亮的人格道德精神，故而遵从王瑞功主编《诸葛亮研究集成》暨数十种诸葛亮兵法著作之说姑且选而用之。

《阴符经注》云：“天性，人也；人心，机也；立天之道，以定人也。”注：以为立天定人，其在于五贼。

“其盗机也，天下莫能见，莫能知。君子得之，顾穷；小人得之，轻命。”注：夫子、太公，岂不贤于孙、吴、韩、白，所以，君子小人异者，四子之勇，至于杀身，固不见其主见杀矣。

“阴阳相胜之术，时昭乎进乎象矣。”注：奇器者，圣智也。天垂象，圣人则之，推甲子，画八卦，考蓍龟，稽律历，则鬼神之情，阴阳之理，昭著乎象，无不尽矣。八卦之象，申而用之，六十甲子，转而用之，神出鬼入，万明一矣。

“天发杀机，龙蛇起陆；人发杀机，天地反覆。”注：按楚杀汉兵数万，大风杳冥，昼晦，若天地反覆。[②]

《司马懿否定诸葛亮用兵之道》云：“亮志大而不见机，多谋而少决，好兵而无权，虽提卒十万，已堕吾画中，破之必矣。”[③]

《陈寿评诸葛亮的用兵之道》云：“可谓识治之良才，管、萧之亚匹矣。然连年动众，未能成功，盖应变将略，非其所长欤！”[④]

---

① 王瑞功主编：《诸葛亮研究集成》（上、下册），齐鲁书社 1997 年版，第 334—335 页。

② 王瑞功主编：《诸葛亮研究集成》（上、下册），齐鲁书社 1997 年版，第 335 页。

③ 唐·房玄龄：《晋书》〔全十册〕，中华书局 1974 年版，第 8 页。

④ [晋]陈寿撰，[南朝宋]裴松之注：《三国志》（全五册），中华书局 1975 年版，第 934 页。

《阴符经序》

本节题解：

《阴符经》即指《黄帝阴符经》，《阴符经序》即指诸葛亮为《黄帝阴符经》所作的序文。

精要概说：

人生之志向在于安邦定国，怎么能够成为让人随意指使的走卒呢？这是知书能文者的耻辱啊！

白话说意：

《阴符经序》的意思是说：一个人的命运，取决他自身的能力，能力高则命运强，所以圣人的命运就被尊为天命。凡人与圣人之间的差别就在于智慧的高低、本质上是能力的差别，故而：天广阔却有灵性，地博大却不知变通。读《阴符经》可以知道，命运是掌握在自己手里，生死往往是由自己决定的。成为凡人或圣人的关键在于对事物的看法和判断，对社会发展有贡献，对天下兴亡有功劳的人却没有留下姓名，是因为天意（即人所具有的聪明才智）所致，所以黄帝能够升天成仙，商汤可以称王，春秋五霸割据一方成为诸侯。君王寻找臣子容易而臣子选择君主却是难事，择主是不能轻易做决定的。姜太公九十岁之前并不是没有机遇，是因为他在等待贤明的君主。君王如果能得到有智谋的人尽心辅佐，就算是拥立一块石头为主人，刻根木头当君王，也可得到天下的。做臣子的忠心为主，主却因此猜忌惧怕，若是这样的话，臣子岂不是在自取灾祸吗？没有贤明的君主，道德高尚有原则的人一直到死都不会去做官，还不如打消志向严守本分，保全自己的性命，等候时局的变化。世人认为孔夫子有才却不得志，苏秦、张仪生而逢其时。这是错误的判断！人生之志向在于安邦定国，怎么能够成为让人随意指使的走卒呢？这是知书能文者的耻辱啊！今后有才干的杰出人士要小心使用才能。范蠡谨慎所以长寿，文种轻率而丧命，不正是因为随意使用能力泄露了天机吗？泄露天机的人会堕入三劫（佛家认为，宇宙有成住坏灭四劫，人只有在住劫可生存。）应该这样做，圣人将著作藏在名山，只传给志趣相投的人，隐匿于柜中，以免被小人窃得后用来做坏事。

《阴符经注》

本节题解：

《阴符经注》是诸葛亮用文字解释《阴符经》中字句。

精要概说：

此短文重在说臣子择明君的重要性。

白话说意：

《阴符经注》云："天性，人也；人心，机也；立天之道，以定人也。"注：以为立天定人，其在于五贼。其中的意思是说：所谓天性，实则为人性也！人心是变化的关键；故而，确立天道，就是为了规范人的行为。在此，诸葛亮注云：我认为之所以要立天道来束缚人，就是因为人的心中有"五贼"存在。

"其盗机也，天下莫能见，莫能知。君子得之，顾穷；小人得之，轻命。"注：夫子、太公，岂不贤于孙、吴、韩、白，所以，君子小人异者，四子之勇，至于杀身，固不见其主见杀矣。其中的意思是说：就人心中的盗窃动机而言，天下之人谁可洞见？所以也就难以知晓！君子若有了它（盗窃动机），就会对自己严加约束！因此能安守贫困；而小人有了它（盗窃动机），就会自我放纵，乃至不顾性命！在此，诸葛亮注云：孔夫子、姜太公难道不比孙武、吴起、韩信、白起更贤能吗？之所以孔夫子、姜太公被认为是君子，而孙武、吴起、韩信、白起被认为是小人，原因是孙武、吴起、韩信、白起过于勇猛，乃至招杀身之祸。这当然是因为没有投奔适合他们的主人所致！

"阴阳相胜之术，昭昭乎进乎象矣。"注：奇器者，圣智也。天垂象，圣人则之，推甲子，画八卦，考蓍龟，稽律历，则鬼神之情，阴阳之理，昭著乎象，无不尽矣。八卦之象，申而用之，六十甲子，转而用之，神出鬼入，万明一矣。其中的意思是说：有了阴阳相胜这神奇的法宝，就可以生出万事万物，八卦和六十甲子等包含着那神鬼莫测的奥秘。在此，诸葛亮注云：神奇有法宝，是圣人智慧的结晶，阴阳相生相克的法术，借助它得以明显地、具体地展现出来。上天显示着各种现象，圣人即加以总结归纳，推演天干地支、画八卦，考究占卜之术，追查天文有历法，总结鬼神变化的情态、阴阳交替的道理，然后形象地显示出来，千变万化无不包

含在其中。八卦的卦象，加以推广运用，六十花甲子，经过引申使用，可以神出鬼没，千变万化都是借助这途径而得到了显现。

“天发杀机，龙蛇起陆；人发杀机，天地反覆。”注：按楚杀汉兵数万，大风杳冥，昼晦，若天地反覆。其中的意思是说：假若天生杀机，地上的龙蛇也要翻腾；假若人生杀机，就要天翻地覆。在此，诸葛亮注云：比如楚霸王项羽杀死汉王刘邦士兵数万人，顿时阴风怒号、白昼昏暗，好似天翻地覆一样。

《驳司马懿否定诸葛亮用兵之道》

本节题解：

《司马懿否定诸葛亮用兵之道》的这段文字，来自其弟司马孚给他问及军事情况的信的回信。

精要概说：

已堕吾画中，破之必矣！

白话说意：

《司马懿否定诸葛亮用兵之道》的意思是说：诸葛亮虽志向很大，但无法洞察时机，谋略虽多，但缺少决断，喜欢用兵，却不懂权变。所以，他虽然领兵十万，但一切都在我的掌控之中，击败他是必然的。

《驳陈寿评诸葛亮的用兵之道》

本节题解：

本节是陈寿在写完《诸葛亮传》之后，给诸葛亮总体性的评价中结尾时最为世人所争议的一个重大话题。

精要概说：

诸葛亮作为大将的策略，并非他所擅长。

白话说意：

《陈寿评诸葛亮的用兵之道》的意思是说：诸葛亮真可以称得上是明白治道的好人才，和管仲、萧何是同一类的人。然而他连年劳师动众，都未能成功，大概临机应变，作大将的策略，并非他所擅长的吧？

兵法探妙：

《司马懿否定诸葛亮的用兵之道》与《陈寿评诸葛亮的用兵之道》，是两个从古至今争讼不息的问题。认真地探讨这两个问题，是解决诸葛亮兵法是否是“大兵法”的关键问题。直雄认为：宏观地看来，曹操是当时古今中外少有军事大家，司马懿亦然。可是，这两位军事高手，在诸葛亮面前是“矮子”！故拟题为《驳司马懿否定诸葛亮的用兵之道》《驳陈寿评诸葛亮的用兵之道》。这是直雄故作“惊人语”吗？君不见：诸葛亮的首计《隆中对》，一使傲视群雄、曾不可一世的曹操赤壁之战败北，尔后让其发出不可“得陇望蜀”（语本《后汉书·岑彭传》：“人苦不知足，既平陇，复望蜀，每一发兵，头鬓为白。”《三国演义》虽是小说，但完全符合曹操失败的心态）与“生子当如孙仲谋”的叹息；二使曹氏子孙不得不依靠司马懿父子最终而灭！悲乎？悲也！至于司马懿，面对诸葛亮只能诡诳而已：曹真手握几倍于诸葛亮的大军，尽管败北，但还是敢于向诸葛亮挑战直至病死。司马懿与诸葛亮三战吃亏之后，手握诸葛亮三倍的大军，只能龟缩而已！司马懿面对诸葛亮对自己用兵的事实，不得不由衷地发出“乃天下奇才也”之叹！诸葛亮留给司马懿的是“畏蜀如虎”“死诸葛走生仲达”的千古笑柄！留给其儿子司马昭与孙子司马炎的是，让他们不忘学习与整理《诸葛亮兵法》呢！故而司马懿否定诸葛亮的用兵之道，重在安抚将士之心而已！至于陈寿，不说一句应变将略非诸葛亮所长，又怎么能向“司马王朝”“交差”呢？不能“交差”，《三国志》面世便无望！

第 113 妙：太公九十非不遇；诸葛“三审”仕玄德。

诸葛亮志向远大，他认为人生之志向在于安邦定国，不能成为让人随意指使的走卒。如果是这样的话，这是士人的耻辱！故而，他在《阴符经序》中说：一个人的命运，取决他自身的能力，能力高则命运强，所以圣人的命运就被尊为天命。

凡人与圣人之间的差别就在于智慧的高低、本质上是能力的差别，命运是要掌握在自己手里，生死往往是由自己所决定。

诸葛亮在列举了不少往古的典型事例之后指出：成为凡人或圣人的关键在于对事物的看法和判断，所以择主是不能轻易做决定的。姜太公九十岁之前并不是没有机遇，是因为他在等待贤明的君主。可以设想：如果做臣子的忠心为主，主却因此猜忌惧怕，若是这样的话，臣子岂不是在自取灾祸？中国封建社会这种事例可谓举不胜举。

因此，没有贤明的君主，道德高尚有原则的人一直到死都不会去做官，还不如打消志向严守本分，保全自己的性命，等候时局的变化。对于封建帝王，诸葛亮真可谓“勘破红尘惊破胆，直面世情透心寒”！

在《阴符经注》中，诸葛亮再次强调臣子择明君的重要性。他在注“其盗机也，天下莫能见，莫能知。君子得之，顾穷；小人得之，轻命”中指出：夫子、太公，岂不贤于孙、吴、韩、白，所以，君子小人异者，四子之勇，至于杀身，固不见其主见杀矣。其中的意思是说：就人心中的盗窃动机而言，天下之人谁可洞见？所以也就难以知晓！君子若有了它（盗窃动机），就会对自己严加约束！因此能安守贫困；而小人有了它（盗窃动机），就会自我放纵，乃至不顾性命！在此，诸葛亮注云：孔夫子、姜太公难道不比孙武、吴起、韩信、白起更贤能吗？之所以孔夫子、姜太公被认为是君子，而孙武、吴起、韩信、白起被认为是小人，原因是孙武、吴起、韩信、白起过于勇猛，乃至招杀身之祸。这当然是因为没有投奔适合他们的主人所致！孙武（约前 545—约前 470 年），字长卿，春秋末期齐国乐安人。中国春秋时期著名的军事家、政治家，尊称兵圣或孙子（孙武子），又称“兵家至圣”，被誉为“百世兵家之师”“东方兵学的鼻祖”。孙武五十多岁的时候，至交好友伍子胥被杀，孙武不再为吴国的对外战争谋划出力，转而隐居乡间，修订其兵法著作。伍子胥被杀后不久，孙武可能也因忧国忧民和郁郁不得志而谢世了，他的卒年当在公元前 480 年（卫庄公元年）左右。也可以视为“因其勇猛而招杀身之祸”，也许诸葛亮是这样看的，当然也是说得通的；战国初期的吴起，他是“战国十大名将”中死得最惨的一个，不仅被万箭射死，而且死后尸身还遭车裂，即五马分尸，这是史家皆知的；汉朝建立后的韩信即被解除兵权，徙为楚王，被告发谋反，贬为淮阴侯。刘邦征讨匈奴之时，吕后与相国萧何合谋，将其骗入长乐宫中，斩于钟室，夷其三族；白起一生大小七十余战，从无败绩，他的战绩，为秦国后来统一六国做出了巨大贡献。但在复杂的内耗争斗中，秦昭襄王五十年十一月，白起只能被迫自杀。

纵横看历史人物：若无人生之机缘，纵使是英雄，何道价值之辉煌？只能枉叹世事之沧桑！就诸葛亮这位绝世英豪而言，时局的发展给他择主提供了“三审”制的机遇与条件：一是有一统天下势力的大军阀曹操；二是有固守江东、实力雄厚、可择机北伐大一统天下的军阀孙权；三是23年屡败屡战、忠汉爱民的武装集团刘备。在当时一般的士大夫看来，诸葛亮面临着择主肯定是曹操或是孙权的问题。然而，诸葛亮吃透了黄石公关于如何择主之真谛。黄石公有云：“《军势》曰：使义士不以财。故义者，不为不仁者死，智者，不为暗主谋。主不可以无德，无德则臣叛；不可以无威，无威则失权。臣不可以无德，无德则无以事君；不可以无威，无威则国弱，威多则身蹶。”[①] 其意思是《军势》说：“不要以财物相诱惑来驱使那些看重节义的人。”所以，重义的人不会去为不讲仁道的人卖命，有谋的人不会去为愚昧昏庸的君主出谋划策。君主不能没有德行，没有德行，臣下就会叛离；也不能没有威势，没有威势，就会失去权力。大臣也不能没有德行，没有德行，就不能尽忠敬业；也不能没有威势，没有威势，国家就会衰败，但威势过分，自己就要遭殃。诸葛亮不投奔曹操，也不愿归附孙权，其原因，本书均在后文道及。曹操与孙权二人，其本质上属缺德之主，诸葛亮是不愿在其麾下任事的。

直雄在《破解〈习凿齿传〉〈汉晋春秋〉千年谜》及《习凿齿与他的〈汉晋春秋〉——兼论〈三国演义〉对习凿齿的承继关系》等论著中，论证了所谓“灭魏兴汉诸葛亮”，是指诸葛亮一生事业中的“灭魏兴汉”，就是要剿灭腐败耆杀最终毫无前途的曹魏王朝，借用当时在曹魏官至尚书的见证人王广的话来说，就是曹爽集团骄奢淫佚失去了百姓的信任，何晏虚浮而不能治国，丁谧、毕轨、桓范、邓飏等人虽有较高的声望，但都是一些一心追逐名利之徒。他们虽然权倾四海，而一旦被杀，是没有谁会同情他们的，因为他们失去民心。用吴国丞相张悌的话来说就是，诸葛亮所反对的就是曹操祖孙三代，他们虽然“功盖华夏，威震四海”，然“崇诈权术，征伐不已，民畏其威，而不怀其德也。丕、叡承之，系以惨虐”。君不见：曹操约作于汉献帝初平元年（190）的名诗《蒿里行》中的名句云：“白

① 南关音、何长林编著：《中华谋略宝库——历代治世用兵全书·黄石公兵法》，南海出版公司1992年版，第392—393页。

骨露于野，千里无鸡鸣。生民百遗一，念之断人肠。”然仅仅过去四年的曹操：“兴平元年，曹操二战徐州，这次他走的是东线，与上次不同，但整个过程却更为凶狠，先入泰山然后略地琅邪、东海，所过屠城，鸡犬不留。陶谦杀人，罪在陶谦，百姓何罪！写出‘白骨露于野，千里无鸡鸣’的是曹操，一副忧国忧民的腔调，然而血屠徐州，杀男女数十万，泗水为之不流的也是曹操。徐州琅邪的一位少年目睹了曹操对徐州百姓的血腥屠杀，也见证了在徐州人民最危急的时刻，仅有数千兵马的刘备甘冒风险赶来救援的侠义之风。正是这番亲身经历，使这位少年在十余年后做出了抉择。想必很多人都猜到了。这位徐州少年正是日后名满中华的诸葛亮。”[①]《尉缭子兵法》：“孽在于屠戮。”[②]这样轻民残民、肆意杀戮无辜的曹魏政权，必须反对并让它灭亡才是，诸葛亮怎么会择主罪孽如此深重的曹操呢？

诸葛亮又为什么不去投奔孙权呢？早在张昭要将诸葛亮推荐给孙权时，诸葛亮给予了婉拒，其语击中孙权的要害：“孙将军可谓人主，然观其度，能贤亮而不能尽亮，吾是以不留。”对于一个外表气度非凡、内心度量实则不时窄小、干出玩弄人才甚至残害人才于股掌之上的孙权，对付办法只有清浊不宜太明、善恶不必分得太清！否则，必招致杀身之祸！这是诸葛亮的经验之谈。[③]洞穿孙权本质上就是这样一个枭雄，诸葛亮怎么会去投奔他呢？

必须恢复振兴高祖光武时期“中华民族大一统”的盛大事业，为此，刘备从公元 184 年（24 岁）应征入伍，讨伐黄巾起义军始，至公元 207 年（47 岁）三顾茅庐，请出诸葛亮止。刘备为有自己的天下奋斗了约 23 年，结果，除了被其他军阀追着打之外，没有安身之所。但是，刘备这 23 年屡败屡战、救困扶危、忠诚大汉一统事业的表现，被诸葛亮看在眼里记在心头，刘备就是诸葛亮心中的周文王，诸葛亮则是刘备要寻找的太公。通过三顾草庐，向世人演绎了一曲“君臣相择、治国治民、立志大一统”的喜剧！特别是刘备临终的诚恳托孤，显示诸葛亮以洞彻古今的眼光，“三审”曹、孙、刘，又借助让刘备“三顾”“三审”刘备用人是否心诚，最终认定投奔玄德。充分证实了他在《阴符经序》与《阴符经注》中

---

① 迷蒙文史：《曹操为父报仇攻打陶谦，杀徐州百姓数十万，所过屠城，鸡犬不留》2022 年 3 月 31 日，https：//baijiahao.baidu.com/s？ id=1728796445243690840&wfr=spider&for=pc。

② 黄频著：《白话〈黄石公兵法〉〈尉缭子兵法〉》，中州古籍出版社 1993 年版，第 160 页。

③ 吴直雄：《千秋功过评孔明：诸葛亮新论》，中国书籍出版社 2020 年版，第 420 页。

对于如何择主分析的精辟。为此，诸葛亮“鞠躬尽瘁、死而后已”地耗尽一生的心血。

写到这里，我们仿佛又一次听到了诸葛亮“臣本布衣，躬耕于南阳，苟全性命于乱世，不求闻达于诸侯。先帝不以臣卑鄙，猥自枉屈，三顾臣于草庐之中，咨臣以当世之事，由是感激，遂许先帝以驱驰”的坦诚诉说！

第114妙：诡谬臆断评孔明；难掩诸葛是“人龙”。

打开《晋书·帝纪第一·宣帝》赞司马懿“兵动若神，谋无再计”[①]那八个字赫然醒目。《晋书》是在唐代编纂而成的。主要作者包括房玄龄、褚遂良在内一共有二十一位唐代高才。在该书完成后，唐太宗李世民又亲自为书中的四位人物写下了四篇史论，《宣帝纪》的史论部分便是出自李世民之手。在这篇史论中，作为政治家、战略家、军事家、书法家、诗人的李世民暨唐代名臣高手是充分肯定司马懿才能的。而秦涛在2017年8月出版《老谋子司马懿（最新修订版）》一书那精美闪光的腰封上，以令人神往而警策的文字对司马懿那诡异难测的一生高度精练道：“‘一本书读懂司马懿的政治智慧’‘谋不输曹操智堪敌诸葛’‘三国最大赢家司马懿演绎谋身谋国谋天下的彪悍人生’‘从人性讲述权谋透视三国生存哲学’‘每与大谋辄有奇策’‘司马懿从东汉的基层小吏起步，在曹魏位极人臣，成为西晋的实际奠基者，是继曹操之后中国历史上又一位以军功登龙的枭雄，可以说是三国最大的赢家，也是史上被严重低估和曲解的谋士、政治家之一。’‘司马懿非人臣也，必豫汝家事——曹操’‘司马公善用兵，变化若神——孙权’‘三国英雄士，四朝经济臣。屯兵驱虎豹，养子得麒麟。诸葛常谈羡，能回天地春——罗贯中’”是耶？非耶？是也！实也！

那么，这位诸葛亮的老对手司马懿又是怎样看待诸葛亮的呢？且看他如此评说诸葛亮道：“亮志大而不见机，多谋而少决，好兵而无权，虽提卒十万，已堕吾画中，破之必矣。”这段文字的意思是说：诸葛亮虽志向很大，但无法洞察时机，谋略虽多，但缺少决断，喜欢用兵，却不懂权变。所以，他虽然领兵十万，但一切都在我的掌控之中，击败他是必然的。

这段评说，如果出自一般将士之口，定会被世人骂为“这是一个颠颠痴痴的

① 唐·房玄龄：《晋书》〔全十册〕，中华书局1974年版，第8页。

疯子”，是“一个不知天高地厚的狂徒”！可它是出自“可以看到他的很多对手和朋友的影子：曹操的雄猜多疑，曹丕的谲诈善变，孙权的隐忍务实，贾诩的韬晦自保，甚至于诸葛亮的守战之具和行军阵法”[①]的司马懿“白纸黑字”的书信。这样的评说，在某种意义上说来，将它说成是曹操、曹丕、孙权、贾诩，乃至诸葛亮评说“诸葛亮用兵”也不为过！因而，这则评说影响极大！连北宋武学博士、以长于论兵入仕、参与校订著名的《武经七书》且得到宋神宗褒赏并自有兵书名著《何博士备论》的何去非，也认同司马懿“‘亮志大而不见机，多谋而少决，好兵而无权，虽提卒十万，已堕吾画中，破之必矣’一语”，并对诸葛亮北伐之功以否定之云：“孔明有立功的志向，但没有成功的魄力；有团结军民的仁爱之心，而缺乏用兵的智谋。所以，曾多次兴师动众，急于立功，但是每次都未取得成功，反而使军民疲乏不堪……出奇制胜在用兵中是不可或缺的，而孔明在这方面却没有下功夫。这就是有用兵的决心而无用兵的谋略……简要地说，缺乏奇谋诡道，要想对付司马懿，肯定不是对手。”[②]司马懿对于诸葛亮之评，惹得世人论争千余年直到如今！

司马懿之评，直雄认为是臆断枉评。何博士之论，则是罔顾事实之论。为了节省篇幅，直雄不想引用古今相关已有之陈论，也不再陈述在“第十一卷”中“兵法探妙”中的“宏观”，只是就手头所掌握的历史资料，据实梳理略论于后，则司马懿对诸葛亮的臆断枉评即会再现“真意”矣：

一是司马懿与诸葛亮在军事上的真正交手仅仅三次而已，这三次交手，诸葛亮进退攻守、来去自如、始终持有主动权，制敌于被动挨打的窘境，让曹魏大军30万或曰20余万总是损兵折将，对诸葛亮的10万无可奈何，司马懿也深感自愧不如。

第一次，史载：“230年七月，魏诏大司马曹真、大将军司马懿分道攻蜀。八月，蜀闻魏兵至，诸葛亮屯军成固（今陕西成固西北），严阵以待。会大雨三十余日，栈道断绝，九月，魏帝诏曹真等回师。”[③]建兴八年（230），在诸葛亮的指挥下，“使延西入羌中，魏后将军费瑶、雍州刺史郭淮与延战于阳谿，延大破淮等，迁

① 秦涛：《老谋子司马懿（最新修订版）》，重庆出版集团、重庆出版社2017年版一书护封。

② 王平著：《中华兵典要览》，黄河出版社1999年版，第495—496页。

③ 张习孔、田珏主编：《中国历史大事编年·第二卷》，北京出版社1997年版，第13页。

为前军师征西大将军，假节，进封南郑侯。”[①] 据直雄考证：此次交手，诸葛亮以万余人的“空城计”吓退司马懿的20万大军。[②]

第二次，史载：“231年二月……诸葛亮领兵攻魏，围祁山（今甘肃西北祁山堡），造木牛运粮。魏因曹真有疾，命司马懿领兵抵御。三月，诸葛亮至上邽（今甘肃天水）挑战，司马懿坚守不战，蜀军遂还卤城（今甘肃天水及甘谷之间）。五月，蜀魏两军交战，蜀军斩杀魏军三千人，大胜。六月，诸葛亮因粮尽退军。魏将张郃追击，至木门谷（今甘肃天水西南九十里）遇伏，飞矢中膝而死。”[③] 又载：“临战之日，莫不拔刃争先，以一当十，杀张郃，却宣王，一战大克。”[④] 这就是司马懿与诸葛亮的再次真正的交手，结果是司马懿惨败，其副帅张郃被箭死于木门道。曹魏朝丧此栋梁，对曹魏打击甚大。所以说司马懿称“亮志大而不见机，多谋而少决，好兵而无权，虽提卒十万，已堕吾画中，破之必矣”，纯属臆断枉评。

第三次，史载：“234年……诸葛亮领兵十万出斜谷攻曹魏，并遣使约吴共举。四月，亮抵郿（今陕西眉县东北），进据渭水南岸五丈原（今陕西眉县西南），与北岸二十万魏军相对峙。诸葛亮因魏军坚壁不战，乃分兵屯田，为久驻之基。‘耕者杂于渭滨居民之间，而百姓安堵，军无私焉。’八月，亮数挑战，并遗以巾帼妇人之服激怒司马懿，但魏军固守。诸葛亮积劳成疾，卒于军中，时年五十四岁。长史杨仪整军还蜀。司马懿至亮驻营处，叹曰：‘天下奇才也！’”[⑤]

诸葛亮在以十万对司马懿二十万的对峙过程中，诸葛亮“约吴共举”分散司马懿的兵力；“分兵屯田，为久驻之基”妙对司马懿龟缩不出；“杂于渭滨居民之间，而百姓安堵，军无私焉。”让司马懿龟缩必将失效；“激怒司马懿”让司马懿军心不安，出战与否军争不已；“杨仪整军还蜀”让司马懿雄猜难断；“天下奇才也！”让司马懿佩服得五体投地！这是司马懿与诸葛亮的第三次交手。故而宋时大文豪苏轼赞云：“密如神鬼，疾若风雷。进不可当，退不可追。昼不可攻，夜不可袭。

① ［晋］陈寿撰，［南朝宋］裴松之注：《三国志》（全五册），中华书局1975年版，第1002页。

② 吴直雄：《千秋功过评孔明：诸葛亮新论·四十、空城计却司马懿》，中国书籍出版社2020年版，第421—434页。

③ 张习孔、田珏主编:《中国历史大事编年·第二卷》,北京出版社1997年版,第13—14页。

④ ［晋］陈寿撰，［南朝宋］裴松之注：《三国志》（全五册），中华书局1975年版，第926页。

⑤ 张习孔、田珏主编：《中国历史大事编年·第二卷》，北京出版社1997年版，第16页。

多不可敌，少不可欺。前后应会，左右指挥。移五行之性，复四时之令。人也、神也、仙也，吾不知之真卧龙也。”①

这三次交手，让司马懿真正领略了诸葛亮真乃旷世奇才，也是对其“亮志大而不见机，多谋而少决，好兵而无权，虽提卒十万，已堕吾画中，破之必矣”的自我否定！司马懿已自我否定，何博士还有何话说？

二是司马懿的“亮志大而不见机，多谋而少决，好兵而无权，虽提卒十万，已堕吾画中，破之必矣”一语，极具欺骗性，何去非在其《何博士备论·司马仲达论》中亦称赞道：“所以他（司马懿——直雄注）分析诸葛亮说：‘诸葛亮有大志，但不善于观察时机，多谋略而不果断，好用兵而不善权变，虽率领十万大军，但已落入我的计谋之中，所以打败是肯定无疑的。’这就是司马仲达的志向。”②紧接着，何去非还论及司马懿评诸葛亮出兵五丈原，何去非亦是称赞司马懿的评说，并以司马懿此论为据，评说北伐为何失败。直雄以下的论说，亦足以说明何去非乃大误，因不在此论之列，故此处不深入而论，特此说明。其实，事实证明：司马懿此话纯属为安定军心自我壮胆的臆断枉评之说！

史载：“诸葛亮寇天水，围将军贾嗣、魏平于祁山。天子曰：‘西方有事，非君莫可付者。’乃使帝西屯长安，都督雍、梁二州诸军事，统车骑将军张郃、后将军费曜、征蜀护军戴凌、雍州刺史郭淮等讨亮。张郃劝帝分军往雍、郿为后镇，帝曰：‘料前军独能当之者，将军言是也。若不能当，而分为前后，此楚之三军所以为黥布禽也。’遂进军隃麋。亮闻大军且至，乃自帅众将芟上邽之麦。诸将皆惧，帝曰：‘亮虑多决少，必安营自固，然后芟麦。吾得二日兼行足矣。’于是卷甲晨夜赴之。”③这里史实明载，诸葛亮攻魏，曹魏朝野皆惧：首先是皇帝曹叡惧怕；其次是诸葛亮藐视司马懿诸军，“乃自帅众将芟上邽之麦”；再是面对诸葛亮如此用兵，曹魏“诸将皆惧”。擅长安定军心的司马懿，作为主帅的他，此时绝对不能表现胆寒，故说出了“亮虑多决少”这种自我安慰以安军心的话。

诸葛亮与司马懿卤城之战的战果记载是截然相反的。《晋书》载：“进次汉阳，与亮相遇，帝列阵以待之。使将牛金轻骑饵之，兵才接而亮退，追至祁山。亮屯卤城，据南北二山，断水为重围。帝攻拔其围，亮宵遁。追击破之，俘斩万计。

---

① 苏轼：《赞孔明》，《常州工学院学报》2003 年第 5 期，第 23 页。

② 王平著《中华兵典要览》，黄河出版社 1999 年版，第 488 页。

③ 唐·房玄龄：《晋书》〔全十册〕，中华书局 1974 年版，第 6—8 页。

天子使使者劳军，增封邑。”[①] 同样是诸葛亮与司马懿卤城之战，《三国志》载云：“九年，亮复出祁山，以木牛运……《汉晋春秋》曰：亮围祁山，招鲜卑轲比能，比能等至故北地石城以应亮。于是魏大司马曹真有疾，司马宣王自荆州入朝，魏明帝曰：‘西方事重，非君莫可付者。’乃使西屯长安，督张郃、费曜、戴陵、郭淮等。宣王使曜、陵留精兵四千守上邽，余众悉出，西救祁山。郃欲分兵驻雍、郿，宣王曰：‘料前军能独当之者，将军言是也；若不能当而分为前后，此楚之三军所以为黥布禽也。’遂进。亮分兵留攻，自逆宣王于上邽。郭淮、费曜等徼亮，亮破之，因大芟刈其麦，与宣王遇于上邽之东，敛兵依险，军不得交，亮引而还。宣王寻亮至于卤城。张郃曰：‘彼远来逆我，请战不得，谓我利在不战，欲以长计制之也。且祁山知大军以在近，人情自固，可止屯于此，分为奇兵，示出其后，不宜进前而不敢偪，坐失民望也。今亮悬军食少，亦行去矣。’宣王不从，故寻亮。既至，又登山掘营，不肯战。贾栩、魏平数请战，因曰：‘公畏蜀如虎，奈天下笑何！’宣王病之。诸将咸请战。五月辛巳，乃使张郃攻无当监何平于南围，自案中道向亮。亮使魏延、高翔、吴班赴拒，大破之，获甲首三千级，玄铠五千领，角弩三千一百张，宣王还保营。粮尽退军，与魏将张郃交战，射杀郃。”[②]

面对卤城之战两种截然不同的战果，直雄认为，从《晋书》记载漏录或是有意略去张郃之死来看，当属不实之录。

《三国志》的记载准确可信。其理由如下：

一曰《三国志》明载：“粮尽退军，与魏将张郃交战，射杀郃。”史载：“231年……六月，诸葛亮因粮尽退军。魏将张郃追击，至木门谷（今甘肃天水西南九十里）遇伏，飞矢中膝而死。”[③] 这个记载十分明确：张郃死于231年6月。张郃是怎么死的呢？史载：“《魏略》曰：亮军退，司马宣王使郃追之，郃曰：‘军法，围城必开出路，归军勿追。’宣王不听。郃不得已，遂进。蜀军乘高布伏，弓弩乱发，矢中郃髀。”[④] 魏明帝曹叡对于张郃的死，痛惜不已。据《魏略》曰：诸葛亮围祁山，不克，引退。张郃追之，为流矢所中死。帝惜郃，临朝而叹曰：“蜀未平而郃死，

---

① 唐·房玄龄：《晋书》〔全十册〕，中华书局1974年版，第7页。

② ［晋］陈寿撰，［南朝宋］裴松之注：《三国志》（全五册），中华书局1975年版，第925—926页。

③ 张习孔、田珏主编：《中国历史大事编年·第二卷》，北京出版社1997年版，第13—14页。

④ ［晋］陈寿撰，［南朝宋］裴松之注：《三国志》（全五册），中华书局1975年版，第527页。

将若之何！！”司空陈群曰：“郃诚良将，国所依也。”毗心以为郃虽可惜，然已死，不当内弱主意，而示外以不大也。乃持群曰：“陈公，是何言欤！当建安之末，天下不可一日无武皇帝也，及委国祚，而文皇帝受命，黄初之世，亦谓不可无文皇帝也，及委弃天下，而陛下龙兴。今国内所少，岂张郃乎？”[①]据此可知：张郃之死，致使曹魏一朝不安，朝臣议论纷纭，不责怪司马懿已经够好了，怎能“天子使使者劳军，增封邑”？

二曰“张郃之死”就死在他与司马懿一道的征战途中，按照编辑的常理，这个地位仅次于司马懿的名将在《晋书·帝纪第一·宣帝》中，必然要插入“张郃之死”，而在此中却漏写或有意略去张郃之死，在整部《晋书》中，不见写到张郃之死，故直雄认为《晋书·帝纪第一·宣帝》在记载史实时有所录不实之嫌。这正如《晋书》“出版说明”所云：当时有大量的史料可以采用，“但该史编撰者只用臧荣绪《晋书》作为蓝本……刘知几在《史通》里也批评它不重视史料的甄别去取，只追求文字的华丽。”[②]，直雄认为此篇记载司马懿大胜诸葛亮的记载实属不实之录。

三曰《三国志·魏书·张郃传》《三国志·蜀书·诸葛亮传》中都明载张郃在司马懿的指挥之下攻打追击诸葛亮时，被诸葛亮的弓弩手射杀。这样的记载是经过当时西晋重臣审查过，岂能有假？再是裴松之作注用的《魏略》《汉晋春秋》等史料，都具体地记载了张郃之死。可李世民、房玄龄、褚遂良、许敬宗、令狐德棻、敬播、来济、陆元仕、刘子翼、卢承基、李淳风、李义府、薛元超、上官仪等君臣 24 人似乎皆视而不见。由于名君与这些名臣对张郃之死的史料不审，故直雄认为：《晋书》中载司马懿大胜诸葛亮的史实不实！

四曰司马懿为人诡异难测，“稳已隐已误敌欺敌”是他的看家本领。他这样评诸葛亮之言，当是他用以稳定军心而臆造的欺骗之语。为了表述的简单与读者阅读的方便，直雄以夹注评析作按语于引文之内，即可知其诡异撒谎之所在：“明年，诸葛亮寇天水，围将军贾嗣、魏平于祁山。天子曰：‘西方有事，非君莫可付者。’（直雄按：对于诸葛亮的到来，曹魏一朝惊恐异常，拥有九州之地的曹魏，只有司马懿可与之相抗。如果诸葛亮真的如司马懿说的那个样子，曹真早就将诸葛亮收拾了。可见诡异的司马懿之言，实乃稳定军心之语。）乃使帝西屯长安，都督雍、

---

① ［晋］陈寿撰，［南朝宋］裴松之注：《三国志》（全五册），中华书局 1975 年版，第 698—699 页。

② 唐·房玄龄：《晋书》〔全十册〕，中华书局 1974 年版，《出版说明》第 2 页。

梁二州诸军事，统车骑将军张郃、后将军费曜、征蜀护军戴凌、雍州刺史郭淮等讨亮（直雄按：张郃、费曜、戴凌、郭淮乃中原名将，再加上司马懿，又加上20万将士，方可与诸葛亮对阵。足见诸葛亮的英雄本色！亦见司马懿之言，实乃不实之语。司马懿的诡异还在于：即使诸葛亮的军事部署击中其要害，为了安定军心，他就偏偏要否定之。如诸葛亮驻军五丈原并屯田与之长期对峙，他心存恐惧，却说诸葛亮这样做错了。其实，五丈原是个两军必争的战略要地。这正如朱大渭、梁满仓《武侯春秋》，团结出版社1998年版，第614—615页中所云：五丈原在今陕西岐山县城南20公里处，是一高约150米，宽约1公里，长约5公里的平坝。它北临渭水，南近太白山，东面皆深沟。在五丈原北面，隔渭水与北原遥遥相对，占据五丈原和北原，就控制了渭水，切断了陇右与关中水上通道。五丈原地理位置如此重要，难怪《地理通志》说：'五丈原高平广远，乃行军者必争之地。'）。张郃劝帝分军往雍、郿为后镇，帝曰：'料前军独能当之者，将军言是也。若不能当，而分为前后，此楚之三军所以为黥布禽也。'（直雄按：诸葛亮围将军贾嗣、魏平于祁山，贾、魏不能突围，足见诸葛亮的指挥才能。又，司马懿拥兵20万而不敢分兵，可见他对诸葛亮是何等的胆怯。）遂进军隃麋。亮闻大军且至，乃自帅众将芟上邽之麦。诸将皆惧，帝曰：'亮虑多决少，必安营自固，然后芟麦。吾得二日兼行足矣。'（直雄按：智将诸葛亮务食于敌，曹魏诸将皆惧，司马懿亦惧，但他在此却贬损诸葛亮以安定军心。）……遣将军胡遵、雍州刺史郭淮共备阳遂，与亮会于积石，临原而战，亮不得进，还于五丈原。会有长星坠亮之垒，帝知其必败（直雄按：此借'天人感应'之说哄骗众将，或为司马懿编造、或为有其事，司马懿可利用矣。）……帝弟孚书问军事（直雄按：司马孚之信虽未见，但司马懿的答书，足见司马孚及其所统之军是很害怕诸葛亮的，故前往司马懿那儿探听虚实。），帝复书曰：'亮志大而不见机，多谋而少决，好兵而无权，虽提卒十万，已堕吾画中，破之必矣。'（直雄按：司马懿利用'天人感应'宣扬诸葛亮必死，以稳定军心。在此前后，司马懿及其魏臣还曾造谣孙权投降曹魏以动摇诸葛亮的军心。见吴直雄《千秋功过评孔明：诸葛亮新论·四十四、司马懿诡诞如此·四十五、孔明让孙权释疑》，中国书籍出版社2020年版，第457—462页。）与之对垒百余日，会亮病卒，诸将烧营遁走，百姓奔告，帝出兵追之。亮长史杨仪反旗鸣鼓，若将距帝者。帝以穷寇不之逼，于是杨仪结阵而去。经日，乃行其营垒，观其遗事，获其图书、粮谷甚众。帝审其必死，曰：'天下奇才也。'

辛毗以为尚未可知。帝曰：'军家所重，军书密计、兵马粮谷，今皆弃之，岂有人捐其五藏而可以生乎？宜急追之。'关中多蒺藜，帝使军士二千人著软材平底木屐前行，蒺藜悉著屐，然后马步俱进。追到赤岸，乃知亮死审问。（直雄注：司马懿面见诸葛亮高超的军事部署，在事实面前不得不低头认输。）时百姓为之谚曰：'死诸葛走生仲达。'"（直雄按：'司马懿畏蜀如虎'是司马懿手下贾栩、魏平将军所言；'死诸葛走生仲达'是老百姓所言。可见众所周知。这都是司马懿仅仅三次与诸葛亮交手后留下的千古名谚。诸葛司马谁高手；时人早已下结论。）[①]

对于诸葛亮兵出斜谷与司马懿的战事情况及司马懿的表现，约作于唐大中三年（849）四月前杜牧的《孙子注》中有明确的记载："诸葛亮兵出斜谷，因为兵力单薄，只能正用奇变之兵。现在盩厔（今周至）县的司竹园遗有旧垒，司马懿以四十万的兵力，不敢同诸葛亮决战，是因为深知诸葛亮的才能。"[②]

综上所注：司马懿为了稳定军心，臆造枉言评说诸葛亮不知兵的事实不虚。面对"司马懿畏蜀如虎""死诸葛走生仲达"这样众所周知、耳熟能详的俗语典故，何博士当考证正视才是！

有先生云："'千古人龙'诸葛亮……的确，诸葛亮的英名早已超越了时间和空间的界越，犹如一片至圣至洁的羽毛在茫茫无垠的云际飘浮，千古依然，令人肃然起敬，可望而不可及。"[③] 这一评说与司马懿的诸葛亮乃"天下奇才也！"虽然相距近1800年，依然与"千古人龙"之评交相辉映、璀璨闪光！而司马懿的"亮志大而不见机，多谋而少决，好兵而无权，虽提卒十万，已堕吾画中，破之必矣"一语，仍不失世人洞穿司马懿诡谲多诈、擅长见机把控局面的典型战例！

直雄写到这里，颇为感慨，想到实现中华民族大一统、击破突厥的唐太宗李世民与其名将李靖，在其《李卫公问对》中，所提及前代军事家的情况是："孙武：21问。诸葛亮：13问。姜太公：9问。曹操：6问。司马穰苴：5问。李勣：4问。管仲：3问。吴起：3问。韩信：3问……宋人陈亮说：'唐朝的李靖，是讲兵法讲得很好的人。我曾经读过《问对》一书，那里面讲诸葛亮兵法之妙，细微全面。

---

① 唐·房玄龄：《晋书》〔全十册〕，中华书局1974年版，第7—9页。

② 伊力主编：《诸葛亮智谋全书》，中州古籍出版社2003年版，第318页。

③ 伊力主编：《诸葛亮智谋全书·前言·"千古人龙"诸葛亮》，中州古籍出版社2003年版，第1页。

然而对司马懿却只字不提。李靖是个懂兵法的人，他这样做固然是有其道理的。’”[①]以此足见诸葛亮的军事理论与军事实践在李世民与李靖心目中的地位。同时也想到毛宗岗对诸葛亮的一段评说，其云：“历稽载籍，贤相林立，而名高万古者，莫如孔明。其处而弹琴抱膝，居然隐士风流；出而羽扇纶巾，不改雅度。在草庐之中，而识三分天下，则达乎天时；承顾命之重，而至六出祁山，则尽乎人事。七擒八阵，木牛流马，既已疑鬼疑神之不测；鞠躬尽瘁，志决身歼，仍是为臣为子之用心。比管乐则过之，比伊吕则兼之，是古今来贤相中第一奇人。”[②]此评是为确评。论用兵之策的精明睿智，诸葛司马可谓伯仲之间；若论人格道德、仁义胸怀、志气节操、生杀予夺等，诸葛亮如巍巍高山，司马懿则如板上泥丸！也许，正是这个缘故，兵家与评论家们常将诸葛亮“入列”伊尹、吕望、孙武、穰苴、管仲、吴起、韩信等用兵大家，而让司马懿“名落孙山”！

第 115 妙：连年用兵厥功伟；精于治戎将略长。

陈寿在写完《诸葛亮传》之后，给诸葛亮作了总体性的评价，这个总体性评价的意思是说：诸葛亮在担任丞相期间，安抚百姓，遵崇礼制，约束官员，慎用权力等方面，他能以诚待人，处事公道：凡精忠为国、济世安民的人，即使是他自己的仇人也加以赏赐；但凡触犯国法、玩忽职守的人，即使是自己的亲信也要给予处罚；坦白自首、勇于自新的人，即使罪行很重也要从宽发落；巧言令色、文过饰非的人，即使罪行轻微也要加以严惩。再小的善良和功劳都给予褒奖，再微不足道的过错都予以严惩。他精通各项事务，善于找到问题的关键。他讲求名实相符、言行一致，对于那些虚伪狡诈之人极端鄙视而不录用。因此，诸葛亮在整个蜀国赢得了普遍的敬畏和爱戴，他施行的刑法政令虽然很严厉，却没有人怨恨他，皆因他做事公正和劝勉告诫明确所致。诸葛亮可以说是一个精通治国之道的良材，堪和管仲、萧何这类杰出的政治家相匹敌。

上述评说极少争议。而结尾论断云：“然亮才，于治戎为长，奇谋为短，理民之干，优于将略。”意为，然而诸葛亮的才干，长于整治训练军队，奇谋制敌方面却有所短缺，治理百姓之才干，强于他为将的谋略。又论断云：“然连年动众，

---

① 朱大渭，梁满仓《武侯春秋》，团结出版社 1998 年版，第 638—639 页。

② 明·罗贯中原著，清·毛宗岗评改：《三国演义·读〈三国志〉法》，上海古籍出版社 1996 年版·第 2 页。

未能成功，盖应变将略，非其所长欤！”意为，然而他连年用兵，却未能最终获得成功，这大概是因为随机应变作军事统帅的军事谋略不是他擅长的缘故吧？又有人说其北伐的结果是：“空劳师旅，无岁不征，未能进咫尺之地，开帝王之基，而使国内受其荒残，西土苦其役调。”①其意思是：诸葛亮却空劳师旅，无岁不征，未能进咫尺之地，开帝王之基，而使国内受其荒残，西土苦其役调。这是最为世人所争议的一个重大话题。

直雄不同意何博士的说法，也不同意陈寿此论断，更不同意晋初袁准（字孝尼）在其《袁子》中对诸葛亮北伐“未能进咫尺之地”的评说。②故拟题为“连年用兵厥功伟；精于治戎将略长”。所谓“治戎”，意为作战与治军。所谓“将略”，即用兵的谋略、用兵计谋策略，亦含有用兵战略战术的意思。由此可知：“治戎”与“将略”是相辅相成的。对诸葛亮而言，其“治戎”是有效地为其“将略”服务的，其“治戎”长，而其“将略”更为优长。且看事实。

对于诸葛亮连年用兵，多有批评。直雄认为，诸葛亮连年用兵，乃“中华民族大一统精神与三国时期，曹魏、刘汉、孙吴都在开展大一统战争的实事”使然，不仅是诸葛亮如此，曹操、曹丕、曹叡、司马懿父子、孙权祖孙几代又何尝不是如此！诸葛亮若不如此，只能坐等灭亡……对于这个问题，直雄在《习凿齿与他的〈汉晋春秋〉——兼论〈三国演义〉对习凿齿的承继关系》，江西高校出版社2019年版第545—835页，皆有详论，此不多赘述。

再有先生称诸葛亮北伐不止的目的是为了要当皇帝云云，直雄以为这是“大错特错，有诬前贤”等相关问题时，亦有略论，事见“誓为大统撰《后表》，北伐辱作争宝座”——吴直雄《千秋功过评孔明：诸葛亮新论》，中国书籍出版社2020年版，第363—391页。此问题故不再赘述。至于说“诸葛亮连年用兵，

---

① ［晋］陈寿撰，［南朝宋］裴松之注：《三国志》（全五册），中华书局1975年版，第935页。

② 诸葛亮将战场摆在曹魏，这必须是在占领了曹魏的土地上才能开战。其战争之果是，收复了原属益州的武都、阴平二郡、灭魏名将、迁走百姓，夺回了刘汉政权在西北边境的门户，为姜维的北伐奠定了基础。所以国学大师吕思勉在其《三国史话》，中华书局2015年版第164页中，在列举了诸葛亮北伐成功的大量战绩后结论道：“诸葛亮的练兵和用兵，都很有规矩法度；和不讲兵法，专恃诡计，侥幸取胜的，大不相同。《三国志》《晋书》，都把他战胜攻取的事情抹杀，这是晋朝人说话如此。只要看他用兵的地理，是步步进逼，就可知道他实在是胜利的了。”吕思勉此说，与诸葛亮在《临终遗表》中对自己“兴师北伐，未获全功”即“因病未能取得北伐的彻底的完满的胜利”评价是一致的。

未获成功，是因为他随机应变作军事统帅的军事谋略不是他所擅长”一语，争论1700余年未有定论。直雄不想用论文以“引经据典”的形式论证，觉得列表更为直观。拟用诸葛亮“诸葛武侯治戎将略一览简表”为表题，现引相关事实统计于后，仅仅就事论事，则诸葛亮“将略长”则可一目了然。

诸葛武侯治戎将略一览简表

公元207年夏：	诸葛亮以《隆中对》为刘备开国立政。《隆中对》就其将略而言，它是刘汉政权建国立国用兵的总体指导方针。按照此方针办，则刘汉政权旗开得胜。刘备自207年至221年4月刘备称帝。其间，基本上是按诸葛亮的《隆中对》将略行事：赤壁一战成三国，此后刘备当皇帝。而关羽破坏《隆中对》的决策，加上刘备继续破坏《隆中对》的决策征吴，可以说，是关羽、刘备的骄傲狂妄无知，先后破坏诸葛亮的这一总体战略，结果是关羽归天、刘备差一点成了“阶下囚”，刘汉政权几乎被倾覆，这从反面说明了诸葛亮精于治戎将略更长
公元214年：	先安内方能谈得上大一统。闰5月诸葛亮与法正、伊籍、刘巴、李严等一起制定《蜀科》这部法律文书，从此理政理民整军有了法律作为依据。从后面《便宜十六策》《将苑》及对李严等将官的处理来看，《蜀科》亦涵盖了军法。据此，亦知诸葛亮精于治戎将略更长
公元217年：	10月诸葛亮深知取汉中对于刘汉政权至关重要，刘备进兵取汉中，曹操遣曹洪拒之，诸葛亮从事杨洪之策，急发益州兵入汉中，保障了刘备在汉中取胜。据此，亦知诸葛亮精于治戎将略更长
公元221年：	4月群下劝刘备当皇帝，刘备不许（是否作秀，暂且不论）。诸葛亮劝说：“昔吴汉、耿弇等初劝世祖即帝位，世祖辞让，前后数四，耿纯进言曰：‘天下英雄喁喁，冀有所望。如不从议者，士大夫各归求主，无为从公也。’世祖感纯言深至，遂然诺之。今曹氏篡汉，天下无主，大王刘氏苗族，绍世而起，今即帝位，乃其宜也。士大夫随大王久勤苦者，亦欲望尺寸之功如纯言耳。”刘备于是即帝位。刘备一贯打的旗号是兴汉灭魏，在曹丕当了皇帝之后，说明汉亡，如果刘备不当皇帝，就意味着“汉”真的亡了！刘备讨伐曹魏就名不正言不顺，刘备只有当了皇帝且定国号为“汉”，则讨伐曹魏就名正言顺了。

	7 月，刘备执意东征，并不许孙权遣使求和，群臣暨诸葛亮皆谏不从（直雄在《千秋功过评孔明：诸葛亮新论·十八、伐吴不可当伐曹》，中国书籍出版社 2020 年版，第 123—141 页对诸葛亮劝阻刘备伐吴作了专门考证及本书中亦多有论说）。 这两个问题，皆是大是大非问题，更是将略问题。据此，亦知诸葛亮精于治戎将略更长
公元 223 年：	5 月，刘禅继位，封丞相诸葛亮为武乡侯、兼领益州牧，政事皆决于亮。邓芝使吴。其时魏使亦至，因刘禅的无能，是否与刘汉政权继续结盟，孙权犹豫不定。若不是诸葛亮觉察到这个问题的严重性，及时派遣邓芝使吴，吴蜀联盟有破裂的可能！正是因为孙刘联盟的不断巩固与加强，导致了曹魏政权逐渐只能依靠司马懿父子，致使司马氏势力坐大，曹魏于公元 249 年最先灭亡。诚如前述，这叫做“一策致使曹魏亡”。10 月间，魏华歆、王朗、陈群、许芝、诸葛璋各有书于诸葛亮，欲使称藩。诸葛亮作《正议》以绝之，确定了北伐曹魏的大政方针。 这两个问题，相对于诸葛亮用兵而言，其将略何其长也
公元 224 年：	1 至 2 月，诸葛亮对杜微言：“曹丕篡弑，自立为帝，是犹土龙刍狗之有名也。欲与群贤因其邪伪，以正道灭之。怪君未有相诲，便欲求还于山野。丕又大兴劳役，以向吴、楚。今因丕多务，且以闭境勤农，育养民物，并治甲兵，以待其挫，然后伐之，可使兵不战民不劳而天下定也。”由此可见：诸葛亮并非盲目北伐，更非如《袁子》中所言“自可闭关守险，君臣无事”。面对要大一统的强魏，诸葛亮有自知之明，制定了择机而战的慎战的短期战略，以与《隆中对》中终极灭魏的长期战略相结合，该策略周全。与吴联盟之后，总是谨慎地择机伐魏，陈寿说诸葛亮将略非其所长以及赞同此说的人们，皆是忽视了诸葛亮这一实事求是的且基本上是成功的短期战略所致。而诸葛亮伐魏的这一短期战略基本上的成功，世人又往往与陈寿一样易于忽视。诸葛亮因寿年不永而未能战斗到最后，那该另当别论。由此可见，其北伐将略何其长也
公元 225 年：	3 月，诸葛亮南征四郡。5 月，诸葛亮渡泸水，所在战捷。7 月，七擒孟获，平定南中。皆即其渠帅而用之，遂至滇池。改益州为建宁郡，以李恢为太守；分建宁、越嶲地为云南郡，以吕凯为太守；王伉为永昌太守。

	移南中劲卒青羌万余人于蜀，为五部，所当无前，号曰“飞军”。出其金银、丹漆、耕牛、战马给军赋之用。所谓“将略”即用兵的谋略也！诸葛亮的将略何其长也，南征即想到了北伐，并为北伐做好准备。其将略何其长也
公元 228 年：	诸葛亮在整个北伐战争中，有过三次“大练兵”，训练了一支在整个北伐战争中每次作战都能保全自己、战胜敌人为着眼点、进退自由的精悍部队。这支兵力不足曹魏大军三分之一的“貔貅之师”，总是以寡击众、以弱击强，来去自如，真正做到了退如高山之移无可乘之隙，进则如风雨之来无可制之策。让曹真、司马懿对其无可奈何！毫无疑义，这从整体上说明诸葛亮应变将略之长！ 春，诸葛亮首次伐魏，率部兵出祁山（今甘肃礼县东北）。天水、南安、安定三郡叛魏应亮。收姜维。因马谡（190—228）违亮节度至败而斩。乃拔西县千余家还汉中，并上疏请自贬三等。为右将军，行丞相事。 12 月，诸葛亮第二次伐魏，围陈仓（今陕西宝鸡东），粮尽而还。回军杀王双。 这两次作战，皆因客观原因而退。诸葛亮面对强大的魏军，并非空手而归。一得国家栋梁之才姜维；二得民千余之家；三斩曹魏名将王双。仗能打到这个样子，怎能说诸葛亮“空劳师旅”、将略非所长
公元 229 年：	春，诸葛亮第三次伐魏，攻取武都、阴平二郡。这次北伐，算是全胜，怎能说是“空劳师旅”、将略非所长
公元 230 年：	秋，魏大司马曹真、大将军司马懿率军攻汉。8 月，诸葛亮屯军成固，用空城计退司马懿大军（直雄已详考“空城计”实有其事。见吴直雄在《千秋功过评孔明：诸葛亮新论·四十、空城计却司马懿》，中国书籍出版社 2020 年版，第 421—434 页对诸葛亮以 1 万余众，骗走司马懿 20 万大军一事作了专门考证）。表进江州都护李严为骠骑将军，赴汉中。令魏延入西羌，破郭淮于阳溪。这次是曹真与司马懿大军来攻，诸葛亮驻守且获全胜，怎能说诸葛亮“空劳师旅”、将略非所长
公元 231 年：	2 月，诸葛亮第四次出祁山攻魏，围祁山，以木牛运粮。司马懿督张郃、费耀、郭淮等，留兵四千守上邽，余众悉出。亮自逆于上邽，郭淮、费耀邀战，亮大破之，懿敛军依险，兵不得交。懿使张郃攻无当监，自案中道趋战，亮使魏延、高翔、吴班赴拒，大破之。获甲首三千级、

玄铠五千领、角弩三千一百张。懿还保营。6 月，魏明帝遣宣王督张郃诸军，雍、凉劲卒三十余万，潜军密进，规向剑阁。亮时在祁山，旌旗利器，守在险要，十二更下，在者八万。时魏军始陈，幡兵适交，参佐咸以贼众强盛，非力不制，宜权停下兵一月，以并声势。亮曰："吾统武行师，以大信为本，得原失信，古人所惜；去者束装以待期，妻子鹤望而计日，虽临征难，义所不废。"皆催遣令去。于是去者感悦，愿留一战，住者愤踊，思致死命。相谓曰："诸葛公之恩，死犹不报也。"临战之日，莫不拔刃争先，以一当十，杀张郃，却宣王，一战大克，此信之由也。其"治戎"之所长，有效地为其北伐将略服务。诸葛亮以 8 万破 30 万，且射杀曹魏名将张郃，却宣王。这能说诸葛亮"空劳师旅"、将略非其所长吗

公元 234 年：2 月，诸葛亮第五次伐魏，由斜谷出，始以流马运，为久住计，乃分兵屯田。4 月，亮遣使约吴同时大举。亮至郿，军于渭南。司马懿引军，背水为垒以拒之。亮屯五丈原（今陕西祁山南），与司马懿相持于渭滨，亮数挑战，乃遗懿巾帼妇人之服。懿忍之，仍敛兵不战，相持百余日。《汉晋春秋》曰："亮自至，数挑战，宣王亦表固请战，使卫尉辛毗持节以制之。姜谓亮曰：'辛佐治仗节而到，贼不复出矣。'"亮曰："'彼本无战情，所以固请战者，以示武于其众耳。将在军，君命有所不受，苟能制吾，岂千里而请战耶？'"杜佑《通典》：司马宣王使二千余人，就军营东南角大声称万岁。亮使问之，答曰："吴朝有使至，请降。"亮谓曰："计吴朝必无降法。卿是六十老翁，何烦诡诳如此！"青龙初，孙权与诸葛亮联和，欲俱出为寇。边候得权书，放乃改易其辞，往往换其本文而傅合之，与征东将军满宠，若欲归化，封以示亮。亮腾与吴大将步骘等，骘等以见权。权惧亮自疑，深自解说。8 月，诸葛亮于武功病笃，遗命长史杨仪、司马费祎、护军姜维等为退军节度。司马懿追之，仪反旗鸣鼓若向懿者，懿惧不敢逼。诸葛亮患病智斗司马懿，司马懿在与诸葛亮作战时，尽管兵强马壮，总是吃亏，其军数倍于诸葛亮，只能龟缩以待。诸葛亮死后也不敢追！"畏蜀如虎""死诸葛走生仲达"流传近 1800 余年至今！司马懿自己见诸葛亮的营垒也惊叹不已说"天下奇才也"！司马昭之还亲自指示陈勰学习诸葛亮兵法，司马炎也对诸葛亮称赞有加！这能说诸葛亮是"空劳师旅"、用兵将略非其所长吗

上面这一表格，本来也足以说明何去非所云诸葛亮“要想对付司马懿，肯定不是对手”之说，根本就没有事实支撑，何去非并未“去非”却留“其非”。

直雄认为：纵观诸葛亮的军事生涯，直雄以三句话作结：“隆中长策败曹操成三国”“隆中长策擒孟获定南中”“隆中长策‘借司马’灭曹魏”。

一、关于“隆中长策败曹操成三国”：上面一表，如果细细分析，诸葛亮自出山之后，即“在军任总指挥”。也许有读者要问：诸葛亮自公元207年夏27岁出山至公元223年43岁，总计16年一直是协助刘备理政，足食足兵，极少领军，总体上可以说诸葛亮“将略非其所长吧”？怎能说他“在军任总指挥”？这不是牵强附会吗？宏观地看：刘备、关羽、张飞、庞统、法正诸辈，之所以能占据西南半壁，正是按照诸葛亮在《隆中对》中定下的总体战略方针行事的，正如有专家在刘备占领益州后评说道：“跨有荆益，是刘备事业最辉煌的时期。跨有荆益，是诸葛亮‘隆中对’最成功的实践。刘备的成功，离不开诸葛亮。刘备事业的进展，离不开诸葛亮‘隆中对’的指导。让我们回顾一下刘备崛起的背景及历程，就可以发现他的事业与诸葛亮及‘隆中对’的密切关系……刘备真正的腾飞是在他‘假翼荆楚’之际。刘备‘假翼荆楚’，得到了诸葛亮的辅佐。在群雄并举的纷争中，诸葛亮协助没有家世、天时、地利优势的刘备走出寄人篱下、颠沛流离的困境，演出了假翼荆楚，飞翔梁益，鼎峙吴、魏，克胤汉祚等一幕幕生龙活虎的历史活剧。诸葛亮才不可泯！诸葛亮功不可没！”[①]据此完全可以说，诸葛亮是“在军任总指挥”并不为过。故曰：“隆中长策败曹操成三国”；

二、关于“隆中长策擒孟获定南中”：刘备曾云：“孤之有孔明，犹鱼之有水也。”[②]然而由于关羽、刘备头脑发胀，关羽忘记自己起于一个车夫，这个民望其“终断大业”的刘备，更忘记了自己曾是一个“卖席小儿”，骄傲自满头脑发胀，专断而蛮横起来，付远重于诸葛亮的权力于关羽，他们俩人早就将诸葛亮及其《隆中对》之策是他们得以“成功游泳之水”抛之脑后，竟然梦想吞吴。正是这两条蜀中“大鱼”，忘却了《隆中对》中必须联吴的客观规律，忘却了“夫兵者，不祥之器，天道恶之，不得已而用之，是天道也。夫人之在道，若鱼之在水；得水而生，失水而死。故

---

① 朱大渭，梁满仓：《武侯春秋》，团结出版社1998年版，第235—238页。

② [晋]陈寿撰，[南朝宋]裴松之注：《三国志》（全五册），中华书局1975年版，第913页。

君子者常畏惧而不敢失道"[1]中鱼若之在水，得水而生，失水而死的事实，霸蛮征吴，结果身败名裂，毁了刘汉王朝的有生力量，同时诱发了叛乱刘汉王朝的各种恶果。托孤诸葛亮时，留给他的是摇摇欲坠的刘汉王朝的一副"烂摊子"。诸葛亮从速恢复孙刘联盟之后，亲自掌军，尽快平定南中叛乱，按隆中之策，和好了南方少数民族。故曰："隆中长策擒孟获定南中"；

三、关于"隆中长策'借司马'灭曹魏"：于"诸葛武侯治戎将略一览简表"中可见，曹魏政权在孙、刘两个政权从西、从东两面的连续夹击下，曹氏、夏侯氏及其曹魏的亲信将领（如曹休、曹真、张郃、王朗、华歆、刘晔、董昭、贾逵、高堂隆等曹魏的亲信大臣、名将名臣）都先后战死或病逝，曹魏朝在抵御孙、刘的夹击中从此少不了司马懿父子三人带兵去应对。由此，司马氏尾大难掉！司马懿在发动"高平陵事变"将诛曹爽时，深谋秘策，独与大儿子司马师阴谋策划，甚至机密到连司马昭也是不知道的。政变发动之时，司马师会兵司马门，镇静内外，置阵甚整。司马懿称赞说："此子竟可也。"原来，司马师阴养死士三千，散在人间，至是一朝而集，众莫知所出也。[2]司马师采用的是化整为零的政策，将训练好的这些死士分散到民间的不同地方，看起来他们与司马家没有什么关系，等要篡政的时候，就突然召集这些人，在谁都没有察觉的情况下，一下子手里就多出一支军队来。

由此可见，司马懿父子三人可谓"将略兵机命世雄"，他们那里仅仅是因曹爽外出扫墓偶然发动"高平陵事变"？实际上从司马师组建"夺权敢死队"始。其具体时间虽不可考，如果组建这样一支 3000 余众的"敢死队"要 5 年的话，至少，司马懿、司马师父子俩在 244 年"曹爽攻蜀"时就着手了。又，夏侯徽知道司马师有谋逆之心，而司马师又对出身曹魏家族的夏侯徽颇为猜忌。于是在魏明帝青龙二年（234）时，夏侯徽遭到了丈夫的毒杀，年仅二十四岁，葬于峻平陵。[3]聪明的夏侯徽也许是对司马师背地里组建"敢死队"有所察觉，所以被杀，如果从夏侯徽被杀算起，则司马懿、司马师父子早在 15 年前诸葛亮在世时就着手谋反矣！

从诸葛亮联吴抗曹这一策略的坚持与贯彻来看：曹氏、夏侯氏中那些拱卫曹

① 黄颇著：《白话〈黄石公兵法〉〈尉缭子兵法〉》，中州古籍出版社 1993 年版，第 83 页。
② 参见唐·房玄龄：《晋书》〔全十册〕，中华书局 1974 年版，第 25 页。
③ 参见唐·房玄龄：《晋书》〔全十册〕，中华书局 1974 年版，第 949 页。

魏政权的俊秀们，在与刘汉、孙吴政权干将们的殊死奋战中，先后魂归地府，留下司马懿父子三个人杰日渐坐大。有这样三个才华横溢、久经战阵、握有重兵但野心勃勃、阴险狠毒、时常觊觎曹魏朝神器的司马氏存在，腐败不堪的曹魏政权被灭亡的命运就这样注定了！“高平陵事件”只是一个绝妙的机会而已！这是注定曹魏灭亡的一个重要原因！故而，从这个意义上来说，“隆中一策‘借司马’灭曹魏”说得通。

写完这一小段，引起了直雄的沉思：著名史学家陈寿为什么提供那么多史料让我轻易地驳倒他？陈寿本为刘汉王朝之臣，一部《三国志·蜀志》15卷，卷卷有诸葛亮，而刘备、刘禅，与其无法可比。而陈寿后来又为晋臣，属当朝人写当朝史，更有晋朝的奠基人司马懿的“亮志大而不见机，多谋而少决，好兵而无权，虽提卒十万，已堕吾画中，破之必矣”之说，即便是陈寿认识到诸葛亮将略长，若再附和某些人说一句“奇谋为短”，行吗？再读读《三国志·蜀书·诸葛亮传》中陈寿所撰的《进诸葛亮集表》中所云：“伏惟陛下迈踪古圣，荡然无忌，故虽敌国诽谤之言，咸肆其辞而无所革讳，所以明大通之道也。谨录写上诣著作。臣寿诚惶诚恐，顿首顿首，死罪死罪。”陈寿用心之苦，当可理解矣！

结语　是非成败当厘清　经验教训启后人

在《诸葛亮兵法百妙》草成拟撰结语之际，脑海中先后闪现出三个标题：

一曰：“创业艰难守更难，廉以率下千秋范。”此题力图说明刘备、诸葛亮等在大一统战争的进程中，他们的创业是艰难的。但是，诸葛亮自接管了刘备撂下的烂摊子之后，在治国、治军的过程中，组建并带出了一个反腐廉政的好班子，尽快地恢复并推进《隆中对》战略策略的执行，从此总揽了刘汉政权南征北伐的总体走向，政治军事积极进取呈蒸蒸日上之势。铸就雄师向复兴，平定南中止分裂；坚持“隆中”联吴策，东西出兵攻曹魏……开创了励精图治、反腐倡廉、且行之有效的“诸葛亮廉以率下千秋模范”方式方法及治蜀的崭新局面，这就是为历代封建统治者提供了可以参照、可以模仿的成功先例。不幸的是：自蒋琬、董允、费祎死后，刘禅最终还是违背了刘备、诸葛亮的谆谆告诫，走上了“桓、灵式的腐败不归路……”此题虽可，但视野不宽，仅仅是拘限于刘汉王朝这一范畴之内。

二曰：“是非功过已分明，盖棺定论诸葛亮。”此题拟在归纳诸葛亮兵法研究种种情况的同时，就一些与诸葛亮治国用兵有关的主要争论不休的学术问题进行了辨析……然仍显不足的是，仅就诸葛亮论诸葛亮，视野仍嫌狭窄。如何补偿上述两个标题所涵盖内容的不足？在反复的思考中，那“占用史实实有之人与虚构之人相比，‘为 83 ∶ 17，约为九与二之比，并非“七实三虚。’”[①]的《三国演义》给了我灵感，特别是那激动人心的卷首词《临江仙·滚滚长江东逝水》及《三国演义》中的不少诗句，顿时一一闪现于脑际。诗家有时亦为史家，其中的不少诗词句，是杨慎、毛伦毛宗岗父子，慑于封建强权酷烈的高压，他们不得不借酒消愁消极避世，似乎都是在“以手抚膺坐长叹”地打发着逝去的大好时光！若从

① 王万岭：《〈三国演义〉并非“七实三虚”——兼谈罗贯中处理虚实的艺术性》，载《淮北煤师院学报（社会科学版）》1996 年第 2 期，第 99 页。

史实的角度来看，也许，这些品学皆优、追求为国为民立德立功立言的诗人们，正是要在读者的脑海中有意地植入让读者追寻的一连串问号，让读者深入思考他们用心良苦的创作之真谛。人道是：“听话听反话，不会当傻瓜。”如：

“浪花淘尽英雄。”字面上是说滚滚长江东流不再回头，然而，多少英雄会像那翻飞的浪花般消逝吗？客观上，英雄们那一张张鲜活的面孔，不时浮现在世人的眼前，启迪着我们的思绪：“浪花淘尽英雄”了吗？显然没有！

“是非成败转头空。”事实上，三国中的是与非，成与败，并非短暂，更非到最后都是一场空，它绝不会随着岁月的流逝而消失，三国中的是是非非争讼至今永难息：“是非成败转头空”了吗？真的没有！

“古今多少事，都付笑谈中。”人，不管你过去或现在做过什么，都会成为历史，而一切历史又都会成为后人茶余饭后的谈笑，这只是问题的一个方面而已！君不见：不少读者对三国人物倾注着自己的“爱恨情仇”。大文豪苏轼笔下载云：听书时顽劣小儿亦对曹操嗤之以鼻，闻听刘备败报以痛哭，知曹操败则开怀大笑矣！甚至当今有人视赵云为自己的择偶对象中的标准男子汉呢！实则“古今多少事，都在品评中”！

“纷纷世事无穷尽，天数茫茫不可逃。鼎足三分已成梦，后人凭吊空牢骚。”（第一百二十回）人们皆认为：世间纷纷扰扰的事情没有尽头，天意渺茫是不可以逃脱的，三国鼎立已经成为了往事，后人再有的只是万般感慨了。这“万般感慨”，这无限感触与慨叹，不就隐含着人们对三国人与事的见解与看法吗？诗中的所谓“天数”，可全是人事哟！

“我观遗史不胜悲，今古茫茫叹黍离。”（第十三回）联系后两句“人君当守‘苞桑’戒，太阿谁执全纲维”。这就是在悲叹现实的同时强调要加强中央集权，要维持国家大一统，固金瓯，守“苞桑”，“全纲维”。然帝王不改贪残性，不顾黎民本当灭！实乃可悲也！

“昭烈经营良不易，一朝功业顿成灰。”（第一百十八回）意为昭烈皇帝刘备经营出一个刘汉王国多么不容易，被刘禅一日之间化成了灰烬。这全是刘禅的错吗？为什么会这样呢？刘备与关羽，晚年骄傲自大，冒昧用兵，亲手毁了刘汉王朝的有生力量，大大地伤害了刘汉王朝的元气，这是刘备行政的专断专横，其实也是一种腐败，腐败的刘阿斗再毁诸葛亮后半生的心血！怎么不令人可叹又可悲！

“万事不由人做主，一心难与命争衡。”（第一百三回）意为世间万事不是人能做主改变的，拼尽全力也争不过命运。是这样的吗？事实是：刘备称帝变骄狂，刘禅贪腐“不思蜀”！《书·汤誓》中有云：“时日曷丧，予及汝皆亡！”帝王不爱民，民亦恨其死！

“不是忠臣独少谋，苍天有意绝炎刘。”（第一百十七回）绝炎刘者，刘备、刘禅也！刘备赐给骄横自大、象征兵权的节钺给关羽，让其肆无忌惮地破坏联吴之策后北伐，关羽败亡可怪谁？刘备又亲自伐吴自毁生力军可怪谁？刘禅贪腐自绝于国又能怪谁？由此，思绪万千，终于产生了下面作为结语的标题。

三曰：“是非成败当厘清，经验教训启后人。”真正的兵法著作，必须具有丰富的唯物论和辩证法思想，否则就不能用以指导战争；人民是历史的主体，是实现大一统的根本。一涉及政治性军事著作，必然要将爱民从而获得民心放在最为重要位置上，而要爱民取得民心，朝廷就必须反腐倡廉，实乃“水能载舟亦能覆舟”的至理古训使然。这就是说：统治者如船，老百姓如水，水既能让船安稳地航行，也能将船推翻吞没，沉于水中，表示事物用之得当则有利，反之必有弊害。君王若贪婪腐败，必无爱民之心，则其国必然有倾覆之危。

直雄读手头的数十部兵法论著，联系三国史实，深感“三国中的是非成败当厘清，经验教训足以启迪后人昭告后世”。略取下列兵法著作简而论之。

姜太公《六韬兵法·文韬·文师第一》中有云：“文王曰：立敛若何，而天下归之？太公曰：天下非一人之天下，乃天下之天下也。同天下之利者则得天下，擅天下之利者则失天下。天有时、地有财，能与人共之者，仁也。仁之所在，天下归之。免人之死，解人之难，救人之患，济人之急者，德也。德之所在，天下归之。与人同忧同乐，同好同恶，义也。义之所在，天下赴之。凡人恶死而乐生，好德而归利，能生利者道也。道之所在，天下归之。文王再拜曰：允哉！敢不受天之诏命乎！乃载与俱归，立为师。”[①] 其意思是：文王问姜太公：“要制定什么样的法则才能收揽人心，才能使天下人归心呢？”太公回答：“天下并不是君王一个人的天下，而是天下人共有的天下。能与天下人同享利益的，就可以取得天下；独占天下利益的，就会失掉天下。天有四季变化，地有财物多少，能与人民共同

① 南关音、何长林编著：《中华谋略宝库——历代治世用兵全书·姜太公六韬兵法》，南海出版公司 1992 年版，第 118 页。

享受的君王，就是仁爱的君王。仁爱存在的地方，就是万众归心的地方。能免除人民死难的君王，就是要解决人民的困难，消除人民的祸患，接济人民的急需，这就是施恩德。恩德所施的地方，就是万众归心的地方。能和人民同忧同乐同好同恶的君王，这就是讲求道义的君王。君王道义所施的地方，就是万众归心的地方。人都是厌恶死亡而乐于生存的，人都是欢迎恩德而追求利益的，君王如果能够使天下人都获得利益，这就是以仁义统治天下的政策的王道。君王执行王道所在的地方，天下人都会归心到他那里。”周文王再一次拜谢说：“先生这番话说得多么好啊。这是上天给我的旨意啊！我怎能不接受呢？”于是，周文王请姜太公上车一起回到国都，并立即拜他为师。

姜太公在这里讲的是要取得天下，必须收揽人心。而要收揽人心，在于爱民。进而阐明了为君之道，君臣关系，君民关系。其闪光点是提出了帝王也是人，帝王要有公平心，否则，就会凌驾于万民之上，就会把个人利益凌驾于国家利益之上。这就是在搞腐败，天下就会大乱。

周文王在想到如何施行德政收揽人心时，又请教姜太公。姜太公《六韬兵法·文韬·盈虚第二》中载其问答云：文王问太公曰：天下熙熙，一盈一虚，一治一乱，所以然者何也？其君贤不肖不等乎？其天时变化自然乎？太公曰：君不肖，则国危而民乱。君贤圣，则国安而民治。祸福在君，不在天时。文王曰：古之贤君，可得闻乎？太公曰：昔者帝尧之王天下，上世所谓贤君也。文王曰：其治如何？太公曰：帝尧王天下之时，金银珠玉不饰，锦绣文绮不衣，奇怪珍异不视，玩好之器不宝，淫佚之乐不听，宫垣屋室不垩，甍桷椽楹不斫，茅茨偏庭不剪。鹿裘御寒，布衣掩形，粝粱之饭，藜藿之羹，不以役作之故，害民耕织之时。削心约志，从事乎无为。吏，忠正奉法者尊其位；廉洁爱人者厚其禄。民，有孝慈者爱敬之，尽力农桑者慰勉之。旌别淑慝，表其门闾，平心正节，以法度禁邪伪。所憎者，有功必赏，所爱者，有罪必罚。存养天下鳏寡孤独，赈赡祸亡之家。其自奉也甚薄，其赋役也甚寡，故万民富乐而无饥寒之色。百姓戴其君如日月，亲其君如父母。文王曰：大哉！贤君之德也。”[①] 其意思是文王问太公：“天下纷杂熙攘，有时强盛，有时衰弱，有时安定，有时混乱，之所以如此，是何缘故？是由于君主贤明与不

① 南关音、何长林编著：《中华谋略宝库——历代治世用兵全书·姜太公六韬兵法》，南海出版公司 1992 年版，第 123—124 页。

肖所致呢？还是因为天命变化自然递嬗的结果呢？”太公答：“君主不贤，则国家危亡而民众变乱；君主贤明，则国家安定而民众顺服。所以，周家的祸福在于君主的贤与不贤，而不在天命的变化。”文王问：“古时贤君的事迹，可以讲给我听听吗？”太公答：“从前帝尧统治天下，上古的人都称道他为贤君。”文王问：“他是怎样治理国家的？”太公答：“帝尧统治天下时，不用金银珠玉作饰品，不穿锦绣华丽的衣服，不观赏珍贵奇异的物品，不珍视古玩宝器，不听淫佚的音乐，不粉饰宫庭墙垣，不雕饰甍桷椽楹，不修剪庭院中的茅草。以鹿裘御寒，用粗布蔽体，吃粗粮饭，喝野菜汤。不因征发劳役而耽误民众耕织。约束自己的欲望，抑制自己的贪念，用清静无为治理国家。官吏中忠正守法的就升迁其爵位，廉洁爱民的就增加其俸禄。民众中孝敬长者、慈爱晚辈的给予敬重，尽力农桑的予以慰勉。区别善恶良莠，表彰善良人家，提倡心志公平，端正品德节操，用法制禁止邪恶诈伪。对自己所厌恶的人，如果建立功勋同样给予奖赏；对自己所喜爱的人，如果犯有罪行也必定进行惩罚。赡养鳏寡孤独，赈济遭受天灾人祸之家。至于帝尧自己的生活，则是十分俭朴，征收赋税劳役微薄。因此，天下民众富足安乐而没有饥寒之色，百姓拥戴他如同景仰日月，亲近他如同亲近父母。文王曰：伟大呀！帝尧这位贤君的德行！”

姜太公在这里阐明了国家的治乱兴衰不由天命而定，而在于君王的贤明与否。如果国君贤明，自然会“国安而民治”，否则就会“国危而民乱”。姜太公以前世贤君帝尧为例，进一步指出要达到“国安而民治”的目的，作为君王必须做到生活俭朴、轻徭薄赋、奖励农桑、赏功罚罪、存养孤苦等。简而言之，就是廉洁爱民不搞腐败。

姜太公再次强调：治国要以爱民为先，他在《文韬·国务第三》中载其答周文王问云：“文王问太公曰：愿闻为国之大务，欲使主尊人安，为之奈何？太公曰：爱民而已！文王曰：爱民奈何？太公曰：利而勿害，成而勿败，生而勿杀，兴而勿夺，乐而勿苦，喜而勿怒。文王曰：敢请释其故。太公曰：民不失务则利之，农不失时则成之，省刑罚则生之，薄赋敛则兴之，俭宫室台榭则乐之，吏清不苛扰则喜之；民失其务则害之，农失其时则败之，无罪而罚则杀之，重赋敛则专之，多营宫室台榭以疲民力则苦之，吏浊苛扰则怒之。故善为国者，驭民如父母之爱子，如兄之爱弟，见其饥寒则为之忧，见其劳苦则为之悲，赏罚如加诸身，赋敛如取于己。

此爱民之道也。”[1]其意思是文王问太公：我想知道治国的根本道理，想要使君王受到尊敬，人民得到安宁，应当怎么办呢？太公答：惟有爱民罢了！文王说：应当怎样爱民呢？太公答：要给与人民以利益而不要损害他们，要促进人民生产而不要破坏他们，要保护人民的生命而不要杀害他们，要给与人民以实惠而不要掠夺他们，要使人民安乐而不使他们痛苦，要使人民喜悦而不使他们愤怒。文王问：请你再解释一下其中的道理吧！太公答：不使人民失去职业，就是给了人民利益；不耽误农时，就是促进了人民的生产；不惩罚无罪的人，就是保护了人民的生命；少收赋税，就是给了人民实惠；少建宫室台榭，就能使人民安乐；官吏清廉不苛扰盘剥，就能使人民喜悦。反之，如果使人民失去职业，就是损害了他们的利益；耽误农时，就是破坏了他们的生产；人民无罪而妄加惩罚，就是杀害；对人民横征暴敛，就是掠夺；多修建宫室台榭，就会增加人民的痛苦；官吏贪污苛扰，就会使人民愤怒。所以善于治国的君主，对人民要像父母爱护子女，兄长爱护弟妹那样，见其饥寒就为他而忧虑，见其劳苦就为他悲痛，施行赏罚就像自己身受赏罚一样，征收赋税就像夺取自己的财物一样。这些就是爱民的道理。

在这里，姜太公指出的核心问题是：国务的中心内容是爱民。其根本目的是争取人心归向和培养国力。姜太公十分具体地论证了要争取人心归向和培养国力，就是要勤政爱民、要反对搞腐败。姜太公在其《武韬·发启第十三》再一次重申：利天下者，天下启之；害天下者，天下闭之。天下者，非一人之天下，乃天下之天下也。论述了吊民伐罪、夺取天下的策略是：首先，应对内“修德以下贤，惠民以观天道”；其次，要正确认识战略形势，通过对天道、人道以及“人心”“人意”“人情”等各个方面的观察，把握战略时机是否成熟。在时机不成熟时“不可先倡”“不可先谋”；其三，要强调“全胜不斗，大兵无创”，不战而屈人之兵，这样就可以做到“无甲兵而胜，无冲机而攻，无沟堑而守”；其四，要夺取天下，必须收揽民心，与民同利；其五，要擅长隐蔽自己的战略企图，做到“大智不智，大谋不谋”“道在不可见，事在不可闻，胜在不可知”“圣人将动，必有愚色”等；其六，指出商王朝亡国的征兆已经出现，在这种情况下“大明发而万物皆照，大义发而万物皆利，大兵发而万物皆服”，就可以夺取天下。

---

① 南关音、何长林编著：《中华谋略宝库——历代治世用兵全书·姜太公六韬兵法》，南海出版公司1992年版，第126页。

以上，周文王问与姜太公所答，十分清楚地阐明了“爱民”与“结朋党”“搞腐败”那种冰火不容的利害关系，并以周兴商亡作出形象生动的比对予以说明。在尔后的《司马兵法》《黄石公兵法》《孙子兵法》《吴起兵法》《尉缭子兵法》《孙膑兵法》《诸葛亮兵法》等兵法著作中，在论及富国强军等诸多问题时，无不是围绕周文王与姜太公的这一问答为中心思想深化之，无不是以此为“蓝本”演绎出名言金句让人易记易诵，诸如：“得民心者得天下，失民心者失天下”“得道者多助，失道者寡助”“水能载舟，亦能覆舟”“仁义不施而攻守之势异也”“寡助之至，亲戚畔之。多助之至，天下顺之”“仁者无敌”“仁者，人心也”“人心齐，泰山移”等，用以警示着世世代代的君王：要强国必大一统，要大一统必爱民，要爱民必自觉反腐。否则，势必陷入唐人杜牧在其《阿房宫赋》中所描绘的那样的境地：“呜呼！灭六国者，六国也，非秦也。族秦者，秦也，非天下也。嗟乎！使六国各爱其人，则足以拒秦；使秦复爱六国之人，则递三世，可至万世而为君，谁得而族灭也？秦人不暇自哀，而后人哀之；后人哀之而不鉴之，亦使后人而复哀后人也。”历代贪腐的帝王，怎肯鉴之？势必陷入“久合必分，天下大乱”的不可控局面！

据直雄研究：东汉末，桓、灵腐败，“汉失其鹿”，董卓、袁绍、袁术、孙坚、孙策、曹操、孙权、刘备等争而逐之！三国之初，曹魏、刘汉、孙吴皆要得此“鹿鼎”，不得不在某些方面遵从周文王之举与姜太公之教，各展雄才伟略一统志，遂成三国相互角力争天下，最终三国归一晋。

人道是：司马懿父子三人“三马同食槽（曹）”，是何等的厉害。岂不知，曹魏若不腐败，“三马食曹”只能是鬼话而已！公元249年的“高平陵事变”，曹魏最先被灭了国。让曹魏更为可悲的是：司马懿父子三人打着“曹魏”旗号，残酷地斩杀了曹氏、夏侯氏及其曹魏朝中的王凌、毌丘俭、诸葛诞等曹魏势力！彻底灭了“曹魏”的晋朝，仍名之曰是魏朝，司马父子手段高！

如果说司马懿父子三人，灭曹魏的关键是得益曹魏腐败的话，同样，司马昭能一举灭掉刘汉政权，同样是得益于刘禅政权的腐败无能所致。试看刘备：求得卧龙“隆中策”，织席贩履到帝王；联吴抗曹抛脑后，致使刘汉元气伤！孔明收拾烂摊子，南征北伐志一统。可惜到了刘禅独立掌权之后，腐败透顶，用司马昭的话来说，就是："以刘禅之暗，而边城外破，士女内震，其亡可知也。"[①]果如司马昭所料，就像秋风扫落叶一般，轻而易举地消灭这样一个腐败政权，刘禅就是被俘之后，亦尽显其一幅腐败无能无知可悲的奴才像："司马文王与禅宴，为之作故蜀技，旁人皆为之感怆，而禅喜笑自若。王谓贾充曰：'人之无情，乃可至于是乎！虽使诸葛亮在，不能辅之久全，而况姜维邪？'充曰：'不如是，殿下何由并之。'他日，王问禅曰：'颇思蜀否？'禅曰：'此间乐，不思蜀。'郤正闻之，求见禅曰：'王若后问，宜泣而答曰：先人坟墓远在陇、蜀，乃心西悲，无日不思。因闭其目。'会王复问，对如前，王曰：'何乃似郤正语邪！'禅惊视曰：'诚如尊命。'左右皆笑。"[②]唐代诗人刘禹锡《蜀先主庙》中，以诗的语言，精到地概括描绘这种可怜的惨境云："得相能开国，生儿不象贤。凄凉蜀故妓，来舞魏宫前。"这样的腐败政权，不灭乃天理难容！

至于司马炎灭孙皓，属"腐""腐"相争相斗，最后仍是腐败君王司马炎，战胜了腐败且凶残似董卓的孙皓，大一统全国当政，但他留给中华民族的是一出分裂近400年的悲剧。现引一段相关论述如下，以结束本段论说：

司马昭灭了阿斗的刘汉政权之后，正准备以雷霆万钧之势灭吴，中华民族大一统在即，然不幸病故。晋帝司马炎安于享乐，并不想轻易向吴用兵。而吴之孙皓，因迷信无知、刚愎自用且急于当皇帝便频频向晋发动进攻，致使晋吴兵戎相见15年。

在晋多位朝臣向司马炎的反复提醒下，已经开始走向腐败的司马炎，最后充分利用司马懿父子所积聚起来的雄厚人力、物力和财力，终于以摧枯拉朽之势灭了孙吴。

孙皓、司马炎，可谓"两腐"相争，终以"弱腐"势大的司马炎取胜，司马炎虽然一统天下，但是，由于他的腐败行径给大一统的中华埋下了动乱的祸根。

所谓的"两腐"：

一个是指暴虐而且腐败的孙皓，前面已经说到，此不赘述。

另一个则是指司马炎，也是一个腐败皇帝。不过司马炎与孙皓相比，他还是享有"仁以厚下，宏略大度"美誉的。故笔者将其与孙皓的腐败相比，称其为"弱

---

① 唐·房玄龄《晋书》〔全十册〕，中华书局1974年版，第38页。

② [晋]陈寿撰，[南朝宋]裴松之注：《三国志》（全五册），中华书局1975年版，第903页。

腐”。但这个“弱腐”者有司马懿父子所积聚的军事政治“强势”，两腐相争“弱腐”胜。

诚如前述，司马昭灭了阿斗的刘汉政权之后，晋当“越魏继汉”，即晋当继承一直能以“以民为本、以德治国”的刘备、诸葛亮为“中华民族大一统”“死而后已”之刘汉，以一统天下。这个艰难的大一统重担，本来司马昭将要完成了。只因他的中风去世，这个重任便留给了司马炎。

由于司马炎已经开始腐败，导致孙皓政权与之对峙达15年之久，这15年时段，虽说已不在三国之列了，但孙吴作为刘汉政权的盟国，将其归入三国斗争的继续，也是说得过去的。

孙皓政权与司马炎政权的对峙，即两个腐败皇帝的对峙是奇特的，是颇当深入研究的。

先略说晋：

晋有两个“武帝”。这就是西晋的“晋武帝司马炎”与东晋的“孝武帝司马曜”。按照现今的说法，司马炎算“富三代”；司马曜是东晋的第九个皇帝，就算“富九代”吧！这是西晋与东晋两个最为腐败的皇帝。晋武帝司马炎一举大一统中华，本当有所作为，但因其腐败而开乱中华四百年……

然司马懿、司马师、司马昭父子三人，一生都在艰难征战之中，可谓人不卸甲、马不卸鞍、谨慎小心。是他们，接续了诸葛亮“以民为本、以德治国”的措施，接续了刘备、诸葛亮为了“中华民族大一统”的精神。在策略上，司马懿父子十分巧妙地在“魏”的幌子下创建了一个新兴的晋王朝，为了“中华的大一统”，司马懿父子同样是“煞费苦心”。

至司马炎，始亮出“晋”王朝的正式“招牌”。司马炎这个“富三代”轻轻松松地当上了皇帝，有了“腐败”的资本便开始腐败了……但是，在羊祜、杜预、张华等一批富于远见的政治家一再请求之下，以摧枯折腐之势，灭了孙吴王朝……

故而真正灭吴，当是司马懿父子及他们所培养出来的一班心存国家要大一统的一批将领所为。特别是羊祜的建议，从某种意义上来说，是对司马炎的警告，司马炎也意识到，如不当机立断，确有为吴所灭的危险，因其所处帝位，他只有发号施令之功而已。

其实，司马炎是一个腐败并不亚于孙皓的皇帝。但他是大一统之帝，由于他的腐败，不仅贻害当时的大晋王朝及其子孙，而且贻毒中华民族数百年。

习凿齿与后来的毛氏父子等人均高度关注这一历史事实。毛氏父子在评改《三国志通俗演义》时，将习凿齿所指出的司马炎“开乱将来”和“可比桓灵”一说作了补叙，并特意指明：“推三国之所自合，而归结于晋武；犹之原三国之所分，而追本于桓、灵也……武帝岂足以比高、光？晋之刘毅对司马炎曰：‘陛下可比汉之桓、灵。’然则《三国》一书，以桓、灵起之，即谓以桓、灵收之可耳。”

习凿齿和毛氏父子对司马炎的评论，是为确评。且看下列事实：

晋武帝司马炎泰始元年、吴元兴二年暨甘露元年（265）12 月，司马炎建立晋朝。一上台即大封诸王，以司马孚等二十七人为王，以郡为国，邑二万户为大国，一万户为次国，五千户为小国。大国置三军，兵五千人，次国置二军，兵三千人，小国置一军，兵五百人。复辟“分封制”，待司马炎死后，晋乱从此始。这当属制度上影响深远的大腐败。

晋泰始九年、吴凤凰二年(273)7 月，晋武帝诏选公卿以下女备六宫，挑选未完，禁止婚嫁。

晋泰始十年、吴凤凰三年（274）3 月，晋诏取良家及小将吏女五千人入宫，母女号哭，声闻四野。

晋咸宁三年、吴天纪元年（277）7 月，晋武帝诏改封子弟宗室诸王，以户邑多少分为三等。大国置三军五千人，次国二军三千人，小国一军一千一百人。异姓功臣，皆封郡公、郡侯。

晋咸宁六年暨太康元年、吴天纪四年（280）3 月，孙皓降晋，5 月，杜预还镇襄阳（今湖北襄阳），以为天下虽安，忘战必危。并力所能及地采取了一系列措施；可就在这一年，司马炎以为天下大一统，当韬戢干戈，刺史分职，悉去州郡兵，大郡置武吏百人，小郡五十人。交州牧陶璜、仆射山涛等人以为不宜去州郡武备，司马炎不听；也是在这一年，侍御史郭钦鉴于汉、魏以来，羌、胡、鲜卑降者多居塞内，与民杂处，习俗不同，屡生变乱，遂请徙之边地。其疏云：“渐徙内郡杂胡于边地，峻四夷出入之防，明先王荒服，此万世之长策也。”司马炎又不听。

晋太康二年（281）3 月，晋以所俘吴人赐王公以下，选吴宫女 5000 人入宫；平吴以后，晋武帝专注游宴，怠于政事，常乘羊车，漫游后宫，纵情享乐。宫人竞以竹叶插户，盐汁洒地，以引帝车。

对此，蔡东藩先生评道：“武帝乐得随缘，就便临幸……唯武帝逐日宣淫，

免不得昏昏沉沉，无心国事。后父车骑将军杨骏及弟卫将军珧，太子太傅济，乘势擅权，势倾中外，时人号为“三杨”。所有佐命功臣，多被疏斥。仆射山涛，屡有规讽，武帝亦嘉他中直，怎奈理不胜欲，一遇美人在前，立把忠言撇诸脑后，还管什么兴衰成败呢？……清明之气，已被无数娇娃，斫丧殆尽。志已昏而死将随之矣。”

虽说司马炎对待臣下似乎比孙皓宽容得多，但其腐败情境，并不比孙皓为之逊色。因是一大国之主，复辟“分封制”，所害面之广，其恶劣影响更为深远……

282 年，司马炎问刘毅曰：“卿以吾可方汉何帝？”对曰：“可方桓、灵。”世祖曰：“吾虽德不及古人，犹克己为治，乂平吴会，混一天下。方之桓、灵，其已甚乎？”对曰：“桓、灵卖官钱入官库，陛下卖官钱入私门，以此言之，乃殆不如桓、灵也。”

习凿齿《汉晋春秋》载之更详：

……

说到三国归一晋，人们多是将大一统江山的功绩归功司马炎。其实，一个人作为历史上活动的主体，在三国的大一统战争中，造就了刘备、诸葛亮、曹操、孙权、司马懿父子等这样一大批的伟大英雄人物。而在与这些英雄人物的后嗣们的大较量中，也造就司马懿、司马师、司马昭这样的伟大人物，其后，随着时势的发展，也让司马炎这样的平庸之辈充当了平吴“英雄”的角色。也正是这个“平庸的英雄”角色，开乱中国数百年……

习凿齿在其“晋宜越魏继汉”论中，有一段人们并不十分关注的话。他写道：“自汉末鼎沸五六十年，吴魏犯顺而强，蜀人杖正而弱，三家不能相一，万姓旷而无主。夫有定天下之大功，为天下之所推，孰如见推于暗人，受尊于微弱？配天而为帝，方驾于三代，岂比俛首于曹氏，侧足于不正？即情而恒实，取之而无惭，何与诡事而托伪，开乱于将来者乎？是故故旧之恩可封魏后，三属之数不宜见列。以晋承汉，功实显然，正名当事，情体亦厌，又何虚尊不正之魏而亏我道于大通哉！”

这段话的深意是什么？具体所指又是什么？以前未见有人特别关注过。

这一段话的意思，除重申了刘汉政权是继大汉王朝的正统王朝之外，对于刘汉王朝而言，吴魏虽说强大，仍属作乱，三国仍是未能大一统的分裂王朝。其中讲到的灭曹魏、灭刘汉、开创大晋之大功者，主要是在夸赞司马懿父子三人，而尊尚未大一统之虚伪之曹魏、开乱于将来者，实指司马炎的错误。

正是司马炎这个“富三代”的腐败行径，发展到后来，实际上远远超过了曹叡、刘禅与孙皓。如果说这是对司马炎的总体指摘的话，习凿齿所记载的司马炎卖官敛财超过桓、灵，只是一个具体事例而已！而毛氏父子的“推三国之所自合，而归结于晋武；犹之原三国之所从分，而追本于桓、灵也。以虎狼之秦而吞六国，则始皇不可以比汤、武；以篡窃之晋而并三国，则武帝岂足以比高、光？晋之刘毅对司马炎曰：‘陛下可比汉之桓、灵。’然《三国》一书，以桓、灵起之，即谓以桓、灵收之可耳”。毛氏父子此语，可谓击中问题的要害。

这里的“即谓以桓、灵收之可耳”，正是对晋武帝腐败透顶而“开乱将来”的深层阐述与坐实：腐败必乱国，司马炎的行为过于桓、灵，再加上复辟“分封制”，则隐指晋统一后不久就是大乱的开始。也是对三国近百年战乱及西晋“八王之乱”丰富而深刻的经验教训的总结：

曹叡，靠曹操、曹丕开创的天下当上了皇帝，最终因腐败透顶，曹魏政权于249年即被司马懿父子灭了；

刘禅，靠刘备、诸葛亮打下的江山当上了皇帝，最终亦因腐败透顶，于263年被司马昭一举灭了；

孙皓，靠孙坚、孙策、孙权打下的江山，腐败酷虐扰乱江东15载，最后于280年也被腐败但强势的司马炎灭了；

同样，腐败堕落的司马炎虽然侥幸当上了皇帝，享尽了荣华富贵，他的子孙后代也难逃历史的惩罚！

犯罪者遭受惩罚，乃理所当然。然而，因腐败分子坐享皇位，中华民族前进的步伐，则因此而放缓了，黎民百姓也因此而遭殃，实乃无辜！

在中国封建社会，皇帝不腐官吏廉，国家兴旺国祚长；反之，皇帝腐败奸佞多，国家衰败国必亡。

陈理先生对此有过一针见血、通俗而精到的论述：“‘大一统’这套制度的另一个显著特点，就是‘制度循环’乃中国历史发展的一个规律，就是历朝历代都有一个开国君主和以他为中心的一批精明强干的开国将相，相应地也都有一个昏庸的末代皇帝和他身边一群祸国殃民的‘佞臣集团’。这种现象的一个根本成因，就是封建专制体制必然形成的封建官僚制度。官僚体制既是维护统一的工具，又往往是制造动乱的推动器。实际上，真正能毁灭‘大一统’统治秩序的根本力量，往往并不是来自极端困苦条件下揭竿而起的农民起义，而是来自官僚体制本

身。我们不难发现，在中国长期的封建社会历史过程中，存在一个‘统一—分裂—再统一’的‘王朝怪圈’或者叫‘周期率’……如今我们已身处21世纪，在民族学研究上，一个还没有引起学界足够重视的问题是需要发现‘大一统’传统理念与现代民族——国家理念之间的关系。”

陈理先生提出的问题，就《三国志》与《三国演义》而言，前人已有涉猎：习凿齿在说到司马炎立国时，可以说是用“开乱将来”一语点破：晋王朝也难逃“依样画葫芦”这个“历史周期率”！面对这样的“历史周期率”，杨慎则用诗的语言，发出了“是非成败转头空”“惯看秋月春风”“都付笑谈中”一声声无可奈何的叹息！而罗贯中及后来的毛氏父子，则借助《三国演义》一书，依据习凿齿“晋宜越魏继汉中华民族大一统”“腐败开乱将来”的理念，形象而生动地展现了“汉末腐败天下乱”“以民为本三国兴”“嗣君腐败晋一统”“开乱将来司马炎”这一段历史“怪圈”的来龙去脉，只能是“后人凭吊空牢骚”了。[①]

现在，当问题回到了“三曰：‘是非成败当厘清，经验教训启后人’”时，再细心地品味陈理同志所言：“实际上，真正能毁灭‘大一统’统治秩序的根本力量，往往并不是来自极端困苦条件下揭竿而起的农民起义，而是来自官僚体制本身。”本书虽说是诸葛亮兵法研究，然直雄认为，兵法研究是不能回避国家政治的。早在3000年前商末周初政治家、军事家、韬略家、周朝开国元勋、中国兵学奠基人，被历代君王和文史典籍尊为兵家鼻祖、武圣、百家宗师的姜子牙，在与周文王、周武王的论兵中，就反复强调“天下非一人之天下，乃天下之天下也。同天下之利者则得天下，擅天下之利者则失天下”“天下者非一人之天下，惟有道者处之”，并进行了多次研讨，诠定国运要兴隆，唯有反腐倡廉克己欲——“爱民而已”！

品味世间盛衰史，兴在廉政贪腐亡。我们的前贤是何等的博识睿智，早在3000年前就根植了爱民与反腐的治国治军的文化基因，指出：“天下非一人之天下，乃天下之天下也。”一语道破，君王也是人，若夺民利搞腐败，必然垮台，这是几千年的历史事实所验证过的金规铁律。

周文王、周武王与姜太公所倡导的反腐倡廉克己欲、爱民立国天下定，就是几千年以来，中华民族得以长盛不衰、永远屹立于世的优秀传统。至诸葛亮，在“反

---

① 参见吴直雄：《习凿齿与他的〈汉晋春秋〉——兼论〈三国演义〉对习凿齿的承继关系》，江西高校出版社2019年版第847—854页。

腐倡廉克己欲、爱民立国定天下”的传统中，诸葛亮用自己的心血和生命为这一传统增添了新的内容，注入了强劲反腐倡廉的文化基因，他那拒绝朋党、惩处朋党、杜绝腐败、严惩腐败、以民为先、坚持大一统而“鞠躬尽瘁，死而后已”、忧国忘身奉献天下，具有当代价值的执政理念，那穿越1800年时空的智慧与跨越国界富有永恒人格的魅力，在新的历史条件下，仍在延续传承与发展中璀璨闪光！

最后品味本书要旨结束全文：“是非成败当厘清，经验教训启后人；纵观三国兴亡局，尽在君王腐与廉。”

本书主要参考资料

本书主要参考资料注：2008年三四月间，正当我全身心投入《硕博士论文写作研究300题》（200万字，资料备齐且已经处理好了相关的出版事宜）的撰写并写到了“学术”章时，我尊敬的老师习嘉裕教授从萍乡找我去“帮个忙”，不久，习老师与新余市水电局习金苟局长一道来了。他们再次称其老家“白梅”这个千年古村将要化为一个水库，更有甚者，有学者撰文称：“江西‘白梅’的习凿齿是假的，其墓是个‘衣冠冢’……”2008年11月16日，新余市欧里镇白梅村村委会还特意为我颁发了“始祖习凿齿研究特聘研究员”的聘书并远道而来，对我充满着期待、郑重地交到我手中！从此我潜心研究习凿齿。正当撰写《凿齿理念知得失……》一书时，深感诸葛亮对习凿齿影响甚巨，要深入研究好习凿齿，必须对诸葛亮作出研究。故本书运用了本人专著《习凿齿与他的〈汉晋春秋〉——兼论〈三国演义〉对习凿齿的承继关系》等本人所撰写并业已出版的其他有关习凿齿与诸葛亮论著中所使用过的参考资料暨其中的理念及网文资料。限于篇幅，这些参考资料未能一一标示，敬请见谅，特此说明。

1. 人民日报评论部《习近平用典》，人民日报出版社2015年版。

2. 刘爽著：《诸葛亮智谋全书》，中共中央党校出版社2008年版。

3. 普颖华、郑吟韬编著：《白话诸葛亮兵法》，时事出版社1997年版。

4. 普颖华、华名良主编：《运筹帷帐——诸葛亮兵法》，中国物资出版社1994年版。

5. 张南编著：《诸葛亮谋略说》（图说兵法），金城出版社2004年版。

6. 云中天编著：《诸葛亮智谋三十六计》，江西出版集团·百花洲文艺出版社 2007 年版。

7. 曹东海著：《诸葛亮：智圣人生》，长江文艺出版社 1995 年版。

8. 商金龙编著：《诸葛亮智谋全集》（精解活用版），京华出版社 2007 年版。

9. 孙胜军、李家钊编著:《中外古今兵法集粹》,河北科学技术出版社 1986 年版。

10. 尹名、金川、荣庆《白话诸葛亮谋略全书》中州古籍出版社，1991 年版。

11. 谢志宁、陈爽译注《白话太白阴经》气象出版社，1992 年版。

12. 邢坚成、宓津津著：《大明军师——明开国功臣刘伯温传奇》，华夏出版社 1987 年版。

13. 伊力主编：《刘伯温智囊》，中国文联出版公司 1997 年版。

14. 成都市诸葛亮研究会编：《诸葛亮研究》，巴蜀书社 1985 年版。

15. 黄颇编著：《司马兵法》，中州古籍出版社 1993 年版。

16. 厦门大学出版社编著:《三十六计(秘本兵法)》,厦门大学出版社 1997 年版。

17.（春秋）孙武著：《孙子兵法》，厦门大学出版社 1997 年版。

18. 北京大兴县红星人民公社理论小组、北京大学哲学系工农兵学员编：《孙子兵法新注》，人民教育出版社 1975 年版。

19. 蒋如铭主编：《治吏史鉴》，江西人民出版社 1999 年版。

20. 吕思勉著：《三国史话》，中华书局 2015 年版。

21. 刘逸生著：《三国小札》，广州出版社 2001 年版。

22. 明・洪自诚著：《菜根谭》，江苏古籍出版社 2001 年版。

23. 明・大围山人等纂：《新菜根谭》，广东人民出版社 1998 年版。

24. 唐汉、振肖编著：《龙之魂——毛泽东历史笔记解析》，红旗出版社 1998 年版。

25. 周溯源编著：《毛泽东评点古今人物》，红旗出版社 1998 年版。

26. 谢祥皓著：《中国兵学》，山东人民出版社 1998 年版。

27. 冷成金著：《中国权智》，团结出版社 2002 年版。

28. 鲁中杰编著：《孙子兵法与三十六计》，黄河出版社 1997 年版。

29. 伊力主编：《诸葛亮智谋全书》，中州古籍出版社 2003 年版。

30. 王瑞功主编：《诸葛亮研究集成》（上、下册），齐鲁书社 1997 年版。

31. 南关音、何长林编著：《中华谋略宝库》，南海出版公司 1992 年版。

32. 王平著：《中华兵典要览》，黄河出版社 1999 年版。

跋：辑直峰经历剪影　取正能砥砺前行

直峰兄得知我的《诸葛亮兵法百妙》即将完稿，他不顾百病缠身，怀着激动之心提起其打抖之手，为我题写书名。当这苍老而劲健的题签置于我案头之时，顿时心潮起伏，久久难于平静……忆想当年：祖父吴远照擅长说书，尤其精于说“三国”；更爱津津乐道与其共事的桃源小学创办者何允贞（其时谁也不知道他是党的地下工作者，只知他是个大好人）手书“大义大勇、敢说敢行、尽力社会、尽力人群”的办学宗旨暨何校长勇斗日寇而遭到残害的情景时，让我们兄弟俩及其听书的村邻们深受教育而为之心怀感佩！

情深意切寄翰墨，手抖筋骨气仍畅，血浓骨老劲犹足。精心品味这位八十有余、经风雨磨砺、饱经沧桑、人书俱老、笔到意随，由柳体魏碑而来的题签书体，前贤那“少年辛苦终身事，莫向光阴惰寸功”“少年易学老难成，一寸光阴不可轻”诗句，儿时吴直峰形象的镜头，一个又一个地呈现在我的眼前，现从对我印象最深、对我颇具影响的诸多件事略中择其数例述于后：

“‘沾福’行乞百岁宴”：土改运动刚刚结束，“中窍田村”的叶氏婆婆正值100岁诞辰。俗云：“山中常有千年树，世上难逢百岁人。”村里出了一位百岁老人，这是“中窍田村”土改后迎来的一件大喜事。由政府直接为她操办了“百岁宴”。我家因遭腐败分子（后因自我暴露而自刎）报复，误划为半地主式富农成分[①]而未获邀请。不料尚未读书的哥哥直峰手拿竹筒，配上一根打狗棍要带着我一起去“赴宴”，还说要去沾一些叶氏婆婆长寿的“福气”，全家人为之惊异。我急忙靠在妈妈的怀里。妈妈说：“能沾福，是好事，弟弟太小，你约别人吧？”哥哥便约了同村一个地主儿子一起去了。整个下午，我都在家门口徘徊着，朝着

① 吴直雄：《习凿齿与他的〈汉晋春秋〉——兼论〈三国演义〉对习凿齿的承继关系·吴振群〈序一：重读三国　相知凿齿　感佩直雄〉》，江西高校出版社2019年版，第4页。

叶家方向望着，期待哥哥早早归来，别被恶狗咬上一口……晚上八点左右，终于看见哥哥手提竹筒，将打狗棍抛向柴草旁，说“快进屋”。哥哥当着全家人，兴奋地描绘着“百岁宴”盛大场面和他乞讨的情景，我记忆犹新的一句是“叶太伯摸摸直峰的头说：‘老实人鸾翔的儿子来了，多给点！……’”光阴似箭，一晃70余年，“百岁宴”上那皱皮的红色扣肉味至今不时唤起我的“味蕾”，我是一个生性害羞的孩子，而尚未读书的哥哥“百岁宴”上“乞福”的勇气，至今对我不时以激励。

“日本鬼子狗肠子”：1944年6月，日寇从麻山进犯白竺，途经牛形山时遭到驻防在该地的国民党二十六军的沉重打击后，便对离牛形山不远的“中窍田村”肆意烧杀抢略，村民损失惨重。日寇的暴行激起了村民的仇与恨。各种各样复仇故事深藏民间，也为直峰兄所津津乐道。1954年桃源小学开学，第一次在墙上挂上了一张中国大地图。同学们拥挤着争看地图。突然，一个同学大声说道：“原来小日本就在这里呀！”，可我个子小，根本就挤不上去。晚上，我求助直峰兄，第二天一早，我俩最先上学，直峰搬来一张课桌，爬上去指着新地图上说，快上来看：日本鬼子的地盘不过像根狗肠子，日本狗子怎么还敢来咬我们中国人呢？我俩谈论着……从此我暗下决心，一定要努力读书，一定要名列前茅。

“伐薪烧炭窑为屋”：1956年，仅凭父亲一己之力养活一个八口之家，是相当困难的。幸好，老红军舅舅卢祥发助一臂之力：送给他在“碧湖潭王石岗”的山林让父亲烧木炭出卖赚钱。在深山老林中，直峰是父亲伐薪烧炭的惟一助手。天黑了，哥哥与父亲就在窑中睡觉。大山里杳无人烟，常见长蛇挡道、虎（当时仍有华南虎）豺（无狼但多豺狗）出没……父亲手持开山斧守在装窑出炭的进出口，哥哥在旁握紧镰刀：约摸10点左右，在父亲临时开挖的水井里，水花不时溅起的波浪发出阵阵声响，父亲对直峰说：不要怕，这是因天热，至少有三条大蛇在井中洗澡，只要不去招惹，它们一般是不会主动伤人的，况且，我们窑的四周，已经堆满了木炭渣子，这种气味，蛇是要回避的，你就安心睡吧。兄哪能睡着！大约过了三个多小时，一阵呼啸，沿着炭窑而过，直奔水井而去。兄说，这是什么动物，敢与蛇斗？父亲说：这是一群野猪来了，看来是一公一母带着一窝猪崽呢！蛇怕猪，更怕成群的猪。蛇走猪来，群猪在水中嬉戏……父亲的扇子为兄不停地扇凉，兄入梦乡！这是我人生最为难忘的故事，也是敢于藐视困难的力量源泉！

“三百六十度敬礼”：1955年直峰兄考入了“乌岗完全小学”，并担任了少

年先锋队中队长。在一次全校的演讲比赛大会上，他代表中队上台参赛。他从容地走上讲台，面对台上的校长与老师、面对台下数百双同学充满着的期待目光。直峰兄想到的是如何面面俱到地向众人问好施礼：突然，他像孙悟空一样举手额前，来了个360度的“大旋转”式敬礼！顿时台上台下笑声、欢呼声一片，之后掌声轰鸣、经久不息……他富于激情的演讲，自然而然摘得桂冠。

“一担水赚一分钱”：父亲多病，农活则由母亲上阵，也难解八口之家困难。直峰兄为了完成学业，利用寒暑勤工俭学。在“乌岗小学”附近有一个煤窑。窑中的积水，影响窑工挖掘，便招工挑走积水，一担水可赚一分钱。直峰兄就干起了挑水的工作。挑水一假期，解决了学费，却压矮了个子。这让我的心怦然而动。也促使我省吃俭用品质的养成并坚守至今。

“许振初书记您好”：直峰兄快要从“乌岗小学”毕业了，他是班主任汤发德老师最得意的门生。汤老师决定个人资助他继续深造。直峰兄是一家长子，家中缺不了这个劳动力。他便对汤老师说：放心吧！我要在农村将皮肤晒得黑黑的，心练得红红的，这位教师中的强者顿时如慈母般地潸然泪下。1958年，正值农村反对“瞒产私分、多吃多占”之际，直峰兄亲眼看到队干部为了自家建造新屋而就这样“偷吃”，他想阻止而无能，便请公社书记许振初去制止。许书记说：你有何方法说明他们“瞒产私分、多吃多占”？这对长期在农村生活的直峰兄来说并不是什么难题，他说：只须如此如此、这般这般。犯错的干部遭到了许振初书记的严厉批评！这可捅“马蜂窝”了。挨批的干部拼凑理由说：这个地富子弟反党，将直峰兄扭送至公社劳改。几天之后，直峰兄在公社食堂旁遇见了许振初书记。他灵机一动，大叫一声：“许振初书记，您好！”许书记知情后，“好孩子，委屈你了”！也许，直峰兄和我一样，深受革命烈士何允贞为桃源小学题写的校训“大义大勇、敢说敢行、尽力社会、尽力人群”的影响吧！

“红白喜事司仪官”：直峰兄在农村是种田、放排的一把好手，兼有吹唢呐、拉二胡、做木匠、杀猪、写对联、写祭文等特长。因此，村里红白喜事的“司仪官”，几乎常由他充当。这也大大地培养了他的组织能力，同时也向我发出了警示：能力要靠在自我的实践中培养。“司仪官”的名气，也引起了他的老师、麻山区管教育的党组书记林坚白校长的高度注意！

“校长教员一人兼”：1964年入秋的一天，林校长来到了我们家。我笑着对林书记说：书记走进半地主式富农家，不害怕人家反映您立场不稳吗？坚白校长哈哈一笑说：我还不了解你祖父、父母嘛！……今天来，我就是请直峰出任茶子山“茶溪小学”校长、教务主任、总务主任、教师的。全家人正在疑惑之际，林书记道出了其中的原委。直峰兄随即走马上任！

“学书无需纸笔墨”：“茶溪小学”就坐落在牛形山“牛尾巴山”的群山之中，正是1944年6月与日寇作战的一个点。“茶溪小学”就利用“茶子山大队”的“队部”办学，是一个一到四年级共50余名学生的“复式班”。尽管这个教师是“校长、教务主任、总务主任”三官一身兼，一般教师是不肯“问津”此地的。直峰兄不负林书记所望，不到一年，“茶溪小学”就出了名。当地村民对直峰兄十分感谢。直峰兄也为村民做了不少“额外”工作。如给村民的房屋写上“永不脱落的对联”。我十分纳闷：直峰兄的字原来无法与我相比，又看不到他练字的草纸，怎么一下子有如此功夫呢？后来，我终于知晓了：他用稻草制作了一支大笔，天刚蒙蒙亮，他便端上一脸盆水当墨，以教室的黑板、学校与村民的大门为纸，练习书法，从不间断，一年下来，不用纸笔墨砚，柳体与魏碑相结合的一种字体妙然而出。他先架好楼梯，同时熬好“柏油”，乘油未冷却，从速为村民的门楣写上不怕风雨“永不褪色”、油光发亮的“柏油联”！我略涉书法，认为这种完全不用纸笔墨砚的练写书法，并用楼梯在大门的门楣上书写横匾和两旁书写门联，当为书法史上所罕见，让我不胜感慨，让我从中得到不少的启发，至今仍教育和鼓舞着当地的学生和家长们！

“水中画月映长天”：“民以食为天。”直峰兄潜心教学，饭菜总得要吃的。他开了一小片菜地，蔬菜是解决了。可不能光吃白菜萝卜呀？“茶溪小学”门前的“茶溪”流水潺潺，溪流两旁水草丰茂！直峰兄略懂篾匠功夫。他用竹篾编织了一个大“围子”，在“围子”中放养鹅苗。一天下来，鹅苗将“围子”中的水草吃个精光，与此同时，鹅儿们也在水中画下了“圆月”！随着“圆月”的增多，效益出来了：家长们赞道：“圆月映天鹅儿长，吴老师丰衣足食。”十几只鹅，解决了直峰兄一年的荤菜问题，也解决以往的老师在“茶溪小学”难于持久的一个现实问题。萍乡市教育局肯定并发现了直峰兄的成绩，不久便将他调入萍乡三中初中部，任初三班级的班主任及语文把关教师，深受学生欢迎而成了模范班主任。一个毕业于山区“乌岗小学”的小学生，成了萍乡三中的模范班主任！其中的艰辛可由他那“满头白发”作证！这“满头白发”给了我深深的启迪，也是我当今的真实写照！

“反腐诗词万余篇”：一个山区小学毕业生，成了三中的语文把关教师，与他苦练成一个民间书家、民间诗人的功底不无关系。宋人曹勋有诗云：“人生不如意，十固常八九。”正当直峰兄事业顺风顺水之际。我家意外遭受腐败之害。立足岗位职责，配合国家吹响反腐冲锋号，坚持反腐三十三年。古有斗酒诗百篇之说，直峰一手写就反腐倡廉诗词万余首，拟精心修改颂反腐、歌倡廉。坚信：斩断徇私腐败手，苍蝇老虎能扫尽，八十老翁信心满，河清海晏永太平。

经历是个人生命历程的记录。感恩曾经那不平凡的岁月，留下那难以忘却的记忆；《增广贤文》有云：“天下无不是的父母，世上最难得者兄弟”！辑录直峰经历的片断剪影，汲取其正能量以踔厉奋发：那掠过心海的往事并非如风，就在 1979 年，正当我协助领导创办江西大学学报文理科版（即今天的南昌大学学报文理科版）之际，诸多同事为了弥补自己的不足，争当报考硕博士。我当时也怦然心动，几天几夜心绪不宁，思前想后，“人世有如白驹过隙，平生应当自主安排”“不教一日空闲过，转益多师是吾师”，社会就是一所大学园地，社会与大自然就是两卷活书！直峰兄这个榜样就在眼前。细细想来：读硕读博的时间与机会就在眼前。不是吗？认真审读每一篇来稿，这就是向博导硕导、教授讲师、博士硕士及一切来稿作者学习的最好课堂，撰写审读评语、修改用稿乃至退稿的思想工作，就是与作者在交流学习的心得并提升自我的最好契机。

当责任编辑，自己不出版论著，与来稿作者谈审读意见，往往难以让其心服口服。这就要求责任编辑必须“登堂入室”搞研究，并要出版像样的学术论著，我拟以出版数百万字的论著，向学校、向读者、向来稿作者、向我那无数的无名导师献礼。有道是：“咬得菜根烂，百事皆可做”“有志者，事竟成。破釜沉舟，百二秦关终属楚；苦心人，天不负。卧薪尝胆，三千越甲可吞吴”“老牛当解韶光贵，不待扬鞭自奋蹄”，数十年来的坚持不懈，虽是白头翁，案头多成果。我终于走上了自己原创的学术之路。

作者简介

吴直雄，江西省萍乡市麻山镇桃源村“中窍田组”人。资深研究员，原南昌大学人文学院教授、硕士生导师。1967年、1968年大多数时间在工厂、学校、机关、部队从事毛泽东巨幅画像的绘制兼及宣传工作，并为第38野战军医院编撰《针灸穴位图谱》。1968年赣南师专中文科毕业后至中国人民解放军0484部队锻炼并受奖。1970年分配在吉安地区行署等单位从事工厂翻砂锻炼、文化教育、知青走访、落实政策、农村“蹲点”等方方面面的工作。1978年调至江西大学学报编辑部从事文理科学报等行政、业务诸多方面的工作，并积极协助领导创办了文理科学报。自1987年专任文学史学责编后，即无间寒暑地对中国文学、史学、红学、诗词学、民俗学、编辑学诸方面予以研究。1995年在由清华大学调来的院士潘际銮校长与副校长吴志强教授的直接关心下，从全校抽出一个教授破格名额公开竞争，在竞争中破格为研究员。现任中国毛泽东诗词研究会常务理事，习氏始祖习凿齿研究特聘研究员，江西省新余市习凿齿文化研究学会专家，江西省萍乡市民间文艺家协会顾问暨萍乡市习凿齿文化研究会会长、首席专家，中华习氏宗亲文化研究中心特邀顾问，中国艺术家专项基金管理委员会特邀顾问，江西省楹联学会顾问，嘉应学院客座教授等，在数部文史辞书中有传。2019年10月被南昌大学人文学院聘为该院中文系兼职研究员。审编并出版文史文论数千余万字；获省部级、校级各项奖励数十个；曾出版《中国谜语概论》《实用标点符号手册》《毛泽东妙用典故精粹》《破解〈习凿齿传〉〈汉晋春秋〉千年谜》《习凿齿家族家风研究》《习凿齿与他的〈汉晋春秋〉——兼论〈三国演义〉对习凿齿的承继关系》《千秋功过评孔明：诸葛亮新论》《毛泽东妙用典故精粹》（250万字由人民出版社于2021年12月重订出版）等专著19部，在核心期刊等刊物上公开发表学术论文200余篇，总计出版论著字数1000余万。“院士潘际銮校长与副校长吴志强教授”能让先生有机会破格选拔为研究员，得以改善其编辑工作、带研究生与学术研究

的诸多工作条件，又在退休14年后的2019年10月一个偶然机会，为“南昌大学人文学院以江马益院长为首”的领导班子及时发现，当即聘其为“兼职研究员”，从而解除了先生在学术研究中的不少困难，得以将多部著作及时完善出版，并拟将向该院努力奉献1000万字论著。特别是被行家看好60余万字的近著《诸葛亮兵法百妙》即将正式进入编排程序之际，先生不禁再度感慨良多而吟：

人生当感恩，感恩须负重；但愿人长久，多上楼数层！

左一：鲍玲　左二：王建辉　左三：敖桂明　左四：作者　左五：叶书麟　左六：邱芸

（2021年3月27日，萍乡市政协常委、萍乡市民间文艺家协会主席、萍乡市鳌洲书院文化研究学会会长、萍乡市习凿齿文化研究会名誉会长、萍乡学院客座教授敖桂明先生，在深圳书城·罗湖北城购到本人近著《千秋功过评孔明：诸葛亮新论》，在回乡的火车上，当即通过萍乡市相关人员得知我的手机号，立即满怀激情地给我打来电话，对于我的研究，给予了极大的肯定与支持……2021年4月7日即偕同上述诸位领导、学者、作家光临寒舍以热情的勉励，让寒舍的“板凳也不断升温发热”；在书稿即将送审之际，敖桂明教授，不计辛劳，主动为书稿“瘦身润饰”，让我研究的干劲倍增，真有不知老之已至之感！此照片是手机拍于南昌市“999”宾馆临别之时，今印于书稿之尾，以为永久的鞭策与纪念。）